I0876090

HISTOIRE DU DROIT
sous la direction de Pierre Bonin et Jean-Louis Halpérin
9

# La Première Loi du royaume

Ouvrage publié avec le soutien du Centre national du livre

Benoît Grévin

# La Première Loi du royaume

## L'acte de fixation de la majorité des rois de France (1374)

Préface d'Olivier Mattéoni

PARIS
CLASSIQUES GARNIER
2021

Benoît Grévin, directeur de recherches au CNRS, est spécialiste de la rhétorique politique du bas Moyen Âge. Il a notamment publié *Rhétorique du pouvoir médiéval. Les lettres de Pierre de la Vigne et la formation du langage politique européen* et, en collaboration avec Sébastien Barret, *Regalis excellentia. Les préambules des actes des rois de France au* XIV*e siècle.*

© 2021. Classiques Garnier, Paris.
Reproduction et traduction, même partielles, interdites.
Tous droits réservés pour tous les pays.

ISBN 978-2-406-09900-0 (livre broché)
ISBN 978-2-406-09901-7 (livre relié)
ISSN 2417-8411

À *Samuel Grévin, magistrat.*

Ici se dégage la conclusion de ce verbiage ampoulé et vide, qui est tout ce qu'il convient d'en retenir. Désormais les rois de France seront majeurs, aptes à recevoir l'onction sainte du sacre et à accomplir toutes les fonctions de la royauté, dès qu'ils auront atteint leur quatorzième année, c'est-à-dire à treize ans révolus.

R. DELACHENAL, *Histoire de Charles V*, t. 4, p. 532.

# PRÉFACE

> Arrive le jour du dernier Conseil de Régence. Le roi y assiste sans émotion visible. Les participants affichent l'enjouement et une pleine confiance dans le règne qui commence. Demain le roi aura treize ans. Demain il sera majeur.
> Chantal THOMAS, *L'Échange des princesses*[1].

L'ordonnance de 1374 relative à la majorité des rois de France constitue un texte essentiel dans le dispositif gouvernemental de la royauté, dont les historiens depuis l'époque moderne ont souligné l'importance. Dans son *Traité de la majorité de nos rois et des régences du royaume*, paru en 1655, soit après la mort de son auteur, Pierre Dupuy, célèbre conseiller du roi et garde de sa bibliothèque, y insistait à juste titre. Après avoir évoqué les temps à ses yeux chaotiques précédents cette charte « *Ad perpetuam rei memoriam* », il en explique en ses termes toute la valeur :

> Après tant d'incertitudes & diuers usages le Roi Charles V. en l'année 1374. fit un Edict fort solemnel, qu'il fit publier en Parlement tenant son lit de Iustice, par lequel il ordonna, qu'il vouloit que les fils aisnez des Rois de France presens & à venir seroient âgez & tenus pour âgez, ayans atteint le quatorziéme an de leur âge, à l'effet d'auoir le regime & administration du Royaume, de receuoir les hommages & sermens de fidelité de leurs suiets, & que lesdits aisnez se pourroient faire sacrer, & recevoir toutes les marques de la Royauté, & que tout ce qu'ils feroient en cet âge, auroit lieu comme s'ils étoient majeurs de vingt-cinq ans.

Et Dupuy de continuer :

1 Thomas, Chantal, *L'échange des princesses*, Paris, Seuil, 2013, p. 200. On notera ici que l'auteur retient l'âge de 13 ans comme âge de la majorité des rois. Faut-il comprendre 13 ans révolus ?

> Cette loy, de verité, est singuliere & non commune aux autres Royaumes ; mais aussi il faut considerer qu'elle ne fait pas de preiudice à la loy de nature, elle ne fait pas l'homme sage auant le temps, mais elle veut obuier aux inconueniens qui peuent avenir dans l'Estat, soit par l'ambition des Regens qui s'establissent dans l'Estat quand leur administration est longue, comme fit Eudes sous Charles le Simple, soit pour retrancher les contentions entre les Grands. Il n'y a dignité Ecclesiastique ou seculiere, qui n'ait son temps determiné pour y paruenir, les unes moins, les autres plus[2].

Si les préoccupations politiques de son temps ne sont pas absentes de l'analyse de Dupuy – les « inconvénients qui peuvent arriver à l'État » et « l'ambition des régents » sont sans conteste un écho aux tensions de la Fronde –, et quand bien même l'exemple médiéval qu'il fournit est tiré de l'histoire des Carolingiens, l'érudit insiste sur le caractère unique de cette loi dont la finalité était de garantir la paix et la stabilité du royaume.

C'est donc à un texte chargé d'une forte signification et à qui les historiens du droit ont pu donner une valeur constitutionnelle, que Benoît Grévin s'est attaqué, dans un livre qui fera date, tant par sa méthode et sa forme, que par le fonds et ses apports. Rappelons-en, pour commencer, la genèse.

En 2014, Benoît Grévin publiait avec Sébastien Barret un livre consacré aux préambules des actes royaux de la chancellerie française au XIV^e^ siècle, sous le titre : Regalis excellentia. *Les préambules des actes des rois de France au XIV^e^ siècle (1300-1380)*[3]. Dans cet ouvrage monumental, véritable somme de plus de 900 pages, les deux auteurs montrent comment les préambules, qui connaissent à partir de la fin du XIII^e^ siècle un regain de faveur à la chancellerie royale pour les actes à valeur perpétuelle, font l'objet d'un soin particulier de la part des notaires et secrétaires du roi. Grâce à une rhétorique qui a su faire bon emprunt aux sommes de *dictamen* du XIII^e^ siècle en provenance de la curie pontificale ou de la chancellerie impériale, les notaires et secrétaires du roi dotent alors le préambule d'une charge valorisante pour le pouvoir royal. « Espace

---

2 Dupuy, Pierre, *Traité de la majorité de nos Rois et des Regences du Royaume, avec les preuves tirées, tant du Tresor des Chartes du Roi, que des Registres du Parlement, et autres lieux*, Paris, 1655, p. 6-7.

3 Barret, Sébastien, Grévin, Benoît, Regalis excellentia. *Les préambules des actes des rois de France au XIV^e^ siècle (1300-1380)*, Paris, École des chartes, 2014 (*Mémoires et documents de l'École des chartes*, 98).

de liberté relative au sein de l'acte[4] », les préambules deviennent des fragments de « miroir », qui donnent à voir la royauté dans sa plénitude – assises, fonctions, justifications. Ils véhiculent une image du roi, de la royauté, du pouvoir royal en action et en représentation, un pouvoir qui s'est considérablement renforcé au tournant du XIII^e et du XIV^e siècle, avec Philippe le Bel. Sans doute n'est-il pas surprenant que cet investissement rhétorique et idéologique dans les préambules à la chancellerie corresponde au moment où deux évolutions fondamentales affectent la *potestas regalis* : d'une part, l'assimilation du roi de France au *princeps* romain, d'autre part, l'apparition de la dénomination « roi très chrétien » qui est rapidement réservée au seul souverain du royaume de France. Ces deux assimilations, qui datent du début du XIV^e siècle, sont par la suite constamment justifiées par les penseurs, en particulier durant le règne de Charles V. Il y a là un arrière-plan incontournable à la réflexion sur le pouvoir royal, sa nature, son déploiement, qui puise dans le droit et la sacralité, les deux piliers de sa stabilité et de son expansion. La chancellerie a su mettre en exergue cette ambition royale dans les préambules des actes importants. C'est que les préambules, bien qu'inégalement présents dans tous les actes, sont un discours. Ils légitiment l'action juridique par une série de considérations de nature variée. N'étant pas contraints, ils peuvent donner lieu à bien des développements, servis par une recherche stylistique, dont l'un des enjeux de *Regalis excellentia* est de scruter les sources et les modèles d'inspiration. À l'occasion de cette enquête, l'acte fixant la majorité des rois de France avait bien sûr retenu l'attention de Benoît Grévin et de Sébastien Barret, notamment par la richesse des citations et des allégations bibliques, juridiques et les références aux auteurs antiques que le préambule comporte. À l'issue de cette entreprise, Benoît Grévin voulut aller plus loin. C'est cette enquête dont le présent livre rend compte.

Porter son regard sur un seul acte et le scruter dans sa globalité est sans conteste un projet ambitieux. Benoît Grévin s'en tire avec panache. Il le doit à sa culture et à l'étendue de ses connaissances, qui lui permettent de jongler entre savoir diplomatique et rhétorique, philologie et linguistique, culture littéraire et histoire des idées politiques. Ce savant dosage de connaissances aboutit à un livre d'une haute densité, sorte d'histoire totale d'un acte dont on connaissait le caractère

4 *Ibid.*, p. 18.

exceptionnel, mais dont Benoît Grévin détaille pour la première fois la riche construction. Il le fait dans une démarche « archéologique » – l'auteur parle de « travail d'archéologie textuelle » –, visant à traquer les différentes strates de citations qui se mêlent et s'entrecroisent dans cet acte à l'ambition remarquable. En même temps, Benoît Grévin revendique un positionnement heuristique : celui d'un historien des textes, qui sait utiliser les outils de la numérisation des sources. La mise en réseaux de ces dernières permet d'aller plus loin dans les identifications des références, et donc d'affiner la perception de la mosaïque qu'est la charte de 1374 fixant l'âge de la majorité des rois de France.

Benoît Grévin débute son propos par un développement sur la tradition historiographique de l'acte, où l'on observe que son écho a très tôt été important. Non seulement l'acte fait l'objet d'une traduction « officielle » du latin au français en 1392 – traduction qui accompagne la confirmation de la *lex vel constitutio* par Charles VI –, mais il est aussi mis en valeur par Michel Pintoin dans sa *Chronique du règne de Charles VI*, qui l'utilise à deux reprises. Sans doute le chroniqueur sandionysien a-t-il eu recours pour ce faire à l'exemplaire qui avait été remis au monastère de Saint-Denis en 1375, en même temps qu'étaient déposés au Trésor des chartes du Palais de la Cité, à Paris, trois autres exemplaires. À partir du XVIe siècle, l'acte donne lieu à de nombreux commentaires, dans un contexte de réflexion sur l'absolutisme royal. Ces commentaires sont souvent accompagnés d'éditions, dont celle de Pierre Dupuy, dans son traité sur la majorité des rois ci-dessus évoqué. L'édition de l'acte en 1741, dans les *Ordonnances des rois de France de la troisième race*, marque le point d'aboutissement de l'intérêt porté au texte à l'époque moderne. L'édition a été préparée par un travail précis de confrontation entre les différents exemplaires conservés. Signe du sérieux et de la qualité de cette édition : elle sert de base aux travaux ultérieurs jusqu'au début du XXIe siècle. C'est sur cette édition que s'appuie Roland Delachenal dans son étude de l'acte qu'il livre dans le tome 4 de sa monumentale histoire de Charles V en 1928[5]. Mais son jugement très négatif – l'éditeur de la *Chronique de Jean II et de Charles V* de Pierre d'Orgemont estime le latin du texte « prétentieux et amphigourique », et le fonds « banal » et « très pauvre d'idées et d'arguments » – est sans doute à l'origine du peu d'intérêt porté à l'œuvre par la suite. Après cette condamnation sans appel, qui

5 Delachenal, Roland, *Histoire de Charles V*, t. 4, Paris, Picard, 1928, p. 531-534.

a pu avoir un « certain pouvoir réfrigérant », pour reprendre la formule parlante de Benoît Grévin, il faut attendre la fin du XX^e^ siècle pour voir l'ordonnance de 1374 de nouveau faire l'objet d'une attention particulière et soutenue. À côté des historiens du politique, telle Françoise Autrand qui dresse un parallèle judicieux entre la *lex vel constitutio* de Charles V et la Bulle d'or de l'empereur Charles IV de 1356[6], ce sont surtout les historiens du droit qui ont le plus renouvelé la lecture de l'acte. Ainsi Albert Rigaudière en proposa une lecture constitutionnaliste dans deux très grands articles qui s'épaulent[7], alors que Jacques Krynen, se plaçant davantage du côté des idées politiques, a « subodoré » l'empreinte aristotélicienne du préambule[8]. C'est donc dans ce mouvement de réhabilitation que s'intègre l'étude de Benoît Grévin, dans une démarche, on l'a dit, d'histoire textuelle, menée selon un questionnement historique et pas seulement littéraire, qui prend aussi en compte la dimension ornementale de l'acte. Les trois exemplaires de la *constitutio* déposés au Trésor des chartes du roi ont en effet été dotés de décorations, comme d'autres actes de Charles V[9], et ce décor, même s'il ne faut pas en surinterpréter la signification, renforce l'éclat de la teneur de la loi.

Cette histoire de l'acte posée, le livre s'engage alors dans une analyse précise de la structure du texte, qui insiste sur ses différentes articulations : diplomatiques, grammaticales et syntaxiques, stylistiques et rythmiques. Dans cette partie très minutieuse et savante, Benoît Grévin reprend à nouveaux frais les coupures diplomatiques faites jusqu'alors. Il revient notamment sur la séparation entre le préambule, composé de trois parties et où se trouve rassemblé le plus gros des citations, et l'exposé. En fait, comme le montre la partie suivante dédiée à un rappel sur les cultures rhétoriques à la cour de France au XIV^e^ siècle, les logiques de rédaction

---

6 Autrand, Françoise, *Charles V, le sage*, Paris, Fayard, 1994, p. 627-629, et « La succession à la couronne de France et les ordonnances de 1374 », *Représentation, pouvoir et royauté à la fin du Moyen Âge*, Joël Blanchard (éd.), Paris, 1995, p. 25-32.

7 Rigaudière Albert, « La *lex vel constitutio* d'août 1374, "première loi constitutionnelle de la monarchie française" », *Un Moyen Âge pour aujourd'hui. Mélanges offerts à Claude Gauvard*, Julie Claustre, Olivier Mattéoni et Nicolas Offenstadt (dir.), Paris, PUF, 2010, p. 169-188, et « Un grand moment pour l'histoire du droit constitutionnel français : 1374-1409 », *Journal des Savants*, juillet-décembre 2012, p. 281-370.

8 Krynen, Jacques, *L'Empire du roi. Idées et croyances politiques en France, XIII^e^-XV^e^ siècle*, Paris, Gallimard, Bibliothèque des Histoires, 1993, p. 146-150.

9 Brunel, Ghislain, *Images du pouvoir royal. Les chartes décorées des Archives nationales, XIII^e^-XV^e^ siècle*, Paris, Somogy-Archives nationales, 2005, p. 200-221.

de l'acte de 1374 renvoient à une *ars dictaminis* dont les notaires et secrétaires de la chancellerie royale étaient en grande partie les dépositaires, mais qui était également partagée par les conseillers du Parlement et d'autres hommes de loi. De ce point de vue, l'ordonnance fixant l'âge de la majorité des rois est bien « le miroir des cultures rédactionnelles héritées du XIV^e^ siècle », et un bon témoin, selon les mots de Benoît Grévin, des « tendances à la surcharge, à l'amplification, à l'itération qui sont aussi celles d'un temps de transition, où le maniement des vieilles formes se conjugue avec la réflexion sur des idées nouvelles, à un moment où le latin, une dernière fois, domine ici le français, sans réussir à en comprimer la résistible ascension ». Cette construction en dentelle, finement ciselée, est là pour servir un projet : faire de la définition claire de la majorité des jeunes rois, qui protège les mineurs et évite les tutelles, « la clé de voûte d'une nouvelle construction juridique », garante de la stabilité du royaume et de la légitimité du pouvoir des Valois. Derrière cette construction se trouvent des hommes, qui étaient au plus près du conseil royal et dans la chancellerie. C'est à eux qu'est dédiée la dernière partie du livre, qui propose de percer l'identité des auteurs de l'acte, dans la chaîne qui va du roi au secrétaire. La citation attribuée à Aristote conduit à mettre en exergue la figure de Nicole Oresme, alors en charge au même moment de la traduction des œuvres du Philosophe pour Charles V – ce qui pourrait signifier sa participation à la réflexion autour de l'élaboration de l'ordonnance –, alors que les références aux deux droits, si fortement présentes dans le dispositif, amènent à proposer le nom d'Évrart de Trémaugon, auteur quelques temps plus tard du *Somnium viridarii* et de sa version française, le *Songe du Vergier*, comme autre autorité étant intervenue dans la conception de la « constitution ». À l'autre bout du processus édictal, la figure du notaire et secrétaire du roi, Pierre Blanchet, qui a signé l'ordonnance, est mise en valeur. En scrutant les autres textes à préambule où apparaît sa signature, Benoît Grévin suggère de voir en lui l'homme qui a harmonisé l'acte en lui donnant l'« écho impérial » attendu.

Les apports du livre sont très nombreux : comme le montre le tableau de l'épilogue, l'étude a considérablement enrichi le nombre des sources retrouvées et les principaux échos textuels. Parmi les trouvailles, il y a les *Économiques* du Pseudo-Aristote, 3, 2 – passage qui ne nous est parvenu que dans les traductions latines et qui est mis ici en avant pour magnifier les fils de rois –, Hilaire de Poitiers, le préambule de la constitution *Ubi periculum* – présente pour sa valeur rhétorique, la bulle a aussi été retenue parce qu'elle évoque les modalités de la succession papale. Il y a également la citation du *Tragicum argumentum de miserabili statu regni Francie* de François de Montebelluna, qui est remise en lumière, alors que, déjà identifiée par André Vernet en 1964, elle fut omise par les commentateurs ultérieurs. Il y a encore toutes les sources historiques, directement identifiées, comme par exemple les matériaux des *Grandes Chroniques de France* dans l'exposé. Au total, les découvertes dans les citations et les références permettent de considérer à nouveaux frais l'acte par rapport aux lectures qui ont pu en être faites jusqu'ici. Si les renvois aux autorités bibliques et patristiques avaient déjà été identifiés – le livre en ajoute toutefois deux nouvelles –, si la part du droit romain, principalement le Code et le Digeste, est confirmée par l'analyse de Benoît Grévin, les nouvelles références au droit canon mises à jour contribuent à donner au texte une connotation encore plus souveraine. Quant à l'identification des sources de réflexion politique, largement présentes, elle valorise les apports de Gilles de Rome et de Vincent de Beauvais. Enfin, les échos des textes historiques ouvrent, avec les références bibliques, sur des modèles de grands rois qui servent de justification.

Il convient d'insister sur la traduction française de 1378, qui est proposée en annexe, et que Benoît Grévin a exhumée d'un registre de délibérations de la ville d'Amiens. Inconnu jusque-là, ce texte montre que, très tôt, la loi a fait l'objet d'une traduction, avant celle donc de 1392, la seule connue jusqu'alors, souvent citée par les historiens, mais fautive sur plusieurs points. Du coup, « l'anti-Delachenal » qu'est Benoît Grévin propose de la *lex vel constitutio* de 1374 une nouvelle traduction, tâche à laquelle personne ne s'était risqué. Cette traduction sera désormais la référence. Parmi d'autres apports, il faut signaler ce qui est dit sur le lit de justice du 21 mai 1375, séance du Parlement au cours de laquelle l'acte a été enregistré. Les registres de la Cour souveraine pour cette année montrent que la session n'a pas été seulement consacrée à l'enregistrement de la *lex*. Il y eut également une audience à laquelle le roi a assisté, et où fut plaidé le procès opposant Édouard II, seigneur de Beaujeu, et sa cousine Marguerite de Beaujeu, princesse d'Achaïe.

Aux confins de l'histoire textuelle, de la rhétorique, de l'histoire politique et de l'histoire du droit, l'analyse que livre Benoît Grévin est une complète réussite. Sa lecture alimentera de nouvelles réflexions sur le règne de Charles V, la conception du pouvoir du « roi sage », en même temps qu'elle éclaire les questions de la fabrique de la loi et de l'écriture en chancellerie. Qu'on me permette pour terminer d'insister sur deux éléments.

L'acte du mois d'août 1374 a été suivi de trois autres textes fondamentaux, que sont l'ordonnance sur la régence, celle sur la tutelle et celle sur les apanages, toutes trois datées d'octobre 1374. Ces quatre textes forment un tout, quand bien même le premier a une vocation constitutionnelle. Il est une *lex vel constitutio*. Il est en latin – et quel latin ! –, alors que les trois autres sont en français, et il a été enregistré au Parlement. Enfin, les trois exemplaires déposés au Trésor des chartes ont fait l'objet d'un décor recherché. Mais au-delà, d'autres textes ou écrits doivent être rapprochés de cette salve législative. Il y a d'abord le *Traité du sacre* de Jean Golein de 1372 – en fait une interpolation introduite dans la traduction du *Rationale divinorum officiorum* de Guillaume Durand –, dans lequel le théologien interprète l'*ordo* du sacre. Or le sacre a toute sa place dans l'acte de 1374 : à partir de quatorze ans, les rois ont le droit de recevoir l'onction royale, qui marque la majesté, et tous les attributs qui s'y rattachent. Autre texte : le testament de Charles V, qui date également de l'année 1374, du mois d'octobre. Il prévoit notamment que la reine puisse être inhumée à Saint-Denis, aux côtés du roi, si tel est son désir. Plus largement, le testament envisage une extension du droit de sépulture aux membres de la famille royale, en premier lieu aux enfants royaux morts en bas âge, selon un usage nouveau. De surcroît, Charles V formule une exigence, à savoir que le contenu de la loi de 1374 soit respecté, de même que les clauses des ordonnances sur la tutelle et les apanages. Un an avant son testament, Charles V avait confirmé la fondation qu'il avait effectuée en 1362, pour être enseveli dans la chapelle Saint-Jean-Baptiste à Saint-Denis, inaugurant ainsi la tradition de la chapelle familiale[10].

Mises bout à bout, toutes ces décisions contribuent à une exaltation de la dynastie royale, c'est-à-dire une exaltation du sang royal, dont Charles de Miramon a montré que le concept datait des années 1340, et qu'il a été mis en avant pour répondre aux prétentions d'Édouard III

10 Berné, Damien, *Saint-Denis. L'espace et la mémoire du* XII^e^ *au début du* XVI^e^ *siècle*, thèse de doctorat d'histoire de l'art, Université Paris IV-Sorbonne, 3 vol., 2016, vol. 1, p. 155-160, 303-306 et 442-444.

à la couronne de France[11]. Ce contexte permet de mieux comprendre pourquoi la figure de Saint Louis, figure pourtant difficile à manier pour la royauté au cours de la guerre de Cent Ans[12], est exaltée par Charles V dans l'acte sur la majorité des rois, au sein de l'exposé – alors que les Carolingiens, et le premier d'entre eux, Charlemagne, y sont totalement absents. C'est le sang royal, le sang Saint Louis qui est ici mis en avant. De Saint Louis, « fleur, parure, lumière et miroir de la souche royale », il est rappelé qu'il « ne sentit la contagion d'aucun péché mortel », et qu'il est un modèle, en raison de ce que fut son gouvernement. Le sang est vecteur de qualités, que l'éducation ne doit finalement que révéler et renforcer. On saisit mieux l'insistance sur les qualités des fils de roi qui sont exaltées dans l'ordonnance sur les apanages comme dans la *lex vel constitutio*. D'où, dans ce dernier texte, les clauses finales qui pointent les rebelles et les désobéissants qui iraient contre la loi : à eux, la privation de leur droit éventuel de succession et de gouvernement, à eux la confiscation de leurs dignités et de leurs biens. Le non-respect de l'ordonnance porterait atteinte au sang royal. Le crime relève du registre de la lèse-majesté. Quant au développement sur les complices, actifs ou passifs, il n'est pas sans rappeler la législation ultérieure de Louis XI lorsqu'il décide en 1477, quelques mois après la mort de Charles le Téméraire, que ses sujets qui ne révèleraient pas les crimes de lèse-majesté dont ils auraient connaissance seraient poursuivis et condamnés aux mêmes peines que les coupables. Dans l'ordonnance de 1374, le terme de « rebelle » et les clauses de privation ont assurément une nette implication souveraine.

La deuxième considération concerne le travail d'équipe que Benoît Grévin propose de voir derrière la *lex vel constitutio*. Des noms importants sont avancés, renvoyant à des groupes de conseillers, d'intellectuels du cercle de Charles V. Deux individus émergent : Évrart de Trémaugon et Nicole Oresme, le juriste et l'artiste. On ne sait quelle était la composition du conseil qui a présidé à la rédaction de l'ordonnance, puisque la mention hors teneur indique seulement que la loi a été faite par le roi, en

---

11 Miramon, Charles de, « Aux origines de la noblesse et des princes de sang. France et Angleterre au XIVe siècle », *L'hérédité entre Moyen Âge et époque moderne. Perspectives historiques*, études réunies par Maaike van der Lugt et Charles de Miramon, Florence, Sismel-Edizioni del Galluzzo, 2008, p. 157-210, spéc. p. 178-184.

12 Beaune, Colette, *Naissance de la nation France*, Paris, Gallimard, Bibliothèque des Histoires, 1985, p. 140-153.

son conseil. Nicole Oresme n'était vraisemblablement pas présent, car il était retenu à cette date dans son chapitre cathédral de Rouen. Mais son autorité sur le texte est si forte qu'il convient d'envisager, comme le suggère Benoît Grévin, une forme de « collaboration à distance ». Dans les textes qui suivent, en particulier dans l'ordonnance sur la tutelle des enfants royaux du mois d'octobre, laquelle fournit une liste de conseillers potentiels pouvant composer le conseil de tutelle – liste dans laquelle se trouve Évrart de Tremaugon mais non Nicole Oresme –, un autre nom important figure, celui de Philippe de Mézières. En considérant les passages du texte relatifs à l'éducation des fils de rois de France – les mêmes considérations se retrouvent dans les ordonnances sur la régence et la tutelle –, on peut se demander si l'ombre de Mézières ne plane pas non plus sur l'édit de 1374. Certes, à cette date, celui qui deviendra le « sage des Célestins » n'a pas encore écrit son œuvre, mais il est déjà un proche conseiller de Charles V depuis quelques mois, et surtout il supervise l'éducation du jeune dauphin, qui a alors six ans. En siégeant au conseil, il n'est pas étranger au processus d'élaboration de cet arsenal législatif que constituent l'édit de la majorité des rois et les textes sur la tutelle, la régence et les apanages qui l'encadrent. À ces noms illustres, celui de Pierre d'Orgemont peut être ajouté. Son influence est décelable de deux manières : d'une part comme chancelier, ce qui lui donne une place de premier plan dans le processus de rédaction de la loi, d'autre part par les emprunts et les échos aux *Grandes Chroniques de France*, dont il a désormais la responsabilité de la rédaction.

L'objet du livre n'est pas de suivre le devenir de la loi, dont il faut reconnaître qu'il a été tortueux jusqu'en 1483. Ceci est une autre histoire, non moins passionnante, qui reste à écrire. Pour ce faire, les historiens tentés par l'aventure pourront partir des réflexions finales de Benoît Grévin sur la compréhension du texte de 1374 et la perception de son montage dès la fin du XIV^e^ siècle. Relevant en effet les approximations et les erreurs qui affectent la traduction française « officielle » de 1392, Benoît Grévin pose la question de la réception de la loi sous le règne de Charles VI. Il écrit :

> Il paraît certain que, très peu de temps après l'élaboration de la *constitutio*, l'extraordinaire montage par lequel des savants éminents de l'entourage de Charles V avaient tenté de faire entrer tout leur savoir à l'appui de cette « première loi » n'était déjà plus perçu dans toute sa portée, voire même était

> déjà renvoyé à l'indétermination relative d'une rhétorique du pouvoir dont on ne se donnait pas – dont on ne s'est jamais donné après 1380 – la peine d'approfondir la logique.

Il est vrai que la complexité de la construction de l'acte, notamment son préambule, qui tient à un effet d'accumulation de références et de citations, aboutit à un texte qui puise ses fondements tout à la fois dans la théologie, le droit, la philosophie et l'histoire. Tout s'entremêle dans une architecture qui n'est pas sans rappeler, selon l'image séduisante qui est suggérée, les principes flamboyants du gothique. De ce point de vue, l'ordonnance de 1374 doit aussi être lue comme le reflet des cultures franco-latines des années 1360-1380 en France du Nord et à la cour du roi. Or, à la fin du XIV^e^ siècle, avec l'essor du « premier humanisme » français, la façon de penser, de dire et d'écrire ne correspondait déjà plus à celle des rédacteurs de la loi, qui appartenaient à une génération formée pour une bonne part dans la première moitié du XIV^e^ siècle. Suivons dès lors Benoît Grévin quand il s'interroge pour savoir si, au moment où l'acte est traduit en français, « les redéfinitions culturelles en cours » ne seraient pas une explication au « voile d'imprécision qui a entouré la francisation de la loi ».

Benoît Grévin termine son propos par une métaphore de la peinture. Après avoir au départ rapproché sa démarche de celle de l'archéologue pour expliquer l'opération d'exhumation des sources à laquelle il s'est livré, conscient au terme de son enquête que tout n'a peut-être pas été découvert – ainsi certains échos relevés par ses soins –, il explique, dans un propos où transparaît l'humilité du chercheur, que c'est peut-être l'image de la restauration picturale qui définit le mieux sa démarche. Écoutons-le, en recevant ses mots comme une invitation à la lecture :

> L'examen patient d'une surface laisse soudain apparaître un, deux, plusieurs fragments d'une peinture ancienne dissimulés [...] À la fin de l'opération, le chercheur [...] a découvert un cycle pictural dont les motifs ont été à moitié détruits par le temps. Pourtant, ce qui subsiste permet de reconstituer [...] la fresque originelle, en laissant un certain jeu à l'interprétation et à l'erreur, son corollaire. Cette analogie possède l'avantage de rendre compte de l'équilibre entre les parties à peu près « dévoilées » du texte – celles où les sources sont mises en évidence – et d'autres qui attendent encore leur restauration, et d'expliquer quel genre de torsion peut produire une reconstitution de la logique d'ensemble d'un document dont la technique de rédaction n'est qu'à moitié explicitée.

Au lecteur donc de se plonger dans ce « tableau », magnifiquement et habilement restauré, dont le sujet n'est rien d'autre que la glorification sacrale de la monarchie et l'exaltation de la grandeur du pouvoir royal.

Olivier MATTÉONI
Université Paris 1
Panthéon-Sorbonne
École d'histoire de la Sorbonne /
LaMOP (UMR 8589)

# PROLOGUE

*Karolus Dei gracia Francorum rex. Ad perpetuam memoriam.*
Charles par la grâce de Dieu roi des Français. À perpétuelle mémoire.

*Filios regum per parentes educari et erudiri debere ut Deum timeant, virtutum ac virium profectum celeriter attingant, sincere diligi et primogenitos maxime magnis donis et altis honoribus decorari reipublice commodum, status regnorum et subditorum concernentibus transquillitatis augmentum, predecessorum illustrium sectando vestigia, clare liquet. Bona enim terra cum diligentia colitur ut fructus optimus reportetur, multomagis sunt filii regum per patres studiosius nutriendi et docendi ut virtutibus imbuantur fortificentur et crescant, et cum in adultam etatem pervenerint, puericie redoleant bonos mores, qui ad majoris honoris culmen sunt in populis erigendi. Altius nempe precepta descendunt que teneris imprimuntur etatibus, et illa vera et utilis censetur doctrine prudentia, que ab etatis initiis atque ab infantie ipsius exordiis inchoatur, unde sapiens : fili a juventute tua excipe doctrinam et ad canos invenies sapientiam.*

Il apparaît clairement que les fils des rois doivent – être instruits et éduqués par leurs parents afin qu'ils craignent Dieu, qu'ils opèrent rapidement des progrès en vertus et en forces, – être chéris sincèrement, et que les aînés surtout doivent être décorés de grands dons et de hauts honneurs qui regardent l'avantage de la chose publique, le bon état des royaumes et l'augmentation de la tranquillité des sujets, en suivant les traces des illustres prédécesseurs. Puisqu'en effet la bonne terre est cultivée avec soin pour qu'un excellent fruit en soit tiré, à plus forte raison les fils des rois doivent être entretenus et enseignés avec un zèle particulier, afin qu'ils s'imprègnent de vertus, se fortifient et croissent, et que, quand ils seront parvenus à l'âge adulte, ils exhalent les bonnes mœurs de leur enfance, eux qui doivent être élevés au-dessus des peuples au faîte d'un honneur plus grand. Car les préceptes s'enfoncent plus profondément qui sont inculqués pendant la tendre enfance, et c'est une prévoyance de l'enseignement considérée à bon droit utile, qu'il commence dès le plus jeune âge et les débuts mêmes de l'enfance. D'où cette parole du sage : « Mon fils, reçois l'enseignement dès ta jeunesse, et tu trouveras la sagesse jusqu'à tes cheveux blancs ».

*Ceterum equum censetur reges filios suos ut se ipsos diligere, tanquam sue senectutis pastores et custodes domus sue, cum natura eadem persona reputentur cum ipsis, et filii si non bene viverent ad interitum patris essent. Sane filios regum generaliter magnificandos et honorandos plus quam alios jura clamant, in quibus parentes ceteris munificentiores esse debent ; nam, ipsis solis remanentibus post mortem, memoria et spe ducti quodam modo immortalitatem participant ; unde, non magnificando vel honorando eosdem, donum Dei singulare sibi in filiis prestitum negligere viderentur. Rursus, quod in honoribus sint aliis fratribus primogeniti preferendi paterna benedictione pinguiori, satis patet ex benedictione quam dedit Isaac ipsi Jacob sic inquiens : Det tibi Deus de rore celi et de pinguedine terre habundantiam frumenti, vini et olei, serviant tibi populi et adorent te tribus ; esto dominus fratrum tuorum et incurventur ante te filii matris tue.*

D'ailleurs, il est considéré juste que les rois chérissent leurs fils comme eux-mêmes, en tant qu'ils sont les pasteurs de leur vieillesse et les gardiens de leur maison, et puisque par nature ils sont réputés être une seule et même personne avec eux-mêmes, enfin [puisque] que si les fils ne vivaient bien, ils seraient cause du trépas du père. Certes, les droits proclament que les fils des rois doivent être de manière générale magnifiés et honorés plus que d'autres, eux envers lesquels les parents doivent se montrer plus munificents qu'envers les autres. En effet, eux seuls restant après leur mort, guidés par la mémoire et par l'espoir, ils participent en quelque manière de l'immortalité. Aussi, si on ne les magnifie ou ne les honore pas, [les pères] sembleraient négliger le don unique que Dieu leur a prêté dans [la personne de] leurs fils. Derechef, que les aînés doivent être chargés de plus d'honneurs que les autres frères dans une plus riche bénédiction paternelle découle assez de la bénédiction qu'a donnée Isaac à Jacob, selon ces paroles : « Que Dieu te donne de la rosée du ciel et de la richesse de la terre toute abondance de froment, de vin et d'huile, que les peuples te servent et que les tribus t'adorent : sois le seigneur de tes frères et que les fils de ta mère se courbent devant toi ».

*Porro summe debent reges attendere quod beneficia filiis suis, precipue primogenitis, impensa cum publica utilitate concurrant, cum hec duo post Deum sibi debeant existere cariora, confidentes in filiis rempublicam post ipsorum obitum feliciter conservari in ipsius negotiis peragendis, sic intendentes solerter quod ea que periculosiora sunt nequaquam absque remedio reformacionis acommode relinquant, sed si respiciant oculate quod populus ab opprimencium protectus incursibus exhuberantia virtutum quiescat in pulchritudine pacis, in tabernaculis fiducie, et requie temporalium opulenta, res quoque publica suis temporibus prosperetur. Postremo super regimine regni debemus predecessorum nostrorum vestigiis inherere et inter bonos meliores et inter meliores optimi sunt sectandi.*

En outre, les rois doivent prêter la plus grande attention à ce que les bénéfices accordés à leurs fils, et particulièrement aux aînés, concordent avec l'utilité publique, puisque ce sont là les deux choses qui doivent, après Dieu, leur être les plus chères, confiants [qu'ils sont] qu'à travers leurs fils la chose publique sera heureusement conservée après leur trépas dans tout ce que requerront ses affaires, et s'entendant habilement à ne jamais laisser ce qui présente plus de péril sans y remédier par une réforme appropriée ; [car] si au contraire ils prennent garde avec clairvoyance à ce que le peuple, protégé des assauts de ses oppresseurs, repose dans la splendeur de la paix, dans les tabernacles de la confiance, et dans le repos des prospérités mondaines, la chose publique également prospérera de leur temps.

En dernier lieu, nous devons suivre les traces de nos prédécesseurs en ce qui concerne le gouvernement du royaume, et entre les bons, ce sont les meilleurs, et entre les meilleurs, les plus parfaits qui doivent être suivis.

*Hinc est quod nos, considerantes attente etatem quatuordecim annorum seu eciam minorem nullatenus repugnare regie dignitati vel administracione nasciscende seu suscipiende regnorum ; Joas enim unctus fuit et regnavit etatis sue anno septimo ; Josias octo annorum erat, quando regnare cepit ; David parvulus in regem unctus est, et Salomon elegit Deus adhuc puerum et tenellum, et isti reges fecerunt placitum coram Domino ; Jheremias puer super gentes constitutus est et regna ; considerantes eciam quod annus quartusdecimus annus discretionis existit, et in ipso quis ad plures actus legitimos admittitur, exercendi et assuescendi sunt nobiles ad labores militares et opera bellicosa, et quod nonnulli reges tam predecessores nostri quam alii, hac etate seu paulo ante vel post, regnorum gubernacula assequti, magnifice et utiliter regnaverunt ; quodque filii regum Francie solent cura pervigili instrui et educari in bonis moribus, virtutibus et honore, quapropter ipsos verissimiliter creditur plus illo tempore profecisse, quam alios minoris status, etate longe majori, juxta illud quod scribitur : « Cesaribus virtus contigit ante dies » ;*

Aussi, nous, considérant attentivement :
– que l'âge de quatorze ans, voire même un âge mineur, ne répugne nullement à la dignité royale, ou à [l'acte d'] assumer ou de saisir l'administration des royaumes – en effet Joas fut oint et régna la septième année de son âge ; Josias avait huit ans, quand il commença à régner ; David fut oint pour [devenir] roi petit enfant ; et Dieu élut Salomon encore dans sa tendre enfance, et tous ces rois firent ce qui plaît à [la face de] Dieu ; quand à Jérémie, il fut établi enfant [comme autorité] sur les nations et les royaumes – ;
considérant également :
– que l'âge de quatorze ans correspond à l'âge de discrétion, et que c'est dans ce temps que l'on est admis à exercer plusieurs actes légitimes, que les nobles doivent être dès lors entraînés et habitués aux travaux militaires et aux actions guerrières ;
– et que plusieurs rois, tant nos prédécesseurs qu'autres, ayant assumé à cet âge, ou peu avant ou peu après, la direction du royaume, ont régné magnifiquement et avec profit ;
– que de plus les fils des rois de France sont traditionnellement instruits et éduqués avec un soin très vigilant dans les bonnes mœurs, les vertus et [le sentiment de] l'honneur, en raison de quoi on croit avec grande apparence de raison qu'ils ont fait plus de progrès à cet âge que d'autres, d'état inférieur, quoique de loin plus âgés, selon cette écriture : « Aux Césars la vertu survint avant les jours » ;

*et quod in corde nostro indelebiliter est scriptum, qualiter sanctissimus attavus et predecessor noster, patronus, deffensor et dominus singularis, beatus Ludovicus, flos decus, lumen et speculum nedum regalis prosapie, sed omnium Gallicorum, cujus memoria in benedictione est, et non derelinquetur in secula, ac divina protegente gracia, nullius mortalis criminis sensisse contagium perhibetur, regnumque et rempublicam sic laudabiliter gubernavit, quod gesta ipsius preclara, que mundus mirabitur quamdiu sol eclipticam permeabit, per nos et successores nostros merito ad consequenciam trahi debent ; sic quod sua actio nostra instructio videatur – de ipso enim legitur, quod regni maximi et potentes inimici, agente Deo, ipsius pueri regis viribus sunt repulsi, in etatis sue quarto decimo anno regni*

*regimen assumpsit, recepit homagia seu fidelitatis juramenta prelatorum, parium et aliorum vassallorum, fuitque sacra unctione regali inunctus et coronatus –;*
[considérant] également :
– qu'est écrit indestructiblement dans notre cœur comment notre très saint aïeul et prédécesseur, patron, défenseur et seigneur particulier, le bienheureux Louis, fleur, parure, lumière et miroir de la souche royale, ou plutôt de tous les Gaulois – lui dont la mémoire est en bénédiction et ne sera pas délaissée dans la suite des siècles ; et dont il est dit que, par la protection [spéciale] de la grâce divine, il ne sentit la contagion d'aucun péché mortel – dirigea si louablement le royaume et la chose publique que ses actions très éclatantes, qui seront admirées du monde tant que le soleil parcourra l'écliptique, doivent être érigées en règle pour nous, de sorte que son action soit notre instruction – à son propos en effet, on lit que les premiers [barons] du royaume et de puissants ennemis, par l'action divine, furent repoussés à force par ledit roi enfant, qu'il assuma le gouvernement du royaume dans la quatorzième année de son âge, [époque à laquelle] il reçut les hommages ou serments de fidélité des prélats, des pairs et des autres vassaux, et fut oint de l'onction royale et couronné ;

*videntes eciam – dierum crescente malicia – mundum jugiter in deteriora prolabi, et non ex divine providencie deffectu seu debiti rerum ordinis, sed ex propriis demeritis in hominum mentes assueta depravante nequitia malis malorum passim cumulum superaddi ; et quod quasi dampna infinita per administratores alienos minoribus illata et irrogata fuerunt temporibus retroactis, nec cessant, prodolor indesinenter inferri ; exactique temporis consideracio edocet, et pensata prudenter discrimina manifestant, quot et quantis aliena, longeva et peregrina regimina plena periculis extiterunt ; quibus de causis et aliis, ut minorum indempnitatibus succurratur, et ipsi frequenter veniam etatis impetrant, et nos et predecessores nostri in concedendo eandem consuevimus nos exhibere petentibus liberales ; quodque rex et dominus naturalis ac legittimus plus diligitur a subditis, quam quicumque regens pro eo, videtur libencius, et sibi ab eisdem promptius obeditur, retrahunturque a facinoribus et delictis solum dominum videndo ; et ut frequenter visum est, puerum, juvenem vel infantem, ad bonum obediencie et serviciorum promptitudinem excitati, audaces et magnanimi fiunt, ac magis in omnibus virtuosi ;*
voyant aussi :

– que, la méchanceté augmentant avec les jours, le monde glisse continuellement vers le pire, et que, non par défaut de la providence divine ou de l'ordre convenable des choses, mais en raison de leurs propres démérites, comme la malice invétérée dans les hommes les pervertit, une montagne de maux s'ajoute partout aux maux [déjà présents] ;
– et que c'est presque une infinité de dommages qui a été infligée et apportée par les administrateurs étrangers aux mineurs dans les temps révolus, et qu'ils ne cessent, hélas !, d'être infligés ; et que la contemplation du temps écoulé nous apprend, ces injustices justement considérées manifestent à combien et à quels périls les gouvernements placés longuement sous une tutelle étrangère ont été soumis, raisons pour lesquelles, entre bien d'autres, afin que l'intégrité des mineurs soit secourue, eux-mêmes invoquent fréquemment [qu'on leur fasse] grâce de leur âge, et nous et nos prédécesseurs avons accoutumé, en la leur concédant, de nous montrer généreux envers les requérants ;
[et voyant de plus]
– que le roi et seigneur naturel et légitime est plus chéri par ses sujets que quiconque gouvernant en son nom, qu'il est vu plus volontiers, et qu'il est obéi par lesdits [sujets] plus promptement, et qu'ils s'abstiennent des méfaits et délits en voyant leur seul seigneur ; enfin que l'on a souvent vu que, lui [étant encore] enfant, adolescent ou nourrisson, eux, incités au bien de l'obéissance et à la promptitude des services, se font audacieux et héroïques, et plus vertueux en toutes choses.

*Macedones enim prelio pulsi, rege suo regis deffuncti filio existenti in cunis pene*[1] *aciem posito, accrius repetiere certamen, victores futuri propter presentiam ejusdem, ostendentes priori bello regem non virtutem Macedonibus defuisse ; et Gallici Chilpericum regem Francie, cujus auttoritate et nomine etatis quatuor mensium existentis regnum regi voluerunt, intuentes per reginam matrem suam ad exercitum inter brachia portari, ita strenue bellaverunt quod dictus Chilpericus gloriosissimum habuit et obtinuit triumphum ;*
– en effet les Macédoniens, repoussés au combat, ayant placé leur roi, fils du roi défunt, qui était encore au berceau, au milieu de l'armée, recommencèrent plus vivement l'assaut, pour remporter la victoire à cause de la présence de celui-ci, montrant [par là] que dans la guerre précédente, c'était le roi, non la vertu, qui leur avait manqué ; et les

1 Sic pour *penes*.

Gaulois, voyant Chilpéric, roi de France, sous l'autorité et le nom duquel ils avaient voulu que le royaume fût régi, alors qu'il n'avait que quatre mois d'existence, porté dans les bras de la reine sa mère à l'armée, combattirent si durement que ledit Chilpéric remporta et obtint un très glorieux triomphe – ;

*pacifico statui regni nostri nedum pro nostris sed pro perpetuis temporibus cupientes sinceris affectibus providere, ad vitandas discordias, removenda scandala et alia inconvenientia et detrimenta maxima, que nisi provideretur, timerentur verissimiliter evenire ;*
désirant d'un élan sincère pourvoir à l'organisation pacifique de notre royaume, non pas seulement pour notre temps, mais à perpétuité, afin d'éviter les discordes, d'ôter les scandales, et autres défauts et dommages essentiels, qui, si l'on n'y pourvoyait, risqueraient vraisemblablement de survenir ;

*premissis omnibus et singulis, quantum nobis ex alto permittitur premeditatis prudenter, ut agere considerate possimus, ad omnem dubitationis materiam submovendam, habita super hoc deliberatione matura et consilio pleniori cum pluribus prelatis personisque notabilibus clericis et laicis, declaramus decernimus ordinamus et hac editali lege nostra irrefragabili et imperpetuum valitura diffinimus constituimus et sanccimus de nostris certa scientia ac regie plenitudine potestatis :*
l'ensemble et chacune de ces choses susdites ayant été, autant qu'il nous est accordé [du haut] des cieux [de le faire], prudemment médité, [et,] afin que nous puissions agir avec circonspection, ayant [été la matière d'une] mûre délibération et [d'un] conseil plénier, [renforcé de] moult prélats et personnes remarquables, tant clercs que laïcs, nous déclarons, décrétons, ordonnons, et, par cette loi à valeur d'édit irréfragable et valide à perpétuité qui est la nôtre, définissons, constituons et sanctionnons, de nos certaine science et plénitude de puissance royale :

*ut si nos vel successores nostros nutu divino decedere vel ab hac luce migrare contigerit, filio nostro masculo primogenito, seu primogenitis regum successorum nostrorum pro-tunc existentibus minoribus quatuordecim annis, eo-ipso quod dictus primogenitus noster, seu primogeniti predictorum successorum nostrorum quartumdecimum annum sue etatis attigerint, vel eisdem decedentibus sine filiis masculis fratres sui ab eodem patre procreati, naturales et legittimi secundum debitum ordinem originis eorumdem, dictum annum quartumdecimum attingentes, quos exnunc prout extunc quoad infra scripta puberes statuimus et decernimus reputari, habeant et habere debeant regimen et administracionem regni, homagia et juramenta fidelitatis per prelatos, fratres, pares, principes, seu quascumque personas alias ecclesiasticas vel seculares, prestanda et facienda, etiam si archiepiscopali, episcopali, regia, vel alia quacunque prefulgeant dignitate, recipiant et admittant ;*

– que s'il arrive que nous, ou nos successeurs, décèdent ou migrent de cette lumière [mondaine vers la lumière éternelle], concernant notre fils de sexe mâle, aîné, ou les aînés des rois nos successeurs, qui se trouveraient à tel moment avoir moins de quatorze ans, du simple fait que notre susdit aîné ou les aînés de nos susdits successeurs auront atteint la quatorzième année de leur âge ; ou bien que, étant décédés sans fils mâles, leurs frères, engendrés par le même père, naturels et légitimes, selon l'ordre obligé de leur antécédence, auront atteint ladite quatorzième année, – lesquels [fils ou successeurs] nous statuons et décrétons être considérés dorénavant, avec effet immédiat, pubères [à cet âge] quant aux choses écrites plus bas – ils aient et doivent avoir le gouvernement et l'administration du royaume, et qu'ils reçoivent et admettent les hommages et serments de fidélité qui doivent être prêtés et faits par les prélats, par leurs frères, par les pairs, par les princes, ou par quelque autre personne que ce soit, ecclésiastique ou séculière, même si elle resplendissait de la dignité archiépiscopale, épiscopale, royale, ou de quelque autre [dignité] ;

*illi vero qui ad eadem prestanda vel facienda erunt quomodolibet astricti, illa dicto tempore sibi facere et prestare neccessario teneantur ; donumque munificum sacre unctionis regalis, ceptrum, coronam et diadema, vestimenta, et alia insignia regalia universa et singula, recipere valeant pro sue libito voluntatis ; teneant ac plenum sorciantur effectum iuramenta, tam in sacra unctione vel coronatione, quam alias tunc per eosdem prestita, nec non gracie, pacta, conventiones et promissa facta suis subditis et vassallis, seu aliis personis ecclesiasticis vel secularibus quibuscunque, ac si essent majores viginti quinque annis ; faciantque et disponant in omnibus et per omnia, prout verus rex Francorum facere potest et eidem competit ratione sui precelsi culminis ac dignitatis supreme sue regie majestatis, consuetudinibus non obstantibus quibuscumque.*

– que ceux en revanche qui sont tenus de prêter et de faire lesdits [hommages] en quelque manière que ce soit, soient nécessairement obligés à les lui faire à ce moment ;

– qu'ils puissent recevoir le don munificent de la sainte onction royale, le sceptre, la couronne et le diadème, les vêtements, et l'ensemble des autres insignes royaux, à leur convenance personnelle ; qu'aient et possèdent pleine puissance les serments alors prêtés par eux-mêmes, tant lors de la sainte onction ou couronnement, qu'en d'autres occasions, ainsi que les grâces, pactes, conventions et promesses faits à leurs sujets et vassaux, ou aux autres personnes ecclésiastiques et du siècle, quelles qu'elles soient, comme s'ils avaient atteint la majorité des vingt-cinq ans, et qu'ils fassent et disposent en tout et pour tout, comme peut faire un vrai roi des Français et comme il lui revient [de faire] par la raison de sa suréminente hauteur et de la dignité suprême de sa royale majesté, nonobstant quelque coutume que ce soit.

*Cum enim sint et fuerint ab antiquo pro demanio regni regendo et conservando actibus bellicis ad laudem bonorum vindictam vero malorum, si opus fuerit, exercendis provinciarum regimine, ac debita justitia que nunc usque, laudes Deo, in regno nostro dicitur floruisse absque accepcione personarum, omnibus et singulis ministranda, distincta officia ordinata ; virique spectabiles, illustres et superillustres, litterati, prudentes et scientifici, quorum opinionibus et operacionibus floret orbis, commissi et deputati ad hujusmodi officia gubernanda, impendenda obsequia, ac ministranda consilia majestati regie in omnibus que jus publicum concernunt ; et super adeptione vel administratione regni non reperiatur certa etas constituta vel prefinita a jure in rege, qui solutus est legibus, cum jura dicentia certam etatem exigi in minoribus loquantur jurium ditioni subjectis : dignum prorsus et congruum arbitramur tam ex iis quam aliis supradictis in dicto anno quartodecimo suprascriptos filios nostros vel successorum nostrorum, in casibus superius declaratis, regimen et administrationem regni nancisci, suscipere et habere, ac omnia facere que ad verum regem pertinent, ut superius est premissum.*

Étant en effet posé qu'il existe et qu'il a existé depuis les temps anciens des offices distincts et bien hiérarchisés :
– pour régir le domaine [royal ?] du royaume et pour le conserver,
– [pour] exercer des actions de guerre exaltant les hommes de bien et châtiant les méchants, s'il en est besoin,
– [pour] le gouvernement des provinces,
– et [pour] administrer la justice nécessaire, [justice] que l'on dit, louanges à Dieu, avoir jusqu'à présent fleuri dans notre royaume, sans acception de personnes, pour tous et chacun ;

[étant donné qu'il existe également] des hommes remarquables, illustres et plus qu'illustres, lettrés, prud'hommes, experts en sciences, par les délibérations et opérations desquels fleurit le globe, qui ont pour rôle et fonction de diriger lesdits offices, de prêter leurs services, et d'administrer leurs conseils à la royale majesté, en tout ce qui concerne le droit public ; et qu'au sujet de la prise en charge et de l'administration du royaume, il ne se trouve pas [de leur aveu] un âge ferme, fixé en loi ou déjà défini par le droit pour le roi, lequel n'est pas tenu par les lois, puisque les droits qui disent que tel âge fixe est exigé dans les mineurs [pour s'occuper de leurs affaires] ne parlent que de ceux qui sont sujets à la [juri]diction de ces droits ; [étant donc donné tout cela] nous estimons absolument digne et convenable, tant pour ces raisons, que pour les autres susdites, que nos suscrits fils, ou ceux de nos successeurs, dans les cas déclarés plus haut, obtiennent, saisissent et possèdent à leur quatorzième année le gouvernement et l'administration du royaume, et qu'ils fassent tout ce qui revient [de faire] à un vrai roi, comme il a été disposé plus haut.

*Si quis autem in tantam proruperit temerarie presumpcionis audaciam, quod premissa vel aliquod premissorum, per se vel per alium, publice vel oculte, nisus fuerit impedire, seu super eisdem se inobedientem reddiderit vel rebellem, omni jure successionis, etiam regni, regiminis vel administrationis ejusdem, quod pro tunc et futuro tempore sibi competere posset, nec non dignitatibus, feodis, terris et dominiis que in regno nostro tenebit, et etiam mandantes, consulentes, agentes, consentientes seu ratum habentes, eo ipso noverint se privatos. Ne autem nostra presens lex vel constitutio deinceps in disceptationis materiam deducatur, sed si qua super ipsa pretenderetur ignorantia, crassa dici debeat et supina, volumus et decernimus eamdem solenniter publicandam et in archivis cartarum nostrorum ad perpetuam memoriam redigendam.*

Si toutefois quelqu'un éclatait de l'audace d'une présomption si téméraire, qu'il s'efforçât d'entraver les susdites dispositions, ou partie d'entre elles, par lui-même ou par autrui, publiquement ou occultement, ou qu'il se rendît sur leur fait désobéissant ou rebelle, qu'il sache qu'il sera de ce fait privé de tout droit de succession, même du royaume [et] de gouvernement ou d'administration dudit royaume qui pourrait lui revenir alors et dans les temps à venir, ainsi que des dignités, fiefs, terres et domaines qu'il tiendra dans notre royaume, lui, ainsi que ses commissaires, conseillers, complices actifs et passifs ou simplement approbateurs. Enfin, de crainte que cette présente loi ou constitution qui est la nôtre ne devienne par la suite matière à controverse, mais [afin] que si on prétextait sur son fait l'ignorance, ladite [ignorance] doive être considérée crasse et grossière, nous voulons et décrétons que ladite loi soit solennellement publiée et versée dans les archives de nos chartes à mémoire perpétuelle.

*Datum in castro nostro Nemoris Vicenarum ; mense Augusti, anno ab incarnatione Domini millesimo trecentesimo septuagesimo quarto ; regni vero nostri undicesimo.*
Donné en notre château du Bois de Vincennes le mois d'Auguste, l'année de l'incarnation du Seigneur mille trois cent soixante-quatorze, de notre règne, la onzième.

*Per regem, in consilio suo. P. Blanchet.*
De par le roi, en son conseil, P. Blanchet.

# INTRODUCTION

## L'OCCASION D'UNE DÉCOUVERTE

Au printemps 2010, Sébastien Barret et moi-même tentions d'améliorer la présentation du corpus de quelque cinq cent cinquante préambules des actes des rois de France du XIVe siècle qui formait le noyau du livre alors en gestation sous le titre *Regalis excellentia*[1]. Les préambules de la chancellerie royale des derniers Capétiens directs et des premiers Valois (1300-1380) présentent le mélange de formulaire et d'inventivité qui donne à ce genre textuel un aspect quasi litanique durant tout le bas Moyen Âge à travers l'Europe. Ils remâchent perpétuellement la même phraséologie du pouvoir, certes lentement modifiée, mais avec un tel respect pour les formules du passé qu'il semble parfois, même à l'observateur attentif, que rien, ou très peu, n'a changé, entre l'époque des premiers Capétiens, enserrés dans leur Île-de-France, et celle de la construction heurtée de l'État royal, durant les heures les plus sombres de la guerre de Cent Ans[2]. Pourtant, dans ces évolutions d'une lenteur quasi géologique de la phraséologie royale, des mouvements de failles se produisent, qui viennent mystérieusement modifier les logiques de production du texte, révélant quelque chose du développement d'une rhétorique de l'État à travers les siècles. C'est ainsi qu'à l'époque de Saint Louis, on n'éprouve pas le besoin, même pour les actes les plus importants de la monarchie, tels ceux concernant l'érection du dispositif sacral et liturgique lié à la Sainte-Chapelle, de créer des préambules

1 Barret, Sébastien, Grévin, Benoît, *Regalis excellentia. Les préambules des actes des rois de France au XIVe siècle (1300-1380)*, Paris, École des chartes, 2014 (Mémoires et documents de l'École des chartes, 98).

2 *Cf.* pour des exemples de permanence de formules dans le temps long de la diplomatique royale française, du Moyen Âge central au bas Moyen Âge, *ibid.*, p. 195-198.

pompeux, alors caractéristiques dans mainte partie de l'Europe de la rédaction d'actes solennels[3]. Cette éclipse dure pendant presque tout le XIII^e^ siècle. Elle cesse pourtant, autour de 1300, et la chancellerie du quatorzième siècle prend l'habitude de munir certains de ses textes d'une ouverture plus complexe, renouant par certains aspects avec la tradition de ses lointains prédécesseurs des X^e^ et XI^e^ siècles.

Les préambules des actes royaux ne comportent pas nécessairement un recours abondant à des sources immédiatement repérables. Ils se répètent plutôt l'un l'autre, dans une chaîne intemporelle qui plonge jusqu'à la phraséologie de l'empire romain finissant[4]. Il arrive toutefois que, comme dans tout texte médiéval, le jeu des échos bibliques, classiques, juridiques, se multiplie, qu'une réminiscence ou une citation plus apparente indique la possibilité d'un renvoi ponctuel à une source précise que pouvait avoir eue en tête le notaire compositeur ou, plus sûrement, les lointains inventeurs du modèle qu'il imite[5]. Dans certains cas, enfin, la citation est patente, voire assumée, devenant une allégation : on renvoie clairement à l'autorité biblique ou patristique, plus rarement juridique ou classique, pour étayer son propos[6].

La possibilité de retrouver des sources de ces différents types, qu'elles soient fondues dans l'*impasto* textuel au point d'en être presque méconnaissables, ou qu'elles saillent de l'acte comme une gargouille du flanc

---

3 *Cf.* par exemple l'acte de fondation de la Sainte-Chapelle par Louis IX en 1246 (Archives nationales, K 32, n° 2, conservé au Musée des archives nationales, également connu jusqu'en 2006 comme Musée de l'histoire de France, sous la cote AE II 2406), Morand, Sauveur-Jérôme (éd.), *Histoire de la Sainte-Chapelle royale du palais*, Paris, Clousier-Prault, 1790, p. 3-7. Cet acte très solennel n'est pas muni de préambule.

4 La meilleure introduction à la transition entre la phraséologie politique du monde latin tardif et celle du Moyen Âge, vue sous l'angle des préambules, reste sans doute Fichtenau, Heinrich, *Arenga. Spätantike und Mittelalter im Spiegel von Urkundenformeln*, Graz-Köln, Böhlau, 1957 (Mitteilungen des Instituts für österreichische Geschichtsforschung, Ergänzungsband XVIII).

5 *Cf.* le bel exemple d'un réemploi d'une formule cassiodorienne des *Variae* par la chancellerie de l'empereur Frédéric II dans un préambule solennel en 1245, commenté *ibid.*, p. 37.

6 *Cf.* par exemple Lombard-Jourdan, Anne, « À propos de Raoul de Presles. Documents sur l'homme », *Bibliothèque de l'école des chartes*, 1981, 139/2, p. 201-207, repris et modifié par Barret, Grévin, *op. cit.*, n° 368, commentaire p. 246-247, p. 530-531, analyses complémentaires p. 612, acte de légitimation de Raoul de Presles signé par le notaire Philippe Ogier, décembre 1373. Il s'agit d'un cas limite, où le renvoi aux « lettres » à propos d'une anecdote concernant Socrate n'est guère compréhensible *a priori* pour le lecteur moderne, les « lettres » en question étant celles de Saint Jérôme.

d'une cathédrale, s'accroît quand le préambule, se faisant solennel, multiplie ses périodes et ses développements. De fait, les textes contenus dans *Regalis excellentia* se divisent en deux sous-ensembles. À un miroitement indistinct de textes courts, de *Kurzarengen*, souvent presque interchangeables, s'oppose la masse restreinte et compacte de préambules solennels, voire très solennels, qui introduisent des actes que leur importance pour le roi, sa famille ou ses notaires, a voués à cette forme d'inflation[7]. Parmi cette poignée de textes, dont certains reçoivent une parure visuelle remarquable, se distingue le préambule très solennel de ce qui est sans doute l'acte le plus célèbre de l'ensemble du corpus : l'acte, constitution ou loi de fixation de la majorité des rois de France à quatorze ans[8].

Ce texte ne peut être réputé avoir été délaissé par les historiens[9]. Sans même s'arrêter sur son contenu juridique, s'appuyant sur plusieurs maximes de droit civil longuement discutées par la recherche récente,

7 Parmi ces préambules très solennels, *cf.* en particulier *ibid.*, n° 24, p. 434 (don du duché de Bourgogne à Philippe le Hardi, 1363) ; n° 31, p. 436-437 (fondation d'une chapelle consacrée à saint Jean-Baptiste dans l'abbaye de Saint-Denis, 1373) ; n° 43, p. 440-441 (don du comté de Montfort à Jean de Boulogne, 1351) ; n° 52, p. 443-444 (ordonnance réglementant la tutelle des enfants de France, octobre 1374, en français, pour laquelle *cf. infra*, p. 74, 81, 448-449, 497) ; n° 114, p. 460-471 (autorisation de fonder une confrérie accordée au collège des notaires et secrétaires du roi, 1351) ; n° 229, p. 492-493 (don des confiscations et épaves aux chanoines de l'église de Saint-Ouen, où est établi l'ordre de l'Étoile, 1351) ; n° 270, p. 503-504 (réunion à la couronne des duchés de Normandie et Bourgogne et du comté de Champagne et Brie, 1363) ; n° 300, p. 512-513 (élection de sépulture du dauphin Charles en la chapelle Saint Jean-Baptiste à Saint-Denis, 1362) ; n° 316, p. 516-517 (ordonnance réglementant l'enseignement du droit civil et du droit canon à Orléans).

8 *Ibid.*, n° 194, p. 182-183.

9 *Cf.* en particulier pour les dernières décennies Krynen, Jacques, « "Le mort saisit le vif". Genèse médiévale du principe d'instantanéité de la succession royale française », *Journal des savants*, 1984, p. 187-221 et *Id. L'Empire du roi. Idées et croyances politiques en France, XIIIe-XVe siècle*, Paris, Gallimard, 1993, p. 135-142 ; Autrand, Françoise, « La succession à la couronne de France et les ordonnances de 1374 », *Représentation, pouvoir et royauté.* Actes du colloque organisé par l'université du Maine (25-26 mars 1994), Paris, Picard, 1995, p. 25-32 ; Brunel, Ghislain, *Images du pouvoir royal. Les chartes décorées des Archives nationales XIIIe-XVe siècle*, Paris, Somogy éditions d'Art, 2005, p. 200-211 ; Potin, Yann, « Le coup d'État "révélé" ? Régence et trésors du roi (septembre-novembre 1380) », *Coups d'État à la fin du Moyen Âge ?* Actes du colloque de Madrid, Casa de Velazquez-Madrid Complutense, 20-22 novembre 2002, François Foronda, Jean-Philippe Genet, José Manuel Nieto Soria (éd.), Madrid, 2005, p. 181-211 ; Rigaudière, Albert, « La *lex vel constitutio* d'août 1374, "première loi constitutionnelle de la monarchie française" », *Un Moyen Âge pour aujourd'hui. Mélanges offerts à Claude Gauvard*, Julie Claustre, Olivier Mattéoni, Nicolas Offenstadt (éd.), Paris, PUF, 2010, p. 169-190 et *Id.*, « Un grand moment pour

il contient un jeu d'une dizaine de citations apparentes, bibliques et classiques, qui a souvent été commenté[10]. On ne s'attendrait donc pas à ce qu'il reste grand-chose à dire sur ses sources et son agencement. Quand Sébastien me communiqua un jour qu'il pensait y avoir trouvé un écho d'un passage de la version latine de ces *Économiques* que le Moyen Âge attribuait à Aristote[11], et qui furent traduits en français par Nicole Oresme dans les années mêmes de rédaction de l'acte[12], c'est donc avec une certaine excitation que j'entrepris de sonder la zone textuelle où la phrase « sonnait creux ».

L'historien des textes médiévaux a quelque chose de l'archéologue. Quand il exhume une « rencontre textuelle » prometteuse, il s'emploie aussitôt à élargir le périmètre de ses recherches autour de la zone d'affleurement pour jauger s'il ne s'agit que d'un fragment, ou si un groupe plus massif de remplois va émerger. Après vérification, la citation était subtile, mais ample, filée, cohérente, et modifiait sensiblement la perspective de lecture de ce préambule. Plus, en scrutant segment par segment les abords de la zone concernée, je trouvai par hasard une seconde séquence, cette fois reprise presque textuellement d'une des lettres de Sénèque, apparemment ignorée par l'ensemble des commentateurs successifs[13].

L'absence de repérage de la citation de Sénèque ne s'expliquait que par le hasard, depuis l'origine. Il ne lui manquait en effet que d'être introduite par un nom ou une mention telle qu'*ut ait philosophus* pour sauter aux yeux. La persistante dissimulation du long jeu de renvois aux *Économiques* était plus compréhensible. Cette œuvre a perdu l'essentiel de sa fascination avec sa désattribution, à l'époque moderne, et les versions latines de ce texte qui circulaient au XIV^e^ siècle ne sont guère

l'histoire du droit constitutionnel français : 1374-1409 », *Journal des savants*, 2012, p. 281-370, ainsi que plus généralement le chapitre bibliographique *infra*, p. 121-134.

10 *Cf.* en particulier Delachenal, Roland, *Histoire de Charles V*, t. 4, Paris, Picard, 1928 ; Autrand, Françoise, *Charles V*, Paris, Fayard, 1994, p. 633-634 ; Rigaudière, « La *lex* », art. cité, p. 180-181.

11 *Cf.* pour l'analyse de cette citation *infra*, p. 203-210 ; 332-337.

12 La date d'achèvement des traductions de l'*Éthique*, des *Politiques* et des *Économiques*, échelonnées entre 1369 et 1374, est précisément l'année de la promulgation de cette loi : 1374. *Cf.* sur ce point Maistre Nicole Oresme, *Le livre de yconomique d'Aristote*, Albert D. Menut (éd.), Philadelphia, The American Philosophical Society, 1957 (Transactions of the American Philosophical Society, n. s., 47/5), p. 791.

13 *Cf. infra*, p. 198-202 ; 330-331.

visitées par la recherche[14]. De plus, la source avait été considérablement retravaillée par le, ou plus probablement, les rédacteurs de 1374. Une chose était sûre pourtant : si de telles découvertes pouvaient être faites sur ce texte fondateur, théoriquement si bien connu, il fallait le revisiter en profondeur, à la fois parce qu'il pouvait et devait être réinterprété en fonction de ce que ces autorités cachées apportaient à la compréhension de son agencement, et parce qu'il était probable que d'autres citations, du même type ou différentes, pourraient, avec un peu d'acharnement, être retrouvées.

## CE QUI A ÉTÉ FAIT, CE QUI RESTE À FAIRE

C'est le fruit de ce travail d'exhumation des sources et d'analyse de la logique de composition de cet acte fameux qui est ici présenté. Au-delà du seul préambule, qui a livré d'autres secrets, la loi de 1374 contenait effectivement de multiples renvois dissimulés lesquels, revenus à la lumière, sont susceptibles d'en modifier la compréhension. Surtout, l'opération de recherche elle-même a changé l'idée que l'on pouvait se faire de la construction de ce texte. Dans certains passages, en effet, l'investigation a abouti à un résultat que l'on peut qualifier de clair, et, dans une certaine mesure, de définitif. Dans d'autres, aussi nombreux, une solution globale n'a pas été trouvée, mais des indices ont été accumulés qui suggèrent l'existence de sources encore à définir, et les directions à emprunter pour les retrouver, si tant est qu'elles soient préservées. Enfin, ces découvertes ont abouti à renforcer les soupçons sur

14 Sur l'histoire de ces versions, *cf.* Maistre Nicole Oresme, *Le livre de yconomique*, *cit.*, p. 786-788 ainsi qu'Aristote, *Économique*, texte établi par Bernhard Abraham Van Groningen et André Wartelle, traduit et annoté par André Wartelle, Paris, Les Belles-Lettres, 1968, p. XXI-XXVIII. Si la recherche contemporaine est d'accord pour considérer que les *Économiques* tels qu'ils nous sont parvenus (dans un texte composite, le troisième livre n'ayant été conservé qu'à travers des traductions latines) ne peuvent remonter à Aristote (le second livre en particulier contient nombre d'éléments qui renvoient à une période postérieure à la mort du maître), il existe un débat sur la possibilité d'attribuer tout ou partie des livres I et III à l'enseignement direct ou médiatisé du Stagirite. Cette question n'étant pas centrale dans le cadre de ce livre, il importe simplement de souligner ici que pour les hommes du Moyen Âge, les *Économiques* étaient bien l'œuvre d'Aristote.

l'identité des différentes « autorités » de l'acte et, dans au moins un cas, à prouver l'intervention de l'un des grands intellectuels du XIVe siècle dans sa rédaction. Avec l'apparition de ces découvertes, de ces soupçons et de ces certitudes, c'est en définitive la perspective tout entière sur la texture de cette « constitution » qui s'est modifiée.

On est en particulier passé, au moins pour la première moitié, la plus rhétorique, du texte, de la vision d'une construction relativement libre, étayée dans certaines de ses parties par un semis de citations, essentiellement quelques *exempla* bibliques et historiques, à la reconstitution progressive d'un ensemble presque plein, où les citations et échos s'entrecroisent dans toutes les directions, sans guère de solution de continuité. Il n'y a en fait plus très loin, du travail effectué, à la supposition que le texte tout entier, dans ses parties les plus rhétoriques – au sens de parties plus librement composées que le dispositif qui forme le dernier tiers de l'acte – est un agencement subtil de matériaux qui pourraient en théorie être tous retrouvés, où la part de l'inventivité « pure » des rédacteurs est, sinon minime, du moins bien moindre que ce que l'on pouvait imaginer. Afin de mesurer l'écart entre la vision traditionnelle qui a prévalu depuis les travaux liés à la constitution au XVIIIe siècle du volume de la série des *Ordonnances des rois de France de la troisième race* contenant l'acte[15] et cette vision renouvelée, on présentera successivement une première version du texte où sont surlignés les passages dont le caractère de citation avait été clairement discuté avant 2010, et une seconde version actualisée, complétant ce jeu de renvois par l'indication des zones ou de nouvelles sources ont été mises en valeur, et d'autres où il est probable qu'une autorité non retrouvée se dissimule encore[16].

15 *Ordonnances des roys de France de la troisième race recueillies par ordre chronologique.* Sixième vol., contenant les ordonnances de Charles V données depuis le commencement de l'année 1374 jusque à la fin de son règne ; et celles de Charles VI depuis le commencement de son règne jusques à la fin de l'année 1382, par Mr Secousse, Ancien avocat au parlement, et Associé à l'Académie royale des Inscriptions et Belles lettres, Paris, Imprimerie royale, 1741 (dorénavant *Ordonnances*..., VI), p. 26-30. Sur cette édition, *cf. infra*, p. 112-113.

16 La version du texte proposée ici, identique à celle du prologue et reprise telle quelle dans le reste de l'essai, tient compte de l'analyse syntaxique de l'acte proposée plus bas, et de la comparaison entre les trois chartes dont les écarts sont minimes. Les choix de leçons divergeant de l'édition de 1741 sont fondés sur cet examen des trois exemplaires de l'acte. Ces opérations n'altèrent le texte de l'édition des *Ordonnances*..., VI que de manière infime (choix d'une résolution différente, *cf. infra*, n. 31). On propose en revanche une ponctuation et un emploi des majuscules différents. Pour une présentation complète des problèmes éditoriaux, *cf. infra* p. 511-524, épilogue, éditions.

Version 1 : La loi et ses sources, vision traditionnelle

Soulignement simple : citations bibliques, classiques ou annalistiques clairement repérées.
*En italiques* : allégations juridiques particulièrement discutées.
Soulignement en pointillés : zones d'*exempla* historiques commentés sans recherche exacte de la source.
Soulignement en points-tirés : zone où une rencontre avec un texte contemporain a été ponctuellement repérée.
A, B, C : références aux trois versions de l'acte exécutées à l'été 1374, pour lesquelles *cf. infra*, p. 77-84 et annexe, sources archivistiques.

Karolus Dei gracia Francorum rex. Ad perpetuam memoriam.

Filios regum per parentes educari et erudiri debere ut Deum timeant, virtutum ac virium profectum celeriter attingant, sincere diligi et primogenitos maxime magnis donis et altis honoribus decorari Reipublice commodum, status regnorum et subditorum concernentibus transquillitatis augmentum, predecessorum illustrium sectando vestigia, clare liquet. Bona enim terra cum diligentia colitur ut fructus optimus reportetur, multomagis sunt filii regum per patres studiosius nutriendi et docendi ut virtutibus imbuantur fortificentur et crescant, et cum in adultam etatem pervenerint, puericie redoleant bonos mores, qui ad majoris honoris culmen sunt in populis erigendi. Altius nempe precepta descendunt que teneris imprimuntur etatibus, et illa vera et utilis censetur doctrine prudentia, que ab etatis initiis atque ab infantie ipsius exordiis inchoatur, unde sapiens : fili a juventute tua excipe doctrinam et ad canos invenies sapientiam.

Ceterum equum censetur reges filios suos ut se ipsos diligere, tanquam sue senectutis pastores et custodes domus sue, cum *natura eadem persona reputentur* cum ipsis, et filii si non bene viverent ad interitum patris essent. Sane filios regum generaliter magnificandos et honorandos plus quam alios jura clamant, in quibus parentes ceteris munificentiores esse debent ; nam, ipsis solis remanentibus post mortem, memoria et spe ducti quodam modo immortalitatem participant ; unde, non magnificando vel honorando eosdem, donum Dei singulare sibi in filiis prestitum negligere viderentur. Rursus, quod in honoribus sint aliis fratribus primogeniti preferendi paterna benedictione pinguiori, satis patet ex benedictione quam dedit Isaac ipsi Jacob sic inquiens : Det tibi Deus de rore celi et de pinguedine terre habundantiam frumenti, vini et olei, serviant tibi populi et adorent te tribus ; esto dominus fratrum tuorum et incurventur ante te filii matris tue.

Porro summe debent reges attendere quod beneficia filiis suis, precipue primogenitis, impensa cum publica utilitate concurrant, cum hec duo post Deum sibi debeant existere cariora, confidentes in filiis rempublicam post ipsorum obitum feliciter conservari in ipsius negotiis peragendis, sic intendentes solerter quod ea que periculosiora sunt nequaquam absque remedio reformacionis acommode relinquant, sed si respiciant oculate quod populus ab opprimencium protectus incursibus exhuberantia virtutum quiescat in pulchritudine pacis, in tabernaculis fiducie, et requie temporalium opulenta, res quoque publica suis temporibus prosperetur. Postremo super regimine regni debemus predecessorum nostrorum vestigiis inherere et inter bonos meliores et inter meliores optimi sunt sectandi.

Hinc est quod nos, considerantes attente etatem quatuordecim annorum seu eciam minorem, nullatenus repugnare regie dignitati, vel administracione nasciscende seu suscipiende regnorum ; Joas enim unctus fuit et regnavit etatis sue anno septimo ; Josias octo annorum erat, quando regnare cepit ; David parvulus in regem unctus est ; et Salomon elegit Deus adhuc puerum et tenellum ; et isti reges fecerunt placitum coram Domino ; Jheremias puer super gentes constitutus est et regna ; considerantes eciam quod annus quartusdecimus annus discretionis existit, et in ipso quis ad plures actus legitimos admittitur, exercendi et assuescendi sunt nobiles ad labores militares et opera bellicosa, et quod nonnulli reges tam predecessores nostri quam alii, hac etate seu paulo ante vel post, regnorum gubernacula assequti, magnifice et utiliter regnaverunt ; quodque filii regum Francie solent cura pervigili instrui et educari in bonis moribus, virtutibus et honore, quapropter ipsos verissimiliter creditur plus illo tempore profecisse, quam alios minoris status, etate longe majori, juxta illud quod scribitur : « Cesaribus virtus contigit ante dies » ; et quod in corde nostro indelebiliter est scriptum, qualiter sanctissimus attavus et predecessor noster, patronus, deffensor et dominus singularis, beatus Ludovicus, flos decus, lumen et speculum nedum regalis prosapie, sed omnium Gallicorum, cujus memoria in benedictione est, et non derelinquetur in secula, ac divina protegente gracia, nullius mortalis criminis sensisse contagium perhibetur, regnumque et rempublicam sic laudabiliter gubernavit, quod gesta ipsius preclara que mundus mirabitur quamdiu sol eclipticam permeabit, per nos et successores nostros merito ad consequenciam trahi debent ; sic quod sua actio nostra instructio videatur – de ipso enim legitur, quod regni maximi et potentes inimici, agente Deo, ipsius pueri regis viribus sunt repulsi, in etatis sue quarto decimo anno regni regimen assumpsit, recepit homagia seu fidelitatis juramenta prelatorum, parium et aliorum vassallorum, fuitque sacra unctione regali inunctus et coronatus – ; videntes eciam – dierum crescente malicia – mundum jugiter in deteriora prolabi, et non ex divine providencie deffectu seu debiti rerum ordinis, sed ex propriis demeritis in hominum mentes assueta depravante nequitia malis malorum passim cumulum superaddi ; et quod quasi dampna infinita per administratores alienos minoribus illata et irrogata fuerunt temporibus retroactis, nec cessant, prodolor indesinenter inferri ; exactique temporis consideracio edocet, et pensata prudenter discrimina manifestant, quot et quantis aliena, longeva et peregrina regimina plena periculis extiterunt ; quibus de causis et aliis, ut minorum indempnitatibus succurratur, et ipsi frequenter veniam etatis impetrant, et nos et predecessores nostri in concedendo eandem consuevimus nos exhibere petentibus liberales ; quodque rex et dominus naturalis ac legittimus plus diligitur a subditis, quam quicumque regens pro eo, videtur libencius, et sibi ab eisdem promptius obeditur, retrahunturque a facinoribus et delictis solum dominum videndo ; et ut frequenter visum est, puerum, juvenem vel infantem, ad bonum obediencie et serviciorum promptitudinem excitati, audaces et magnanimi fiunt, ac magis in omnibus virtuosi ; Macedones enim prelio pulsi, rege suo regis deffuncti filio existenti in cunis pene[17] aciem posito, accrius repetiere certamen, victores futuri propter presentiam ejusdem, ostendentes priori bello regem non virtutem Macedonibus defuisse ; et Gallici Chilpericum regem Francie, cujus auttoritate et nomine etatis quatuor mensium existentis[18] regnum regi voluerunt, intuentes per reginam matrem suam ad exercitum inter brachia portari, ita strenue bellaverunt quod dictus Chilpericus gloriosissimum habuit et obtinuit triumphum ; pacifico statui regni nostri nedum pro nostris sed pro perpetuis temporibus cupientes sinceris affectibus providere, ad vitandas discordias, removenda scandala et alia inconvenientia et detrimenta maxima, que nisi provideretur, timerentur verissimiliter evenire ;

premissis omnibus et singulis, quantum nobis ex alto permittitur premeditatis prudenter, ut agere considerate possimus, ad omnem dubitationis materiam submovendam, habita super hoc deliberatione matura et consilio pleniori cum pluribus prelatis personisque notabilibus clericis et laicis, declaramus decernimus ordinamus et hac editali lege nostra irrefragabili et imperpetuum valitura diffinimus constituimus et sanccimus de nostris *certa scientia ac regie plenitudine potestatis* : ut si nos vel successores nostros nutu divino decedere vel ab hac luce migrare contigerit, filio nostro masculo primogenito, seu primogenitis regum successorum nostrorum pro-tunc existentibus minoribus quatuordecim annis, eo-ipso quod dictus primogenitus noster, seu primogeniti predictorum successorum nostrorum quartumdecimum annum sue etatis attigerint, vel eisdem decedentibus sine filiis masculis fratres sui ab eodem patre procreati, naturales et legittimi secundum debitum ordinem originis eorumdem, dictum annum quartumdecimum attingentes, quos exnunc prout extunc quoad infra scripta puberes statuimus et decernimus reputari, habeant et habere debeant regimen et administracionem regni, homagia et juramenta fidelitatis per prelatos, fratres, pares, principes, seu quascumque personas alias ecclesiasticas vel seculares, prestanda et facienda, etiam si archiepiscopali, episcopali, regia, vel alia quacunque prefulgeant dignitate, recipiant et admittant ; illi vero qui ad eadem prestanda vel facienda erunt quomodolibet astricti, illa dicto tempore sibi facere et prestare neccessario

17 Sic pour *penes*, sans doute mal compris, par confusion avec *paene*. Il s'agit de la seule franche erreur de latin du texte, répercutée dans les trois actes.

18 *Ordonnances*..., VI, a *existentis*, les versions imprimées plus anciennes *exeuntis* : l'abréviation légitime les deux lectures, mais le choix dans la suite du texte d'une abréviation semblable pour la formule *pro tunc existentibus* (où il s'agit certainement d'*existentibus* et non d'*exeuntibus*) semble donner raison à l'éditeur des *Ordonnances*....

teneantur ; donumque munificum sacre unctionis regalis, ceptrum, coronam et diadema, vestimenta, et alia insignia regalia universa et singula, recipere valeant pro sue libito voluntatis ; teneant ac plenum sorciantur effectum iuramenta, tam in sacra unctione vel coronatione, quam alias tunc per eosdem prestita ; nec non gracie, pacta, conventiones et promissa facta suis subditis et vassallis, seu aliis personis ecclesiasticis vel secularibus quibuscunque, ac si essent majores viginti quinque annis ; faciantque et disponant in omnibus et per omnia, prout verus rex Francorum facere potest et eidem competit ratione sui precelsi culminis ac dignitatis supreme sue regie majestatis, consuetudinibus non obstantibus quibuscumque. Cum enim sint et fuerint ab antiquo pro demanio[19] regni regendo et conservando actibus bellicis ad laudem bonorum vindictam vero malorum, si opus fuerit, exercendis provinciarum regimine, ac debita justitia que nunc usque, laudes Deo, in regno nostro dicitur floruisse absque accepcione personarum, omnibus et singulis ministranda, distincta officia ordinata ; virique spectabiles, illustres et superillustres, litterati, prudentes et scientifici, quorum opinionibus et operacionibus floret orbis, commissi et deputati ad hujusmodi officia gubernanda, impendenda obsequia, ac ministranda consilia majestati regie in omnibus que jus publicum concernunt ; et super adeptione vel administratione regni non reperiatur certa etas constituta vel prefinita a jure in rege, *qui solutus est legibus*, cum jura dicentia certam etatem exigi in minoribus loquantur jurium ditioni subjectis : dignum prorsus et congruum arbitramur tam ex iis quam aliis supradictis in dicto anno quartodecimo suprascriptos filios nostros vel successorum nostrorum, in casibus superius declaratis, regimen et administrationem regni nancisci, suscipere et habere, ac omnia facere que ad verum regem pertinent, ut superius est premissum. Si quis autem in tantam proruperit temerarie presumpcionis audaciam, quod premissa vel aliquod premissorum, per se vel per alium, publice vel oculte, nisus fuerit impedire, seu super eisdem se inobedientem reddiderit vel rebellem, omni jure successionis, etiam regni, regiminis vel administrationis ejusdem, quod pro tunc et futuro tempore sibi competere posset, nec non dignitatibus, feodis, terris et dominiis que in regno nostro tenebit, et etiam mandantes, consulentes, agentes, consentientes seu ratum habentes, eo ipso noverint se privatos. Ne autem nostra presens lex vel constitutio deinceps in disceptationis materiam deducatur, sed si qua super ipsa pretenderetur ignorantia, crassa dici debeat et supina, volumus et decernimus eamdem solenniter publicandam et in archivis cartarum nostrarum ad perpetuam memoriam redigendam.

Datum in castro nostro Nemoris Vicenarum ; mense Augusti, anno ab Incarnatione Domini millesimo trecentesimo septuagesimo quarto ; regni vero nostri undicesimo.
Per regem, in consilio suo. P. Blanchet.

---

19 Dans B, on hésite à lire *demanio* plutôt que *domanio*.

On pourrait bien sûr discuter, dans la présentation de cette première version, sur le degré d'intérêt porté par la recherche à tel ou tel terme, à telle ou telle citation. Qu'ils n'aient pas cherché ou trouvé les sources précises du long passage exaltant le modèle de Saint Louis dans l'exposé n'empêche pas les commentateurs d'avoir généralement compris l'importance de ces lignes dans l'économie de l'acte[20], tout comme le caractère souvent ponctuel de remarques faites par de grands historiens des idées et du droit sur différentes formules du dispositif – qu'ils ont rapprochées de leur emploi dans d'autres actes contemporains – n'enlève rien à leur pertinence[21]. Il n'en reste pas moins que presque toutes les citations bibliques importantes étaient déjà indiquées par l'édition des *Ordonnances* de 1741 (toutes, à la réserve de l'une d'entre elles, présente dans le dispositif, que l'on présentera plus loin[22]), et que cette dernière commentait également de manière assez précise les deux grands *exempla* historiques macédonien et mérovingien[23]. Il n'apparaît donc pas excessif de dire qu'à la réserve de gloses importantes sur certaines expressions juridiques partagées par ce texte et bien d'autres et qualifiant le pouvoir royal[24], seul le rapprochement effectué par André Vernet entre une courte mais remarquable séquence du *Tragicum argumentum de miserabili statu regni Francie* de François de Montebelluna et un passage de l'exposé[25] a marqué une avancée significative, à ma connaissance ignorée par le reste de la recherche, dans la réflexion sur les sources textuelles directes des deux premières parties de l'acte entre 1741 et 2010.

---

20 *Cf.* Autrand, *Charles V*, *op. cit.*, p. 633 ; Rigaudière, « La *Lex* », art. cité, p. 180-181.

21 *Cf. Ibid.* et Rigaudière, « Un grand moment », art. cité. Les mises en valeur « rhétoriques » de nombreuses expressions sont en soi pertinentes, mais la question de leur place dans la culture des secrétaires et notaires du roi n'est jamais envisagée.

22 *Cf.* sur ce point *infra*, p. 270.

23 *Cf.* pour ces *exempla infra*, p. 250-256 et pour le commentaire dans les *Ordonnances, …* VI, n. 499.

24 *Cf.* Krynen, « Le mort », art. cité, en particulier p. 196-197 et *Id.*, *L'Empire*, *op. cit.*, p. 140 ; Rigaudière, « La *Lex* », *art. cité*, en particulier p. 181-186 ; *Id.*, « un grand moment », *art. cité*, en particulier p. 197-200.

25 Vernet, André, « Le "Tragicum argumentum de miserabili statu regni Francie" de François de Monte Belluna (1357) », *Annuaire-bulletin de la Société de l'Histoire de France*, [pas de numérotation], 1962-1963, p. 101-163, p. 133, n. 3. *Cf.* sur ce rapprochement et sa valeur *infra*, p. 238-239.

Version 2 : la loi de 1374 et ses sources, nouvelle analyse[26]

**En gras** : citations bibliques
*En italiques* : citations classiques
En double souligné : citations patristiques
En soulignement épais : citations de droit canon et de sources papales
En souligné ondulé : citations de droit civil
En pointillés de grande dimension : échos probables de traités d'éducation
En soulignement en points-tirés : citations d'origine historiographique (classiques et médiévales)
En pointillés à tirés de petite dimension : zones recelant une probable citation textuelle primaire non retrouvée.
En grisé : zones où l'autorité directe de clercs précis de l'entourage de Charles V peut être prouvée ou postulée

Karolus Dei gracia Francorum rex. Ad perpetuam memoriam.

Filios regum per parentes educari et erudiri debere ut Deum timeant, virtutum ac virium profectum celeriter attingant, sincere diligi et primogenitos maxime magnis donis et altis honoribus decorari reipublice commodum, status regnorum et subditorum concernentibus transquillitatis augmentum, predecessorum illustrium sectando vestigia, clare liquet. Bona enim terra cum diligentia colitur ut fructus optimus reportetur, multomagis sunt filii regum per patres studiosius nutriendi et docendi ut virtutibus imbuantur fortificentur et crescant, et cum in adultam etatem pervenerint, pueritie redoleant bonos mores, qui ad majoris honoris culmen sunt in populis erigendi. A*ltius* nempe *precepta descendunt que imprimuntur etatibus*, et illa vera et utilis censetur doctrine prudentia, que ab etatis initiis atque ab infantie ipsius exordiis inchoatur, unde sapiens : **fili a juventute tua excipe doctrinam et usque ad canos invenies sapientiam.**

Ceterum equum censetur reges filios suos ut se ipsos diligere, tanquam sue *senectutis pastores et custodes domus* sue, cum *natura eadem persona* reputentur cum ipsis, et *filii si non bene viverent ad interitum patris essent.* Sane filios regum generaliter magnificandos et honorandos plus quam alios jura clamant, in quibus parentes ceteris munificentiores esse debent ; nam, ipsis *solis* remanentibus post mortem, memoria et spe ducti quodammodo *immortalitatem participant* ; unde, non magnificando vel honorando eosdem, donum Dei singulare sibi in filiis prestitum *negligere viderentur.* Rursus, quod in honoribus sint aliis fratribus primogeniti preferendi paterna benedictione pinguiori, satis patet ex benedictione quam dedit Isaac ipse Jacob sic inquiens : **Det tibi Deus de rore celi et de pinguedine terre habundantiam frumenti, vini et olei, serviant tibi populi et adorent te tribus ; esto dominus fratrum tuorum et incurventur ante te filii matris tue.**

26 On trouvera une présentation détaillée et une discussion des sources avérées ou probables dans la seconde partie et dans le tableau général proposé dans la section « Épilogue », *infra*, p. 524-529.

Porro summe debent reges attendere quod beneficia filiis suis, precipue primogenitis, impensa cum publica utilitate concurrant, cum hec duo post Deum sibi debeant existere cariora, confidentes in filiis rempublicam post ipsorum obitum feliciter conservari in ipsius negotiis peragendis, sic intendentes solerter quod ea que periculosiora sunt nequaquam absque remedio reformationis accomode relinquant, sed si respiciant oculate quod populus ab opprimentium protectus incursibus exhuberantia virtutum **quiescat in pulchritudine pacis, in tabernaculis fiducie, et requie temporalium opulenti,** res quoque publica suis temporibus prosperetur. Postremo super regimine regni debemus predecessorum nostrorum vestigiis inherere et inter bonos meliores et inter meliores optimi sunt sectandi.

Hinc est quod nos, considerantes attente etatem quatuordecim annorum seu etiam minorem, nullatenus repugnare regie dignitati, vel administratione nasciscende seu suscipiende regnorum ; **Joas enim unctus fuit et regnavit etatis sue anno septimo ; Josias octo annorum erat, quando regnare cepit ; David parvulus in regem unctus est ; et Salomon elegit Deus adhuc puerum et tenellum, et isti reges fecerunt placitum coram Domino ; Jheremias puer super gentes constitutus est et regna ;**
considerantes eciam quod annus quartus decimus annus discretionis existit, et in ipso quis ad plures actus legitimos admittitur, exercendi et assuescendi sunt nobiles ad labores militares et opera bellicosa, et quod nonnulli reges tam predecessores nostri quam alii, hac etate seu paulo ante vel post, regnorum gubernacula assequti, magnifice et utiliter regnaverunt ; quodque filii regum Francie solent cura pervigili instrui et educari in bonis moribus, virtutibus et honore, quapropter ipsos verissimiliter creditur plus illo tempore profecisse, quam alios minoris status, etate longe majori, juxta illud quod scribitur : « *Cesaribus virtus contigit ante dies* » ; et quod in corde nostro indelebiliter est scriptum, qualiter sanctissimus attavus et predecessor noster, patronus, defensor et dominus singularis, beatus Ludovicus, flos decus, lumen et speculum nedum regalis prosapie, sed omnium Gallicorum, cujus memoria in benedictione est, et non derelinquetur in secula, ac divina protegente gracia, nullius mortalis criminis sensisse contagium perhibetur, regnumque et rempublicam sic laudabiliter gubernavit, quod gesta ipsius preclara, que mundus mirabitur quamdiu sol eclipticam permeabit, per nos et successores nostros merito ad consequenciam trahi debent ; sicque sua actio nostra instructio videatur ; – de ipso enim legitur, quod regni maximi et potentes inimici, agente Deo, ipsius pueri regis viribus sunt repulsi, in etatis sue quarto decimo anno regni regimen assumpsit, recepit homagia seu fidelitatis juramenta prelatorum, parium et aliorum vassalorum, fuitque sacra unctione regali inunctus et coronatus – ; videntes etiam – dierum crescente malicia – mundum jugiter in deteriora prolabi, et non ex divine providencie deffectu seu debiti rerum ordinis, sed ex propriis demeritis, in hominum mentes assueta depravante nequitia, malis malorum passim cumulum superaddi ; et quod quasi dampna infinita per administratores alienos

minoribus illata et irrogata fuerunt temporibus retroactis, nec cessant, pro dolor indesinenter inferri ; exactique temporis consideratio edocet, et pensata prudenter discrimina manifestant quot et quantis aliena, longeva et peregrina regimina plena periculis extiterunt ; quibus de causis et aliis, ut minorum indempnitatibus succurratur, et ipsi frequenter veniam etatis impetrant, et nos et predecessores notri in concedendo eandem consuevimus nos exhibere petentibus liberales ; quodque rex et dominus naturalis ac legitimus plus diligitur a subditis, quam quicumque regens pro eo, videtur libentius, et sibi ab eisdem promptius obeditur, retrahunturque a facinoribus et delictis solum dominum videndo ; et ut frequenter visum est, puerum, juvenem vel infantem, ad bonum obedientie et serviciorum promptitudinem excitati, audaces et magnanimi fiunt, ac magis in omnibus virtuosi ; Macedones enim prelio pulsi, rege suo regis deffuncti filio existenti in cunis pene aciem posito, acrius repetiere certamen, victores futuri propter presentiam ejusdem, ostendentes priori bello regem non virtutem Macedonibus defuisse ; et Gallici Chilpericum regem Francie, cujus auttoritate et nomine etatis quatuor mensium existentis regnum regi voluerunt, intuentes per reginam matrem suam ad exercitum inter brachia portari, ita strenue bellaverunt quod dictus Chilpericus gloriosissimum habuit et obtinuit triumphum ; pacifico statui regni nostri nedum pro nostris sed pro perpetuis temporibus cupientes sinceris affectibus providere, ad vitandas discordias, removenda scandala, et alia inconvenientia et detrimenta maxima, que nisi provideretur, timerentur verissimiliter evenire ;

premissis omnibus et singulis, quantum nobis ex alto permittitur, premeditatis prudenter, ut agere considerate possimus, ad omnem dubitationis materiam submovendam, habita super hoc deliberatione matura et consilio pleniori cum pluribus prelatis personisque notabilibus, clericis et laicis, declaramus, decernimus, ordinamus, et hac editali lege nostra irrefragabili et inperpetuum valitura, diffinimus, constituimus et sanccimus de nostris certa scientia ac regie plenitudine potestatis : ut si nos vel successores nostros nutu divino decedere vel ab hac luce migrare contigerit, filio nostro masculo primogenito, seu primogenitis regum successorum nostrorum pro-tunc existentibus minoribus quatuordecim annis, eo-ipso quod dictus primogenitus noster, seu primogeniti predictorum successorum nostrorum, quartum decimum annum sue etatis attigerint ; vel eisdem decedentibus sine filiis masculis, fratres sui ab eodem patre procreati, naturales et legitimi, secundum debitum ordinem originis eorumdem, dictum annum quartum decimum attingentes, quos ex nunc prout ex tunc quoad infra scripta puberes statuimus et decernimus reputari, habeant et habere debeant regimen et administrationem regni, homagia et juramenta fidelitatis per prelatos, fratres, pares, principes, seu quascumque personas alias ecclesiasticas vel seculares, prestanda et facienda ; etiamsi archiepiscopali, episcopali, regia, vel alia quacunque prefulgeant dignitate, recipiant et admittant ; illi vero qui ad eadem prestanda vel facienda erunt quomodolibet astricti, illa dicto tempore sibi facere et prestare necessario teneantur ; donumque munificum sacre unctionis regalis, ceptrum, coronam et diadema, vestimenta, et alia insignia regalia universa et singula, recipere valeant pro sue libito voluntatis ; teneant ac plenum sortiantur effectum iuramenta, tam in sacra unctione vel coronatione, quam alias tunc per eosdem prestita ; nec non gracie, pacta, conventiones et promissa facta suis subditis et vassallis, seu aliis personis ecclesiasticis vel secularibus quibuscumque, ac si essent majores viginti quinque annis ; faciantque et disponant in omnibus et per omnia, prout verus rex Francorum facere potest, et eidem competit ratione sui precelsi culminis ac dignitatis supreme sue regie majestatis, consuetudinibus nonobstantibus quibuscumque. Cum enim sint et fuerint ab antiquo pro demanio regni regendo et conservando, actibus bellicis, ad **laudem bonorum vindictam vero malorum**, si opus fuerit, exercendis provinciarum regimine, ac debita justitia que nunc usque, laudes Deo, in regno nostro dicitur floruisse absque acceptione personarum, omnibus et singulis ministranda, distincta officia ordinata ; virique spectabiles, illustres et superillustres, litterati, prudentes et scientifici, quorum opinionibus et operationibus floret orbis, commissi et deputati ad hujusmodi officia gubernanda, impendenda obsequia, ac ministranda consilia majestati regie in omnibus que jus publicum concernunt ; et super adeptione vel administratione regni non reperiatur certa etas constituta vel prefinita a jure in rege, qui solutus est legibus, cum jura dicentia certam etatem exigi in minoribus loquantur jurium ditioni subjectis : dignum prorsus et congruum arbitramur tam ex iis quam aliis supradictis, in dicto anno quarto decimo suprascriptos filios nostros vel successorum nostrorum, in casibus superius declaratis, regimen et administrationem regni nancisci, suscipere et habere, ac omnia facere que ad verum regem pertinent, ut superius est premissum. Si quis autem in tantam proruperit temerarie presumpcionis audaciam, quod premissa vel aliquod premissorum, per se vel per alium, publice vel oculte, nisus fuerit impedire, seu super eisdem se inobedientem reddiderit vel rebellem, omni jure successionis, etiam regni, regiminis vel administrationis ejusdem, quod pro tunc et futuro tempore sibi competere posset, nec non dignitatibus, feodis, terris et dominiis que in regno nostro tenebit, et etiam mandantes, consulentes, agentes, consentientes seu ratum habentes, eo ipso noverint se privatos. Ne autem nostra presens lex vel constitutio deinceps in disceptationis materiam deducatur, sed si qua super ipsa pretenderetur ignorantia, crassa dici debeat et supina, volumus et decernimus eamdem solenniter publicandam et in archivis cartarum nostrarum ad perpetuam memoriam redigendam.

Datum in castro nostro nemoris Vicenarum ; mense Augusti, anno ab incarnatione Domini millesimo trecentesimo septuagesimo quarto ; regni vero nostri undicesimo.
Per regem, in consilio suo. P. Blanchet.

Ce qui saute aux yeux en comparant les deux versions successives de l'acte, c'est la différence de traitement entre le début et la fin du texte. Ce qui peut être qualifié de deux premiers tiers, ou d'une ample première moitié du document, incluant le préambule et l'exposé, forme un ensemble qui concentrait déjà la totalité des citations bibliques ou classiques repérées avant 2010. Dans cette zone, la recherche nouvelle a radicalement modifié l'analyse. Dans la dernière moitié ou le dernier tiers, correspondant au dispositif, ce n'est pas le cas. Là, en dépit de la mise en valeur d'une citation biblique négligée, et de l'intérêt rhétorique de diverses formules sur lesquelles on reviendra, le texte reste quasiment vierge de nouveaux renvois. Cette différence n'est guère surprenante, dans la mesure où le préambule et l'exposé n'ont pas le même statut diplomatique, et par conséquent, si l'on veut, « littéraire » que le dispositif. Dans les deux premiers ensembles, la réflexion générale et le recours à l'exemple historique l'emportent nettement sur la dimension juridique qu'ils ne possèdent en quelque sorte que par reflet, parce qu'ils font partie de la loi, en ce qu'ils l'introduisent et la mettent en perspective[27]. Le dispositif concret de cette dernière se concentre en revanche tout entier dans la dernière partie, et son énonciation requérait la description minutieuse d'un ensemble de clauses précises, qui laissaient beaucoup moins de place, en théorie, à l'invention rhétorique.

C'est pour la même raison qu'une partie non négligeable des commentaires lexicaux faits sur ce texte ces dernières décennies concerne plutôt cette dernière partie que la première, même si les historiens successifs ont été amenés à poser la question des rapports entre ces deux « moitiés » de l'acte. Les analyses d'Albert Rigaudière, en particulier, si elles s'appesantissent sur le choix de termes et maximes de ce dernier tiers qui dit proprement le droit, par volonté de mettre en avant le caractère de « loi constitutive du royaume » du texte, sont loin de négliger la valeur idéologique des premières sections de l'acte[28]. Celles de Jacques Krynen n'oublient pas non plus le préambule, car il s'attaque tout particulièrement à la question de la signification du passage central identifiant la personne royale à travers la succession des pères et des fils,

27 Sur l'équilibre dynamique entre préambule, exposé et dispositif, *cf.* Guyotjeannin, Olivier, Pycke, Jaques, Tock, Benoît Michel, *Diplomatique médiévale*, Turnhout, Brepols, 1993 (L'atelier du médéviste, 2), p. 76-82.

28 *Cf.* en particulier Rigaudière, « La *lex* », art. cité, p. 180-182 pour des remarques sur les motifs du préambule et du dispositif.

pour la mettre en relation avec le principe même de la loi successorale énoncé dans le dispositif[29]. Envisager ce texte sous l'angle plus général de l'histoire des idées politiques implique en effet de réfléchir globalement à ces deux ensembles textuels qui ne peuvent se comprendre l'un sans l'autre. Préambule et exposé fondent en quelque sorte en idéologie, une idéologie elle-même fondée en philosophie comme en histoire, le dispositif qui est énoncé par la suite. Et si, classiquement, c'est bien le dernier tiers du texte qui porte la loi, il n'est pas excessif de dire que la *lex* ne transcende tout à fait son statut d'*ordinatio*, fût-elle perpétuelle[30], pour devenir une *constitutio*[31] fondatrice, la première loi du royaume, que grâce à la construction rhétorique qui précède et – par endroits – pénètre le dispositif[32].

## UNE PROPOSITION

La présente étude portera donc sur l'ensemble de l'acte de 1374, mais en mettant l'accent sur ce qu'une analyse des procédés de rédaction des deux premières parties peut apporter à la compréhension du reste, étant bien entendu que cette optique est dans mon esprit complémentaire des

---

29 Krynen, Jacques, « Le mort », p. 196-197, et *Id.*, *L'empire du roi*, *op. cit.*, p. 139-141.

30 Le terme d'ordonnance est repoussé par Rigaudière, « La lex », art. cité (mais réhabilité par *Id.*, « Un grand moment », art. cité, p. 287-288) et n'est pas utilisé dans la loi. C'est toutefois sous le terme d'*ordinatio perpetua* que l'acte de 1374 est commenté dans l'acte de confirmation de 1392, qui lui redonne vigueur sous Charles VI. *Cf. Ordonnances des rois de France de la troisième race recueillies par ordre chronologique.* Septième vol., contenant les ordonnances de Charles VI données depuis le commencement de l'année 1383 jusqu'à la fin de l'année 1394, par M. Secousse, ancien Avocat au Parlement, et Associé à l'Académie Royale des Inscriptions et Belles lettres, Paris, Imprimerie Royale, 1745 (dorénavant *Ordonnances …*, VII), p. 517-518, exposé de la confirmation : […] *fecerit et ediderit certam perpetuam ordinacionem, constitucionem aut legem* […] et plus loin *ad condendam et statuendam prelibatam ordinacionem, constitucionem aut legem.*

31 Sur le débat autour du caractère de *constitutio* du texte, *cf.* Rigaudière « La *lex* », art. cité, *passim*, et *Id.*, « Un grand moment », art. cité, en particulier p. 287-297. L'idée de considérer l'acte de 1374 comme une première « loi constitutionnelle du royaume » a été lancée par Cazelles, Raymond, *Société politique, noblesse et couronne sous Jean le Bon et Charles V*, Paris, École nationale des chartes, 1982 (Mémoires et documents publiés par l'École des chartes, 28)., p. 580, et plus généralement pour l'acte de 1374, p. 579-581.

32 Sur le retour d'une rhétorique plus typique du début de l'acte vers la fin du dispositif, *cf. infra*, p. 141-156.

travaux fondateurs menés en histoire des idées politiques et du droit sur ce texte durant ces quarante dernières années. Précisément, il ne s'agit pas ici d'opposer rhétorique et droit, mais de rappeler au contraire, à travers un cas d'étude emblématique, à quel point l'association programmatique des deux disciplines correspondait au bas Moyen Âge non seulement à un dogme des écoles – qu'elles fussent bolonaises, napolitaines ou orléanaises – mais aussi à un savoir-faire pratique[33]. Ce sera l'une des interrogations de ce travail : l'acte de fixation de la majorité des rois de France à quatorze ans a certainement été l'œuvre d'une équipe rédactionnelle, une équipe dont il est délicat de distinguer les membres – « idiots politiques » légistes, philosophes-théologiens « artistes », peut-être parlementaires et, enfin, notaires et secrétaires de la chancellerie royale. Il est bien difficile de dire lequel de ces groupes qui ne s'aimaient guère, mais entre lesquels des circulations intenses existaient[34], a le plus contribué à la rédaction de ce texte qui a dû être scruté de très près – *deliberatione matura*, pour reprendre les propres termes de l'acte. Une chose est sûre pourtant : le seul nom qui double celui du roi au bas de l'acte est celui de l'un de ses secrétaires, un notaire bien connu des spécialistes des préambules de la chancellerie royale, Pierre Blanchet[35]. S'il semble incontestable que la présence de

33 Sur la relation entre droit et rhétorique aux XIIe et XIIIe siècles, dans la perspective des interactions entre enseignement et pratique de l'*ars dictaminis* et culture juridique, je me permets de renvoyer à Grévin, Benoît, « La retorica del diritto. A proposito dei rapporti tra linguaggio giuridico e *dictamen* nell'Italia del Duecento », *La corrispondenza epistolare in Italia 2. Forme, stili e funzioni della scrittura epistolare nelle cancellerie italiane (secoli V-XV) / Les correspondances en Italie 2. Formes, styles et fonctions de l'écriture épistolaire dans les chancelleries italiennes (Ve-XVe siècle)*, Atti del convegno di studio, Roma, 20-21 giugno 2011, Paolo Cammarosano-Stéphane Gioanni (éd.), Rome-Trieste, CERM-École française de Rome, 2013, p. 253-282. Ernst Kantorowicz a étudié ces problèmes dans une partie non négligeable de ses écrits de l'après « Frédéric II », qui est de manière révélatrice la seule à ne pas avoir été traduite en français ces dernières années. *Cf.* en particulier Kantorowicz, Ernst H., « Petrus de Vinea in England », *Mitteilungen des Österreichischen Instituts für Geschichtsforschung*, n° 51, 1937, p. 231-249, rééd. dans *Id.*, *Selected Studies*, Locust Valley-New York, J. J. Augustin, 1965, p. 213-246, et *Id.*, « The prologue to "Fleta" and the School of Petrus de Vinea », *Speculum*, 32, 1957, p. 231-249, rééd. dans *Id.*, *Selected Studies*, Locust Valley-New York, J. J. Augustin, 1965, p. 167-183.

34 *Cf.* sur ce point Krynen, Jacques, « Les légistes "idiots politiques". Sur l'hostilité des théologiens à l'égard des juristes, en France, au temps de Charles V », *Théologie et droit dans la science politique de l'État moderne*, Actes de la table ronde (12-14 novembre 1987), Rome, École française de Rome, 1991 (Publications de l'École française de Rome, 147), p. 171-198.

35 Sur Pierre Blanchet, *cf.* Barret, Grévin, *Regalis excellentia*, *op. cit.*, p. 133-134. Ce rédacteur d'actes importants fait partie de la mouvance sénonaise mise en valeur par Cazelles, *Société*

l'hypotexte pseudo-aristotélicien comme du programme complexe de citations bibliques, patristiques, canoniques, classiques et annalistiques a supposé l'intervention de plusieurs des intellectuels qui œuvraient autour du roi savant, l'ancrage de cet acte dans le monde des pratiques d'écriture de la chancellerie royale est de plus assuré, au-delà de cette signature, par la récurrence de tours stylistiques et par l'emploi de techniques rédactionnelles qui ressortissent à l'univers semi-formulaire de la phraséologie des actes des premiers Valois[36]. Et c'est en redonnant dans ce sens toutes ses dimensions – théologiques, juridiques, mais aussi rhétoriques – à ce texte que l'on a le plus de chance de comprendre comment les différentes forces pensantes dans l'entourage de Charles V ont interagi dans sa rédaction.

C'est dans cette optique que j'ai choisi de donner à cette étude le titre de *La première loi du royaume. L'acte de fixation de la majorité des rois de France (1374).* Ces termes ont été pesés. Usant de la permission qui nous a été donnée par les rédacteurs du texte de le nommer diversement[37], j'ai évité, malgré son caractère parfaitement licite, celui de *constitutio*[38], pour signifier mon désir de ne pas rentrer trop avant dans le débat de constitutionnalistes sur la place exacte de la loi dans l'édifice des « constitutions monarchiques » : ce n'était pas là mon propos. Le nom de « première loi du royaume », que l'acte peut revendiquer à bien plus de titres que la loi salique « découverte » quelques années avant sa rédaction[39], dit assez la place qu'il faut lui attribuer dans ces spéculations, quel que soit le degré de cohérence et d'importance que l'on veuille donner au travail législatif des années 1374-1409 dans la construction d'un ensemble de lois fondamentales, voire d'une ébauche de constitution[40]. En redoublant ce titre par un sous-titre qualifiant ce texte d'acte,

---

*politique*, *op. cit.* Sur son implication probable dans la rédaction finale de l'acte de 1374, *cf. infra*, p. 487-499.

36 *Cf.* en général les analyses de la seconde partie. On parlera dans la suite, après Rigaudière, « La lex », art. cité, des « rédacteurs » de l'acte de 1374, pour souligner le caractère collectif de la procédure de composition.

37 *Cf.* sur ce point *infra*, n. 54.

38 Ceci est valable pour le titre : dans un souci de variation rhétorique, *constitutio* sera utilisé conjointement avec loi, texte ou acte dans la suite de l'essai.

39 Sur la redécouverte de la loi salique et son instrumentalisation dans le contexte des règnes de Jean II et Charles V, *cf.* Krynen, *L'empire du roi*, *op. cit.*, p. 127-135.

40 Débat principalement mené par Rigaudière, « La *lex* », art. cité et *Id.*, « Un grand moment », art. cité.

j'entends en revanche signifier à la fois que le texte s'inscrit dans une dimension diplomatique qu'il partage avec l'ensemble des productions officielles de la chancellerie royale, sans préjuger de la multiplicité de ses nominations possibles (*lex*, *lex edi(c)talis constitutio*, *ordinatio*, *perpetua ordinatio*, constitution royale[41]...), et qu'il sera traité avec des méthodes qui ne sont ni celles d'un constitutionnaliste, ni celles d'un historien du droit ou des institutions politiques, ni même celles d'un historien des idées au sens classique du terme – même si un historien des idées est bien, à sa manière, un historien des textes. Mais j'entends aussi affirmer qu'un historien des textes est autre chose qu'un pur philologue (même s'il est également cela) : non pas un préparateur de textes qui devraient être ensuite analysés par le véritable historien, ni un spécialiste enfermé dans la disquisition des seuls problèmes stylistiques et linguistiques, mais bien un historien qui envisage la documentation autrement, en acceptant de remettre en question le fond d'un document par l'étude approfondie de sa forme. Or cet approfondissement ne consiste pas seulement dans la redécouverte des sources du texte par des moyens plus ou moins mécaniques, plus ou moins inventifs. Il contient en puissance une véritable réflexion sur la culture de ses rédacteurs, au sens le plus large (politique, biblique, classique, mais aussi didactique, mémoriel, institutionnel...) que l'on puisse donner à ce terme.

Avant d'entreprendre cette étude, il faut en effet écarter un malentendu concernant la signification de ces citations cachées dont la découverte progressive a motivé cet essai, et la culture de ses rédacteurs. Quand Marion Schnerb-Lièvre a jadis édité au prix d'un savant travail la version latine (et première) d'un traité étroitement lié par certains aspects de sa thématique à la *Constitutio*, d'ailleurs issu de la plume de l'un de ses possibles co-rédacteurs, le *Songe du Vergier* (d'abord *Somnium Viridarii*) d'Evrart de Trémaugon[42], avec sa moisson d'identifications de sources, certains commentateurs ont insisté à sa suite sur le caractère compilatoire de cette œuvre en des termes qui ne laissaient guère de

41 Dans le corps de l'acte, la loi est appelée *lex*, *lex editalis*, *constitucio*. Au moment de son enregistrement en 1375, elle est nommée « constitution » ou « constitution royale ». Au moment de sa confirmation, en 1392 elle est également appelée *perpetua ordinacio* / ordonnance perpétuelle. Sur la question de ces appellations multiples, *cf. infra*, commentaire p. 89.

42 *Somnium viridarii*, 2 t., Marion Schnerb-Lièvre (éd.), Paris, éd. du CNRS, 1993-1995 (Sources d'histoire médiévale).

doute sur leur appréciation concernant sa qualité. Quel que fût l'intérêt de la pensée politique du juriste, elle conservait la macule d'avoir été « empruntée[43] ». Le texte latin, terminé en 1376, n'était d'autre part que le « brouillon » du texte français, naturellement plus clair[44]. Quelle que puisse être l'appréciation de détail du contenu du *Songe du Vergier*, on ne peut qu'être frappé de la demi-cécité que comporte cette double lecture. Examinons d'abord le problème du rapport latin-français, avant de revenir à la question des emprunts.

Quand bien même la version française de ce traité serait la plus soignée, le fait même que la version latine la précède indique un état de fait : un tel traité a d'abord été pensé en latin, et la construction de sa version française, évidemment à destination du « royal semi-lettré » qu'était d'un certain point de vue Charles V[45], restait sous la dépendance de concepts, d'une phraséologie, de sources et de modes de pensée latins – même si ce latin n'était pas celui des humanistes. Pour éviter tout malentendu dans l'analyse des textes créés par les intellectuels français du troisième quart du XIVe siècle, il faut en effet garder à l'esprit ce poids spécifique du latin dans les domaines conceptuels, à l'heure même où le programme de traduction de Charles V prenait de l'ampleur. Si la *constitutio* de 1374, au contraire des autres grandes ordonnances de la même année en rapport avec la succession, a été écrite en latin, c'est pour un ensemble de raisons sur lesquelles nous reviendrons. La sacralité du langage n'est certes pas la moindre d'entre elles. Le désir de précision juridique[46] et celui de s'ancrer solidement dans une tradition rhétorique

---

43 Boureau, Alain, recension de Marion Schnerb-Lièvre (éd.), *Somnium viridarii*, *Annales HSS*, n° 50/3, 1995, p. 614-615, relayant il est vrai *Le songe du vergier édité d'après le manuscrit Royal 19 C IV de la British Library*, 2. T., Marion Schnerb-Lièvre(éd.), Paris, CNRS, 1982 (Sources d'Histoire Médiévale), p. IX, où l'éditrice insiste déjà elle-même le caractère compilatoire et non original du *Songe*.

44 Boureau, Alain, *ibid.* Là encore, les appréciations contenues dans l'introduction du *Songe du vergier* portent en elles-mêmes la condamnation du texte latin. Sur les liens entre la loi d'août 1374 et le *Somnium viridarii*, *cf. infra*, p. 481-483.

45 Sur le problème des compétences en latin de Charles V et de leurs liens avec son programme de traduction française, *cf.* Lusignan, Serge, *La langue des rois au Moyen Âge. Le français en France et en Angleterre*, Paris, PUF, 2004, en particulier p. 122-124 ainsi qu'*infra*, p. 429-435.

46 Le problème de la non-ambiguïté est à double tranchant dans la France du XIVe siècle, où l'usage du français peut être défendu en vertu de possibilités de mauvaise interprétation du texte latin par les laïcs. La simplification visant à souligner sans autre forme de procès que le latin ne peut nommer les *realia* concrets que le français dit est toutefois inacceptable,

et conceptuelle assurée pour ce genre de texte ont sans doute également pesé[47]. Il est d'ailleurs possible – pour moi probable, étant donné la structure de leurs préambules – que les autres actes concernant la régence aient été esquissés en latin, dans des brouillons que nous n'avons plus, avant que leur rédaction finale en français soit exécutée[48].

La tentation est certes, sous le règne de Charles V, de faire sa large place à l'ascension du français. Ce souverain, au contraire de son père[49], a poussé à la francisation de la culture et de la communication d'État aussi radicalement, en son genre, que François I^er^ plus tard, tant par la promotion d'un ample programme de traduction, que par la francisation massive quoique incomplète des actes de la chancellerie. Et c'est depuis le début du XIV^e^ siècle que le français s'affirmait toujours plus, idéologiquement et dans la pratique, au moins dans la partie nord du royaume, comme la langue du roi, mieux comprise par les laïcs et valorisée pour cette raison, enseignée dans les petites écoles et ayant investi depuis longtemps chancelleries princières et instances municipales, tandis que le latin restait la langue des clercs et d'une partie de l'expression royale solennelle[50]. Ce que souligne toutefois la rédaction en latin de l'acte de

---

ou doit au moins être tempérée (argument avancé dans Autrand, François, *Charles V*, Paris, Fayard, 1994, p. 630 et *Id.*, « La succession à la couronne de France et les ordonnances de 1374 », *Représentation, pouvoir et royauté.* Actes du colloque organisé par l'université du Maine (25-26 mars 1994), Paris, Picard, 1995, p. 31), même si elle part d'une idée de sens commun : si le rédacteur de l'acte le souhaite absolument, le médiolatin n'a guère de difficulté à s'annexer des termes issus de la langue vulgaire, particulièrement romane, ou à les encadrer. *Cf.* pour le français juridique le terme de « saisine », qui devient simplement *saisina*. La nomination sans ambiguïté de toponymes peut certes être un problème plus délicat (Lusignan, *La langue des rois*, *op. cit.*, p. 96-97). Sur le problème du mécanisme des rétrolatinisations linguistiques à partir du vocabulaire roman au Moyen Âge, question encore mal explorée, *cf.* en particulier Goullet, Monique, « Les gallicismes du latin médiéval », *Gallicismes et théorie de l'emprunt linguistique*, André Thibault (éd.), Paris, L'Harmattan, 2009, p. 17-44.

47 À condition de considérer que les rédacteurs pensent à l'acte comme à la dernière pièce (ou à la première pièce en contact français) d'une série incluant des modèles d'autres provenances (impériale, papale…) ou d'autres temporalités (antiquité), ce que nous aurons l'occasion de démontrer plus loin.

48 Cette supposition reste bien entendu difficilement prouvable en l'état. Elle est inspirée par la complexité des périodes initiales du préambule de l'acte de tutelle de 1374, ainsi que par les procédures de rédaction du *Songe du Vergier* (*cf.* sur ce point *Le Songe du Vergier*, *op. cit.*, et *Somnium viridarii*, *op. cit.*).

49 Sur la rétrolatinisation de la chancellerie sous Jean II le Bon, *cf.* Lusignan, *La langue des rois*, *op. cit.*, p. 107-111.

50 Je renvoie sur ce point à l'ensemble des analyses de Lusignan, *La langue des rois*, *op. cit.*, trois premiers chapitres, à compléter pour les petites écoles et le niveau municipal par

fixation, c'est qu'au sommet de l'édifice conceptuel, le latin dominait encore, tant de par son prestige symbolique de langue sacrée que de par son emprise sur les registres abstraits de la réflexion théologique et politique. Or, en sociolinguistique, le maintien d'une langue héritée en position hiérarchique dominante lui donne un poids spécifique sans rapport avec le nombre réel de ses utilisateurs. La dialectique engendrée par cette domination contestée, mais non encore mise à bas, parcourt en fait toute l'histoire intellectuelle (et sociolinguistique) de la fin de notre Moyen Âge et de notre première modernité[51]. Dans le cas de l'acte de fixation de la majorité des rois de France, il faut donc, tout en tenant compte de l'intérêt de la traduction française de 1392[52], résister à la tentation de penser au texte en français. Conçu et rédigé en latin, il doit d'abord être analysé dans cette langue.

Il y a toutefois plus problématique que ce débat entre français et latin qui, d'une certaine manière, est pour le XIVe siècle sans issue[53] et, nécessairement, conditionne la réflexion sur les modes de pensée des intellectuels et des hommes et femmes de pouvoir de la fin du Moyen Âge. Assimiler recours à l'emprunt, compilation, réagencement des sources à un manque d'inventivité est en effet un non-sens pour la pensée médiévale, particulièrement quand cette pensée chemine sur le sentier escarpé qui conjoint la réflexion politique à la théologie et au droit, un sentier au long duquel chaque terme devait être pesé, pour ne pas se heurter aux traditions de l'Église, des Anciens et, déjà, de l'État. Si l'on a raison de souligner la dépendance conceptuelle d'Evrart de Trémaugon

---

*Id.*, *Essai d'histoire sociolinguistique. Le français picard au Moyen Âge*, Paris, Garnier, 2012 (Recherches littéraires médiévales, 13).

51 À l'intérieur même du développement du français en tant que langue de savoir adaptée aux différents registres de l'écrit, innombrables sont les témoignages de l'interaction complexe entre latin et français aux XIVe et XVe siècles (par exemple dans les poèmes bilingues d'un Charles d'Orléans). La domination symbolique du latin n'est définitivement mise à bas, en France, qu'au cours de l'époque moderne, entre la proclamation de l'édit de Villers-Cotterêts et la chute des derniers bastions résiduels du latin, aux XVIIe et XVIIIe siècles. Mais le poids hérité du prestige symbolique de la langue est tel qu'elle exerce encore une force d'attraction et de modèle jusqu'au début du XXe siècle (utilisation académique, maintien d'un usage ecclésial étendu, traduit dans la liturgie, etc.). D'un point de vue sociolinguistique, le latin est sans doute mort en France avec le deuxième concile du Vatican.

52 Sur cette traduction, *cf. infra*, p. 89-93.

53 Le poids des cultures textuelles françaises est désormais beaucoup trop important pour que l'on puisse analyser seulement les textes latins, mais celui des textes latins reste si pesant que l'inverse n'est guère envisageable.

par rapport à ses prédécesseurs, il ne faut donc pas oublier qu'en exposant ses idées politiques, il ne faisait pas œuvre de penseur politique abstrait, tel un saint Thomas ou un Gilles de Rome[54]. Il proposait un programme de gouvernement précis et une défense de thèmes d'actualité pour un souverain concret, aux prises avec des problèmes spécifiques – dont celui de la succession. L'originalité théorique d'une pensée entre moins ici en ligne de compte que la capacité à réunir l'arsenal de raisons le plus efficace qui soit, dans une situation et à un moment donnés.

Or ce qui vaut pour un traité vaut encore bien plus pour un acte solennel à forte teneur rhétorique et juridique. Dans le cadre de la *constitutio*, comme dans celui d'autres grands actes fondateurs de ces décennies – des actes aussi divers que ceux en rapport avec la fondation de l'ordre de l'Étoile pour restaurer les vertus militaires du royaume[55], ou avec celle de la confrérie des notaires et secrétaires du roi, destinée à couronner l'ascension de cette caste de techniciens de l'écrit[56] – la pensée devait se couler dans un ensemble de procédures formelles extraordinairement complexes. Ces procédures dépendaient d'une culture de l'écrit où les toutes premières influences humanistes – elles allaient éclater quelques années plus tard, sous le règne de Charles VI[57] – cohabitaient avec la richesse

54 Sur la pensée de Gilles de Rome et ses liens avec la pensée politique française au XIV^e^ siècle, *cf.* Krynen, *L'empire du roi*, *op. cit.*, en particulier p. 179-187.

55 Barret, Grévin, *Regalis excellentia*, *op. cit.*, n° 229, p. 492-493 et commentaire p. 405-407. C'est un bon exemple d'incertitude entre préambule et exposé, car on passe insensiblement dans ce modèle de considérations générales mais déjà historiques (*Inter ceteras sollicitudines-privatam declinantes*) à un exposé justificatif (*Quamobrem nos-undique predicetur*). La déclinaison des vertus chevaleresques et militaires infuses dans la lignée des rois de France et du thème de la décadence militaire de la noblesse y est particulièrement remarquable.

56 *Ibid.*, n° 114, et commentaire *passim*, ainsi que déjà dans Lusignan, *La langue des rois*, *op. cit.*, p. 109-110. Morel, Octave, *La grande chancellerie royale et l'expédition des lettres royaux de l'avènement de Philippe de Valois à la fin du XIV^e^ siècle (1328-1400)*, Paris, Picard, 1900, p. 101 et pièce justificative n° 13, p. 500-503, avait déjà pris cet acte remarquable comme exemple dans son œuvre sur la diplomatique royale aux XIV^e^ et XV^e^ siècles. Il s'agit là d'un des exposés idéologiques les plus riches sur la fonction de notaire et secrétaire du roi, à comparer à d'autres témoins analogues de l'exaltation de la fonction notariale à travers l'Europe du bas Moyen Âge, comme la « lettre des hiérarchies notariales angéliques » de la cour de Sicile contenue dans Nicola da Rocca, *Epistolae*, Fulvio Delle Donne (éd.), Florence, Edizioni del Galluzzo, 2003 (Edizione nazionale dei testi mediolatini, 9), n° 24, p. 42-44, commentaire dans Grévin, Benoît, *Rhétorique du pouvoir médiéval. Les* Lettres *de Pierre de la Vigne et la formation du langage politique européen (XIII^e^-XV^e^ siècle)*, Rome, École française de Rome, 2008 (Bibliothèques des Écoles françaises d'Athènes et de Rome, 339).

57 *Cf.* entre autres références Ornato, Ezio, *Jean Muret et ses amis Nicolas de Clamanges et Jean de Montreuil. Contribution à l'étude des rapports entre les humanistes de Paris et ceux d'Avignon*

des traditions de rédaction notariales et scolastiques caractéristiques de la chancellerie royale et de l'université parisienne, avec, aussi, l'influence des techniques de la prédication. Dans ce monde savant des rhétoriques latines françaises, un monde qui n'a pas encore été assez exploré pour les trois premiers quarts du XIVe siècle, la capacité à ourdir une tapisserie empruntant ses motifs les plus chatoyants à une multiplicité de sources était la preuve d'une maîtrise supérieure, une maîtrise magistralement exploitée par les rédacteurs de l'acte, grâce à leur habilité à balancer, par exemple, autorités bibliques et classiques dans la première partie du texte.

De ce point de vue, la nouvelle lecture de l'acte de fixation de la majorité des rois de France, loin d'en dévaluer la portée, le remet au contraire à sa juste place en tant que traduction raffinée d'un art de la marqueterie textuelle parfois plus brutalement appliqué par les mêmes notaires, quand ils créaient quelques années plus tôt dans les préambules de certains de leurs actes de véritables patchworks en accolant pan par pan des blocs entiers de sources papales ou impériales[58]. Le cas des techniques de composition de l'acte de 1374 est plus complexe, et de plus grande portée politique et conceptuelle, mais il ne faut pas l'oublier : cette technique de fusion d'autorités multiples dans un nouvel ensemble était au cœur de la pensée médiévale. Dans notre cas, mieux la comprendre permet d'écarter ou de relativiser les critiques souvent sanglantes faites à la qualité stylistique de ce texte au début du XXe siècle, et qui trouvent encore aujourd'hui quelques échos embarrassés[59]. En manquer la logique ou l'intérêt, c'est se fermer les portes de l'interprétation textuelle.

Le dira-t-on enfin ? C'est un truisme : les méthodes d'analyse utilisées pour aller plus loin que nos devanciers dans le déchiffrement d'un tel

---

*(1394-1420)*, Genève, Droz, 1969 et *Id.*, « La redécouverte des classiques, révélateur de ruptures et de continuités dans le mouvement humaniste en France au XVe siècle », *L'aube de la Renaissance*, Dario Cecchetti, Lionello Sozzi, Louis Terreaux (éd.), Genève, Droz, 1991 (Bibliothèque Franco Simone, 18), p. 83-101 ; Ouy, Gilbert, « Les recherches sur l'humanisme français des XIVe et XVe siècles », *La filologia medievale e umanistica greca e latina nel secolo* XX. Atti del Congresso Internazionale, Rome, Università la Sapienza, 1993 (Testi e studi bizantino-neoellenici, 7), p. 275-327 ; *Id.*, *Un traducteur et un humaniste de l'époque de Charles VI : Laurent de Premierfait*, Carla Bozzolo (éd.), Paris, Publications de la Sorbonne, 2004 (Textes et documents d'histoire médiévale, 4).

58 *Cf.* Barret, Grévin, *Regalis excellentia*, *op. cit.*, en particulier analyses du préambule n° 43, texte p. 440-441 (don du comté de Montfort à Jean de Boulogne, 1351), et analyse des remplois *passim* et tableaux p. 580-583.

59 Sur ces critiques, dont l'expression la plus développée se trouve dans Delachenal, Roland, *Histoire de Charles V*, Paris, Picard, t. IV, p. 531-535, *cf. infra*, p. 116-120.

texte dépendent étroitement de la révolution digitale initiée, pour le grand public et la majorité des historiens, il y a une vingtaine d'années, avec l'avènement progressif d'internet, et qui a commencé à peser toujours plus fortement sur les pratiques de l'historien des textes entre 2000 et 2005, pour devenir un passage obligé de la recherche scientifique. Ici, il n'existe pas de solution miracle, mais un devoir d'utilisation. L'existence de bases de données, d'outils de recherche spécialisés, de procédures de vérification, n'a pas encore donné à l'historien des textes du début du XXIe siècle la clé d'une recherche automatisée qui suivrait des sentiers strictement balisés dans l'extraction des sources. Dans le cas de textes où confluent en permanence et obligatoirement toutes sortes de traditions réputées « littéraires », « religieuses », « politiques » ou « juridiques », dépendantes d'orientations si diverses de la pensée médiévale que la meilleure culture ne peut les dominer, l'historien n'est conceptuellement guère mieux armé que son prédécesseur de l'âge pré-informatique. Il se heurtera toujours par ailleurs à l'éternel problème de la coexistence de sources accessibles, parce que déjà étudiées, et de sources inaccessibles, qu'un peu de familiarité avec les techniques de rédaction et la pensée médiévale lui permet de supposer, mais que la disparition des textes utilisés, leur absence d'édition ou, aujourd'hui, de numérisation, empêche de prendre en compte ou de retrouver. L'effet potentiel de cette disparité sera de procéder à un travail d'archéologie textuelle qui mettra sempiternellement en valeur les mêmes aspects, faussant ainsi la lecture du corpus examiné.

La différence entre nous et nos devanciers me semble donc d'un ordre différent de celui qui résulterait d'un bouleversement méthodologique radical. La numérisation d'une partie toujours plus grande du legs textuel médiéval transcrit ou édité, bien ou mal, et le perfectionnement (relatif par certains aspects) des outils et moteurs de recherche engendrent surtout un colossal gain de temps dans cette exploration au long cours qu'est la recherche des sources[60]. En permettant de sauter à pieds joints une partie toujours plus grande des étapes préalablement nécessaires – toutes ces procédures pour trouver la source en bibliothèque, dépendantes du temps, de la mémoire, et souvent aussi de financements – internet facilite

60 La présente recherche a grandement bénéficié de l'accélération de la numérisation et de la mise à disposition de la recherche scientifique des sources médiévales opérée en Europe ces dernières années.

de manière exponentielle ce travail de reconstitution des mosaïques textuelles. Et l'on peut imaginer que dans une ou deux générations, il deviendra possible de l'accomplir à encore moindre frais.

Quelle que soit, toutefois, la radicalité de cette évolution (et, en termes de gain de temps, elle est effectivement radicale), l'ordinateur n'offre pourtant que des pistes, qu'il faut savoir deviner, choisir, souvent refuser. En ce qui concerne la réflexion sur l'agencement du texte, sur la chaîne des rapprochements à effectuer ou des antécédences à établir, l'historien des textes doit donc abandonner toute prétention scientiste : il pratique encore ici, peut-être plus que jamais, une pensée du bricolage, que seule la rigueur d'un raisonnement logique, combinée à la solidité de sa culture historique, lui permet d'étayer. En dépit de ces limites, qu'il est n'est peut-être pas mauvais de rappeler, c'est tout de même bien cette nouvelle histoire textuelle – au sens d'une histoire des textes galvanisée par la numérisation et la mise en réseau progressive de toutes les sources médiévales connues – qui rend à présent possible de revisiter de grands monuments de l'histoire médiévale – ici française – dans un exercice encore difficile, sinon inconcevable, il y a seulement trente ans. Encore faut-il pour cela prendre la mesure de ce qui peut être fait, même sur des sources aussi connues, théoriquement aussi rebattues, que cet acte de fixation de la majorité des rois de France à quatorze ans. C'est ce que nous allons tenter de faire dans la suite de cet essai.

*Mes remerciements vont à Olivier Mattéoni pour son soutien, à mes parents pour leurs relectures, à Didier Lett pour la bibliographie, à Serge Lusignan et Olivier Guyotjeannin pour avoir clarifié les étapes de rédaction et de mise en archive de la loi, à Ghislain Brunel pour les reproductions, enfin à Sébastien Barret, découvreur du moteur aristotélicien de la loi, pour avoir permis cette aventure personnelle.*

PREMIÈRE PARTIE

# HISTOIRE D'UN ACTE

1374-2014

La première erreur serait de négliger la tradition historiographique qui entoure l'acte. Toute insatisfaisante qu'elle puisse rétrospectivement paraître par certains aspects, elle est riche, et même d'une richesse extrême, si l'on songe que ce texte n'a jamais cessé d'être commenté, du XIV^e^ au XXI^e^ siècle. On touche dans ce maniement continu, exceptionnel, qui fait passer insensiblement du plein Moyen Âge à l'histoire scientifique à travers l'érudition du Grand Siècle et des Lumières, à la nature particulière de ce texte dont la centralité dans la pensée politique française ne s'est jamais démentie, tant qu'il est resté une possibilité qu'un roi mineur exerce le pouvoir en France, c'est-à-dire fort tard[1]. Paradoxalement, on le verra, les basses eaux de la recherche sur la loi correspondent plutôt au décollage de la « médiévistique » scientifique, pré-positiviste et positiviste, et, dans une certaine mesure, au début du XX^e^ siècle. Avant d'envisager ce problème, il importe toutefois de revenir au moins succinctement, après bien d'autres, sur les conditions de création et de promulgation de cette « première loi du royaume ».

1 La question de l'accession à la majorité des rois mineurs, une dernière fois directement d'actualité au début du règne de Louis XV, a encore fort inquiété les milieux légitimistes qui ferraillaient entre « henriquinquistes », partisans de la reconnaissance de la double abdication de Charles X et du dauphin au profit du duc de Bordeaux en 1830, et « carlistes », dans la décennie 1830, après la dernière chute des Bourbons. Les deux têtes découronnées ayant reconnu pour leur part au moins officiellement la validité de leur acte d'abdication, l'accession à la majorité d'Henri V à treize ans révolus, en 1833, donna lieu à un ensemble de manifestations à caractère semi-folklorique, semi-politique en France, dans les milieux légitimistes, et à Prague (où la famille royale s'était alors installée, en bénéficiant de l'hospitalité de l'empereur d'Autriche). Ces épisodes quelque peu pathétiques, racontés à sa manière toute personnelle de « réactionnaire de charme » par Chateaubriand dans les *Mémoires d'Outre-Tombe*, avaient encore un certain poids dans le contexte politique mal assuré du début de la monarchie de Juillet.

# NAISSANCE D'UNE LOI

## 1374-1375

Quand, en août 1374, le roi Charles V promulgua l'acte de fixation de la majorité des rois de France à quatorze ans (treize ans révolus) aux portes de Paris, à Vincennes – dans le château de notre bois de Vincennes, précise la date[1] –, la question des règles de succession au trône de France était d'actualité depuis déjà plus d'un demi-siècle, depuis la rapide succession des fils de Philippe IV le Bel. Comme l'a montré Jacques Krynen, elle n'avait en fait jamais cessé de l'être : la stabilité dynastique avait pu paraître fragile tout au long du XIe siècle, après la phase heurtée du remplacement dynastique[2]. À peine avait-elle semblé plus assurée dans les faits que la naissance tardive du futur Philippe Auguste, les attentes et les prophéties à tonalité messianique sur la fin des Capétiens directs entourant sa jeunesse et son premier mariage, avaient démontré à quel point le problème de la continuité dynastique perdurait dans les consciences au tournant des XIIe et XIIIe siècles[3]. Au cours du XIIIe siècle, un seul accident avait quelque peu troublé le processus de remplacement du roi par son fils aîné. La mort précoce de Louis VIII avait provoqué une longue tutelle et un début de règne mouvementé pour le jeune Louis IX, couronné en hâte à douze ans à peine, et aidé par sa mère Blanche de Castille, et ce précédent d'une

---

1 *Datum in castro nostro nemoris Vicenarum.*

2 Krynen, *l'Empire du roi*, *op. cit.*, p. 11-30.

3 Sur la question de la prophétie, *cf.* Brown, Élisabeth, « La notion de légitimité et la prophétie à la cour de Philippe Auguste », *La France de Philippe Auguste : le temps des mutations.* Actes du Colloque international organisé par le C.N.R.S. (Paris, 29 septembre-4 octobre 1980), Robert-Henri Bautier (éd.), Paris, éditions du CNRS, 1982, p. 77-110 (rééd. dans Brown, Elisabeth, *The Monarchy of Capetian France and Royal Ceremonial*, Londres, Variorum Reprints, n° I). Sur la légitimité dynastique sous Louis VII et Philippe Auguste, *cf.* Baldwin, John, *Philippe Auguste*, Paris, Fayard, 1991 (éd. Originale *The Government of Philip Augustus. Foundations of French Royal Power in the Middle Ages*, Berkeley-Los Angeles, University of California Press, 1986), p. 463-471.

« régence[4] » houleuse, employée à défendre l'autorité royale contre les grands, n'avait pas été oublié au XIV^e^ siècle[5]. Le long règne de Louis IX et les suites de sa canonisation en 1300[6] avaient toutefois été l'occasion d'un renforcement décisif de la sacralité monarchique et, deux générations plus tard, à la fin du règne de Philippe IV le Bel, l'affermissement de la souche capétienne pouvait sembler de plus en plus lié – non sans contestation, notamment dans la zone d'influence capétienne qu'était alors une grande partie de l'Italie[7] – à une légitimité éminente de la lignée royale symbolisée par une succession patrilinéaire exceptionnellement stable dans la durée.

On sait comment tout changea en quelques années, avec les courts règnes des enfants de Philippe le Bel, la succession de Louis X et la mise à l'écart des compétiteurs féminins, le non-avènement de Jean Ier, puis le débat sur sa succession, et le choix – une élection, entérinée par une « assemblée délibérative », malgré les solides arguments dynastiques en jeu – du compétiteur Philippe de Valois, contre le prétendant anglais, en 1328[8]. L'important dans ce contexte ne fut sans doute pas tant cet épisode déterminant, mais non obligatoirement traumatique – on ne

4 Le terme a ici la valeur d'un anachronisme, la direction du gouvernement sous un roi mineur n'étant qualifiée de régence que bien plus tardivement et progressivement, précisément à partir du XIVe siècle.

5 Le Goff, Jacques, *Saint Louis*, Paris, Gallimard, 1996, p. 95-180 (95-127 pour les années 1226-1234).

6 *Ibid.* Pour la canonisation, *cf.* Carolus-Barré, Louis, *Le procès de canonisation de saint Louis (1272-1297)*, Rome, École française de Rome, 1994 (Collection de l'École française de Rome, 195), qui ne contient malheureusement qu'une traduction française de la bulle de canonisation, p. 277-288. Le texte latin a été analysé lors de la présente étude et ne semble pas présenter de recoupement formel notable avec la *laus sancti Ludovici* de l'exposé. Pour l'original, bulle *Gloria laus* donnée à Orvieto le 11 août 1297, autre grand monument rhétorique exaltant la monarchie française (mais d'origine papale, celui-là...), *cf. Rerum gallicarum et Francicarum scriptores / Recueil des historiens des Gaules et de la France*, t. XXIII, Nathalis De Wailly, Léopold Delisle, Charles Jourdain (éd.), Paris, H. Welter, 1894, p. 154-160.

7 On pense naturellement à l'exploitation par les milieux dont Dante a tiré son inspiration dans la *Divine comédie* de la légende d'Hugues Capet boucher, pour laquelle *cf.* Mombello, Gianni, « Une hypothèse sur l'origine d'une légende : Hugues Capet fils de boucher », *Pratiques de la culture écrite en France au XVe siècle.* Actes du colloque international du CNRS, Paris, 16-18 mai 1992, organisé en l'honneur de Gilbert Ouy par l'unité de recherche « Culture écrite du Moyen Âge tardif », Monique Ornato, Nicole Pons (éd.), Louvain-la-Neuve, Fédération Internationale des Instituts d'Études Médiévales (Textes et études du Moyen Âge, 2), 1995, p. 179-190.

8 *Cf.* sur ce point Krynen, *L'Empire du roi*, *op. cit.*, p. 127-129.

changeait après tout pas de dynastie, on choisissait entre deux branches collatérales de la lignée royale – que le fait qu'avec le déclenchement de la guerre de Cent Ans, en 1336-1337, la logique de succession choisie allait être contestée par un compétiteur puissant, et ce, avec des phases aigües ou latentes, jusqu'au début du XVIe siècle. Un épisode tel que l'aventure de Giannino, prétendant mythomane à la couronne dans les années 1340, impensable au XIIIe siècle[9], souligne à quel point les temps étaient changés, la légitimité de nouveau en débat. Sous le règne direct de Jean II le Bon, la lieutenance de son fils Charles, puis le début du règne personnel de ce dernier, la crise de légitimité des Valois atteignit sans doute son apogée, dans la mesure où deux candidats sérieux, Édouard III d'Angleterre et Charles II de Navarre, contestèrent la légitimité du roi de France, dans un royaume amoindri par les défaites et déchiré par toutes sortes de contestations. La « découverte » et la promotion idéologique d'une fraction de la loi salique interprétée comme concernant l'exclusion des femmes du droit de succession à la couronne s'inscrivit dans ce contexte[10]. La tendance historiographique est depuis déjà longtemps de souligner le caractère artificiel, voire factice de cette construction juridique, sa non-automaticité[11]. On a peut-être un peu trop oublié que, dans la logique coutumière du bas Moyen Âge, la succession ininterrompue des souverains en ligne masculine depuis Hugues Capet (au contraire de l'Angleterre ou de l'Empire) donnait un argument juridique de poids aux clercs qui construisirent ce dispositif, et à tous ceux qui le soutenaient. Il est vrai que les coutumes elles-mêmes étaient contestables, et contestées[12]…

9 Carpegna Falconieri, Tommaso di, *L'homme qui se prenait pour le roi de France*, Paris, Tallandier-École française de Rome, 2018, traduction de *L'uomo che si credeva re di Francia. Una storia medievale*, Roma-Bari, Laterza, 2005 et Lecuppre, Gilles, *L'imposture politique au Moyen Âge. La seconde vie des rois*, Paris, PUF, 2005, *passim*. Giannino se faisait passer pour Jean Ier le posthume.

10 Krynen, *L'empire du roi*, *op. cit.*, p. 127-135.

11 Sur la loi salique, *cf.* en particulier Giesey, Ralph E., *Le rôle méconnu de la loi salique. La succession royale (XIVe-XVIe siècles)*, Franz Regnot (trad.), avant-propos de Fanny Cosandey, Paris, Les Belles Lettres, 2007.

12 *Cf.* sur cette question Krynen, *L'empire du roi*, *op. cit.*, p. 128.

## POURQUOI 1374 ?

La rédaction de la loi de 1374 s'inscrit dans le cadre de ces tentatives de renforcement de la légitimité des Valois, car, comme il a été justement souligné, elle ne concerne pas seulement, et de loin, le problème de l'âge de la majorité des rois de France[13]. Il s'agit en effet d'une véritable loi successorale. Elle centre certes ses réflexions sur l'âge auquel le roi doit être légalement considéré majeur et peut être sacré – quatorze ans –, mais elle s'attarde également sur la logique du droit de succession, en ligne patrilinéaire, par droit d'aînesse, ainsi que sur le sacre, et sur l'étendue des pouvoirs et devoirs dévolus au roi ainsi installé dans la plénitude de sa *potestas*. S'il est plus que probable que Charles V a eu en tête les débuts difficiles de son gouvernement effectif quand il a discuté cette loi, il ne faut pas non plus oublier que c'est en tant qu'héritier et lieutenant du royaume qu'il s'est trouvé confronté à l'épreuve de gérer un royaume en crise et d'asseoir une légitimité contestée avant vingt ans. Il n'a lui-même, il est vrai non sans quelques sérieux problèmes, accédé au trône qu'en 1364, à vingt-six ans, même s'il avait gouverné au nom et en l'absence de son père à plusieurs reprises depuis Poitiers[14]. Les arguments visant à souligner ou au contraire à minorer sa crainte de disparaître précocement au printemps-été 1374 en laissant un fils alors âgé de six ans paraissent en revanche oiseux[15]. Non seulement Charles V, qui avait alors trente-sept ans, était de nature maladive, mais un souverain du XIV^e^ siècle était amené à penser à un décès soudain à la fleur de l'âge ou à la maturité comme à un hasard statistiquement probable, et trente-sept ans était déjà un âge mûr : la vieillesse seule était l'exception. Jean II le Bon était mort à quarante-cinq ans, Philippe VI de Valois à cinquante-sept ans, un âge exceptionnellement avancé, ses

13 Rigaudière, « La *lex* », art. cité, p. 183-184.

14 Autrand, *Charles V*, *op. cit.*, p. 221-448. Sur les aspects linguistiques de la lieutenance puis de la régence de Charles, *cf.* Lusignan, *La langue des rois*, *op. cit.*, p. 118-120. Sur son accession mouvementée au trône et sa mise en question au profit d'autres candidats, *cf.* Krynen, *L'empire du roi*, *op. cit.*, p. 139, renvoyant également à Cazelles, *Société politique*, *op. cit.*, p. 455-461.

15 Autrand, *Charles V*, *op. cit.*, p. 632 et *Id.*, « La succession », art. cité, p. 26 ; Potin, Yann, « Le coup d'État », art. cité, p. 182.

trois prédécesseurs, avant trente-cinq ans. Philippe IV le Bel lui-même était mort, après un long règne, à quarante-six ans. Dans la mémoire récente du royaume, un seul souverain avait donc atteint la vieillesse, et Charles V pouvait légitimement penser en 1374 que la mort l'emporterait probablement avant que son successeur désigné ne sortît d'enfance, quel que fût alors son état de santé.

La fixation de la majorité des rois de France à quatorze ans, qui apparaît rétrospectivement un acte délibéré, par certains aspects insolites, s'inscrit d'autre part dans une tendance de longue durée de la monarchie capétienne. Les dispositions prises par Philippe III en 1270 concernant la promulgation de la majorité de son successeur à quatorze ans révolus sont un précédent remarquable, la distance d'un an étant notable sans plus[16], mais il existe d'autres indices d'une tradition dynastique associant l'accession au statut royal, ou tout au moins à la majorité, à l'âge de quatorze ou quinze ans. Philippe Auguste a ainsi été couronné, du vivant de son père, et associé à la royauté, en 1179, à quatorze ans précis[17] : le dernier « sacre associatif » d'un Capétien direct, sacre associé à l'accession à la plénitude de la puissance royale et ouvrant, du vivant de son père, le règne effectif du jeune souverain, se fit donc à l'âge qui serait stipulé par Philippe III et repris par Charles V : l'hésitation entre treize ans et quatorze ans révolus pourrait avoir été un problème d'interprétation, plus qu'une différence sensible. Quant à Louis IX, sacré dans l'urgence à l'âge (probable) de douze ans en 1226, mais resté sous la tutelle effective de sa mère jusqu'à vingt ans au moins, on peut relever qu'il prend la tête de sa première campagne militaire avant sa seizième année, en 1230[18]. L'association de la capacité royale à gouverner avec la prise d'armes et avec le passage à un statut de guerrier est un problème sur lequel nous aurons d'ailleurs l'occasion de revenir dans la suite de cet essai[19]. Et la fourchette de douze à quinze ans donne une idée du genre de calculs que ces différents exemples pouvaient faire naître dans l'esprit du roi

---

16 Delachenal, *Histoire de Charles V*, *op. cit.*, t. IV, p. 533-534, acte du 2 octobre 1270, *in castris juxta Cartaginem*, stipulant que Louis ou tout autre de ses enfants qui succéderait doit être placé sous la tutelle de leur oncle Pierre Ier d'Alençon *antequam … quartum decimum annum compleverit*. Il n'est pas question dans cet acte de majorité du roi, mais de la durée de sa mise en tutelle : *cf.* texte dans Dupuy, Pierre, *Traité de la majorité de nos rois et des régences du royaume*, Paris, Mathurin Du Puis, 1655, p. 142.

17 Baldwin, *Philippe Auguste*, *op. cit.*, p. 23-25.

18 Le Goff, *Saint Louis*, *op. cit.*, p. 81-106.

19 *Cf. infra*, p. 225.

et de ses conseillers. Il existe enfin un dernier précédent, tout proche du roi, dans la mesure où il concerne le propre père de Charles V, mais qui semble être passé inaperçu dans le cadre de la discussion de la loi, parce qu'il ne concerne pas directement la succession à la couronne et la majorité des rois. En 1332, le propre père de Charles V, Jean, alors jeune héritier du trône, avait été émancipé, proclamé duc de Normandie et marié, précisément à quatorze ans. Il commençait ainsi son apprentissage du gouvernement autonome – préparation en petit au gouvernement en grand du royaume, selon les propres termes de l'acte du 17 février 1332 – en bénéficiant d'un mécanisme juridique qui, on le verra, entretient des rapports étroits avec la loi[20]. Il n'est pas illogique de penser que l'idée de déclarer les rois majeurs à quatorze ans a pu être influencée par ce choix.

## LA LOI ET SON IMPORTANCE DANS LA CONSTRUCTION DU DROIT ROYAL

C'est donc le souci de fixer en droit une coutume flottante concernant la majorité effective des rois de France en cas de succession précoce, ainsi que de construire un édifice juridique fondant la légitimité dynastique des Valois, qui pousse en 1374 le roi et son entourage à promulguer cette loi extraordinaire. La prévision d'un avenir probable – le début du règne d'un Charles VI encore enfant ou adolescent – a certes eu son importance

20 Cazelles, *Société et politique*, *op. cit.*, p. 457, renvoyant à Brussel, Nicolas, *Nouvel examen de l'usage général des fiefs en France pendant les* XI*e*, XII*e*, XIII*e* *et* XIV*e* *siècles*… 2 t., Paris, chez Jacques Nicolas le Clerc, 1739 (éd. or. 1727), t. 2, p. XC (acte émancipant Jean pour lui permettre de recevoir en apanage le duché de Normandie, 17 février 1332). Les termes de l'acte, en français, sont remarquables : « […] voulans à l'onneur de Dieu et pour le bien commun de nostre royaume pourveoir pour le temps présent et advenir au gouvernement de nostre très chier filz Jehan de France, lequel après nostre decès, quand Dieu plaira, doit estre roi de France, et veoir aussi comme nous desirons que il se gouverne bien ez mendres choses qui lui seront baillées, que il sache mieux après gouverner les plus grans choses, et le royaulme de France quand il plaira à Dieu qu'il y viengne : Audit nostre chier filz Jehan de France présent et recevant, lui premiérement par nous émancipé et éagé, et sur son aage dispensé quant à ce et à toutes autres choses, de nostre libéralité royal et pour bonnes et justes causes touchant la paix et la seurté de nostre royaume qui à ce faire nous ont meuz, avons donné et donnons, baillé et baillons […] ». Sur les rapports entretenus par la *constitutio* avec les « lettres d'émancipation », *cf. infra*, p. 369-370.

dans cet acte, mais comme les récentes études d'Albert Rigaudière l'ont souligné[21], c'est peut-être son caractère de fondation d'un dispositif législatif « constitutionnel » dont on commence à deviner les linéaments précisément à partir du dernier quart du XIV^e^ siècle qui explique, finalement, l'avènement de la loi. Dans le redressement du royaume qui s'affirmait progressivement depuis 1368, et dont la reconquête des possessions anglaises était l'aspect le plus spectaculaire[22], la construction d'un édifice législatif complexe visant à délimiter et sacraliser, à préciser juridiquement et à rehausser symboliquement le pouvoir royal était tout aussi importante que d'autres aspects de l'activité étatique tels que, par exemple, le programme édilitaire et architectural[23], ou le chantier des traductions[24]. Et le règlement des conditions de succession du pouvoir royal – au cœur de la légitimité contestée des Valois – prenait logiquement place au premier rang des matières sur lesquelles légiférer. Du point de vue du droit français, ou de la continuité de l'État, on peut donc considérer que la rédaction et la promulgation de la loi de 1374 marquent une étape plus que déterminante, fondamentale. Quelle que soit la position que l'on prenne dans le débat « constitutionnaliste » sur le caractère plus ou moins explicite, plus ou moins achevé, plus ou moins articulé, de l'ensemble de dispositifs juridiques qui auraient formé à la fin du Moyen Âge une première « constitution » implicite du royaume, la loi de 1374 sur la fixation de la majorité est et demeurera, dès les XV^e^ et XVI^e^ siècles, et jusqu'à la chute de la royauté, le fondement de cette construction monarchique. C'est d'ailleurs de cette même année 1374 qu'Albert Rigaudière fait partir sa réflexion sur cette première phase de construction d'un édifice constitutionnel qu'il étend jusqu'en 1409, avant que les désastres de la dernière partie du règne de Charles VI imposent un nouveau changement radical au cadre de l'activité et de la pensée politiques françaises[25].

---

21 Rigaudière, « La *lex* », art. cité, et *Id.*, « Un grand moment ».

22 Autrand, *Charles V*, *op. cit.*, p. 568-612.

23 *Ibid.*, p. 751-778.

24 *Ibid.*, p. 713-750, ainsi que Lusignan, Serge, *Parler vulgairement. Les intellectuels et la langue française aux XIII^e^ et XIV^e^ siècles*, Paris-Montréal, Vrin-Presses de l'université de Montréal, 1987, p. 140-171 et *Id.*, *La langue des rois*, *op. cit.*, en particulier p. 122-126. Pour une tentative de mettre en résonance différentes facettes du programme politique et artistique de Charles V, Carqué, Bernd, *Stil und Erinnerung : Französische Hofkunst im Jahrhundert Karls V. und im Zeitalter ihrer Deutung*, Göttingen, Vandenhoeck & Ruprecht, 2004, qui évoque notamment la loi.

25 Rigaudière, « Un grand moment », art. cité.

En 1374, la promulgation de la loi en août a été suivie par la création d'un dispositif législatif complexe, promulgué à l'automne, qui a notamment précisé les conditions de la régence et de la tutelle des enfants de France en cas de décès du souverain, ainsi que les apanages respectifs des membres de la famille royale[26]. La rédaction d'un testament royal, mentionnant l'acte de fixation, a clos ce dispositif[27]. Ces lois adventices (trois en tout, si l'on compte une loi sur la régence renforçant la position de Louis d'Anjou dont seules subsistent des copies, au détriment des dispositions contenues dans les actes dont les originaux sont préservés[28]) sont fondamentales pour l'histoire constitutionnelle et politique de la fin du XIV^e^ siècle. Elles n'ont toutefois pas connu le même sort que l'acte de fixation de la majorité pour d'évidentes raisons. Elles réglaient des problèmes d'autorité concrets, valables pour la famille et pour le temps de Charles V, et ne pouvaient avoir le degré d'absolutisation et de portée générale de l'acte de fixation de la majorité. Dès 1378, une grande partie des dispositions concernant la tutelle était ainsi rendue caduque par le décès de la reine Jeanne de Bourbon. Si ces documents ont pu nourrir la réflexion des juristes et historiens postérieurs, leur valeur constitutionnelle ne pouvait donc être équivalente à celle de la « première loi du royaume ».

Sur le plan formel, la séparation entre l'acte de fixation de la majorité et les deux ordonnances relatives à la tutelle et à la régence subsistant dans leur version originale se marque également de plusieurs manières. Le premier est un acte très solennel, qualifié de *lex vel constitutio*, ainsi que de *lex editalis* (*sic*)[29]. Il est introduit par la formule *Ad perpetuam memoriam*, posant son caractère de loi intemporelle[30]. Surtout, on y a déjà

---

26 Sur cet ensemble, *cf.* Autrand, *Charles V*, *op. cit.* 1994, p. 635-637 ; Autrand, « La succession », art. cité, en particulier p. 31-32 ; Rigaudière, « Un grand moment », p. 287-288 ; 292 ; 300 ; 304 ; 306 ; 311.

27 Testament publié dans *Les Grandes Chroniques de France. Chronique des règnes de Jean II et de Charles V*, Roland Delachenal (éd.), Paris, Renouard, 1920, t. II-III (1364-1380, continuation et appendice), n° XXV, p. 183-199, rédigé en français. Il est remarquable que ce soit le même notaire (en fait secrétaire), Pierre Blanchet, qui ait été responsable de cet acte (Arch. Nat., J 404^B^, n° 37 ; mention hors teneur : Par le Roy : P. Blanchet) et de l'acte de fixation d'août 1374.

28 Sur la relation entre ces lois et le problème posé par l'acte dont l'original est perdu, *cf.* en particulier Potin, « Le coup d'État », art. cité.

29 Sur le choix de ces termes, *cf. supra*, p. 54 et *infra*, p. 262 et 383.

30 Sur cette formule en usage à la chancellerie apostolique, et son emploi pour les actes très solennels à la chancellerie royale, *cf.* Morel, *La grande chancellerie*, *op. cit.*, p. 127 et 129, et pour le lien avec les actes à préambule Barret, Grévin, *Regalis Excellentia*, p. 17, 106.

fait allusion, les textes des ordonnances de l'automne 1374 ont été fixés en français, même si le style de leurs formules se ressent d'un cadre de pensée latin – « Combien que la mort soit certaine et inevitable » … *Quamvis mors certa et inevitabilis sit* –, alors que celui de l'acte d'août est latin. Il ne s'agit pas tant là d'un problème de compréhensibilité – encore qu'il faille s'entendre sur la signification de ce terme – que de solennité. En 1374, le latin reste la langue, parée d'une aura sacrale, à laquelle sont associées les manifestations du pouvoir de l'Église, mais aussi la langue d'un droit savant, et l'une, la plus vieille, partant la plus prestigieuse, des langues de l'État. Le temps de Villers-Cotterêts est encore loin, et Olivier Guyotjeannin et Serge Lusignan ont montré à quel point la vision d'une évacuation radicale du latin au profit du français dans le langage royal est réductrice avant le XVIe siècle[31]. Si l'on examine les lois promulguées par Charles V au cours de l'été-automne 1374, en dehors du groupe en rapport direct avec la succession royale, elles se partagent d'ailleurs entre latin et français[32]. Il est en revanche possible que le choix du français pour les deux actes réglant la régence et la tutelle d'octobre 1374 ait en partie dépendu de l'implication de la reine dans ce dispositif.

Deux points généraux, tous deux soulevés par Françoise Autrand, méritent enfin d'être discutés une dernière fois concernant cet emploi du latin. Son assertion répétée sur le caractère plus clair du français, utilisé préférentiellement pour préciser des dispositions concrètes qui seraient inintelligibles en latin, est spécieuse dans le sens classique du terme : elle est séduisante, mais partiellement inexacte[33]. Il existait effectivement dans le royaume un débat sur l'usage du français, langue théoriquement comprise de tous dans une grande partie du territoire, au détriment du latin, au XIVe siècle[34]. L'association de la clarté ou de la précision juridique

---

31 Lusignan, *La langue des rois*, *op. cit.*, en particulier p. 95-153 ; *Le formulaire d'Odart Morchesne dans la version du ms BnF fr. 5024*, Olivier Guyotjeannin, Serge Lusignan (éd.), Paris, École des chartes, 2005 (Mémoires et documents de l'École des chartes, 80), p. 43-51.

32 *Cf.* par exemple *Ordonnances* …, t. VI, p. 22-23, « Ordonnance qui règle la manière dont seront exécutés les lettres royaux, les arrets du parlement, et les jugements des sceaux privilégiez… » (*Cum nostre regie maiestatis intersit*) et p. 23-24, « Ordonnance qui porte que ceux qui appelleront au roy ou au parlement […] présenteront […] l'acte de leur appel » (*Cum deceat regalem magnificentiam*…), toutes deux du 14 août 1374.

33 Autrand, *Charles V*, *op. cit.*, p. 630 et 1995, p. 31.

34 *Cf.* Lusignan, Serge, « Le latin était la langue maternelle des Romains, la fortune d'un argument à la fin du Moyen Âge », *Préludes à la Renaissance. Aspects de la vie intellectuelle en France au XVe siècle*, Carla Bozzolo, Ezio Ornato (éd.), Paris, édition du CNRS, 1992,

au français reste toutefois pour le moins douteuse dans la pratique, tout dépendant de l'objet discuté par le texte, mais aussi et surtout du lectorat envisagé : clercs ou laïcs, savants ou semi-lettrés, théologiens-juristes ou famille royale, élites européennes[35] ou « populaire » français. Les scribes de la chancellerie royale étaient d'autre part parfaitement entraînés à formuler tous les concepts dont ils avaient besoin en latin, au besoin en latinisant des termes juridiques français[36]. Enfin, le français pouvait sembler plus clair dans une optique de communication partagée, mais le latin restait la langue de l'abstraction, d'un maniement plus aisé dans un certain nombre de registres conceptuels et juridiques[37]. On ne peut donc avoir choisi l'une ou l'autre langue pour des raisons objectives de clarté dans la rédaction de la loi. Il s'agit là d'un choix idéologique, symbolique, ou fait en fonction d'un certain lectorat.

En revanche, l'association que Françoise Autrand opère avec insistance entre la rédaction de la *constitutio* latine royale de 1374 et la rédaction et proclamation de la Bulle d'or de Charles IV à Metz (après Nuremberg) en 1356 – un événement auquel le jeune Charles avait assisté – est certainement valable à différents points de vue, dont celui du langage[38]. Le latin restait au XIV^e^ siècle étroitement associé à l'Empire et à la mystique

p. 265-282. et *Id.*, « "François est profitable et latin est prejudiciable" : l'enjeu linguistique d'un conflit entre le village de Saint-Albain et le chapitre de Mâcon », *Retour aux sources. Textes, études et documents d'histoire médiévale offerts à Michel Parisse*, Paris, Picard, 2004, p. 795-801.

35 On ne doit toutefois pas sous-estimer le rayonnement du français vers 1374 : il reste langue royale en Angleterre (*cf.* Lusignan, *La langue des rois*, *op. cit.*, p. 155-217), où il est bien compris et pratiqué (consommation poétique, notamment). Il est toujours cultivé en Italie et dans la « Romania » méditerranéenne (continuation, il est vrai alors déclinante, de la tradition littéraire franco-italienne, et prolongements grecs et chypriotes du français du Levant).

36 Sur les procédures de traduction du latin en français à la chancellerie royale au XIV^e^ siècle, *cf.* Lusignan, Serge, « Chartes et traduction. Les actes latins et français de la chancellerie royale et le paradigme de la traduction », dans « Traduction, dérimation, compilation. La phraséologie », dossier publié sous la direction de Giuseppe di Stefano, Rose Bilder dans *Le Moyen Français*, n° 51-53, 2002-2003, p. 395-420, et Barret, Grévin, *Regalis excellentia*, *op. cit.*, p. 169-174.

37 La plupart des commentateurs importants récents (Autrand, *Charles V* et *Id.*, « La succession », Krynen, « Le mort », art. cité et *Id.*, *L'Empire du roi*, *op. cit.*, Rigaudière, « La lex », art. cité et *Id.*, « Un grand moment », art. cité) ont insisté sur la « romanité » symbolique et conceptuelle d'une partie des termes et des mécanismes juridiques de l'acte, une romanité qui s'accorde évidemment mieux avec une rédaction en latin qu'en français. *Cf.* toutefois l'importance et la précocité des traductions en français du *corpus juris civilis*, traductions qui confluent d'ailleurs dans la bibliothèque de Charles V.

38 Autrand, *Charles V*, *op. cit.*, p. 627-629 et 1995, Id., « La succession », art. cité, p. 26-28.

impériale[39], pas seulement au droit romain, et, par certains aspects, dont la langue, le texte de l'acte se rattache bien à cette « idéologie impériale des rois de France » qui parcourt l'histoire de la royauté depuis Philippe Auguste jusqu'à Louis XIV[40]. Étant donné les liens étroits et de longue durée entretenus entre les maisons de Luxembourg et de Valois, et la véritable alliance dynastique entre les deux pouvoirs durant le règne de Charles V[41], l'effort juridique de Charles IV de Luxembourg a pu d'autre part effectivement inciter Charles V et son équipe à créer cette constitution, et il est possible qu'une certaine tendance latente à l'*imitatio imperii* soit entrée en compte dans le choix du latin plutôt que du français dans la rédaction de cet acte. Il reste toutefois licite d'avancer, plus simplement, même si cette idée va un peu à rebours du sens commun, qu'il n'était pas encore pensable, en 1374, de rédiger la première, la plus haute loi du royaume autrement qu'en latin, langue suprême de la chrétienté.

## ASPECTS VISUELS DES ACTES

La solennité du langage n'est pas la seule dimension par laquelle l'acte de fixation se distingue du commun des lois, mêmes solennelles, promulguées alors et dans les années qui suivirent. Un second aspect a frappé les historiens. La charte le proclame elle-même : la loi devait être solennellement publiée, et déposée au trésor des chartes pour y être conservée. Effectivement, trois exemplaires furent réalisés et déposés dans les archives royales où ils ont été heureusement préservés, sous les cotes J 401, n° 6[A], 6[B] et 6[C], l'exemplaire A étant réputé l'original.

---

39 *Cf.* à ce sujet Lusignan, *La langue des rois*, *op. cit.*, p. 54, 109-111.

40 *Cf.* pour les candidatures des rois de France à l'empire Zeller, Gaston, « Les rois de France candidats à l'Empire », *Revue historique*, n° 173, 1934, p. 273-311, 497-534 ; et pour l'idéologie impériale des rois de France à l'époque moderne (avec résumé des antécédents médiévaux), Haran, Alexandre, *Le Lys et le globe. Messianisme dynastique et rêve impérial en France aux* XVI*e et* XVII*e siècles*, Paris, Champ Vallon, 2000.

41 Sur les liens complexes entre les deux dynasties, dans la jeunesse et pendant le règne de Charles V, *cf. Vie de Charles IV de Luxembourg*, Pierre Monnet, Jean-Claude Schmitt (éd.), Paris, Les Belles Lettres, 2010 (Classiques de l'histoire au Moyen Âge, 49) ; Autrand, *Charles V*, *op. cit.*, p. 779-805 ; Seibt, Ferdinand, *Karl IV. Ein Kaiser in Europa 1346 bis 1378*, Munich, Süddeutscher Verlag, 1978, p. 115-120, 143-147, 346-360.

FIG. 1. – La charte J 401, n° 6a.
Archives nationales (France), J 401, n° 6,
© Pôle image des Archives nationales.

FIG. 2. – La charte J 401, n° 6b.
Archives nationales (France), J 401, n° 6,
© Pôle image des Archives nationales.

FIG. 3. – La charte J 401, n° 6c.
Archives nationales (France), J 401, n° 6,
© Pôle image des Archives nationales.

La symbolique de ce dépôt est pleinement assumée par sa mention expresse dans la clause finale de l'acte, précédant la date, un fait rarissime, encore souligné par le recours au terme d'archives (*in archivis cartarum nostrarum*), exceptionnellement préféré aux plus attendus « trésor des chartes », « armoires », ou « trésor des chartes, lettres et registres[42] ». L'extrême soin mis à l'opération de copie et de décoration du texte est un autre des aspects, bien mis en valeur par la recherche récente, et déjà relevé au XIX<sup>e</sup> siècle[43], de cette magnification de la loi. Les trois exemplaires, tous trois originellement scellés d'un sceau de majesté en cire verte[44], pendant sur lacs de soie rouge et verte, renvoient à une dimension trinitaire centrale dans le christianisme, à comparer avec la copie simple des exemplaires ornés des actes de fixation des modalités de la tutelle des enfants de France et de la régence[45]. Le soin mis à la préparation des documents, s'il ne surprend pas, est confirmé par une analyse attentive des divergences entre les trois textes. À l'exception de la mise en page[46], elles sont minimes – une poignée de résolutions

42 Clause de publication et de dépôt de l'acte : *Ne autem nostra presens lex vel constitutio deinceps in disceptationis materiam deducatur, sed si qua super ipsa pretenderetur ignorantia, crassa dici debeat et supina, volumus et decernimus eamdem solenniter publicandam et in archivis cartarum nostrarum ad perpetuam memoriam redigendam*, pour laquelle *cf. infra*, p. 127, 275. C'est Olivier Guyotjeannin qui a attiré mon attention sur le fait que l'emploi du terme *archivis* était exceptionnel dans la terminologie de l'époque de Charles V pour parler des dépôts documentaires constituant le trésor des chartes. De fait, dans la copie non décorée mais scellée du grand sceau déposée dans les archives du monastère de Saint-Denis, et transcrite par Dom Félibien, Michel, *Histoire de l'abbaye royale de Saint-Denys en France contenant la vie des abbez qui l'ont gouvernée depuis onze cens ans…*, Paris, Frédéric Léonard, 1706, p. CXXXI-CXXXIV, on emploie le vocabulaire traditionnel pour parler de ce dépôt initial : *Litterae vero seu cartae originales ejusdem in Thesauro chartarum regiarum Parisiis sunt repositae, ac ipsius copia per modum originalis sub magno sigillo regio in Thesauro Monasterii sancti Dionysii in Francia conservanda fideliter commendatur.*

43 *Musée des Archives nationales : documents originaux de l'histoire de France exposés dans l'hôtel de Soubise*, Paris, Imprimerie nationale, 1872, et plus récemment Brunel, *Images du pouvoir royal*, *op. cit.*

44 L'exemplaire B a perdu sceau et lacs, mais la conformation des trous subsistants indique qu'il s'agit d'un accident.

45 Brunel, *Images du pouvoir royal*, *op. cit.*, n° 34 et 35, p. 212-215.

46 Les copistes n'ont pas poussé le raffinement jusqu'à respecter exactement les mêmes retours à la ligne : étant donné que l'acte A ne contient sur la ligne supérieure aux lettres exorbitantes que la formule *Karolus Dei gracia Francorum rex*, tandis que l'acte B englobe, dans la même logique graphique, *Ad perpetuam memoriam*, et que l'acte C choisit encore une autre solution (écriture non exorbitante, sauf pour le K de *Karolus*, le A de *perpetuam*, et le F de *filios*, tous sur la première ligne), un décalage visuel s'instaure dès la première ligne de texte normale entre les trois versions.

d'abréviations et de choix orthographiques, une seule erreur de copie, un jambage, dans l'acte B[47]. La ponctuation reste globalement identique[48]. Enfin, les trois chartes sont somptueusement décorées, l'enluminure de lys d'or sur fond bleu de tout ou partie du K initial des pièces A et B[49] tranchant sur la plus grande sobriété de C, dont la décoration à l'encre n'a pas été rehaussée de peinture (*cf.* cahier d'illustrations, *supra*, n° 1-3, p. 78-80[50]).

Dans son livre sur les chartes décorées des Archives nationales, Ghislain Brunel a décrit ces motifs mieux que je ne saurais le faire[51]. Comme il est classique pour ce type de document, l'exubérance de la décoration se concentre sur la ligne portant la suscription royale, aux caractères surdimensionnés, et sur la première ligne du texte proprement dit. Les initiales de la suscription et du texte qui suit motivent à elles seules une bonne partie de ce foisonnement ornemental. Ce que l'historien des textes peut noter, c'est que ce dispositif visuel, si important dans la culture des actes les plus solennels de la France des premiers Valois, et tout particulièrement de l'époque de Charles V et Charles VI[52], n'entretient à première analyse peu ou pas de rapport immédiat avec le texte. Dans l'acte A, le K historié, prolongé par des éléments végétaux, est surmonté dans sa partie droite d'une couronne, et c'est le seul élément sémantique qui possède un reflet direct dans l'acte, à travers la mention de la *corona* et du *diadema* associés au sacre[53]. Pour le reste, on ne saurait trouver d'écho concret au parement de fleurs de lys – il est vrai que les lys interviennent relativement peu dans la rhétorique de chancellerie royale par rapport à ce que l'on pourrait attendre au XIVe siècle[54] – encore moins aux deux oiseaux fantastiques

47 Cet aspect matériel de la sacralisation des actes était déjà relevé dans *Ordonnances* ... VI, p. 26. Sur les divergences entre les trois versions, *cf.* l'édition *infra*, p. 518-523.

48 *Cf.* pour la ponctuation l'analyse de détail *infra*, p. 159-169.

49 *Ibid.*, n° 31, reproduction du détail p. 204 pour le K de A ; n° 32, reproduction du détail en pleine page, p. 208 pour le K de B.

50 Elle aurait pu l'être. Les fonds ou le temps ont-ils manqué, le peintre s'est-il lassé ?

51 Brunel, *Images du pouvoir royal*, *op. cit.*, p. 200 et 204.

52 *Cf. infra*, p. 85-89.

53 Brunel, *Images du pouvoi royal*, *op. cit.*, n° 31, p. 201 et détail p. 205. Sur la symbolique de la couronne et le problème d'interprétation de la mention des deux couronnes dans l'acte de 1374, *cf. infra*, p. 391-393.

54 *Cf.* sur ce point Barret, Grévin, *Regalis excellentia*, *op. cit.*, n° 500, p. 564, préambule de l'union perpétuelle de la ville de Chauny-sur-Oise à la Couronne, 27 mars 1378. C'est le seul préambule de la série réunie qui mentionne les fleurs de lys.

qui forment une partie du A du *Ad perpetuam memoriam* initial (*cf.* cahier d'illustrations, *supra*, n° 1, p. 78).

Même constatation pour l'acte B, graphiquement plus foisonnant. Une couronne, restée cette fois discrète, car non peinte, et prolongée de feuillages, surmonte la hampe même du K[55]. Pour le reste, la symbolique, importante, puisqu'elle conjoint à cette hampe deux dauphins, qui forment la double boucle du K, renvoie à un implicite de l'acte[56] (*cf.* cahier d'illustrations, n° 4, *infra*, p. 84). Certes, c'est bien du rôle futur du présent dauphin en tant que roi, et après lui de tous les dauphins à venir, que le texte parle, mais le terme n'est jamais mentionné – « dauphin » n'a pas encore tout à fait la même résonance que dans l'État monarchique moderne, le fils aîné du roi de France étant simplement dauphin de Viennois, et théoriquement encore dépendant de l'Empire en tant que tel[57]. Pour le reste, les monstres divers qui surgissent des autres lettres du nom royal ou constituent le F du *Filios Regum* initial de la première ligne[58], enfin le lapin qui repose sur la partie gauche du support du K, renvoient à cette partie alternative de la décoration, à fond souvent humoristique, presque toujours naturaliste ou grotesque, qui ne joue pas avec le texte, mais en prenant ses distances avec lui[59] (*cf.* cahier d'illustrations, *infra*, n° 4, p. 84).

Enfin, dans le texte C, beaucoup plus sobre, les trois lettres K de *Karolus*, A d'*Ad perpetuam memoriam* et F de *Filios Regum*, notamment, sont prolongées par de simples feuillages qui peuvent bien évoquer la décoration des cathédrales rayonnantes, mais ne sauraient passer pour une glose *détaillée* du pouvoir royal, à moins de tomber dans des travers d'interprétation caractéristiques d'une certaine sémiotique du pouvoir contemporaine appliquée ces derniers temps à l'antiquité[60] (*cf.* cahier d'illustrations, *supra*, n° 3, p. 80).

---

55 Brunel, *Images du pouvoir royal*, *op. cit.*, n° 31, p. 202 et détail p. 207.

56 *Ibid.*, et p. 46 pour la symbolique du dauphin dans l'ornementation des chartes royales de la seconde moitié du XIV^e^ siècle.

57 L'utilisation de ces motifs souligne toutefois à quel point le terme et l'image du dauphin sont entrés rapidement dans la symbolique royale, puisqu'il est déjà invoqué graphiquement en bonne place dans ces actes très solennels, seulement un quart de siècle après le transport du Dauphiné à la France.

58 Dans l'acte B, la formule *Ad perpetuam memoriam* a été placée directement à la suite de la titulature royale, en grands caractères.

59 *Cf.* à ce sujet le fondamental Wirth, Jean, *Les marges à drôleries dans les manuscrits gothiques (1250-1350)*, Genève, Droz, 2008 (Matériaux pour l'histoire, 7).

60 On pense aux belles mais peut-être excessives analyses de Sauron, Gilles, *L'histoire végétalisée. Ornement et politique à Rome*, Paris, Picard, 2000.

En d'autres termes, les dispositifs visuels et textuels des trois chartes se complètent plus qu'ils ne concordent. Ils fonctionnent dans des dimensions différentes, et rehaussent chacun à sa manière la solennité de l'acte royal. Il est clair de ce point de vue que l'aspect graphique et décoratif de ces actes parle plus aux sensibilités contemporaines que la rhétorique du texte qu'ils portent, rendue opaque – pour nous[61] – par l'écran du latin – d'un certain latin. À l'heure même où l'on n'avait qu'incompréhension ou mépris pour le langage de cet acte, dans la France de Viollet-le-Duc, sa décoration initiale était ainsi déjà l'objet d'une appréciation positive, et le raffinement de cette rhétorique de l'image, digne de la muséalisation, reste sans doute de nos jours l'aspect le plus immédiatement attractif de cette construction symbolique[62].

FIG. 4. – Détail de J 401, n° 6b (initiale du K de Karolus).
Archives nationales (France), J 401, n° 6,
© Pôle image des Archives nationales.

61 Pour certains passages, ce texte était déjà obscur pour certains exégètes au XIV^e^ siècle. *Cf.* à ce sujet *infra*, p. 89-100, 217, 250, 537-547.

62 *Cf. Musée des archives*, *op. cit.*, n° 395, p. 226-229.

# L'ACTE DANS L'HISTOIRE DES PREMIERS VALOIS

## 1374 – début du XVe siècle

L'histoire de l'acte de fixation se prolonge toutefois, dès 1374-1375, bien au-delà de la confection de ces trois pièces prestigieuses, dont on peut donc imaginer qu'elles ont requis l'effort d'une équipe complexe – une équipe comprenant le roi, ses conseillers, ses notaires, au moins un technicien calligraphe et au moins un enlumineur. D'une part, l'acte a été enregistré dans une séance solennelle du parlement, « le roi séant en sa majesté », qui eut lieu neuf mois après sa promulgation initiale, le 21 mai 1375 – un délai qui n'était pas inhabituel[1]. Cette séance, déjà évoquée par l'historiographie médiévale du règne de Charles V[2], est elle-même fameuse dans l'histoire constitutionnelle française. Elle a prêté à débat, car elle fait partie de ces cérémonies juridiques qui ont été considérées comme précurseurs des « lits de justice » pré-modernes et modernes, les historiens

1 Cet enregistrement est raconté dans *les Chronique des règnes de Jean II et de Charles V*, *cf. Les Grandes Chroniques de France. Chronique des règnes de Jean II et de Charles V*, *op. cit.*, p. 177-178 : « De la loy, que le roy Charles le Quint ordena sur l'aagement des ainsnez filz des roys de France et fu publiée en parlement, à Paris. L'an de grace MCCCLXXV, le XXIe jour de may, fu la loy, que le roy Charles, lors roy de France, avoit faite sur l'aagement de son aisné filz et des autres ainsnez filz des roys de France, qui seroient avenir, publiée ou parlement du Roy à Paris, en sa presence, seant et tenant son parlement, en la presence de monseigneur Charles, son aisné filz, dalphin de Viennois, et monseigneur Loys, duc d'Anjou, frere du dit Roy, et de grant nombre d'autres seigneurs de son sanc, prelas et autres gens d'eglise, l'Université de Paris, et pluseurs autres sages et notables, tant clercs comme lays. Et est la loy telle, c'est assavoir : que l'ainsné filz du roy de France, qui ores estoit, et ceuls qui pour le temps avenir seroient, [seroient] aagez tantost qu'ilz actaindroient le XIIIIe an de leur aage, [et] pourroient recevoir leur sacre et coronnement et leurs hommaiges, et faire tous autres faiz qui à roy de France aagé appartiennent ».

2 *Cf.* les *Chroniques des règnes de Jean II et de Charles V* et les *Grandes Chroniques*, ainsi que la continuation des *Fleurs des chroniques* de Gui, Bernard, commentée par Rigaudière, « Un grand moment », art. cité, p. 353-354. *Cf.* à l'encontre de son interprétation de cette séance du parlement comme sans rapport avec son activité juridique normale *infra*, p. 126-127.

actuels s'accordant toutefois à souligner que l'assimilation est dans ce cas abusive[3]. La qualité des assistants a été maintes fois soulignée. En plus du dauphin, seul un des frères du roi, mais d'importance, puisqu'il s'agissait du futur régent d'après les ordonnances de tutelle, Louis d'Anjou, était présent[4]. Un ensemble compact d'autorités ecclésiastiques – un patriarche, trois archevêques, plusieurs évêques, le recteur et les maîtres en théologie, les docteurs en décrets et divers clercs de l'université de Paris, le doyen et le chapitre de Notre-Dame – sont mentionnés avant plusieurs seigneurs de haute ou très haute noblesse, ainsi que le prévôt des marchands, les échevins de la ville de Paris, le parlement en corps, les chambellans et maîtres des requêtes de l'Hôtel du roi, ainsi que d'autres assistants non précisés, dans une formulation qui peut faire écho à l'idée de membres du conseil[5]. Plus que l'apparat et le déploiement de la puissance royale autour de laquelle se groupent les différents corps du royaume, ce sont toutefois les conséquences textuelles de cette assemblée qui nous intéressent ici. L'acte fut en effet copié dans les registres du parlement[6], tandis qu'une autre copie solennelle, « en manière d'original » en était faite pour être déposée dans les archives de Saint-Denis, comme le mentionne expressément le registre du parlement lui-même[7]. Une cédule fut ajoutée dans une enveloppe à l'exemplaire C pour témoigner de l'événement[8]. Dès 1375, le dispositif textuel comprenait donc non plus trois, mais cinq éléments.

3 Brown, Elizabeth, Famiglietty, Richard C., *The Lit de Justice. Semantics, ceremonials, and the Parlement of Paris, 1300-1600*, Sigmaringen, Thorbecke, 1994 (Beihefte der Francia, 31), p. 24-25 ; Rigaudière, « La *lex* », art. cité, p. 176-178 et « Un grand moment », art. cité, p. 351.

4 Autrand, *Charles V, op. cit.*, p. 630. L'absence des autres frères du roi a pu avoir diverses raisons. Elle semble toutefois préfigurer les tensions qui éclatèrent après la mort de Charles V, et ont sans doute un rapport direct avec la place prééminente accordée à Louis d'Anjou dans le dispositif de tutelle par les lois de l'automne 1374. *Cf.* sur ce point Potin, « Le coup d'État », art. cité.

5 *Cf. Ordonnances*…, t. VI, p. 30-31 ainsi que commentaires dans Autrand, *Charles V, op. cit.*, p. 631 et Rigaudière, « La *lex* », art. cité. La formule ambiguë renvoyant potentiellement aux membres du conseil et tout particulièrement aux conseillers politiques et juridiques de Charles V ayant participé directement à l'élaboration conceptuelle de la loi est « *cum maxima multitudine aliarum notabilium personarum, tam clericorum quam laicorum* » (« et plusieurs autres gens sages et nobtables, tant clercs comme laiz, en très-grand nombre »).

6 Brown, Famiglietty, *The Lit de Justice*, *op. cit.*, p. 24-25 et n. 22. La cote actuelle est AN, $X^{1A}$ 8602, f° lxxxvj/78v.

7 *Ordonnances*…, t. VI, p. 30-31. C'est cette copie, non décorée, qui a servi de base à l'édition du texte par donnée Félibien, Dom Michel, *Histoire de l'abbaye*, *op. cit.*, p. CXXXI-CXXXIV.

8 Texte *Ordonnances*…, t. VI, p. 30, qui a été détachée du troisième original auquel elle était liée, et a reçu la cotation AE II $395^{A}$.

## LA PREMIÈRE MISE EN COLLECTION DIPLOMATIQUE

Encore du vivant de Charles V, le texte rejoint une nouvelle dimension qui prend tout son intérêt eu égard à son histoire ultérieure, particulièrement aux XVII^e^ et XVIII^e^ siècles. Que la constitution ait reçu une attention particulière dans la version de 1379 de l'inventaire du trésor des chartes sans cesse remis sur le métier par son gardien Gérard de Montaigu l'ancien sous le règne du roi sage n'est pas pour étonner, étant donné le caractère particulièrement solennel de son dépôt[9]. En ces dernières années du règne, la loi fut toutefois également destinée dans les mêmes cercles à former le dernier maillon d'une série de textes hors normes, dans une optique plus originale. Elle vint en effet clore la collection de traités et textes diplomatiques importants concernant essentiellement les relations entre la France et les puissances étrangères, compilée par le fils de Gérard de Montaigu l'ancien, Gérard de Montaigu le jeune, à la demande de Charles V, peut-être dans le cadre des préparatifs de la visite de l'empereur Charles IV à Paris en 1378[10]. Le recueil, dont les originaux (car on peut

9 *Cf. Layettes du trésor des chartes, t. V, Ancienne série des Sacs, dite aujourd'hui « supplément » (755-1270). Inventaire analytique (J//736-J//1053)*, François-Henri Delaborde (éd.), Paris, 1909, p. CXX-CCX (« restitution de l'ordre numérique donné par Gérard de Montaigu aux layettes du trésor des chartes »), p. CXLIX : « XIIxxIX Dotes reginarum J° 364 : Constitutio facta per regem Karolum anno LXIIII (sic) super etate primogenitorum regum Francie. Tutele, etates, partagia et ordinaciones filiorum regis. J° 401-402 ». Cette mention renvoie dans la classification alphabétique de l'inventaire à une rubrique plus développée sous la lettre L. *Cf. Layettes du trésor des chartes*, t. I, Alexandre Teulet (éd.), Paris, 1863, « résumé du répertoire alphabétique de Gérard de Montaigu », p. XLIII « Lex sive ordinacio et constitutio perpetua facta per regem Karolum, anno LXXIIII, super etate primogeniti et primogenitorum regum Francie successorum suorum ») et p. XLIV (« Ordinaciones, etc., tangentes etatem primogenitorum regum »). Olivier Guyotjeannin, qui m'a aimablement rappelé l'intérêt de cet enregistrement, que j'avais négligé dans la version initiale de cet essai, note que la mention précise de la date de rédaction de la loi met à part ces rubriques dans l'inventaire.

10 Cazelles, *Société et politique*, *op. cit.*, p. 558 ; Autrand, Françoise, Contamine, Philippe, « Les livres des hommes de pouvoir : de la pratique à la culture écrite : I. Pratique diplomatique et culture politique au temps de Charles V », *Pratiques de la culture écrite en France au XV^e^ siècle* : Actes du colloque international du CNRS, 16-18 mai 1992 organisé en l'honneur de Gilbert Ouy par l'unité de recherche « Culture écrite du Moyen Âge tardif », Louvain-la-Neuve, Fédération Internationale des Instituts d'Étude Médiévale, 1995 (Textes et Études du Moyen Âge, 2), p. 199-204 (qui met en avant la plausibilité d'une préparation en rapport avec la visite de Charles IV de Luxembourg) ; Lusignan,

imaginer qu'un exemplaire royal destiné à être conservé à Paris, et un livre impérial destiné à Prague avaient vu le jour, si vraiment ce texte a été créé à l'occasion de la visite de Charles IV) ont tous deux disparus, a été conservé dans quatre manuscrits du XV^e^ siècle[11]. L'anthologie s'ouvre par l'alliance établie entre l'Empire et la France en 1299, et se clôt précisément, après les enseignements de Saint Louis et d'autres textes, par la loi de fixation de la majorité des rois de France de 1374, précédée d'une brève rubrique[12], et suivie d'une cédule explicative qui reprend en fait mot pour mot la cédule accompagnant la copie des registres du parlement[13].

Il est significatif de voir la loi rejoindre quatre ans après sa création une série d'actes fondamentaux, dont bon nombre sont des traités diplomatiques. La place du texte dans ce dispositif confirme s'il en était besoin l'importance que lui donnait Charles V en tant que loi constitutive du royaume, soulignant la force des démonstrations d'A. Rigaudière[14], mais surtout l'acte se hisse subitement au niveau non seulement du droit public, mais aussi, étant donné ses implications potentielles pour toute la chrétienté, du droit des gens (pour ne pas mentionner un droit international quelque peu anachronique) dans une logique que l'on retrouvera dans de nombreuses compilations d'époque moderne[15].

---

*La langue des rois*, *op. cit.*, p. 123. *Cf.* sur le recueil, Artonne, André, « Le recueil des traités de la France composé par ordre de Charles V », *Recueil de travaux offerts à M. Clovis Brunel par ses amis, collègues et élèves*, 2 vol., Paris, École des chartes, 1955, t. 1, p. 53-63.

11 Respectivement Bibliothèque Nationale, ms. Fr. 10140 ; *ibid.*, ms. Fr. 17854 ; archives municipales d'Amiens, AA4 ; Archives nationales KK 1512. Sur l'importance des versions françaises de la loi reportées dans certains de ces manuscrits, et tout particulièrement dans le manuscrit d'Amiens, *cf.* également *infra* annexe, p. 531-547.

12 D'après le ms. BnF, fr. 10140, f° 304r : « C'est la loy Constitution ou ordenance perpetuelle faicte par le Roy charles l'an mil CCC lxxiiii Sur l'aage de son filz ainsne et des ainsnes filz des Roys de France ».

13 *Ibid.*, f° 307v-308r : « Ceste loy ou constitution Royal fut publiee ou parlement du Roy en sa presence et de par lui tenant sa justice en son dit parlement en sa magnificence ou mageste Royal. Le xxi.e Jour de may l'an de grace mil ccclxxv. A ce furent presens Monsieur le daulphin de viennois Ainsne filz Monsieur le duc d'Anjou frere du Roy nostredit seigneur Le patriarche d'Alixandre … Et ceste loy ou constitution Royal est enregistree oudit parlement et l'original d'icelle mis ou tresor des chartres du Roy. Et la coppie d'icelle par manière d'original soubz le grant seel Royal baillé aux religieux de sainct denis en France pour la metre et garder en leur tresor et tout affin de perpetuelle mémoire d'icelle loy ou constitution Royal », avec la précision finale : « Ainsi est-il contenu en une cedule Atachiee a icelle par le greffier de parlement ».

14 Rigaudière, « La *lex* », art. cité et *Id.*, « Un grand moment », art. cité.

15 *Cf.* sur ce point *infra*, p. 112. Sur la signification possible du mélange de pièces diplomatiques et d'autres textes liés à la définition de la souveraineté du royaume ou à la mémoire

## LA TRADUCTION DE 1392

C'est selon la vision traditionnelle après la mort de Charles V que l'acte de fixation de la majorité des rois de France à quatorze ans accomplit une métamorphose importante du point de vue de l'histoire textuelle, mais quelque peu décevante pour ses analystes. Après une première partie de règne marquée par la tutelle effective de ses oncles, Charles VI tente d'affirmer son pouvoir personnel à partir de 1388. La succession de 1380 a montré l'inanité du dispositif établi par Charles V : après une régence de deux mois, son fils a été déclaré majeur à douze ans et sacré à Reims[16]. Il est vrai que la loi allait dans le sens d'un écourtement de la période de régence effective[17], mais c'est là une entorse qui souligne par contraste à quel point c'est la solennité de l'enregistrement du dispositif juridique et son élévation rapide au statut de loi fondamentale du royaume, non son application politique cohérente, qui a assuré son enracinement dans la durée de l'histoire monarchique.

En 1392, le roi a vingt-quatre ans. C'est l'année des premières crises de folie. En novembre, il confirme l'acte de fixation de la majorité des rois de France de 1374, après avoir rappelé son enregistrement solennel en 1375, et avoir spécifié s'en être fait expliquer le sens mot à mot – *de verbo ad verbum*[18] – dans son grand conseil, au sein d'une assemblée presque aussi imposante que celle de la séance de 1375[19]. Un acte français suit et double l'acte latin, avec cette différence qu'il comporte une traduction intégrale de la loi de 1374. C'est évidemment le résultat de

---

de Saint Louis, *cf.* Artonne, « Le recueil », art. cité, p. 60-62 ; et Autrand, Contamine, « Les livres », art. cité, p. 202-204. Sur l'existence d'une sorte de droit international à la fin du Moyen Âge, fût-ce sous une forme embryonnaire, et les débats historiographiques récents dans le cadre de la nouvelle histoire de la diplomatie médiévale, *cf.* Moeglin, Jean-Marie, Péquignot, Stéphane, *Diplomatie et « relations internationales » au Moyen Âge (IX^e^-XV^e^ siècle)*, Paris, Puf, 2017, p. 719-749.

16 Autrand, Françoise, *Charles VI. La folie du roi*, Paris, Fayard, 1986, p. 9-21 ; Krynen, *L'Empire du roi*, *op. cit.*, p. 142-143.

17 Sur la mention d'une possibilité d'accession à la majorité avant quatorze ans dans la loi, faille du dispositif juridique exploitée en 1380, *cf. infra*, p. 103-104.

18 *Ordonnances…* VII, p. 517 : *…ordinacionem, constitucionem aut legem … que de verbo ad verbum nobis fuerunt exposite et perlecte…*

19 Sur le contexte de cette confirmation, *cf.* Rigaudière, « Un grand moment », p. 360-361.

l'explication de *verbo ad verbum* faite devant Charles VI de ce texte qui avait réglé du vivant de son père son propre avènement à la couronne[20].

Le statut de cette traduction est à la fois relativement classique et décevant, pour qui veut l'utiliser pour comprendre certaines difficultés du texte latin[21]. Il s'agit en effet d'une traduction-calque, suivant le latin mot à mot au point de friser parfois l'inintelligibilité, par refus de briser les périodes complexes de certains passages de l'original afin de respecter la syntaxe du moyen français. Le statut de calque ou quasi-calque d'une traduction du latin en français à la fin du XIV^e^ siècle n'est pas surprenant. Il s'explique ici par des raisons à la fois juridiques et génériques. Assurément, les grands intellectuels de l'époque de Charles V et Charles VI étaient souvent capables d'élaborer des formules de traduction bien plus sophistiquées, et dans une certaine mesure, satisfaisantes, même si elles ne correspondaient pas nécessairement à ce que nous attendrions d'une traduction scientifique ou littéraire[22]. C'est même dans cette opération de traduction du latin en français que s'est jouée une phase décisive de la croissance du moyen français, et de sa promotion au rang de langue capable de développer des discours toujours plus abstraits, et, *in fine*, de se substituer au latin dans tous les registres de l'écrit – un processus qui n'a trouvé son terme qu'au cours des XVII^e^ et XVIII^e^ siècles, avec la francisation définitive de la production philosophique et historiographique. La création de néologismes latinisants a été déterminante dans cette étape de l'histoire de la langue[23].

20 *Ordonnances...* VII, p. 517-522, confirmation en version latine et française (latine p. 517-518 ; française p. 518-522, avec traduction de l'acte de 1374).

21 Delachenal, *Histoire de Charles V*, *op. cit.*, t. IV, p. 532, n. 3 : « [L'ordonnance] est traduite en français dans des lettres de Charles VI, données au mois de novembre 1392, mais la traduction, servilement calquée sur le latin, n'interprète et n'explique rien ».

22 Sur la traduction au Moyen Âge, parmi une très nombreuse bibliographie, *cf.* par exemple *The medieval translator : the theory and Practice of Translation in the middle Ages*, Papers read at a conference in August 1987, University of Wales, Roger Ellis et alii (éd.), Cambridge, O.S. Brewer, 1989 ; *The Medieval translator / traduire au Moyen Âge*, vol. 5, Proceedings of the International Conference of Conques (26-29 July 1993) / Actes du Colloque international de Conques (26-29 juillet 1993), Roger Ellis, René Tixier (éd.), Turnhout, Brepols, 1996 ; *Pratiques de Traduction au Moyen Âge / Medieval Translation Practices.* Actes du colloque de l'Université de Copenhague 25-26 octobre 2002 / Papers from the Symposion at the University of Copenhagen, 25th and 26th october 2002, Peter Andersen (éd.), Copenhague, Museum Tusculanum Press, 2004.

23 *Cf.* notamment, entre ses nombreux travaux sur le sujet, Bertrand, Olivier, « Le vocabulaire politique aux XIV^e^ et XV^e^ siècles : constitution d'un lexique ou émergence d'une science ? », *Langage et société*, n° 113, 2005, p. 11-32.

Il faut toutefois distinguer entre traduction littéraire, scientifique (de différents genres), et politico-administrative[24]. La francisation des formules de chancellerie et du langage administratif, en particulier, s'est faite dès l'époque de Philippe VI, et encore sous Charles V et Charles VI, dans un choix délibéré de respect des formes anciennes qui comportait l'idée d'imiter au plus près la phraséologie latine en vigueur pour la rédaction des actes courants ou solennels. Ce choix n'était peut-être pas automatique, si l'on pense aux procédures établies à la cour de Castille au cours du XIII^e^ siècle[25]. Il s'expliquait certainement par le respect de nature juridique et symbolique prêté aux formes en usage, un respect qui se répercute dans les instructions données trois décennies après la traduction de la *constitutio* par Odart Morchesne à la fin de son formulaire[26]. Il est paradoxal de penser que la transition en cours, tout de même massive, d'un langage de l'autorité royale à prédominance latine vers un langage de l'autorité royale à dominante française s'est accompagnée de cette volonté idéologique de fixité, dont la forme de cette traduction de l'acte de 1374 est l'un des témoins. Sa qualité relative doit donc être mesurée à l'aune de la tendance, générale vers le milieu du XIV^e^ siècle, à simplifier quelque peu les formules de la phraséologie latine des préambules dans la construction de leurs équivalents français. Ici, le texte a été en apparence presque intégralement respecté, dans sa complexité, au prix d'une distorsion linguistique qui était certainement considérée comme une garantie de validité juridique dans le conseil du roi. On verra plus loin que ce choix de fidélité n'exclut pas des problèmes récurrents, entraînant dans certaines séquences de véritables distorsions[27]. Seule

24 *Cf.* notamment Lusignan, *La langue des rois*, p. 125-126, pour le programme de traduction de chartes de Charles V, ainsi qu'*Id.*, p. 137-138 pour la langue des actes, renvoyant à Trotter, David A., « Traduction ou texte authentique ? Le problème des chartes », *Traduction, dérimation, compilation. La phraséologie*, Giuseppe di Stefano, Rose Bidler (éd.), dossier de *Le Moyen français*, n° 51-53, 2002-2003, p. 593-611 pour la dépendance du français par rapport au latin dans les chartes.

25 Des linguistes tels que Castillo Lluch, Mónica, *Tel fils, tel père : Ferdinand III dans le processus de planification du castillan (étude linguistique du Fuero Juzgo)*, mémoire inédit d'habilitation à diriger des recherches, Paris IV, 2011, tendent ainsi à souligner la relative indépendance des choix orthographiques et stylistiques opérés par la chancellerie castillane pour sa mise au point des formules administratives en langue vulgaire par rapport au latin.

26 *Le formulaire d'Odart Morschene*, *op. cit.*, p. 443 [Notas généraux, 18.C] : « Item on doit garder le stile ancien au plus pres qu'on peut, mesmement au regart des lettres communes, car la forme en est visitee de si long temps qu'il n'est ja besoing de la muer ».

27 *Cf.* en particulier *infra*, p. 92-93, 98, 503, 544-547.

l'étude attentive du texte latin permet toutefois de discuter ces points avec quelque pertinence.

Dans cette translation, un seul passage du texte est conservé en latin, immédiatement glosé en français, et il ne s'agit ni d'une disposition spéciale, ni d'une citation biblique que l'on souhaiterait mettre en valeur. C'est le vers de l'*Art d'aimer* d'Ovide soulignant que la vertu des Césars leur est venue avant le jour (*Caesaribus virtus contigit ante diem*) qui a été conservé en latin[28]. Dans ce cas, c'est semble-t-il le respect pour la forme métrique originelle, voire pour le statut de la citation poétique qui a provoqué son maintien dans la langue-source, doublé d'une immédiate traduction-glose[29].

Dans un autre sens, une analyse approfondie de ce travail de traduction révèle tout de même que certaines simplifications mineures ont été opérées, là où un choix de termes particulièrement complexe engendrait peut-être un doute sur la recevabilité d'un équivalent en français. Ainsi, dans la première partie du passage faisant l'éloge de Saint Louis, au milieu d'une traduction mot-à-mot, l'image du soleil parcourant l'écliptique, commune au texte de 1374 et au *Tragicum argumentum* de François de Montebelluna, est considérablement simplifiée[30] :

La traduction de 1392, simplifications

| Original latin | Traduction française de 1392 |
|---|---|
| [...] et quod in corde nostro indelebiliter est scriptum, qualiter sanctissimus attavus et predecessor noster, patronus, deffensor et dominus singularis, beatus Ludovicus, flos decus, lumen et speculum nedum regalis prosapie, sed omnium Gallicorum, cujus memoria in benedictione est, et non derelinquetur in secula, ac divina protegente gracia, nullius | [...] et ce aussi qui en nostre cuer est escript sanz defacier, comment nostre très-saint devant Ayeul et Prédécesseur nostre patron, défenseur et singulier Seigneur, le Benoit Saint Loys, la flour, l'honneur, la lumiere et le miroir non mie seulement de la lignée Royal, maiz de tous les François, duquel la mémoire est en bénéyçon, et ne sera pas guerpie, |

28 *Ars Amatoria*, I, 184.

29 ... selon ce qui est escript, *Cezareis virtus contigit ante dies* ; ce est à dire, que aux Cezars, aux Empereurs advint vertu par avant aage de jours... Sur le sens de cette formule, *cf. infra*, p. 229-235, 357-359.

30 *Cf.* Vernet, André, « Le "Tragicum argumentum" », art. cité, p. 101-163, p. 133 et n. 3. Il s'agit d'un indice fondamental sur les lectures des rédacteurs de l'acte, comme on le verra *infra*, p. 238-240, 253.

| | |
|---|---|
| mortalis criminis sensisse contagium perhibetur, regnumque et rempublicam sic laudabiliter gubernavit, quod gesta ipsius preclara que mundus mirabitur quamdiu sol eclipticam permeabit, per nos et successores nostros, merito ad consequenciam trahi debent ; sic quod sua actio nostra instructio videatur [...] | maiz demourra ès siecles, et duquel est tesmoigné que par la protection de la grace divine, oncques ni ne senty tache de mortel pechié, et le Royaume et la chose publique gouverna si bien et si loablement, que ses nobles faiz desquelz le monde aura merveille tant comme le soleil luira, doivent à bon droit estre traiz à conséquence par Nous et noz Successeurs, telement que son fait et accion doie sembler estre nostre instruccion[31] [...] |

Est-ce l'absence de compréhension de l'image, la répugnance à franciser le terme d'écliptique, ou simplement la volonté de se faire comprendre du roi qui a amené cette légère distorsion ? Il s'agit en tout cas là de l'un des rares passages où le français s'éloigne de manière immédiatement perceptible du latin. Telle quelle, la qualité spécifique du français employé, à la fois banalement plus susceptible d'un certain vieillissement dès le XV^e^ siècle (« aourer » pour adorer, « bénéiçion » pour bénédiction[32]...) que l'intangible latin, et la trop grande littéralité du texte, sont deux facteurs qui ont sans doute contribué à conserver à cette traduction une dimension subalterne d'aide à la lecture du texte latin. La translation de 1392 s'est tout de même imposée, tout particulièrement à partir du XVIII^e^ siècle quand elle a été éditée dans la série des *Ordonnances des rois de la troisième race*, comme une sorte de traduction officielle de la loi, à laquelle les historiens ont eu souvent, peut-être un peu trop souvent, recours pour expliciter le texte latin. C'est tout de même ce dernier qui s'est maintenu, à travers les siècles, comme la source ultime de la loi[33].

---

31 Quand ils ne sont pas inédits, les textes français transcrits dans ce mémoire suivent l'orthographe et la ponctuation proposée dans les éditions citées (choix des majuscules compris), contre l'usage actuel.

32 Certains de ces termes se retrouvent employés dans des versions de la fameuse « Ballade en vieil langage françois » de Villon pour marquer la distance avec la langue du plein XV^e^ siècle. *Cf.* François Villon, *Lais, testament, poésies diverses*, Jean-Claude Mühlethaler (éd. et trad.), avec *Ballades en jargon*, Éric Hicks (éd. et trad.), Paris, Champion, 2004, p. 106 et variantes p. 285 (pour « aourez »).

33 Il faut toutefois noter que les commentateurs actuels du texte ont parfois tendance à citer la traduction française plutôt que l'original latin : *cf.* par exemple Rigaudière, « Un grand moment », art. cité, p. 298.

## UNE TRADUCTION INITIALE NÉGLIGÉE
### La translation de 1378

Si l'on a parlé de « version traditionnelle » et de « traduction officielle », c'est parce que la mise en avant de la traduction de 1392, seule et unique version française médiévale invoquée par la recherche, recouvre en fait un malentendu. Il existe en fait une traduction alternative, antérieure au texte de 1392, mais loin d'avoir bénéficié de la même fortune historiographique, elle a au contraire sombré dans l'oubli. Or le paradoxe veut que cette première traduction, écrite du vivant de Charles V, soit probablement plus fidèle à l'original que la translation « officielle » qui l'a totalement supplantée dans la mémoire longue de la loi…

Le concepteur du recueil des traités de France assemblé en 1378 sur ordre de Charles V, Gérard de Montaigu le jeune, avait en effet muni l'ensemble des pièces latines de la collection de traductions en français. Ce recueil était donc bilingue, et participait à sa manière, comme l'a noté Serge Lusignan, de cette culture de la francisation de textes latins importants, non seulement « littéraires » ou « scientifiques » mais aussi juridiques et « politiques », si caractéristique du règne du roi sage[34]. On l'a dit, le texte de la *constitutio* de 1374 avait une importance certaine dans ce dispositif textuel, qu'il venait clore. Dernière pièce solennelle de la série, placée à la suite d'une anthologie d'actes et de textes en rapport non plus avec les accords diplomatiques du royaume, mais avec son gouvernement interne, la loi de l'été 1374 se devait, comme les autres pièces latines de l'anthologie, d'être traduite.

Le ou les manuscrits originaux de cette « collection diplomatique royale » sont perdus, et nous n'en possédons que quatre copies du XV^e^ siècle, dont certaines n'incluent pas les translations des originaux latins[35]. Le manuscrit réputé refléter le plus fidèlement le dispositif original de la compilation, conservé aux archives municipales d'Amiens, contient toutefois bien, après la transcription soignée du texte latin de la *constitutio*, une traduction, qu'une main du XIX^e^ siècle a surmontée de

34 Lusignan, *La langue des rois*, *op. cit.*, p. 123.

35 Sur ces manuscrits, *cf. supra*, p. 88, n. 11. Le ms. BnF français 10140 s'est ainsi délesté des traductions françaises d'originaux latins.

la mention « cette ordonnance a été publiée : recueil des ordonnances t. VII, p. 518[36] ». L'archiviste ou historien responsable de cette note a donc supposé que le texte de cette traduction correspondait à celui de 1392. Il s'agit là d'une erreur. Une comparaison de la traduction du manuscrit d'Amiens avec celle du texte de 1392 montre en fait que nous sommes bien en présence de deux versions distinctes, souvent assez semblables, mais presque aussi souvent nettement séparées par leurs choix sémantiques, et, dans un nombre de passages non négligeable, syntaxiques :

Les deux traductions de 1378 et de 1392,
exemples de choix syntaxiques divergents :
la traduction de la séquence « *et ut frequenter visum est puerum, juvenem vel infantem ad bonum obediencie et serviciorum promptitudinem excitati* »

Original latin :
[...] quodque rex et dominus naturalis ac legittimus plus diligitur a subditis, quam quicumque regens pro eo, videtur libencius, et sibi ab eisdem promptius obeditur, retrahunturque a facinoribus et delictis solum dominum videndo ; **et ut frequenter visum est, puerum, juvenem vel infantem, ad bonum obediencie et serviciorum promptitudinem excitati**, audaces et magnanimi fiunt, ac magis in omnibus virtuosi [...]

Traduction de 1392 :
[...] et que le Roy et Seigneur naturel et légitime, est plus amé de ses subgiez, que autre quelconque Regent pour lui, et est plus voulentiers veu, et lui est par eulx obey plus promptement, et sont les subgiez retraiz de perpétrer délits et meffaiz, en veant leur seul Seigneur ; **et si comme on voit souvent un enfant ou jouvencel estre excité et meu au bien de obédience, et à servir promptement,** il deviennent hardis, de grant corage, et plus vertueux en toutes choses [...]

Traduction de 1378, d'après la copie du XV^e siècle :
[...] et aussi que le roy est seigneur naturel et legitime et plus amé de ses subgetz que quelconque autre regent pour luy / et est veu et regardé plus voulentiers et luy est par eulx obey plus promptement, et se retraitent de deliz et de meffais seulement en veant leur seigneur / **et si comme il a esté veu souvent et regardé plus voulentiers que les subgetz en veant leur seigneur estant enfant et jeune sont esmeuz a estre plus prestes a son service** et a estre hardis et courageux et plus vertueux en toutes choses [...]

36 Amiens, Archives municipales, registre AA4 (il s'agit codicologiquement parlant d'un manuscrit), traduction f° 182r-183v (essentiel du texte concentré sur les f° 182r-v et 183r), pour la note du XIX^e siècle, *cf.* f° 182r, marge supérieure.

Les parallèles, parfois intrigants[37], s'expliquent par l'existence de choix prédéfinis et de solutions de bon sens dans le cadre de traductions non littéraires, à visée et à valeur juridique, plutôt que par une dépendance de la version de 1392 par rapport à celle de 1378. Dans le cas contraire, il faudrait en effet supposer que le rédacteur de la traduction de 1392 se serait dans certains cas sciemment écarté de solutions de traduction souvent excellentes retenues en 1378 pour emprunter des voies plus discutables, ou, à l'inverse, qu'il aurait « complété » certaines approximations de la version première. L'existence de problèmes (par exemple des réductions ou omissions) propres à chacune des deux versions indépendamment l'une de l'autre prouve en bonne logique leur indépendance. Ainsi, la version de 1378 traduit plus littéralement, quoique de manière très maladroite, l'image de l'écliptique qui est escamotée par celle de 1392[38]. En revanche, si le texte d'Amiens reflète bien l'original sur ce point, le traducteur de 1378 (Gérard de Montaigu le jeune ?) n'a pas eu le même réflexe face à la citation ovidienne que celui de 1392. Moins sensible au charme ou à l'autorité du vers latin, il a choisi de le supprimer, pour passer directement au panégyrique de Saint Louis :

La suppression de la maxime ovidienne et la traduction maladroite du passage du soleil dans l'écliptique dans la version de 1378

| Texte latin | Version de 1378 d'après le manuscrit d'Amiens |
|---|---|
| [...] quapropter ipsos verissimiliter creditur plus illo tempore profecisse, quam alios minoris status, etate longe majori, <u>juxta illud quod scribitur : « Cesaribus virtus contigit ante dies » ; et quod in corde nostro indelebiliter est scriptum</u>, qualiter sanctissimus attavus et predecessor noster, patronus, deffensor et dominus singularis, beatus Ludovicus, flos decus, lumen et speculum | [...] Pour laquelle cause il est vraysemblable qu'ilz aient plus proffité en celluy temps que les autres de mendre estat en assez plus grant aage / <u>Selon ce qu'il est escript en nostre coeur sans jamaiz estre effacé</u>. Comment nostre tres saint predecesseur / patron deffenseur et seigneur singulier monsieur saint Loys ~ fleur beauté lumiere et miroir non mie tant seulement du lignage Roial mais aussi |

37 *Cf.* par exemple la très grande concomitance des choix sémantiques dans les premières lignes du tableau immédiatement *supra*.
38 *Cf.* sur ce point *infra*, p. 542.

| | |
|---|---|
| nedum regalis prosapie, sed omnium Gallicorum, cujus memoria in benedictione est, et non derelinquetur in secula, ac divina protegente gracia, nullius mortalis criminis sensisse contagium perhibetur, regnumque et rempublicam sic laudabiliter gubernavit, quod gesta ipsius preclara, que mundus mirabitur **quamdiu sol eclipticam permeabit**, per nos et successores nostros, merito ad consequenciam trahi debent, sic quod sua actio nostra instructio videatur [...] | de tous les françois / duquel la mémoire est en la beneition et jamais ne fauldra // et lequel par la protection divine est tesmoingnié non avoir fait oncques tache de pechié mortel / et lequel gouverna si loablement le Royaume et la chose publicque que ses glorieux faiz merveilleux au monde et ses exemples doivent par nous **tant l'eclipse y sera** par nous et par nos successeurs bien estre traite consequence / telement que son action soit nostre instruction [...] |

La traduction effectuée sous le règne de Charles V a donc ses problèmes, comme celle de 1392. Pourtant, un examen attentif de ce texte conduit à juger que sa qualité est dans l'ensemble meilleure. Moins servilement liée au rythme d'apparition des concepts dans le texte latin, elle a su éviter des chausse-trappes dans lesquelles la réticence à déplacer l'ordre d'apparition des unités syntaxiques a fait tomber le traducteur de 1392. C'est ainsi que dans la traduction de la complexe séquence *Cum enim sint et fuerint ab antiquo... distincta officia ordinata*, début de la seconde partie du dispositif, qui sera analysée en détail plus loin[39], le traducteur de 1392, se refusant à altérer l'ordre d'apparition des vocables dans la phrase, a bouleversé la construction originale en ne faisant apparaître le sujet logique « *distincta officia ordinata* » qu'après les verbes qui en dépendaient. Le résultat est une traduction imprécise, où la logique de progression conceptuelle de l'original est perdue. Le translateur de 1378, lui, avait bien compris qu'il était nécessaire de réintégrer le sujet (*distincta officia*) en début de séquence pour que la version française respectât la logique de l'original :

39 Sur les problèmes d'analyse de ce début de période complexe, *cf. infra*, p. 268-270 ; 546-547.

Un exemple de supériorité de la traduction de 1378 :
le rétablissement du sujet logique de la période
*Cum sint et fuerint ab antiquo … distincta officia* en début de phrase

Texte latin :
***Cum enim sint et fuerint ab antiquo*** *pro demanio regni regendo et conservando actibus bellicis ad laudem bonorum vindictam vero malorum, si opus fuerit, exercendis provinciarum regimine, ac debita justitia que nunc usque, laudes Deo, in regno nostro dicitur floruisse absque accepcione personarum, omnibus et singulis ministranda,* ***distincta officia ordinata****; virique spectabiles, illustres et superillustres, litterati, prudentes et scientifici, quorum opinionibus et operacionibus floret orbis, commissi et deputati ad hujusmodi officia gubernanda, impendenda obsequia, ac ministranda consilia majestati regie in omnibus que jus publicum concernunt* […]

Traduction de 1392 :
[…] mesmement **comme ilz soient et aient esté d'ancienneté**, pour gouverner et garder par faiz de batailles, le Demaine du Royaume, à la loenge des bons et vengence des mauvaiz, se mestiers est du faire, pour le gouvernement des Provinces, et par deue Justice, laquelle, loenges en soient à Dieu, l'en dit avoir flory jusques-cy en nostre Royaume, et sanz accepcion de personnes ; et aussi à administrer à tous et à chascun **Offices distinctez et ordonnez,** et à yceulx Offices gouverner, à rendre services et à administrer consaulz à la Majesté Royal, en toutes choses qui regardent le droit publique, sont commis et députez hommes nobles et notables, lettres, prudens et sages, aux oppinions et opéracions desquelz le monde florit […]

Traduction de 1378 :
**Comme d'anchienneté aient esté et soient ordenez certains et distinctes (sic) offices** par le royaulme pour gouverner et conduire le domaine du Royaume / a faire et exercer les fais d'armes A la loenge des bons a la venjance des malvais et gouverner les provinces et faire justice, laquelle jusques au jourd'huy par la grace de sire Dieu et sans acception de personnes florit en Nostre Royaume. Et aussi y ait personnes honnourables et nobles, lettrez / sages et plains de grant science / par l'oppinion et operation desquelz le monde resplendit / commis commis [*sic*] et deputez a exercer lesdits offices et faire service et donner conseil / a nostre real maiesté en toutes choses qui regardent le profit commun /

La traduction de 1378 possède de plus des caractéristiques très médiévales (traduction de certains termes par redoublement, gloses légères de certains vocables) qui la rendent potentiellement plus pertinente pour interpréter la signification que les clercs de la fin du XIVe siècle pouvaient donner au texte latin. La formule *rex legibus solutus* du dispositif y est ainsi rendue par un « Roy […] franc et deslié de la rigueur des loix » autrement plus suggestif que le « Roy qui est solut et deslié des lois » de la version de 1392.

La réunion de l'ensemble de ces éléments suggère que si le chercheur moderne voulait exploiter à fond ces « versions françaises » de la loi, il devrait donner la priorité à celle préparée pour le recueil de Gérard de Montaigu. Des raisons d'ordre philologique s'opposent pourtant à la prendre pour guide de manière trop univoque dans la présente exploration. Cette traduction « *princeps* » ne nous est en fait parvenue qu'à travers un reflet : celui de versions copiées au XV^e^ siècle. Ces textes, dont seul celui conservé dans le manuscrit d'Amiens a été consulté pour le présent travail, sont donc susceptibles d'avoir été linguistiquement actualisés, dans une proportion qu'il est difficile d'évaluer. À première vue, la version amiénoise pourrait être relativement fidèle au faciès linguistique du texte copié[40], et l'on peut supposer que, dans l'ensemble, le copiste a suivi les choix syntaxiques et sémantiques du traducteur de 1378. Les traces de picardismes, en particulier, semblent rares pour un manuscrit créé à l'usage des autorités amiénoises[41], même si elles ne sont pas inexistantes (*cf. supra* la traduction d'*ab antiquo* par « d'anchienneté », picardisation d'un probable « d'ancienneté »). Quoiqu'il en soit, il ne s'agit pas exactement de l'original créé en 1378. Il reste tout de même ambigu de juger de la qualité et de la teneur exacte d'un texte du XIV^e^ siècle à travers son actualisation, fût-elle superficielle. Nous ne sommes donc en présence que du fantôme ou de l'écho – écho précis, toutefois – de cette première traduction.

À ces problèmes d'ordre textuel s'en ajoutent d'autres, de nature plus historiographique, qui incitent également à ne pas rejeter trop rapidement la version de 1392 au profit de celle de 1378. La traduction de l'époque de Charles VI possède en effet un statut particulier dans l'histoire de la loi. Quelle qu'ait été l'importance originelle du recueil de 1378, c'est bien le texte français de la confirmation de la *constitutio* de 1392 qui s'est imposé comme la translation officielle de la *constitutio*, et c'est à travers cette traduction que le texte latin a été interprété par des générations de lecteurs depuis sa publication au XVIII^e^ siècle. Préparée pour une ordonnance solennelle confirmant et renforçant la loi de 1374, la version

40 *Cf.* sur ce point annexe, *infra* p. 531-536 (texte) et 537-547 (analyse linguistique).

41 Le fait que le recueil des traités ait été prolongé par la copie, d'une autre main, de quelques pièces concernant les rapports entre la royauté et Amiens ne serait pas une preuve absolue de cette origine locale, mais la page initiale du recueil, somptueusement enluminée, porte à la fois les armes de France et celles de la ville d'Amiens. La rareté des picardismes peut s'expliquer par le caractère relativement tardif de la copie.

française de 1392 a en effet reçu force de loi, contrairement à celle de 1378. Il semble donc que, du point de vue de l'histoire juridique, tout comme de l'histoire de l'acte dans la longue durée, la version française « officielle » ne doive pas être négligée, même si un examen attentif conduit à en relativiser l'exactitude, comme on le constatera plus en détail dans la suite de cette enquête. En fait, les erreurs mêmes de la version de 1392 ne manquent pas d'intérêt : elles en disent autant, voire plus, à leur manière, que les interprétations parfois plus pertinentes de la version de 1378 sur la structure de la *constitutio*, et sur ses difficultés d'interprétation pour les hommes de la fin du XIV^e^ siècle. Les deux traductions sont donc susceptibles d'aider, de manière différente, à la lecture du texte latin.

En définitive, pourtant, ni l'un ni l'autre de ces textes ne devrait s'imposer pour guider une exploration de l'original de la *constitutio*. On l'a déjà souligné : si l'on veut saisir quelque chose à l'agencement rhétorique et conceptuel du texte latin, il faut se résoudre à l'affronter dans toute sa complexité syntaxique et rhétorique, sans s'abriter, notamment, derrière le faux-fuyant méthodologique qui consisterait à tenter de le comprendre à travers ses traductions. Ne nous inquiétons donc pas trop du statut de ces deux versions. Celle de 1392, bien connue, sera présentée, en dessous du texte latin, au fur et à mesure de l'analyse de la construction du texte qui sera l'objet de la seconde partie[42], et ses écarts majeurs avec le sens probable de l'original latin seront commentés. Afin de ne pas alourdir excessivement la démonstration en surchargeant en permanence le texte latin de deux versions françaises[43], la présentation intégrale de la version de 1378 sera quant à elle reléguée en annexe, pour y être un peu plus longuement discutée. Assurément, ces traductions méritent une étude indépendante de celle conduite pour cet essai. Elles n'en sont pas l'objet premier. Reste que l'histoire des « translations » françaises de la *constitutio* concorde à sa manière avec celle de leur modèle : derrière une apparente clarté, où tout semblerait avoir été dit dès l'édition du XVIII^e^ siècle, un examen attentif dévoile surtout l'ambiguïté d'un dossier philologique bien plus complexe qu'on ne le supposerait, et qui n'a guère été exploré.

42 *Cf. infra*, seconde partie.

43 L'essai contient une transcription de la traduction de 1378 (*cf. infra*, annexe), une reportation intégrale de celle de 1392 (seconde partie, par sections), et une nouvelle traduction en français moderne, donnée dans le prologue et dans la quatrième partie.

## L'ENTRÉE DANS LE CHAMP HISTORIOGRAPHIQUE
## La chronique du religieux de Saint Denis (1393 ?)

C'est peut-être immédiatement après l'enregistrement et la traduction de 1392 que l'acte de fondation a fait l'objet de sa première manipulation de type littéraro-annalistique. L'utilisation faite du texte par Michel Pintoin, rédacteur de la chronique dite du religieux de Saint-Denis, ne peut en effet se qualifier autrement[44]. Dans les toutes premières pages de sa longue chronique, Pintoin met en scène un débat ayant opposé les membres de la famille royale immédiatement après la mort de Charles V, en 1380, sur la nécessité d'une régence conforme aux volontés du défunt roi. Louis d'Anjou, institué par avance régent, avait tout intérêt à ce que fût respecté le dispositif de 1374, qui prévoyait à la fois que Charles VI ne serait majeur qu'à quatorze ans (en 1382) et qu'il recevrait la plus grande part de la régence effective. Les ducs de Bourgogne et de Bourbon, qui s'opposaient à la mainmise de Louis sur le gouvernement, militaient en sens contraire pour le sacre immédiat du roi[45]. Dans la chronique, les princes ne développent pas leurs idées directement. Ils prennent pour porte-paroles respectivement Jean Desmarets, avocat général au parlement de Paris[46], et Pierre d'Orgemont, ancien chancelier de France, et maître des requêtes. Le discours en faveur du maintien du dispositif de 1374, placé dans la bouche de Desmarets, contient une série d'extraits de l'exposé de l'acte de fixation de la majorité des rois de France à quatorze ans :

---

44 Sur Pintoin et la Chronique du religieux de Saint-Denis, *cf.* Guenée, Bernard, *Un roi et son historien : vingt études sur le règne de Charles VI et la chronique du religieux de Saint-Denis*, Paris, De Boccard, 1999 (Mémoires de l'Académie des inscriptions et belles-lettres, 18).

45 *Chronique du religieux de Saint-Denis contenant le règne de Charles VI de 1380 à 1422*, publiée en latin et traduite par M. L. Bellaguet (1842), t. I et II, introduction de Bernard Guenée, Paris, Édition du comité des travaux scientifiques, 1994, t. 1, p. 7-10 (discours proprement dit, p. 8-10).

46 Sur Desmarets, *cf.* Bourquelot, Félix, « Jean des Marés, avocat général au Parlement de Paris au quatorzième siècle. Notice biographique », *Revue d'histoire du droit français et étranger*, n° 4, 1858, p. 244-263 ; Delachenal, Roland, *Les avocats du Parlement de Paris au XIV^e^ siècle*, Paris, Plon, 1885, p. 245-248 et Potin, « Le coup d'État », art. cité, p. 186.

Le religieux de Saint-Denis et l'acte de 1374, première utilisation

| *Chronique du religieux de Saint-Denis*, discours de Desmarets censé avoir été prononcé en 1380[47] | Acte de 1374, extraits |
|---|---|
| Optarem, (inquit), preclari principes, maxime in hac parte, talem mihi Tulliani venam obtigisse, que immortalitatis memorie regis Karoli semperque michi reverenti suspirio memorandi preconia digne depromeret. Sic utique in vos fando transfunderem, quam provide progenitorum mandatis addiderit quando tam nobile regnum, tam salubri gubernaculo inter guerrarum procellosos anfractus moderatum, vestrisque viribus auctum, posterorum comitteretur regimini. Sub compendio tamen dicam ad hoc omnis evi gesta ipsum induxisse, que regum liberos, teneri sub etate moribus et prudencia imbutos, reipublice utilitati referunt cicius concurrisse **quam alios minoris status etate longe majori, juxta illud quod scribitur : Cesaribus virtus contigit ante dies.** Innumerabiles sic videbat tarda non expetasse annorum molimina ad attingendum honorum summum culmen ; et a sacris litteris, que Joab ab octavo et Joathan a septimo in sceptris egisse referunt, ad annales transeam modernorum, et, principuum **decus** Francie, sanctissimum Ludovicum, **cujus memoria** erit **in benedictione** perhenni, vobis sepius retulit **in quarto decimo anno** coronatum. Ex preteritis igitur futura premeciens, et, ut liberius loquar, attendens, multorum **crescente malicia, mundum jugiter in deteriora prolabi, et quod quasi dampna infinita per administratores** | [...] et quod nonnulli reges tam predecessores nostri quam alii, hac etate seu paulo ante vel post, regnorum gubernacula assequti, magnifice et utiliter regnaverunt ; quodque filii regum Francie solent cura pervigili instrui et educari in bonis moribus, virtutibus et honore, quapropter ipsos verissimiliter creditur plus illo tempore profecisse, quam **alios minoris status, etate longe majori, juxta illud quod scribitur : « Cesaribus virtus contigit ante dies »** ; et quod in corde nostro indelebiliter est scriptum, qualiter sanctissimus attavus et predecessor noster, patronus, deffensor et dominus singularis, beatus Ludovicus, flos decus, lumen et speculum nedum regalis prosapie, sed omnium Gallicorum, **cujus memoria in benedictione** est, et non derelinquetur in secula, ac divina protegente gracia, nullius mortalis criminis sensisse contagium perhibetur, regnumque et rempublicam sic laudabiliter gubernavit, quod gesta ipsius preclara que mundus mirabitur quamdiu sol eclipticam permeabit, per nos et successores nostros,merito ad consequenciam trahi debent, sic quod sua actio nostra instructio videatur ; – de ipso enim legitur, quod regni maximi et potentes inimici, agente deo, ipsius pueri regis viribus sunt repulsi, **in** etatis sue **quarto decimo anno** Regni regimen assumpsit [...] videntes eciam dierum **crescente malicia, mundum jugiter in deteriora prolabi,** |

47 *Chronique du religieux de Saint Denis*, *op. cit.*, t. 1, p. 8-10.

| | |
|---|---|
| **alienos minoribus sint illata retroactis temporibus**, de vestro et regnicolarum assensu, lege irrefragabili, primogenitos regum succedencium hac etate puberes decrevit reputari et habiles ad regnandum. Hanc legem approbat nobilis dux hic presens, in eaque tempus signatum cunctis optat precordiis ; rogat tamen ne fraudetur interim auctoritate regentis, ad hoc certe non cupiditate nec ambicione ductus, sed magis honorum gracia que sibi jure antiquitatis competit, sicut scitis. | et non ex divine providencie deffectu seu debiti rerum ordinis, sed ex propriis demeritis in hominum mentes assueta depravante nequitia malis malorum passim cumulum superaddi ; **et quod quasi dampna infinita per administratores alienos minoribus illata et irrogata fuerunt temporibus retroactis**, nec cessant, prodolor indesinenter inferri [...] |

L'insertion des diverses citations extraites de l'acte dans le discours est, pour la forme, habile. Pintoin reprend quatre points différents, trois d'entre eux extraits de l'exposé, un du préambule. La première rencontre est nette, c'est la reprise de la citation ovidienne et de la fin de période qui l'introduit[48]. La seconde n'est qu'un écho distant : c'est une allusion à la « galerie des rois[49] » bibliques montés sur le trône enfants du préambule, rendue presque méconnaissable (non indiquée dans le tableau). La troisième est un jeu d'écho subtil et très déformé à partir du long passage de l'acte de 1374 exaltant la figure de Saint Louis, à la fois concentré, résumé, et banalisé, c'est-à-dire délesté de ses éléments rhétoriques les plus originaux[50]. La quatrième et dernière rencontre est en revanche un parallèle strict d'une séquence de la fin de l'exposé invoquant les dommages infligés par des « administrateurs étrangers » aux mineurs[51].

Si ce discours est bien monté, évitant de reprendre trop massivement les éléments de la loi de 1374 tout en y faisant clairement allusion, il ne s'agit bien sûr que d'une fiction littéraire[52]. Il est plus que probable que les violents débats autour de la succession royale qui eurent lieu au tout début de l'automne 1380 prirent pour argument le texte et l'esprit de l'acte de fixation de la majorité des rois de France à quatorze ans, aussi

48 Sur la citation ovidienne et sa signification, *cf. infra*, p. 229-235, 357-359.
49 Sur la « galerie des rois », *cf. infra*, p. 222-234 ; 345-351.
50 Sur la partie de l'exposé consacrée à Saint Louis, *cf. infra*, p. 235-243 ; 359-366.
51 Sur cette partie de l'exposé, *cf. infra*, p. 244-250 ; 366-373.
52 On se doit de souligner ce point, étant donné la propension des commentateurs à entretenir une certaine ambiguïté : *cf.* dernièrement Potin, « Le coup d'État », p. 186-187, qui exploite le passage sans poser véritablement la question de son statut textuel.

bien que ceux des ordonnances réglant la tutelle et la régence. Il s'agissait après tout de décider si ce dispositif, tel qu'il avait été amendé au profit de Louis d'Anjou, serait respecté ou non[53]. Il est toutefois fantaisiste de penser que Desmarets, pour le compte du prince, ait pu reprendre aussi vaguement une section du seul acte de 1374. Qui plus est, même si Pintoin s'arrange pour souligner vers la fin du discours grâce à l'exemple de Saint Louis « couronné à quatorze ans[54] », que c'est à cette date que Charles V a fixé la majorité, et que Louis d'Anjou approuve ces dispositions, tout en souhaitant voir respecter son droit à la régence, le début du discours est tout de même d'un effet rhétorique malheureux dans le cadre précis du débat, puisqu'on y insiste à loisir sur la précocité exceptionnelle des princes, et de leurs modèles, les rois bibliques, devenus rois de plein droit à sept ou huit ans. Or la controverse tournait autour de l'âge de la majorité, que le parti adverse voulait précisément encore abaisser. Les arguments présentés sont donc à double tranchant. On reconnaît dans cette organisation un versant dyonisien et médiéval finalement assez classique des fictions oratoires conformes à la tradition de l'annalistique romaine. Servant à animer le récit historique, elles n'avaient jamais vraiment été délaissées au Moyen Âge, et mettaient en scène des débats politiques au moyen d'oppositions spectaculaires et de retournements dialectiques, très loin de l'art oratoire concret des XIII^e^ et XIV^e^ siècles, d'essence beaucoup plus scolastique, et dont une harangue d'Evrart de Trémaugon conservée peut donner une bonne idée pour l'époque de Charles V[55]. Le discours prêté à Desmarets est un éloquent exemple de ce type de jeu lettré, en milieu dyonisien, un milieu particulièrement réceptif à la symbolique de l'acte de 1374 dont il était, avec le trésor des chartes, garant. Tel quel, ce réemploi ne forme qu'un écho très faible de la teneur probable des affrontements oratoires de l'automne 1380, durant lesquels ces textes furent discutés.

---

53 *Ibid.*

54 Sur ce problème, *cf. infra*, p. 228, 355.

55 Pour des exemples de « mises » en discours politiques sophistiquées imitées de la rhétorique antique, mais sans interférence avec la logique humaniste, *cf.* à la fin du XII^e^ et au XIII^e^ siècle le *Liber de obsidione Ancone* de Boncompagno da Signa (Boncompagnus de Signa, *L'assedio di Ancona. Liber de obsidione Ancone*, Paolo Garbini (éd.), Rome, Viella, 1999) ou la *Chronica* de Rolandino da Padova (*Vita e morte di Ezzelino da Romano (Cronaca)*, Flavio Fiorese (éd.), Milan, Mondadori, 2004). La harangue d'Evrart de Trémaugon à Jean I^er^ de Castille est éditée dans Évrart de Trémaugon, *Trois leçons sur les décrétales*, texte établi par Marion Schnerb-Lièvre avec la collaboration de Gérard Giordanengo, Paris, éd. du CNRS, 1998 (Sources d'histoire médiévales).

Une chose doit toutefois être relevée dans ce travail de réécriture. Quand Pintoin a voulu utiliser l'acte, ce n'est pas le dispositif contenant les termes de la loi, mais des fragments du préambule et de l'exposé, à teneur plus rhétorique, qu'il a sélectionnés. Le registre même choisi pour écrire sa chronique, éminemment rhétorique, conditionnait certes en partie ce choix. C'est tout de même un indice que, pour les hommes de la fin du XIV^e^ siècle, la partie non directement juridique de l'acte avait une valeur argumentative qui, dans certains contextes, pouvait remplacer son noyau législatif.

Si les hypothèses de Bernard Guenée, qui a relevé l'usage fait par Pintoin de la loi dans ce début de la *Chronique*[56], sont exactes, le chroniqueur aurait rédigé très tôt cette partie initiale de son œuvre : peut-être en 1393, c'est-à-dire un an après que Charles VI avait solennellement réaffirmé la validité de la *constitutio* de 1374[57]. Dans cette mesure, ce réemploi appartiendrait encore à cette première salve d'échos et de réfractions du texte de la loi, qui, de l'enregistrement et du dépôt de copie à Saint-Denis de 1375 jusqu'à la confirmation-traduction de 1392, en passant par la compilation-traduction dans l'anthologie diplomatique de 1378, avait multiplié les copies, la force juridique et la sacralité de l'acte – en dépit d'une première non-observation. On ne sort après tout pas, avec le chantre de Saint-Denis, de cet univers très restreint tournant autour du parlement, du trésor des chartes et de l'abbaye royale au-dessus duquel planait avec insistance, en ce dernier quart du quatorzième siècle, l'ombre de cette loi fondamentale déjà si mal appliquée.

Le religieux de Saint-Denis n'a toutefois pas fait usage du texte de l'acte que dans cette seule occasion. Bien des années après, il l'a de nouveau utilisé, et cette fois, ce réemploi est passé inaperçu. Le neuvième livre de la Chronique couvre l'année 1388, et son dixième chapitre relate la décision du roi, qui atteignait vingt ans, de gouverner seul, poussé par divers membres de son conseil, contre la tutelle de fait de ses oncles[58]. C'est le début des quatre années de gouvernement royal sous l'égide des Marmousets, que la folie du roi interrompit en 1392. C'est cette fois le cardinal de Laon, Pierre Aycelin de Montaigu[59], qui prend la parole pour parler en faveur d'un gouvernement autonome du roi :

---

56 Guenée, *Un roi et son historien*, *op. cit.*, p. 69, et p. 103. : « Le Religieux de Saint-Denis connaît fort bien la "loi" d'août 1374… »

57 *Ibid.*, p. 41-42.

58 Autrand, *Charles VI*, *op. cit.*, p. 161-178 ; Krynen, *L'empire du roi*, p. 143.

59 Autrand, *Charles VI*, *op. cit.*, p. 163-164.

Le Religieux de Saint-Denis et l'acte de 1374 : deuxième utilisation

| Chronique du Religieux de Saint-Denis, livre IX, c. 10[60] | Acte de 1374, extrait du préambule |
|---|---|
| Optarem, inquit, insignes principes, hac in parte verborum talem michi Tullianam venam obtigisse, ut conceptum meum, qualis est, in vestros animos fando transfunderem. Tangam tamen honorem regis et regni, rogans ut quos stilo deffuerit, vestro suppleatur intellectu. Omni ambiguitate semota, sub correctione audiencium, laudanda sunt consilia que ***cum publica utilitate concurr***unt : que quidem cuilibet hystoriarum seriem perscrutanti quamvis multis modis pateant prosequenda, potissime tamen ut conveniat obsequiosus populus cum bono principe rite patrie moderamina disponente. Inde gracie publice processit summa perfectio. Nam ut imperii omnis vis in subditorum obediencia consistit, sic et qui eis presunt summo studio invigilare tenentur ut ab ***opprimencium protect***i ***incursibus cum exuberanti leticia quiescant in pulchritudine pacis, tabernaculis fiducie et requie temporalium opulenta.***<br>[...]<br>Jam ejus vigilantissimus animus, colendo limites equitatis, nil inconsulte aut ex precipiti agere consuevit, sed illi et precencia caute disponere, et ex presentibus futura sollicite premetiri ; et quamvis jam ***assue***factus ***ad labores militares et bellicosa opera*** videatur, hoc tamen summe conatur, ut non magis viribus quam prudencia hostes posset conterere, et regnum suum productis finibus ampliare [...] | [...] Porro summe debent reges attendere quod beneficia filiis suis, precipue primogenitis, impensa ***cum publica utilitate concurr***ant, cum hec duo post Deum sibi debeant existere cariora, confidentes in filiis rempublicam post ipsorum obitum feliciter conservari in ipsius negotiis peragendis, sic intendentes solerter quod ea que periculosiora sunt nequaquam absque remedio reformacionis acommode relinquant, sed si respiciant oculate quod populus ab ***opprimencium protect***us ***incursibus exhuberantia*** virtutum ***quiescat in pulchritudine pacis, in tabernaculis fiducie, et requie temporalium opulenta, res quoque publica suis temporibus*** prosperetur. Postremo super regimine regni debemus predecessorum nostrorum vestigiis inherere et inter bonos meliores et inter meliores optimi sunt sectandi. Hinc est quod nos considerantes attente etatem quatuordecim annorum seu eciam minorem, nullatenus repugnare regie dignitati, vel administracione nasciscende seu suscipiende Regnorum ; Joas enim unctus fuit et regnavit etatis sue anno septimo ; Josias octo annorum erat, quando regnare cepit ; David parvulus in regem unctus est ; et Salomon elegit Deus adhuc puerum et tenellum, et isti reges fecerunt placitum coram Domino ; Jheremias puer super gentes constitutus est et regna ; considerantes eciam quod annus quartusdecimus annus discretionis existit, et in ipso quis ad plures actus legitimos admittitur, exercendi et ***assue***scendi sunt nobiles ***ad labores militares et opera be licosa*** [...] |

60 *Chronique du religieux de Saint-Denis*, *op. cit.*, t. I, p. 556-559.

La technique de construction de ce long discours suit au fond celle de celui de 1380, parfois de manière caricaturale. L'invocation de l'éloquence cicéronienne est ainsi reprise mot à mot du discours de Desmaret. Pour le reste, le recours à la rhétorique de l'acte de 1374, dont des éléments de préambule et, beaucoup plus ponctuellement, d'exposé, sont mis à contribution, s'explique par le thème du discours : le roi doit gouverner par lui-même. Cette fois, néanmoins, il n'y a guère de doute sur le fait qu'il s'agit non seulement d'une fiction littéraro-historique, mais qu'il est improbable qu'il existe un effet d'écho entre la teneur des paroles véritablement prononcées à Reims en cette occasion cruciale par le cardinal de Laon et cette construction. On ne peut en effet postuler au même degré que pour 1380 que les discussions se soient centrées sur le dispositif de 1374, puisque le roi avait désormais vingt ans, et que presque tous les précédents militaient pour une absence de tutelle à cet âge.

Michel Pintoin avait peut-être prévu dans sa chronique de citer plus précisément, dans une optique moins littérarisée, la lettre ou la teneur de l'acte de 1374, dans une section qu'il avait réservée à la confirmation de la loi en 1392. Ironiquement, seul le titre en subsiste, le texte ayant été laissé en blanc[61]. L'annaliste n'aura donc finalement intégré des fragments de cette loi que dans une série de constructions rhétoriques, qui soulignent néanmoins son rayonnement dans les mémoires des années 1400. Mais il faut à présent quitter pour un temps le quatorzième siècle et ses suites immédiates, pour envisager l'historiographie de l'acte dans le temps long.

61 *Cf.* à ce sujet Guenée, *Un roi et son historien*, *op. cit.*, p. 117.

# DU DÉBAT POLITIQUE À L'HISTORIOGRAPHIE

## XVI$^{e}$ siècle – milieu XX$^{e}$ siècle

Il n'est pas question ici de reprendre en détail l'histoire ultérieure des commentaires et éditions de cette loi rédigés avant ou après la Révolution, encore moins de son utilisation à travers les âges : ce serait la matière d'un essai, et d'un essai assez différent de celui que l'on souhaite écrire ici, qui requerrait notamment des compétences de constitutionnaliste et d'historien moderniste. Pendant les siècles qui ont suivi sa rédaction, la *constitutio* de 1374 a en effet été discutée en tant que loi fondamentale du royaume, et le hasard des successions dynastiques l'a plusieurs fois mise sous le feu de l'actualité, tout particulièrement à la fin du XVI$^{e}$, au XVII$^{e}$ et au début du XVIII$^{e}$ siècle (1560-1723). Les longues minorités légales de Charles IX (1560-1564), Louis XIII (1610-1615), Louis XIV (1643-1651) et Louis XV (1715-1723), compliquées de troubles politiques graves pour les trois premières, ont été en particulier l'occasion pour des publicistes et penseurs de s'appuyer sur la loi pour discuter les prétentions à la régence et, plus généralement, pour réfléchir sur les mécanismes de la continuité monarchique.

### PARLEMENTARISME, POLITIQUE ET ÉRUDITION AUX XVI$^{e}$ ET XVII$^{e}$ SIÈCLES

Au XVI$^{e}$ siècle, les troubles des guerres de religion liés à la mort d'Henri II, au règne éphémère de François II et à l'avènement de Charles IX encore enfant à la couronne en 1560, ainsi que l'ébranlement du pouvoir royal qui en résulta, ont provoqué une salve de réflexions sur la loi de 1374, dont l'attention portée aux essais posthumes du greffier du parlement de Paris et secrétaire du roi Jean du Tillet au XVIIe siècle se fait l'écho[1]. Dans cet ensemble, la réflexion du chancelier Michel de l'Hospital tient une place à part. On sait que pour hâter la majorité de Charles IX, déclarée le 17 août 1563, il interprète la loi dans un sens particulier, en faisant des treize ans révolus treize ans entamés, par un tour de passe-passe appuyé sur le droit romain. Dans la harangue au Parlement de Rouen délivrée à cette occasion, L'Hospital insiste sur l'exceptionnalité de cette loi, « singulière et non commune à celles des autres royaumes et empires[2] », et sur la sagesse de ses dispositions. Il s'agit toutefois de la réflexion d'un juriste et d'un historien plutôt que du travail d'un philologue. Le chancelier ne semble en effet pas particulièrement intéressé par la lecture du détail de la loi (qui, il est vrai, donnerait sans doute tort à son interprétation). Sous le règne de Louis XIII, l'insertion et le commentaire de la constitution dans la collection des *Édits et Ordonnances des rois de France* d'Antoine Fontanon et Michel de la Rochemaillet en pleine minorité, en 1611, contribue à souligner l'actualité de la loi[3]. C'est néanmoins probablement la publication posthume du *Traité de la majorité de nos rois et des régences du royaume* de Pierre Dupuy en 1655, au sortir de la Fronde, quatre ans après la majorité légale de Louis XIV, qui constitue un premier grand tournant « historiographique » dans l'histoire moderne de la loi[4].

Pierre Dupuy, organisateur d'un cercle érudit prestigieux, aux ramifications européennes (« l'académie putéane »), historien nourri du contact avec les archives royales et fils d'un conseiller du parlement, animé de

1 *Cf.* également Pasquier, Étienne, *Recherches de la France*, Amsterdam, Trévoux, 1723, t. I, p. 143 (passage reprenant les *exempla*).

2 *Cf.* « Déclaration de la majorité de Charles IX (17 août 1563). Harangue au Parlement de Rouen », dans L'Hospital, *Discours pour la majorité de Charles IX*, Robert Descimon (éd.), Paris, Imprimerie nationale, 1993, p. 103-104. Sur l'interprétation de la loi de 1374 par L'Hospital, *cf.* Rousselet-Pimont, Anne, *Le chancelier et la loi au XVIe siècle : d'après l'œuvre d'Antoine Duprat, de Guillaume Poyet et de Michel de l'Hospital*, 2005, Paris, De Boccard, p. 55-63, qui souligne les débats ayant entouré la question des treize ans commencés à ou révolus au XVIe siècle, et l'élément d'incertitude pesant semble-t-il sur ce point dans le temps long de la monarchie.

3 *Édits et Ordonnances des rois de France depuis Louis VI dit le gros jusqu'au roi Henri IV*, Antoine Fontanon, Gabriel Michel de la Rochemaillet (éd.), Paris, pas de nom d'éditeur, 1611, v. 2, p. 1 (*cf.* la critique de cette édition dans *Ordonnances…*, VI, p. 26 seconde colonne).

4 *Cf.* Dupuy, Pierre, *Traité de la majorité de nos rois et des régences du royaume*, Paris, Mathurin Du Puis, 1655, p. 151-156.

convictions politiques et religieuses monarchiques et gallicanes, lit certainement la loi de 1374 et d'autres actes en rapport avec elle en fonction des évènements contemporains, dans une optique de continuité monarchique[5]. Pas plus que le duc de Saint-Simon un siècle plus tard[6], il ne sépare une France médiévale – un concept parfaitement anachronique au XVII^e^ siècle – de l'État absolutiste qui naît dans la douleur sous Louis XIII et Louis XIV – tout juste une ligne de faille commence-t-elle à s'élargir entre l'histoire lointaine et l'histoire récente, l'avènement de François I^er^ marquant à certains égards la limite entre ces deux perceptions du passé[7]. Assez éloignés dans le temps pour avoir valeur de modèles, assez proches pour présenter un ensemble d'institutions qui préfigurent celles de leur époque, les règnes de Charles V, Charles VI et Charles VII, temps de crise et de réformation, sont toutefois fréquemment visités par les penseurs politiques des années 1630-1750 pour réfléchir à l'essence de l'État[8]. Mais Pierre Dupuy est aussi l'un de ces érudits, le tout premier à certains égards (Ducange est son cadet de trente ans, Mabillon, de cinquante), qui participent en France à l'élaboration d'une « proto-histoire de la médiévistique » destinée à changer radicalement en un siècle les méthodes d'investigation des textes de l'avant 1500. Si son analyse de la loi n'apporte pas grand chose du point de vue de la réflexion sur les sources, elle la met judicieusement en perspective, et le rayonnement du *Traité* est considérable.

À partir de la fin du XVII^e^ siècle, le rythme des rééditions de l'acte, généralement à partir de la version de Dupuy, avant l'amélioration décisive

---

5 Sur Dupuy et son milieu, *cf.* Delatour, Jérôme, « Les frères Dupuy et leurs correspondances », *Les grands intermédiaires culturels de la République des lettres : études des réseaux de correspondances du XVI^e^ au XVIII^e^ siècle*, Christiane Berkvens-Stevelinck, Hans Bots, Jens Haseler (éd.), Paris, Champion, 2005, p. 61-101, avec bibliographie.

6 Louis de Saint-Simon raconte dans ses *Mémoires* les événements de la seconde moitié du règne de Louis XIV (essentiellement la période 1685-1715) et de la régence, mais il ne les met en forme à partir de notes antérieures que dans la dernière partie de son existence, en plein XVIII^e^ siècle.

7 *Cf.* Saint-Simon, *Mémoires*, t. I, 1691-1701, Yves Coirault (éd.), Paris, Gallimard, 1983 (Bibliothèque de la Pléiade), p. 20, pour la séparation faite par Saint-Simon des temps anciens de l'histoire de France d'avec les temps récents, « contemporains », commençant à François I^er^.

8 Sur l'intérêt manifesté par Saint-Simon envers l'histoire des Capétiens directs et des premiers Valois, et tout particulièrement des XIV^e^ et XV^e^ siècles, *cf.* Grévin, Benoît, « De l'usage de Saint-Simon en histoire médiévale », collection d'articles électroniques « De l'usage de … en histoire médiévale » hébergée sur le site ménestrel : http://www.menestrel.fr/spip.php?rubrique1670&lang [23 juillet 2012, consulté le 01 02 2019].

apportée par la nouvelle collection des *Ordonnances des rois de France de la troisième race*[9], s'accélère, au point que sa présence devient fréquente dans les grandes collections diplomatiques européennes. Certains des chantiers d'édition qui l'incluent reflètent des perspectives déjà tracées à l'époque de Charles V. Le texte est ainsi commenté et transcrit par Michel Félibien dans son *Histoire de l'abbaye de Saint-Denis* (1706) à cause de la présence de la « copie en manière d'original » conservée dans le sanctuaire dynastique (et c'est cette copie, et non les exemplaires du trésor des chartes, qui sert de base à sa transcription)[10], tandis que Leibniz l'inclut en 1691 dans son *Codex juris gentium diplomaticus*[11], l'un des premiers d'une longue série de collections de traités internationaux et de recueils diplomatiques d'histoire européenne qui citeront l'acte[12], en suivant la logique initiée par Charles V lui-même en 1378[13]. Après Dupuy, le véritable tournant historiographique est néanmoins constitué par l'édition proto-scientifique du texte par Secousse dans le sixième volume de la série des *Ordonnances des rois de France de la troisième race*, publié en 1741[14], et complété en 1745 par le septième tome contenant la confirmation-traduction de 1392[15].

## LE TOURNANT DES ORDONNANCES DE 1741

La publication de la loi de 1374 dans les *Ordonnances* peut être considérée comme un tournant à plusieurs titres. Elle représente tout d'abord une véritable ligne de partage des eaux historiographique. À moins de découvertes improbables, seuls les historiens des idées politiques

9 Sur ce point *cf.* Dom Félibien, Michel, *Histoire de l'abbaye*, *op. cit.*, p. 287-288.

10 *Ibid.*, pièce n° 194, p. CXXXI-CXXXIV.

11 *Codex juris gentium diplomaticus*…, G. G. Leibnitius (éd.), Guelferbyti, apud Johannem Christopher Meisnerum, 1691 (consulté dans l'édition Hannoverae, Samuelis Hannoni, 1747).

12 *Cf.* par exemple *Corps universel diplomatique du droit des gens contenant un recueil des traitez d'alliance, de paix, de treve, de neutralité, de commerce, d'échange, de protection… depuis le règne de l'Empereur Charlemagne jusques à présent*, t. II/1, Jean Du Mont (éd.), Amsterdam – La Haye, chez P. Brunel, R. et G. Wetstein, Pierre Husson et Charles Levier, 1726, p. 94-96.

13 Sur sur ce point *supra*, p. 52-53.

14 *Ordonnances* … VI, p. 26-32, vol. publié en 1741 par Secousse.

15 *Ordonnances* … VII, p. 517-522.

de l'époque moderne sont directement intéressés par la consultation des traités et recueils imprimés incluant les textes de 1374 antérieurs à 1741. En revanche, faute d'une entreprise actuelle d'édition collective des actes et lois des rois de France du XIV^e siècle comparable aux programmes des *Monumenta Germaniae Historica*, les spécialistes d'histoire française médiévale ont encore et toujours recours, en ce début du XXI^e siècle, au texte de 1741 : c'est celui qui est sauf erreur cité par tous les commentateurs récents de la loi[16]. Participant d'une logique d'illustration du travail législatif du royaume qui s'inscrit dans une continuité monarchique encore apparemment intangible quand l'entreprise des *Ordonnances* se met en place, en 1723, portant encore les traces d'une idéologie du pouvoir interférant en permanence avec la démarche historique[17], le travail au long cours d'une succession d'historiens œuvrant à la rédaction des premiers recueils au long du règne de Louis XV acquiert pourtant déjà une consistance singulière, car il bénéficie d'un siècle d'essor de l'érudition et des méthodes de recherches sur les « temps gothiques » et leurs suites – le siècle des Dupuy, Ducange et Mabillon. À l'époque où se forme le projet encyclopédiste, la balance entre l'esprit critique et la vénération pour le passé monarchique change également rapidement, permettant un rééquilibrage sans cesse plus accentué en faveur de la contestation des « légendes monarchiques » héritées des XIII^e-XV^e siècles. Ce nouveau souffle est sensible au sein même de cette entreprise, qui possède une dimension philologique affirmée, même s'il ne faut pas oublier qu'elle s'effectue sous le contrôle de l'État royal.

Le travail effectué sur l'acte de 1374 par Denis-François Secousse, issu d'une famille parlementaire, et qui sera la colonne portante de l'entreprise dans le second quart du siècle, reflète l'ensemble de ces changements. Le saut qualitatif est patent : les trois actes-matrices sont brièvement mais précisément décrits selon les critères de l'encore jeune science de la diplomatique[18]. On précise l'existence de copies liées à l'enregistrement,

16 Autrand, *Charles V*, *op. cit.* et *Id.*, « La succession », art. cité ; Krynen, « Le mort », art. cité et *Id.*, *L'Empire du roi*, *op. cit.* ; Rigaudière, « La *lex* », art. cité (qui indique toutefois p. 172 l'existence d'une reproduction digitalisée sur le site des archives nationales) et *Id.*, « Un grand moment », art. cité.

17 C'est le chancelier d'Aguesseau qui avait confié à Secousse la continuation des *Ordonnances*…

18 *Ordonnances* … VI, p. 26, colonne de gauche : « Trésor des Ch. Layette des Regences et Majorité des Rois, Piece 6. Le Sceau de cire verte, en lacs de soye rouge et verte, pend à ces Lettres, et est très-bien conservé. C'est l'Original de cette Ordonnance. Il y a encore

et de la confirmation de 1392[19]. Les travaux antérieurs portant sur la question considérés comme les plus importants sont présentés, avec une appréciation critique[20]. Pour l'édition proprement dite, les trois actes-matrices ont été comparés[21], et les éditions de référence précédentes (Dupuy...) consultées et critiquées[22]. La question de l'enregistrement en 1375 a été discutée, les cédules relatives à l'opération, transcrites[23]. Surtout, tout un ensemble de sources de l'acte a été pour la première fois commenté, avec report précis de presque toutes les citations bibliques, discussion des deux *exempla* historiques mérovingien et macédonien, dont le second est correctement rapporté à Justin[24], tandis que le premier est analysé, et critiqué pour son inexactitude[25]. En dépit de quelques obscurités, l'ensemble est suffisamment précis et cohérent pour avoir défié l'érudition durant presque trois siècles, malgré des choix typographiques rendus désuets par l'usure du temps.

---

dans cette layette deux autres Originaux de cette Ordonnance, sous la même cote 6. La première ligne du premier de ces deux Originaux, est écrite en lettres majuscules, dont les traits sont composez d'une espece d'Eschiquier. Le premier jambage de la premiere lettre du mot, Karolus, est d'azur, semé de fleurs de lys d'or, et surmonté d'une couronne. Les sceaux de cire verte, en lacs de soye rouge et verte, qui pendent à ces deux Originaux, sont très bien-conservéz. Au dos du premier Original, il y a : *Duplicata* » (suit la description des autres originaux).

19 *Ibid.*, p. 26 première colonne : « cette ordonnance se trouve aussi dans le Registre A. du Parlement de Paris, f° 75. V° Il y a quelques fautes de Copiste, et quelques legeres differences. Charles VI dans l'Ordonnance redigée en François, qu'il donna sur la Majorité des Rois, en Novembre 1392, y insera l'Ordonnance de 1374 traduite en François... Dans le memorial D. de la Chambre des Comptes de Paris, l'Ordonnance de 1374 n'est que par extrait au f° 4 vingt 16, r°... »

20 *Ibid.*, p. 26, seconde colonne, sur les éditions de Fontanon, de Dupuy (critique prouvant que Dupuy emprunte le texte à Fontanon, et non à l'un des originaux comme il le prétend), de Félibien, ainsi que discussion de quelques travaux sur les minorités.

21 *Cf.* notes marginales, p. 28 ; 29 (trois différences repérées en tout entre les trois copies).

22 *Cf.* les notes marginales, p. 27-30.

23 *Ibid.*, p. 30-32 : texte de la cédule appendue au troisième original, textes latin et français de l'enregistrement de 1375.

24 P. 28, notes infrapaginales, colonne de gauche.

25 P. 28, notes infrapaginales, colonne de droite.

## UN LENT ENDORMISSEMENT DE LA LOI ?
## Fin XVIIIe – XIXe siècle

Après le bouillonnement des années 1650-1741, le parcours historiographique se fait, du point de vue de l'histoire textuelle, plus calme et plus décevant à mesure que l'on s'avance vers l'âge de la science historique. La seconde grande série diplomatique française encore ponctuellement utilisée à inclure la loi est le *Recueil général des anciennes lois françaises depuis l'an 420 jusqu'à la révolution de 1789* de Jourdan, Decrusy et Isambert. Le tome concerné, paru sous la restauration[26], est déjà postérieur à « l'invention du Moyen Âge », même si la coupure avec la royauté est loin d'être établie en ces années d'ambiguïté politique. Mais si la petite dissertation qui accompagne le texte apporte quelques informations potentiellement utiles sur les minorités des rois des Francs, puis de France[27], l'éditeur se contente de préciser que le texte des *Ordonnances* est meilleur que celui de Dupuy, et de reporter les citations déjà mises en évidence en 1741. Quelques décennies plus tard, alors que le positivisme s'affirme, la reproduction déjà mentionnée de certaines des ornementations des trois actes dans le recueil du Musée des Archives nationales de 1872 symbolise l'éveil d'une curiosité mi-artistique, mi-paléographique, pour la dimension esthétique et matérielle du texte[28]. Toutefois, l'historiographie, comme l'histoire, est rarement linéaire. Cet intérêt de bon augure n'était pas le précurseur d'une meilleure prise en compte des différentes dimensions textuelles de l'acte. Il peut plutôt être considéré comme une sorte de chant du cygne provisoire. C'est en effet au début du XXe siècle, avec l'œuvre historique de Roland Delachenal, que la forme de la *constitutio* allait sombrer dans le mépris le plus absolu.

---

26 *Recueil général des anciennes lois françaises*, François-André Isambert (éd.), (avec Athanase Jourdan et Alphonse Taillandier), t. 5, Paris, Belin-Leprieur, 1824, p. 415-423.

27 *Ibid.*, n. 2, p. 415-417, énumération et discussion succincte des minorités et accessions au trône de rois mineurs.

28 *Musée des archives*, *op. cit.*, n° 395, p. 226-229.

## ROLAND DELACHENAL
## OU L'ACTE DE 1374 AU PLUS BAS

Roland Delachenal, historien chartiste né en 1854, avait choisi de consacrer la majeure partie de sa carrière d'érudit à l'époque de Jean II le Bon et et de Charles V. Il est mort à la tâche en 1924, l'année de parution des *Rois thaumaturges* de Marc Bloch, alors qu'il achevait une monumentale histoire du « roi sage », en cinq tomes, dont les deux derniers furent publiés à titre posthume en 1928 et 1931[29]. Marquée au sceau d'une technique qui pouvait sans doute déjà se caractériser comme relativement conservatrice vers 1890, et qui devenait presque anachronique dans les années 1920 – l'auteur, né pendant la guerre de Crimée, avait quelque excuse[30] –, son œuvre peint un Charles V essentiellement politique et militaire, sans guère d'attention pour l'histoire culturelle du temps[31]. Les volumes ont encore leur utilité pour suivre en détail la progression événementielle. Ils sont pour le reste franchement dépassés par les recherches de Raymond Cazelles puis Françoise Autrand[32], sans même évoquer une histoire plus strictement culturelle.

Quoiqu'il en soit de la qualité intrinsèque de l'œuvre de Delachenal, le jugement qu'il porte sur la qualité du texte de l'acte dans les quinze

29 Pour le tome intéressant l'acte de 1374, *cf.* Delachenal, *Histoire de Charles V*, *op. cit.*, t. IV. *Cf.* également sa *Chronique des règnes de Jean II et Charles V (Les Grandes Chroniques de France. Chronique des règnes de Jean II et de Charles V*, *op. cit.)*, qui nous intéresse ici pour le t. III.

30 Sur la vie et l'œuvre de Roland Delachenal, *cf.* la notice nécrologique de Gsell, Stéphane, « Notice sur la vie et les travaux de M. Roland Delachenal », *Bibliothèque de l'École des chartes*, n° 85, 1924, p. 233-250, qui donne à travers sa *laudatio* divers indices permettant de situer l'homme et le savant sur l'échiquier politique et scientifique de la troisième République. Sur les oppositions politico-scientifiques entre « ancienne et nouvelle histoire » dans la France de la fin de la troisième République, à travers la guerre entre l'École des chartes et les Annales naissantes, quelques années après le décès de Delachenal, *cf.* Anheim, Étienne, « L'historiographie est-elle une forme d'histoire intellectuelle ? La controverse de 1934 entre Lucien Febvre et Henri Jassemain », *Revue d'histoire moderne et contemporaine*, n° 59/4 bis, 2012/5, p. 105-130.

31 *Cf.* tout de même Delachenal, Roland, « La bibliothèque d'un avocat au XIVe siècle. Inventaire estimatif des livres de Robert Le Coq », *Nouvelle revue historique de droit français et étranger*, n° 11, 1887, p. 524-544 et *Id.*, « Notes sur un manuscrit de la bibliothèque de Charles V », *Bibliothèque de l'École des chartes*, n° 71, 1910, p. 33-38.

32 *Cf.* en particulier Cazelles, *Société et politique*, *op. cit.* ; Autrand, *Charles V*, *op. cit.*, *Id.*, « La succession », art. cité ; Autrand, Contamine, « Les livres », art. cité.

pages concernant la préparation et la promulgation de la loi, des autres textes de 1374 et leur enregistrement constitue un véritable nadir de la sensibilité historique aux formes de rédaction médiévales. On y apprend que l'« ordonnance[33] » de 1374 « est rédigée en un latin prétentieux et amphigourique, parfois peu intelligible, surtout dans le préambule. Le fond en est banal, très pauvre d'idées et d'arguments. On y trouve un certain nombre de lieux communs, assez mal rattachés les uns aux autres, sur l'amour que les rois doivent avoir pour leurs fils, – pour les aînés en particulier –, sur les avantages et les honneurs qu'ils doivent leur conférer, sur la précocité habituelle de ces enfants, dont la formation morale est, à juste titre, entourée de tant de soins. Il faut surtout, en les favorisant, ne rien leur donner qui ne tourne au profit de la chose publique. Et ici se dégage la conclusion de ce verbiage ampoulé et vide, *qui est tout ce qu'il convient d'en retenir*[34]. Désormais les rois de France seront majeurs, aptes à recevoir l'onction sainte du sacre et à accomplir toutes les fonctions de la royauté, dès qu'ils auront atteint leur quatorzième année, c'est-à-dire à treize ans révolus[35] ». Tout est dit en quelques lignes : vacuité totale de ce qui n'est pas la loi *stricto sensu*, caractère nul et non avenu du latin de la chancellerie, éloigné des formes classiques, mépris pour les maximes générales contenues dans les préambules.

Une lecture de la suite de la démonstration montre à quel point la dissociation entre la fascination pour une partie du fond de l'acte et le dégoût pour sa forme se fait profonde, aboutissant à une sorte de schizophrénie philologique, diplomatiste ou chartiste, on ne sait trop comment la qualifier. En commentant le passage de l'exposé exaltant Saint Louis, Delachenal semble en effet faire un retour sur lui-même, et succomber enfin aux sirènes de la rhétorique du XIVe siècle : « Et ici vient sous la plume du rédacteur de l'ordonnance un magnifique éloge, bien connu, mais qu'il ne sera pas superflu de citer à nouveau ». Suit la traduction de la séquence *et quod in corde nostro indebiliter est scriptum* [...] *sicque sua actio nostra instructio videatur*[36]. Mais dans la note de bas de page qui donne le texte latin, notre Doctor Jekyll de la place de la Sorbonne se transforme de nouveau en Mister Hyde, en précisant

33 Sur le problème de qualification de l'acte comme ordonnance, *cf. supra*, p. 54.
34 Les italiques sont de moi.
35 Delachenal, *Histoire de Charles V*, *op. cit.*, t. IV, p. 531-532.
36 *Ibid.*, p. 533.

« j'ai traduit un peu librement ce piètre latin, qui n'est pas exempt de galimatias[37] ». L'analyse continue longtemps sur le même ton. Les autorités bibliques sont scrutées, avant de passer à la zone de la citation ovidienne et des maximes qui l'entourent, les unes et les autres étant considérées comme foncièrement « insatisfaisantes[38] ». Dans sa colère, Delachenal finit même par dépasser l'exposé pour sauter à pieds joints dans le dispositif. Pour botte finale à sa charge, il balaye sans discussion la maxime *rex solutus legibus est* au motif que « l'argument est un peu court[39] ». De la splendeur formelle et graphique des trois exemplaires, pas un mot.

Plus encore que sur une ambulance, il est facile et inélégant de tirer dans un cimetière. Certaines raisons expliquent partiellement ce jugement négatif, sans pour autant l'excuser. La construction syntaxique du texte est généralement lourde, conformément à la tradition d'agencement d'une grande loi royale du XIV^e^ siècle, et à une certaine esthétique de l'empilement, caractéristique de l'âge rayonnant, qu'on peut ne pas apprécier[40]. Et il existe effectivement une ou deux failles, un ou deux déséquilibres dans la structure syntaxique de ses périodes, qu'il faudra commenter[41]. Tout de même, le passage laisse songeur. Comment est-il possible d'avoir aussi peu d'empathie pour son objet d'étude ? Même si les considérations de Delachenal sont un modèle du genre, elles reflètent en fait une certaine tendance historiographique caractéristique de la fin du XIX^e^ et du début du XX^e^ siècle, tendance suivie par de grands noms de l'histoire ou de la diplomatique[42], qui a été combattue pas à pas, en France comme Outre-Rhin, par une nouvelle génération d'historiens dès l'entre-deux guerres, mais dont les traces ont mis longtemps à s'effacer. Dans le cas de notre texte, les considérations de Delachenal ont d'ailleurs été relayées de manière très directe, par exemple par Félix Olivier-Martin deux ans après la parution du tome IV de *l'Histoire de Charles V*[43], et ce n'est qu'assez récemment qu'elles ont été timidement

37 *Ibid.*, n. 4.

38 *Ibid.*, p. 534.

39 *Ibid.*

40 Sur la construction syntaxique de la loi, *cf.* analyse détaillée, *infra*, p. 169-179.

41 *Cf.* sur ce point *infra*, p. 177-178.

42 *Cf.* par exemple Morel, *La grande chancellerie*, *op. cit.*, p. 127 : l'adjectif « ampoulé » revient sans cesse pour caractériser le style des préambules solennels de la chancellerie royale.

43 Olivier-Martin, Felix, *Les régences et la majorité des rois sous les Capétiens directs et les premiers Valois (1060-1375)*, Paris, Recueil Sirey, 1931, p. 164.

ou radicalement remises en question, selon la sensibilité des historiens confrontés à ces jugements[44].

Il y a toutefois plus à retenir de ce moment « négatif » de l'histoire textuelle qu'un enjeu purement esthétique. Au-delà du problème spécifique présenté par l'insensibilité à l'agencement du texte médiéval d'une partie de la tribu des historiens des années 1870-1950, à la fois marquée par un positivisme distant des engouements romantiques qui permettaient encore à un Michelet « d'entrer » dans ces textes[45] et par un culte des études classiques persistant qui faisait déprécier par principe le latin médiéval, l'opération de destruction de la rhétorique du texte menée par R. Delachenal aboutissait en quelque sorte pour deux générations – c'est du moins l'impression que le silence consécutif sur la rhétorique de la loi donne – à une dissociation prononcée entre l'intérêt porté à la loi dans le cadre des études d'histoire du droit médiéval, des institutions et des idées politiques d'une part[46], et l'analyse du texte dans sa dimension rhétorique, d'autre part. Les deux parties de dimension inégale de l'acte, sa grande introduction idéologique et son dispositif plus ramassé, étaient ainsi séparées, la première renvoyée à sa nullité médiévale – un comble, tout de même, si l'on pense que le principal responsable était un représentant de l'École des chartes – la seconde maintenue dans son exhaussement à cause de son importance politique. Et il semble que, malgré tout, si la tentative de réhabilitation de l'intérêt rhétorique de l'acte que représente cet essai intervient seulement au début du troisième millénaire, ce n'est pas uniquement pour des raisons méthodologiques. Malgré l'affaiblissement des critères de jugement stylistiques « à l'ancienne » chez les historiens, à l'ère du

44 Autrand, *Charles V*, *op. cit.*, p. 633 (la plus positive) ; Potin, « Le coup d'État », art. cité, 2005, p. 189 (le plus négatif) ; Rigaudière, « La *lex* », art. cité, p. 171.

45 *Cf.* par exemple les commentaires faits par Michelet aux bulles de Boniface VIII contre Philippe IV le Bel [Michelet, *Le Moyen Âge*, Paris, Robert Laffont, 1981, p. 411] : « Rien de plus mystiquement hautain, de plus paternellement hostile que la bulle en réponse », et la belle traduction qui suit : « Dans la douceur d'un ineffable amour (*Ineffabilis amoris dulcedine sponso suo*), l'Église, unie au Christ, son époux, en a reçu les dons, les grâces les plus amples, spécialement le don de liberté. Il a voulu que l'adorable épouse régnât, comme mère, sur les peuples fidèles. Qui donc ne redoutera de l'offenser, de la provoquer, etc... »

46 Krynen, Jacques, « "Naturel". Essai sur l'argument de la nature dans la pensée politique française à la fin du Moyen Âge », *Journal des savants*, 1982, p. 169-190. et *Id.*, *L'Empire du roi*, *op. cit.* ; Rigaudière, 2010, « La *lex* », art. cité et *Id.*, « Un grand moment », art. cité, 2012.

relativisme culturel[47], l'ombre portée par la sentence de Delachenal a sans doute conservé, à travers les décennies, un certain pouvoir réfrigérant, puisqu'elle s'est étendue jusqu'à l'article d'Albert Rigaudière de 2010, où celui-ci s'estime en devoir de la réfuter – sans d'ailleurs vraiment discuter le style du texte en détail[48]. On ne travaille pas sur un même règne pendant cinquante ans sans laisser sa trace...

47 *Cf.* sur ce point Grévin, Benoît, « Les paradoxes d'une individualisation stylistique. L'écriture du latin médiéval, XIII^e^-XIV^e^ siècle », *L'individu au Moyen Âge. Individuation et individualisation avant la modernité*, Brigitte M. Bedos-Rezak, Dominique Iogna-Prat (éd.), Paris, Aubier, 2005, p. 101-115.

48 Rigaudière, 2010, « La *lex* », art. cité, p. 171-172, critiquant Delachenal, *Histoire de Charles V*, *op. cit.*, t. IV, p. 532, pour ajouter toutefois : « S'il est vrai que le latin dans lequel il [le texte de la *constitutio* de 1374] est rédigé n'est ni des plus classiques, ni des plus clairs, tout lecteur attentif aux questions institutionnelles et aux idées politiques du temps ne saurait partager des vues aussi négatives ». Certes, mais encore faudrait-il faire remarquer que presque personne, dans la France de 1374, n'écrivait dans un latin « classique » (ce qui allait changer rapidement dès les décennies suivantes, mais ici la chronologie prend toute son importance), et analyser précisément en quoi et pourquoi certains passages recèleraient des obscurités. On verra *infra* que la construction de trois zones du texte peut être considérée comme lourde, et, éventuellement, porteuse de confusions potentielles. Il existe d'autre part au moins une faute de latin caractérisée (confusion *paene*/*penes*) dans le texte. À ces réserves près, aucune confusion ou obscurité ne résiste à une analyse grammaticale serrée.

# LES RENOUVELLEMENTS DES TRENTE-CINQ DERNIÈRES ANNÉES

Malgré la pesanteur de cet héritage, les conditions de travail sur la loi sont désormais bien différentes, même si un rééquilibrage complet n'était pas encore advenu entre les versants « politico-juridiques » et « diplomatico-textuels » avant cette étude. C'est qu'entre temps, l'acte, loi ou constitution de 1374 a connu un regain d'intérêt qui l'a placé au centre de l'attention, et ne s'est notamment plus démenti depuis 1993. Si l'on peut mentionner en particulier deux articles portant spécifiquement sur la loi, dans une volonté affirmée de la réhabiliter et d'ouvrir de nouvelles pistes, celui de Françoise Autrand paru dans la décennie 1990[1], et celui encore récent d'Albert Rigaudière[2], il est impossible de résumer chronologiquement cette évolution, parce que le réveil a été concomitant à la fois sur les plans de l'histoire générale, de l'histoire des idées, de l'histoire politico-institutionnelle et, plus récemment, de manière spectaculaire, d'une diplomatique ancrée aux frontières de l'histoire de l'art. D'une certaine manière, l'histoire textuelle *stricto sensu* arrive donc en quelque sorte bonne dernière…

1 Autrand, « La succession », art. cité (reprenant de nombreux éléments discutés dans *Id.*, *Charles V*, *op. cit.*, p. 626-640).

2 Rigaudière, « La *lex* », art. cité (à prolonger par les nombreux éléments sur la *constitutio* contenus dans *Id.*, « Un grand moment », art. cité).

## LE POINT DE VUE DES HISTORIENS CLASSIQUES DE LA SOCIÉTÉ ET DE L'ÉTAT

C'est logiquement par la grande histoire sociopolitique de l'État royal, de son développement et de sa culture, qu'il faut commencer ce tour d'horizon. Après l'œuvre de Raymond Cazelles sur la société politique de la France de Jean II et Charles V, qui pose en conclusion le caractère fondateur et constitutionnel de la loi de 1374[3], et les travaux de Bernard Guenée qui ont pu comme on l'a vu éclairer le contexte de sa première réception[4], c'est, dans la génération des historiens de la France des XIV<sup>e</sup> et XV<sup>e</sup> siècles qui leur a succédé (Claude Gauvard[5], Colette Beaune[6]…), essentiellement Françoise Autrand qui s'est consacrée à l'examen de la loi, à la fois dans son article de 1995 (portant tant sur la *constitutio* que sur les ordonnances[7]), et dans sa biographie de Charles V[8]. Si l'historienne de Charles V, Charles VI et Jean de Berry s'attache à démythifier certains aspects de la narration traditionnelle, d'une manière peut-être parfois contestable[9], elle n'en développe pas moins une idée méthodologiquement fructueuse : celle de comparer l'œuvre législatrice de l'empereur Charles IV, et notamment la Bulle d'or – dont elle fait peut-être un peu trop radicalement une simple loi de succession – et la *constitutio*, qu'elle qualifie tantôt d'ordonnance, tantôt d'édit[10]. Sur le plan externe, F. Autrand s'attache essentiellement à replacer la création du texte

3 Cazelles, *Société et politique*, *op. cit.*, p. 580.
4 Guenée, *Un roi et son historien*, *op. cit.*, p. 69 ; 103 ; 117.
5 Gauvart, Claude, « Ordonnance de réforme et pouvoir législatif en France au XIV<sup>e</sup> siècle (1303-1413) », *Renaissance du pouvoir législatif et genèse de l'État*, André Gouron, Albert Rigaudière (éd.), Monptellier, 1988, p. 89-98, pour la construction d'une législation royale au XIV<sup>e</sup> siècle ; *Id.*, *« De grace especial ». Crime, État et société en France à la fin du Moyen Âge*, Paris, Publications de la Sorbonne, 2010 (Les Classiques de la Sorbonne, 1) [première éd. 1991] pour les rapports entre l'État et ses sujets ; *Id.*, *Le temps des Valois. 1328 à 1515*, Paris, PUF, 2013 (Une histoire personnelle de la France) pour l'histoire de l'État Valois.
6 *Cf.* en particulier Beaune, Colette, *Naissance de la nation France*, Paris, Gallimard, 1985, pour la réflexion sur le lien entre le développement d'une idéologie royale et la constitution d'un sentiment « proto-national ».
7 Autrand, « La succession », art. cité.
8 Autrand, *Charles V*, *op. cit.*, p. 626-640 (présentation de l'ensemble du dispositif d'août-automne 1374).
9 On pense aux considérations sur l'âge de Charles V évoquées plus haut.
10 Autrand, *Charles V*, *op. cit.*, p. 627-629 ; « La succession », art. cité, p. 26-27.

dans son cadre événementiel. Sur le plan interne, elle tourne la page de l'épisode Delachenal en soulignant le choix d'un latin de majesté pour la rédaction de ce qu'elle n'hésite pas à qualifier de « beau texte[11] », et en reprenant brièvement la matière de la citation ovidienne et de l'éloge de Saint Louis[12]. En revanche, elle a tendance à restreindre la portée du texte au strict problème de la majorité des rois. On peut prolonger ces réflexions, du point de vue d'une histoire politique sensible aux problèmes de mise en archive et de réorganisation textuelle, par l'article de Yann Potin sur « Le coup d'État révélé[13] » s'attachant à démêler les rapports entre les actes de 1374 dont les originaux ont été conservés et l'acte au statut plus incertain établissant, en apparente contradiction avec l'autre ordonnance de régence et tutelle, l'autorité de Louis d'Anjou en cas de minorité du futur Charles VI à son avènement. Dans cette démonstration, qui apporte notamment des éléments sur la culture politique des princes et de leur entourage en mettant en regard le comportement politique de Louis d'Anjou et ses intérêts bibliophiles[14], la *Constitutio* de 1374 apparaît quelque peu en retrait, la réhabilitation de son importance juridique étant notamment opposée à la « déception » des historiens devant son contenu rhétorique[15]. La tendance des historiens français de l'État a donc été finalement de s'intéresser à la rédaction et à la promulgation de la loi dans le cadre du complexe d'ordonnances et de mesures de l'année 1374.

Une tout autre piste, d'intérêt particulier dans notre perspective, a été ouverte par Benrd Carqué dans son livre datant des mêmes années *Stil und Erinnerung : Französische Hofkunst im Jahrhundert Karls V. und im Zeitalter ihrer Deutung*, qui tente de donner une vision globale des différentes dimensions des techniques de création d'une *memoria* royale, porteuse de toute la symbolique et de l'idéologie dynastique, à travers l'étude des différents courants artistiques mobilisés par la cour de Charles V. Cet essai, qui s'appuie sur les recherches sur la *memoria* développées Outre-Rhin depuis plusieurs décennies, opère une mise en relation stimulante des programmes sculpturaux, architecturaux et figuratifs avec certains aspects textuels de la communication royale, en invoquant notamment des fragments de l'acte de 1374, en particulier

11 *Ibid.*, p. 633.
12 *Ibid.*, p. 633-634.
13 Potin, « Le coup d'État », art. cité.
14 *Ibid.*, p. 198-202.
15 *Ibid.*, p. 188.

dans ses références à la « galerie des rois bibliques » et à Saint Louis[16]. Même si la *Constitutio* n'est pas centrale dans son propos, il n'en présente pas moins une suggestion bienvenue de mettre la structure et le contenu rhétorique de l'acte en relation avec d'autres dimensions narratives, non textuelles (ou mi-textuelles, mi-figuratives) de la communication royale.

## UNE VISION CONSTITUTIONNALISTE ET MAXIMALISTE D'UN HISTORIEN DU DROIT

### Les travaux d'Albert Rigaudière

Avec les travaux d'Albert Rigaudière, c'est à une toute autre dimension de la recherche sur l'acte que nous sommes confrontés. D'autres spécialistes du droit l'ont évoquée durant les dernières décennies[17], mais c'est avec une force particulière que l'historien du droit a défendu une approche de la loi de 1374 novatrice, visant à souligner son caractère de pierre angulaire, ou de fondation, d'un dispositif constitutionnel de l'État royal en cours d'élaboration, en particulier, dans une première phase intense de législation qui s'étend de la fin du règne de Charles V à la plongée dans la guerre civile, en 1409[18]. Ces études ont conflué dans un article portant spécifiquement sur la loi de 1374[19]. Il faut à présent le compléter et prolonger par la lecture d'un long essai mettant en perspective une quarantaine de lois promulguées entre ces deux dates pour examiner la tendance au renforcement de cette construction législative, tout en faisant sa large part à la *constitutio* de 1374[20].

16 Carqué, *Stil und Erinnerung*, *op. cit.*, en particulier p. 485 et suivantes.

17 Sans parler des travaux de Jacques Krynen, qui seront abordés dans quelques pages et ont une dimension juridique affirmée sans se réduire à l'histoire du droit, on citera en particulier Gouron, André, « Ordonnances des rois de France et droits savants (XIII^e^-XV^e^ siècles) », *Comptes rendus de l'Académie des Inscriptions et Belles lettres*, n° 135/4, 1991, p. 851-865 et Petit-Renaud, Sophie, « Le roi, les légistes et le Parlement de Paris aux XIV^e^ et XV^e^ siècles. Contradiction dans la perception du pouvoir de "faire loy" ? », *Cahiers de recherches médiévales*, n° 7, 2000, 13 p., en ligne, http://crm.revues.org/889, consulté le 01 02 2019.

18 Rigaudière, « Un grand moment », art. cité.

19 Rigaudière, « La *lex* », art. cité.

20 *Ibid.* : commentaires sur la *constitutio* d'août 1374 p. 284 ; 287 ; 294-296 ; 298 ; 313 ; 317 ; 325-326 ; 332 ; 334-335 ; 337 ; 351 ; 353-354.

La thèse soutenue par Albert Rigaudière contribue certainement à rehausser l'importance de la *constitutio*, dont il souligne à diverses reprises le caractère général, dépassant pour lui de très loin la question de la majorité, voire de la succession. Tout est mis à contribution dans l'argumentation juridique et, dans une certaine mesure, dans la rhétorique de l'acte, pour prouver que la loi, au-delà de sa finalité immédiate, a été conçue comme un véritable traité sur le pouvoir royal dont elle délimite la capacité juridique[21]. Il s'agit donc d'une lecture maximaliste, tout entière orientée par le désir de démontrer comment ce texte a pu servir de moteur premier à la construction de cette constitution partiellement écrite, supposée accompagner le développement de l'État royal dès cette fin du XIV^e^ siècle.

La technique d'argumentation indique sans doute ici la différence entre un historien du droit privilégiant la finalité juridique dans sa réflexion, et un historien qui inclurait simplement le droit dans ses calculs. Dès les premières lignes de l'article de 2010, A. Rigaudière pose ainsi comme un préalable à sa démonstration le fait que, les spécialistes de l'État ayant admis qu'un État ne pouvait exister sans constitution, et les médiévistes ayant reconnu la précocité de la formation des États médiévaux, ces derniers doivent avoir possédé une constitution implicite ou explicite[22]. C'est peut-être faire bon marché de la souplesse avec laquelle la catégorie d'État est maniée en histoire. Envisagerait-on de refuser la dénomination d'États à un certain nombre de constructions médiévales islamiques ou de l'aire confucéenne dont il est bien délicat de poser comme acquis qu'elles aient eu des constitutions ? En d'autres termes, cette discussion est tellement « constitutionnaliste » qu'elle semble parfois rentrer avec difficulté dans des catégories d'analyse non-juridiques.

L'analyse textuelle de l'acte de 1374, soit en lui-même, soit par référence à la série de lois réunies dans l'article de 2012, reste l'un des points forts de la démonstration d'A. Rigaudière. De tous les historiens récents, c'est celui qui sélectionne le plus de points d'appui à l'intérieur du texte pour densifier sa réflexion, non seulement en glosant les formules juridiques les plus saillantes – *rex legibus solutus*[23] ; *cum natura eadem persona*

21 *Ibid.*, p. 187-188.
22 *Ibid.*, p. 169-170.
23 *Ibid.*, p. 186-187.

*reputentur*[24] – ou en commentant (brièvement) les citations apparentes et les *exempla* traditionnels – Ovide, les *exempla* bibliques, macédonien et mérovingien[25] – mais aussi en extrayant différentes formules rhétoriques du préambule, de l'exposé ou du dispositif généralement non invoquées pour les mettre en relation avec la portée globale de l'acte. Si les termes à valeur juridique (*dominus naturalis*[26]) ou politique (*respublica*[27]) sont non seulement glosés, mais aussi discutés en fonction de leur récurrence dans les lois solennelles promulguées durant les décennies suivantes, aucun des autres tours complexes invoqués (par exemple *pulchritudo pacis*[28]) n'est pourtant mis en relation avec la culture rédactionnelle des notaires français ou européens du XIVᵉ siècle. La tendance est plutôt de souligner, dans une optique là encore très juridique, la continuité avec telle ou telle strate de la phraséologie tardo-antique ou du droit romain[29], ce qui renforce la « constitutionnalisation » du texte, quitte à refuser dans un premier temps l'emploi pour le nommer de qualificatifs tels qu'« ordonnance », utilisés par les autres historiens qui ne font que se conformer à la lecture faite du texte par les contemporains de son enregistrement[30].

Dans cette démonstration, deux points doivent être rectifiés, l'un d'histoire factuelle, mais qui a son importance, l'autre d'analyse textuelle. D'une part, en discutant la question de l'enregistrement – le fameux « faux » lit de justice du 21 mai 1375, A. Rigaudière, soucieux de souligner que la séance fut tout entière consacrée à l'enregistrement de la *constitutio*, affirme que « rien ne permet de dire que la justice a été rendue » à cette occasion, et que l'expression *tenere justiciam* employée dans l'une des formules d'enregistrement ne doit pas s'entendre dans son sens littéral[31]. Or si aucune des sources relatives à l'enregistrement de l'acte ne mentionne effectivement un jugement rendu le 21 mai, le

24 *Ibid.*, p. 181.

25 *Ibid.*, p. 180-181.

26 *Ibid.*, p. 181.

27 Rigaudière, « Un grand moment », p. 297.

28 Rigaudière, « La *lex* », p. 180.

29 *Ibid.*, p. 174.

30 *Ibid.*, p. 173-174. La position est fortement nuancée dans Rigaudière, « Un grand moment », p. 287-288, sans doute parce que la majorité des lois invoquées pour démontrer l'existence d'une *constitutio in fieri* portent effectivement le titre d'ordonnance. On réintroduit donc le qualificatif d'ordonnance à partir des textes de l'enregistrement et de la confirmation de 1392 dans la chaîne des qualifications de l'acte.

31 *Ibid.*, p. 177 : « Rien ne permet cependant de dire que justice a été rendue à cette occasion, l'expression *tenere justiciam* impliquant seulement que le roi a tenu séance en sa cour de

registre des audiences du parlement de Paris donne, lui, une version différente de cette séance du parlement. Il passe en effet sous silence l'enregistrement de la loi, mais mentionne en revanche la présence du roi et d'une kyrielle de grands personnages également nommés dans les pièces de l'enregistrement, pour spécifier que fut alors plaidé un procès mettant aux prises Édouard de Beaujeu, seigneur de Perreux, et sa cousine Marguerite de Beaujeu, princesse d'Achaïe[32]. Il y a donc bien eu séance du parlement avec jugement royal et enregistrement, et le luxe de détails sur la solennité de l'enregistrement de la loi donné dans les cédules du registre du parlement n'a pas empêché le rédacteur du registre des audiences de ne se concentrer que sur le procès.

La seconde erreur est de nature différente. Elle touche à l'interprétation de la clause finale motivant le dépôt de la loi au trésor des chartes :

> *Ne autem nostra presens lex vel constitutio deinceps in disceptationis materiam deducatur, sed si qua super ipsa pretenderetur ignorantia, crassa dici debeat et supina, volumus et decernimus eamdem solenniter publicandam et in archivis cartarum nostrarum ad perpetuam memoriam redigendam.*

L'historien juriste a opéré une lecture trop hâtive du passage central de cette sous-période. Probablement entraîné par son propos de « défense et illustration de la loi », il a cru que les rédacteurs avaient appliqué l'expression *crassa dici debeat et supina* à la loi elle-même, et que l'on invoquait ici une crainte qu'elle ne fût considérée comme « crasse et supine[33] ». C'est plus simplement l'expression d'« ignorance crasse » d'origine juridique, passée dans le français moderne, qu'il faut comprendre dans ce passage, où l'on dispose que c'est afin que la loi ne devienne pas matière de discorde, et que, si l'on prétendait une ignorance à son égard, cette ignorance doive être considérée crasse et grossière, que l'acte doit être publié solennellement, et déposé aux archives du trésor des chartes. On verra plus loin que, dans une section d'interprétation plus

justice et qu'à cette occasion, il a été procédé à la publication et enregistrement de la *loy ou constitucion* ».

32 Delachenal, *Histoire de Charles V*, *op. cit.*, t. IV, p. 534-535, n. 7. Sur la querelle entre Édouard II de Beaujeu et Marguerite, princesse d'Achaïe, terminée par une transaction et par la renonciation de cette dernière à ses droits sur la seigneurie de Beaujeu, *cf.* Meras, Matthieu, « Le dernier seigneur de Beaujeu, Édouard II (1374-1400) », *Bibliothèque de l'école des chartes*, n° 111, 1953, p. 107-123, p. 108-109.

33 Rigaudière, « La *lex* », art. cité, p. 176, repris par *Id.*, « Un grand moment », art. cité.

délicate, c'est probablement également une erreur de traduction, il est vrai motivée par le précédent de la translation fançaise de 1392, qui le conduit à considérer le passage concernant les offices royaux comme faisant partie des articles énonçant les droits et devoirs du roi majeur spécifiés dans le cœur même du dispositif juridique[34].

Ces relectures effectuées, qui soulignent à quel point le dossier grouille de chausse-trappes, tant dans ses liens avec les autres textes et avec le contexte de sa publication, en fait échelonnée entre l'été 1374 et le printemps 1375 (voire sur une durée plus longue, si l'on prend en compte une probable rédaction étalée sur plusieurs semaines à l'été 1374) que du point de vue de son déchiffrement, les contributions d'A. Rigaudière ne marquent pas seulement le dernier épisode en date de cette réhabilitation de la loi de 1374. Par la volonté de placer cette loi à la fois au centre et au point de départ chronologique d'un dispositif constitutionnel mouvant, par leur tendance à interpréter la *Constitutio* comme une sorte de loi organique de la monarchie, elles font bien de l'acte, « la première loi du royaume ».

## HISTOIRE DES IDÉES, HISTOIRE DE LONGUE DURÉE ET COMPARATISME TEXTUEL
### Le point de vue de Jacques Krynen

Avec l'œuvre de Jacques Krynen, c'est dans une dimension de ces recherches récentes qui représente une troisième voie entre l'histoire « classique » de l'État royal et l'histoire du droit constitutionnel que nous entrons. Si l'historien des idées politiques n'a pas couché ses réflexions sur l'acte de 1374 dans une publication séparée, à la manière de Françoise Autrand ou Albert Rigaudière, la raison en est sans doute dans sa manière de procéder, assez différente de celle de ce dernier, et surtout dans l'objectif de ses enquêtes. L'histoire retracée dans *L'empire du roi*[35] s'apparente en effet à une construction polyphonique, où pour explorer les logiques de coalescence d'idées et de croyances politiques partagées par les clercs

34 Rigaudière, « La *lex* », art. cité, p. 185. Sur l'interprétation grammaticale et conceptuelle à donner à la seconde partie du dispositif, *cf. infra*, p. 175-176, et 268-274.

35 Krynen, *L'Empire du roi*, *op. cit.*

et les serviteurs du roi, essentiellement entre les XIII^e^ et XV^e^ siècles, un aller-retour constant est ménagé entre les sources législatives et les textes émanant directement de l'appareil d'État d'une part, la réflexion théologico-politique (celle des miroirs, notamment), la pensée juridique et les traités de tous genres d'autre part. Il s'agit de plus de dérouler la partition de la constitution progressive d'une pensée politique française dans la très longue durée, en n'hésitant pas au besoin, à retrouver des racines « prélégistes[36] » à l'épanouissement des XIV^e^ et XV^e^ siècles.

Du point de vue de l'historien généraliste, cette démarche a l'avantage de ménager un équilibre bien plus stable entre 1) l'histoire socio-politique et l'histoire événementielle, qui ne sont jamais oubliées, 2) une histoire des idées politiques entendue au sens large (ne négligeant donc pas la dimension religieuse, omniprésente, de cette culture), 3) et une dimension d'histoire du droit très présente, sans toutefois devenir omniprésente. Dans un registre qui concerne de près notre loi, sans la toucher directement, la mise en valeur de l'opposition intellectuelle entre juristes et théologiens-philosophes autour du « roi sage » est un modèle de réunion d'histoire sociale (et de quels groupes sociaux !) et d'histoire des idées[37].

C'est avant tout dans « Le mort saisit le vif[38] », et dans le quatrième chapitre de *L'empire du roi*[39] qu'est examinée la place de l'acte de 1374 dans l'élaboration de cette pensée monarchique[40]. Dans *L'empire du roi*, la loi est à la fois mise en perspective par son encadrement dans le fil des événements et des réponses juridiques qui en explique en partie la genèse : crises successorales à partir de 1316, redécouverte, puis gloses de la loi salique par les penseurs des années 1370 – en particulier Raoul de Presles, Nicole Oresme et Jean Golein[41]. Le propos rejoint ensuite pour quelques pages celui du « Mort saisit le vif », et c'est sous l'égide de cette maxime emblématique, symbolisant la mise en place de la doctrine de succession immédiate de la dignité royale – réputée par E. Kantorowicz avoir été inconnue des penseurs français avant une époque tardive – que la réflexion s'oriente vers le « moment 1374[42] ». La contextualisation de la rédaction de la loi repose à la

36 *Ibid.*, p. 7-84.
37 *Ibid.*, p. 110-124 ainsi qu'*Id.*, « Les légistes "idiots politiques" », art. cité.
38 Krynen, « Le mort », art. cité.
39 Krynen, *L'Empire du roi*, *op. cit.*, p. 125-160.
40 *Cf.* toutefois le rappel de la loi de 1374 dans Krynen, « Le mort », art. cité, p. 179-182.
41 Krynen, *L'Empire du roi*, *op. cit.*, p. 127-133.
42 *Ibid.*, p. 135-142.

fois sur l'analyse des crises successorales des années précédentes et suivantes, et sur une réflexion de temps long qui s'ancre néanmoins particulièrement dans la mise en écho du texte avec des sources théoriques contemporaines, au premier rang desquelles il faut mentionner le *Songe du Vergier*, dont la rédaction est contemporaine de celle la *constitutio* (1374-1378)[43]. La méthode de Jacques Krynen lui a notamment permis de subodorer qu'une machinerie aristotélicienne était dissimulée derrière le préambule, une intuition prémonitoire à la lumière des découvertes présentées dans cet essai[44].

Pour analyser l'acte de 1374 du point de vue de l'histoire des idées, la mise en perspective avec l'ensemble du mouvement considérable de rédaction – par traductions glosées, compilations, ajouts successifs – d'un savoir politique théorico-pratique s'imposait : encore fallait-il entrer dans cette masse. Cet exercice, qui permet de replacer le texte à sa correcte distance dans le dispositif intellectuel des conseillers de Charles V, apporte donc beaucoup à la compréhension de la dynamique conceptuelle de l'acte, et éclaire l'origine de certaines de ses formulations. Il n'aboutit toutefois pas à mettre en valeur des remplois directs massifs au sein de la *constitutio* de textes écrits dans le milieu des penseurs de l'État français du XIV^e^ siècle, remplois dont l'un au moins sera prouvé dans ces pages[45]. La raison de cette difficulté est sans doute d'ordre générique. La plupart de ces traités, tels que le *Songe du Vergier*, sont formatés en fonction de genres particuliers – traductions françaises glosées d'œuvres latines, miroirs latins ou français, traités en formes de *disputationes* scolastiques – qui sont fort différents par leur nature, mais aussi par le style adopté par leurs rédacteurs, du latin utilisé dans la rédaction des actes royaux. En théorie, cette différence n'empêche pas les rencontres, et l'on ne veut pas dire ici que telle citation stratégique ne puisse pas se retrouver à la fois dans un des traités politiques contemporains et dans nos actes[46], ni, surtout, qu'il n'y ait pas communauté d'idées, et communauté qui mérite d'être discutée,

43 *Ibid.*, p. 131, 133, 142… La version latine du *Songe du Vergier*, probablement commencée en mai 1374, est achevée en 1376, la version française, en 1378. *Cf. Le songe du vergier*, *op. cit.*, t. I, p. XLIX.

44 *Ibid.*, p. 148-150. Sur le renforcement de cette lecture par la mise en valeur dans la *constitutio* de l'hypotexte pseudo-aristotélicien, et son interprétation à la lumière des commentaires d'Oresme sur le passage exploité par les rédacteurs, *cf. infra*, p. 205-210, 332-333.

45 *Cf. infra*, p. 447-464.

46 *Cf.* par exemple la présence d'une citation du Code (ou donnée pour telle) dans le *Songe du Vergier* fort approchante d'un écho direct du préambule de l'acte de 1374, analyse *infra* p. 205 et commentaire dans Krynen, *L'Empire du roi*, *op. cit.*, p. 148.

entre la loi et ces sources : c'est précisément l'apport de la méthodologie développée par J. Krynen de l'avoir démontré. L'étude de la circulation et de l'adaptation des sources textuelles développée ici contraint toutefois à reconnaître que la mise en valeur de ces rencontres ne débouche presque jamais sur la démonstration d'un emprunt ou d'une autorité directe. À la fin de cette enquête, le lien entre les grands penseurs de l'époque de Charles V et la rédaction de l'acte pourra être quelque peu précisé, sur certains points. Il pourra même être positivement établi, de personne à texte, mais seulement dans une fraction de l'acte. En revanche, les discussions sur les sources auront fait repartir la recherche dans d'autres directions.

## UN DERNIER GRAND COURANT
### L'érudition transfigurée de la diplomatique visuelle

On ne saurait terminer cette présentation des renouvellements introduits dans l'étude de l'acte de 1374 depuis trente-cinq ans sans évoquer enfin, à nouveau, l'inflexion portant à la fois sur l'analyse diplomatique et l'histoire de l'art (on serait tenté de dire, l'histoire visuelle) opérée par les travaux de Ghislain Brunel. *Images du pouvoir royal*[47] porte sur une collection de quarante actes royaux ou en rapport étroit avec la royauté décorés, s'échelonnant de 1283 à 1416. Toutefois, dans cet ensemble, le temps des Valois prédomine (actes n° 7-40[48]) et le règne de Charles V se taille la part du lion, avec plus de la moitié des items (actes n° 15-37[49]). Au sein de cette masse, il faut encore passer par le groupe intermédiaire de cinq actes concernant les dispositions successorales de 1374 (n° 31-35[50]) pour arriver aux trois exemplaires (n° 31-33[51]) de la loi d'août 1374. S'ils ne sont pas les plus spectaculaires de la série, au sens où d'autres textes de l'époque de Charles V sont enluminés de motifs à personnages qui prennent plus d'autonomie par rapport au texte, ils reçoivent, de par leur importance, un traitement de choix. Deux reproductions sont fournies

47 Brunel, *Images du pouvoir royal*, *op. cit.*
48 *Ibid.*, p. 82-251.
49 *Ibid.*, p. 119-233.
50 *Ibid.*, p. 200-221.
51 *Ibid.*, p. 200-211.

par acte. L'une donne l'intégralité (ou la quasi-intégralité[52]) de la charte, l'autre un détail particulièrement relevant. La description opérée est à la fois diplomatique, contextuelle et graphique.

On peut contester certaines orientations de l'analyse de l'acte, dont le préambule et l'exposé sont par exemple réduits à un seul « préambule occupant les deux tiers du texte[53] ». L'historien est en revanche le seul à donner une traduction partielle qui ne reprenne pas simplement la version de 1392[54]. Et il analyse les ornementations de main de maître, en établissant l'identité de l'artiste qui a travaillé sur les trois actes, et en les rapprochant notamment de deux autres pièces de l'époque de Charles V[55]. L'une d'entre elles, l'acte de réunion au domaine de la couronne de l'hôtel Saint-Pol de juillet 1364, présente un dispositif visuel qui peut être mis en contraste avec celui de nos chartes[56]. Le roi y est représenté, enclos dans le C du *Charles* de la suscription, lui-même complété pour former une châsse rectangulaire peuplée de deux anges surhaussant une couronne et touchant une fleur de lys, ainsi que d'un guerrier et d'un chien, enfin d'un ange musicien. Au centre de la châsse, sur un trône dont les bras sont formés par deux dauphins, et la base par deux lions, le roi en majesté tient le sceptre et la main de justice, couronne en tête[57]. Certes, cette décoration avait été préparée pour un acte qui avait une valeur symbolique, juridique, financière et affective importante pour Charles V[58]. Il existe par ailleurs d'autres chartes décorées qui mettent en scène le roi, telle celle portant l'acte de donation d'un morceau de la vraie croix à son frère le duc de Berry[59]. À côté de

52 *Ibid.*, n° 31, p. 200, pour la charte A ; n° 32, p. 201-202 pour la charte B (reproduction des neuf dixièmes du texte, s'arrête à *dignum prorsus et congruum arbitramur tam ex hiis quam aliis supradictis in dicto anno quartodecimo*, peu avant les clauses pénales) ; n° 33, p. 209 pour la charte B.

53 *Ibid.*, p. 200, seconde colonne.

54 *Ibid.*, p. 200 et 203. La traduction donne l'essentiel du préambule proprement dit, et une partie du dispositif.

55 *Ibid.*, p. 204, seconde colonne. Les actes rapprochés sont les n° 16 et 17, p. 125-135, respectivement réunion à la couronne de l'hôtel Saint-Pol en 1364, et de l'hôtel des archevêques de Sens, en 1366.

56 *Ibid.*, n° 16, p. 125-129.

57 *Ibid.*, illustration du détail, p. 129.

58 Sur l'importance de l'hôtel Saint-Pol pour Charles V, *cf.* Cazelles, *Société et politique*, *op. cit.*, p. 517-520.

59 Brunel, *Images du pouvoir royal*, *op. cit.*, n° 25, p. 170-174. Sur ce texte, *cf.* également Barret, Grévin, *Regalis excellentia*, n° 374, p. 532 et commentaires p. 188, 358 et 378-380.

ces décorations, qui montrent qu'il aurait malgré tout été possible de rapprocher de plus nombreux éléments visuels de notre texte – où sont mentionnés les instruments du sacre[60] – il est tout de même loisible de se demander si le choix d'une décoration presque entièrement aniconique – malgré les dauphins ou le lapin… – pour les trois exemplaires de la *constitutio* de 1374 n'a pas été volontaire, comme si le souhait de forger des lois pour l'éternité avait conduit l'artiste, ou celui qui le guidait, à privilégier une certaine sobriété, compensée il est vrai par l'application d'une dorure sur fond d'azur.

La mise en série opérée dans ce splendide volume n'a toutefois pas pour seul avantage de permettre une étude comparative de ces éléments décoratifs. Concomitamment avec la mise à disposition sur internet d'une reproduction de qualité de l'exemplaire A, dans la série des documents remarquables de l'histoire de France, elle a libéré ces actes de la matérialité qui en limitait l'accès à la visite au musée ou à la consultation des archives. Il devient plus facile de comparer ces pièces d'apparat, et, entre autres jeux, de replacer leurs particularités graphiques et paléographiques dans une série cohérente d'actes semblables. La mise en série des formes rejoint ainsi celle des pensées politiques et celles des lois opérées par J. Krynen et A. Rigaudière pour compléter cette multiplication des angles d'approche d'un acte désormais de nouveau bien installé, comme il le fut en 1374-1375 ou au début du XVIII^e^ siècle, au centre de l'attention.

## HISTOIRE TEXTUELLE ET DIPLOMATIQUE
### L'ébauche de *Regalis excellentia*

Il ne reste plus qu'à mentionner la toute dernière mise en série de l'acte, formée par l'insertion de son préambule dans le corpus de préambules royaux (latins et français) du XIV^e^ siècle présenté et analysé dans *Regalis excellentia*[61] pour fermer le ban de ces publications. Il s'agit essentiellement dans cette étude, la dernière parue, de replacer

60 *Cf.* à ce sujet *infra*, p. 266-267, 390-391.

61 *Ibid.*, n° 194, p. 482-484 et commentaire en particulier p. 240-242 et 326-329.

une pratique discursive particulière – la confection de préambules potentiellement plus chargés de rhétorique que d'autres parties de l'acte – dans le temps long et moyen des habitudes de rédaction de la chancellerie royale – temps long du Moyen Âge, temps moyen du XIVe siècle. La *Constitutio* y est donc analysée sous un angle particulier – excluant notamment une réflexion approfondie sur les trois quarts du texte. Il s'agit toutefois d'un angle susceptible de faire apparaître des logiques d'écriture et de transmission formulaire qui suggèrent d'autres filiations textuelles, moins prestigieuses que celles des idées développées dans les traités politiques, mais plus intimement ancrées dans la routine de la chancellerie royale. Avec cette étude, nous pénétrons en effet dans le monde des notaires et secrétaires du roi, de leur culture et de leurs techniques de rédaction. Ce sont ces dernières qui vont principalement nous guider dans l'exploration des procédés de construction du texte qui formera la deuxième partie de cet essai.

# DEUXIÈME PARTIE

# ARCHÉOLOGIE D'UN TEXTE

## LA CONSTRUCTION ET SES MÉTHODES

Il est à présent temps d'envisager l'analyse de l'acte, en tentant de repartir de ces travaux pour aller plus loin dans le déchiffrement de sa structure, de ses sources, de sa logique d'agencement. On suivra pour ce faire un ordre logique et analytique, en partant de la séparation des grandes unités diplomatiques qui constituent l'acte, pour continuer par un examen de son organisation syntaxique, avant d'aboutir à la discussion du détail de la construction et de ses matériaux, bloc par bloc.

# STRUCTURE DE L'ACTE

## Les articulations diplomatiques

L'acte de fixation de la majorité des rois de France à quatorze ans est diplomatiquement exceptionnel à trois titres. Il l'est d'une part, et le point a été largement commenté, particulièrement par A. Rigaudière[1], parce qu'il reçoit une qualification surabondante qui lui est propre – étant selon ses propres termes *lex, lex edi(c)talis* et *constitutio*, et selon les commentaires officiels (enregistrement de 1375 et confirmation de 1392) *ordinacio*, constitution royale, ordonnance perpétuelle[2]. Il l'est d'autre part, à cause de l'existence de trois exemplaires à même valeur légale déposés dans le même lieu. Il l'est enfin, parce que son préambule est exorbitant, au sens premier du terme. En dehors de ces trois caractéristiques, toutefois, ce texte obéit à des règles diplomatiques strictes qui sont celles d'un acte solennel à valeur perpétuelle, soit de l'une de ces chartes *ad perpetuam memoriam* dont l'usage se répand à la chancellerie royale pour certains documents stratégiques à l'époque de Charles V[3].

Aux frontières supérieures de la partie rhétorique du texte, la suscription ou intitulation, *Karolus Dei gratia rex Francorum*[4], porte comme on l'a dit la charge maximale de l'ornementation graphique dans l'acte A[5]. Elle la partage dans l'acte B avec la formule de perpétuité *Ad perpetuam memoriam*[6], en revanche retranchée en début de ligne suivante dans l'acte A. L'acte C est le seul à placer sur une même ligne la suscription, la formule de perpétuité, premier marqueur textuel de la suréminence de l'acte, et les premiers mots du préambule[7].

---

1 Rigaudière, « La *lex* », art. cité, p. 173-175 ; Rigaudière, « Un grand moment », art. cité, p. 294-296.

2 *Cf.* outre le texte de l'acte *Ordonnances*..., VI, p. 30-31 et *Ordonnances*..., VII, p. 517-522.

3 *Cf.* sur ce point Morel, *La grande chancellerie, op. cit.*, p. 127-132.

4 Sur la suscription, *cf.* Guyotjeannin, Pycke, Tock, *Diplomatique, op. cit.*, p. 72-73.

5 *Cf.* Brunel, *Images du pouvoir royal, op. cit.*, n° 31, p. 201.

6 *Ibid.*, n° 32, p. 202-203 pour l'acte B.

7 *Ibid.*, n° 33, p. 209 pour l'acte C.

## DES MARGES AU CENTRE DU TEXTE
### Les divisions générales

Le corps du texte se divise en trois parties principales : préambule, exposé et dispositif. Quel que soit le découpage adopté, leur longueur n'est pas équivalente. Dans le schéma retenu ici, le préambule compte quelque trois cent soixante-dix mots, l'exposé et le dispositif un peu moins du double, respectivement cinq cent soixante-dix et cinq cent quatre-vingt-dix. Étant donné le caractère très général et libre de l'exposé, la partie rhétorique du texte, où les rédacteurs pouvaient donner libre cours à leur inventivité, représente donc un peu plus des trois cinquièmes du total[8]. Une date de vingt-deux mots complète cet ensemble. La mention « *Per Regem in consilio suo*, Blanchet », en est déjà éloignée par un espace considérable sur les pages : elle est hors teneur[9].

Schéma des articulations diplomatiques du texte

A : souscription
B : formule de perpétuité
C : Préambule
D : Exposé
E : Dispositif
F : Date
G : Mention hors teneur

Karolus Dei gracia Francorum rex. Ad perpetuam memoriam. **A**
Ad perpetuam memoriam. **B**

Filios regum per parentes educari et erudiri debere ut Deum timeant, virtutum ac virium profectum celeriter attingant, sincere diligi et primogenitos maxime magnis donis et altis honoribus decorari reipublice commodum, status regnorum et subditorum concernentibus transquillitatis augmentum, predecessorum illustrium sectando vestigia, clare liquet. Bona enim terra cum

8 Dans le détail, les choses sont encore plus complexes, car une partie du tiers final du dispositif possède une respiration rhétorique assez ample, qui l'apparente par certains traits au préambule et à l'exposé. *Cf.* sur ce point *infra*, p. 152-154. En prenant en compte cette partie, on peut considérer que les trois quarts du texte forment une zone d'inventivité rhétorique majeure, opposée à un quart comprenant les deux premiers tiers du dispositif, qui constitue à l'inverse une zone de contrainte juridique accentuée, pesant sur la formalisation.

9 Sur les mentions hors teneur, *cf.* Guyotjeannin, Pycke, Tock, *Diplomatique*, *op. cit.*, p. 85.

diligentia colitur ut fructus optimus reportetur, multomagis sunt filii regum per patres studiosius nutriendi et docendi ut virtutibus imbuantur, fortificentur et crescant, et cum in adultam etatem pervenerint, puericie redoleant bonos mores, qui ad majoris honoris culmen sunt in populis erigendi. Altius nempe precepta descendunt que teneris imprimuntur etatibus, et illa vera et utilis censetur doctrine prudentia, que ab etatis initiis atque ab infantie ipsius exordiis inchoatur, unde sapiens : fili a juventute tua excipe doctrinam et ad canos invenies sapientiam.

Ceterum equum censetur reges filios suos ut se ipsos diligere, tanquam sue senectutis pastores et custodes domus sue, cum natura eadem persona reputentur cum ipsis, et filii si non bene viverent ad interitum patris essent. Sane filios regum generaliter magnificandos et honorandos plus quam alios jura clamant, in quibus parentes ceteris munificentiores esse debent ; nam, ipsis solis remanentibus post mortem, memoria et spe ducti quodam modo immortalitatem participant ; unde, non magnificando vel honorando eosdem, donum Dei singulare sibi in filiis prestitum negligere viderentur. Rursus, quod in honoribus sint aliis fratribus primogeniti preferendi paterna benedictione pinguiori, satis patet ex benedictione quam dedit Isaac ipsi Jacob sic inquiens : Det tibi Deus de rore celi et de pinguedine terre habundantiam frumenti, vini et olei, serviant tibi populi et adorent te tribus ; esto dominus fratrum tuorum et incurventur ante te filii matris tue.

Porro summe debent reges attendere quod beneficia filiis suis, precipue primogenitis, impensa cum publica utilitate concurrant, cum hec duo post Deum sibi debeant existere cariora, confidentes in filiis rempublicam post ipsorum obitum feliciter conservari in ipsius negotiis peragendis, sic intendentes solerter quod ea que periculosiora sunt nequaquam absque remedio reformacionis acommode relinquant, sed si respiciant oculate quod populus ab opprimencium protectus incursibus exhuberantia virtutum quiescat in pulchritudine pacis, in tabernaculis fiducie, et requie temporalium opulenta, res quoque publica suis temporibus prosperetur. Postremo super regimine regni debemus predecessorum nostrorum vestigiis inherere et inter bonos meliores et inter meliores optimi sunt sectandi. C

Hinc est quod nos, considerantes attente etatem quatuordecim annorum seu eciam minorem nullatenus repugnare regie dignitati, vel administracione nasciscende seu suscipiende regnorum ; Joas enim unctus fuit et regnavit etatis sue anno septimo ; Josias octo annorum erat, quando regnare cepit ; David parvulus in regem unctus est, et Salomon elegit Deus adhuc puerum et tenellum, et isti reges fecerunt placitum coram Domino ; Jheremias puer super gentes constitutus est et regna ; considerantes eciam quod annus quartusdecimus annus discretionis existit, et in ipso quis ad plures actus legitimos admittitur, exercendi et assuescendi sunt nobiles ad labores militares et opera bellicosa, et quod nonnulli reges tam predecessores nostri quam alii, hac etate seu paulo ante vel post, regnorum gubernacula assequti, magnifice et utiliter regnaverunt ; quodque filii regum Francie solent cura pervigili instrui et educari in bonis moribus, virtutibus et honore, quapropter ipsos verissimiliter creditur plus illo tempore profecisse, quam alios minoris status, etate longe majori, juxta illud quod scribitur : « Cesaribus virtus contigit ante dies » ; et quod in corde nostro indelebiliter est scriptum, qualiter sanctissimus attavus et predecessor noster, patronus, deffensor et dominus singularis, beatus Ludovicus, flos decus, lumen et speculum nedum regalis prosapie, sed omnium Gallicorum, cujus memoria in benedictione est, et non derelinquetur in secula, ac Divina protegente gracia, nullius mortalis criminis sensisse contagium perhibetur, regnumque et rempublicam sic laudabiliter gubernavit, quod gesta ipsius preclara que mundus mirabitur quamdiu sol eclipticam permeabit, per nos et successores nostros merito ad consequenciam trahi debent, sic quod sua actio nostra instructio videatur – De ipso enim legitur, quod regni maximi et potentes inimici, agente Deo, ipsius pueri Regis viribus sunt repulsi, in etatis sue quarto decimo anno regni regimen assumpsit, recepit homagia seu fidelitatis juramenta prelatorum, parium et aliorum vassallorum, fuitque sacra unctione regali inunctus et coronatus –; videntes eciam – dierum crescente malicia – mundum jugiter in deteriora prolabi, et non ex divine providencie deffectu seu debiti rerum ordinis, sed ex propriis demeritis in hominum mentes assueta depravante nequitia malis malorum passim cumulum superaddi ; et quod quasi dampna infinita per administratores alienos minoribus illata et irrogata fuerunt temporibus retroactis, nec cessant, prodolor indesinenter inferri ; exactique temporis consideracio edocet, et pensata prudenter discrimina manifestant quot et quantis aliena, longeva et peregrina regimina plena periculis extiterunt ; quibus de causis et aliis, ut minorum indempnitatibus succurratur, et ipsi frequenter veniam etatis impetrant, et nos et predecessores nostri in concedendo eandem consuevimus nos exhibere petentibus liberales ; quodque rex et dominus naturalis ac legittimus plus diligitur a subditis, quam quicumque regens pro eo, videtur libencius, et sibi ab eisdem promptius obeditur, retrahunturque a facinoribus et delictis solum dominum videndo ; et ut frequenter visum est, puerum, juvenem vel infantem, ad bonum obediencie et serviciorum promptitudinem excitati, audaces et magnanimi fiunt, ac magis in omnibus virtuosi ; Macedones enim prelio pulsi, rege suo regis deffuncti filio existenti in cunis pene aciem posito, accrius repetiere certamen, victores futuri propter presentiam ejusdem, ostendentes priori bello regem non virtutem Macedonibus defuisse ; et Gallici Chilpericum regem Francie, cujus auttoritate et nomine etatis quatuor mensium existentis regnum regi voluerunt, intuentes per reginam matrem suam ad exercitum inter brachia portari, ita strenue bellaverunt quod dictus Chilpericus gloriosissimum habuit et obtinuit triumphum ; pacifico statui regni nostri nedum pro nostris sed pro perpetuis temporibus cupientes sinceris affectibus providere, ad vitandas discordias, removenda scandala, et alia inconvenientia et detrimenta maxima, que nisi provideretur, timerentur verissimiliter evenire ; **D**

premissis omnibus et singulis, quantum nobis ex alto permittitur premeditatis prudenter, ut agere considerate possimus, ad omnem dubitationis materiam submovendam, habita super hoc deliberatione matura et consilio pleniori cum pluribus prelatis personisque notabilibus clericis et laicis, declaramus decernimus ordinamus et hac editali lege nostra irrefragabili et imperpetuum valitura diffinimus constituimus et sanccimus de nostris certa scientia ac regie plenitudine potestatis : ut si nos vel successores nostros nutu divino decedere vel ab hac luce migrare contigerit, filio nostro masculo primogenito, seu primogenitis regum successorum nostrorum pro-tunc existentibus minoribus quatuordecim annis, eo-ipso quod dictus primogenitus noster, seu primogeniti predictorum successorum nostrorum quartumdecimum annum sue etatis attigerint, vel eisdem decedentibus sine filiis masculis fratres sui ab eodem patre procreati, naturales et legittimi secundum debitum ordinem originis eorumdem, dictum annum quartumdecimum attingentes, quos exnunc prout extunc quoad infra scripta puberes statuimus et decernimus reputari, habeant et habere debeant regimen et administracionem regni, homagia et juramenta fidelitatis per prelatos, fratres, pares, principes, seu quascumque personas alias ecclesiasticas vel seculares, prestanda et facienda, etiam si archiepiscopali, episcopali, regia, vel alia quacunque prefulgeant dignitate, recipiant et admittant ; illi vero qui ad eadem prestanda vel facienda erunt quomodolibet astricti, illa dicto tempore sibi facere et prestare neccessario teneantur ; donumque munificum sacre unctionis regalis, ceptrum, coronam et diadema, vestimenta, et alia insignia regalia universa et singula, recipere valeant pro sue libito voluntatis ; teneant ac plenum sorciantur effectum iuramenta, tam in sacra unctione vel coronatione, quam alias tunc per eosdem prestita ; nec non gracie, pacta, conventiones et promissa facta suis subditis et vassallis, seu aliis personis ecclesiasticis vel secularibus quibuscunque, ac si essent majores viginti quinque annis ; faciantque et disponant in omnibus et per omnia, prout verus rex Francorum facere potest et eidem competit ratione sui precelsi culminis ac dignitatis supreme sue regie majestatis, consuetudinibus non obstantibus quibuscumque. Cum enim sint et fuerint ab antiquo pro demanio regni regendo et conservando actibus bellicis ad laudem bonorum vindictam vero malorum, si opus fuerit, exercendis provinciarum regimine, ac debita justitia que nunc usque, laudes Deo, in regno nostro dicitur floruisse absque accepcione personarum, omnibus et singulis ministranda, distincta officia ordinata ; virique spectabiles, illustres et superillustres, litterati, prudentes et scientifici, quorum opinionibus et operacionibus floret orbis, commissi et deputati ad hujusmodi officia gubernanda, impendenda obsequia, ac ministranda consilia majestati regie in omnibus que jus publicum concernunt ; et super adeptione vel administratione regni non reperiatur certa etas constituta vel prefinita a jure in rege, qui solutus est legibus, cum jura dicentia certam etatem exigi in minoribus loquantur jurium ditioni subjectis : dignum prorsus et congruum arbitramur tam ex iis quam aliis supradictis in dicto anno quartodecimo suprascriptos filios nostros vel successorum nostrorum, in casibus superius declaratis, regimen et administrationem regni nancisci, suscipere et habere, ac omnia facere que ad verum regem pertinent, ut superius est premissum. Si quis autem in tantam proruperit temerarie presumpcionis audaciam, quod premissa vel aliquod premissorum, per se vel per alium, publice vel oculte, nisus fuerit impedire, seu super eisdem se inobedientem reddiderit vel rebellem, omni jure successionis, etiam regni, regiminis vel administrationis ejusdem, quod pro tunc et futuro tempore sibi competere posset, nec non dignitatibus, feodis, terris et dominiis que in regno nostro tenebit, et etiam mandantes, consulentes, agentes, consentientes seu ratum habentes, eo ipso noverint se privatos. Ne autem nostra presens lex vel constitutio deinceps in disceptationis materiam deducatur, sed si qua super ipsa pretenderetur ignorantia, crassa dici debeat et supina, volumus et decernimus eamdem solenniter publicandam et in archivis cartarum nostrarum ad perpetuam memoriam redigendam. E

Datum in castro nostro nemoris Vicenarum ; mense Augusti, anno ab incarnatione Domini millesimo trecentesimo septuagesimo quarto ; regni vero nostri undicesimo. F

Per regem in suo consilio. Blanchet. G

## DU PRÉAMBULE À L'EXPOSÉ

Le préambule proprement dit est, comme le sont souvent les préambules solennels, structuré par adjonction de différents blocs qui pourraient former, à eux seuls, des préambules autonomes[10]. On pourrait distinguer sans trop de difficulté un ensemble ternaire de trois préambules déjà imposants, jointoyés par des connecteurs logiques. Le premier ensemble court de *Filios regum* jusqu'à *invenies sapientiam*. Le second, d'*Equum censetur* jusqu'à la fin de la longue citation biblique *Det tibi Deus de rore celi* […] *filii matris tue*, est relié au premier par le connecteur *ceterum*. Enfin, le troisième, commençant par *summe debent reges attendere*, et se terminant par *inter meliores optimi sunt sectandi*, est relié au second par le connecteur *Porro*. Le choix de séparer ces trois ensembles, qu'on examinera plus loin d'un point de vue grammatical, n'est pourtant pas strictement inévitable. Il serait ainsi possible de diviser le dernier sous-préambule en deux ensembles de taille très différente, la dernière séquence, commencée par *postremo*, pouvant former un court préambule : *Super regimine regni debemus predecessorum nostrorum vestigiis inherere et inter*

10 *Cf.* sur ce point Barret, Grévin, *Regalis excellentia*, *op. cit.*, p. 149-152.

*bonos meliores et inter meliores optimi sunt sectandi* – une kurzarenga, pour reprendre les termes de la diplomatique allemande. De même, dans la seconde sous-partie, l'introduction de l'adverbe d'opposition-renforcement *rursus* marque une césure forte, qui indique qu'une unité longue, déjà en place, a été renforcée dans un second temps par la démonstration centrée sur la citation biblique *Det tibi Deus-filii matris tue.* Les signes de ponctuation ou de scansion du texte, particulièrement clairs dans la version B, soulignent ces jointures internes, qui n'empêchent pas ce préambule très solennel de préserver son unité[11].

Si la qualification de l'ensemble préambule-exposé précédant le dispositif comme un simple préambule par Ghislain Brunel ne paraît pas acceptable[12], c'est parce que la différence de ton et de structure est, en dépit de certains éléments communs, très nette entre les deux parties du texte – ce qui n'est pas toujours le cas[13]. Le préambule est, pour commencer, presque totalement impersonnel. Les considérations sur les rois et fils de rois sont données à la troisième personne du singulier ou du pluriel, sans intervention directe de la parole royale. À partir de la période précédant *Hinc est*, en revanche, le changement est radical. C'est Charles V qui parle en majesté et à la première personne du pluriel, et ce, pour toute la suite du texte, jusqu'à la date inclusivement (*datum in castro nostro...*). Il y a donc une rupture rhétorique forte entre le premier cinquième et le reste de l'acte. Cette distinction vaut également pour la teneur des éléments rapportés. Certes, l'exposé ne manque pas de considérations relativement générales. Des formules telles que *videntes eciam dierum crescente malicia mundum jugiter in deteriora prolabi, et non ex divine providencie deffectu seu debiti rerum ordinis, sed ex propriis demeritis in hominum mentes assueta depravante nequitia malis malorum passim cumulum superaddi*, ou, quelques lignes plus loin, *nos et predecessores nostri in concedendo eandem [veniam] consuevimus nos exhibere petentibus liberales*, pourraient dans d'autres contextes être intégrées à la texture d'un préambule[14]. Il ne s'agit toutefois là que d'exceptions. La différence de ton entre la majeure partie des deux grands blocs est pour le reste patente. Le

11 *Cf. infra*, p. 160-170.

12 Brunel, *Images du pouvoir royal*, *op. cit.*, p. 200.

13 *Cf.* sur ce problème Barret, Grévin, *Regalis excellentia*, *op. cit.*, p. 98-102.

14 Elles ont d'ailleurs parfois été directement extraites d'un préambule retrouvé au cours de cette recherche. *Cf. infra*, p. 214 et 244, pour deux préambules de décrétales exploités, notamment, dans cette zone de l'exposé.

préambule est rempli de maximes génériques, qui ne sont brisées que par un seul *exemplum*, celui de la bénédiction d'Isaac par Jacob, emprunté à la Genèse[15]. En revanche, dans l'exposé, il y a pléthore d'exemples, et leur nature ne doit pas tromper : si les quatre premiers sont bibliques, ils concernent les rois de l'Ancien Testament, et non les patriarches. La suite est tirée de l'histoire antique (les Césars chantés par Ovide[16], les rois de Macédoine), et, surtout, de gestes (*gesta*) des prédécesseurs royaux, qu'ils soient mérovingiens ou capétiens. On distingue ainsi une opposition nette entre un monde impersonnel, où le seul exemple invoqué, dans une logique d'application tropologique tirée de l'exégèse, est placé dans un temps patriarcal d'avant la royauté, le temps des archétypes absolus, des configurations pré-politiques, tandis que la narration personnelle est remplie d'exemples royaux concrets, certains purement typiques (les Césars), la plupart, bien repérables dans la logique des compilations à la Vincent de Beauvais, et, surtout, des annales de Saint-Denis. Cette distinction n'est pas la seule entre les deux grandes parties. Nombre des considérations dont se nourrit l'exposé sont en fait relativement concrètes par rapport aux maximes générales de l'introduction. Les mentions sur l'âge de l'éducation au combat, sur le gouvernement précoce de rois de France indéterminés, sur le danger des tutelles placées sous la garde d'un étranger, sont autant de précisions qui distinguent la rhétorique de l'exposé de celle du préambule. Les deux ensembles textuels peuvent donc être légitimement séparés, même s'il est normal d'avoir la tentation de les conjoindre parfois, dans des textes solennels de ce type, en vertu d'une certaine similitude rhétorique[17].

---

15 *Cf.* sur ce passage *infra*, p. 210-212, 337-338.

16 Antiquité qui se prolonge bien sûr dans ce cas précis jusqu'à l'époque de rédaction de l'acte : il y a continuité idéologique revendiquée entre Jules César et Auguste d'une part, et Charles IV de Luxembourg ou Charles V de Valois d'autre part.

17 Sur ce problème, *cf.* Barret, Grévin, *Regalis excellentia*, *op. cit.*, p. 102.

## DE L'EXPOSÉ AU DISPOSITIF

La question s'avère à un certain point de vue plus délicate en ce qui concerne le passage de l'exposé au dispositif. La séparation syntaxique et rhétorique marquée par *Hinc est quod nos*, *considerantes* entre préambule et exposé est des plus nettes, et il est clair que l'exposé se poursuit au moins jusqu'au double *exemplum* macédono-mérovingien *Macedones enim* [...] *obtinuit triumphum*. Dans cet espace plus vaste que celui du préambule, quelques grands blocs se dégagent, séparés par des articulations syntaxiques majeures et par le changement des thèmes. Comme souvent toutefois, il semble que les rédacteurs, sensibles à un certain ordonnancement trinaire (voire nonaire, par division des trois parties en neuf sous-parties, de ces nervures stylistiques qui inspiraient des rapprochements avec l'art gothique à Erwin Panofsky[18]) dans le préambule, cèdent dans l'exposé à une logique de superposition ou d'empilement qui se détache de telles préoccupations. On peut bien distinguer, dans la première partie de celui-ci, quatre blocs de longueur à peu près équivalente. Le premier (*Hinc est quod nos considerantes-constitutus est et regna*) part d'une considération générale sur l'âge de quatorze ans pour l'étayer par un quadruple *exemplum* biblique de rois d'Israël et Juda ayant régné enfants. Le second (*considerantes eciam quod annus quartusdecimus...*) regroupe des considérations variées sur la précocité des gouvernants, et en particulier des rois de France, mais sans donner d'exemple spécifique : il se clôt par la maxime ovidienne *Cesaribus virtus contigit ante dies*. Le troisième bloc est celui de l'exaltation de Saint Louis, modèle de toute vertu royale (de *in corde nostro indebiliter est scriptum* à *inunctus et coronatus*). Ensuite, un long espace glosant la dépravation du siècle, le danger des tutelles et des régences, l'amour des sujets pour leur seigneur naturel, et leur capacité à s'exposer pour lui (*videntes eciam dierum crescente malicia – in omnibus virtuosi*) ne semble pas se décomposer en unités larges assez tranchées pour pouvoir être indiquées, sinon arbitrairement. C'est ce passage dont certaines considérations se rapprochent par leur impersonnalité du préambule en une régression dialectique vers le début impersonnel de

18 PANOFSKY, Erwin, *Architecture gothique et pensée scolastique*, Pierre Bourdieu (trad. et postface), Paris, Les éditions de Minuit, 1967 (éd. or. Princeton, 1951).

l'acte qui n'est en fait pas rare dans ce genre de textes[19]. En revanche, avec la double unité narrative (double *exemplum* sur les « rois vainqueurs en bataille au berceau ») *Macedones prelio pulsi – Chilpericus gloriosissimus habuit et obtinuit triumphum*, on retrouve un bloc textuel clairement délimité, le dernier indubitablement intégré à l'exposé.

Si la séparation entre préambule et exposé est pour cet acte un faux problème, il reste en effet difficile d'établir une limite tranchée entre l'exposé et le dispositif. D'une part, l'analyse grammaticale n'est ici d'aucun secours. Nous y reviendrons dans l'analyse syntaxique : depuis *Hinc est* jusqu'au cœur du dispositif, c'est la même phrase qui se poursuit, et quelle que soit la division que l'on veuille adopter, elle enjambe la limite entre les deux parties. Indubitablement, le dispositif a déjà commencé quand intervient la formule *declaramus, decernimus, ordinamus et hac editali lege nostra irrefragabili et imperpetuum valitura diffinimus constituimus et sanccimus* qui est suivie par l'*ut* (nous ordonnons … que) introduisant l'ensemble des clauses au subjonctif qui forment le cœur de la loi. En revanche, on hésite sur le traitement à donner au segment tout de même important *Pacifico statui regni nostri – cum pluribus prelatis personisque notabilibus clericis et laicis*, qui a la taille d'une grosse période, et comprend presque quatre-vingts mots.

## UN BLOC INCERTAIN ENTRE EXPOSÉ ET DISPOSITIF

> […] *pacifico statui regni nostri nedum pro nostris sed pro perpetuis temporibus cupientes sinceris affectibus providere, ad vitandas discordias, removenda scandala, et alia inconvenientia et detrimenta maxima, que nisi provideretur, timerentur verissimiliter evenire ; premissis omnibus et singulis, quantum nobis ex alto permittitur premeditatis prudenter, ut agere considerate possimus, ad omnem dubitationis materiam submovendam, habita super hoc deliberatione matura et consilio pleniori cum pluribus prelatis personisque notabilibus clericis et laicis* […]

D'un certain point de vue, il est clair que ce bloc textuel pourrait être considéré comme faisant partie de l'exposé. Le roi s'exprime à la

19 Barret, Grévin, *Regalis excellentia*, *op. cit.*, p. 101.

première personne du pluriel, comme il l'a fait à partir d'*Hinc est quod*. Les considérations, sont, surtout au début de ce segment, d'ordre relativement générique : ce ne sont pas encore les clauses de la loi. Dans la seconde partie de cet ensemble, l'entrée prochaine dans le dispositif se précise, mais l'on se trouve en quelque sorte en amont du seuil fatidique, à partir duquel le texte change de nature. Le roi, en effet, en résumant une dernière fois les éléments détaillés dans la partie de l'acte déjà parcourue (*premissis omnibus et singulis*), se place sous l'invocation de la sagesse divine qui devra l'éclairer (*quantum nobis ex alto permittitur*). Il rappelle enfin que les dispositions qui vont suivre ont été mûrement pesées dans un conseil élargi de prélats, clercs et laïcs (*deliberatione matura et consilio pleniori*). Toutefois, le raisonnement peut être inversé, si l'on tient compte de la longueur particulière et de la solennité de l'acte. À l'intérieur des séquences précédentes, une rupture stylistique secondaire mais non négligeable a en effet déjà eu lieu. Même si les deux dernières séquences de l'exposé étaient commandées par un participe pluriel actif (*videntes*), il avait peu à peu glissé, de nouveau, à un mode de narration impersonnel (*retrahuntur* ; *magnanimi fiunt* ; *Macedones* [...] *repetiere certamen* ; *Chilpericus* [...] *obtinuit triumphum*). Avec la séquence *pacifico statui*, laquelle, par incidence, pourrait fonctionner comme un début de préambule[20], on repasse brutalement à une nouvelle affirmation à la première personne de la volonté royale, commandée par le participe *cupientes*. Surtout, malgré la longueur relative de la séquence, le changement de rythme et la réorientation sont visibles et rapides, qui conduisent à la succession des verbes ordonnant la loi. Au sortir du double *exemplum* macédono-mérovingien, une dernière fois, les mobiles généraux de la promulgation sont ramassés, sous une forme synthétique qui n'est pas équivalente à celle des lignes précédentes, mais qui dit l'essentiel des prémonitoires motifs royaux : éviter la discorde qui pourrait déchirer le royaume en cas de régence (*ad vitandas discordias, removenda scandala, et alia inconvenientia et detrimenta maxima, que nisi provideretur, timerentur verissimiliter evvenire*). Enfin, immédiatement après cette première séquence, vient la section *premissis omnibus et singulis* [...] *premeditatis prudenter, ut agere* [...] *possimus* [...] *habita super hoc deliberatione*

20 Le concept de *status pacificus regni* est utilisé dans la rhétorique papale du XIV^e^ siècle. *Cf.* par exemple Richardson, Henry G., « Clement V and the See of Canterbury », *English Historical Review*, n° 56, 1941, p. 97-103, lettre de Clément V à Édouard II, 1313, *Per litteras tuas-revocacio non haberetur*, p. 101 : ... *nos igitur, genitoris predicti quietem et pacem ab intimis cupientes, et credentes eiusdem regni pacifico statui expedire*...

*matura* [...] *cum pluribus prelatis personisque notabilibus clericis et laicis*, qui décrit déjà la maturation et la rédaction de la loi, depuis la réflexion royale sous l'invocation divine jusqu'à la réunion d'un conseil élargi à l'ensemble des *familiares* et hommes de science susceptibles de l'aider, et enfin, à la phase de rédaction proprement dite. De *premissis omnibus* à *clericis et laicis*, c'est donc déjà la loi qui va suivre dont la naissance est glosée, et on peut légitimement arguer que le segment initial de ce bloc *pacifico statui-verissimiliter evenire* est une sorte d'introduction – presque en manière de préambule interne – au dispositif. J'incline à penser pour des raisons extra-diplomatiques qui seront développées plus bas[21] que c'est dans cette section intermédiaire la marque *premissis omnibus* qui signifiait dans l'esprit des notaires le passage au dispositif, même s'il est difficile d'établir une frontière tranchée. Dans tous les cas, c'est dans les quelques lignes où le roi évoque la délibération et la rédaction de l'acte en conseil plénier, sous l'influence divine, avant que ne commence la série des verbes *declaramus, decernimus, ordinamus* [...], que s'effectue l'introduction au dispositif, ou si l'on préfère, le basculement vers cette dernière partie du texte.

## LE DISPOSITIF

D'un point de vue diplomatique, ce dernier ensemble est plus facile à commenter. Il n'y a en effet plus d'ambiguïté possible sur ce qui constitue les deux dernières parties de l'acte (trois, si l'on inclut dans le calcul la mention hors teneur). Le dispositif s'arrête à *ad perpetuam memoriam redigendam* (ce qui redouble donc la formule de perpétuité, très exactement placée avant les premiers mots du préambule, et après les derniers mots du dispositif, à la réserve de *redigendam* : si l'on tient compte de la formule *pro perpetuis temporibus*, présente dans la zone d'introduction du dispositif, l'acte contient en fait une invocation trinaire à sa propre perpétuité, qui l'ouvre, le divise et le ferme).

En dépit de cette simplicité de lecture, le dispositif possède une personnalité rhétorique et diplomatique complexe, que l'on peut résumer dans

21 *Cf. infra*, p. 259-263, 382.

les grandes lignes de la manière suivante. Après la partie introductive *Premissis omnibus-plenitudine potestatis*, déjà commentée, et qui annonce la promulgation de la loi, on peut distinguer trois grands ensembles, de longueur décroissante. Une première section, très longue, contient l'ensemble des dispositions juridiques fixant la majorité des rois de France à quatorze ans, organisant la dévolution des pouvoirs qui accompagneront l'entrée dans cette majorité, enfin précisant la plénitude et l'étendue des fonctions qui pourront être exercées par le roi à partir de ce moment. Elle s'étend de *si nos vel successores nostros* jusqu'à *consuetudinibus non obstantibus quibuscumque*. Elle est elle-même divisée en rubriques relativement larges. La première concerne plus particulièrement l'ordre de succession et la nature des princes habilités à succéder (aînés, mâles, fils légitimes : *si nos vel successores-decernimus reputari*). La seconde examine en quoi consiste la plénitude des droits qu'acquièrent les jeunes rois à leur majorité : droit de recevoir les hommages et de les exiger, droit de se faire sacrer, et d'exiger l'application des serments liés au sacre ; valeur générale prêtée aux conventions, promesses et actes de grâce faits par le roi ; enfin capacité de faire tout ce que fait, par coutume, un roi de France (de *habeant et habere debeant regimen* à *dignitatis supreme sue regie majestatis, consuetudinibus non obstantibus quibuscumque*). La clause à peine mentionnée (*consuetudinibus-quibuscumque*) qui ferme cette section a une valeur juridique et diplomatique précise, puisqu'il s'agit d'une clause dérogative[22] qui souligne que la loi prime et annule toute coutume contraire – évidemment ici, toute coutume insistant sur le défaut de majorité avant un âge plus avancé – qui pourrait lui être opposée.

Après ce premier ensemble, la suite du dispositif présente une apparence assez différente, à la fois du point de vue juridique et rhétorique. On peut en effet distinguer une seconde grande partie, elle-même fractionnable en trois sous-parties, qui réintroduit un degré de généralité notable dans le discours, et s'éloigne en fait du cœur du dispositif.

22 Sur les clauses dérogatives, *cf.* Guoytjeannin, Pycke, Tock, *Diplomatique*, *op. cit.*, p. 81.

## UN RETOUR VERS L'EXPOSÉ AU CŒUR DU DISPOSITIF
### Les quatre scansions

> *Cum enim sint et fuerint ab antiquo pro demanio regni regendo et conservando actibus bellicis ad laudem bonorum vindictam vero malorum, si opus fuerit, exercendis provinciarum regimine, ac debita justitia que nunc usque, laudes Deo, in regno nostro dicitur floruisse absque accepcione personarum, omnibus et singulis ministranda, distincta officia ordinata ;*
>
> *virique spectabiles, illustres et superillustres, litterati, prudentes et scientifici, quorum opinionibus et operacionibus floret orbis, commissi et deputati ad hujusmodi officia gubernanda, impendenda obsequia, ac ministranda consilia majestati regie in omnibus que jus publicum concernunt ;*
>
> *et super adeptione vel administratione regni non reperiatur certa etas constituta vel prefinita a jure in rege, qui solutus est legibus, cum jura dicentia certam etatem exigi in minoribus loquantur jurium ditioni subjectis ;*
>
> *dignum prorsus et congruum arbitramur tam ex iis quam aliis supradictis in dicto anno quartodecimo suprascriptos filios nostros vel successorum nostrorum, in casibus superius declaratis, regimen et administrationem regni nancisci, suscipere et habere, ac omnia facere que ad verum regem pertinent, ut superius est premissum.*

Cette section de la loi a été commentée comme une suite directe du dispositif où l'on précise les devoirs et dispositions du gouvernement royal[23]. Il ne s'agit pourtant en rien, si on lit le texte avec attention, d'une série de dispositions précisant *directement* le devoir qu'aurait le roi de combattre ou de faire combattre en son nom pour la justice, ou de nommer des serviteurs pour diriger les « provinces » du royaume[24]. Ce que dit d'abord le texte, en trois propositions complétives successives de longueur relativement équilibrée, c'est, dans un premier temps, que des offices ordonnés existent, pour gouverner le domaine royal et le conserver, au besoin par les armes, et que le royaume a fleuri dans la justice et la juste hiérarchie depuis la nuit des temps (*cum enim sint et fuerint* [...] *distincta officia ordinata*) ; dans un second temps, qu'il existe des hommes que l'on doit révérer, savants et prud'hommes,

23 Rigaudière, « La *lex* », art. cité, p. 185-186.
24 *Ibid.*

qui sont en grande partie responsables du bon gouvernement (*virique spectabiles, illustres et superillustres* [...] *que jus publicum concernunt*) ; enfin, qu'il n'existe aucun âge fixé en droit qui puisse contrevenir à la décision royale, puisque le roi est au dessus des lois qui s'appliquent aux particuliers (*et super adeptione vel administratione regni* [...] *jurium ditioni subjectis*). C'est seulement à la suite de cette démonstration que cette partie du dispositif se conclut par une réitération de la volonté royale, qui, une fois ces éléments récapitulés, rappelle qu'en vertu de ces raisons (les dernières exposées : *tam ex iis*), comme d'autres (celles qui viennent avant, dans le préambule et l'exposé : *quam ex aliis supradictis*), le roi a décidé de fixer la date d'accession à la majorité et au plein droit d'administration et gouvernement direct du royaume à l'âge de quatorze ans.

Ce dernier segment de la seconde partie du dispositif, non directement législative, forme donc un temps d'arrêt dans la progression conceptuelle du texte. De nouveau, il affecte en ses débuts l'apparence d'un préambule (formule *dignum* [...] *et congruum arbitramur*), et pourrait fonctionner, à la rigueur, comme une loi autonome. Il s'agit en fait d'une sorte de concentré des dispositions précédentes, venant renforcer une dernière fois la logique de l'exposé et du dispositif, dans une nouvelle et dernière progression depuis un exposé général (dans lequel on pourrait pour le coup trouver une saveur de préambule), jusqu'à la réintroduction d'un ... dispositif. Sauf à se rappeler, comme il le faut, que nous nous trouvons encore techniquement, dans une troisième grande partie de l'acte qui correspond au dispositif *largo sensu*, et que cette configuration évoque une miniature d'acte enchâssée dans l'acte[25] !

25 Sur les limites entre le préambule et l'exposé (contre Brunel, *Images du pouvoir royal*, *op. cit.*, p. 200) ; et entre l'exposé et le dispositif, *cf. supra*, p. 145-150 et *infra*, p. 173.

Schéma 1 – La progression cyclique de l'acte
(préambule+exposé+dispositif)

| | | | | |
|---|---|---|---|---|
| Préambule | | Dispositif | → | Dispositif revenant vers l'exposé (rappel de l'existence d'offices, d'un conseil, de l'absence d'obstacles juridiques) |
| ↓ | | ↑ | | ↓ |
| Exposé (*exempla* bibliques, Saint Louis) | | Transition entre l'exposé et le dispositif (*matura deliberatione*...) | | Résumé de l'acte (avec minipréambule, mini-exposé, mini-dispositif) |
| ↓ | | ↑ | | ↓ |
| Exposé revenant vers le préambule (généralités) | → | Recompactation de l'exposé (*exempla* mérovingien et macédonien) | | Fin du dispositif (clauses prohibitives, clauses de dépôt) |

Il existe en fait une explication à la formation de cette « matriochka diplomatique ». La coalescence à l'intérieur du dispositif d'un embryon d'acte autonome a été visiblement provoquée par la clause dérogative *consuetudinibus non obstantibus quibuscumque*. C'est elle qui, provoquant une poussée d'adrénaline juridique de la part des rédacteurs – car ils savaient que différents précédents ou différentes lois seraient invoqués pour diminuer la portée de cette *constitutio*, comme cela a d'ailleurs été le cas en 1380 – a motivé la réitération d'un ensemble de données existantes – une hiérarchie bien ordonnée et une justice assurée, une cohorte de conseillers et juristes au dessus de tout soupçon, la non-nécessité pour le roi d'obéir à la loi de ses sujets fondée en loi – qui justifiaient la loi présente. Car c'est bien la négation des lois et coutumes concernant la majorité alors en circulation (tant à travers le droit romain que par référence à une quelconque coutume invocable), comme ne devant pas avoir force de loi sur le roi, qui clôt le dispositif précédant la réitération de la loi, dispositif lui-même précédé par la clause dérogative.

Schéma 2 – Une ébauche d'acte dans l'acte :
la seconde partie du dispositif…

Provocation systémique : clause dérogative
(*consuetudinibus non ostantibus quibuscumque*)

↓

Justification : retour à l'exposé au sein du dispositif
(*Cum enim sint et fuerint-jurium ditioni subjectis*)

↓

Retour au dispositif : résumé de la loi…
(*dignum prorsus -ut superius est premissum*).

… résumé lui-même constitué :
2.1 d'un préambule miniature (*dignum prorsus et congruum abritramur*) ;
2.2 d'un exposé-miniature (*tam ex iis quam aliis supradictis*) ;
2.3 d'un dispositif-miniature (*in dicto anno quartodecimo suprascriptos filios nostros vel successorum nostrorum in casibus superius declaratis regimen et administrationem regni nancisci, suscipere et habere, ac omnia facere que ad verum regem pertinent, ut superius est premissum*).

L'existence de cette dialectique au cœur du dispositif, en redonnant une relative liberté rhétorique aux rédacteurs, après la première partie du dispositif plus strictement juridique, introduit ainsi une dernière grande respiration dans la loi, précédant le retour aux clauses finales qui ferment le ban, avant la clause de publication et de dépôt. Celles-ci, particulièrement solennelles, ne prêtent pas à discussion. Il s'agit, plus que de clauses comminatoires (dont elles ont tout de même, en partie, le caractère de malédiction), de clauses pénales[26]. En effet, ceux qui seraient tentés de se mettre en travers de l'application de cette loi, par inobéissance ou rébellion, seraient *ipso facto* privés de leur droit de succession, de gouvernement, de leurs dignités, fiefs ou terres, ainsi que ceux qui exécuteraient ou simplement approuveraient leurs agissements (séquence *Si quis autem* […] *noverint se privatos*). À cette première clause finale solennelle, et de portée politique considérable, puisqu'elle prive

26 Guyotjeannin, Pycke, Tock, *Diplomatique*, *op. cit.*, p. 82.

potentiellement des princes du sang de leurs droits et capacités en cas de désobéissance à la loi, s'en ajoute une seconde, plus restreinte, qui concerne la publication de la loi. C'est celle, déjà mentionnée, où le roi précise que, pour que la loi ne prête pas matière à contestation, et pour qu'on n'en prétexte pas l'ignorance, elle doit être publiée solennellement, et conservée à perpétuelle mémoire dans les archives des chartes royales. Les deux parties de cette clause ont été, comme on sait, exécutées : la publication solennelle a eu lieu le 21 mai 1375, au parlement, et les exemplaires déposés au trésor des chartes ont survécu aux assauts du temps.

## LA DATE (ET LA MENTION HORS TENEUR)

La date, enfin, ne semble pas devoir appeler de commentaire particulier. Elle peut difficilement réserver des surprises. On peut tout de même relever quelques éléments qui possèdent leur importance d'un point de vue rhétorique. D'une part, le roi est présent dans cet élément du texte, par la mention *Datum in castro nostro nemoris Vicenarum*. La mention du mois d'août ne saurait être commentée *a priori*. Il est tout de même tentant de suggérer qu'elle introduit une résonance impériale, résonance exploitée très consciemment par les empereurs au XIII^e^ ou au XIV^e^ siècle dans la narration d'événements arrivés durant ce mois[27]. Faut-il voir dans le choix du mois de promulgation un écho à la formule ovidienne sur la vertu des Césars ? Probablement non, mais sait-on jamais, à la cour d'un roi féru d'astrologie « scientifique[28] »… Enfin et surtout, la clause de publication et de dépôt, mentionnant les archives royales dans la séquence précédant immédiatement la date, introduit une sorte de pont rhétorique entre les deux dernières parties de l'acte. Les archives royales de la Sainte-Chapelle à l'extrême fin du dispositif, le château de Vincennes à l'ouverture de la date spatialisent la publication et la

27 *Cf.* à ce sujet pour la propagande épistolaire de l'empereur Frédéric II, Grévin, *Rhétorique*, *op. cit.*, p. 234.

28 Sur la culture astrologique à la cour de Charles V, *cf.* Boudet, Jean-Patrice, *Entre science et nigromance. Astrologie, divination et magie dans l'Occident médiéval (XII^e^-XV^e^ siècle)*, Paris, Publications de la Sorbonne, 2006 (coll. Histoire ancienne et médiévale, 83), en particulier p. 303-309.

conservation de la loi, promulguée une première fois à l'est de Paris, mais destinée à être conservée au cœur sacral du palais de la Cité, après avoir été enregistrée dans ses murs en séance solennelle[29]. La mention hors teneur, en revanche, ne saurait être comptée comme un élément de la rhétorique textuelle de l'acte. Elle se place hors de la zone, et des stratégies du texte. Pierre Blanchet n'avait rien à faire *en majesté* à côté de Charles V, même s'il lui était associé pour la rédaction d'actes extraordinaires qui montrent la confiance particulière du roi dans son serviteur[30] : nous sommes ici dans une logique d'enregistrement mémoriel de la procédure d'élaboration de l'acte, par le roi, pour l'autorité, et par Blanchet, pour la rédaction finale. Il faut prendre ce second renseignement au sérieux, mais il nous fait sortir du texte, ou plutôt, de sa ligne mélodique : de son *tenor*.

29 Sur la promulgation de la loi, *cf. supra*, p. 74, 85, 117, et pour le caractère de « proto-lit de justice » de la séance, Brown, Famiglietty, *The Lit de justice*, *op. cit.*, p. 24-25.

30 C'est notamment Blanchet qui rédige le testament du roi. *Cf.* à ce sujet *infra*, p. 490.

# STRUCTURE DE L'ACTE

## Les articulations grammaticales et stylistiques

Une analyse grammaticale du corps de l'acte (préambule + exposé + dispositif) prouve que l'organisation syntaxique ne recoupe pas la structure diplomatique de l'acte. Elle est d'autant plus indispensable qu'une bonne partie des préjugés concernant la rhétorique du texte et – potentiellement – des erreurs d'incompréhensions, proviennent du refus d'affronter dans son ensemble une structure qui a paru de prime abord rébarbative. Pour comprendre les modes de rédaction du texte, on peut pourtant difficilement faire l'économie de cette étape.

### UN PREMIER INDICE
### La « ponctuation » des chartes

Avant d'envisager la structure syntaxique du texte, et de prolonger ces analyses par quelques remarques de caractère proprement stylistique, il faut au préalable s'interroger sur la méthodologie à déployer dans cette entreprise. Il existe en théorie deux méthodes pour comprendre l'organisation syntaxique d'un texte latin du bas Moyen Âge, et l'intérêt de l'historien des textes voudrait qu'elles soient systématiquement combinées. C'est, dans la pratique, rarement le cas. La première d'entre elles s'attache à la logique même du texte, en faisant abstraction de sa graphie et de son support, pour tenter de distinguer l'organisation des périodes et leur éventuelle séparation pour ainsi dire *in abstracto*, à partir du seul langage. La seconde s'appuie sur la paléographie pour chercher des indices sur la manière dont les rédacteurs et/ou copistes ont compris cette organisation – un exercice rendu possible au XIVe siècle par le développement progressif, désormais bien amorcé, d'une multitude de systèmes de ponctuation[1]. Si les deux approches sont rarement pratiquées de manière concomitante, cela tient en partie au caractère encore balbutiant des études sur la ponctuation médiévale, qui ne semblent pas vraiment systématisées au début du XXIe siècle. La raison en est également que les modes d'appréhension et surtout de notation médiévaux et actuels des unités discursives se révèlent si éloignés les uns des autres, que la tentation est grande pour la plupart des historiens de ne pas tenir compte des scansions médiévales. Si l'édition moderne doit rétablir une ponctuation qui aide le lecteur actuel à lire le texte, en s'inspirant de modèles classiques ou contemporains, à quoi bon s'acharner à étudier la ponctuation médiévale, qui risque plutôt de fourvoyer, en dehors du cercle étroit des spécialistes ?

Dans le cas des trois exemplaires originaux de l'acte de fixation de la majorité des rois de France de 1374, on dispose pourtant d'un terrain de choix pour examiner l'idée que les rédacteurs (ou simplement les copistes ?) se sont faite des divisions du texte. En effet, les trois chartes ont été munies d'un système discret mais cohérent de ponctuation, concordant jusque dans le détail entre les trois exemplaires[2]. Il est moins lisible dans l'exemplaire A, lequel, quoique dans un état de conservation décent, a subi plus que les autres l'usure du temps : l'encre de nombre de mots est à moitié effacée, les lignes de préparation du texte et autres éléments paralinguistiques du système d'écriture, plus difficilement lisibles[3]. Il apparaît en revanche clairement dans les exemplaires B et

---

1 Sur la ponctuation au bas Moyen Âge, *cf.* entre autres Andrieux-Reix, Nelly, Monsonego, Simone, « Écrire des phrases au Moyen Âge : matériaux et premières réflexions pour une étude des segments graphiques observés dans les manuscrits français médiévaux », *Romania*, n° 115, 1997, p. 289-336 ; Bergeron, Régean, Ornato, Ezio, « La lisibilité dans les manuscrits et les imprimés à la fin du Moyen Âge : préliminaires d'une recherche », *Scrittura e civiltà*, n° 14, 1990, p. 151-198, rééd. dans *La face cachée du livre médiéval : l'histoire du livre vue par Ezio Ornato, ses amis et ses collègues*, Rome, Viella, 1997 (I libri di Viella, 10), p. 521-554. Sur la ponctuation des chartes, *cf.* en particulier Parisse, Michel, « Remarques sur la ponctuation des chartes lorraines au XIIIe siècle », *Archiv für Diplomatik, Siegel- und Wappenkunde*, 23, 1977, p. 257-268. La recherche semble pour l'instant assez déséquilibrée en faveur des manuscrits, au détriment des chartes.

2 Brunel, *Images du pouvoir royal*, *op. cit.*, n° 31-33, reproductions p. 200-211.

3 *Id.*, p. 201 et surtout reproduction consultable sur le site des Archives nationales : www.culture.gouv.fr/Wave/image/archim/0013/dafanch06_n200118n00001_2.jpg, consulté le 01 02 2019 (cote AE/II/395, « Ordonnance du roi Charles V fixant la majorité des rois

C[4]. S'il ne donne pas la clé « moderne » de l'organisation syntaxique du texte, il vaut la peine de s'y arrêter quelques instants.

Ce système est assez différent de la ponctuation « pré-moderne » en points, points-virgules et virgules de nombre de manuscrits médiévaux contemporains. Il est en revanche loin d'être isolé dans l'écriture des actes conservés, et l'analyse de chartes solennelles ornées du règne de Charles V suggère qu'il était commun, au moins pour ce type de documents, à la chancellerie royale, dans les années de rédaction de l'acte[5]. Les éléments en jeu ne sont pas un assemblage de points, éventuellement prolongés d'un trait, mais un ensemble plus composite.

## DES MARQUEURS DISJONCTIFS MAJEURS, LES « TILDES »

Le marqueur d'arrêt le plus fort de ce système est une sorte de tilde (ᔦ), un peu plus anguleux que la variante graphique standard, qui pourrait, au prix d'une faible évolution, se changer en une succession de deux dés inclinés sur leur tranche[6]. Dans la moitié des occurrences, il apparaît isolé en fin de séquence, ne tenant ni à une lettre, ni à l'autre[7]. Dans

de France à 14 ans et l'organisation de la régence [*sic*]. Acte en latin sur parchemin scellé du sceau royal de cire verte pendant sur lacs de soie rouge et verte, daté d'août 1374 » ; la notice complète reprend cette description).

4 Brunel, *Images du pouvoir royal*, *op. cit.*, p. 202-203 pour B et 209-211 pour C.

5 *Cf.* par exemple *ibid.*, n° 34 et 35 (ordonnances d'octobre dont l'original est conservé) : reproduction en grand format p. 218-219 : le système ternaire combinant tildes, majuscules et barres pour symboliser trois degrés de ponctuation est sensiblement le même que dans nos trois actes. D'autres chartes ornées de l'époque de Charles V semblent toutefois recevoir un système graphique en partie différent (*cf. ibid.*, n° 19 et 20, reproduction p. 143), avec un emploi des majuscules un peu plus conforme aux attentes du lecteur moderne (combinant marqueurs syntaxiques et marqueurs de solennité de noms propres ou d'éléments liés à la symbolique royale). Le champ reste sauf erreur encore ouvert pour une étude de ces variations dans les stratégies de ponctuation des grandes chartes royales…

6 D'un point de vue graphique, ce signe est d'ailleurs presque strictement équivalent au signe d'abréviation de voyelles utilisé régulièrement dans l'acte (par exemple au dessus de la lettre q pour symboliser *quam*), *ibid.*, p. 202-203 (exemplaire B), dernière ligne visible, séquence *tam ex hiis quam aliis supradictis*.

7 *Ibid.*, septième ligne de texte, entre « *matris tue* » et « *porro* ».

l'autre moitié, il est fondu avec l'élément de gauche de la majuscule qui le suit[8]. Il s'agit d'un marqueur de disjonction très fort, qui signifie pour le scribe une rupture notable dans l'organisation du discours (*cf.* cahier d'illustrations, n° 5, *infra*).

FIG. 5. – Les systèmes de ponctuation, d'après J 401, n° 6b (tildes majeurs, barres, majuscules).
Archives nationales (France), J 401, n° 6,
© Pôle image des Archives nationales.

Dans le préambule, ce marqueur intervient quatre fois : une première, au sein du second « sous-préambule » (*ceterum equum-matris tue*), entre *viderentur* et *rursus* ; une seconde, à la jonction du second « sous-préambule » et du troisième, entre *matris tue* et *Porro summe debent reges* ; une troisième, vers la fin du troisième sous-préambule, entre *temporibus prosperetur* et *postremo super regimine* ; une quatrième, enfin, à la jonction entre le préambule et l'exposé (*optimi sunt sectandi-Hinc est quod*).

Le système des tildes (ϟ) ou points d'arrêts majeurs :
seconde et troisième parties du préambule

(sous-préambule 2)
Ceterum equum censetur reges filios suos ut se ipsos diligere, tanquam sue senectutis pastores et custodes domus sue, cum natura eadem persona reputentur cum ipsis Et filii si non bene viverent ad interitum patris essent. Sane filios regum generaliter magnificandos et honorandos plus quam alios jura clamant, in quibus parentes ceteris munificentiores esse debent ; nam, ipsis solis remanentibus post mortem, memoria et spe ducti quodam modo immortalitatem participant, Unde, non magnificando vel honorando eosdem, donum dei singulare sibi in filiis prestitum negligere viderentur ϟ Rursus, quod in honoribus sint aliis fratribus primogeniti preferendi paterna benedictione

8 *Ibid.*, ligne trente, séquence *recipiant et admittant, illi vero qui ad eadem prestanda* : le tilde est fondu dans la boucle de gauche du I majuscule d'*illi*.

> pinguiori, satis patet ex benedictione quam dedit Isaac ipsi Jacob sic inquiens Det tibi deus de rore celi et de pinguedine terre habundantiam frumenti, vini et olei, serviant tibi populi et adorent te tribus ; esto dominus fratrum tuorum et incurventur ante te filii matris tue
>
> (sous préambule 3)
> ϟ Porro summe debent reges attendere quod beneficia filiis suis, precipue primogenitis, impensa cum publica utilitate concurrant, cum hec duo post deum sibi debeant existere cariora, Confidentes in filiis rempublicam post ipsorum obitum feliciter conservari in ipsius negotiis peragendis, sic intendentes solerter quod ea que periculosiora sunt nequaquam absque remedio reformacionis acommode relinquant Sed, si respiciant oculate quod populus ab opprimencium protectus incursibus exhuberantia virtutum quiescat in pulchritudine pacis, in tabernaculis fiducie, et requie temporalium opulenta, res quoque publica suis temporibus prosperetur. ϟ Postremo super regimine regni debemus predecessorum nostrorum vestigiis inherere et inter bonos meliores et inter meliores optimi sunt sectandi ϟ

Si l'on compare cette série d'articulations à la division diplomatique à peine esquissée, on constate que les recoupements ne sont pas négligeables, sans être parfaitement concluants au niveau des divisions intermédiaires. Le tilde est bien utilisé pour séparer le préambule de l'exposé. En revanche, il ne sépare que deux des trois sous-préambules (le deuxième et le second, avant *porro*), alors qu'il indique deux sous-divisions internes à des sous-préambules déjà commentées : le redémarrage du second sous-préambule à l'aide du disjoncteur adverbial *rursus*, et l'adjonction d'un ultime noyau discursif en forme de kurzarenga, avec la séquence *Postremo super regimine regni debemus predecessorum nostrorum vestigiis inherere et inter bonos meliores et inter meliores optimi sunt sectandi.* Ces disjonctions suggèrent donc, en quelque sorte, un parcours alternatif de détail à la scansion esquissée lors du travail d'analyse diplomatique.

Une analyse de l'emploi du symbole dans la suite de l'acte confirme son importance pour réfléchir à l'organisation des plus grandes unités textuelles. Dans l'exposé, le tilde ne se manifeste qu'à l'approche du dispositif, dans cette section finale intermédiaire *Pacifico statui regni nostri* […] *plenitudine potestatis* dont le statut reste quelque peu ambigu, à la jonction des deux parties. Il intervient bien, entre *plenitudine potestatis* et *ut si nos vel successores nostros*, à la limite extrême où il n'est plus possible de ne pas parler de passage au dispositif, ce qui semble confirmer l'exactitude du découpage proposé plus haut. Le copiste l'a toutefois également utilisé peu auparavant, pour séparer la séquence *Pacifico statui regni nostri* [...] *timerentur verissimiliter evenire*, encore relativement générale, du passage sur la méditation royale concernant l'acte et sa rédaction en conseil *premissis omnibus et singulis* qui débouche sur le groupe des verbes injonctifs. Il y a là une rupture effectivement forte, qui peut faire hésiter dans le sens contraire : lequel de ces deux tildes symbolise la transition vers le dispositif ?

Enfin, dans le dispositif proprement dit, les choses sont relativement claires. Le tilde disjonctif intervient une première fois pour distinguer violemment le droit qu'a le roi d'exiger à partir de sa majorité les serments et hommages de ses grands vassaux d'une part, du devoir auquel sont astreints ces derniers de lui prêter lesdits serments et hommages d'autre part (*recipiant et admittant* ᔨ *illi vero* [...]). Par la suite, il ne se rencontre que deux fois, à des emplacements attendus : une première fois pour séparer le résumé de la loi qui se trouve en fin de dispositif des clauses pénales ; une seconde fois pour séparer le dispositif de la date.

Le « tilde disjonctif majeur » correspond donc en pratique à un instrument de séparation des parties de l'acte, qui est utilisé rigoureusement pour indiquer des blocs logiques correspondant au découpage de la diplomatique moderne, et, subsidiairement (plus obscurément pour nous...) pour disjoindre parfois de rares unités internes dans ces blocs.

## ENTRE BLOCS ET PETITES UNITÉS, LE RÔLE CENTRAL DES MAJUSCULES

Le second système de ponctuation n'en est pas un à proprement parler, mais il est aisé de le repérer à l'examen des chartes. Le niveau intermédiaire est en fait assumé, à l'intérieur du texte proprement dit, par les majuscules, qui ne servent pas à mettre en relief un concept particulier, ou un nom propre, mais à indiquer des séparations entre membres de phrases, ou des changements de phrases (périodes).

Les majuscules sont en effet utilisées dans ce texte d'une manière qui n'a pas plus à voir avec les usages de l'âge classique (ceux de l'édition des *Ordonnances*, par exemple), tendant à emphatiser les marqueurs de majesté du texte[9], qu'avec les normes actuelles. Dans les trois actes, Dieu, le roi ou leurs substituts, ainsi que les divers noms de l'État royal ne sont, à une ou deux exceptions apparentes près[10], rehaussés par une majuscule initiale que s'ils interviennent en début de rupture syntaxique entre deux membres de phrase. Pour le reste, ils sont introduits par une lettre en minuscule. Une fois que l'on a pris garde à quelques chausse-trappes classiques (les élongements calligaphiques de la première ligne, qui ne sont pas assimilables à des majuscules simples, et n'entrent pas ici en ligne de compte ; les *i* longs de *iuvenem* ou autres *infantem*, qui ne doivent pas non plus être considérés comme des majuscules), il apparaît vite que les majuscules sont utilisées pour aider le lecteur dans la division des périodes et, éventuellement, des sous-périodes :

Le début du préambule : système des majuscules

> Filios regum per parentes educari et erudiri debere ut deum timeant virtutum ac virium profectum celeriter attingant sincere diligi Et primogenitos maxime magnis donis et altis honoribus decorari reipublice commodum status regnorum et subditorum concernentibus transquillitatis augmentum, predecessorum illustrium sectando vestigia clare liquet. Bona enim terra cum diligentia colitur ut fructus optimus reportetur, Multomagis sunt filii regum per patres studiosius nutriendi et docendi ut virtutibus imbuantur, fortificentur et crescant, et cum in adultam etatem pervenerint, puericie redoleant bonos mores, qui ad majoris honoris culmen sunt in populis erigendi. Altius nempe precepta descendunt que teneris imprimuntur etatibus. Et illa vera et utilis censetur doctrine prudentia, que ab etatis initiis atque ab infantie ipsius exordiis inchoatur. Unde sapiens : Fili a juventute tua excipe doctrinam et ad canos invenies sapientiam.

Dans le premier tiers du préambule, l'emploi des majuscules est parfaitement cohérent. Il offre un découpage de périodes qui correspondent bien à une division syntaxique du texte par phrase selon les critères modernes. Le troisième tiers du préambule montre néanmoins qu'il n'y a pas automaticité en la matière. Toutes les fins de phrase entraînent

9 *Cf. Ordonnances* … VI, p. 26, les termes dotés d'une majuscule initiale dans la première phrase du préambule sont *Regum* ; *Parentes* ; *Deum* ; *Reipublice* ; *Regnorum* ; *Predecessorum* ; *Filii Regum* ; *Patres*.

10 Sur la raison de ces exceptions apparentes, *cf. infra*, p. 166 : des noms semblent mis en exergue à cause de leur valeur sémantique (*Regnorumque*), alors que c'est leur place dans la période et leur liaison avec une conjonction de coordination qui explique leur mise en majuscule.

bien l'apparition d'une majuscule, mais celle-ci peut également servir à souligner une articulation syntaxique à l'intérieur de la période, comme un participe actif (*confidentes*), une disjonction majeure (*sed*), une conjonction gouvernant une proposition relative (*cum*) :

La fin du préambule : système des majuscules

> Porro summe debent reges attendere quod beneficia filiis suis, precipue primogenitis, impensa cum publica utilitate concurrant, Cum hec duo post deum sibi debeant existere cariora, Confidentes in filiis rempublicam post ipsorum obitum feliciter conservari in ipsius negotiis peragendis, sic intendentes solerter quod ea que periculosiora sunt nequaquam absque remedio reformacionis acommode relinquant. Sed, si respiciant oculate quod populus ab opprimencium protectus incursibus exhuberantia virtutum quiescat in pulchritudine pacis, in tabernaculis fiducie, et requie temporalium opulenta, res quoque publica suis temporibus prosperetur. ϟ Postremo super regimine regni debemus predecessorum nostrorum vestigiis inherere et inter bonos meliores et inter meliores optimi sunt sectandi ϟ

Les majuscules fonctionnent donc comme des aides à la lecture des grandes articulations syntaxiques qui indiquent au lecteur la transition vers un segment propositionnel, constituant soit une phrase, soit un membre de phrase gouverné par un verbe ou un connecteur logique clairement repérable.

Ce système acquiert une importance déterminante dans l'exposé et le dispositif, qui sont régis par une suite de participes actifs dépendants d'un seul groupe verbal. Les majuscules permettent ici de suivre l'enchaînement du discours sans se perdre dans les méandres d'une très longue période. Elles acquièrent un rôle d'aide à la lecture grammaticale qui explique en partie pourquoi les rédacteurs et lecteurs de ces chartes pouvaient se considérer en territoire familier dans ces constructions qui rebutent souvent le lecteur moderne.

… partie de l'exposé, le système des majuscules

> Considerantes eciam quod annus quartusdecimus annus discretionis existit, et in ipso quis ad plures actus legitimos admittitur, exercendi et assuescendi sunt nobiles ad labores militares et opera bellicosa ; Et quod nonnulli reges tam predecessores nostri quam alii, hac etate seu paulo ante vel post, Regnorum gubernacula assequti, magnifice et utiliter regnaverunt ; quodque filii regum francie solent cura pervigili instrui et educari in bonis moribus, virtutibus et honore ; Quapropter ipsos verissimiliter creditur plus

illo tempore profecisse, quam alios minoris status, etate longe majori, juxta illud quod scribitur : Cesaribus virtus contigit ante dies ; Et quod in corde nostro indelebiliter est scriptum, qualiter sanctissimus attavus et predecessor noster, patronus, deffensor et dominus singularis, beatus Ludovicus, flos decus, lumen et speculum nedum regalis prosapie, sed omnium gallicorum ; cujus memoria in benedictione est, et non derelinquetur in secula ; ac divina protegente gracia, nullius mortalis criminis sensisse contagium perhibetur, Regnumque et Rempublicam sic laudabiliter gubernavit, quod gesta ipsius preclara que mundus mirabitur quamdiu sol eclipticam permeabit, per nos et successores nostros, merito ad consequenciam trahi debent ; sic quod sua actio nostra instructio videatur. De ipso enim legitur, quod regni maximi et potentes inimici, agente deo, ipsius pueri regis viribus sunt repulsi, in etatis sue quarto decimo anno regni regimen assumpsit, Recepit homagia seu fidelitatis juramenta prelatorum, parium et aliorum vassallorum, fuitque sacra unctione regali inunctus et coronatus ; Videntes eciam [...]

Dans le passage de l'exposé présenté *supra*, on distingue comment des majuscules qu'une lecture distraite pourrait attribuer à la volonté de mettre en exergue un élément particulier (*regnorum* ; *regnumque*) ont en fait été réparties en fonction d'une lecture de type grammatical. Il n'y a ici aucun début, aucune fin de période proprement dite (nous nous trouvons quelque part dans la phrase gigantesque qui structure la moitié du texte) : les majuscules sont attribuées aux participes qui commandent les développements importants (*considerantes*, *videntes*), ou aux connecteurs logiques (*et*, *quapropter*, *de*) apparents ou dissimulés (la majuscule de *regnorum* est en fait une indication de la nouvelle proposition commandée par le participe *assequti*, tout comme celle de *regnumque* est motivée par le *–que* de jonction avec la partie précédente). Le système est, relativement à son but, cohérent.

## LES MARQUEURS DISJONCTIFS MINEURS
## Barres et crochets

Il existe enfin un ensemble de marqueurs, de nouveau plus apparentés à des signes de ponctuation, qui achèvent de scander le texte, à la limite entre préparation de la page et ponctuation proprement dite. Il s'agit en effet d'un système de barres extrêmement discrètes (|), exceptionnellement prolongées en une ligne verticale courant vers la droite qui en fait des sortes de crochets (┌). Ces barres se confondent visuellement avec les lignes de préparation du texte, bien visibles sur les actes A et B, et il est possible qu'elles aient servi, entre la rédaction d'un brouillon et celle de la charte finale, à indiquer des blocs de mots et une disposition sur la page. Elles sont de repérage parfois difficile, pouvant être confondues avec des microplis ou des accidents de conservation divers. Une analyse de leurs emplacements indique qu'elles peuvent être considérées comme ayant une fonction syntaxique :

Le début du préambule :
système des majuscules et des barres

> Filios regum per parentes educari et erudiri debere | ut deum timeant virtutum ac virium profectum celeriter attingant | sincere diligi | et primogenitos maxime magnis donis et altis honoribus decorari reipublice commodum status regnorum et subditorum concernentibus transquillitatis augmentum | predecessorum illustrium sectando vestigia | clare liquet | Bona enim terra cum diligentia colitur ut fructus optimus reportetur ┌ multomagis sunt filii regum per patres studiosius nutriendi et docendi ut virtutibus imbuantur, fortificentur et crescant, et cum in adultam etatem pervenerint, puericie redoleant bonos mores, qui ad majoris honoris culmen sunt in populis erigendi | Altius nempe precepta descendunt | que teneris imprimuntur etatibus | Et illa vera et utilis censetur doctrine prudentia, que ab etatis initiis atque ab infantie ipsius exordiis inchoatur | Unde sapiens : fili a juventute tua excipe doctrinam | et ad canos invenies sapientiam.

La reconstitution présentée ici pour le début du préambule à partir du seul exemplaire B prête à discussion : étant donné la légèreté du trait de ces barres, il suffit d'une ligne quelque peu endommagée par les conditions de conservation du document (ici un pli légèrement oblique gênant faiblement la lecture de la seconde, puis de la troisième ligne[11]) pour qu'une partie des barres devienne presque illisible. Ce dernier point pourrait expliquer, plus qu'autre chose, l'absence apparente de barres entre *multomagis* et *in populis erigendi*. Au reste, le système semble relativement cohérent. Tout se passe comme si ces signes servaient à compléter le système des majuscules en indiquant beaucoup plus régulièrement, quoique non systématiquement, les articulations syntaxiques mineures ou moyennes laissées de côté par celles-ci, à l'intérieur des périodes et sous-périodes. La

11 *Cf.* Brunel, *Images du pouvoir royal*, *op. cit.*, p. 202-203.

barre incurvée ou en équerre servirait dans certains passages à souligner des ruptures plus fortes, mais on ne peut parler ici d'un équivalent strict de la virgule et du point-virgule, même si c'est tentant : ce motif incurvé ou en équerre se retrouve trop rarement pour en faire office.

Quoiqu'il en soit de ce dernier point, le système, dans la richesse de sa gradation, du tilde à la barre en passant par les majuscules, offre un outil d'analyse et de lecture fonctionnel, qui permet au lecteur de ne pas se sentir trop perdu dans la progression du texte, à condition toutefois de ne pas chercher dans ces indications de scansion une hiérarchie dont la logique correspondrait rigoureusement à la nôtre. Une telle tendance aurait du reste été contreproductive dans le cadre du langage des chartes royales, bien souvent organisées selon des développements syntaxiques à incises et subordonnées, où le texte ne se présentait pas comme une succession de phrases de longueur équilibrée. D'où la nécessité de le rompre, régulièrement, sans attendre une hypothétique fin de période, en suivant ces articulations majeures, que nous allons à présent examiner d'un point de vue linguistique et stylistique.

## L'ORGANISATION SYNTAXIQUE GÉNÉRALE DU TEXTE

L'acte de fixation de la majorité des rois de France à quatorze ans n'est en fait, pour les trois cinquièmes du texte, qu'une très longue phrase. Cette situation n'a rien d'exceptionnel pour un acte royal français du XIVe siècle. Elle est liée à la structure même de l'exposé, souvent gouverné par des participiales (*considerantes…*, d'où les considérants de la forme stylistiquement voisine qu'est à certains égards le jugement), et du dispositif, qui réunit une série de propositions relatives commandées par un ou plusieurs verbes d'ordres (*ordinamus … ut*). Dans le cas d'un texte de longueur inhabituelle, néanmoins, l'existence d'une telle structure ne facilite pas la tâche au lecteur moderne impatient de briser le texte en séquences de longueur moyenne. La nécessité d'affronter cette très longue période à tiroirs est donc certainement l'une des raisons qui ont fait perdre à des chercheurs du début du XXe siècle leur patience face à la *Constitutio*. L'acte tout entier n'est pourtant pas régi par une seule phrase. Non seulement la fin du dispositif voit le retour d'unités syntaxiques de longueur moyenne, mais le préambule peut être analysé comme un groupe de propositions séparées, éventuellement fusionnées en des constructions unitaires de grande ampleur, mais par juxtaposition. Ce rythme, lui aussi attendu, est le corollaire du caractère impersonnel, presque intemporel, des maximes générales ou des épisodes bibliques fondateurs qui y sont invoqués.

## L'ORGANISATION SYNTAXIQUE DU PRÉAMBULE
### Remarques générales

L'organisation ternaire, de trois sections et neuf sous-sections, postulée plus haut pour le préambule solennel constitué de trois préambules longs, correspond bien dans les grandes lignes à une division stricte par périodes, même si cette correspondance n'est pas parfaite. Le premier tiers du préambule (premier « sous-préambule ») se divise aisément en trois sections, les deux premières correspondant à des périodes complexes, la seconde à deux sous-périodes juxtaposées, reliées par la conjonction *et* :

Première partie du préambule : une organisation ternaire

| | |
|---|---|
| Première phrase : proposition complexe, avec série d'infinitives commandée par *clare liquet*. | Filios regum per parentes educari et erudiri debere ut Deum timeant, virtutum ac virium profectum celeriter attingant, sincere diligi et primogenitos maxime magnis donis et altis honoribus decorari reipublice commodum, status regnorum et subditorum concernentibus transquillitatis augmentum, predecessorum illustrium sectando vestigia, clare liquet. |
| Deuxième phrase : proposition complexe, principale *sunt filii* [...] *nutriendi*, commandant deux relatives encadrantes, introduites par *cum* (début) et par *ut*. La seconde proposition relative commande à son tour deux sous-relatives. | Bona enim terra cum diligentia colitur ut fructus optimus reportetur, multomagis sunt filii regum per patres studiosius nutriendi et docendi ut virtutibus imbuantur, fortificentur et crescant, et cum in adultam etatem pervenerint, puericie redoleant bonos mores, qui ad majoris honoris culmen sunt in populis erigendi. |

| | |
|---|---|
| Troisième phrase : proposition semi-complexe. Deux séquences potentiellement autonomes sont reliées par la conjonction *et*, et glosées par une citation introduite par *unde*. | Altius nempe precepta descendunt que teneris imprimuntur etatibus, et illa vera et utilis censetur doctrine prudentia, que ab etatis initiis atque ab infantie ipsius exordiis inchoatur, unde sapiens : fili a juventute tua excipe doctrinam et ad canos invenies sapientiam. |

La partie médiane du préambule suit également un plan ternaire, à condition de faire dépendre sa longue citation biblique finale de sa troisième période :

Deuxième partie du préambule : organisation ternaire

| | |
|---|---|
| Première phrase : proposition complexe, avec infinitive dépendant d'*equum censetur*, et commandant une proposition relative introduite par *cum*. | Ceterum equum censetur reges filios suos ut se ipsos diligere, tanquam sue senectutis pastores et custodes domus sue, cum natura eadem persona reputentur cum ipsis, et filii si non bene viverent ad interitum patris essent. |
| Deuxième phrase : proposition complexe, avec infinitive commandant une proposition relative. Elle est liée à deux autres propositions par les connecteurs logiques *nam* et *unde*. | Sane filios regum generaliter magnificandos et honorandos plus quam alios jura clamant, in quibus parentes ceteris munificentiores esse debent ; nam, ipsis solis remanentibus post mortem, memoria et spe ducti quodam modo immortalitatem participant ; unde, non magnificando vel honorando eosdem, donum Dei singulare sibi in filiis prestitum negligere viderentur. |
| Troisième phrase : proposition complexe, l'impersonnel *patet* commande directement une proposition relative, et indirectement une autre (*ex benedictione*), laquelle aboutit à une longue citation biblique (*sic inquiens*). | Rursus, quod in honoribus sint aliis fratribus primogeniti preferendi paterna benedictione pinguiori, satis patet ex benedictione quam dedit Isaac ipsi Jacob sic inquiens : Det tibi Deus de rore celi et de pinguedine terre habundantiam frumenti, vini et olei, serviant tibi populi et adorent te tribus ; esto dominus fratrum tuorum et incurventur ante te filii matris tue. |

La partie finale, en revanche, peut bien comporter trois scansions, comme l'indique la ponctuation, mais deux d'entre elles ne semblent pouvoir être analysées que comme une longue période, qu'il faudrait donc diviser artificiellement, grâce à la présence d'un *sed*, disjonction forte :

Dernière partie du préambule :
une longue période en deux temps, suivie d'une *kurzarenga*

| | |
|---|---|
| Première phrase complexe : la principale *debent attendere* commande une relative introduite par *quod*, puis deux propositions participiales (*confidentes*, *intendentes*), dont la dernière débouche à travers une subordonnée conditionnelle sur une suite de séquences hypothétiques. On pourrait à la rigueur séparer la séquence *Sed si respiciant* […] *temporibus prosperetur*, *sed* formant le pivot entre la première et la seconde partie, mais le subjonctif suggère une connexion logique avec les éléments précédents. | Porro summe debent reges attendere quod beneficia filiis suis, precipue primogenitis, impensa cum publica utilitate concurrant, cum hec duo post Deum sibi debeant existere cariora, confidentes in filiis rempublicam post ipsorum obitum feliciter conservari in ipsius negotiis peragendis, sic intendentes solerter quod ea que periculosiora sunt nequaquam absque remedio reformacionis acommode relinquant,<br><br>Sed si respiciant oculate quod populus ab opprimencium protectus incursibus exhuberantia virtutum quiescat in pulchritudine pacis, in tabernaculis fiducie, et requie temporalium opulenta, res quoque publica suis temporibus prosperetur. |
| Phrase simple, par juxtaposition de deux unités. | Postremo super regimine regni debemus predecessorum nostrorum vestigiis inherere, et inter bonos meliores et inter meliores optimi sunt sectandi. |

Quelle que soit leur complexité interne, les périodes du préambule peuvent donc se décomposer en éléments de longueur moyenne, ou moyenne-longue, dans la tradition des périodes latines et médiolatines d'un texte complexe ordinaire. Cette simplicité – relative, nous sommes très loin de la parataxie et l'une de ces périodes au moins pose quelques problèmes d'analyse[12] – a sans doute en partie à voir avec l'abondance

12 *Cf. infra*, p. 177-178.

dans ce passage de l'acte des citations longues, huit en tout en incluant les deux citations retrouvées en 2010[13] et les deux autres mises en évidence dans le cadre des recherches effectuées pour le présent travail, en fait plus probablement une douzaine si l'on tient compte de sources encore cachées[14] : leur emploi a sans doute contribué à diviser le texte en séquences clairement séparées, même si certaines d'entre elles ont fait l'objet d'une technique de « fondu-enchaîné ».

## LA PÉRIODE DÉMESURÉE DE L'EXPOSÉ ET DU DISPOSITIF

L'exposé et la majeure partie du dispositif sont en revanche structurés par une seule et même période, une période qui se prolonge durant presque mille mots, laissant les constructions les plus complexes d'*À la recherche du temps perdu* loin derrière elle. Malgré ce caractère mastodontique, cette période est, dans sa structure générale, d'une grande lisibilité. On peut schématiser son organisation de la manière suivante.

La phrase est organisée en deux grandes sections qui tournent autour d'un pivot central, formé par les verbes de législation performatifs et leur accompagnement immédiat : *declaramus, decernimus, ordinamus, et hac editali lege nostra irrefragabili et imperpetuum valitura diffinimus, constituimus et sanccimus de nostris certa scientia ac regie plenitudine potestatis.* Cet ensemble constitue donc la colonne vertébrale de l'acte.

Il gouverne à la fois non seulement une série de subordonnées complétives introduites par *ut*, qui donnent le dispositif de la loi proprement dit, mais également, en amont dans le texte, l'ensemble de l'exposé, qui est organisé autour de quatre subordonnées participiales, suivies d'une série de constructions à l'ablatif absolu :

---

13 Sur les citations dans cette zone du texte, *cf.* analyses *infra*, p. 187-219.

14 Sur le problème des citations « cachées » non retrouvées pour l'instant, et sur les discussions méthodologiques concernant leur présence, *cf.* commentaire *infra*, analyse détaillée p. 46-49, 229, 236, 248, ainsi que conclusion, *infra*, p. 509-511.

*Dépendantes participales antéposées :*

- Hinc est quod nos considerantes [...]
- considerantes eciam quod [...] et quod
- videntes eciam [...]
- pacifico statui [...] cupientes [...] providere
- premissis omnibus et singulis (ablatif absolu)
- habita [...] deliberatione matura (ablatif absolu)

*Pivot de la phrase :*

- declaramus, decernimus, ordinamus, et sanccimus

*Dépendantes postposées :*

- ut [...] [successores] habent et habere regimen [...] regni
- astricti [...] teneantur
- donum unctionis [...] recipere valeant
- teneant [...] effectum iuramenta
- faciant [...] prout verus rex Francorum facere potest
- Consuetudinibus non obstantibus quibuscumque (ablatif absolu)

En amont, dans le fil de l'exposé, la difficulté d'analyse de détail provient essentiellement du fait que dans la seconde (*considerantes eciam...*) et la troisième (*videntes eciam*) subordonnée participiale, l'élongement de la narration historique conduit les rédacteurs à opérer par incises. C'est le cas une première fois quand l'argument du modèle offert par Saint Louis est abordé. Le discours se complexifie alors tellement, passant à un plan de narration de type annalistico-hagiographique, que les rédacteurs adoptent une logique d'incises narratives, quittant le plan oblique des propositions relatives au subjonctif, ou introduites par *quod*, pour revenir à l'indicatif (*De ipso enim legitur, quod* [...] *regimen assumpsit, recepit homagia,* [...] *fuitque* [...] *coronatus*). Le phénomène se reproduit après *videntes eciam*, d'abord de manière ponctuelle, dans des sections qui peuvent à la rigueur se rattacher au participe en suppléant un *quod* (par exemple la séquence *exactique temporis consideracio edocet* [...], ou celle *ut frequenter visum est, juvenem* [...]), avant de prendre de l'ampleur avec le double *exemplum* macédono-mérovingien[15]. Celui-ci, raconté à

15 Sur le double *exemplum*, ses sources et sa signification, *cf. infra*, p. 250-256, 373-378.

l'indicatif du passé simple, ne peut guère être analysé que comme une longue incise (*Macedones enim* [...] *obtinuit triumphum*), clairement délimitée en aval par la formule *pacifico statui regni nostri* [...] *cupientes* [...] *providere*, qui introduit la quatrième et dernière construction participiale avant la série des verbes principaux. Ces encastrements par incise, s'ils compliquent légèrement la lecture du texte, ne suffisent pas à altérer la clarté générale de la construction.

On est en revanche plus gêné pour spécifier la manière dont la fin du dispositif – ce qui a été qualifié il y a quelques pages de « réintroduction dans le dispositif d'un exposé suivi d'un acte en miniature », construction enchâssée dans le dispositif avant les clauses pénales – doit être analysée. Ici semble d'abord se rencontrer une alternative. Il paraît en effet possible d'admettre que la subordonnée introduite par *cum*, après la formule *consuetudinibus non obstantibus quibuscumque*, et les autres constructions au subjonctif qui la suivent, dépendent elles aussi des verbes principaux (*declaramus*, *decernimus*, *ordinamus*). Dans ce cas, toutefois, l'acte en miniature, commencé par une ébauche de préambule (*dignum prorsus et congruum arbitramur-ut superius est premissum*) flotterait au sein de l'acte, dans une nouvelle incise qui n'aurait pas le caractère naturel des précédentes, et ce pour une longueur de quarante-quatre mots entiers. L'autre solution, qui doit sans doute être retenue, conduit à souligner à quel point l'analyse diplomatique précédente pourrait être radicalisée, en faisant de l'avant-dernière partie du dispositif, avant les clauses pénales, un texte autonome à part entière. Il faudrait alors comprendre que l'ensemble de propositions subordonnées introduites par *cum enim sint et fuerint ab antiquo* [...] jusqu'à *cum jura dicentia certam etatem exigi in minoribus loquantur jurium ditioni subjectis*, est tout entier dépendant de *dignum prorsus et congruum arbitramur ut* [...]. On aurait donc là une répétition en miniature (une miniature tout de même assez développée) du mécanisme de construction de la grande phrase centrale, puisqu'une série de propositions introduites par *cum*, placées avant le verbe principal, serait suivie, après le pivotement autour d'*arbitramur*, par une construction infinitive (*filios nostros regimen* [...] *regni nancisci suscipere et habere*).

Une phrase autonome en fin de dispositif
(le retour à l'exposé et la réitération de la loi)

*Quatre dépendantes antéposées :*

– Cum sint [...] officia ordinata ;
– virique spectabiles [sint] [...] commissi ;
– et super adeptione [...] regni non reperiatur certa etas ;
– cum jura [...] loquantur [...] subjectis

*Pivot de la phrase...*

dignum [...] et congruum arbitramur

... *suivi d'une proposition infinitive :*

– filios nostros [...] regimen [...] regni nancisci, suscipere et habere.

Il ne reste plus, pour compléter cet ensemble, qu'à rappeler que les clauses pénales, de publication et de dépôt forment à la suite de ces deux périodes ultracomplexes deux phrases autonomes, qui n'offrent pas de difficulté d'analyse particulière, en dehors d'une légère rupture de construction pour la première, avec passage d'un sujet au singulier à un verbe final au pluriel : le coupable potentiel s'est vu entre temps renforcé par ses non moins potentiels acolytes (*Si quis autem* [...] *in tantam proruperit* [...] *audaciam, quod* [...] *nisus fuerit impedire,* [...] *et etiam mandantes,* [...] *noverint*).

Si l'on veut donc résumer cet effort de clarification, on établira le schéma suivant pour l'acte.

Le préambule est composé d'un ensemble de huit propositions principales. Il est suivi d'une très longue période, couvrant l'intégralité de l'exposé et la première partie du dispositif, et comprenant dans l'exposé un certain nombre d'incises qu'il faut isoler, sans qu'elles provoquent de rupture de construction radicale. Il faut de plus probablement établir, contrairement aux lectures traditionnelles, une coupure syntaxique majeure entre la première moitié du dispositif, et un second ensemble – celui déjà singularisé par le traitement diplomatique – qui forme en fait une seconde longue période autonome, de *cum enim sint et fuerint ab antiquo* à *que ad verum regem pertinent*, *ut superius est premissum.* La concomitance des analyses diplomatique et grammaticale renforce la probabilité qu'il s'agisse là en fait d'une sorte de réitération autonome de l'acte, de caractère conclusif, sur des bases différentes de celles du texte déjà écoulé. Enfin, cette structure est close par les deux périodes, l'une longue, l'autre plus plus ramassée, correspondant aux clauses terminales, pénales, de publication et de dépôt.

## DES DÉSÉQUILIBRES STYLISTIQUES ?

On se gardera ici de parler de galimatias comme Delachenal[16]. Il reste toutefois en conclusion à poser la question de la solidité de cette construction. Tout jugement esthétique est ici, sinon déplacé, du moins risqué. C'est la dynamique de l'acte qui emporte la logique d'une construction par superpositions effrénées, et le malentendu dans les appréciations précédemment évoquées vient de ce que l'on a appliqué des critères de jugement littéraires – venus sous la plume parce que l'on sentait un effort qui relève, si l'on veut, d'une dimension littéraire (rhétorique serait peut-être plus juste…) s'exercer dans différentes parties de l'acte – à un texte dont les techniques de construction syntaxiques obéissent à des logiques documentaires qui sont celles de l'acte très solennel créé en chancellerie, en fonction de catégories diplomatiques (itération des « considérants » de l'exposé, itération des dispositifs de la loi) par définition incontournables, très loin du latin annalistique. Il n'est toutefois pas interdit de se demander si certains des choix des rédacteurs de l'acte ne pèchent pas par excès de complexité, entraînant des pans du texte dans des zones d'ambiguïté syntaxique dommageables à la compréhension, ou au moins à la tenue de l'ensemble.

Si l'on met à part la lourde mais finalement efficace mécanique de la phrase centrale, qui domine le texte à la manière d'un clocher gothique, il n'existe à mon avis qu'un exemple dans l'ensemble des périodes de l'acte qui remette partiellement en cause la technique des notaires. Par malchance, cet exemple est extraordinairement mal placé, puisqu'il concerne la toute première période. Cette phrase, que nous allons bientôt analyser pour en discuter les sources, a été visiblement

16 Delachenal, *Histoire de Charles V*, *op. cit.*, t. IV, p. 533 n. 4.

composée en plusieurs temps. La rédaction a abouti à la création d'une double infinitive : *Filios regum per parentes educari et erudiri debere ut Deum timeant, virtutum ac virium profectum celeriter attingant sincere diligi et primogenitos maxime magnis donis et altis honoribus decorari* [...] *clare liquet.* Jusqu'ici, tout se déroule bien, puisque chacun des infinitifs passifs (*educari*, *erudiri*, *diligi*, *decorari*) peut être mis sous la dépendance de *debere*, lui-même dépendant de *clare liquet*. Les choses se gâtent avec la formule *reipublice commodum, status regnorum et subditorum concernentibus transquillitatis augmentum, predecessorum sectando vestigia*. Elles ne se gâtent ni radicalement, ni très longtemps, car il n'est pas difficile de trouver une solution logique (parmi d'autres) à l'énigme de ce prolongement. Il suffit de faire dépendre *concernentibus* de *donis et altis honoribus*, pour trouver un sens grammatical à cette construction. Mais est-ce le bon sens ? Le premier réflexe pourrait être de comprendre, comme Ghislain Brunel, que le rédacteur avait à peu près voulu écrire *ad reipublice commodum, status regnorum et subditorum transquillitatis augmentum*, et de traduire « pour le profit de la chose publique, le bon état des royaumes et des sujets, et l'accroissement de leur tranquillité, en suivant les pas de leurs prédécesseurs[17] ». Que faire, toutefois, dans ce cas de *concernentibus* ?

C'est ici un des passages où l'on touche du doigt à quel point la traduction littérale de 1392 peut malgré tout être parfois utile, car elle confirme que la lecture contre-intuitive, mais grammaticalement correcte, qui fait des « dons et honneurs » le sujet du « profit de la chose publique » est probablement la bonne : « et mesmement les premiers engendrez et ainsnez doivent estre honorez de grans dons et haultes honneurs concernans et regardant le proufit de la chose publique, l'estat des Royaumes, et l'accroissement de la paix et transquilité des subgiez, en ensuivant le traces de leurs nobles Prédécesseurs ». Il est sûr que la relégation de *concernentibus*, dans cette section sans doute rédigée après coup, à une place assez éloignée de *donis et honoribus*, et l'espèce de déséquilibre ultérieur introduit, après une double infinitive déjà complexe, par cet allongement, frappé en queue d'un *predecessorum sectando vestigia* qui flotte un peu dans le texte, ont nui à la clarté de la phrase. En d'autres termes, si la première période est porteuse d'une rhétorique de majesté, comme la suite du texte, elle est effectivement un peu embarrassée, peut-être parce que trop d'acteurs ont voulu intervenir au début

17 Brunel, *Images du pouvoir royal*, *op. cit.*, p. 200, col. 2.

de cette rédaction, et qu'on a, ici, trop ajouté pour préserver la balance stylistique, même selon les logiques du temps. Tout se résoud ensuite dans l'établissement rapide d'un équilibre dynamique, mais il est probable que la lecture de cette ouverture a suscité, à elle seule, une partie des critiques de forme qui se sont répercutées sur l'ensemble de l'acte.

## AU-DELÀ DE L'AGENCEMENT SYNTAXIQUE, LE CRITÈRE RYTHMIQUE ET SES LIMITES

Avant de passer à l'analyse de détail du texte, qui va nous faire remonter de ces arguties syntaxiques et stylistiques à une dimension plus rhétorique et conceptuelle, il reste encore un dernier point à discuter, un point qui peut paraître négligeable ou secondaire à qui n'est pas spécialiste de rhétorique médiolatine, mais qui a son importance, à la fois pour comprendre la structure du texte et certaines de ses possibilités d'analyse. Ce point, c'est celui de l'ornementation rythmique. On le sait, les notaires pontificaux ou royaux du bas Moyen Âge ont souvent recouru à un système d'ornementation relativement complexe connu sous le nom de cursus rythmique (par abréviation cursus) pour musicaliser la prose de leurs actes et de leurs lettres (tout comme, d'ailleurs, de bien d'autres textes)[18]. Ce système consistait dans les grandes lignes à

18 Sur le cursus rythmique, en particulier à la chancellerie papale, *cf.* Lindholm, Gudrun, *Studien zum mittellateinischen Prosarhythmus. Seine Entwicklung und sein Abklingen in der Briefliteratur Italiens*, Stockholm, Almqvist, 1963 (Acta Stockholmiensa, 10), pour l'après 1250, et Janson, Tore, *Prose Rhythm in Medieval Latin from the 9th to the 13th Century*, Stockholm, Almqvist, 1975 (Studia Latina Stockolmiensia, 20), pour le Moyen Âge central jusqu'au XII^e^ siècle. Pour les débats sur l'utilisation du cursus en philologie latine et sa signification pour la structure de la prose de chancellerie papale, et de toutes celles qui l'ont imitée aux XIII^e^ et XIV^e^ siècles, *cf.* Grévin, Benoît, « L'empire d'une forme. Réflexions sur la place du cursus rythmique dans les pratiques d'écriture européennes à l'automne du Moyen Âge (XIII^e^-XV^e^ siècle) », *Parva pro magnis munera. Études de littérature tardo-antique et médiévale offertes à François Dolbeau par ses élèves*, Monique Goullet (éd.), Turnhout, Brepols, 2009 (Instrumenta patristica et mediaevalia, 51), p. 827-881, et *Id.*, « De l'ornementation à l'automatisme. Cursus rythmique et écriture semi-formulaire (XII^e^-XIV^e^ siècle) », *Rythmes et croyances au Moyen Âge.* Actes de la journée d'étude organisée par le Groupe d'anthropologie historique de l'Occident médiéval (Centre de recherches historiques, EHESS/CNRS), le 23 juin

privilégier certains types de successions de syllabes accentuées et non accentuées (cursus velox, planus et tardus, pour reprendre la terminologie la plus courante[19]), particulièrement dans le choix et l'enchaînement des termes placés à une articulation faible (fin de membre de phrase) ou forte (fin de phrase) des périodes[20]. Il trouvait son origine dans certaines inventions stylistiques de l'antiquité tardive, et avait connu un regain de faveur, notamment en Italie, à partir du XIe siècle, avant d'être théorisé dans les traités de rédaction épistolaire créés dans la mouvance de l'*ars dictaminis* classique (à partir de la fin du XIIe siècle[21]).

Au XIIIe siècle, ces principes d'ornementation étaient presque systématiquement appliqués par les chancelleries papale ou sicilienne dans l'écriture de leurs actes, et la plupart des chancelleries princières et royales ont subi de plein fouet vers la fin du XIIIe siècle l'influence de ces doctrines sous l'effet du rayonnement de ces centres d'écriture, la

2012, Marie Formarier, Jean-Claude Schmitt (éd.), Paris, Institut national d'histoire de l'art, Bordeaux, Ausonius, 2014, p. 81-102.

19 Sur le détail de ce système d'accentuation, *cf.* la présentation commode donnée par Bourgain, Pascale, *Latin médiéval*, Turnhout, Brepols, 2005 (L'atelier du médiéviste, 10), p. 403-410. L'université d'Udine a mis en ligne depuis les premiers mois de 2015 un système d'analyse informatique des séquences de prose latine rythmées selon la logique du cursus, ou selon celle des clausules quantitatives cicéroniennes, qui rend possible au prix d'une préparation minime une analyse rythmique rigoureuse de n'importe quel texte de prose médiolatine.

20 Tout le problème de l'analyse d'un texte médiéval en fonction du cursus réside dans le séquençage des ponctuations, qui sont sujettes à un certain arbitraire (cohérence relative des ponctuations manuscrites ; tentation permanente des éditeurs modernes de privilégier une ponctuation grammaticale ne respectant pas les logiques de la pensée syntaxique médiévale, il est vrai peu explorées…). L'emploi du cursus rythmique peut en effet s'étendre à l'ensemble de la période (début des sentences compris), mais il n'est obligatoire (en théorie) qu'en ponctuation faible ou forte. De là bien des malentendus dans l'analyse de ce phénomène. Le non-respect répété de cette logique en fin de période reste un signe caractéristique que le texte n'est pas rigoureusement rythmé.

21 Les premiers traités théorisant explicitement l'emploi du cursus sont la *Forma dictandi* attribuée à Albert de Morra (Dalzell, Ann, « The *Forma dictandi* attributed to Albert of Morra and related texts », *Mediaeval Studies*, n° 39, 1977, p. 440-465) et les *Introductiones dictandi* de Transmundus (Transmundus, *Introductiones dictandi*, Ann Dalzell (éd.), Toronto, Pontifical Institute of Medieval Studies, 1995 (Studies and Texts, 123), *passim*). *Cf.* néanmoins pour les prodromes de cette théorisation les nouvelles recherches de Turcan-Verkerk, Anne-Marie, « La théorisation progressive du cursus et sa terminologie entre le XIe et la fin du XIVe siècle », *Archivum Latinitatis Medii Aevi*, n° 73, 2015, 179-259. La présentation du cursus rythmique dans des *artes dictandi* devient courante, sans être obligatoire, durant le premier tiers du XIIIe siècle.

chancellerie française ne faisant pas exception[22]. Ce phénomène implique donc que les notaires royaux français, à une certaine époque dont il faut toutefois préciser les limites, ont eu plus ou moins rigoureusement tendance à respecter certains schèmes rythmiques dans l'écriture de multiples séquences brèves de leurs actes (avant ponctuation faible ou forte), et que ceci a eu des conséquences sur leurs habitudes rédactionnelles, voire sur leurs habitus de lettrés.

La présence d'innombrables séquences rythmées dans les textes latins créés par la chancellerie royale française au XIVe siècle offre donc en théorie un nombre illimité de points d'appuis à l'historien des textes pour réfléchir à la composition des périodes, tout comme, incidemment, pour établir des comparaisons avec d'autres textes issus des grandes chancelleries antérieures ou contemporaines. L'habitude de tenir compte de ces schémas rythmiques avait en effet peu à peu conduit les notaires pontificaux et royaux vers des logiques d'écriture semi-formulaires dont j'ai présenté certains mécanismes ailleurs[23], et sur lesquels nous ne nous attarderons pas ici[24]. Si le système d'ornementation du cursus rythmique est appliqué dans un texte de manière cohérente et systématique, il offre donc une prise de choix à l'analyse textuelle, à divers niveaux : il facilite à la fois la recherche de certains types de parallèles avec d'autres textes, et l'analyse des techniques de rédaction employées.

Le problème en ce qui concerne l'acte de fixation de la majorité des rois de France à quatorze ans, est qu'il a été rédigé à une époque et dans un milieu où cette doctrine d'ornementation rythmique n'était sans doute plus considérée comme assez importante pour être *systématiquement* appliquée. Une analyse sommaire effectuée sur différentes sections du préambule illustrera cette non-systématicité, et introduira aux questions qu'elle pose.

Pour repérer les passages qu'un usage rigoureux du cursus rythmique conduirait normalement à rythmer suivant les logiques de l'un des trois schèmes traditionnels d'emploi obligé avant ponctuation faible ou forte (cursus velox, planus ou tardus pour reprendre la terminologie

22 *Cf.* à ce sujet Grévin, *Rhétorique*, *op. cit.*, p. 566-629 (pour les lettres de Pierre de la Vigne, mais avec des aperçus sur l'influence des techniques de rédaction papale).

23 *Cf.* Grévin, « L'empire d'une forme », art. cité ; Grévin, « de l'ornementation », art. cité ; Barret, Grévin, *Regalis excellentia*, p. 293-300.

24 *Cf.* malgré tout *infra*, p. 239, 257, 275.

simplifiée habituelle[25]), il suffit de s'appuyer sur les majuscules dont on a vu qu'elles indiquent des arrêts syntaxiques moyens ou forts. En suivant cette logique, on obtient quatorze séquences analysables pour le préambule :

Le cursus dans le préambule :
analyse avant majuscule

| | |
|---|---|
| sectando vestígia clàre líquet | Cursus velox |
| in pópulis erigéndi | Cursus velox |
| imprimúntur etátibus | Cursus tardus |
| exórdiis inchoátur | Cursus velox |
| Invénies sapiéntiam | Absence de cursus, non signifiant |
| reputéntur cum ípsis | Cursus planus |
| intéritum pàtris éssent | Cursus velox |
| immortalitátem partícipant | Cursus tardus |
| neglígere videréntur | Cursus velox |
| Jácob sic ínquiens | Cursus tardus |
| fílii màtris túe | Cursus velox |
| Exístere carióra | Cursus velox |
| acómmode relínquant | Absence de cursus[26] |
| tempóribus prosperétur | Cursus velox |
| óptimi sunt sectándi | Cursus velox |

Cette première analyse donne des résultats ambigus qu'il convient d'interpréter. Une moyenne de treize présences des trois cursus « autorisés » pour quinze points d'analyse n'est pas haute : 86 % laisse un fort résidu, indiquant une utilisation[27] non systématique. Ce chiffre est toutefois trompeur, car il faut vraisemblablement exclure la séquence

25 Les traités du XIII^e^ et du XIV^e^ siècle offrent une terminologie bien plus variée (incluant la présentation de formes secondaires du *velox*), qui a tendance à se complexifier au fil du temps.

26 On verra l'explication rédactionnelle de cette disparité *infra*, p. 241, n. 73.

27 Il s'agit en tout cas d'une présence dont il est impossible d'exclure radicalement qu'elle tienne plutôt à la réutilisation de motifs organisés en fonction du cursus rythmique qu'à une volonté explicite de l'utiliser.

*invenies sapientiam* du lot : il s'agit là de la fin d'une citation biblique non altérée, donnée comme telle, et elle n'appartient donc pas aux segments automatiquement modifiés. Si on l'écarte, on obtient une moyenne assez haute qui établirait avec une relative sûreté un respect tendanciel du cursus par les rédacteurs (puisqu'il serait de l'ordre de 93 %) si un échantillon aussi restreint était statistiquement valable. Pour le rendre tel, il faudrait toutefois prolonger l'expérience dans l'ensemble de l'acte, mais le jeu en vaut-il la chandelle ?

Le problème est en effet qu'une analyse de ce type ne peut être limitée à ces segments de la phrase. D'autres points de rupture syntaxique (ponctuations faibles) indiqués par les barres ou non indiqués peuvent être invoqués pour la prolonger, avec des résultats mitigés. Dans le second tiers du préambule, en particulier, la présence d'une succession telle que *munificentióres ésse débent*[28] avant une forte rupture (*nam*, *ipsis solis*) offre un point d'analyse renforçant le soupçon de non-systématicité dans l'emploi de ces ornements (cette succession ne rentre dans aucun des trois schèmes), alors que dans le troisième tiers, nombre d'agencements avant ponctuation faible (*utilitáte concúrrant*, cursus planus ; *negótiis peragéndis*, cursus velox) donnent une impression d'application du système. Que dire enfin de fins de périodes ou d'incises, correspondant à de grandes ruptures dans le texte, où le principe n'est pas respecté (*obtínuit triúmphum*, à la fin de l'*exemplum* mérovingien, sans valeur rythmique, alors que *Macedónibus defuísse*, à la fin de l'*exemplum* macédonien, est, lui, un velox) ?

Il est en fait difficile de tirer une conclusion univoque de ces constatations, en accord avec le caractère non-concluant des analyses déjà opérées dans *Regalis excellentia* sur certains grands préambules écrits à la chancellerie royale dans le troisième quart du XIV^e^ siècle[29].

28 C'est ce que l'on appelle en terme de cursus rythmique un cursus trispondaïcus, parfois commenté dans les traités, et comptabilisé dans les analyses statistiques (voir dernièrement les nouveaux instruments mis à disposition de la recherche par le site « Pede certo », sous-section d'analyse du cursus et des clausules quantitatives « cursus in clausula »). La tendance récurrente à commenter des textes contenant une forte proportion de cursus trispondaïcus comme des textes correctement, voire fortement rythmés, est néanmoins une erreur, car dans les usages classiques de la curie pontificale, sur laquelle s'alignent en théorie les praticiens des chancelleries royales qui souhaitent l'imiter, cette forme n'est pas retenue comme correcte, et tend à être évitée si faire se peut.

29 *Cf.* Barret, Grévin, *Regalis excellentia*, *op. cit.*, p. 156-162 et p. 305-311.

Tout se passe comme si la présence de cette ornementation était assez insistante pour que l'on puisse postuler que les rédacteurs s'inspirent régulièrement des principes du cursus rythmique, mais pas tout à fait assez pour que l'on puisse être sûrs de sa relative systématicité. Celle-ci se traduirait plutôt par une fréquence de formes aberrantes avant ponctuation forte encore un peu plus faible. On connaît encore trop mal les formations concrètes en rhétorique (dans le domaine de *l'ars dictaminis*, notamment) des notaires français du XIVᵉ siècle pour mettre en perspective de manière cohérente leur enseignement et leurs techniques d'écriture[30], mais il est fort possible que des techniques encore systématiquement employées au début du XIVᵉ siècle aient commencé à être considérées, durant les mutations progressives de l'art d'écrire qui caractérisèrent les années 1350-1400, comme en partie optionnelles, pour des textes rhétoriques ornés. Dans le cas de textes tels que l'acte de 1374, ou l'acte de fondation de la confrérie des notaires et secrétaires du roi en 1351, l'existence de zones possibles de moindre application apparente de ces recherches qui pourraient correspondre à des zones d'inventivité majeure dans la rédaction du texte peut encore conduire à formuler d'autres hypothèses[31]. Les notaires français auraient été en train de se déprendre de ces techniques, et ils ne les auraient encore massivement suivies, en quelque sorte, que par « vitesse acquise », dans l'imitation consciente ou automatisée de tours formulaires bien intégrés à leur répertoire, par reprise mécanique de modèles prestigieux. La multiplicité d'interventions rédactionnelles originales dans notre acte, sous la houlette de clercs et savants qui avaient également l'habitude d'obéir à des logiques de rédaction dépendant d'autres genres formels que les lettres ou les actes de chancellerie, expliquerait peut-être également que, malgré le faciès notarial de nombre de ses périodes, trouvant des échos dans une écriture de chancellerie européenne « musicalisée » par le cursus, on rencontre dans l'acte nombre d'« irrégularités rythmiques ». À moins, tout simplement, que le cursus ait été en général considéré comme souhaitable mais optionnel, dès cette époque, même pour les actes les plus solennels, par les notaires de la chancellerie royale. Nous sommes ici sur un terrain où trop peu d'études systématiques ont été faites

30 Sur les enseignements du *dictamen* en France entre 1290 et 1350, *cf. infra*, p. 281-320.
31 Barret, Grévin, *Regalis excellentia*, *op. cit.*, p. 159-160.

(aucune, en fait, n'existe[32]…) pour émettre plus que des hypothèses. La dimension rythmique parcourt notre texte. Bien analysée, elle peut livrer certains indices. Elle ne peut l'expliquer tout entier.

32 Il existe de nombreuses études sur les fréquences statistiques de cursus, dans la veine des recherches développées par Janson, *Prose Rhythm*, *op. cit.* et révolutionnées par Orlandi (Orlandi, Giovanni, « Le statistiche sulle clausole della prosa. Problemi e proposte », *Filologia Mediolatina*, n° 5, 1998, p. 5-35, repris dans *Id.*, *Scritti di filologia mediolatina*, Florence, Sismel, 2008 (Millenio medievale, 77), p. 462-482 et *Id.*, « Clausole ritmiche e clausole metriche del Petrarca », *Motivi e forme delle* Familiari *di Francesco Petrarca*, Gargnano del Garda, 2-5 novembre 2002, Claudia Berra Milan (éd.), Cisalpino, 2003, p. 291-321, repris dans *Id.*, *Scritti di filologia mediolatina*, Firenze, Sismel, 2008 (Millenio medievale, 77), p. 483-511, *cf.* également Turcan-Verkerk, Anne-Marie, « Un programme informatique pour l'étude de la prose rimée et rythmée », *Le médiéviste et l'ordinateur*, 33, 1996, p. 41-48.). Mais les efforts se sont presque systématiquement portés sur des enquêtes de type littéraire visant à déterminer les particularités stylistiques d'un auteur, ou, au niveau institutionnel, sur la chancellerie papale (Lindholm, *Studien*, *op. cit.* ; Janson, *Prose Rhythm*, *op. cit.*), ce qui n'est pas rien. En France, très peu d'historiens se sont posé la question des fréquences rythmiques dans les habitudes de rédaction latine aux XIII^e^, XIV^e^ et XV^e^ siècles (*cf.* Bourgain, Pascale, « Style professionnel et style personnel. Les différents niveaux stylistiques chez Alain Chartier, secrétaire de Charles VII », *Cancelleria e cultura nel Medioevo.* Communicazioni presentate nelle giornate di studio della Commissione, Stoccarda, 29-30 agosto 1985, 16 congresso internazionale di Scienze storiche, Commission Internatioanle de Diplomatique, Germano Gualdo (éd.), Cité du Vatican, Archivio secreto vaticano, 1990, p. 169-185.). La création de nouveaux outils d'analyse assistée (site « Pede certo », mentionné *supra*, p. 183, n. 28) pourrait en théorie contribuer à contourner les problèmes interdisciplinaires et méthodologiques. Encore faudrait-il que les nouvelles générations d'historiens aient appris suffisamment de latin pour pouvoir utiliser ces instruments…

# ANALYSE DE DÉTAIL

## Le préambule

Nous voici à présent parvenus au seuil de l'analyse de détail de la construction et des sources proprement dite – le commentaire proprement conceptuel étant pour l'essentiel réservé à la quatrième partie[1]. Avant de pénétrer dans les arcanes de l'acte, il reste toutefois à préciser une dernière fois la logique d'exposition choisie.

On l'a déjà évoqué : il est de tradition, dans une étude portant sur les sources d'un texte médiéval, de ne pas s'appesantir sur ce qui n'a *pas* été trouvé. Pourquoi gloser un silence, alors que l'essentiel est de mettre en valeur les parallèles ou emprunts positifs ? Cette habitude, parfaitement licite, conduit néanmoins à un effet de distorsion, en présentant le texte comme une sorte de continuum impersonnel, supposé émaner sans interférences de la plume du rédacteur, d'où émergent çà et là des fragments clairement empruntés, là où dans bien des cas, on peut en fait postuler un mécanisme de composition à la fois plus unitaire et plus complexe. Bien des textes médiévaux, si on réussissait à en dévoiler toutes les sources, se présenteraient en fait comme des patchworks de différentes unités textuelles, cousues l'une à l'autre sans guère de solution de continuité. À un niveau d'examen plus détaillé encore, ils poseraient par leur texture même (par exemple à travers le respect des schèmes du cursus, ou de la métrique latine classique, par l'emprunt permanent à des tours et micro-unités textuelles bibliques, ou par le recours à la rime) des problèmes d'analyse de micro-emprunts plus ou moins automatisés, renvoyant à un fonds commun de la culture textuelle qui puise aussi bien au langage biblique qu'à certaines références classiques surpédagogisées[2].

1 On ne s'interdit bien sûr pas de commenter certains aspects conceptuels de l'acte dans la présente partie, et de revenir sur certaines questions de forme dans la quatrième, les deux aspects ne pouvant ni ne devant être hermétiquement séparés.

2 Sur le problème de l'utilisation de chevilles classiques ou postclassiques intériorisées par le notariat européen à la chancellerie royale au XIV^e^ siècle, *cf.* Barret, Grévin, *Regalis excellentia*,

Certes, un repérage maniaque de tous les échos intertextuels de telle composition médiévale n'est pas une fin en soi pour l'historien[3]. En histoire textuelle, ce jeu n'est pourtant jamais totalement gratuit, car il permet de pénétrer au plus profond des logiques de rédaction du document, et ces logiques sont toujours susceptibles de dire quelque chose sur la culture du ou des auteurs du texte, et, par la comparaison, sur son rapport avec d'autres unités. Pour se placer à équidistance des sources « littéraires » et de la logique de production « pragmatique » de l'acte de 1374, il reste toutefois souvent rare, sauf dans certains genres réputés proprement littéraires tels que le centon poétique[4], ou, à l'inverse, dans d'autres types de documents à valeur strictement juridique, tels que les instruments de l'*ars notariae*, de pouvoir expliquer l'ensemble des éléments en jeu dans la rédaction d'un texte complexe, en indiquant leur modèle précis.

Cette étude a été motivée parce qu'un hasard a révélé que l'acte de fixation de la majorité des rois de France à quatorze ans contenait des sources cachées, et parce qu'un travail d'investigation a effectivement précisé certains des mécanismes de création de ce texte, dévoilé certaines de ses autorités. Comme on pouvait s'y attendre, l'origine exacte des motifs utilisés dans de nombreux passages est toutefois restée à ce stade inexpliquée : ce genre de travail est, en l'état actuel de nos moyens

---

*op. cit.*, par exemple p. 242-243 (Boèce). Il reste impossible de départager strictement le recours motivé à un classique et l'utilisation de l'une de ces formules devenues partie d'un gigantesque répertoire commun, mais la connaissance des habitudes rédactionnelles permet au moins d'indiquer quelles formules sont trop banales pour avoir nécessité la consultation d'un instrument de travail particulier ou un effort conscient de la part du notaire.

3 *Cf.* à ce sujet *L'epistolario di Pier della Vigna*, coord. Edoardo d'Angelo, Soveria Mannelli, Rubettino, 2014, édition exploratoire des *Lettres* de Pierre de la Vigne qui propose assez souvent des rapprochements avec des textes de tous genres, pourvu qu'ils soient antérieurs au matériel examiné, tout en n'effectuant pas un relevé complet de l'ensemble des sources bibliques. L'approche, certes bien plus positive qu'une absence de repérage de ces liens intertextuels, est susceptible dans bien des cas d'induire en erreur sur les relations de dépendance possibles entre les différentes sources invoquées.

4 Pour un exemple de pur centon poétique composé à partir de fragments d'hexamètres dans un contexte curial au XIII^e^ siècle, à « dominante littéraire » tout en incluant une dimension politique, *cf.* Moscati, Anna, « La "*Lamentacio*" di Bertoldo di Hohenburg », *Bullettino dell'Istituto storico italiano per il Medio Evo*, n° 65, 1953, p. 121-127 (*Lamentacio* de Berthold de Hohenburg, jeu littéraire faisant parler ce grand féodal qui s'était opposé à l'ascension de Manfred de Sicile et avait trahi la cause souabe avant d'être capturé dans la décennie 1250).

d'investigation, par définition, presque toujours à reprendre[5]. Je crois néanmoins avoir été assez loin dans l'analyse pour émettre des hypothèses précises, dans certains de ces passages dont le secret n'a pas été « forcé », sur l'existence, la densité, et, éventuellement, le genre des sources qui pourraient encore être, plus tard, retrouvées. Ce travail ne visant pas tant à présenter une image idéale de l'acte, dans une logique qui serait au fond herméneutique, qu'à en démonter les ressorts, je ne m'interdirai donc pas de commenter, dans une sorte de philologie négative, les échecs et les « blancs » de cette tentative de le faire parler. Il ne s'agira toutefois pas tant de présenter des intuitions, toujours nécessairement gratuites, que d'expliquer à partir de quels indices on peut postuler certaines solutions encore – pour moi – hors de portée. La quatrième partie donnera une image peut-être plus cohérente de l'acte que cette succession de pleins et de vides, en proposant un commentaire plus harmonique, reléguant sans l'éliminer la question des sources à l'arrière-plan. On peut toutefois douter que cette cohérence majeure corresponde à une plus grande fidélité à ce qu'il fut vraiment, pour ses rédacteurs, à l'époque de son élaboration.

## LA PREMIÈRE PARTIE DU PRÉAMBULE
### Échec initial et double citation « patristique »

*Filios regum per parentes educari et erudiri debere ut Deum timeant, virtutum ac virium profectum celeriter attingant, sincere diligi et primogenitos maxime magnis donis et altis honoribus decorari reipublice commodum, status regnorum et subditorum concernentibus transquillitatis augmentum, predecessorum illustrium sectando vestigia, clare liquet.*

« Il appert clérement que les Filsz des Roys doivent estre nourriz et enseigniez par leurs parens, a ce que ilz craignent Dieu, et doivent estre purement

5 Je tiens bien sûr à l'esprit la limite fondamentale que représentent tant la culture personnelle que les capacités du ou des chercheurs impliqué(s) dans le processus de déchiffrement, et surtout le temps imparti à ce dernier. Il est illusoire de penser que nous pouvons posséder individuellement la culture linguistique, philologique, juridique, classique, biblique, patristique et exégétique nécessaire pour traiter les sources politiques (ou politico-littéraires ?) du bas Moyen Âge de manière parfaitement satisfaisante, et le petit nombre de juristes (voire de latinistes…) spécialisés dans l'étude du Moyen Âge réduit la possibilité de collaborations interdisciplinaires efficaces.

amez, si que tost et hastivement ilz attaignent le proufit des vertus et forces ; et mesmement les premiers engendrez et ainsnez doivent estre honorez de grans dons et haultes honneurs concernans et regardant le proufit de la chose publique, l'estat des Royaumes, et l'accroissement de la paix et transquilité des subgiez, en ensuivant le traces de leurs nobles Prédécesseurs [...] »

Cette exploration commence mal. Non seulement la première période de la première partie du préambule solennel peut être éventuellement critiquée pour avoir été trop lourdement bâtie, mais ses sources restent opaques. Elle contient une maxime d'ordre générique concernant la nécessité pour les princes d'être éduqués par leurs parents afin qu'ils apprennent à craindre Dieu et à développer rapidement leurs forces et leurs vertus. Elle dispose qu'ils doivent être « sincèrement aimés » (le traducteur de 1392, gêné par la place quelque peu isolée de cet infinitif à peine glosé d'un adverbe, a choisi de le rattacher aux infinitifs passifs précédents, *educari et erudiri*), que les aînés doivent être illustrés par de grands et importants dons, enfin que ces dons (si l'on adopte la solution grammaticale invoquée plus haut et également suivie par le traducteur médiéval[6]) concernent à la fois la commodité de la chose publique, l'état des royaumes et l'augmentation de la tranquillité des sujets. Il existe plusieurs raisons pour postuler que cette entrée en matière a été empruntée à une source principale qui n'a pas été retrouvée, source autour de laquelle sont venus s'agglomérer divers fragments.

La première de ces raisons est suggérée par la construction même de la phrase. Une double construction infinitive est une structure lourde. C'est, par excellence, une méthode de citation. Le *clare liquet* (« il appert clairement »), verbe impersonnel qui clôt l'ensemble et à partir duquel est organisée la période, a visiblement été rajouté pour intégrer un long segment, qui selon toute probabilité, n'était originellement pas à l'infinitif, dans une structure englobante. Il est donc licite de supposer que la séquence originale se présentait dans un premier temps sous la forme d'une phrase autonome :

*Filii regum per parentes educari et erudiri debent ut Deum timeant, virtutum ac virium profectum celeriter attingant.*

« Les fils des rois doivent être éduqués et dégrossis par leurs parents de sorte qu'ils craignent Dieu, qu'ils atteignent rapidement le profit. »

6 *Erudíri débent* ; *celériter attíngant* : les deux formules ne correspondent ni à un cursus velox, ni à un planus, ni à un tardus.

Sur cette maxime, qui ne semble pas extraite d'un acte du XIIIe ou du XIVe siècle, car elle n'est pas rythmée selon les règles du cursus[7], ont été greffés, peut-être un peu maladroitement, divers éléments, grâce à un jeu d'infinitives complémentaires. La formule *sincere diligi*, variante passive du *sincere diligimus* chéri par la chancellerie papale, indique l'amour profond porté par un père spirituel à ses ouailles, ou par un père réel à ses enfants[8]. Le tour *virtútibus* + *decorári* correspond quant à lui à une cheville rythmique très répandue (*-ibus decorare*), banale dans la rhétorique de chancellerie des XIIIe et XIVe siècles pour construire des phrases indiquant l'octroi d'un honneur, d'une dignité, d'un présent important, avec toutes sortes de variations possibles[9]. Ce membre de phrase est prolongé par une glose *d'honoribus*, grâce à une construction participiale (*honoribus* [...] *reipublice commodum, status regnorum et subditorum concernentibus transquillitatis augmentum*). Le dernier élément de cet élongement se sert d'une expression *tranquillitátis augméntum* qui se trouve être, là encore, l'une des variations possibles, en fonction d'un jeu de substitution rythmique, d'un motif caractéristique de la rhétorique des préambules royaux : l'augmentation, le maintien ou la défense de la prospérité ou de la tranquillité des sujets[10]. Une dernière rallonge est enfin

7 *Erudíri débent* n'est pas rythmé, pas plus qu'*ut Déum tímeant* et que *celériter attíngant.*

8 *Cf.* par exemple *Lettres* de Clément IV [*Epistole et dictamina Clementis pape quarti*, Matthias Thumser (éd.), pré-édition électronique mise à disposition depuis 2007 sur le site des *Monumenta Germaniae Historica*, www.megh.de/datenbaken/epistolae/clemens-iv/ et sur le site de l'université Friedrich-Meinecke : www.geschkult.fu-berlin.de/e/fmi/arbeitsbereiche/ab_thumser/pdf/clemens.pdf, consulté le 01 02 2019, n° 91, p. 58 (avec *diléximus*), n° 257, p. 164 (avec *diléximus*), ou n° 440, p. 269. Le syntagme *sincére dilígimus* / *sincére diléximus* forme un cursus tardus, *sincére dilígi*, un cursus planus.

9 *Cf.* entre des milliers d'exemples possibles *summa dictaminis* de Richard de Pofi, n° 319 (régeste Batzer, Ernst, *Zur Kenntnis der Formularsammlung des Richard von Pofi*, Heidelberg 1910, p. 74-75) : *pontificálibus decorétur* ; Préambules papaux avignonnais, n° 932 (Hold, Hermann, *Unglaublich glaubhaft : die Arengen-Rhetorik des Avignonenser Papsttums*, 2 vol., Berlin-Berne-Francfort-sur-le-Main, Peter Lang, 2004, v. 2, p. 766) : *virtútibus decorátas* ; Barret, Grévin, *Regalis excellentia*, *op. cit.* 2014, n° 180, p. 478, *pro víribus decoráre* ; *ibid.*, n° 228, p. 492, *tempóribus decorémus* ; *ibid.*, n° 541, p. 574, *insígnibus decorávit.* L'appariage d'un substantif pluriel datif ou ablatif en *–ibus* et de l'une des formes quadrisyllabiques du verbe *decorare* permet de créer à volonté un module d'exaltation de la munificence royale ou impériale, et des qualités du sujet concerné, moulé dans un cursus velox.

10 Préambules avignonnais n° 545 (Hold, *Unglaublich*, *op. cit.*, v. 2, p. 681) : *commoditátis augméntum* ; Guido Faba, *Dictamina rhetorica. Epistole*, Augusto Gaudenzi (éd.), Bologne, Forni, 1971, n° 123, p. 54 : *prosperitátis augméntum* ; *Lettres* de Pierre de la Vigne, III, 78 [*L'Epistolario di Pier della Vigna*, *op. cit.*, p. 674], *sublimitátis augméntum* ; *ibid.*, V, 119

ajoutée à cet ensemble déjà fort long : la formule *predecessorum illustrium sectando vestigia*, qui se retrouve dans toute une série de préambules royaux de l'époque de Jean II le Bon, comme d'actes bien plus anciens, était volontiers reprise, par exemple dans des actes de confirmations, car elle indiquait la nécessité pour les rois de suivre l'exemple de leurs devanciers. Elle intervenait toutefois généralement en amont dans la première période du préambule[11]. Elle a été ici brutalement encastrée entre cette suite de *loci communes* sur le devoir d'éducation et d'amour des pères pour leurs enfants, et de protection des rois envers leurs sujets d'une part, et le verbe principal et final verrouillant la phrase : *clare liquet*, d'autre part.

À l'exception de la toute première sentence, l'analyse rythmique suggère que tous les éléments ont été empruntés à une rhétorique de l'acte qui pouvait se retrouver, sous des enveloppes diverses, dans des préambules d'actes précédents, qu'ils fussent d'origine française ou autre. Si la maxime *Filii regum per parentes educari* [...] provient d'un horizon textuel différent, il est tentant de penser qu'il faut chercher dans la direction des miroirs des princes et autres traités moraux concernant l'éducation des enfants royaux. Ceux-ci n'étaient généralement pas rédigés dans un latin fortement rythmé, et l'on sait l'importance de ces traités à la fois dans l'entourage des derniers Capétiens directs, à la cour des premiers Valois, et dans la bibliothèque de Charles V[12]. Un certain nombre de sondages ont donc été effectués. C'est naturellement aux passages sur le *De regimine principis* de Gilles de

[p. 992], *serenitátis augméntum*... C'est cette fois l'appariage d'*augmentum* et d'un terme d'exaltation ou de prospérité qui permet de créer une formule votive sur l'augmentation de la prospérité du prince ou de l'État, toujours moulée dans un cursus planus.

11 Sur l'intérêt de cette formule par rapport à l'idée de la norme et de la confection de la loi au XIV^e siècle, *cf.* Petit-Renaud, « Le roi, les légistes », art. cité, p. 3.

12 Pour la traduction opérée spécialement pour Charles V de l'anonyme *De informatione principum*, *cf. infra*, p. 193, n. 15. Sur la présence de nombreuses versions françaises et latines du *De regimine* de Gilles de Rome dans la bibliothèque de Charles V et Charles VI, *cf.* Delisle, Léopold, *Recherches sur la librairie de Charles V*, 2 t., Paris, Champion, 1907, t. 2, n° 510-517, p. 87*-88*, et n° 518-537, p. 88*-92* pour d'autres traités similaires. Il faut à présent noter la lumière nouvelle jetée par Lepot, Julien, *Un miroir au prince enluminé du milieu du XIV^e siècle : l'Avis aus roys*, thèse d'histoire médiévale soutenue en 2014 à Orléans sur ce traité anonyme sans doute exécuté à la demande du futur Jean II le Bon pour l'éducation de ses enfants, et reprenant en français de nombreux éléments du *De regimine*, tout en présentant des sections plus originales. S'il est toujours délicat de vouloir établir des parallèles formels stricts entre un traité en moyen français et un acte en latin, la confection de cet opuscule en rapport direct avec l'enfance du futur Charles V renforce le faisceau d'indices concernant la sensibilisation du roi aux thématiques véhiculées par ces miroirs.

Rome concernant l'éducation des princes que l'on a d'abord pensé, mais ceux-ci ne semblent pas contenir la période recherchée, même si l'on verra plus loin qu'ils entretiennent certains rapports avec d'autres parties du début du texte[13]. Tout juste peut-on gloser cette sentence en soulignant que le *Deum timeant* est un dérivé relativement courant, qui se retrouve dans les préambules de chartes du Moyen Âge central, de la formule de l'Ecclésiaste *Deum time !*[14], et indiquer quelques zones textuelles adventices où, peut-être, une recherche future trouvera la source de cette ouverture. Les traités d'éducation peuvent en effet, au XIIIe ou au XIVe siècle, prendre la forme d'un traité scolastique, comme celui de Gilles de Rome, ou se condenser, dans une rhétorique assez différente, en une lettre de conseil dont nous possédons par exemple des exemplaires siciliens. Deux lettres de ce genre mettent en effet en scène Frédéric II, donnant des conseils à son fils Conrad, choisi pour devenir roi des Romains après le détrônement de son frère aîné rebelle Henri (VII), mais, pas plus que le *De regimine*, elles ne contiennent la citation espérée[15].

Tout change avec la seconde moitié du premier des trois blocs-préambules composant le préambule solennel.

> *Bona enim terra cum diligentia colitur ut fructus optimus reportetur, multomagis sunt filii regum per patres studiosius nutriendi et docendi ut virtutibus imbuantur, fortificentur et crescant, et cum in adultam etatem pervenerint, puericie redoleant bonos mores, qui ad majoris honoris culmen sunt in populis erigendi.*
>
> « [...] et la bonne terre est cultivée et labourée par bonne diligence, afin que elle porte très-bons fruis ; et moults plus par grant estude sont à nourrir et

13 Consulté dans l'édition Aegidii Columnae Romani, *De regimine principum*, Geronimo Samaritanio (éd.), Rome, Bartolomeo Zanetto, 1607. Sur les rapprochements possibles concernant d'autres parties du préambule et de l'exposé, *cf. infra*, p. 195-197, 227-229.

14 Ec., 5, 6.

15 *Historia diplomatica Friderici secundi*, Jean-Louis-Alphonse Huillard-Bréholles (éd.), 6 t., Paris, Plon, 1852-1860, t. V, p. 274 (=Böhmer-Fischer, Regesta Imperii 2415) et t. VI, p. 245 (=Böhmer-Fischer, Regesta Imperii 3454). Des sondages pour l'instant non concluants ont également été faits dans le *De informatione principum*, traité anonyme peut-être dominicain dédié à Louis X le Hutin. L'analyse de ce dernier est d'autant plus pertinente en ce qui concerne l'époque de Charles V qu'il a été traduit pour ce dernier par Jean Golein (il circule sous divers titres, dont *L'information des princes*, *Le livre de l'information des princes* ; *Le livre de l'information des roys et des princes*...). La version latine est à ma connaissance inédite. Pour la version française, *cf.* les éditions renaissantes *Le miroir, exemplaire et fructueuse instruction du regime et gouvernement des roys et princes*, Paris, Guillaume Eustace, 1516 et *Le mirouer exemplaire et tresfructueuse instruction du regime et gouvernement des roys, princes et grandz seigneurs*, Paris, Guillaume Eustace et Pierre Vidoué, 1517.

enseigner les Filz des Roys, par leurs Pères, à ce que ilz soient enoings de vertus, et que ilz croissent et soient fortefiez, si que quant ilz seront parvenuz en aage acreu, ilz flairent souef, et sentent les bons meurs qui sont a esdrecier et eslever au comble de plus grant honneur… »

Cette section est clairement divisée en plusieurs sentences qui ont été greffées les unes aux autres. Une première maxime à saveur agricole compare l'éducation au travail de la terre, qui portera un bon fruit s'il est soigneux : *Bona … terra … diligentia colitur, ut fructus optimus reportetur.* Nous l'avions rapprochée dans *Regalis excellentia* de l'une des paraboles évangéliques qui se trouve racontée avec quelques variantes dans Matthieu, Marc et Luc, la parabole du semeur[16] :

Matthieu, 13, 23 : *Qui vero in terra bona seminatus est hic est qui audit verbum et intellegit et fructum adfert et facit aliud quidem centum.*

Marc, 4, 20 : *Et hii sunt qui super terram bonam seminati sunt qui audiunt verbum et suscipiunt et fructificant unum triginta et unum sexaginta et unum centum.*

Luc, 8, 15 : *Quod autem in bonam terram hii sunt qui in corde bono et optimo audientes verbum retinent et fructum adferunt in patientia.*

L'expression *bona terra* alliée à *fructus* pouvait probablement enclencher le mécanisme de référence à la parabole et à ses gloses au XIV^e^ siècle : elle concerne dans le texte biblique ceux qui sont capables de faire fructifier la parole de Dieu. Si la maxime de l'acte est bien dérivée de cette parabole, elle a toutefois été très déformée pour des raisons de mise en proverbe mnémotechnique, un proverbe cette fois appliqué à l'idée de la bonne éducation qui porte de meilleurs fruits :

*Bona terra diligentia colitur*
*Ut fructus optimus reportetur*

Il est probable que cette mise en forme rimée, ou une autre équivalente (*diligenter…*) remonte à un texte antérieur. Cette image, dont on verra qu'elle peut trouver à la lumière d'autres sources du préambule bien des résonances[17], sert d'amorce aux rédacteurs pour insister sur la nécessité suréminente de soigner l'éducation des fils de rois. La sentence

16 Barret, Grévin, *Regalis excellentia*, *op. cit.*, n° 194, p. 482.

17 *Cf. infra*, p. 210 pour un écho pseudo-aristotélicien à cette formule dans le passage des *Économiques* exploité par les rédacteurs de l'acte.

est en effet transformée en relative (*bona terra* [...] *diligentia* cum *colitur*) pour devenir la première partie d'une longue période dont elle forme le premier membre. Si cette maxime générale est valable, à plus forte raison les princes doivent-ils recevoir une éducation soignée, afin que ceux qui doivent être placés au faîte d'un honneur majeur quand ils parviendront à l'âge adulte répandent autour d'eux l'odeur balsamique des bonnes mœurs accumulées durant leur enfance (*multomagis sunt filii regum* [...] *studiosius nutriendi* [...] *ut virtutibus imbuantur* [...] *et* [...] *pueritie redoleant bonos mores, qui* [...] *sunt in populis erigendi*).

Dans cette séquence, comme précédemment, nous pouvons encore toucher à deux quasi-citations sans établir avec certitude la solidité de la liaison entre le texte et ses échos. Les fins de membres de phrases, rythmées, indiquent la conformation à un latin de chancellerie papal ou royal (*virtútibus imbuántur* ; *fortificéntur et créscant* ; *redóleant bònos móres* ; *in pópulis erigéndi*[18]). La substance des considérations sur la nécessité d'une éducation morale soignée de l'enfant royal peut toutefois être rapprochée, à la fois sur le fond et sur la forme, d'un développement du *De regimine principum* de Gilles de Rome qui porte précisément sur le même thème : *Quod decet omnes cives, et maxime reges, et principes sic solicitari erga filios ut ab ipsa infantia bonis moribus imbuantur* (« Qu'il convient à tous les citoyens, et principalement aux rois et princes d'être attentifs envers leurs fils, de sorte qu'ils s'imprègnent des bonnes mœurs dès leur enfance ») :

Un écho du *De regimine* dans la loi ?

| Gilles de Rome, *De regimine principum*, II, 2, 6[19] | Acte : préambule, première partie, seconde moitié |
|---|---|
| Quanto anima est nobilior corpore, tanto omnes cives et maxime reges et principes magis solicitari debent ut proprii filii sint perfecti in anima, quam in corpore. Si ergo solicitantur circa hereditatem et circa numismata, ut possint subvenire filiis quantum ad indigentiam corporalem : | |

18 Il s'agit respectivement d'un velox, d'un planus et de deux velox.

19 Aegidii Columnae Romani, *De regimine principum*, *op. cit.*, p. 301.

| | |
|---|---|
| **multo magis** solicitari debent, **ut** habeant perfectam animam, et **virtutibus** et bonis moribus **imbuantur**. Et quia hoc, tantum existit bonum, non debet per negligentiam preteriri : sed ab ipsa infantia instruendi sunt pueri, ut relinquentes lasciviam sequantur **bonos mores**. | [...] **multomagis** sunt **filii** regum per patres studiosius nutriendi et docendi **ut virtutibus imbuantur**, fortificentur et crescant, et cum in adultam etatem pervenerint, puericie redoleant **bonos mores** [...] |

L'écho est net, la similitude de construction (*multomagis ... imbuantur*) à première vue impressionnante, d'autant plus que Gilles de Rome, qui écrit un siècle avant les rédacteurs de l'acte, recourt occasionnellement aux mêmes techniques de formatage rythmique, même si son propos n'est pas d'orner intégralement son texte. Du point de vue de cette logique rhétorique, *móribus imbuántur* est interchangeable avec *virtútibus imbuántur.* Pourtant, au-delà de la similitude de la construction et des termes, on hésite à postuler un rapprochement direct, à la fois parce que les idées contenues dans les deux textes, fondées sur la même exploitation d'Aristote, restent générales, et parce qu'une expression telle que *virtutibus imbuere* est trop générique pour être à elle seule un indice. Gilles de Rome, dont le *De regimine* avait rejoint la bibliothèque du Louvre en tant d'exemplaires à l'époque de Charles V[20] – non pas, peut-être, uniquement en raison de son exceptionnelle popularité de *Miroir princier* par excellence, mais aussi parce que le savant Colonna avait été précepteur de Philippe le Bel – a-t-il été une source d'inspiration de ce passage ? Si c'est le cas, il se pourrait qu'elle ait été médiatisée par quelque mise en forme de chancellerie intermédiaire.

Un second écho, à la fois relativement court et beaucoup plus sonore, renvoie à la même catégorie de sources, à travers le début d'un autre traité d'éducation beaucoup moins diffusé, mais qui a inspiré de près le *De regimine*, le *De eruditione filiorum nobilium* de Vincent de Beauvais, lui aussi écrit pour la famille royale, puisqu'il fut dédié à la reine Marguerite de Provence, femme de Saint Louis[21]. Dans les premières lignes du premier chapitre, après une citation de l'Ecclésiastique (*Filii tibi sunt ? Erudi illos et curva illos a puericia eorum. Filie tibi sunt ? Serva corpus earum et non*

20 *Cf.* Delisle, *Recherches*, *op. cit.*, t. II, n° 511-518, p. 87-88.

21 Traité publié dans Vincent of Beauvais, , *De eruditione filiorum nobilium*, Arpad Steiner (éd.), Cambridge, Massachussets, Mediaeval Academy of America, 1938 (The Mediaeval Academy of America, Publication, 32).

*ostendas hyllarem facilem tuam*), le rédacteur du *Speculum majus* précise que ces maximes doivent s'entendre de tous les fidèles, mais plus particulièrement du prince, dont les fils, « doivent d'autant plus être dégrossis dès leur enfance qu'ils doivent se dresser au faîte d'un plus grand honneur » :

Le *De eruditione filiorum nobilium* et la loi

| Vincent de Beauvais, *De eruditione filiorum nobilium*, c. 1[22] | Acte de 1374, préambule, première section, seconde partie |
|---|---|
| Filii tibi sunt ? erudi illos et curva illos a puericia eorum. Filie tibi sunt ? Serva corpus earum et non ostendas hyllarem faciem tuam ad illas. Ita legitur in ecclesiastico VII. Et dicitur hoc ad quemlibet fidelem, precipueque ad principem, cuius liberi quanto **ad maioris honoris culmen in populo** debent **erigi**, tanto maiori diligencia opus est illos a puericia erudiri. Est autem erudire extra ruditatem ponere [...] | [...] Bona enim terra cum diligentia colitur ut fructus optimus reportetur, multomagis sunt filii regum per patres studiosius nutriendi et docendi ut virtutibus imbuantur, fortificentur et crescant, et cum in adultam etatem pervenerint puericie redoleant bonos mores, **qui ad majoris honoris culmen** sunt in populis **erigendi** [...] |

C'est bien la même expression qui a été utilisée dans un contexte extrêmement voisin, une partie des altérations mineures (le passage d'*in populo debent erigi* à *sunt in pópulis erigéndi*) pouvant par ailleurs s'expliquer par des motifs d'ornementation rythmique. Le *De eruditione* est-il pour autant la source directe de cette partie du préambule ? C'est possible, mais il faudrait pour en être sûr vérifier qu'aucun des traités d'éducation couvrant la période 1250-1374 n'a repris en la modifiant cette séquence, ou qu'elle n'a pas été incluse dans un texte d'un genre différent qui aurait servi d'intermédiaire. L'écho est trop court pour trancher. Ce n'est toutefois pas la dernière fois dans le cours de la *constitutio* que nous rencontrerons des liens avec le *De eruditione*, mine de sources et de citations concernant l'éducation, qu'il partage en partie avec notre texte[23].

> *Altius nempe precepta descendunt que teneris imprimuntur etatibus, et illa vera et utilis censetur doctrine prudentia, que ab etatis initiis atque ab infantie ipsius exordiis inchoatur, unde sapiens : fili a juventute tua excipe doctrinam et ad canos invenies sapientiam.*

22 *Ibid.*, c. 1, p. 5.

23 *Cf. infra*, p. 200, n. 32 pour la citation du Siracide, et p. 231 pour l'*Ars amatoria*.

> « [...] car les commandements descendent plus parfont, qui sont donnez et emprimez ès tendres éages ; et celle est jugiée pour vraie et proufitable prudence de doctrine, qui est commenciée ès jeunes aages, ou dès les naissemens de l'enfance, dont le Saige dit : Filz, reçoy doctrine dès ta jeunesse et aux chanus tu trouveras sapience. »

La première section du préambule est enfin close par une double sentence (*Altius ... precepta descendunt que teneris imprimuntur etatibus+illa vera et utilis censetur doctrine prudentia, que ab etatis initiis atque ab infantie ipsius exordiis inchoatur*), renforcée par une citation biblique tirée de l'Ecclésiastique : *Fili a juventute tua excipe doctrinam et usque ad canos invenies sapientiam* (6, 18). L'analyse de cette section fait cette fois toucher du doigt la différence entre des rapprochements qui restent plus ou moins sujets à discussion, dans la mesure où leurs fils sont trop ténus pour ne pas comporter une part d'arbitraire, et la mise en valeur de véritables citations. La première partie de la sentence double est en effet tout droit tirée d'un passage de la *Consolatio ad Helviam matrem*, lettre-traité écrite par Sénèque vers 42-43 durant son exil en Corse pour consoler sa mère[24]. Dans une de ses sections, le philosophe revient sur les consolations que les petits-enfants laissés par sa défunte fille à Helvia peuvent lui procurer[25]. En évoquant l'une de ses nièces encore en bas âge, Novitilla, il souligne que c'est le temps pour sa grand-mère de former son caractère : l'éducation impartie dans le premier âge a des résultats plus profonds :

Sénèque, source du préambule

| Seneca, *Ad Helviam de consolatione*[26] | Préambule de l'acte de 1374 |
|---|---|
| Abstulit illi nuper fortuna matrem : tua potest efficere pietas, ut perdidisse se matrem doleat tantum, non et sentiat. Nunc mores eius compone, nunc formam : **altius praecepta descendunt quae teneris inprimuntur aetatibus.** Tuis assuescat sermonibus ; ad tuum fingatur arbitrium. Multum illi dabis, etiamsi nihil dederis praeter exemplum [...] | **Altius nempe precepta descendunt que teneris imprimuntur etatibus,** et illa vera et utilis censetur doctrine prudentia, que ab etatis initiis atque ab infantie ipsius exordiis inchoatur, unde sapiens : fili a juventute tua excipe doctrinam et ad canos invenies sapientiam. |

24 Sénèque, *Dialogues*, t. 3, *Consolations*, René Waltz (éd.), Paris, Les belles Lettres, 1923, p. 56-89.
25 *Ibid.*, p. 86.
26 Sénèque, *Ad Helviam de consolatione*, 18, 8.

Quant à la sentence accouplée à cette maxime sénéquienne, *vera et utilis doctrine prudentia ab etatis initiis atque ab infantie ipsius exordiis inchoatur*, elle provient d'un léger réaménagement d'un passage du *Traité sur les Psaumes* d'Hilaire de Poitiers, une introduction générale à la lecture du long psaume 118, qui peut lui-même être interprété comme un véritable traité d'éducation morale[27] :

Hilaire de Poitiers, source du préambule

| Hilaire de Poitiers,<br>*Traité sur les Psaumes*, 118[28] | Préambule, première partie,<br>seconde moitié |
|---|---|
| Qui ad doctrinam rationabilis et perfectae prudentiae praeparantur, ab ipsis statim literarum elementis docendi sunt : ut perfectam veramque rationem tanquam ab exordio primae institutionis consequantur. Sciens istud sanctus Paulus apostolus, eam solam **veram** atque **utilis doctrinae** esse **prudentiam, quae ab aetatis initiis atque ab infantiae ipsius inchoaretur** exordiis, haec ad Timotheum inter magna atque praeclara fidei studiique praeconia, in secunda epistola scribit : Tu vero permane in his quae didicisti et credidisti, sciens a quibus didicisti, et quod ab infantia sacras litteras nosti, quae te possint instruere in salutem [...] | [...] et illa **vera et utilis** censetur **doctrine prudentia, que ab etatis initiis atque ab infantie ipsius exordiis inchoatur** [...] |

L'arrière-plan patristique et biblique de cette citation se révèle particulièrement complexe, puisque la phrase contient par l'entremise du commentaire d'Hilaire un renvoi à la fois au riche fond du Psaume 118, avec ses nombreuses considérations sur l'éducation de l'enfance et de la jeunesse guidée par Dieu[29], et à la seconde Épître de Paul à Timothée,

27 *Cf.* Sancti Hilarii pictaviensis episcopi, *Opera* I/2, *Tractatus super psalmos*, Jean Doignon (éd.), Turnhout, Brepols, 3 vol., 1997-2009 (Corpus Christianorum series Latina LXIA-C), B, *Tractatus super psalmos in psalmum CXVIII*.

28 *Ibid.*, t. II (=B), p. 3.

29 Il y a en fait beaucoup plus à dire encore sur le mécanisme d'extraction de cette citation à partir du *Commentaire des Psaumes* d'Hilaire de Poitiers. Le commentaire au psaume 118 est lui-même, à l'image du psaume qu'il explicite, exorbitant dans l'ensemble du traité.

une épître placée sous le signe des conseils éducatifs donnés par l'aîné au jeune homme qui doit encore être dirigé, et évoquant son premier apprentissage dans la loi du Christ alors qu'il était encore enfant. Cet ensemble sénéco-hilarien, dont il faut souligner qu'il apparaît naturel dans une perspective médiévale faisant de Sénèque un quasi père de l'Église[30], est enfin clos par la citation extraite de l'Ecclésiastique ou Siracide, livre biblique qui est tout entier un traité d'éducation donné par un père à son fils : *Fili a juventute tua excipe doctrinam et usque ad canos invenies sapientiam*[31] : « Mon fils, forme ta doctrine à partir de ta jeunesse, et tu retrouveras la sagesse jusqu'à ton âge chenu ».

La sentence du Siracide est déjà extraite d'un livre qui se trouve être, tout comme l'Ecclésiaste, un recueil d'enseignements sous forme de maximes, l'une des mines sapientiales de l'Ancien Testament concernant l'éducation. Ce n'est pas un hasard si le *De eruditione filiorum nobilium* de Vincent de Beauvais déjà mentionné la reprend également dans son premier chapitre[32]. On peut en revanche se demander dans quelle mesure les citations

---

Dans l'édition de Jean Doignon, il occupe un tome entier, le commentaire ne couvrant pas moins de de deux cent pages, commentant soigneusement les versets organisés par sections suivant l'alphabet hébreu, d'aleph à tav. Il s'agit donc d'une véritable œuvre autonome de grande dimension, méditation sur l'éducation de l'enfant et de l'adolescent dans les voies de Dieu (*cf.* Hilarii pictaviensis, *Tractatus super psalmos in psalmum CXVIII.*, *op. cit.*, t. B, intro. p. VII). Il peut donc typologiquement être assimilé à un *Miroir*, miroir auquel son autorité divine et royale donne un statut tout particulier. Un autre point doit être souligné : l'introduction au traité, avant le commentaire du premier verset (*Beati immaculati in via, qui ambulant in lege Domini*) est constituée de cinq *exordia* successifs (*ibid.*, p. 3-7). L'extrait utilisé dans notre préambule provient donc lui-même d'un préambule très solennel du long traité (un préambule certes formellement bien différent de celui de la loi de 1374), un préambule potentiellement connu par de nombreux lettrés du XIVe siècle.

30 Sur Sénèque dans la tradition chrétienne, *cf.* Torre, Chiara, « Seneca and the Christian Tradition », *The Cambridge Companion to Seneca*, Shadi Bartsch, Alessandro Schiesaro (éd.), Cambridge, Cambridge University Press, 2015.

31 Éccl., 6, 18.

32 La connaissance diffuse de la Bible à cette époque exclut que les clercs aient eu automatiquement besoin d'*excerpta* pour y trouver leurs idées, mais on peut tout de même noter cette rencontre significative, qui a pu contribuer au choix de la citation. *Cf.* Vincent of Beauvais, *De eruditione filiorum nobiliorum*, *op. cit.*, c. 1, p. 8 : [...] *quodque non solum in moribus sed eciam in sciencia sint erudiendi a puericia, dicitur in ecclesiastico ut : « Fili, a iuventute tua excipe doctrinam et ad canos invenies sapienciam »*. Il est également remarquable que Vincent de Beauvais fasse suivre immédiatement cette citation d'une autre de Sénèque (extrait des *Lettres* à Lucilius). Sur les rapports que le *De eruditione filiorum nobiliorum* entretient avec l'acte, *cf. supra* (séquence du prologue) et *infra* (*Siracide* et *Ars amatoria*), p. 200 et 231.

de Sénèque et d'Hilaire de Poitiers proviennent de la lecture directe de leurs œuvres, ou déjà, plutôt, d'un travail de sélection qui aurait permis au(x) rédacteur(s) de plonger dans un florilège (en partie thématique ?), préparant un ensemble de citations éducatives. La consultation d'œuvres de ce genre est attestée dans le milieu des gens du roi, parlementaires, notaires et secrétaires du XIV^e^ siècle[33]. Par chance, la réponse est facilitée dans le cas de Sénèque par l'abondance de témoignages sur la popularité du philosophe dans les milieux intellectuels parisiens à l'époque de Charles V[34]. La librairie du Louvre possédait certes plusieurs exemplaires de traductions de lettres de Sénèque, reprenant un texte français composé en Italie au début du XIV^e^ siècle[35]. Mais il existe également un manuscrit latin préservé d'origine parisienne, de très grande qualité, qui pourrait être la source directe de l'acte. La bibliothèque de l'Arsenal possède en effet un manuscrit somptueusement enluminé de l'époque de Charles V, contenant un choix d'œuvres et d'*excerpta* de Sénèque[36]. Parmi ces derniers se trouve un ensemble d'extraits tirés de la *Consolatio ad Helviam*[37], qui y est explicitement présentée comme une épître : *Incipiunt exerta* [*sic*] *de epistula eiusdem Annei Lucii Senece ad Heldiam* [*sic*] *matrem suam de consolatione*[38]. Ils contiennent le passage dont notre séquence est extraite[39].

Ce manuscrit n'est pas réputé avoir appartenu à la bibliothèque royale ou à l'une des bibliothèques princières : on ne l'a en tout cas rapproché d'aucun des exemplaires mentionnés dans les inventaires de celle de Charles V. Il est pourtant étroitement lié à la rédaction de certains des

33 *Cf.* Autrand, Françoise, « Culture et mentalité : les librairies des gens du parlement au temps de Charles VI », *Annales ESC*, 28/5, 1973, p. 1219-1244, en particulier p. 1233 pour la présence de l'un des plus populaires d'entre eux à cette époque, le *Manipulus florum* de Thomas d'Irlande, dans la bibliothèque de Nicolas de l'Espoisse et de Guillaume d'Estouteville au début du XV^e^ siècle.

34 Monfrin, Jacques, « Les traducteurs et leur public au Moyen Âge », *Journal des savants*, n° 1964/1, p. 5-20, en particulier p. 8-9.

35 Sur les collections royales et la bibliothèque du Louvre sous Charles V, *cf.* à présent Kopp, Vanina, *Der König und die Bücher. Sammlung, Nutzung und Funktion der königlichen Bibliothek am spätmittelalterlichen Hof in Frankreich*, Ostfildern, Thorbecke, 2016. Sur les traductions franco-italiennes de Sénèque au XIV^e^ siècle, *cf. ibid.* C'est la traduction exécutée à Naples en français pour Bartolomeo Siginulfo vers 1309 qui était lue dans la France de Charles V. Sur les exemplaires latins et français de Sénèque à la librairie du Louvre, *cf.* Delisle, *Recherches*, *op. cit.*, n° 489-491 (n° 491 latin, p. 83-84).

36 Bibliothèque de l'Arsenal, n° 1085, « Ouvrages et extraits d'ouvrages de Sénèque ».

37 *Ibid.*, p. 223-235 (suivant la pagination reportée sur le manuscrit).

38 *Ibid.*, p. 223.

39 *Ibid.*, p. 233, seconde colonne, dans une rubrique intitulée *Sermo puelle*.

exemplaires royaux d'apparat, car les superbes enluminures qu'il comporte sont du même artiste qui a exécuté celles de l'exemplaire de la version française du *Rational* de Guillaume Durant préparée par Jean Golein pour son souverain[40]. Ce maître enlumineur est connu sous le nom de « Maître du Rational[41] ». La traduction du *Rational des divins offices* par Jean Golein date de 1374[42]. Le manuscrit 1085 de l'Arsenal contenant les *Excerpta* de Sénèque n'est pas daté, et le « maître du Rational » a pu continuer son activité jusqu'après la mort de Charles V, dans la décennie 1380[43], mais il n'est pas impossible que le manuscrit de l'Arsenal ait été confectionné avant la rédaction de la *Constitutio.* Sa somptuosité, en tout cas, intrigue. Si rien n'indique qu'il était destiné à la librairie royale, il reste tout de même remarquable qu'en marge droite de la première page, dont les enluminures principales représentent Sénèque enseignant et dialoguant avec Lucilius, ait été peinte une autre miniature, certes plus récréative, car la première d'une colonne comprenant tout un bestiaire, représentant un roi de France en pleine lecture, dans lequel on peut bien reconnaître Charles V[44]. Si le manuscrit n'a pas été fait pour le roi, mais pour l'un de ses conseillers, il s'agissait en tout cas d'un haut personnage, capable de commander un exemplaire du plus grand luxe. C'est de ce type d'anthologie sénéquienne qu'a dû être extrait notre passage.

---

40 BnF, français 437. La traduction fut achevée en 1374.

41 Sur le « Maître du rational », *cf.* en dernier lieu Lebigue, Jean-Baptiste, « Les coïncidences de la recherche : dalle funéraire, biographie et "portrait idéalisé" de Jean de Crépon (1344-1420) », *Ædilis*, n° 12, 2006 <halshs-00139769>, en ligne sur le site de l'IRHT, https///irht.hypothese.org/183, consulté le 01 02 2019.

42 Sur cette traduction de Jean Golein, importante à divers titres, notamment en raison de l'adjonction du traité du sacre, *cf.* Golein, Jean, *Le "racional des divins offices" de Guillaume Durand. Livre IV. La messe, les "Prologues" et le "Traité du sacre" : liturgie, spiritualité et royauté : une exégèse allégorique*, éd. critique et commentée, Charles Brucker-Pierre Demarolle, Genève, Droz, 2010 (Publications romanes et françaises, 250).

43 Lebigue, « Les coïncidences », art. cité (hypothèses à discuter).

44 Bibliothèque de l'Arsenal, n° 1085, p. 1 (suivant la pagination reportée sur le manuscrit), en haut et à droite de la colonne de droite (début de l'anthologie, *Lettres à Lucilius*).

## LA PARTIE MÉDIANE DU PRÉAMBULE
## Moteur aristotélicien et invocation patriarcale

Après ces réflexions sur la nécessité d'une éducation soignée et précoce des fils de rois, la seconde partie du préambule (« second sous-préambule ») modifie légèrement la perspective pour envisager le problème de l'amour particulier que les rois doivent à leurs fils, et tout particulièrement, à leurs aînés, objets d'une « bénédiction plus grasse (*benedictione pinguiori*) » pour reprendre les termes empruntés à l'imaginaire biblique. Ce second mouvement est d'une longueur équivalente au premier. Il doit en fait être analysé, non en trois, mais en deux parties inégales, en fonction non pas tant de la structure des périodes, que de la prolongation d'une citation filée de ligne en ligne qui en structure une grande part. On repartira toutefois provisoirement d'une organisation ternaire, à des fins de clarté.

> *Ceterum equum censetur reges filios suos ut se ipsos diligere, tanquam sue senectutis pastores et custodes domus sue, cum natura eadem persona reputentur cum ipsis Et filii si non bene viverent ad interitum patris essent. Sane filios regum generaliter magnificandos et honorandos plus quam alios jura clamant, in quibus parentes ceteris munificentiores esse debent.*
>
> « Après il est jugié à droit, que les Roys aiment leurs Filz autant comme eulx-mesmes, et si comme pasteurs de leur vieillesce et gardes de leur maison, mesmement comme par nature ilz soient reputez une mesme personne avec eulx, et se les Filz ne vivoient bien, ilz seroient la mort du Père ; et pour ce, les Drois crient que généraument les Filz des Roys, sont à magnifier et à honorer plus que les autres, esquelz les parens doivent estre plus larges des autres. »

La construction de la première période reprend la logique d'impersonnalisation du début, sensible durant le préambule solennel tout entier. De nouveau, c'est une tournure impersonnelle (*censetur equum* : il est considéré juste que…) qui entraîne le choix d'une construction infinitive (*filios suos ut se ipsos diligere* : que les rois aiment leurs fils comme eux-mêmes), immédiatement glosée par deux constructions subordonnées, l'une, introduite par *tanquam* (*tanquam sue senectutis pastores et custodes domus*), l'autre par *cum* (*cum natura eadem persona reputentur cum ipsis, et filii si non bene viverent ad interitum patris essent*). Les rois doivent aimer leurs fils comme eux-mêmes, comme « les pasteurs de leur vieillesse et gardiens de leur maison », car « ils sont réputés une seule et même personne avec eux, et les fils, s'ils ne vivaient bien, seraient cause du trépas de leurs pères ». Une nouvelle période, introduite par *Sane*, repart de ces considérations, avec de nouveau une construction infinitive entée sur un tour impersonnel. Ce sont cette fois les droits qui proclament (*jura clamant*), « qui crient », pour reprendre le français vigoureux du traducteur de 1392, que les fils des rois doivent être exaltés et honorés plus que les autres, leurs parents, être plus munificents envers eux.

> *Nam ipsis solis remanentibus post mortem, memoria et spe ducti quodam modo immortalitatem participant, unde, non magnificando vel honorando eosdem, donum Dei singulare sibi in filiis prestitum negligere viderentur.*
>
> « … car quant ilz sont demourez seulz après la mort, lors sont-ilz menez de bonne mémoire et de espérance, et sont en aucune maniére participans à immortalité ; dont se les Roys ne magnefioient ou honnoroient eulx-mesmes, il sembleroit que ilz desprisassent le singulier don de Dieu à eulx donné en leurs diz Filz… »

Le centre de cette seconde partie du préambule ne présente pas de rupture de continuité conceptuelle avec la première partie à peine commentée. Au moyen d'une formule sur laquelle il faudra revenir en détail, on y proclame dans une phrase introduite par un ablatif absolu (*ipsis solis remanentibus post mortem*) que « ces fils seuls restant après la mort [du père] », « ils[45] » sont conduits par la mémoire et l'espoir et participent en quelque sorte de l'immortalité. Une proposition hypothétique, introduite par *unde*, tire la conséquence de cette idée, en expliquant que s'ils n'honoraient et ne magnifiaient pas leur progéniture, les pères sembleraient négliger le don unique que Dieu leur donne en prêt dans la personne de leurs fils.

Dans ces deux séquences coexistent en fait deux citations. L'une, qui a déjà été commentée par les historiens des idées et du droit et des idées politiques[46], renvoie directement à la culture du droit civil. L'affirmation que le fils est réputé être une même personne que le père se retrouve en effet dans le Code et ses commentaires. Jacques Krynen renvoie à Code, 6, 26, 11 (*natura pater et filius eadem persona paene intelleguntur*[47]).

45 Sur l'ambiguïté du « ils », qui pourrait être aussi bien rattaché aux « pères » qu'aux « fils », et sur le problème de l'interprétation du texte latin, *cf. infra*, p. 209.

46 *Cf.* Krynen, *L'Empire du roi*, *op. cit.*, p. 148 ; Rigaudière, « La *lex* », art. cité, p. 181.

47 *Ibid.* et p. 140.

On peut également invoquer une maxime commentée par Evrart de Trémaugon dans le *Songe du Vergier* (*filius cum patre seu matre eadem persona reputatur*), qui, si elle n'évoque pas la *natura*, a en revanche l'intérêt d'utiliser le même verbe *reputari* que celui de la séquence du préambule concernée[48]. L'autre citation, qui a été glosée une première fois dans *Regalis excellentia*, éclaire le sens donné à cette allégation juridique et permet de comprendre la signification de cette construction rhétorique tout entière, qui sans elle resterait quelque peu obscure. Il s'agit de la citation filée de la troisième section du second livre des *Économiques* du Pseudo-Aristote, apparemment extraite de la traduction latine dite *translatio Durandi*[49].

*Le Pseudo-Aristote des* Économiques,
*source de la partie médiane du préambule*[50]

| Pseudo-Aristote, *Économiques*, III, 2 | Partie centrale du préambule, extrait. |
|---|---|
| Aut circa quae magis vir sanae mentis studebit, quam ex optima et pretiosissima muliere liberos procreare, **senectutis pastores** quasi optimos et pudicos patris ac matris **custodes** ac totius **domus** conservatores ? Quoniam educati quippe recte a patre et matre, sancte atque iuste ipsis utentium, quasi merito boni fient ; hoc autem non obtinentes, patientur defectum : exemplum enim vitae filiis nisi parentes dederint, puram et excusabilem causam adinvicem habere poterunt. Timorque ne contempti a filiis, cum **bene non viverent, ad interitum** ipsis erunt.<br>Propter quae enim nihil decet omittere ad | Ceterum equum censetur reges filios suos ut se ipsos diligere, tanquam sue **senectutis pastores et custodes domus** sue, cum natura eadem persona reputentur cum ipsis, et filii si **non bene viverent ad interitum**[51] patris essent. Sane filios regum generaliter magnificandos |

48 Le lieu du Code invoqué par Evrart de Trémaugon (Code, 11, 47 [48], 23 [*Cum satis*]) ne semble toutefois pas contenir cette maxime.

49 *Cf.* sur ce point la remarque *infra*, n. 51.

50 Aristote, *Économique*, *op. cit.*, p. 39-40.

51 La version des *Économiques* contenue dans le beau ms. Paris, Bibliothèque de l'Arsenal 699, de la fin du XIV^e siècle, qui a par ailleurs reçu des notes (la section utilisée dans l'acte de 1374 est accompagnée par des notes brèves commentant son intérêt), a pour le passage *ad interitum patris essent* la leçon *« ad mortem patris essent »*. Elle ne peut donc avoir été le modèle imité. Le manuscrit Paris, BnF 16 089, du XIII^e siècle, ainsi que le

| | |
|---|---|
| uxoris doctrinam, ut iuxta posse quasi ex optimis liberos valeant procreare. Etenim agricola nihil omittit studendo ut ad optimam terram et maxime bene cultam semen consumere, exspectans ita optimum sibi fructum fieri, et vult pro ea, ut devastari non possit, si sic contigerit, mori cum inimicis pugnando, et huiusmodi mors maxime honoratur. Ubi autem tantum studium fit pro corporis esca, ad quam animae semen consumitur, quid si pro suis liberis matre atque nutrice nonne omne studium est faciendum ? Hoc enim **solo** omne mortale semper factum **immortalitati participat**, et omnes petitiones dium permanent paternorum. Unde qui contemnit hoc, et deos **videtur neglegere**. | et honorandos plus quam alios jura clamant, in quibus parentes ceteris munificentiores esse debent ; nam, ipsis **solis** remanentibus post mortem, memoria et spe ducti quodam modo **immortalitatem participant** ; unde, non magnificando vel honorando eosdem, donum **Dei** singulare sibi in filiis prestitum **negligere viderentur**. |

L'opération d'insertion de la substantifique moelle de ce passage des *Économiques* – un passage qui ne nous est parvenu que dans les traductions latines[52] – sur la valeur des enfants pour leurs parents et l'importance de leur éducation est assez différente de celles qui ont été précédemment examinées. Dans ce dernier cas, il ne s'agit plus de la citation littérale ou à peine aménagée d'une sentence ou d'un verset de longueur moyenne. Les rédacteurs de ce passage ont en effet sélectionné différents concepts et points d'appui du texte « aristotélicien », et les ont réorganisés, à la fois pour les fondre avec la maxime tirée du *Code* et pour les adapter à une rhétorique exaltant la magnification des fils de roi. Par la mise en valeur de ce travail d'insertion[53], ce passage du préambule n'acquiert pas seulement une valeur conceptuelle remarquable, en ce qu'il éclaire réciproquement la présentation de l'identité de personnes entre père et fils et de la succession royale par le pseudo-Aristote des *Économiques*

manuscrit BnF latin 16147 et le manuscrit Bnf latin 7695 sont en revanche des candidats possibles.

52 Sur l'histoire de cette partie du texte, *cf.* Maistre Nicole Oresme, *Le livre de yconomique*, *op. cit.*, p. 786-788 et Aristote, *Économique*, *op. cit.*, p. XVIII-XXVIII.

53 L'originalité relative des séquences citées par rapport à la phraséologie notariale habituelle et la prolongation des citations sur un long passage assure la solidité de la démonstration, même s'il s'agit ici d'une citation très remaniée.

(Aristote, pour un homme du XIVe siècle…) et par le Code Justinien. Il permet aussi de mieux comprendre comment les hommes du XIVe siècle interprétaient, voire réorganisaient ces lignes attribuées au Stagirite.

S'il n'est en effet pas facile de découvrir *a priori* ce qu'un lettré du cercle des conseillers royaux pouvait imaginer exactement derrière les expressions *et fili si non bene viverent ad interitum patris essent*, et surtout « [*patres*] *immortalitatem participant* », nous pouvons ici nous aider à la fois de la traduction française de 1392 et de la traduction-commentaire des *Économiques* effectuée par Nicole Oresme[54]. Il est évidemment indispensable de rapprocher la confection de cette traduction commentée, directement liée à la volonté royale, de l'insertion de ce « moteur aristotélicien » au cœur de notre acte. Selon l'éditeur de ces traductions, A. D. Menut, Oresme avait présenté une première version des *Économiques* en 1372, et opéré des révisions mineures aux gloses de l'*Éthique*, des *Économiques* et des *Politiques* en 1372-1373[55]. C'est, ironiquement, le 31 août 1374, dernier jour possible de promulgation de la loi, que Charles V clôt d'ailleurs le chapitre du financement des traductions des deux derniers ouvrages, désormais achevées, traductions dont il avait suivi l'avancement avec un soin tout paternel[56].

La citation pseudo-aristotélicienne du préambule
et les traductions d'Oresme

| | |
|---|---|
| Économiques, III, 2 | **Senectutis pastores** quasi optimos et pudicos patris ac matris **custodes** ac totius **domus** conservatores […]<br>[…]<br>Timorque ne contempti a **filiis, cum bene non viverent, ad interitum** ipsis erunt.<br>[…]<br>Hoc enim solo omne mortale semper factum **immortalitati participat**, et omnes petitiones dium permanent paternorum. Unde qui contemnit hoc, et deos **videtur neglegere.** |

54 Maistre Nicole Oresme, *Le livre de yconomique*, *op. cit.*

55 *Ibid.*, p. 791.

56 *Mandements et actes divers de Charles V (1364-1380)*, publ. et analysés par Léopold Delisle, Paris, Imprimerie nationale, 1874, no 1061, p. 552. (*cf.* pour le début du travail *ibid.*, no 889, p. 458-259 : mandement du 21 mai 1372 ordonnant à Jean d'Orléans le paiement de la somme de deux cents francs d'or à Nicole Oresme pour traduire sans souci les *Politiques* et *Économiques*, écrit avec la mention hors teneur exceptionnelle « Escrit de nostre main, Charles »). Le texte est donné intégralement *infra*, p. 437.

| | |
|---|---|
| Traduction de Nicole Oresme[57] | Lesquelz filz seront **pasteurs** et aussi comme tres bons, chastes et loialz **gardes** de la **viellece** du père et de la mere [...]<br>Et doivent lez parens avoir paour que finablement leur **filz** ne les aient en despit et que il ne soient cause de leur **destruction ou mort parce qu'il ne vivent pas bien** [...]<br>Item, que par ceste seule chose toute chose mortele **participe sus le fait de immortalité** ou de perpetuité.<br>Toutes les petitions et oroisons tant comme elles sunt permanens des paternes.<br>Et donques ceulz qui ces choses contempnent ou qui les ont en despit et n'en tiennent compte, **il semble qu'il ne curent** des diex. |
| Partie centrale du préambule, extrait | Ceterum equum censetur reges filios suos ut se ipsos diligere, tanquam sue **senectutis pastores** et **custodes domus** sue, cum natura eadem persona reputentur cum ipsis, et **filii** si **non bene viverent ad interitum** patris essent. Sane filios regum generaliter magnificandos et honorandos plus quam alios jura clamant, in quibus parentes ceteris munificentiores esse debent ; nam ipsis **solis** remanentibus post mortem, memoria et spe ducti quodam modo **immortalitatem participant** ; unde, non magnificando vel honorando eosdem, donum **Dei** singulare sibi in filiis prestitum **negligere viderentur**. |
| Traduction française de 1392 | Après il est jugié à droit, que les Roys aiment leurs Filz autant comme eulx-mesmes, et si comme **pasteurs de leur vieillesce et gardes de leur maison**, mesmement comme par nature ilz soient reputez une mesme personne avec eulx, **et se les Filz ne vivoient bien, ilz seroient la mort du Père** ; et pour ce, les Drois crient que généraument les Filz des Roys, sont à magnifier et à honorer plus que les autres, esquelz les parens doivent estre plus larges des autres. car quant ilz sont demourez seulz après la mort, lors sont-ilz menez de bonne mémoire et de espérance, et sont en aucune maniére **participans à immortalité** ; dont se les Roys ne magnefioient ou honnoroient eulx-mesmes, **il sembleroit que ilz desprisassent** le singulier don de Dieu à eulx donné en leurs diz Filz. |

Comme on peut le constater à la lecture des différentes cases du tableau, il est probable que nous nous trouvons dans ce cas précis face à un mécanisme typique de perte de sens implicite entre 1) le moment de la rédaction de l'acte, par une équipe dont certains, sinon tous les acteurs (dont le roi et, très probablement Nicole Oresme[58]) étaient

57 Maistre Nicole Oresme, *Le livre de yconomique*, *op. cit.*, p. 832-885.

58 Sur cette question, *cf. infra*, p. 447-466.

directement impliqués dans la lecture et l'analyse du corpus aristotélicien, et, notamment, des *Économiques*[59], et 2) ses premières relectures hors de ce contexte d'effervescence intellectuelle, par exemple en 1392 lors de la traduction française de l'acte. Dans la traduction de Nicole Oresme, malgré les ambiguïtés de la version latine, il n'y a pas de malentendu sur le fait que ce sont les pères qui participent de l'immortalité en se prolongeant à travers leurs fils, et il est probable que l'ajout de *quodammodo* à *immortalitatem participant*, dans le texte élaboré pour le préambule, visait à se prémunir contre le parfum de paganisme qui pouvait se dégager du texte. Nicole Oresme avait lui-même pris soin de préciser un peu plus loin dans sa traduction que quand Aristote parlait des dieux, il masquait sa véritable pensée monothéiste à cause des préjugés du peuple d'Athènes, et qu'il fallait entendre « un Dieu[60] ». Dans la formule élaborée en 1374, le sujet d'*immortalitatem participant* se fait ambigu, mais peut encore si on le souhaite être interprété comme étant *parentes* plutôt que *filii*, et l'on verra que cette interprétation, *a priori* contre-intuitive, est en fait la plus probable[61]. Dans la traduction de 1392, en revanche, il est clair que le rédacteur a organisé la phrase en faisant de *filii* le sujet d'*immortalitatem participant*. Il est possible que l'idée d'une succession intemporelle de relais mortels de la dignité royale immortelle, qui commence alors à se préciser à travers la glose de la maxime « le mort saisit le vif[62] », ait joué dans cette relative indifférence, voire dans ce possible renversement de la phrase pseudo-aristotélicienne initiale. C'est là du moins un glissement qui suggère que, dès 1392, l'origine du mécanisme conceptuel installé dans ce passage du texte commençait à devenir opaque…

Avant de quitter une première fois ce passage crucial, deux remarques d'intertextualité s'imposent. Qu'Aristote médiévalisé, surtout dans le Paris du XIV^e^ siècle, haut lieu d'orthodoxie aristotélicienne, ait semblé parfaitement compatible avec la théologie chrétienne, est une banalité.

59 Sur la lecture des *Économiques* par Charles V, à travers le témoignage du *Songe du Vergier*, *cf.* Schnerb, Bertrand, « Charles V au miroir du *Songe du Vergier* », *Le Moyen Âge*, n° 116, 2010/3, p. 545-559, p. 554, commenté *infra*, p. 438.

60 Maistre Nicole Oresme, *Le livre de yconomiques*, *op. cit.*, p. 835 : « Et comme autrefois est dit, Aristote ne mettoit qu'un seul dieu ; mas il parle selon le commun peuple, qui mettoient pluseurs diex… »

61 *Cf. infra*, p. 336-337.

62 Krynen, « Le mort », art. cité, p. 187-221 ; *Id.*, *L'Empire du roi*, *op. cit.*, p. 135-153.

Il est toutefois possible de noter que les harmoniques du texte latin pouvaient jouer dans la tête de lettrés imbus de culture biblique et patristique de manière à renforcer automatiquement la solidité de l'édifice conceptuel scolastique laborieusement organisé au cours des deux siècles précédents. Une partie du passage des *Économiques* dont ont été extraits les éléments de réemploi qui n'a pas intéressé les notaires reprend ainsi une image extrêmement semblable à celle de la « bonne terre … cultivée et labourée par bonne diligence, afin que elle porte très-bons fruis », elle-même précédemment rapprochée de la parabole du semeur ([…] *agricola nihil omittit studendo ut ad optimam terram et maxime bene cultam semen consumere, expectans ita optimum sibi fructum fieri*[63]). Il s'agit ici d'insister sur l'attention à porter à l'épouse, terrain d'où jailliront les futurs enfants, et berceau de leur éducation. De telles rencontres conceptuelles, pour banales qu'elles soient, pouvaient avoir une certaine signification dans l'esprit des lettrés du temps. De même, l'expression *custodes domus*, que l'on rencontre dans le texte pseudo-aristotélicien sous la forme complexe *patris ac matris custodes ac totius domus conservatores*, trouve en fait un écho direct, correspondant à la forme ramassée du préambule de 1374, dans la Vulgate, et plus précisément dans l'Ecclésiaste (12, 3 : *quando commovebuntur custodes domus*). De telles rencontres ont pu à la fois faciliter l'ajustement de cet univers textuel philosophique gréco-latin à la grille de lecture biblique, mais aussi motiver, quasiment par réflexe, le reformatage du mode d'expression choisi dans l'acte.

C'est d'ailleurs vers la Bible que la fin de la partie médiane du préambule nous fait retourner, avec une citation particulièrement imposante, la première par son ampleur de toutes celles du texte, si on la considère en tant que « structure monolithique », la seconde, si l'on tient compte de la dimension de la quadruple citation formant la « galerie des rois » du début de l'exposé[64].

> *Rursus, quod in honoribus sint aliis fratribus primogeniti preferendi paterna benedictione pinguiori, satis patet ex benedictione quam dedit Isaac ipsi Jacob sic inquiens : det tibi Deus de rore celi et de pinguedine terre habundantiam frumenti, vini et olei, serviant tibi populi et adorent te tribus ; esto dominus fratrum tuorum et incurventur ante te filii matris tue.*

63 Aristote, *Économique*, p. 40.

64 Sur cette quadruple citation, *cf. infra*, commentaire conceptuel, p. 345-350.

> « De rechef, que les ainsnez Filz des Roys soient et doient estre préférez et devant mis ès honneurs, devant leurs autres freres et de plus grasse bénédiction, appert assez par la bénéyçon que Isaac donna à Jacob, en lui disant ainsi : Dieu te doint de la rousée du Ciel et de la graisse de la terre, et habondance de froment, de vin et d'uille : les peuples te facent service et les lignées te aourent : soies Seigneur de tes freres, et les Filz de ta mere se agenoillent devant toy [...] »

Cette citation renvoie au passage central de la bénédiction solennelle arrachée par surprise par Jacob à son père Isaac (Genèse, 27, 28-29), et qui fait de lui et de ses héritiers, dans la succession des temps, les maîtres et souverains d'Israël, au détriment d'Ésaü : préfiguration patriarcale à la fois de la royauté davidique et salomonienne, et de la succession promise à chaque aîné de roi de France, pour l'éternité. Pour l'introduire, les rédacteurs recourent une dernière fois à la construction impersonnelle qui scande les deux premiers tiers du préambule solennel, avec une phrase pivotant autour de *satis patet* (« appert assez »). Ce choix permet de renvoyer le complément introduit par *quod* en début de période (*quod in honoribus sint aliis fratribus primogeniti preferendi paterna benedictione pinguiori, satis patet*, « il appert assez que les premiers-nés doivent être préférés aux autres frères dans les honneurs, par une bénédiction paternelle plus grasse »), tandis qu'un second membre de phrase (*ex benedictione quam dedit Isaac ipse Jacob*) placé cette fois après le verbe, introduit la longue citation, mise en valeur par un *sic inquiens* qui l'isole et la souligne. On explicitera dans la quatrième partie la valeur de cette bénédiction de Jacob qui place l'héritier du trône, puis le jeune roi, dans une position suréminente par rapport aux autres membres de la famille royale[65].

C'est la deuxième et avant-dernière fois dans le texte qu'une autorité est soulignée et pour ainsi dire mise en exergue. La maxime du Siracide avait déjà été annoncée par un « *unde sapiens* ». Le vers d'Ovide sur la vertu des Césars le sera également par un *juxta illud quod scribitur* plus impersonnel. À ces trois exceptions près, les citations sont intégrées dans le texte sans annonce, voire dissimulées. Il y aurait théoriquement là matière à réflexion, car cette différence implique un double degré d'autorité : autorités mises en avant dans le cas des citations exposées, et plus discrètes dans celui de citations intégrées à la pâte textuelle sans introduction, et, parfois, en étant si retravaillées (comme la citation

65 *Cf. infra*, p. 337-338.

pseudo-aristotélicienne) qu'elles en deviennent méconnaissables. Jusqu'à quel point toutefois cette différence doit-elle être soulignée ? On ne peut en effet dire que les amples citations bibliques non annoncées que nous allons rencontrer à la fin du préambule et au début de l'exposé étaient opaques pour des clercs de bonne culture de la fin du XIVᵉ siècle. La différence de statut entre ces deux registres d'intégration dans le texte doit donc être relevée, non radicalisée.

## LA DERNIÈRE PARTIE DU PRÉAMBULE
### Sources papales, bibliques et canoniques

Le dernier tiers du préambule solennel (ou, si l'on veut, le dernier « sous-préambule ») présente une série d'altérations mineures par rapport aux deux blocs précédents qui annoncent de loin le passage à l'exposé. D'une part, il est un peu plus court (une centaine de mots, contre cent quarante pour le bloc le plus long), et se termine par une kurzarenga qui peut faire office de sas vers la suite de l'acte[66]. D'autre part, la construction du discours change insensiblement. On passe en effet à un registre encore relativement impersonnel, mais où ce ne sont plus des verbes impersonnels à sujet indéterminé (*clare liquet* ; *censetur* ; *satis patet*) qui commandent l'architecture de la période. Dans les deux premiers tiers de cette section, ce sont en effet les rois qui sont les sujets d'une suite verbale commandée par *debere* (devoir). Dans la toute dernière section, la construction change radicalement, puisque le roi s'adresse en majesté, à la première personne du pluriel, au lecteur de l'acte (*postremo super regimine regni debemus predecessorum nostrorum vestigiis inherere* [...])

> *Porro summe debent reges attendere quod beneficia filiis suis, precipue primogenitis, impensa cum publica utilitate concurrant, cum hec duo post Deum sibi debeant existere cariora, confidentes in filiis rempublicam post ipsorum obitum feliciter conservari in ipsius negotiis peragendis, sic intendentes solerter quod ea que periculosiora sunt nequaquam absque remedio reformacionis acommode relinquant* [...]

66 Sur cette division, *cf. supra*, p. 144-145.

> « [...] maiz aussi doivent les Roys souverainement regarder que les bénéfices renduz à leurs Filz, mesmement aux premiers engendrez, soient concurrens avec le proufit et utilité Publique, comme ces deux choses leur doient estre plus chieres après Dieu. Et pour ce, Nous considérans que la chose publique doit estre heureusement gardée, ès Filz, et curieusement après leur mort, quant ilz auront entendu à parfaire les besoignes de la chose publique, et que les choses qui sont plus périlleuses, ilz ne guerpissent ne laissent pas sanz réformacion de remede proufitable [...] »

La première section de ce dernier tiers de l'acte commence par un long développement rédigé en termes généraux, qui pourrait lui-même faire office de préambule autonome : les rois doivent s'appliquer à ce que les bénéfices donnés à leurs aînés concordent avec l'utilité publique (la *publica utilitas* déjà commentée dans la perspective de l'histoire du droit et des idées[67]). Cette idée est explicitée par deux constructions relatives, l'une introduite par *cum*, l'autre participiale. D'une part, ces deux choses leur sont les plus chères après Dieu ; d'autre part, ils ont l'espoir que la chose publique (*respublica*[68]) se conservera heureusement après leur trépas dans leurs fils (idée qui prolonge donc celles développées dans le paragraphe précédent) dans la gestion des affaires. Jusqu'à ce point, malgré la perfection de l'ornementation rythmique (*réges atténdere* : tardus ; *utilitáte concúrrant* : planus ; *exístere carióra* : velox ; *felíciter conservári* : velox ; *negótiis peragéndis* : velox), qui indique que tous ces thèmes sont extraits d'un continuum emprunté au langage de chancellerie classique du XIII^e siècle, on peut hésiter entre l'existence d'un modèle long qui serait ici suivi, ou l'invention d'une structure empruntant ses éléments de base à la culture de l'*ars dictaminis* ou, dans une optique institutionnelle, du latin de chancellerie.

En revanche, le membre de phrase suivant, prolongation de cette période (*sic intendentes solerter quod ea que periculosiora sunt nequaquam absque remedio reformationis accomode relinquant*) n'est pas original. Il

67 *Cf.* en particulier Rigaudière, « La *lex* », art. cité, p. 180. *Cf.* sur les origines romaines de cette notion Gaudemet, Jean, « Utilitas publica », *Revue historique de droit français et étranger*, 29, 1951, p. 465-479.

68 Sur l'emploi du terme *respublica*, *cf.* Rigaudière, « La *lex* », art. cité, p. 172, 188 et « Un grand moment », art. cité, p. 397 et 366 ainsi que pour la protohistoire de l'utilisation du terme en France Sassier, Yves, « L'utilisation du concept de "res publica" en France du nord aux X^e, XI^e et XII^e siècles », *Droits savants et pratiques françaises du pouvoir (XI^e-XV^e siècles)*, Jacques Krynen, Albert Rigaudière (éd.), Bordeaux, Presses universitaires de Bordeaux, 1992, p. 79-97.

s'agit d'un emprunt, emprunt dont on peut indiquer malgré sa taille moyenne et son vocabulaire relativement banal la source dans le droit canon, d'autant plus sûrement qu'il se prolonge dans d'autres parties de l'acte[69]. Le modèle ici mis à contribution n'est autre que le préambule de la fameuse constitution *Ubi periculum*, promulguée par Grégoire X lors du concile de Lyon II en 1274 et qui organisait plus précisément la procédure d'élection des papes et le conclave[70]. Ce canon fondamental fut inclus dans la collection de décrétales organisée sous l'égide de Boniface VIII et publiée en 1298 sous le nom de *Liber sextus*[71].

Une réutilisation du préambule d'*Ubi periculum* (première partie)

| *Ubi periculum*, préambule (1274), inclus dans le *Liber sextus* en 1298[72] | Préambule, troisième partie, extrait… |
|---|---|
| Ubi periculum maius intenditur, ibi procul dubio est plenius consulendum. Quam gravibus autem sit onusta dispendiis, quot et quantis sit plena periculis ecclesiae Romanae prolixa vacatio, exacti temporis consideratio edocet et considerata prudenter illius discrimina manifestant. Hinc nos evidens evocat ratio ut, dum reformandis etiam minoribus nostra **sollerter** vacet **intentio, ea quae periculosiora sunt, nequaquam absque remedio reformationis accomode relinquamus** […] | […] confidentes in filiis rempublicam post ipsorum obitum feliciter conservari in ipsius negotiis peragendis, sic **intendentes solerter** quod **ea que periculosiora sunt nequaquam absque remedio reformationis accomode relinquant**[73] […]<br><br>Ainsi qu'exposé, *cf. infra* p. 245-246 |

69 *Cf.* pour l'exposé *infra*, p. 245-246.

70 *Corpus iuris canonici*, ed. Lipsiensis secunda…, pars secunda, *Decretalium collectiones*, Aemilius Friedberg (éd.), Leipzig, Bernhard Tauchnitz, 1881, c. 946 [Sexti Decretal. Lb. I, Tit. VI, « *De electione et electi potestate* », cap. III] : Gregorius X in generali concilio Lugdunensi : *Ubi periculum maius intenditur, ibi procul dubio est plenius consulendum. Quam gravibus autem sit onusta dispendiis, quot et quantis sit plena periculis ecclesiae Romanae prolixa vacatio, exacti consideratio temporis edocet, et considerata prudens illius temporis discrimina manifestant* […]

71 Sur *Ubi periculum*, *cf.* Petrucci, Enzo, « Il problema della vacanza papale e la costituzione "Ubi Periculum" di Gregorio X », *Atti del Convegno di studio. VII centenario del I° conclave (1268-1271)*, Viterbe, pas de mention d'éditeur, 1975, p. 69-96, rééd. dans *Id.*, *Ecclesiologia e politica. Momenti di storia del papato medievale*, Rome, Carocci, 2001.

72 *Cf.* édition *supra*, n. 438.

73 On comprend à la lecture de cette adaptation pourquoi la formule *accomode relinquant* interrompt dans cette zone la série des ornementations rythmiques correspondant aux règles du cursus : la formule originale *accómode relinquámus* formait un beau cursus velox, que les rédacteurs ont brisé en faisant passer le verbe de la première à la troisième personne

Il s'agissait là d'un document normatif stratégique, certainement bien connu dans les milieux des canonistes, mais s'il est venu à l'esprit des rédacteurs de l'acte de 1374, c'est sans doute pour une raison plus précise que sa rhétorique générale de réformation, encore que celle-ci ait pu entrer en ligne de compte dans ce choix plus qu'on ne l'imaginerait au premier abord. Il existe en effet des preuves non équivoques que les *Décrétales* contenues dans le *Liber sextus* étaient considérées comme des modèles d'éloquence dans certains lieux d'enseignement de la rhétorique nord-européens aux XIVe et XVe siècles, et l'on peut supposer que les préambules de ces textes étaient particulièrement visés par cette appréciation[74]. Mais si ce prestige de forme a pu contribuer à la sélection du texte, c'est sans doute un argument de fond qui l'a déterminée. *Ubi periculum* était en effet le cœur du dispositif canonique le plus important (reprenant et précisant les dispositions d'Alexandre III) statuant sur le problème de la succession papale et de son organisation[75]. Son préambule soulignait expressément le danger d'une vacance du pouvoir et la nécessité d'y remédier (*periculosa sunt … nequaquam absque remedio reformationis accomode relinquant*). Il réglait à sa manière, toute élective et ecclésiologique, le même genre de problème

du pluriel. Le désir de maintenir les termes de la formule citée dans le nouveau cadre syntaxique l'a clairement emporté sur tout souci de « correction rythmique » (ce qui pose encore une fois la question de l'intérêt concret pour ces agencements à la chancellerie en 1374 : s'ils sont peut-être encore cultivés, ils ne sont visiblement pas prioritaires).

74 *Cf.* à ce sujet Camargo, Martin, « La déclamation épistolaire. Lettres modèles et performance dans les écoles anglaises médiévales », *Le dictamen dans tous ses états. Perspectives de recherche sur la théorie et la pratique de l'ars dictaminis (XIe-XVe siècles)*, Benoît Grévin, Anne-Marie Turcan-Verkerk (éd.), Turnhout, Brepols, 2015, p. 287-308, p. 304, édition du sixième chapitre du *Compendium artis dictatorie*, manuel de rhétorique (*ars dictaminis*) anglais composé et utilisé à Oxford vers la fin du XIVe ou le début du XVe siècle : l'auteur détaille une série de textes exemplaires pouvant aider à composer des lettres, en apparence de statut très différent les uns des autres : *epistolaria scripta Petri de Vineis* [lettres de Pierre de la Vigne], *Ricardi de Pesys* [lettres papales de Richard de Pofi], *Lemovicensis* [sans doute le *Morale Somnium Pharaonis* de Jean de Limoges], *Petri Blesensis* [lettres de Pierre de Blois], *Guydonem de Columpna de historia Troianorum* [Guido da Colonna, *Historia destructionis Troiae*, écrite en haut style de *dictamen* sicilien, et remplie de discours pompeux], *Sextum librum decretalium* [le *Liber sextus*]. Il y a beaucoup à méditer sur la compénétration des plans de l'écriture en chancellerie, d'une écriture réputée plus littéraire et de la codification juridique, toutes ces sources étant réunies en tant que modèles de « haut style ».

75 Outre Petrucci, « Il problema », art. cité, *cf.* plus généralement pour les procédures d'élection papale au XIIIe siècle Herde, Peter, « Election and Abdication of the Pope : Practice and Doctrine in the Thirteenth Century », *Proceedings of the Sixth international Congress of medieval Canon Law*, Berkeley, California, 28 July-2 August 1980, Stephan Kuttner, Kenneth Pennington (éd.), Città del Vaticano, Biblioteca Apostolica Vaticana, 1985 (Monumenta iuris canonici, series C. Subsidia, 7), p. 411-436.

que cherchait à résoudre l'acte de fixation de la majorité des rois de France à quatorze ans. Derrière l'intuition de Françoise Autrand sur la possible imitation par le roi de France de l'effort de promulgation d'une législation successorale impériale en 1356[76], c'est donc ici l'imitation de la volonté de définition et d'organisation de sa propre succession par la papauté qui se devine. Selon une tendance qui ne fait que s'affirmer, l'*imitatio imperii* des rois de France, depuis longtemps enregistrée et soulignée, dévoile de plus en plus concrètement une plus souterraine *imitatio papatus*, extraordinairement sensible dans le langage des actes[77]. Mais de la même manière que la citation pseudo-aristotélicienne, la référence, il est vrai mimétisée dans le flux du texte, à la bulle de Grégoire X, si elle venait sans doute à la pensée des rédacteurs de l'acte de 1374, comme des clercs et juristes du conseil du roi qui pouvaient lire cette loi à la fin du XIV<sup>e</sup> siècle, n'était pas d'une telle évidence qu'elle dût encore frapper un public moins féru de droit canon, quelques siècles, ou peut-être simplement quelques décennies plus tard. Aussi cet écho de la rhétorique, du droit et de la pensée papaux s'est-il rapidement perdu dans les harmoniques de l'acte.

> [...] *sed, si respiciant oculate quod populus ab opprimencium protectus incursibus exhuberantia virtutum quiescat in pulchritudine pacis, in tabernaculis fiducie, et requie temporalium opulenta, res quoque publica suis temporibus prosperetur.*
>
> « [...] maiz voient et considerent à l'œil, que le peuple soit gardé et défendu des oppressions et incourses des ennemis, par l'abondance des vertus, et se puist resposer en la beauté de paix et ès tabernacles de fiance [...] »

La suite de cette dernière grande section du préambule pourrait à la rigueur s'analyser comme une phrase autonome. Le *sed* et l'utilisation des subjonctifs présents et imparfaits suggèrent plutôt d'en faire une

---

76 Autrand, *Charles V*, *op. cit.*, p. 628-629 et *Id.*, « La succession », art. cité, p. 26-27.

77 Sur l'influence des thèmes et formules papaux dans les actes royaux et épiscopaux français du bas Moyen Âge, *cf.* l'article fondateur de Guyotjeannin, Olivier, « Traces d'influence pontificale dans les actes épiscopaux et royaux français (XIII<sup>e</sup>-XV<sup>e</sup> siècle) », *Papsturkunde und europäisches Urkundenwesen. Studien zu ihrer formalen und rechtlichen Kohärenz vom 11. Bis 15. Jahrhundert*, Peter Herde, Hermann Jakobs (éd.), Cologne-Vienne-Weimar, Böhlau, 1999 (Archiv für Diplomatik Schriftgeschichte Siegel- und Wappenkunde, Beiheft 7), p. 337-364, ainsi que les pistes données dans Grévin, Benoît, « Zum Problem der Benutzung der päpstlichen Briefsammlungen des 13. Jahrhunderts im Spätmittelalter. Das Beispiel der Kanzlei der französischen Könige », *Kuriale Briefkultur. Gestaltung – Überlieferung – Rezeption*, Tanja Broser, Andreas Fischer, Matthias Thumser (éd.), Vienne-Cologne-Weimar, Böhlau, 2014 (Forschungen zur Kaiser- und Papstgeschichte des Mittelalters. Beihefte zu J. F. Böhmer, Regesta Imperii 37), p. 313-334.

prolongation de la période qui contient cette citation papale. Ce sont donc toujours les rois qui veillent (*intendentes*) à prendre garde que le peuple, protégé des insultes (des assauts…) des oppresseurs par l'« abondance de vertus » [du gouvernement royal], « repose dans la beauté de la paix, dans les tabernacles de confiance, et dans le repos opulent des choses temporelles » ; enfin, « que la chose publique prospère de son temps ». Ici, on peut prendre en défaut le traducteur de 1392 qui a omis ou oublié de translater la séquence *et requie temporalium opulenta, res quoque publica suis temporibus prosperetur*.

Ce milieu de la troisième section se comprend en fait, à la lumière de la mise en valeur du sens originel du fragment emprunté à Grégoire X, comme un prolongement du tout début de la période où les rois étaient invités à lier l'utilité publique à l'exaltation de leurs aînés : si les périls que représente la succession mal ordonnée sont conjurés, le peuple sera *ipso facto* protégé contre ses ennemis, et reposera dans une paix qui est ici évoquée à travers la troisième grande citation biblique du préambule : Isaïe, 32, 18-19, vision du peuple d'Israël siégeant dans la beauté de la paix à l'avènement du Messie (*et sedebit populus meus in pulchritudine pacis et in tabernaculis fiduciae et in requie opulenta*). La formule finale de la longue période, qui vient renforcer en la qualifiant avec des termes abstraits et plus classiques cette même paix (*res quoque publica suis temporibus prosperetur*), conclut ce développement messianique, point d'orgue du préambule, en recourant à une rhétorique traditionnelle des préambules royaux, souvent utilisée pour souhaiter la prospérité de l'Église du temps du roi auteur de l'acte[78]. Il est vrai que l'assimilation des sujets du royaume de France au peuple élu impliquée par la référence isaïenne confond les deux plans, suggérant que l'Église, le royaume et l'État s'unissent dans la jouissance d'une perfection que viendrait apporter la loi.

Il ne reste plus pour sortir de ce préambule qu'à commenter la kurzarenga finale, que sa brièveté, sa construction à la première personne du pluriel, sa ponctuation dans les exemplaires de l'acte, son introduction par l'adverbe *postremo* (traduit en 1392 par un « et en la fin » qui

78 *Cf.* par exemple Barret, Grévin, *Regalis excellentia*, *op. cit.*, n° 314, p. 516, confirmation et renouvellement de l'ordonnance de Louis IX contre les hérétiques en 1228, novembre 1329 : *Nos, progenitorum nostrorum et precipue beati Ludovici sancte memorie Francorum regum vestigiis inherere volentes ac, favente Domino, totis affectibus cupientes ut catholice et orthodoxe fidei negotium ac inquisitionis officium contra hereticam pravitatem ad Dei gloriam et dicte fidei augmentum nostris temporibus prosperetur* […]

manque un peu de la solennité du latin), et tout simplement, sa place, destinent effectivement au rôle de sas ou de transition entre ce très long préambule et la suite de l'acte.

> *Postremo super regimine regni debemus predecessorum nostrorum vestigiis inherere et inter bonos meliores et inter meliores optimi sunt sectandi.*
>
> « [...] et en la fin Nous devons ensuir les traces et nous aherdre aux fraiz de nos Prédécesseurs, sur le Gouvernement du Royaume, et entre les bons, les meilleurs, et entre les meilleurs, les très-bons sont à ensuir. »

La phrase se divisant en deux propositions simples, son analyse est facile. Elle commence par une manière de préambule-miniature (*Super regimine regni debemus predecessorum nostrorum vestigiis inherere*) qui possède de très nombreux parallèles dans les actes des rois de France du XIV^e^ siècle[79]. C'est en effet une mission essentielle de la royauté que d'assurer la continuité du gouvernement, sur les traces de ses prédécesseurs. La suite est, d'une certaine manière, plus originale, et pose un nouveau problème d'analyse. La formule *et inter bonos meliores, et inter meliores optimi sunt sectandi* introduit une idée de recherche de perfection du modèle royal qui forme le prologue de l'exposé, effectivement riche en portraits de rois exemplaires. Je ne lui ai pas encore trouvé de parallèle strict. Il existe toutefois une source fameuse qui contient une formule, elle-même transmise des pères de l'Église, qui pourrait être à son origine : le vingt-sixième canon du Décret de Gratien.

Ce canon, portant sur l'élection à la cléricature d'un moine qui en serait jugé digne, s'exprime ainsi : *Sic vive in monasterio ut clericus esse merearis. Multo tempore disce que postmodum doceas, et* inter bonos semper sectare meliores. *Quod si populus vel episcopus te in clericum elegerit, age ea, que clerici sunt*[80].

---

79 *Cf.* par exemple l'acte n° 314 à peine cité : *Francorum regum vestigiis inherere...* c'est donc ce passage tout entier de l'acte qui peut être considéré comme sous influence d'un modèle de préambule comprenant plusieurs fragments réutilisés, mais la rhétorique en est trop générale pour indiquer une source précise. En effet, on peut également citer pour *vestigiis inherere* Barret, Grévin, *Regalis excellentia*, *op. cit.*, n° 109 ; n° 110 (avec *predecessorum*) ; n° 313 et 314, pour s'en tenir à cette formule stricte. Avec la variation *vestigiis inherentes*, le nombre de témoins se compte par dizaines pour le seul corpus contenu dans *Regalis excellentia*.

80 *Corpus iuris canonici*, ed. Lipsiensis secunda ..., pars prima, *Decretum magistri Gratiani*, Aemilius Friedberg (éd.), Leipzig, Bernhard Tauchnitz, 1879, c. 768 : *Decreti secunda pars causa* XVI, quest. I, c. XXVI : *Digne in monasterio vivens per populi electionem ad clericatum poterit promoveri.*

Il paraît clair que c'est la seconde partie de la phrase centrale qui a fourni la base du proverbe *inter bonos meliores et inter meliores optimi sunt sectandi*. Le noyau de l'idée est donc celui d'une élection, provoquée par la perfection d'un homme qui a appris avant d'enseigner, et qui est digne d'une vie d'élu. Il est néanmoins imprudent d'inférer de ce contexte autre chose que cette base évocatrice mais générale pour ce passage de la *constitutio*, car il reste probable que les rédacteurs de l'acte de 1374 ont repris la formule renforcée *inter bonos meliores et inter meliores optimi sunt sectandi* d'un lieu intermédiaire plutôt qu'ils ne l'auraient inventée. Cette maxime fait partie des sources de l'acte encore à identifier.

## ANALYSE DE DÉTAIL

### L'exposé

*Hinc est quod nos considerantes attente etatem quatuordecim annorum seu eciam minorem nullatenus repugnare regie dignitati, vel administracione nasciscende seu suscipiende regnorum ; Joas enim unctus fuit et regnavit etatis sue anno septimo ; Josias octo annorum erat, quando regnare cepit ; David parvulus in regem unctus est, et Salomon elegit Deus adhuc puerum et tenellum, et isti reges fecerunt placitum coram Domino ; Jheremias puer super gentes constitutus est et regna.*

« Pour ce est il que Nous considérans attentivement, que l'éage de quatorze ans ou meneur de quatorze ans, ne repugne ne contredit aucunement à prendre et recevoir la dignité et administracion des Royaumes : car quant Joas fut enoint en Roy, il regna ou septième an de son Royaume ; et Jozias estoit de l'aage de huit ans, quant il commença à regner. David fu enoint en Roy, en petit éage ; et Dieux eslut Salemon qui estoit jeune et tendre enfant ; et ces Roys firent plaisir devant nostre Seigneur. Jeremias enfant, fu constitué sur les gens et sur les Royaumes. »

L'entrée dans l'exposé, après la rupture « *hinc quod* », est marquée par une inflexion notable. On pénètre en effet une première fois dans le domaine des *exempla* de caractère historique, avec la « galerie des rois » bibliques, introduite par une proposition à caractère général précisant que l'âge de quatorze ans, voire un âge mineur[1], n'est pas contradictoire avec l'obtention (*nasciscor*, sic pour *nanciscor*) ou l'assomption de la dignité royale. La première de ces incises au temps de la narration (le passé simple) qui rompront régulièrement le fil des « considérants » (*Considerantes quod…*) de l'exposé est alors introduite, avec un quadruple *exemplum* d'enfants-rois tirés de l'Ancien Testament.

1 Cette mention renforce la position de ceux qui, en 1380, ont vraisemblablement argué que les dispositions de 1374 signifiaient que le roi devait être majeur et couronné à quatorze ans au plus tard, mais qu'il pouvait l'être plus tôt.

## LA GALERIE DES ROIS ET DES PROPHÈTES

Les quatre unités sont superposées pour former un bloc compact. C'est d'abord Joas qui (sauvé des fureurs d'Athalie...), « fut oint et régna en la septième année de son âge », reprenant d'assez près le texte de II, Rois, 11, 12 et 11, 21[2]. La mention suivante, concernant « Josias, qui commença à régner à huit ans », est extraite de II, Rois, 22, 1[3]. Ces deux exemples ne sont pas pris au hasard, ou simplement pour soutenir le droit d'une minorité, puisque les deux rois, l'un pour un temps, l'autre de manière exemplaire, « firent ce qui était selon la volonté du Seigneur[4] ».

Le troisième roi cité est David, et ici, la rédaction se fait ambiguë : « David était enfant quand il fut oint ». Il y a là un problème d'exégèse biblique, qui peut être facilement résolu. En II, Rois, 5, 6, il est dit que David fut oint et investi de la royauté sur Israël alors qu'il avait trente ans. Il existe toutefois une première onction secrète, racontée dans I, Samuel, 16, 11-13. Alors que Saül règne encore, le prophète Samuel choisit David entre les fils de Jessé, bien qu'il ne soit qu'un petit enfant qui paît les brebis de son père, et l'oint pour lui insuffler l'Esprit de Dieu[5]. À partir de ce moment, l'Esprit saint quitte Saül : c'est désormais David qui est roi en puissance. Il y avait là un modèle de double accession du roi à la royauté – en puissance, durant l'enfance et dans les faits, à l'âge adulte – qui ne pouvait qu'intéresser les rédacteurs de l'acte. Le sacre (symbolisé par l'onction) s'accomplit durant l'enfance (*parvulus* est la marque d'un petit enfant), investissant de la dignité royale, même si

2 II, Rois 11, 12 : *Produxitque filium regis et posuit super eum diadema et testimonium feceruntque eum regem et unxerunt et plaudentes manu dixerunt vivat rex* ; c'est de ce premier passage qu'est tirée la mention de l'onction ; II, Rois 11, 21 : *Septemque annorum erat Ioas cum regnare coepisset.*

3 II, Rois, 22, 1 : *Octo annorum erat Iosias cum regnare coepisset.*

4 II, Rois, 12, 2 : *Fecitque Ioas rectum coram Domino cunctis diebus quibus docuit eum Ioiada sacerdos* ; II, Rois, 22, 2 : *Fecitque [Josias] quod placitum erat coram Domino et ambulavit per omnes vias David patris sui non declinavit ad dextram sive ad sinistram.*

5 I, Samuel, 16, 11-14 : *Dixitque Samuhel ad Isai numquid iam conpleti sunt filii qui respondit adhuc reliquus est parvulus et pascit oves et ait Samuhel ad Isai mitte et adduc eum nec enim discumbemus priusquam ille huc venerit* 12 *misit ergo et adduxit eum erat autem rufus et pulcher aspectu decoraque facie et ait Dominus surge ungue eum ipse est enim* 13 *tulit igitur Samuhel cornu olei et unxit eum in medio fratrum eius et directus est spiritus Domini in David a die illa et in reliquum surgensque Samuhel abiit in Ramatha* 14 *spiritus autem Domini recessit a Saul.*

la prise effective de fonction se fait plus tard. Le quatrième exemple royal est celui de Salomon, par référence à I, Chroniques, 28-29, et plus particulièrement à 29, 1[6]. Cette fois, c'est David régnant dans sa vieillesse qui introduit le jeune roi devant l'assemblée pour souligner que Dieu l'a choisi comme roi dès sa tendre enfance. On a donc deux *exempla* donnant un âge précis d'accession effective à la royauté (sept et huit ans) bien inférieur à la limite revendiquée par l'acte, auxquels s'opposent deux *exempla* plus vagues, soulignant que le couronnement, envisagé soit comme onction royale, soit comme élection divine, peut intervenir également au profit d'un enfant (*parvulus*, *tenellus*). Cette série est fermée par la formule biblique qui résume de livre en livre l'action propice des bons rois : « Et ces rois firent ce qui plaisait à Dieu (*placitum coram Domino*) ».

Ce quadruple *exemplum* royal est enfin accompagné d'un cinquième *exemplum*, purement prophétique. C'est cette fois le modèle du prophète Jérémie qui est invoqué (« Jérémie encore enfant a été placé au-dessus des nations et des royaumes »), et la contradiction apparente avec les exemples précédents s'explique pour une raison précise. Quand Dieu le choisit pour prophète, il n'est en effet qu'un enfant qui témoigne de sa peur et proteste en disant « qu'il ne sait pas parler car il est enfant ». Dieu le reprend alors en lui disant qu'il lui donnera le don de parole, et qu'il l'a placé en ce jour au-dessus des nations et des royaumes, pour arracher et détruire, disperser et dissiper, édifier et planter :

Citation contractée de Jérémie

| Jérémie, I, 1-10 | Acte de 1374 |
|---|---|
| &Dixi a a a domine Deus ecce nescio loqui quia **puer** ego sum et dixit Dominus ad me noli dicere puer sum quoniam ad omnia quae mittam te ibi et universa quaecumque mandavero tibi loqueris ne timeas a facie eorum quia tecum ego sum ut eruam te dicit Dominus et misit Dominus manum suam et tetigit os meum et dicit Dominus ad me ecce dedi verba mea in ore tuo ecce **constitui te** hodie **super gentes** et **super regna** ut evellas et destruas et disperdas et dissipes et aedifices et plantes. | Jheremias **puer super gentes constitutus est et regna.** |

6 Chroniques, 29, 1 : *Locutusque est David rex ad omnem ecclesiam Salomonen filium meum unum elegit Deus adhuc puerum et tenellum.*

Ce quintuple *exemplum* présente en fait, au-delà de son apparente simplicité, un ensemble de résonances et d'harmoniques, bien sûr liées à l'exégèse complexe qui avait été faite depuis des siècles de ces modèles royaux, sur lesquels il faudra revenir. L'utilisation quasi obligée des figures des deux grands rois de parole de l'Ancien Testament, David et Salomon, rédacteurs des Psaumes et d'une partie des livres sapientiaux sous l'inspiration divine, concepteur et bâtisseur du Temple, rois d'Israël dans sa grandeur, ne doit pas faire négliger le recours aux figures de Joas et Josias : ce dernier en particulier avait été abondamment utilisé par les hagiographes du XIIIe siècle pour magnifier et typologiser la figure de Saint Louis.

## DE GILLES DE ROME À OVIDE
### Vertus militaires et innées des fils de France

> [...] *considerantes eciam quod annus quartusdecimus annus discretionis existit, et in ipso quis ad plures actus legitimos admittitur, exercendi et assuescendi sunt nobiles ad labores militares et opera bellicosa ; et quod nonnulli reges tam predecessores nostri quam alii, hac etate seu paulo ante vel post, regnorum gubernacula assequti, magnifice et utiliter regnaverunt ; quodque filii regum Francie solent cura pervigili instrui et educari in bonis moribus, virtutibus et honore, quapropter ipsos verissimiliter creditur plus illo tempore profecisse, quam alios minoris status, etate longe majori, juxta illud quod scribitur : « Cesaribus virtus contigit ante dies »* [...]
>
> « Considérans aussi que l'an quatorziéme, est an de discrecion, et en icelui an sont pluseurs receuz à exercer pluseeurs faiz légitimes : les nobles commencent à eulx acoustumer aux labeurs de Chevalerie, et aux œuvres bateilleuses, et que pluseurs Roys tant nos Prédécesseurs comme autres, en celui aage ou pou auparavant ou après, ont prins les Gouvernements des Royaumes et ont regné moult grandement et proufitablement ; et que les Filz des Roys de France, par grant cure seulent estre instruis et nourriz en bonnes meurs, vertus et honneur, pourquoy est à croire vraisemblablement eulx avoir plus proufité en ce temps, que les autres de mendre estat, de plus long et plus grant éage, selon ce qui est escript, Cezareis virtus contigit ante dies ; ce est à dire, que aux Cezars, aux Empereurs advint vertu par avant aage de jours. »

La section suivante de l'exposé, bien délimitée par la répétition de *considerantes*, nous replace dans la situation des parties du préambule où aucune source précise ne peut être pour l'instant localisée, à la réserve de la citation ovidienne éclatante qui clôt le passage : *Caesaribus virtus contigit ante dies*, un pentamètre extrait de l'*Ars amatoria* (I, 184[7]). Cette séquence, tout entière construite sur des relatives en *quod* (considérant que ...), dont la dernière est glosée par un *quapropter* (en raison de quoi...), n'en est pas moins riche d'allusions à des idées et concepts précis, tournant tous autour de la discussion de la valeur particulière du passage à l'âge de quatorze ans. Le passage, imparfaitement rythmé selon les logiques du cursus rythmique[8], n'en reprend pas moins dans l'ensemble une phraséologie typique du latin des chancelleries royales (*gubernácula assequúti* ; *utíliter regnavérunt* ; *virtútibus et honóre* ; *témpore profecísse*).

Le seuil de quatorze ans est tout d'abord envisagé de manière relativement générale comme l'âge de discrétion (*annus discretiónis exístit*), où l'on est admis à faire plusieurs actions légitimes et où les jeunes nobles commencent à s'exercer et à s'habituer aux travaux militaires (*ad labores militares et ópera bellicósa*). La notion d'âge de discrétion renvoie à un ensemble de prescriptions du droit canonique. C'est l'époque invoquée par le décret de Gratien pour valider et célébrer des mariages qui, pour avoir été arrangés à la naissance ou durant le jeune âge des enfants concernés, ne sont pas valables tant que ceux-ci n'ont pas atteint l'âge de discrétion qui leur permet de donner leur consentement[9]. C'est aussi l'âge où le vingt-et-unième canon du concile de Latran IV dispose que l'on doit se confesser[10], et celui où, pour la même raison que pour le

7 Ovide, *L'art d'aimer*, Henri Bornecque (éd.), Paris, Les Belles lettres, 1924.

8 *Legíttimos admíttitur*, à l'une des articulations syntaxiques fortes du membre de phrase, ne correspond pas à l'un des trois schémas admis.

9 Décret, *secunda pars*, causa XIII, questio II [*Corpus iuris canonici*..., pars prima, *Decretum magistri Gratiani*, *op. cit.*, *1879.*, *t. I*, *c. 1099-1100] : Ante tempus consentiendi coniugium contrahi non potest. Ubi non est consensus utriusque non est coniugium. Ergo qui pueris dant puellas in cunabulis, et e converso, nichil faciunt, nisi uterque puerorum post, quam venerit ad tempus discretionis, consentiat, etiamsi pater et mater hoc fecerint et voluerint.* Le point de droit dont c'est la résolution invoque précédemment l'âge de sept ans, et non celui de quatorze. Sur le problème d'application à différents âges du concept d'*aetas discretionis*, *cf.* n. suivante.

10 Le Canon 21 du concile de Latran, « *Omnis utriusque sexus* », est édité dans *Constitutiones concilii quarti Lateranensis una cum Commentariis glossatorum*, Antonio García y García (éd.), Cité du Vatican, Biblioteca Apostolica Vaticana, 1981, p. 67-68. Sur sa signification et ses lectures aux XIIIe-XIV[e] siècles, *cf.* Gy, Pierre-Marie, « Les définitions de la confession après le quatrième concile du Latran », *L'aveu. Antiquité et Moyen Âge.* Actes de la table ronde de Rome (28-30 mars 1984), Rome, École française de Rome, 1986, p. 283-296. Sur l'*aetas discretionis* comme ligne de partage pour la communion et la confession, *cf. ibid.*, p. 286, citation du canon : *Omnis utriusque sexus fidelis, postquam ad annos discretionis pervenerit,*

mariage, on peut donner volontairement son consentement à entrer dans les ordres[11], tous éléments qui rythment le temps de la famille royale comme, potentiellement, de bien d'autres, et que sous-entend « *plures actus legitimos* ». Une catégorie d'actions toutefois rentre dans un cadre plus spécifique, et distingue particulièrement la noblesse : quatorze ans est la limite indiquée pour commencer à s'exercer sérieusement aux travaux militaires et à l'art de la guerre. Ici, le texte concorde parfaitement avec les indications données à ce sujet dans le *De regimine principum*, dont un chapitre est précisément consacré à la question[12]. Le titre même et la première période de ce chapitre entrent fortement en résonance avec ce passage de l'acte de fixation, au point qu'il est de nouveau légitime de se demander s'il ne s'agit pas là d'un emprunt direct au prestigieux miroir :

---

*omnia sua solus peccata confiteatur fideliter, saltem semel in anno, proprio sacerdoti, et inunctam sibi penitentiam studeat pro viribus adimpletere, suscipiens reverenter ad minus in Pascha eucharistie sacramentum* [...]. Pour la signification de l'âge de discrétion dans la pensée médiévale des âges de la vie, *cf.* en particulier Goodich, Michael E., *From Birth to Old Age. The Human Life Cycle in Medieval Thought 1250-1350*, Lanham –New York – Londres, University Press of America, 1989, p. 59, et pour la confession Lett, Didier, *L'enfant des miracles. Enfance et société au Moyen Âge (XII^e^-XIII^e^ siècle)*, Paris, Aubier, 1997, p. 108. Pour les problèmes de délimitation de cette *aetas discretionis* dans le droit canonique, *cf.* Metz, René, « L'enfant dans le droit canonique médiéval. Orientations de recherche », *Recueils de la Société Jean Bodin*, n° 36, 1976, p. 9-96, p. 19-21, renvoyant pour une étude approfondie de l'application fluctuante du concept à Gillmann, Franz, « Die "anni discretionis" im Kanon Omnis utriusque sexus (c. 21 con. Lat. IV) », *Archiv für katholisches Kirchenrecht*, n° 108, 1928, p. 456-617. Metz, à la suite de Gillmann, tend à considérer que l'*aetas discretionis* varie entre un seuil minimum de sept et un seuil maximal de quatorze ans dans le droit canonique, en fonction des problèmes envisagés (fiançailles à sept, mariages à quatorze ans, par exemple). Cette tension prend un relief remarquable, rapportée à la double série d'arguments concernant l'accession à la royauté de rois à sept ou quatorze ans qui structure la *Constitutio* de 1374.

11 *Cf.* les stipulations de Saint Louis pour que certains de ces enfants entrent en clôture *ad annum discretionis*, racontées par Geoffroy de Baulieu, dans sa *Vita sancti Ludovici*, éd. *Rerum gallicarum et Francicarum scriptores / Recueil des historiens des Gaules et de la France*, t. XX, Pierre-Claude-François Daunou, Joseph Naudet (éd.), Paris, Imprimerie royale, 1840, c. 14, p. 7-8 : [...] *spiritu Dei ductus ordinavit, et in testamento suo scribi voluit, quod duo filii, qui sibi nati fuerant ultra mare, scilicet domnus Jo[hannes] et domnus P., cum ad annos discretionis venissent, infra septa religionis nutrirentur...*

12 Aegidii Columnae Romani, *De regimine principum*, *op. cit.*, p. 562.

L'âge de discrétion « militaire »,
selon Gilles de Rome et l'acte de fixation

| *De Regimine*, III, 3 | Acte de 1374 |
|---|---|
| In qua aetate **assuescendi sunt** iuvenes **ad opera bellica** et ex quibus signis cognoscere possumus homines bellicosos. Diximus supra, Philosophum velle in 8. Politic. Iuvenes a **quatordecimo anno** ultra **assuefaciendos** esse ad labores fortes, ut ad **labores militares et bellicosos.** Quod concordat cum Vegetio de re militari dicente, quod a tempore pubertatis assuescendi sunt iuvenes ad **labores militares.** | [...] **quartus decimus annus** discretionis existit [...]<br>[...] exercendi et assuescendi sunt nobiles ad labores militares et opera bellicosa [...] |

Nous ne sommes donc pas là en présence d'une maxime vague fondée sur la coutume (qui correspondrait du reste probablement à peu près à l'entrée effective dans l'âge d'initiation véritable à la guerre), mais à une prescription appuyée sur les *Politiques* et sur leur interprétation classique aux XIII^e^ et XIV^e^ siècles[13]. Encore une fois, droit canon et philosophie aristotélicienne se renforcent mutuellement pour signifier l'importance de ce seuil de quatorze ans dans la gradation générique, amplement commentée par Gilles de Rome, qui fait passer l'enfant puis l'adolescent à travers trois étapes essentielles (de la naissance à sept ans, de sept à quatorze ans, de quatorze à vingt ou vingt-et-un ans) pour arriver à l'âge adulte[14].

---

13 Sur les seuils de sept et quatorze ans d'un point de vue éducatif chez Aristote, *cf. infra*, p. 353-354. Sur l'importance d'Aristote comme fondement de la réflexion politique aux XIII^e^ et XIV^e^ siècles, *cf.* Krynen, *L'Empire du roi*, *op. cit.*, p. 91-100.

14 Aegidii Columnae Romani, *De regimine principum*, *op. cit.*, p. 287-347 [II, 2], partie éducative du miroir dont la plupart des réflexions sont organisées à partir de la division de l'enfance en deux seuils de sept et quatorze ans, impliquant le passage à l'âge adulte à vingt-et-un ans. *Cf.* par exemple II, 2, 16, p. 331 : *Qualis cura habenda est de filiis a septimo anno usque ad decimum quartum annum* ; et II, 2, 27 : *Qualiter cura gerenda sit de filio ab anno quartodecimo et deinceps.* La référence des accessions à la royauté de Josias et Joas à sept ou huit ans s'inscrit dans ce cadre conceptuel, tout comme la proposition d'une majorité à quatorze ou quinze ans. Sur la réflexion médiévale sur le seuil de sept ans comme passage entre la petite enfance (*infantia*) et une enfance plus capable d'éducation sérieuse (*pueritia*...), *cf.* Goodich, *From Birth*, *op. cit.*, p. 92-104, ainsi que Lett, *L'enfant*, *op. cit.*, p. 26-27. Sur le passage entre « enfance et adolescence » à quatorze ans et ses suites, *cf.* Goodich, *From Birth*, *op. cit.*, p. 105-119 et Lett, *L'enfant*, *op. cit.*, p. 24-25, qui insiste sur la valeur juridique du seuil de quinze ans dans des coutumes du nord de la France au XIII^e^ siècle

La suite de cette séquence recentre le discours, de l'homme en général, puis de la noblesse, vers les rois. De nombreux rois, prédécesseurs de Charles V (*et [considerantes] quod nonnulli reges*) ou autres, ont assumé la direction du gouvernement à un âge à peu près équivalent à quatorze ans (*regnorum gubernacula assequti*), et ont régné magnifiquement et avec profit pour la chose publique (*magnifice et utiliter regnaverunt*). Cette double assertion utilise l'une des images favorites de la rhétorique médiévale du gouvernement ecclésial et royal, celle de la direction du navire de l'Église ou de l'État[15]. Elle a son importance, car elle pose deux faits qui permettent de préciser la construction de la loi. D'une part, les exemples donnés comme à suivre englobent des prises de pouvoir effectives, et notamment des couronnements, qui ont eu lieu un peu avant ou un peu après quatorze ans. On s'expliquerait ainsi mieux que l'exemple de Saint Louis soit invoqué sans scrupule, si les rédacteurs avaient pensé qu'il a été sacré vers douze ans : quatorze ans est une moyenne parfaite qui correspond à l'âge indiqué par les traités aristotéliciens, et vers laquelle convergent des prises de pouvoir un peu plus précoces (douze ans) ou un peu plus tardives (quinze, seize ans : l'âge indiqué par Philippe III à Carthage en 1270). D'autre part, le terme de *regnorum gubernacula* doit être pesé, et mis en relation avec le *tam predecessores nostri quam alii.* À ce stade, la réflexion est encore générale et permet d'invoquer l'ensemble des rois du passé et des différentes dynasties, non pas seulement ceux de la troisième race, posant ainsi une pierre d'attente pour le développement des *exempla* placés en fin d'exposé. Ce n'est que dans l'étape suivante que le propos sera recentré sur les rois de France de la troisième race.

La troisième reprise de *considerantes* ([*considerantes*] *quodque filii regum Francie solent cura pervigili instrui*) ouvre une période ternaire, qui pourrait fonctionner de manière autonome : on pose que les fils de rois de

---

(mais aussi sur l'attention portée au seuil légèrement plus précoce de douze ans dans la société du bas Moyen Âge en général). Voir aussi les éléments donnés par Taddei, Ilaria, *Fanciulli e giovani. Crescere a Firenze nel rinascimento*, Florence, Olschki, 2001 (Biblioteca storica toscana, 40), p. 13-34 (« le età della vita ») et p. 35-63 (età fisica, età sociale), à partir de la société florentine du Quattrocento.

15 Sur l'utilisation de cette image par la papauté et l'Empire, *cf.* Grévin, *Rhétorique*, *op. cit.*, p. 211-219, ainsi que p. 683 (et index 5, p. 988). Sur *gubernaculum* et *gubernare* à la chancellerie royale française au XIVe siècle, *cf.* Barret, Grévin, *Regalis excellentia*, *op. cit.*, p. 708, *sub verbo.*

France sont éduqués et instruits dans les bonnes mœurs, les vertus et l'honneur avec un soin particulier, en utilisant la formule *cura pervigilis*, formule de chancellerie traditionnelle qui symbolise l'attention royale portée à la protection de l'Église ou au gouvernement du royaume[16]. La conséquence logique de cette instruction suréminente, effectuée sous la férule de maîtres aussi remarquables que Vincent de Beauvais ou Gilles de Rome, est que ces princes avancent plus en toutes vertus à quatorze ans que les hommes de statut mineur, même bien plus vieux. C'est en accord avec cette logique que le poète a dit : « Aux Césars la vertu est venue avant les jours ». Le premier membre de cette sous-période (*filii regum* [...] *virtutibus et honore*), qui fait écho aux maximes du début du préambule, pourrait être repris d'une maxime générale non retrouvée. Le second (*ipsos verissimiliter-etate longe majori*) doit sans doute être interprété par référence à l'argument contradictoire dont la présence souterraine parcourt pour ainsi dire l'exposé et le dispositif, celui qui repose sur le fait connu de bien des hommes du royaume que le droit romain et nombre de coutumes placent la majorité entre vingt et vingt-cinq ans[17]. C'est néanmoins la citation ovidienne qu'il convient de contextualiser pour retrouver le sens ultime de ce passage et lui donner toute sa force.

On a amplement relevé, de Roland Delachenal à Albert Rigaudière, la présence de ce vers ovidien[18], sans vraiment s'interroger sur sa signification, comme si la référence, incongrue dans un esprit moderne, à l'*Ars amatoria* d'une part, et le « dérapage » de la mention impériale d'autre part avaient empêché de tirer parti de son utilisation. Sur le second point, qu'il faudra effectivement commenter, il n'y a pourtant guère à hésiter. Cette accroche centrale forme un écho au *princeps legibus est solutus* d'inspiration impériale du Code Justinien présent dans l'exposé, et assimile, effectivement, le roi de France à un empereur, en vertu du travail de réflexion politique et d'agencement idéologique

16 *Cf.* sur l'emploi de cette expression à la chancellerie royale française au XIV^e^ siècle *ibid.*, n° 529, p. 571-572.

17 Sur ce problème, affronté par les rédacteurs de la loi dans le dispositif, *cf. infra*, p. 399-400.

18 Delachenal, *Histoire de Charles V*, *op. cit.*, t. IV, p. 534 ; Olivier-Martin, Félix, *Les régences et la majorité des rois sous les Capétiens directs et les premiers Valois (1060-1375)*, Paris, Recueil Sirey, 1931, p. 165 ; Babbitt, M. Susann, *Oresme's livre de Politiques and the France of Charles V*, Philadelphia, The American Philosophical Society, 1985 (Transactions of the American Philosophical Society, 75/1), p. 37, n. 19 ; Autrand, « La succession », art. cité, p. 633 ; Rigaudière, « La *lex* », art. cité, p. 181.

effectué depuis déjà plusieurs siècles[19]. En ce qui concerne le recours à Ovide, il faut ici se débarrasser de tout préjugé lié à une catégorisation « littéraire » trop anachronique. Non seulement le vers pourrait en théorie fonctionner de manière décontextualisée, en faisant abstraction de son lieu d'extraction[20], mais les précédents sont nombreux qui justifient et explicitent l'utilisation comme autorité d'Ovide, et notamment de l'Ovide des traités d'*ars amandi* (*Ars amatoria*, *Remedia amoris*) dans des argumentations de type politique. Le plus fameux de ces épisodes, avec celui de l'acte de 1374, fut sans doute le choix par Pierre de la Vigne, logothète de Frédéric II, en 1239, d'un distique tiré des *Remedia amoris* (« *Leniter ex merito quidquid patiare ferendum est / quae venit indigna poena dolenda venit* ») comme thème d'un sermon politique tenu devant le peuple de Padoue en réaction à la seconde excommunication de l'empereur[21].

La maxime *Caesaribus virtus contigit ante diem* a d'ailleurs elle-même été utilisée pour qualifier ce même Frédéric II par Innocent III, dans une lettre où le pontife appuyait de sa recommandation le mariage de son pupille avec Constance d'Aragon en février 1208. Frédéric II, né en décembre 1194, avait alors précisément quatorze ans[22]. Le pape précise que celui qui n'est encore que roi de Sicile est déjà *claritate conspicuus, sicut de sibi paribus scriptum est : Caesaribus virtus contigit ante diem : de janua pubertatis passu velociori annos discretionis ingreditur, et aetatem anticipando virtutibus feliciter regnandi primitias mirabiliter exorditur* (« … remarquable par son éclat, comme il a été écrit de ses pairs "La vertu est venue aux Césars avant le jour" : il entre [en sortant] de la porte de l'adolescence, d'un pas rapide, dans les années de discrétion, et, anticipant son âge par ses vertus, il commence heureusement, de

19 Zeller, « Les rois de France », art. cité ; Babbitt, *Oresme's livre de Politiques*, *op. cit.*, p. 35-37 ; Haran, *Le lys*, *op. cit.*, p. 30-40 pour l'époque de Charles V et Charles VI.

20 Il peut après tout avoir été pris dans un florilège. Sur les classiques dans les florilèges médiévaux (composés avant 1200, l'enquête doit donc être prolongée en ce qui nous concerne), *cf.* Munk-Olsen, Birger, « Les classiques latins dans les florilèges médiévaux antérieurs au XIII^e siècle », *Revue d'histoire des textes*, n° 9, (1979) 1980, p. 47-121.

21 Grévin, *Rhétorique*, *op. cit.*, p. 149-150.

22 Citation relevée et commentée dans Delle Donne, Fulvio, *Il potere e la sua legittimazione. Letteratura encomiastica in onore di Federico II di Svevia*, Arce, éd. Nuovi Segnali, 2005, p. 56. *Cf.* Pour le texte complet de la lettre *Die Register Innocenz III.*, t. 11, Pontifikatsjahr 1208/1209, Othmar Hageneder, Andrea Sommerlechner (éd.), Vienne, Verlag der österreichischen Akademie der Wissenschaft, 2010, n° 4, p. 4-6 (cit. p. 6), au roi d'Aragon (23 février 1208).

manière stupéfiante, les prémices de son règne »). Une telle utilisation de la maxime dans la rhétorique papale la plus officielle du début du XIIIe siècle, au sujet d'une négociation de mariage concernant un roi de Sicile adolescent, de souche impériale – et qu'Innocent III allait bientôt pousser à revendiquer le trône impérial – permet de confirmer l'ancrage du vers dans le registre d'argumentation de la *Constitutio.* On retrouve dans la lettre papale de 1209 la constatation que l'adolescent royal, grâce à la vertu suréminente de son sang (et de son éducation, sous la lointaine mais efficace tutelle papale…) a anticipé son âge par ses vertus, et qu'à quatorze ans, il entre dans ces années de discrétion (*annos discretionis*) évoquées plus haut dans notre texte. De là à supposer que la lettre d'Innocent III a influencé les rédacteurs, il n'y aurait qu'un pas, que l'on ne franchira pourtant pas. Le point est en effet improuvable, et les clercs et laïcs de l'entourage du roi n'avaient pas besoin de la référence papale pour connaître cette sentence ovidienne et en faire une application similaire. Les rédacteurs de l'acte de 1374 avaient d'ailleurs été précédés dans l'exploitation de cette source par l'un des maîtres d'éducation que nous avons déjà rencontré. Dans son *De eruditione filiorum nobilium*, Vincent de Beauvais cite à l'appui de la vélocité de l'apprentissage des enfants les vers immédiatement suivants de l'*Ars amatoria*[23].

On a parfois dit qu'Ovide avait été relativement négligé par les clercs du Moyen Âge central[24]. Si tel a été le cas, par rapport à d'autres auteurs, avant le XIIe siècle, l'influence d'Ovide a été telle par la suite que l'on a pu parler d'*aetas ovidiana* pour une grande partie du bas Moyen Âge. Dans ce contexte général, la place de l'*Ars amatoria* fut

23 Vincent of Bauvais, *De eruditione filiorum nobiliorum*, *op. cit.*, c. XXV : *Nam aliqui puerorum naturaliter habiles sunt ac susceptibiles doctrine, ita, quod non opus est illos violenter trahere vel cogere, sed tantum modo ducere. Ut enim dicit Ovidius libro de arte 1o : ingenium celeste suis velocius annis/surgit (Ars amatoria, v. 185-186).* Il est remarquable que l'utilisation de la même zone textuelle soit faite ici pour mettre en exergue les capacités d'apprentissage particulières de sujets naturellement doués : la démonstration s'ajuste parfaitement avec le raisonnement de l'acte de 1374, qui fait des enfants de France des êtres conceptuellement précoces de par la *virtus* de leur nature royale.

24 Munk-Olsen, Birger, *La réception de la littérature classique au Moyen Âge. Choix d'articles publiés par ses collègues à l'occasion de son soixantième anniversaire*, Copenhague, Museum Tusculanum Press, 1995, p. 71-72 contre l'influence excessive exercée par le cliché de l'*aetas ovidiana*, souligne la rareté relative des copies de nombre d'œuvres d'Ovide avant le XIIe siècle, et la disproportion entre la popularité des *Métamorphoses* et celle du reste de l'œuvre dans la longue durée.

loin d'être négligeable, car elle faisait partie du corpus de textes exploités pour l'enseignement grammatical[25]. Cette importance se reflète dans l'espace français du XIIIe siècle où, en plus de la création du colossal *Ovide moralisé*, amplification française à visée sapientiale des *Métamorphoses*[26], pas moins de cinq transpositions en français de l'*Ars amatoria* se succèdent[27]. Certaines de ces œuvres permettent de se faire une idée de l'interprétation qu'un clerc du bas Moyen Âge pouvait donner du passage comprenant notre pentamètre. C'est en particulier le cas de l'*Art d'amour* anonyme, traduction-commentaire de l'*Ars amatoria* encore très lue aux XIVe et XVe siècles, notamment en milieu princier, comme en témoigne la tradition manuscrite[28]. Voici le commentaire donné par l'anonyme dont on fait remonter l'activité aux années 1240 :

---

25 Sur l'*ars amatoria* au bas Moyen Âge, *cf.* Gerritsen, Willem Pieter, « le *praeceptor amoris* et ses disciples médiévaux. La réception de l'*Ars amatoria* de Foulques d'Orléans à Dirc Potter », *Les translations d'Ovide au Moyen Âge.* Actes de la journée d'études internationale à la Bibliothèque royale de Belgique le 4 décembre 2008, An Faems, Virginie Minet-Mahy, Colette Van Coolput-Storms (éd.), Turnhout, Brepols, 2011 (Textes Études Congrès, 26), p. 105-117.

26 *Cf.* à présent sur ce texte Possamaï-Perez, Marylène, *L'Ovide moralisé. Essai d'interprétation*, Paris, Honoré Champion, 2006 (Nouvelle bibliothèque du Moyen Âge, 78), et pour les traductions et adaptations d'Ovide en général, *Les translations d'Ovide*, *op. cit.*

27 Version en vers de la fin du XIIe ou du début du XIIIe siècle (dite de maître Elie) éditée dans Kühne, Heinrich, Stengel, Edmund, *Maître Elie's Überarbeitung der ältesten französischen Übertragung von Ovid's Ars amatoria*, Marburg, Elwert, 1886 (Ausgaben und Abhandlungen aus dem Gebiete der romanischen Philologie, 47) ; traduction en prose du XIIIe siècle (datation débattue), Roy, Bruno, *L'Art d'amours. Traduction et commentaire de l'*Ars amatoria *d'Ovide*, Leyde, Brill, 1974 ; paraphrase en vers des années 1300, éd. Talsma, Deeuwes, *L'art d'amour van Jakes d'Amiens (XIII eeuw)*, Leyde, Hilarus, 1925 ; adaptation en vers de la fin du XIIIe siècle, *La clef d'Amors*, Auguste Doutrepont (éd.), Halle, Niemeyer, 1890 (Bibliotheca Normannica, 5) ; adaptation-réduction libre de Guiart, même époque, Karl, Louis (éd.), « L'art d'amours de Guiart », *Zeitschrift für romanische Philologie*, n° 44, 1924, p. 66-80 et 181-188. Seule la version en prose reprend toutefois le passage contenant le v. I, 185 et le commente.

28 *Cf.* en particulier le ms. Bruxelles, Bibl. royale, 10988, milieu du XVe siècle, librairie du duc de Bourgogne ; Modène, Bibl. Estense Universitaria, γ.G.2.30, librairie des rois de France. L'*Ars amatoria* et ses versions françaises sont également lues dans le milieu parlementaire : *cf. Testaments enregistrés au parlement de Paris sous le règne de Charles VI*, Alexandre Tuetey (éd.), Paris, Imprimerie nationale, 1880, inventaire des biens de Nicolas de Baye de 1419, n° 55, p. LXXXIV : « Item, Ovide, de l'Art d'Amours, en papier, commençant ou ije fueillet, Andromedem, prisié ij s. »

*Ars amatoria* et gloses médiévales

| | |
|---|---|
| *Ars amatoria*, 178-200[29] | Ecce parat Caesar domito quod defuit orbi,<br>Addere : nunc, Oriens ultime, noster eris.<br>Parthe, dabis poenas : Crassi gaudete sepulti<br>Signaque barbaricas non bene passa manus !<br>Vltor adest primisque ducem profitetur in annis<br>Bellaque non puero tractat agenda puer.<br>Parcite natales, timidi, numerare deorum !<br>**Caesaribus uirtus contigit ante diem.**<br>Ingenium caeleste suis uelocius annis<br>Surgit et ignauae fert male damna morae.<br>Paruus erat manibusque duos Tirynthius angues<br>Pressit et in cunis iam Ioue dignus erat ;<br>Nunc quoque qui puer es, quantus tum, Bacche, fuisti,<br>Cum timuit thyrsos India uicta tuos !<br>Auspiciis animisque patris puer arma mouebis<br>Et uinces animis auspiciisque patris.<br>Tale rudimentum tanto sub nomine debes,<br>Nunc iuuenum princeps, deinde future senum. |
| *L'art d'amour*, texte et glose, 178-187[30] | « Teuste. Qui veïst quand Cesar se appareilla a aller sur ceulx qui remaoient a vaincre et estoient remez, ce fu sur ceulz de Parthe, dont l'aucteur se fist devinerres et dist que ilz seroient vaincus et dist que ilz comparroient la mort de Crassi, uns des pers de Romme qu'ilz avoient occis, et dist ainsy : O vous, hommes, ne faites nul compte des nativités aus dames dieux, **c'est-à-dire de leurs fruis, car vertu leur fust appareilliee avant qu'ilz fussent nez**, si comme il est apparissant par hercules, qui occist deux serpens en son bersueil quant il estoit petit enfant. A ce apparut il bien qu'il estoit filz des dames dieux ».<br>p. 94 : Glose : « Hercules, […] si fu filz Iupiter qui estoit appelé le dieu du ciel, et quant hercules fu nez, si le vit la deesse qui estoit femme Iupiter. Si en ot envie et fust courroucee. Si mist deux serpens en son berseuil qu'elle vouloit qu'ilz occissent l'enffant et qu'ilz le mengassent mais quant l'enffant les senti, si les estraing si fort par les testes qu'il les occist entre ses mains. Pour ceste merveille fu dit que « bien apparust qu'il estoit filz de damedieu ». **Et pour ce dit l'acteur que « vertu est appareilliie aus filz des dames dieux avant qu'iz soient nés »** et avant qu'ilz soient parfaitement nourris ; et quand il dist « ne faites nul compte », c'est-à-dire ne faites nulle comparaison de nous a eulz ». |

29 Ovide, *L'art d'aimer*, *op. cit.*, p. 9.
30 Roy, *L'Art d'Amours*, *op. cit.*, p. 93-94.

En fait, comme souvent, la lecture de la transposition et des explications françaises conduit à se reporter au sens du contexte latin de la citation. La citation, prise isolément, pourrait évoquer, dans le contexte de l'*Ars amatoria*, quelque allusion galante à des exploits amoureux. La lecture du contexte montre qu'il n'en est rien. Il s'agit d'un passage de l'*Ars amatoria* où Ovide glorifie la famille impériale, en appelant de ses vœux les succès de l'un des petits-fils d'Auguste et héritiers putatifs de l'Empire, Gaius Caesar, qui partait combattre les Parthes en Orient en l'an un de notre ère. Le poète prophétise la victoire du jeune homme, en soulignant qu'encore enfant (*puer*), il vaincra en affirmant les droits de son père et en protégeant ses frères, parce « qu'aux Césars la vertu a été donnée avant même le jour [de la naissance] ». Deux comparaisons mythologiques sont données, celles d'Hercule au berceau, terrassant les serpents envoyés par Junon pour l'étouffer, et celle de Bacchus adolescent conquérant l'Inde, comparaisons dont la première a particulièrement retenu l'attention de l'anonyme.

Pour revenir à la *constitutio*, il est certes possible que le vers y ait été appliqué de manière isolée, extrait de l'une des nombreuses anthologies qui comprenaient des extraits d'Ovide[31]. Il reste tentant de faire une lecture contextualisée de l'utilisation par les rédacteurs de cette maxime. En effet, en la replaçant dans son environnement textuel, on lui redonne une densité qui lui fait prendre un singulier relief dans le fil de la démonstration développée au long de l'acte. Il ne s'agit plus seulement ici de rappeler la vertu innée aux Césars, ce qui est déjà beaucoup, puisque l'argument sous-entend que les rois de la troisième race possèdent une nature distincte qui les rend, dès la conception, plus aptes que d'autres à être précocement dotés de toutes les vertus, et notamment de vertus guerrières (une idée qui circule déjà dans certains textes de propagande capétiens au début du XIV^e^ siècle[32]). La proximité

31 Dans l'histoire de longue durée de la citation, on peut d'ailleurs noter l'attention donnée à la maxime dans sa jeunesse par Dupuy, l'éditeur le plus important de la loi au XVII^e^ siècle (*cf. supra*, p. 110-111). Est-ce la lecture de la loi qui l'avait orienté dans cette direction, ou cette maxime était-elle répandue dans la culture des gens de robe et avocats français depuis le XIV^e^ siècle ? *Cf.* à ce sujet Delatour, Jérôme, « De l'art de plaider doctement : les notes de lecture de Pierre Dupuy, jeune avocat (1605-1606) », *Bibliothèque de l'école des chartes*, 1995, 153/2, p. 391-412, p. 406 [156] (et n. 105), dans un contexte de commentaire sur les vertus royales après la pacification du royaume par Henri IV.

32 *Cf.* par exemple la lettre de 1318 de Robert de Sicile à Philippe V le Long sur ses déboires militaires avec les Génois, *Constitutiones et acta publica imperatorum et regum*, t. V, inde ab a. MCCCXIII usque ad A. MCCCXXIV, Ludwig Weiland, Jakob Schwalm, Margarete

des *exempla* herculéens et bacchiques, en présentant des conquérants encore enfants, voire au berceau, rattache également ce fragment ovidien aux deux *exempla* mérovingien et macédonien qui structurent la dernière partie de l'exposé, bien des lignes plus bas[33]. Surtout, la maxime s'avère politique à plus d'un titre, par son contenu, mais aussi par le contexte élargi de son lieu d'extraction, véritable panégyrique des vertus innées de la famille augustéenne. Ce n'est pourtant pas par une exaltation du caractère impérial des rois de France que l'exposé se poursuit, mais avec le panégyrique du plus glorieux souverain de la troisième race, du roi qui a glorifié la lignée par sa sanctification éclatante à la fin du XIII^e^ siècle.

## L'EXALTATION DE SAINT LOUIS, MODÈLE DE SAINTETÉ ROYALE

> [...] *et quod in corde nostro indelebiliter est scriptum, qualiter sanctissimus attavus et predecessor noster, patronus, deffensor et dominus singularis, beatus Ludovicus, flos decus, lumen et speculum nedum regalis prosapie, sed omnium Gallicorum, cujus memoria in benedictione est, et non derelinquetur in secula, ac divina protegente gracia, nullius mortalis criminis sensisse contagium perhibetur, regnumque et rempublicam sic laudabiliter gubernavit, quod gesta ipsius preclara que mundus mirabitur quamdiu sol eclipticam*

---

Kühn (éd.), Hanovre-Leipzig, Hahn, 1909-1913, nº 505, p. 408 : *Volo quidem potius in bello mori, inimicorum sanguinem effundendo, quam callamitatis vitam ducere per longuevum. Quod si festinus fuerit, ut credo, clarificabor in gaudio magno galicorum fulcitus munimine, quibus armorum probitas est innata. Mecum etenim omni mora postposita sub liliorum insignibus victricibus consurgentes, taliter in tubarum sonitu et armorum strepitibus seviemus in hostes, quod lancearum cuspidibus dirumpemus exercitum et in ensium ictibus dispergemus taliter oves gregis, quod in personarum exterminium et confussionem perpetuam deducemus adversos et lavantes in eorum sanguine stollas nostras, dilectissimos nostros Petrum et Karulum vindicabimus innocentes. Sicque Galicorum regum proprietas in me non delinquet, quibus a natura datum est iniuriarum sarcinam non portare, cum iniuriarum omnium ultores non suas in testamento relinquant ultiones posteris fatiendas.* L'exacerbation d'une *virtus* militaire innée chez les Gaulois/Francs/Français, portée à son sommet dans les membres de la famille royale capétienne, se retrouve dans différentes sources concernant les Angevins de Naples. Les termes de la fin de la lettre, parlant d'une *Galicorum regum proprietas, quibus a natura datum est iniuriarum sarcinam non portare*, sont remarquables. Les traits de caractère, liés à l'honneur, sont considérés comme des manifestations d'une véritable vertu de la *species* capétienne, transmise à tous ses descendants.

33 *Cf.* sur cette partie de l'acte *infra*, p. 250-256 et pour un commentaire ad *sensum*, p. 373-378.

> *permeabit, per nos et successores nostros, merito ad consequenciam trahi debent ; sic quod sua actio nostra instructio videatur – de ipso enim legitur, quod regni maximi et potentes inimici, agente Deo, ipsius pueri regis viribus sunt repulsi, in etatis sue quarto decimo anno regni regimen assumpsit, recepit homagia seu fidelitatis juramenta prelatorum, parium et aliorum vassallorum, fuitque sacra unctione regali inunctus et coronatus –;* [...]
>
> « Et ce aussi qui en nostre cuer est escript sanz defacier, comment nostre très-saint devant Ayel et Prédécesseur nostre patron, défenseur et singulier Seigneur, le Benoit Saint Loys, la flour, l'honneur, la lumiere et le miroir non mie seulement de la lignée Royal, maiz de tous les François, duquel la mémoire est en bénéyçon, et ne sera pas guerpie, maiz demourra ès siecles, et duquel est tesmoigné que par la proteccion de la grace divine, oncques il ne senty tache de mortel pechié, et le Royaume et la chose publique gouverna si bien et si loablement, que ses nobles faiz desquels le monde aura merveille tant comme le soleil luira, doivent à bon droit estre traiz à conséquence par Nous et noz Sucesseurs, telement que son fait et accion doie sembler estre nostre instruction. On list de lui-mesmes, que très-grans et puissans ennemis du Royaume, par le fait de Dieu et par les forces et vertus du Roy enfant, furent chaciez et boutez hors. Ou quatorziéme an de son éage, il print le gouvernement de son Royaume : il reçupt hommages et Serements de feaulté, des Prelaz, Pers de France, et des autres vassaux, et fut enoint de la saincte onction Royal, et sacrez et couronnez. »

Le long segment de l'exposé glorifiant Saint Louis suit toujours la logique des « considérants ». Un long développement raccordé à la suite des *considerantes* ([*considerantes*] *quod in corde nostro indebiliter est scriptum, qualiter* [...] *Ludovicus* [...] *nullius* [...] *criminis sensisse contagium perhibetur, regnumque* [...] *gubernavit* [...] *quoque gesta* [...] *ad consequenciam trahi debent*) est suivi par une véritable incise (*De ipso enim legitur* [...] *coronatus*) qui commente l'action du saint roi. L'analyse de ce panégyrique se révèle particulièrement difficile, pour une raison qui pourrait tenir à sa logique de construction. Il contient indubitablement de nombreux échos à des formules de type liturgique, hagiographique et annalistique, et deux séquences particulières peuvent être rattachées à une source précise. Il semble pour l'instant toutefois impossible de rattacher l'ensemble à une origine unique. On exposera plus avant les indices qui portent pourtant à soupçonner qu'au moins la première partie de ce passage pourrait provenir de la réadaptation *a minima* d'une source intermédiaire, encore non retrouvée.

La formule qui ouvre cette glorification, *quod in corde nostro indelebiliter est scriptum*, annonce le changement de registre sinon stylistique (on verra que la suite du passage est fortement rythmée, selon les normes utilisées en chancellerie), du moins générique et conceptuel. La formule est surtout commune dans un registre théologique et liturgique, pour glorifier l'inscription des saints au Livre de Vie[34]. Vient ensuite la qualification de Saint Louis (*beatus Ludovicus*), dont le nom est encadré d'une suite de qualificatifs qui le replacent dans la lignée de la famille royale, dont il est bisaïeul, prédécesseur, patron, défenseur et protecteur particulier, puis dans l'optique du royaume, puisqu'il n'est pas seulement « la fleur, l'ornement, la lumière et le miroir de la souche royale, mais de tous les Gaulois ». Le nom du saint roi est encore glosé par les formules liturgiques *cujus memoria in benedictione est, non derelinquetur in secula*, et *divina protegente gracia, nullius mortalis criminis sensisse contagium perhibetur*. La louange renforcée *flos decus lumen et speculum* n'a pu être pour l'instant retrouvée dans un autre texte. Ses constituants font partie du vocabulaire hymnique, dans le registre utilisé par exemple pour la création des hymnes liturgiques consacrés à Saint Louis, rédigés pour sa canonisation en 1298[35]. La séquence *flos decus* est l'une des très rares du texte qui évoque une succession métrique (*flōs dĕcŭs*), effectivement repérable dans des vers en l'honneur de Marie attribués à Venance Fortunat[36], tandis que la qualification *lumen et speculum* est par exemple utilisée par Guillaume de Tyr pour exalter Godefroy de Bouillon[37]. Ce sont deux utilisations d'un vocabulaire de la sainteté et du charisme royal, circulant dans les registres liturgiques, hagiographiques et annalistiques du bas Moyen Âge. Quant aux formules *cujus memoria in benedictione est et non derelinquetur in secula* et *divina protegente gracia, nullius mortalis criminis*

34 *Cf.* par exemple Thomas d'Aquin, *Quaestiones disputate de veritate, Quaestio 7, "De libro vitae"*, en particulier art. 9, *"Nono quaeritur utrum aliquid de libro vitae deleri possit"*, texte édité dans Sancti Thomae de Aquino, *Opera omnia, t. XXII, Quaestiones disputatae de veritate*, cura et studio fratrum praedicatorum, vol. I, *Praefatio-QQ. 1-7*, Rome, Editori di San Tommaso, 1975, p. 210-213.

35 Hymnes édités dans *Historiae Rhytmichae.* XIII 2te Folge : *Liturgische Reimofficien*, Guido Maria Dreves (éd.), Frankfurt am Main, Minerva, 1961 (Analecta Hymnica Medii Aevi, 13/2), Leipzig, 1892, p. 185-198.

36 Venance Fortunat, *Poèmes*, t. III, liv. IX-XI, Marc Reydellet (éd.), Paris, Les Belles Lettres, 2004, *In laudem Sancte Mariae*, v. 356 p. 179 : *flos decus ara nitor palma corona pudor.* Ce poème, dont Marc Reydellet défend l'attribution à Venance Fortunat, est classé par une partie de la critique parmi les *carmina spuria*.

37 Guillaume de Tyr, *Historia*, dernières lignes du Livre IX [*Recueil des historiens des croisades. Historiens occidentaux*, t. I, 1, Paris, Imprimerie royale, 1844, p. 377] : *Nobis autem non solum rex, sed regum optimus, lumen et speculum videtur aliorum* [...]

*sensisse contagium perhibetur*, elles se retrouvent dans différents sanctoriaux et bréviaires. Il s'agit là de la phraséologie classique de l'exaltation des saints, dont est imprégné tout le passage. La question est ici d'arriver à comprendre si les rédacteurs empruntent une exaltation de Saint Louis à quelque bréviaire ou sanctoral, sans guère de modifications – ce qui est tout à fait possible – ou si l'aspect hagiographique et liturgique de cet agencement n'est qu'une conséquence du thème traité.

Quoiqu'il en soit de ce dernier point, après cette qualification de Saint Louis, la présentation de ses actions introduites par le verbe *gubernavit* livre des indices cette fois plus concrets sur certaines des sources d'inspiration médiates ou immédiates des artisans du texte.

Avec la cheville *regnumque et rempublicam laudabiliter gubernavit*, nous rentrons dans un vocabulaire propre au registre de langage de chancellerie caractérisant l'acte, dans la mesure où la banalité de chacun de ces termes n'est contrebalancée que par leur agencement. *Laudabiliter gubernavit*, reprenant les *regnorum gubernacula* de la section précédente, qualifie l'action d'un roi ou d'un prélat, et *regnum* est glosé par *rem publicam* dans une recherche conceptuelle caractéristique des cercles de penseurs entourant Charles V, même si elle ne leur est pas spécifique[38]. La formule suivante, en revanche, est tout à fait extraordinaire. Les actions du saint roi sont si éclatantes que le monde les admirera aussi longtemps que le soleil parcourra l'écliptique – soit la zone du ciel où sont visibles les constellations zodiacales. Derrière cette figure pompeuse – et parfaitement rythmée (*múndus mirábitur quamdiu sol eclípticam permeábit*), se cache probablement une citation empruntée à un texte assez connu de l'histoire de France du XIV^e^ siècle, une citation qui avait – pour une fois – été mise en valeur, mais qui n'a pas été commentée. Dans son édition publiée en 1964 du *Tragicum argumentum de miserabili statu regni Francie* de François de Montebelluna, déploration rhétorique et théâtralisée de l'abaissement du royaume de France après le désastre de Poitiers et la capture du roi, André Vernet avait en effet noté que la formule *mundus mirabiliter extollet quamdiu sol eclipticam permeabit* était commune à ce texte

38 Il ne faut pas confondre l'emploi générique de *res publica* au XIV^e^ siècle avec les recherches conceptuelles de l'époque de Charles V. Il remonte bien plus loin à la chancellerie royale, est en vigueur sous les premiers comme sous les derniers Capétiens directs. *Cf.* pour une liste des préambules y recourant au XIV^e^ siècle, Barret, Grévin, *Regalis excellentia*, *op. cit.*, p. 780 index, sous *respublica*. Pour le temps long de l'usage de la notion, *cf.* Sassier, « L'utilisation du concept », art. cité.

et à l'acte de 1374, sans toutefois postuler un rapport direct de l'un à l'autre. On peut pourtant aller plus loin dans ce cas précis[39]. En effet, s'il n'est pas mathématiquement impossible que les deux sources aient une origine commune, le traitement à apporter à cette concomitance doit tout de même être différent de celui qui concernerait une section au vocabulaire plus banal. La formule *quamdiu sol eclípticam permeábit*, organisée pour obtenir un effet de rythme (cursus velox), est au contraire d'une recherche extrême, assez caractéristique des pratiques rhétoriques des rhéteurs nord-italiens des deux premiers tiers du XIVe siècle, et elle est tout sauf ordinaire. Il y a donc de fortes chances que les rédacteurs de l'acte de 1374 l'aient empruntée directement au *Tragicum argumentum.*

Le *Tragicum argumentum* a été composé par Francesco ou François de Montebelluna (bourg de la région de Trévise) en 1357, alors que ce clerc italien, ancien dominicain devenu bénédictin, se trouvait à Sainte-Bénigne de Dijon, dans la suite de Pierre Ameilh[40]. Ce texte extrêmement travaillé est d'un genre formel assez différent des productions françaises contemporaines. S'il est écrit selon la technique du *dictamen* « baroque », héritier du *dictamen* classique de l'époque des Innocent III et Frédéric II, affectionné pour la prose par différents lettrés italiens du début du XIVe siècle (on pense par exemple au style des *epistolae* de Dante), le nombre et la densité des citations poétiques ou prosaïques classiques et le genre du recours fait à ces textes évoque fortement les modes de pensée pré-humanistes développés dans le nord-est de l'Italie, précisément, à partir du dernier quart du XIIIe siècle[41]. Ce sont notamment ces procédés de rédaction qui donnent leur originalité au *Tragicum argumentum*, diatribe politico-théologique sur les malheurs de la France qui présente la capture du roi Jean, paré de toutes les vertus royales, comme une punition tombée sur le royaume à cause de la dépravation de ses habitants, et, notamment, de ses dirigeants. Si le texte n'a pas bénéficié d'une tradition manuscrite importante, il avait tout de même

---

39 Vernet, « Le "tragicum argumentum" », art. cité, p. 133 n. 3. Il s'agit de la seule avancée notable dans la réflexion sur les sources non étroitement juridiques de la *constitutio* depuis le XVIIIe siècle, avancée qui a été superbement ignorée par la recherche postérieure.

40 Sur la vie de François de Montebelluna, outre Vernet, « Le "tragicum argumentum" », art. cité, *cf. Id.*, « Documents nouveaux sur François de Montebelluna », *Annuaire-Bulletin de la Société de l'histoire de France*, [pas de numérotation], 1966-1967, p. 73-89.

41 *Cf.* sur ce point Witt, Ronald G., *"In the footsteps of the Ancients". The Origins of Humanism from Lovato to Bruni*, Leyde-Boston-Cologne, Brill, 2000 (Studies in Medieval and Reformation Thought, 74).

eu un certain écho, puisqu'il survit dans deux exemplaires, tandis qu'un troisième, possédé par l'abbaye de Pontigny au XVIII^e^ siècle, semble perdu.

Il existe toutefois une autre raison que cette diffusion modeste mais réelle pour postuler que les rédacteurs de l'acte de 1374 ont bien exploité – ponctuellement – le *Tragicum argumentum.* Le texte était lu et apprécié à Saint-Denis à la fin du XIV^e^ siècle. Michel Pintoin l'utilise souvent dans la rédaction de sa chronique[42]. Il y a fort à parier qu'une quinzaine d'années après sa rédaction initiale, il circulait et était discuté parmi les gens du roi qui œuvraient à la rédaction de l'acte. Dans ce cas précis, nous devrions donc nous trouver en présence de l'introduction dans la *constitutio* d'un fragment d'un texte élaboré dans le contexte politique du règne de Jean II le Bon et des premières années de gouvernement effectif du dauphin Charles, quelques années après sa composition. Du contexte politique troublé et de la teneur de fond du *Tragicum argumentum*, il ne reste toutefois pas grand-chose dans la citation de 1374. Le fragment a été en effet extrait d'une séquence exaltant la valeur des rois des deux premières races, et la formule caractérisait dans l'original Charlemagne, sa gloire et ses conquêtes s'étendant de Gibraltar jusqu'aux glaces du grand Nord.

Ce sont en revanche les « *gesta Ludovici* » que les rédacteurs de l'acte caractérisent en reprenant cette image solaire, et leur louange débouche dans le texte sur un double appel à tirer les conséquences de ces actions exemplaires en les imitant, appel que le roi s'adresse à lui-même et à ses successeurs : « hauts faits éclatants…, qui doivent avoir une suite logique (*ad consequenciam trahi*) pour nous et nos successeurs, si bien que son action soit notre instruction (*Sic quod sua actio nostra instructio videatur*) ». Avec cette double formule, nous retrouvons une phraséologie empruntée au droit (*ad consequentiam trahere*), et à la théologie. C'est fondamentalement l'action du Christ qui est l'instruction des fidèles (*omnis Christi actio nostra est instructio*), suivant une maxime aimée de Thomas d'Aquin, et qui trouve son origine dans le fonds patristique[43].

42 Guenée, Bernard, « Tragédie et histoire chez le Religieux de Saint-Denis », *Bibliothèque de l'École des chartes*, n° 150/2, 1992, p. 223-244.

43 *Cf.* sur cette maxime amplement commentée dans les introductions à la pensée et à la théologie aquiniennes Schenck, Richard, « Omnis Christi actio nostra est instructio. The Deeds and Sayings of Jesus as Revelation in the Views of Thomas Aquinas », *La doctrine de la révélation divine de saint Thomas d'Aquin*, Léo Elder (éd.), Cité du Vatican, Libreria editrice vaticana, 1990, p. 103-131, ainsi que Torrell, Jean-Pierre, *Saint Thomas*

À ce premier développement sur la vertu de Saint Louis, de caractère fondamentalement hagiographique et général, succède une seconde séquence plus brève qui détaille les actions du roi alors qu'il n'était qu'enfant et adolescent (*de ipso enim legitur* [...] *fuitque* [...] *inunctus et coronatus*). Il s'agit ici de préciser que Saint Louis allait à la guerre enfant ; qu'il commença à régner à quatorze ans, à l'époque de son sacre où il reçut les serments de fidélité des prélats, des pairs et des autres vassaux, et fut oint et couronné. Ici, nouveau mystère créé par le caractère inattendu de l'écho textuel rencontré. En effet, la formulation utilisée pour décrire les campagnes du roi-enfant contre ses ennemis, correspondant aux luttes des premières années de la régence de Blanche de Castille contre les grands vassaux rebelles au pouvoir royal, est exactement parallèle, non pas au texte de l'une des grandes hagiographies annalistiques de Saint Louis, comme l'on pourrait s'y attendre, mais à un passage de l'*Historia Albigensium* du clerc toulousain Guillaume de Puylaurens, qui donne en ces termes un commentaire des événements militaires de l'année 1230 (Louis a quinze ans) :

Un écho avec la chronique de Guillaume de Puylaurens

| Guillaume de Puylaurens, *Historia Albigensium*, XL[44] | Acte de 1374 |
|---|---|
| Reminiscor etiam quod, data regno quiete ex isto latere, rex Anglie et comes Britanniae ex alio regnum latere lacessentes, **pueri Regis, Deo agente, viribus sunt repulsi.** | De ipso enim legitur, quod regni maximi et potentes inimici, **agente Deo,** ipsius **pueri regis viribus sunt repulsi.** |

Malgré la relative banalité des termes, la formulation identique rend improbable que la chronique de Guillaume de Puylaurens ne soit pas la source première du formulaire de 1374, même s'il est ici possible, voire

*d'Aquin, maître spirituel*, Fribourg-Paris, éd. universitaires-Cerf, 1996. Ils relèvent tous deux qu'elle est utilisée sous différentes formes pas moins de dix-sept fois dans Thomas d'Aquin, et qu'elle a une origine cassiodorienne.

44 *Rerum gallicarum et Francicarum scriptores / Recueil des historiens des Gaules et de la France*, t. XIX, Michel-Jean-Joseph Brial (éd.), nouvelle édition sous la direction de Léopold Delisle, Paris, Victor Palmé, 1880, p. 223. Sur Guillaume de Puylaurens et sa chronique, *cf.* Dossat, Yves, « La "Chronique" de Guillaume de Puylaurens », *L'historiographie en Occident du V^e^ au XV^e^ siècle.* Actes du congrès de la Société des historiens médiévistes de l'enseignement supérieur public, Tours, 10-12 juin 1977, publié dans *Annales de Bretagne et des pays de l'Ouest*, n° 87, 1980, p. 259-266.

probable, que les rédacteurs l'aient emprunté à quelque source intermédiaire non repérée pour l'instant[45]. Il reste remarquable que *l'Historia Albigensium*, écrite par un homme assez loin placé du pouvoir royal, dans une perspective méridionale[46], donne également l'âge de quatorze ans à Saint Louis au moment de la succession : on voit donc que les rédacteurs de 1374 n'ont pas nécessairement « menti » en « aménageant » la date de succession de Louis IX, mais que le choix de quatorze ans a pu être également, tout simplement, dicté par certaines des sources dont ils dépendaient. Il n'est peut-être même pas exclu, s'ils ont bien utilisé la *Chronica Albigensium* plutôt que quelque document intermédiaire s'en inspirant, que leur raison première pour le faire dans ce passage ait été cette mention des quatorze ans, plus satisfaisante pour eux que d'autres données contradictoires. Il est vrai qu'il existait au XIVe siècle une entière tradition parallèle datant l'accession à la royauté de Louis IX à quatorze ans[47].

Revenons une dernière fois sur l'ensemble de cette séquence, et sur la question d'un possible emprunt massif. Dans cette zone textuelle, le critère rythmique peut être de quelque utilité. On constate en effet que le développement rhétorique de type hagiographique, allant de *sanctissimus attavus* jusqu'à *nostra instructio videatur*, est fortement rythmé[48], alors que c'est beaucoup moins vrai pour la suite (séquence *De ipso enim legitur … inunctus et coronatus*[49]). Il se pourrait donc que la différence de rigueur

45 La fortune manuscrite quasi nulle (un manuscrit subsistant…) de cette chronique rend cette option plus probable : il n'est pas sûr qu'elle fût connue en milieu parisien au XIVe siècle.

46 Dossat, « La "Chronique" », art. cité.

47 *Cf.* sur cette tradition de datation alternative Delaborde, Henri-François, « Le texte primitif des Enseignements de saint Louis à son fils », *Bibliothèque de l'école des chartes*, 1912, 73, p. 73-100, p. 86-87, qui considère même que la version donnant quatorze ans à Louis IX au moment de son couronnement était plus répandue au XIVe siècle que la version contraire. Il est à cet égard remarquable que Michel de l'Hospital, dans son *Discours de Rouen* donné à l'occasion de la majorité de Charles IX en 1563, reprenne également cette tradition (*cf.* L'Hospital, *Discours pour la majorité…*, *op. cit.*, p. 101 : « … le roy sainct Loys, duquel le regne est presque conforme a celuy de present, estan veneu jeune aagé de quatorze ans a la couronne… »). La vision d'un Saint Louis commençant à régner à quatorze ans s'est donc imposée dans le temps long de la monarchie française, en parallèle avec la loi.

48 *Dóminus singuláris ; lúmen et spéculum ; regális prosápie ; ómnium Gallicórum ; derelinquétur in sécula ; contágium perhibétur ; laudabíliter gubernávit ; eclípticam permeábit ; consequénciam tràhi débent ; instrúctio videátur.*

49 *Víribus sunt repúlsi* est un cursus velox, et *regímen assúmpsit* un planus, mais *juramenta prelatorum* et *aliorum prelatorum* ne sont pas rythmés. En revanche *inúnctus et coronátus* est de nouveau un velox.

dans l'ornementation trahisse la présence de deux zones textuelles de statut différent. Il est toutefois délicat de penser que la zone de texte incluant la citation faite au *Tragicum argumentum* ait correspondu à un agencement sous cette forme antérieur à la rédaction de l'acte, même si ce n'est pas impossible : il faudrait alors supposer la préexistence d'un texte très récent à l'époque de rédaction de la *constitutio*, et empruntant lui-même à l'œuvre de François de Montebelluna. C'est peut-être en définitive la fin de ce passage, avec le réemploi du texte de Guillaume de Puylaurens et la description de l'onction, du couronnement et des hommages royaux, qui dépend d'une source moins rigoureusement rythmée.

## PERVERSITÉ DU SIÈCLE ET TUTELLE DES MINEURS

[...] *videntes eciam dierum crescente malicia, mundum jugiter in deteriora prolabi, et non ex divine providencie deffectu seu debiti rerum ordinis, sed ex propriis demeritis in hominum mentes assueta depravante nequitia malis malorum passim cumulum superaddi ; et quod quasi dampna infinita per administratores alienos minoribus illata et irrogata fuerunt temporibus retroactis, nec cessant, prodolor indesinenter inferri ; exactique temporis consideracio edocet, et pensata prudenter discrimina manifestant quot et quantis aliena, longeva et peregrina regimina plena periculis extiterunt ; quibus de causis et aliis, ut minorum indempnitatibus succurratur, et ipsi frequenter veniam etatis impetrant, et nos et predecessores nostri in concedendo eandem consuevimus nos exhibere petentibus liberales ;*

« Aussi Nous veans, croissant la malice des jours, le monde cheoir et trebuchier de mal en pis, et non mie par deffault de la divine providence, ou du deu ordre des choses, mais pour les propres démérites des hommes, par mauvaistié acoustumée empirant leurs pensées, sur adjouster aux maulz, comble de maulz, pas après autre ; et aussi que dommages infinis par estranges administrateurs ont esté faiz et inferez aux meneurs ès temps passez, et encore ne cessent sanz faillir, de estre à eulz faiz et portez, donc ce est grant douleur, et la considéracion du temps passé le enseigne, et les perilz sagement pensez le manifestent, com grans ; et quant les longs et estranges gouvernemens ont esté plains de perilz ; pour lesquelles causes et autres à ce qu'il soit secouru à desdommagier les meneurs, et que souvent ilz empetrent pardon d'éage, et Nous et noz Prédécesseurs, en donnant et octroyant ycelui pardon, avons acoustumé de Nous monstrer libéraulx aux requérans. »

L'exposé semble prendre un nouveau départ avec la séquence commençant par le participe *videntes*. Celui-ci vient prendre le relais des deux *considerantes* qui ont jusque là structuré la période. Dans ce passage, le propos reprend un caractère relativement général sans retourner exactement à la teneur du préambule. Le roi constate d'abord, dans une proposition infinitive subordonnée (*videntes* [...] *mundum* [...] *prolabi et* [...] *cumulum superaddi*) que, la méchanceté des jours croissant, le monde glisse continûment vers un état plus dégradé, et que ce n'est pas à cause d'un défaut de la divine providence ou de l'ordre juste des choses, mais par leurs propres démérites que, la perversité accoutumée des hommes pervertissant leurs esprits, un monceau de maux s'ajoute sans cesse aux maux déjà présents. Cette vision pessimiste est glosée par une seconde relative, cette fois introduite par *quod*, qui souligne en invoquant le passé (*temporibus retroactis*) 1) les torts facilement faits par les « administrateurs étrangers » aux mineurs ; 2) les dangers de gouvernements indirects (*aliena*, *longeva et peregrina*) ; 3) et l'habitude des rois de France de réparer ces torts (*ut minorum indemnitatibus succurratur* [...] *consuevimus nos exhibere* [...] *liberales*).

Derrière cet ensemble de considérations générales se cache en fait une double citation aménagée d'une nouvelle source canonique, une source plutôt récente, puisqu'il s'agit de l'une des *Extravagantes* de Jean XXII :

Utilisation d'une *Extravagante* de Jean XXII

| Jean XXII, titulus XII, "De poenis", c. 1[50] | Acte de 1374, extrait... |
|---|---|
| Dierum crescente malitia **videmus mundum in deteriora iugiter prolabi, sic hominum mentes assueta depravante nequitia, malis passim cumulum superaddi,** ut et boni, qui alias odirent virtutis amore delinquere, interdum cum perversis admixti, concurrere cum illis in illicitis habeant, et in apertam malitiam prosilire. Est enim compescenda malorum audacia, ut saltem poenae formidine retrahantur a noxiis, sicque boni, sectando virtutem meliores effecti, non cogantur cum illis perire. | [...] videntes etiam – **dierum crescente malicia – mundum jugiter in deteriora prolabi** et non ex divine providencie deffectu seu debiti rerum ordinis, sed ex propriis demeritis, in **hominum mentes assueta depravante nequitia, malis** malorum **passim cumulum superaddi** [...] |

50 *Corpus iuris canonici*, ed. Lipsiensis secunda..., pars secunda, *Decretalium collectiones*, *op. cit.* : « Extravagantes Ioannis papae XXII », tit. XII, De poenis, cap. un., c. 1217.

La connaissance et l'exploitation d'une source telle que les décrétales de Jean XXII, destinées à être réunies sous le nom d'*Extravagantes*, qui circulaient dans de nombreux manuscrits, n'est pas un problème en soi. Le ton de ce préambule – car c'est bien d'un préambule qu'il s'agit, ce qui confirme la validité de l'analyse diplomatique présentée *supra* – s'explique par le thème de la loi, frappant de diverses peines les hommes et la famille des hommes qui s'opposeraient aux agissements de ses légats dans la partie italienne du *Patrimonium Petri*. On aborde ici le thème, classique dans la rhétorique des lettres de rémission, mais aussi dans les préambules des recueils de lois, tels que les *Constitutiones Friderici secundi*, de la dépravation de l'humanité subséquente à la chute adamique, qui nécessite la correction de la justice royale, éventuellement tempérée de miséricorde[51]. Si les rédacteurs du texte de 1374 ont bien directement exploité la décrétale de Jean XXII, et non l'un de ses remaniements, ils ont donc procédé à une *variatio* pour amplifier le texte, en intercalant la séquence *non ex divine providencie deffectu seu debiti rerum ordinis, sed ex propriis demeritis*.

La seconde partie de ce passage de l'exposé, s'attachant plus particulièrement aux torts faits aux mineurs par des tutelles « étrangères » et aux moyens d'y remédier, présente également en son milieu une trace de réutilisation avérée, toujours d'origine canonique et papale. Elle commence par une formule à la phraséologie juridique dont je n'ai pu préciser les sources exactes (*quod dampna infinita per administratores alienos minoribus illata et irrogata fuerunt temporibus retroactis, nec cessant pro dolor indesinenter inferri*), mais qui renvoie au vocabulaire romain du régime des tutelles. C'est dans la *variatio* suivante, s'attachant plus généralement à décrire les dangers des « gouvernements étrangers, pérégrins et durables », que se trouve la citation pontificale. Nous sommes ici en terrain connu, car il s'agit en fait de la suite de l'emprunt opéré à la bulle *Ubi periculum* de Grégoire X dans le préambule :

51 Sur le préambule des *Constitutiones Friderici II*, également dites de Melfi, *cf.* Stürner, Wolfgang, « Rerum necessitas und divina provisio. Zur interpretation des Prooemiums der Konstitutionen von Melfi », *Deutsches Archiv für Erforschung des Mittelalters*, n° 39, 1983, p. 467-554 (commentaire, édition et traduction allemande).

Une réutilisation du préambule d'*Ubi periculum* (suite et fin)

| *Ubi periculum*, préambule (1274), inclus dans le *Liber sextus* en 1298[52] | Préambule, troisième partie, extrait… + Exposé, seconde moitié, extrait |
|---|---|
| Ubi periculum maius intenditur, ibi procul dubio est plenius consulendum. Quam gravibus autem sit onusta dispendiis, quot et quantis sit **plena periculis** ecclesiae Romanae prolixa vacatio, **exacti temporis consideratio edocet et** considerata **prudenter** illius **discrimina manifestant.** Hinc nos evidens evocat ratio ut, dum reformandis etiam minoribus nostra sollerter vacet intentio, **ea quae periculosiora sunt, nequaquam absque remedio reformationis accomode relinqua**mus […] | […] confidentes in filiis rempublicam post ipsorum obitum feliciter conservari in ipsius negotiis peragendis, sic **intendentes solerter** quod **ea que periculosiora sunt nequaquam absque remedio reformationis accomode relinquant** […] + […] exactique temporis consideratio edocet et pensata prudenter discrimina manifestant, quot et quantis aliena longeva et peregrina regimina plena periculis extiterunt […] |

Le retour à ce formulaire déjà utilisé s'explique si l'on se souvient que la loi propose de remédier aux dangers posés par la vacance papale, dont ce sont les dégâts potentiels qui motivent le thème du préambule. Dans la mesure où les rédacteurs du texte de 1374 se concentrent à présent sur le danger d'une vacance de l'autorité royale représenté par la mise en tutelle du roi mineur sous un gouvernement « étranger », ils peuvent retrouver sous leur plume la phraséologie des juristes de Grégoire X rappelant que les exemples des temps passés enseignent les inconvénients de vacances papales prolongées. Dans le cas des secrétaires royaux, on ne voit guère toutefois dans le passé relativement récent que l'exemple de Louis IX qu'ils aient pu invoquer comme un temps de régence périlleuse pour le compte d'un roi mineur, à moins de penser aux semaines fatidiques ayant précédé l'élection de Philippe VI de Valois.

La suite de cette séquence, qui tire les conséquences de cette situation en rappelant que, pour secourir les mineurs en difficulté, et qui demandent « grâce de leur âge », le roi et ses prédécesseurs ont accoutumé de se montrer libéraux en « la leur concédant », présente un problème spécifique lié à sa phraséologie. Celle-ci peut être certes en grande partie reconduite aux habitudes de la chancellerie royale, et notamment à la rédaction des

52 *Cf.* édition *supra*, n. 438.

préambules de lettres de grâce ou de rémission, soulignant la bénignité du souverain – *consuevimus nos exhibere petentibus liberales*[53] – devant les demandes de grâce (*venia*). Pourtant, la spécificité du problème juridique posé par la protection des mineurs sous tutelle suscite l'apparition sous la plume des rédacteurs – qu'on suppose ici plus légistes que théologiens – d'expressions juridiques dont l'une au moins est, malgré sa concision, directement issue d'un passage particulier du Code Justinien. La formule *veniam etatis impetrant* est en effet trop semblable au titre de Code, II, 44 (45) : *De his qui veniam aetatis impetraverunt* pour qu'il s'agisse d'un hasard, d'autant plus que cette loi se trouve dans une section amplement consacrée au problème des héritages, des émancipations et des tutelles. On pourrait en dire autant du syntagme *minorum indempnitatibus*, qui fait écho aux termes employés dans l'*Arrestum Sane*, arrêt fameux rendu en 1318-1319 par deux commissaires de Philippe V le Long, l'évêque de Laon Raoul Rousselet, et Jean de Forez, pour mettre fin aux captations de tutelles que les libertés de la coutume toulousaine avaient multipliées et pour protéger les mineurs injustement dépossédés dans le Toulousain[54]. Il y a dans ce développement du droit des tutelles dans la France du XIVe siècle un champ de recherche à explorer pour éclairer plus précisément cette zone de l'acte[55].

53 *Cf.* tout de même Meyer, Andreas, « Eine Verordnung gegen die Korruption an der päpstlichen Kurie aus der Mitte des 13. Jahrhunderts », *Kurie und Region. Festschrift für Brigide Schwarz zum 65. Geburtstag*, Brigitte Flug, Michael Matheus, Andreas Rehberg Suttgart, Franz Steiner Verlag (éd.), 2005, p. 169-173 pour un exemple du XIIIe siècle montrant à quel point cette phraséologie dépend de modèles papaux : *cum intentio nostra sit nos exhibere petentibus liberales…*

54 *Arrestum Sane, sive Ordinationes vel Statuta, contra Tutores & Curatores*, Toulouse, Nicolas Vieillard, 1535. Une certaine confusion règne sur l'époque de promulgation de cet arrêt dans une partie de la littérature secondaire, car il a été enregistré dans les coutumiers de Toulouse à la suite de lois confirmées en 1285, ce qui a motivé des renvois erronés à Philippe le Bel. Raoul est toutefois évêque de Laon de 1317 à 1323. Sur l'enquête de Jean de Forez et Raoul Rousselet dans le Languedoc en 1318-1319, *cf.* Mattéoni, Olivier, « *Imitatio regis.* Les institutions financières du comté de Forez et de la seigneurie de Bourbon au début du XIVe siècle. De l'influence monarchique et du rôle des hommes : étude comparée », *Monnaie, fiscalité et finances au temps de Philippe le Bel*, Philippe Contamine, Jean Kerhervé, Albert Rigaudière (éd.), Paris, Comité pour l'histoire économique et financière de la France, 2007, p. 51-102. p. 88-89. Sur les mécanismes juridiques développés par la monarchie pour régler les risques de tutelles abusives dans la noblesse et les couches supérieures et leur rapport conceptuel avec l'acte (« lettres d'émancipation »), *cf. infra*, p. 366-374.

55 On peut penser à ce sujet à l'intérêt de comparer le régime de tutelle des mineurs et les procédures de curatelle développées pour gérer les cas de folie juridiquement constatée. *Cf.* à ce sujet les perspectives ouvertes par Ternon, Maud, « *Furieux et de petit*

[...] *quodque rex et dominus naturalis ac legittimus plus diligitur a subditis, quam quicumque regens pro eo, videtur libencius, et sibi ab eisdem promptius obeditur, retrahunturque a facinoribus et delictis solum dominum videndo ; et ut frequenter visum est, puerum, juvenem vel infantem, ad bonum obediencie et serviciorum promptitudinem excitati, audaces et magnanimi fiunt, ac magis in omnibus virtuosi* [...]

« [...] et que le Roy et Seigneur naturel et légitime, est plus amé de ses subgiez, que autre quelconque Regent pour lui, et est plus voulentiers veu, et lui est par eulx obey plus promptement, et sont les subgiez retraiz de perpétrer délits et meffaiz, en veant leur seul Seigneur ; et si comme on voit souvent un enfant ou jouvencel estre excité et meu au bien de obédience, et à servir promptement, il deviennent hardis, de grant corage, et plus vertueux en toutes choses. »

L'exposé s'acheminant vers sa fin, le segment suivant, grammaticalement lié au passage à peine exploré, ménage une transition rhétorique et conceptuelle entre ces préoccupations concernant la défense des mineurs et la longueur des tutelles d'une part, et l'exaltation de la sacralité des rois-enfants présents parmi leurs troupes qui forme la matière des deux *exempla* terminaux d'autre part. Dans ce court passage, introduit par un *quodque* dépendant de *videntes*, il s'agit de souligner d'abord que les sujets aimeront toujours plus un roi et seigneur naturel et légitime, que quiconque qui gouvernerait pour lui (*regens pro eo*[56]), ensuite qu'ils lui obéiront plus promptement, et que sa seule vision les retiendra de commettre crimes et délits. L'exaltation progressive de la notion de « naturel seigneur » a été glosée par les historiens des idées et du droit[57]. La suite du passage, qui ne semble pas banale, constitue l'un des échecs de cette recherche, car il me paraît probable que la formule *retrahuntur a facinoribus et delictis solum Dominum videndo* (ils reculent devant les crimes et les délits [qu'ils pourraient commettre] en voyant leur seul [vrai] seigneur) a été empruntée à quelque source précise encore cachée. Là encore, la rhétorique évoque de manière vague celle d'un préambule de lettres de rémission, mais le

*gouvernement ». Formes et usages judiciaires de la folie dans les juridictions royales en France, du milieu du XIII^e siècle à la fin du XV^e siècle*, thèse soutenue le 6 décembre 2014 à l'université de Paris I Panthéon-Sorbonne, qui examine notamment la « romanisation » progressive des mécanismes de mises en tutelle de personnes réputées folles en France au cours du XIV^e siècle, éditée sous le titre *Id.*, *Juger les fous au Moyen Âge*, Paris, Puf, 2018.

56 Ce syntagme représente le concept de régent, qui n'est pas encore lexicalisé en *regens* entendu comme substantif simple. *Cf.* à ce sujet Berger, Élie, « Le titre de régent dans les actes de la Chancellerie royale », *Bibliothèque de l'école des chartes*, 61, 1900, p. 413-425, glosé par Potin, « Le coup d'État », art. cité, p. 185.

57 *Cf.* tout particulièrement Krynen, « Naturel » art. cité, p. 169-190.

thème développé de la seule présence royale empêchant les crimes, ne l'est pas à ma connaissance sous cette forme dans ces textes. Il faudra retrouver la source exacte de cette maxime. On verra toutefois dans la cinquième partie que le passage tout entier peut en revanche être placé, pour des raisons que nous ne pouvons encore aborder, sous l'inspiration rédactionnelle de l'un des intellectuels qui entouraient Charles V[58].

Le membre de phrase suivant, le dernier avant le double *exemplum* macédono-mérovingien, pose, lui, un problème d'un tout autre ordre. C'est, avec la fin de la toute première période du préambule, l'autre passage du texte qui semble souffrir d'un déséquilibre de construction. Les rédacteurs précisent l'idée, d'abord exprimée négativement, de la « rétention des crimes », en soulignant que les sujets sont excités au bien de l'obéissance (*bonum obediencie*) – il s'agit d'une formule patristique, que l'on trouve dans saint Augustin[59] – et à la promptitude des services, et deviennent audacieux, magnanimes et plus courageux (*virtuosi*) en tout, quand ils se trouvent en présence du roi. Le *ut frequenter visum est* vise à arrimer cette considération générale aux *exempla* qui vont suivre. Mais pourquoi préciser le [*subditi*] qui est le sujet implicite de cette section de la phrase par un *puerum*, *juvenem vel infantem* (enfant, adolescent, voire nourrisson), et pourquoi le mettre à l'accusatif, s'il s'agit bien d'une glose de ce sujet ?

C'est bien ainsi que l'a compris le traducteur de 1392, qui dit en français : « si comme on voit souvent un enfant ou jouvencel estre excité et meu au bien de obédience, et à servir promptement, ils deviennent hardis, de grant corage, et plus vertueux en toutes choses ». Mais d'une part, il n'y avait aucune raison de mettre ces termes à l'accusatif (on attendrait *pueri*, *juvenes*, *vel infantes*, si ces termes étaient des qualifications desdits *subditi*), et d'autre part, la logique du texte n'a que faire de préciser que des nourrissons ou des enfants sont animés à faire de plus grands efforts par la vision de leur seigneur naturel, particulièrement alors que l'on s'apprête à mentionner les exploits de deux armées en

58 *Cf. infra*, p. 459-460.

59 *Cf.* sur ce point *infra*, p. 374, commentaire conceptuel. Des rencontres textuelles de ce type, ou de celui de la formule aquinienne discutée *supra*, p. 240, ne doivent toutefois pas être mises sur le même plan que des citations longues. Ces maximes peuvent bien avoir une origine clairement augustinienne ou thomasienne : elles n'en sont pas moins entrées depuis un millénaire dans un cas, un siècle dans l'autre, dans le répertoire commun des clercs médiévaux. On doit donc réfléchir à leur emploi en fonction de cette communauté conceptuelle plutôt que d'une source précise.

bataille galvanisées par la présence d'un enfant-roi. C'est ici l'un des cas où le traducteur de l'acte de 1392 s'est trompé dans son interprétation, et a modifié le texte, parce que la construction de celui-ci n'avait pas été bien analysée, et qu'il n'a pas voulu se détacher de l'ordre de succession des mots. Après l'incise *ut frequenter visum est*, il faut en fait raccorder *puerum, juvenem vel infantem*, à *solum Dominum*, que ces termes glosent, ce qui correspond parfaitement au sens attendu : on précise que les sujets sont maintenus dans leur devoir par la présence de leur seul véritable seigneur, qu'il soit enfant, adolescent ou enfançon, comme les *exempla* suivants vont le montrer.

## SEIGNEUR NATUREL ET LÉGITIME
## Le double *exemplum* macédono-mérovingien

> ... *Macedones enim prelio pulsi, rege suo regis deffuncti filio existenti in cunis pene aciem posito, accrius repetiere certamen, victores futuri propter presentiam ejusdem, ostendentes priori bello regem non virtutem Macedonibus defuisse; et Gallici Chilpericum regem Francie, cujus auttoritate et nomine etatis quatuor mensium existentis, regnum regi voluerunt, intuentes per Reginam matrem suam ad exercitum inter brachia portari, ita strenue bellaverunt quod dictus Chilpericus gloriosissimum habuit et obtinuit triumphum;...*

> « Certes, les Macédoniens chaciez de bataille, advint que leur Roy Filz du Roy défunct, estant en son bercheul, fut porté et mist en l'Ost, et pour la présence de lui, les Macédonois repetérent et recommenciérent la bataille plus aigrement, pour estre veinqueurs, en monstrant que en la premiere bataille, leur failloit et failly Roy, et non mie vertu, et les François qui vouldrent que Chilperic Roy de France, estant de l'aage de quatre mois, gouvernast le Royaume par l'auctorité et nom de lui, regardans que la Royne sa mere l'avoit porté en l'Ost entre ses bras, se combatirent tant noblement, que ledit enfant Chilperic ot et obtint très-glorieuse victoire. »

Les deux grands *exempla* historiques constituent la dernière section de l'exposé, avant le début de la transition vers le dispositif. Immédiatement reconnaissables, ils ont été commentés très tôt, et la source de l'un d'entre eux était déjà décrite dans l'édition des *Ordonnances*[60]. La situation n'a

60 *Cf. Ordonnances*... VI, p. 28, n. (d) : « Macedones.] Justin qui rapporte ce fait dans le chap. 2 du Liv. 7 nomme ce Roy Europus II. Il étoit Fils de Philippe. Le combat se donna

depuis guère changé, et l'on peut même dire que c'est l'un des passages de la *constitutio* qui met encore la recherche moderne mal à l'aise, en ce début du XXI^e^ siècle[61]. Il semble en effet d'une part que l'exemple tiré de l'histoire macédonienne n'entretienne guère de rapport conceptuel avec l'histoire de France. D'autre part, l'*exemplum* mérovingien contient ce qui est, au regard de l'histoire positive, une erreur factuelle. Les rédacteurs y ont appliqué à Chilpéric Ier (?-584) une narration qui, dans les sources originelles, se rapportait à son fils Clotaire II (584-629). Cette erreur a laissé sa trace dans l'historiographie[62].

Il importe pourtant de dépasser cette première impression pour mieux comprendre les raisons et les mécanismes de l'insertion du double exemple dans la narration, et si beaucoup reste encore à faire dans le cas du second *exemplum*, on peut au moins préciser quelque peu les conditions de ces utilisations.

La source de l'*exemplum* « macédonien » est connue. L'anecdote concerne l'un des ancêtres supposés de Philippe II et Alexandre le Grand, et la souche des Argéades macédoniens. Le sixième roi de cette dynastie dont les débuts se perdent dans la légende, Philippe Ier, mort prématurément, aurait laissé un fils encore au berceau, Aéropos, et les tribus illyriennes voisines de la Macédoine auraient profité de la situation pour envahir le royaume. Après des défaites initiales, les capitaines du royaume auraient résolu de porter le nourrisson au milieu de l'armée pour galvaniser leurs troupes, qui auraient ainsi trouvé l'élan nécessaire pour vaincre les envahisseurs. Ces événements, censés avoir eu lieu au cours du VIIe siècle avant notre ère, avaient été racontés par l'historien romain Trogue-Pompée dans ses *Philippiques*, perdues, mais résumées par Justin au IIIe ou au

---

contre les Illyriens. Le P. Petau Ration. Temp. Parte I Lib. 2 p. m. 64. place ce fait à la 45e Olympiade ».

61 *Cf.* Rigaudière, « La *lex* », art. cité, p. 180-181.

62 Elle est déjà commentée dans *Ordonnances*… VI, p. 28, note (e) : « Celui qui a rédigé cette Ordonnance, s'est trompé sur le nom du Roy ; ce n'est point de Chilperic, mais de Clotaire II. son fils, et de sa mere Fredegonde, que l'Autheur des *Gesta Regum Francorum* […] rapporte le fait qui est rappelé. Mais le P. Daniel […] a remarqué que ce fait étoit faux, parce que lors de la bataille qui fut donnée en 593, par les troupes de Clotaire II. contre Childebert Roy d'Austrasie, Clotaire avoit du moins neuf à dix ans, puique Chilperic I. son père étoit mort en 584 ». La critique historique de l'*exemplum* était donc pour l'essentiel déjà faite en 1741. La réflexion sur le conditionnement des rédacteurs de la *constitutio* de 1374 par l'historiographie médiévale (sources intermédiaires) n'a en revanche pas été faite par les médiévistes du XXe siècle.

IV^e^ siècle de notre ère dans son *Épitomé*[63]. C'est ce récit qui est la source à peine modifiée de l'*exemplum* choisi par les rédacteurs. On pourrait donc supposer qu'ils l'ont directement pris à Justin, ou dans un *Florilège* qui contenait cette anecdote. Un point attire toutefois l'attention. Dans une zone du *Tragicum argumentum* relativement proche de celle dont a été extraite l'image du soleil parcourant l'*Écliptique*, François de Montebelluna, s'attachant à démontrer que ce n'était pas Jean II le Bon qui devait mieux se garder à la bataille de Poitiers, mais son armée qui devait le défendre avec plus d'ardeur, a recours au même *exemplum*, pour conclure : « Voilà ce qu'eut de poids la présence du roi nourrisson. Rougis, France, de ce que le berceau du roi des Macédoniens a eu plus d'effet que l'épée et le casque de ton roi ! Rougis de ce que, invaincue, tu as fait un captif de ton roi[64] ! » La rencontre est frappante, et le premier réflexe consisterait à supposer que les rédacteurs, découvrant ce passage dans leur lecture du *Tragicum argumentum*, l'ont sélectionné à partir de cette œuvre. Une comparaison des variantes sème pourtant le doute.

L'*exemplum* macédonien :
Justin, François de Montebelluna, *Constitutio*

Justin, VII, 2[65] :
*Igitur Illyrii infantiam regis pupilli contemnentes bello Macedonas adgrediuntur. Qui proelio pulsi rege suo in cunis prolato et penes aciem posito acrius certamen repetivere, tamquam ideo victi antea fuissent, quod bellantibus sibi regis sui auspicia defuissent, futuri vel propterea victores, quod ex superstitione animum vincendi ceperant ; simul et miseratio eos infantis tenebat, quem, si victi forent, captivum de rege facturi videbantur. Conserto itaque proelio magna caede Illyrios fudere, ostenderunt hostibus suis priore bello regem Macedonibus, non virtutem defuisse.*

---

63 Cornelius Nepos, Quinte-Curce, Justin, Valère Maxime, Julius Obsequens, *Œuvres complètes* avec la traduction en français, Désiré Nisard, Pairs, Dubochet (éd.), 1841, p. 377-553.

64 Vernet, « Le "tragicum argumentum" », art. cité, p. 135.

65 Cornelius Nepos…, *Œuvres complètes*, *op. cit.*, p. 424. Traduction : « Or donc, les Illyriens, méprisant l'enfance d'un roi encore pupille, assaillent les Macédoniens en leur déclarant la guerre. Ces derniers étaient repoussés quand, portant leur roi au berceau au devant d'eux, et le plaçant au sein de l'armée, ils reprirent plus ardemment le combat, considérant qu'ils n'avaient été si complètement vaincus que parce que les auspices de leur roi leur avaient fait défaut lors de cette guerre, et qu'ils seraient donc à l'avenir victorieux, parce qu'ils avaient trouvé dans cet acte superstitieux l'ardeur de vaincre. Ils avaient également pitié du nourrisson, dont on pouvait bien prévoir qu'il deviendrait captif s'ils étaient de nouveau vaincus. Reprenant donc le combat, ils terrassèrent les Illyriens dans un grand carnage, et montrèrent à leurs ennemis que dans la guerre précédente c'était le roi, non le courage, dont les Macédoniens avaient manqué ».

Françoise de Montebelluna[66] :
[…] *cum enim Illirii, infanciam pupilli regis macedonum contempnentes, prelio pulsissent Macedones, hii rege suo in cunis prolato et pone*[67] *aciem posito, acrius certamen repetivere tanquam ideo victi antea fuissent, quod bellantibus sibi regis sui auspicia defuissent, futuri vel propterea victores quod ex supersticione animum vincendi ceperant : simul et miseracio eos infantis tenebat, quem si victi forent, captivum de rege facturi videbantur. Conserto itaque prelio, magna cede Ilirios fudere, ostenderuntque hostibus suis, alio bello regem Macedonibus, non virtutem defuisse.*

Acte de 1374 :
*Macedones enim prelio pulsi, Rege suo Regis deffuncti filio existenti in cunis pene aciem posito, acrius repetiere certamen, victores futuri propter presentiam ejusdem, ostendentes priori bello regem non virtutem Macedonibus defuisse* […]

Il semble en effet à examen minutieux que les rédacteurs de l'acte de 1374 ont eu plutôt recours à l'original de Justin qu'au léger remaniement proposé par François de Montebelluna, comme la reprise de *prelio pulsi* et de *priore bello*, plutôt que de *prelio pulsissent* et *alio bello* le suggère. Il reste pourtant remarquable que François de Montebelluna, fût-ce de manière négative, ait fait l'application de ce passage au charisme royal des Valois, quinze ans avant la rédaction de notre texte, et la reprise commentée plus haut de *quamdiu sol permeabit eclipticam* ne laisse guère de doute sur la connaissance du *Tragicum argumentum* de la part de l'équipe rédactionnelle[68]. Faut-il en déduire que l'idée d'exploiter ce thème était venue aux rédacteurs à la lecture de cet écrit, mais qu'ils ont choisi de se reporter à la source première (indiquée dans le *Tragicum argumentum*) pour plus de sûreté ? Ce serait un indice d'une méthode de travail ordonnée, et d'un contrôle relativement minutieux des sources qui n'a rien d'impossible, d'autant plus que Justin n'était pas un texte rare[69]. On verra pourtant qu'il existe une autre explication, non exclusive de cette filiation, qui rend compte de la sélection de l'*exemplum* macédonien dans le document. Réservons-la, à titre exceptionnel, pour la cinquième partie[70].

---

66 Vernet, « Le "tragicum argumentum" », art. cité, p. 135.
67 Erreur probable de transcription, en tout cas d'édition, de Vernet pour *penes*.
68 *Cf.* sur ce point *supra*, p. 239-241.
69 *Cf.* Rühl, Franz, *Die Textesquellen des Iustinus*, Leipzig, Teubner 1872 (Jahrbücher für classische Philologie. Suppl.-Bd. 6, H. 1.), qui parle d'une fabrication du texte en série à partir du XIII$^{e}$ siècle en Italie.
70 *Cf. infra*, p. 457-458.

Le second grand *exemplum* est typologiquement jumeau du premier, et il suffit de penser à la difficulté de trouver deux narrations similaires, présentant un roi-nourrisson qui, placé au centre de l'armée, fait vaincre par sa seule présence charismatique, pour comprendre pourquoi les deux textes ont été appariés. Il n'y en avait probablement pas d'autres dans tout le stock de narrations historiques connues, ou il aurait fallu invoquer des histoires de rois adolescents, en retournant à l'exemple de Saint Louis ou à d'autres similaires. Dans ce second cas, les recherches n'ont encore mené qu'à un bilan provisoire. La source première de l'anecdote est connue : il s'agit de la narration des guerres internes aux différents membres de la dynastie mérovingienne qui firent rage dans les années 580. En 584 naît le jeune Clotaire, futur Clotaire II, fils de Chilpéric et de Frédégonde. Quelques mois plus tard, Chilpéric est assassiné. Dans les années qui suivent, Frédégonde tente de s'affirmer et de rallier à la cause de l'enfant Clotaire II les grands de la Neustrie. En 593, elle réussit à repousser une invasion menée par le duc Austrasien Wintrio en portant son fils âgé de neuf ans à l'armée qui lui est fidèle, et c'est cet événement qui est à l'origine de l'histoire semi-légendaire racontée par l'*exemplum*[71].

Les sources premières de l'anecdote de l'enfant-roi sont repérées. Il s'agit d'un passage de la chronique mérovingienne tardive (début du VIII^e siècle) dite *Liber Historiae Francorum*, qui raconte la bataille et ses préparatifs avec une technique narrative sophistiquée, incluant l'invention de discours. Cette source mentionne le *parvulus rex* porté dans ses bras par Frédégonde, ce qui a donné lieu à la légende d'un enfant-nourrisson[72]. Le texte en a été repris par Aimoin de Fleury dans son *Historia Francorum*, vers l'an 1000, et c'est sur cette base que les versions élaborées pour les *Grandes Chroniques de France* ont été composées. Les prototypes latins de ces dernières conservés pour le XIII^e siècle (ms. BnF lat. 5925) reportent un texte dans lequel se reconnaissent encore des linéaments de la narration

71 On peut consulter pour le plaisir, parmi les narrations classicisantes veinées de romantisme du début des études médiévales, Ségur, Louis-Philippe de, *Histoire de France*, t. I, Paris, Eymery, 1824, t. I, p. 188-189 : « Frédégonde trompa leur attente ; cette reine déploya autant d'adresse dans sa politique et de courage contre ses ennemis, qu'elle avait montré d'audace pour égorger ses victimes ; [...] elle [...] rassemble ses troupes, marche intrépidement à leur tête et enflamme leur courage, en leur montrant son fils Clotaire qu'elle portait dans ses bras [...] ».

72 *Fredegarii et aliorum chronica. Vitae sanctorum*, Bruno Krusch (éd.), Hanovre, Hahn, 1888 (MGH Scriptores rerum merovingicarum, 2), p. 215-328 pour le *Liber Historiae Francorum*, et pour le passage précis p. 304-306.

mérovingienne[73]. Ils présentent toutefois déjà une inflexion notable, puisque le roi y est décrit comme un enfant au berceau, élément répercuté dans les narrations françaises du XIVe siècle[74]. Le terrain était donc préparé pour la composition de l'*exemplum* reporté dans l'acte de 1374.

Frédégonde et le *parvulus rex* : tableau de comparaison

| | |
|---|---|
| *Liber Historiae Francorum* | Cum denunciatum fuisset placitum, qua die ad preliandum in loco nuncupante Trucia, in paygo Suessionico convenire deberent, illa, sicut consilium dederat, de nocte consurgens, cum armorum apparatu, cum ramis in manibus vel reliqua quae superius diximus, ascensis equitibus, Chlothario parvolo rege in brachia vehitans, usque Trucia pervenerunt. Cum autem custodes hostium Austrasiorum ramis silvarum quasi in montibus in agmine Francorum cernerent et tinnitum tintinnabulorum audirent custodes, dixit vir [...] cum Fredegunde vel Chlothario parvolo interfeceruntque maxima parte de hoste illo, innumerabilis multitudo, maximus valde exercitus, a maiore usque ad minorem [...] |
| Version remaniée d'Aimoin de Fleury dans le ms. BnF 5925, f° 63r-v (extrait) | Congregatis igitur cunctis Austrasiis et de regno Burgundie auxiliaribus validis Gundoaldum [...] his perficit mandatque ut terram hostilem petentes predas faciant<br>[...]<br>pagum Suessionicum vastaturi aggrediuntur. Cum interim Fredegundis evocatis qui sibi parebant Francis [...] facta concione : sic universos alloquitur : Et pre se puerum gestans : rogat ne infanciam regis pupilli contempnentes : hostibus depopulandos agros relinquant : meminerint quod se non comptentum permisisse sed venerationem maiestati regie, foverent porro honorem que conferendum in cunis adhuc posito estimavissent : ne immatura etate vacuus potestatis plenus ignominie rex remaneret : se certe quibus posset modis remunerationi pre filio non defuturam, que spectatrix cunctarum ac testis uniuscuiusque vel ignavie vel virtutis in eminentiori constituta loco : desuper pugnam spectaret.<br>[...]<br>Placuit cunctis quod dixerat regina et ex consilii sententia regem adhuc matris suggentem ubera ferrata secuntur agmina. In tempesta nocte surgens exercitus silvam Landerico ducente est ingressus [...] |

73 *Cf.* BnF lat. 5925, f° 63r-v pour le passage incriminé. Sur le rôle de ce manuscrit dans l'élaboration de la version classique des *Grandes Chroniques de France* au XIIIe siècle, *cf. Les grandes chroniques de France*, Jules Viard (éd.), 10 vol., Paris, Champion puis Klincksieck, 1920-1953, t. I, p. XII-XIII.

74 *Ibid.*, t. II, p. 29.

| | |
|---|---|
| Version française d'après Viard, *Grandes Chroniques de France*, II, p. 29-32. | Quant tuit furent assemblé, ele les araisona par tels paroles, l'enfant entre ses braz qui encor succoit ses mameles : « Seigneur, noble prince dou roiaume de France, vous ne devez pas avoir en despit vostre seigneur et vostre roi pour ce il est petiz. Si ne devez pas sofrir le noble roiaume de France degaster à ses anemis ne aus vos. [...] La sentence de la roine plut à touz. Ele chevaucha devant, le petit roi entre ses braz ; les batailles des chevaliers armez aloient après toutes ordenées. [...] La roine Fredegonde aloit tout devant, le petit roi entre ses braz, jusques au lieu de la bataille. Pitiez contraignoit les barons à ce que ils eussent compassion de l'enfant qui d'estat de roi devenist chaitis prisoniers, se il fussent vaincu. [...] Ensi orent victoire de leur anemis [...] |
| Acte de 1374 | [...] et Gallici Chilpericum regem Francie, cujus auttoritate et nomine etatis quatuor mensium existentis regnum regi voluerunt, intuentes per Reginam matrem suam ad exercitum inter brachia portari, ita strenue bellaverunt quod dictus Chilpericus gloriosissimum habuit et obtinuit triumphum [...] |

Comparé à la longueur des versions latines et françaises en circulation à l'époque de Charles V, le texte est trop court pour que l'on puisse parler d'une citation directe. Il s'agit pour le coup, soit d'une reconstruction à partir de la narration des *Grandes Chroniques*, soit de l'emprunt d'un réaménagement antérieur qui aurait déjà réduit cette matière en *exemplum*. La mention des quatre mois qu'aurait eus le jeune Clotaire pourrait fournir un indice, même si les indications d'un enfant au berceau (*in cunis*, Bnf lat. 5925) ou à la mamelle (*ibid.*, *regem adhuc matris suggentem ubera*, et version française) ont pu inspirer cette précision. L'erreur qui a fait intervertir le nom du père (Chilpéric) et de l'enfant, explicable par la succession des narrations dans les différents manuscrits, est elle-même susceptible de livrer quelques indices ultérieurs sur l'origine exacte de cet *exemplum*.

## LA TRANSITION VERS LE DISPOSITIF

[...] *Pacifico statui regni nostri nedum pro nostris sed pro perpetuis temporibus cupientes sinceris affectibus providere, ad vitandas discordias, removenda scandala et alia inconvenientia et detrimenta maxima, que nisi provideretur, timerentur verissimiliter evenire* [...]

« Nous convoitans de purs et vraiz desirs et affections, pourveoir au paisible Estat de nostre Royaume, non mie pour noz temps seulement, maiz a tousjours pardurablement, pour eschiver discordes, oster les esclandres et autres très-grans inconveniens et détrimens que l'en craindroit et doubteroit vraisemblablement devoir avenir, se pourveu n'y estoit [...] »

Le double *exemplum* des rois-nourrissons en bataille clôt la longue série des *exempla* historiques extraits de la Bible, de l'histoire antique et de l'histoire de France qui structurent une partie de l'exposé. Il ferme lui-même en quelque sorte l'exposé, puisqu'avec la sous-période suivante, construite autour du participe *cupientes* qui prend la suite de *considerantes* et *videntes*, nous entrons dans la zone intermédiaire entre l'exposé et et le dispositif. La forme de ce développement évoque encore de loin l'attaque d'un préambule, tout en retrouvant les traces d'une rhétorique aussi bien impériale que papale[75]. Le roi désire renforcer à jamais l'état pacifique du royaume, afin d'éviter les désordres, discordes et autres scandales qui pourraient survenir si les dispositions de la loi n'étaient prises. La rythmisation, de nouveau abondante, indique que les rédacteurs suivent les modèles ordinaires de l'écriture en chancellerie qui leur procurent les formules papales, royales ou impériales exploitées ici (*státui règni nóstri* ; *vitándas discórdias*[76] ; *afféctibus providére*[77] ; *verissimíliter evenire*[78]).

75 *Cf. Lettres* de Pierre de la Vigne, I, 19 [*L'epistolario di Pier della Vigna*, *op. cit.*, p. 156], ... *quia tamen de Regni nostri statu pacifico inter ceteras considerationes notras precipue nos cura perangit...* (il ne s'agit toutefois pas dans cet extrait d'un préambule, ce mandat en étant dépourvu).

76 La formule *ad vitándas discórdias*, cursus tardus, alterne avec *ad vitánda discrímina*, qui respecte le même schème.

77 *Affectibus* est classiquement apparié à un verbe quadrisyllabique (ou susceptible de désinences le rendant quadrisyllabique : *prosequi* donne ainsi *prosequamur*, *prosequentes*, *prosecuti*) pour former un cursus velox.

78 *Verisimiliter* est de même apparié à un verbe quadrisyllabique (*excusare*, *evenire*, *extimare*), à son tour conjugué à diverses formes (*excusabat*, *evenires*, *extimarunt*...) pour former un cursus velox.

# ANALYSE DE DÉTAIL

## Le dispositif

Avec le dispositif, nous arrivons à une zone du texte où l'analyse change de rythme et, en partie, de direction : tout particulièrement dans la première moitié de ce troisième mouvement de l'acte, la rédaction d'un ensemble de dispositions originales exclut que les rédacteurs aient fait des emprunts massifs à une source antérieure de type annalistique, théologique ou autre. Cette partie du texte requiert néanmoins d'être explorée avec soin, à la fois pour montrer comment les rédacteurs ont modifié leurs stratégies rhétoriques afin de les adapter à cette dimension plus strictement juridique de la loi, et pour établir comment, aussi, ils ont fait de la seconde section de cet ensemble un résumé général de leur démarche plaçant la gestation de la *constitutio* sous une lumière nouvelle.

### L'ENTRÉE DANS LE DISPOSITIF

[...] *premissis omnibus et singulis, quantum nobis ex alto permittitur premeditatis prudenter, ut agere considerate possimus, ad omnem dubitationis materiam submovendam, habita super hoc deliberatione matura et consilio pleniori cum pluribus prelatis personisque notabilibus clericis et laicis, declaramus decernimus ordinamus et hac editali lege nostra irrefragabili et imperpetuum valitura diffinimus constituimus et sanccimus de nostris certa scientia ac regie plenitudine potestatis* [...]

« [...] toutes ces choses dessus dictes, et chascune d'icelles, en tant qu'il Nous est souffert de lassus, premiers pensées prudemment et sagement, à ce que faire puissons considéreement, à oster toute matere de doubtance, eu sur ce délibéracion meure et plus plain conseil avecques pluseurs Prelas et personnes notables, Clers et lays, déclairons, décernons, ordonnons, et par ceste nostre Loy faicte par manière de Edit, à valoir sanz enfraindre et pardurablement, diffinissons, constituons et xanctissons de noz certaine science et plenitude de la puissance Royal [...] »

L'entrée dans le dispositif proprement dit s'effectue enfin par une série d'ablatifs absolus posant la réflexion du roi et de son conseil, qui introduisent la série de verbes structurant l'exposé et la première moitié du dispositif. Là encore, la pesanteur exercée par le conditionnement d'une culture de chancellerie reposant sur le maniement permanent de modèles (formes, fourmes, auraient dit les gens du XIVe siècle) d'origine royale, papale ou impériale se fait sentir : *premeditátis prudénter* est par exemple une variante de la formule *considerátis prudénter*[1], reposant sur la même structure rythmique. De même, la locution *ad omnem dubitationis matériam submovéndam* est classique, *dubitationis* pouvant être remplacé par *erroris* ou *heresis/eos* pour souligner le degré de doute ou d'erreur à éliminer, avant la promulgation d'une disposition ou d'une loi[2].

La série des verbes qui sanctionnent la loi mérite à elle seule un commentaire, qui a déjà été ébauché : ce renforcement en six verbes (*declaramus, decernimus, ordinamus* [...] *diffinimus constituimus sanccimus*) est à ma connaissance unique dans la phraséologie royale. Il fait partie des dispositifs rhétoriques exceptionnels visant à surhausser l'acte, à en faire véritablement une *constitutio edi(c)talis* isolée dans sa majesté. Il vaut toutefois la peine de profiter de cette séquence pour mettre à l'épreuve d'une comparaison formelle la validité des hypothèses avancées par Françoise Autrand concernant l'influence de la Bulle d'or de Charles IV sur la conception de l'acte de 1374.

La Bulle d'or de Charles IV, promulguée à Nuremberg puis à Metz, en 1356[3], correspond davantage que la *Constitutio* de 1374 à ce qu'une vision moderne classique pourrait considérer comme une constitution. Il s'agit en effet d'un dispositif complexe réglant non seulement les mécanismes de l'élection impériale, mais aussi bien d'autres prérogatives, devoirs et droits de l'empereur et des princes-électeurs. Rédigé en latin, ce texte

1 *Cf.* entre mille autres exemples Bérard de Naples, n° 119 (Fleuchaus, Elmar, *Die Briefsammlung des Berard von Neapel. Überlieferung-Regesten*, Munich, MGH, 1998 (MHG Hilfsmittel, 17), n° 119, p. 309).

2 On trouve aussi *ydolatriae* ou *scandali+materiam submovendam.* Le rythme étant déjà inclus dans la formule finale, le complément de nom peut avoir une structure libre. La formule, typique de la rhétorique papale, est régulièrement utilisée pour caractériser le travail d'extirpation d'un élément perturbateur de l'*ecclesia.*

3 Seibt, Ferdinand, *Karl IV. Ein Kaiser in Europa 1346 bis 1378*, Munich, Süddeutscher Verlag, 1978, p. 250-261 ; édition *Bulla aurea Karoli IV. imperatoris anno MCCCLVI promulgate / Die goldene Bulle Kaiser Karls IV. vom Jahre 1356. Text*, Wolfgang Fritz (éd.), Weimar, Hermann Böhlaus Nachfolger, 1972 (MGH, Fontes iuris germanici antique in usum scholarum, 11).

bénéficie d'un agencement rhétorique sophistiqué, qui pousse bien plus loin le jeu de la « littérarisation » que l'acte de 1374. Le préambule très solennel (qui comporte également, si l'on veut, un préambule proprement dit et un exposé) est théâtralisé par l'antéposition d'un poème hexamétrique, suivi de la table des chapitres, et par une structure en apostrophes interpellant Satan, la Superbe et l'Envie pour leur reprocher la perpétuelle discorde qui règne dans l'Empire, depuis Troie jusqu'aux temps présents[4]. À l'exposé des motifs qui ont conduit à la promulgation de la loi, fait suite la narration de sa promulgation dans toute la pompe de la majesté impériale, en présence des électeurs et des représentants des principautés et cités. Commence ensuite l'édiction des règles de l'élection impériale. C'est entre ces deux temps, à la fin du préambule-exposé et au début de l'exposition de la première loi, que sont répartis les verbes et formules de promulgation équivalents à ceux de l'acte de 1374 :

Bulle d'or et loi de 1374,
essai de comparaison des formules de promulgation

| Bulle d'or de 1356, formules de promulgation[5] | Acte de 1374, formules de promulgation |
|---|---|
| [...] infrascriptas leges ad unitatem inter electores fovendam et electionem unanimem inducendam ac detestande divisioni predicte variisque periculis ex ea sequentibus aditum precludendum in solempni curia nostra Nurembergensi, assedentibus nobis omnibus principibus [...] | [...] premissis omnibus et singulis, quantum nobis ex alto permittitur premeditatis prudenter, ut agere considerate possimus, ad omnem dubitationis materiam submovendam, habita super hoc **deliberatione matura** et consilio pleniori cum pluribus prelatis personisque |

4 *Ibid.*, p. 43-46.

5 *Ibid.*, p. 45-46. Traduction : « Les lois ci-dessous écrites, destinées à réchauffer l'unité [qui doit régner] entre les électeurs et à favoriser l'unanimité dans l'élection, ainsi qu'à fermer l'accès à la détestable division susdite, et aux divers périls qui la suivent [d'ordinaire], c'est dans notre cour solennelle de Nuremberg, avec l'assistance de tous les princes … [assis] sur le trône de la Majesté Césarée, décorés des parements et enseignes impériaux tout comme du diadème que, après mûre délibération, et de la plénitude de notre impériale puissance, nous les avons édictées, statuées et avons jugé bon de les sanctionner, l'an du Seigneur mille trois-cent cinquante-six, la neuvième indiction, le quatrième des Ides de janvier, l'an dix de nos royaumes, et le premier de notre règne impérial. IA. Ce que doit être le sauf-conduit des électeurs, et qui doit le donner. Nous décrétons et sanctionnons par le présent édit impérial, valable à perpétuité, de notre certaine science et de la plénitude de la puissance impériale, que… »

| | |
|---|---|
| [...] in solio maiestatis caesaree, imperialibus infulis, insigniis et dyademate decorati, **matura deliberatione** previa de imperialis potestatis plenitudine edidimus, statuimus et duximus sancciendas sub anno domini millesimo trecentesimo quinquagesimo sexto, indictione nona, quarto idus ianuarii, regnorum nostrorum anno decimo, imperii vero primo.<br>Ia.<br>Qualis esse debeat conductus electorum et a quibus.<br>Decernimus et presenti edicto imperiali perpetuo valituro sanccimus ex certa scientia et de imperialis plenitudine potestatis, ut [...] | notabilibus clericis et laicis, declaramus **decernimus** ordinamus et hac **editali** lege nostra irrefragabili et **imperpetuum valitura** diffinimus constituimus et **sanccimus** de nostris **certa scientia** ac regie **plenitudine potestatis** [...] |

L'exercice de comparaison se révèle relativement concluant, non pas tant au niveau des verbes mêmes que de l'ensemble du dispositif en jeu. Les deux verbes utilisés pour l'entrée dans le dispositif de la Bulle d'or (*decernimus* ; *sanccimus*) se retrouvent bien dans l'acte de 1374, mais les trois autres verbes utilisés à la fin du préambule-exposé (*edidimus*, *statuimus* et *duximus sancciendas*) ne sont que très partiellement concordants avec le reste de la formule française (*declaramus*, *ordinamus*, *constituimus*, qui seul évoque *statuimus*). Il faut sans doute faire sa part ici aux traditions formulaires et diplomatiques des deux chancelleries. La présence de l'*ordinamus* dans l'acte de 1374 évoque notamment la qualification d'ordonnance perpétuelle donnée à la loi dans la confirmation de 1392[6]. En revanche, on ne peut qu'être sensible à la similitude des définitions de l'action royale engagée dans la loi, et de la loi elle-même : dans les deux cas, après *matura deliberatione*, il s'agit de créer un *editum imperiale* ou une *lex editalis*, perpétuellement valable (*perpetuo valituro* / *im perpetuum valitura*), appuyé sur la « certaine science » (*certa scientia*[7]) et sur la plénitude de la puissance impériale ou royale (*de imperialis plenitudine potestatis ; regie plenitudine potestatis*[8]). Il semble donc que l'intuition de Françoise Autrand soit jusqu'à un certain point juste : même si le

6 *Cf. Ordonnances*... VII, p. 519.
7 *Bulla aurea*, *op. cit.*, p. 46.
8 Première formule dans notre texte, seconde formule *Ibid.*, p. 46.

recours au modèle romain est explicite dans les deux cas, la similitude de phraséologie suggère de poser la question d'une influence directe de la Bulle d'or et d'autres constitutions impériales contemporaines sur la *Constitutio* de 1374. La différence se joue finalement ici plutôt dans les modes de promulgation, de publicisation et d'enregistrement. Dans le cas de l'Empire, ils s'effectuent dans des diètes solennelles ; dans celui du royaume, dans des séances du parlement qui évoluent peu à peu vers ce que seront les lits de justice de la seconde partie de la monarchie[9].

## LE DISPOSITIF LÉGISLATIF
## Règles de succession et âge de majorité

> [...] *ut si nos vel successores nostros nutu divino decedere vel ab hac luce migrare contigerit, filio nostro masculo primogenito, seu primogenitis regum successorum nostrorum pro-tunc existentibus minoribus quatuordecim annis, eo-ipso quod dictus primogenitus noster, seu primogeniti predictorum successorum nostrorum quartumdecimum annum sue etatis attigerint, vel eisdem decedentibus sine filiis masculis fratres sui ab eodem patre procreati, naturales et legittimi secundum debitum ordinem originis eorumdem, dictum annum quartumdecimum attingentes, quos exnunc prout extunc quoad infra scripta puberes statuimus et decernimus reputari, habeant et habere debeant regimen et administracionem regni, homagia et juramenta fidelitatis per prelatos, fratres, pares, principes, seu quascumque personas alias ecclesiasticas vel seculares, prestanda et facienda ; etiam si archiepiscopali, episcopali, regia, vel alia quacunque prefulgeant dignitate, recipiant et admittant* [...]
>
> « [...] que se par le divin octroy il avient Nous ou noz Sucesseurs décéder ou trepasser de cest siecle, nostre Filz masle premier engendré, ou les premiers nez des Roys noz Successeurs, pour lors estans meneurs de quatorze ans, puis que nostre premier né, ou les premiers nez de noz diz Successeurs, auront attaint le quatorzième an de leur éage, ou eulx trespassez sanz Filz masles, leurs freres naturelz et légitimes, procreéz d'un mesme père, selon l'ordre deu de leur origine et naissance, attaingnans ledit quatorzième an ; lesquelz dès maintenant pour lors, quant aux choses cy-dedens escriptes, Nous establissons et décernons estre reputez pubéres et en éage, aient et doivent avoir le gouvernement et administration du Royaume, et que ilz prengnent et reçoivent

9 Sur le problème de la préfiguration ou de la naissance progressive des « lits de justice » à l'époque de Charles V, *cf.* Brown, Famiglietty, *The Lit de justice*, *op. cit.*, 1994, en particulier p. 19-30.

hommages et seremens de féaulté accoustumez à faire et donner par les Prelas, Freres, Pers, Princes, et autres personnes quelconques d'Eglise ou séculiéres, ja soit ce que ilz aient noble dignité, soit Archiepiscopal, Episcopal, Royal, ou quelconque autre [...] »

L'analyse de détail du dispositif proprement dit (première moitié du dispositif au sens large[10]), introduit par la conjonction *ut* dépendante de la chaîne des verbes performatifs, peut s'effectuer un peu plus rapidement que celle du préambule ou de l'exposé. Comme on l'a déjà souligné, cette partie de l'acte ne contient, particulièrement dans sa première section (jusqu'à la fin de la période centrale, close par *consuetudinibus non obstantibus quibuscumque*), aucune citation longue. Ce fait, dû au caractère strictement normatif de ce développement, n'empêche pas de noter certaines particularités, pierres d'attente du commentaire *ad sensum* à venir[11].

La toute première partie du dispositif, depuis *ut si nos vel successores nostros*... jusqu'à *decernimus reputari*, constitue en quelque sorte le sujet de la subordonnée principale qui structure cette partie du texte. Il s'agit de statuer sur l'ordre de succession à la couronne et sur l'âge légal de majorité à partir duquel les jeunes rois pourront exercer la plénitude du pouvoir royal dont les caractéristiques seront spécifiées par les verbes *habeant et habere debeant* et leurs compléments. Le roi précise donc d'abord que la loi de majorité prendra effet quand, à son décès ou à celui de ses successeurs, les aînés masculins, ou à leur défaut leurs frères légitimes et naturels par ordre de succession, atteindront quatorze ans, et qu'ils jouiront des prérogatives qui vont être détaillées, puisqu'il statue et fixe qu'ils soient dorénavant réputés majeurs à cet âge. Le texte comporte ici peu d'ornements rhétoriques, et ils sont des plus classiques.

C'est d'abord la formule exprimant l'éventualité de la mort du roi par la volonté divine, dans un redoublement qui solennise ce passage (*nutu divino decedere vel ab hac luce migrare*). L'expression *ab hac luce migrare*, « migrer de cette lumière [mondaine vers celle de l'autre monde] avait déjà une très longue histoire au XIV^e^ siècle[12]. Banale, elle est néanmoins employée dans la rhétorique royale la plus solennelle, par exemple pour

10 *Cf.* sur ce point *supra*, p. 150-156.

11 Pour le commentaire conceptuel du dispositif, *cf. infra*, p. 381-413.

12 Sur l'origine du tour *e vita migrare* et ses variations, dont *ab hac luce migrare*, *cf.* Schmidt, Victor, « A Humanist's life summarized – Leonardo Bruni's epitaph », *Humanistica Lovaniensia. Journal of Neo-latin Studies*, n° 47, 1998, p. 1-14, en particulier p. 5-8.

qualifier la succession des trépas des rois de France dans un acte où Charles, encore dauphin, prévoit que la chapelle Saint-Jean Baptiste qu'il a fondée dans l'abbaye de Saint-Denis sera son lieu de sépulture[13]. Dans la suite du passage, où les termes désignant les qualités rendant aptes les fils de France à la succession doivent être bien sûr pesés, la formule peut-être curieuse pour une oreille française moderne, *ex nunc prout ex tunc*, correspond à un tour juridique très usité à la fin du Moyen Âge et à l'époque moderne, avec le sens d'un renforcement de l'expression *ex nunc* : dorénavant. Il s'agit d'un marqueur performatif de l'entrée en vigueur immédiate de la loi[14].

La seconde partie de cette section, qui comprend donc le verbe dont les fils de France premiers nés sont les sujets et ses compléments, pose que lesdits premiers nés, désormais majeurs, auront et devront avoir le gouvernement et l'administration du royaume, et recevoir les hommages et serments de fidélité donnés par les prélats, frères, pairs, princes, ou par quelque autre personne ecclésiastique ou laïque que ce soit, même si elle jouissait de la dignité archiépiscopale, épiscopale, royale ou de tout autre dignité suréminente. Si l'on exclut les décorations rythmiques, régulièrement présentes dans cette partie de l'acte[15], il n'y a ici qu'un ornement rhétorique mineur, qui est le tour *dignitate prefulgere* amplification de *dignitatem habere/tenere* à forte connotation visuelle (« éclater, rayonner d'une dignité »). Il est significatif que cet élément, banal dans la rhétorique de magnification latine des serviteurs de l'Église ou de l'État[16], disparaisse de la traduction française, laquelle simplifie parfois légèrement ces ornementations du latin de chancellerie : « ja soit ce qu'ilz aient noble dignité ». Bonne ou mauvaise, la traduction-calque n'est pas *strictement* littérale.

---

13 Barret, Grévin, *Regalis excellentia*, *op. cit.*, n° 300, p. 512-513 (élection de sépulture du dauphin Charles en la chapelle Saint-Jean-Baptiste de l'abbaye de Saint-Denis, octobre 1362) : *tum quia iidem reges successive in dicto monasterio suo cum ab hac luce migrarent disposuerint inibi corpora sepeliri, ut ibidem usque in novissimum diem requiescant tunc resurrectionis gloriam per divinam gratiam percepturi* [...] ; le passage confirme que dans l'idéologie royale, les rois de France sont censés être candidats naturels à une résurrection de gloire qui ne laisse guère de doute sur l'élection charismatique de la famille royale.

14 La formule, très commune dans le langage juridique des XIVe et XVe siècles, pouvait encore être renforcée en *ex nunc prout ex tunc et ex tunc prout ex nunc*. Des échos s'en sont conservés dans la phraséologie juridique occidentale moderne.

15 Quelques exemples : *migráre contígerit* (velox) *etátis attígerint* (tardus) *; oríginis eorúmdem* (velox) *; quartumdécimum attingéntes* (velox) *; decérnimus reputári* (velox) *; prefúlgeant dignitáte* (velox).

16 *Cf.* sur ce point *infra*, p. 314.

> [...] *illi vero qui ad eadem prestanda vel facienda erunt quomodolibet astricti, illa dicto tempore sibi facere et prestare neccessario teneantur ; donumque munificum sacre unctionis regalis, ceptrum, coronam et diadema, vestimenta, et alia insignia regalia universa et singula, recipere valeant pro sue libito voluntatis ; teneant ac plenum sorciantur effectum iuramenta, tam in sacra unctione vel coronatione, quam alias tunc per eosdem prestita ; nec non gracie, pacta, conventiones et promissa facta suis subditis et vassallis, seu aliis personis ecclesiasticis vel secularibus quibuscunque, ac si essent majores viginti quinque annis ; faciantque et disponant in omnibus et per omnia, prout verus rex Francorum facere potest et eidem competit ratione sui precelsi culminis ac dignitatis supreme sue regie majestatis, consuetudinibus non obstantibus quibuscumque.*
>
> « [...] et ceulx qui à ces choses faire et donner, seront aucunement astrains, Nous voulons que ilz soient tenuz nécessairement de les faire et donner oudit temps ; que en ce temps, il puissent prendre et recevoir au plaisir de leur voulenté, le large don de la saincte onction royal, le Ceptre, la Couronne, le Dyadême, les vestemens, et toutes autres enseignes Royaulx, et chascune d'icelles, et que les Seremens, tant en la saincte onction ou coronacion, comme autrement, lors par eulx donnez, et les graces, pacz, convenances et promesses faictes à leurs subgiez et vassaulx, ou autres personnes quelconques d'Eglise ou séculiers, tiengnent et sortissent leur plain effect, tout ainsi que se ilz estoient greigneurs de vingt et cinq ans ; et que ilz facent et ordonnent en toutes choses et par-tout, si comme vray Roy de France puet faire, et que il lui compete pour raison de son hault comble, et de la dignité de sa souveraine Royal Majesté ; nonobstans quelconques Coustumes [...] »

La sous-section suivante ne forme que la continuation de cette séquence (on a privilégié ce découpage pour la présentation en fonction des indications de ponctuation des chartes[17]). On y précise en premier lieu dans une incise que ceux qui sont tenus de prêter ces hommages devront le faire dès ce temps, dans une sorte de renforcement contractuel envisageant cette fois la question sous l'angle des vassaux, et non sous celui du roi. Viennent ensuite les dispositions concernant le sacre : les rois pourront recevoir le « don munificent » de l'onction sacrée royale, du sceptre, de la couronne et du diadème (un redoublement sur lequel on reviendra[18]), des vêtements et autres insignes royaux, quand ils le voudront. Le membre suivant, toujours gouverné par le *ut* initial du dispositif, précise que les serments faits pendant le sacre, comme tous ceux qui seront prêtés ailleurs, doivent avoir force de loi, ainsi que tous les pactes, toutes les conventions et promesses qui engageraient le roi,

---

17 *Cf.* sur ce point *supra*, p. 159-169.

18 *Cf.* sur ce point *infra*, p. 391-393. L'obsession de Charles V pour les couronnes exclut que l'on traite cette mention comme un simple redoublement sémantique.

tant envers les laïcs que les ecclésiastiques, comme s'il avait vingt-cinq ans. Cette précision importante est directement reconductible au droit romain, car c'est lui qui pose le principe d'une majorité légale aussi tardive[19]. Enfin, une dernière prolongation de cette longue subordonnée clôt cette partie concrète du dispositif, en reprenant un souffle plus rhétorique. « Que les rois [majeurs] fassent et disposent en tout et pour toute chose, selon ce qu'un vrai roi de France peut faire, et qu'il lui revient de faire par la raison de sa haute suréminence (*precelsi culminis*) et de la dignité suprême de sa royale majesté (*dignitatis supreme sue regie majestatis*) ». Ce n'est pas ici le choix des termes, classiques pour une rhétorique de la royauté, mais leur accumulation, qui constitue un trait remarquable. La clause dérogative *consuetudinibus nonobstantibus quibuscumque*, « nonobstant quelque coutume que ce soit », vient clore cette très longue période.

## LA SECONDE PARTIE DU DISPOSITIF
## Une section mal traduite

> *Cum enim sint et fuerint ab antiquo pro demanio regni regendo et conservando actibus bellicis ad laudem bonorum vindictam vero malorum, si opus fuerit, exercendis provinciarum regimine, ac debita justitia que nunc usque, laudes Deo, in regno nostro dicitur floruisse absque accepcione personarum, omnibus et singulis ministranda, distincta officia ordinata ; virique spectabiles, illustres et superillustres, litterati, prudentes et scientifici, quorum opinionibus et operacionibus floret orbis, commissi et deputati ad hujusmodi officia gubernanda, impendenda obsequia, ac ministranda consilia majestati regie in omnibus que jus publicum concernunt ; et super adeptione vel administratione regni non reperiatur certa etas constituta vel prefinita a jure in rege, qui solutus est legibus, cum jura dicentia certam etatem exigi in minoribus loquantur jurium ditioni subjectis : dignum prorsus et congruum arbitramur tam ex iis quam aliis supradictis in dicto anno quartodecimo suprascriptos filios nostros vel successorum nostrorum, in casibus superius declaratis, regimen et administrationem regni nancisci, suscipere et habere, ac omnia facere que ad verum regem pertinent, ut superius est premissum.*
>
> « […] mesmement comme ilz soient et aient esté d'ancienneté, pour gouverner et garder par faiz de batailles, le Demaine du Royaume, à la loenge des bons

19 *Cf.* sur ce point Flach, Jacques, *Étude historique sur la durée et les effets de la minorité en droit romain et dans l'ancien droit français*, Paris, Ernest Thorin, 1870, p. 14-15.

> et vengence des mauvaiz, se mestiers est du faire, pour le gouvernement des Provinces, et par deue Justice, laquelle, loenges en soient à Dieu, l'en dit avoir flory jusques-cy en nostre Royaume, et sanz accepcion de personnes ; et aussi à administrer à tous et à chascun Offices distinctez et ordonnez, et à yceulx Offices gouverner, à rendre services et à administrer consaulz à la Majesté Royal, en toutes choses qui regardent le droit publique, sont commis et députez hommes nobles et notables, lettrez, prudens et sages, aux oppinions et opéracions desquelz le monde florit, et sur l'adepcion ou administracion du Royaume, ne soit trouvez certain éage constitué ou préfini de Droit, en Roy qui est solut et deslié des Lois, comme les Droiz disans certain éage estre requis ès meneurs, parlent de ceulx qui sont subgiez à Jurisdicion : Nous disons et arbitrons du tout estre digne chose et raisonnable, tant par ces choses comme par les autres dessus dictes, oudit quatorzième an, noz Filz dessus diz, ou de noz Successeurs, ès cas dessus declairiez, prendre, recevoir et avoir le gouvernement et administracion du Royaume, et faire toutes choses qui appartiennent à vray Roy, si comme dessus est dit [...] »

Avec la seconde partie du dispositif, nous nous trouvons face à l'un des problèmes les plus délicats d'analyse de l'acte. On se rappelle qu'il a été postulé plus haut que cette section, généralement comprise comme une suite directe de la première partie du dispositif, où l'on demanderait au roi qu'il établisse les personnes et offices nécessaires à l'administration du royaume, était en fait une structure séparée, les deux subordonnées *Cum enim sint* [...] et [*cum*] *non reperiatur* étant en réalité dépendantes de la principale *dignum prorsus et congruum arbitramur*, quelques lignes plus loin[20]. Cette analyse, qui conduit à voir dans cette partie du dispositif une sorte de réitération de l'exposé, clos par un résumé des raisons pour lesquelles la loi a été promulguée, et de son dispositif, semble difficilement réfutable d'un point de vue grammatical. Dans le détail, la lecture de la première section (subordonnée) de la nouvelle phrase n'est pourtant pas limpide, car il faut d'une part relier *cum enim sint et fuerint* [...] à un *distincta officia ordinata* dont le séparent quelques quarante-deux mots, et d'autre part suppléer après le premier *pro* (*pro Demanio regni regendo et conservando*), une série de trois autres prépositions similaires qui clarifient la logique de l'espace médian entre ces deux termes. Le schéma réorganisé suivant, déplaçant le sujet en début de séquence, permet de se mouvoir avec un peu plus d'aisance dans cette partie de la phrase :

20 *Cf. supra*, p. 175-176.

Schéma de clarification de la structure du début de la phrase
*Cum enim… officia ordinata*

| |
|---|
| Cum enim *distincta officia ordinata* sint et fuerint ab antiquo :<br>– pro demanio regni regendo et conservando ;<br>– [pro] actibus bellicis ad laudem bonorum vindictam vero malorum, si opus fuerit exercendis ;<br>– [pro] provinciarum regimine ;<br>– ac [pro] debita justitia que nunc usque, laudes Deo, in regno nostro dicitur floruisse absque acceptione personarum omnibus et singulis ministranda […] |

Or cette structure, qui forme certainement après le début du préambule et le passage précédent l'*exemplum* macédonien la partie la plus difficile à analyser de l'acte – la plus alambiquée, aurait dit Delachenal –, n'a pas été comprise par le traducteur de 1392. Et ceux qui se sont risqués à l'interpréter, suivant par prudence la logique du traducteur, ont fait fausse route à sa suite[21]. Le traducteur de 1392 avait en effet voulu suivre l'ordre de déroulement du texte latin, à un endroit où ses rédacteurs avaient antéposé les compléments au sujet d'une relative, elle-même dépendante d'une principale encore à venir. Il aurait donc fallu renverser la construction pour se faire comprendre, et il a préféré créer un sujet ambigu (comme ilz soient et aient esté d'ancienneté) qui, si l'on veut bien y réfléchir, ne veut pas dire grand-chose : en quoi le fait que les rois soient là depuis longtemps serait-il pertinent pour la réflexion, à ce stade précis de l'acte ? Il a de plus fait dépendre *distincta officia ordinata* de *ministranda*, inversement à l'ordre de succession le plus naturel en latin. Un sens très général de bon gouvernement du royaume et des provinces et de création et distinction des offices s'est maintenu. Le sens précis de la phrase s'est perdu.

Celui-ci était simplement, et nettement, une constatation de fait, qui, extraite de la construction subordonnée, délivre le message suivant.

---

21 *Cf.* notamment Rigaudière, « La *lex* », art. cité, p. 185-186, qui considère que la séquence sur les offices et les officiers continue le dispositif, et que l'acte indique ici que le roi a pouvoir et devoir d'organiser les offices et de nommer les officiers pour gouverner le royaume. C'est à mon sens très peu probable.

Il existe et a existé depuis les temps anciens des offices distincts et hiérarchiquement ordonnés, qui ont été conçus à la fois 1) pour régir et conserver le domaine royal (*demanium regni*) ; 2) pour faire la guerre (*actibus bellicis exercendis*) en cas de nécessité afin d'exalter les bons et de châtier les méchants ; 3) pour gouverner les provinces (ce qui ne fait pas partie du domaine royal ?) ; 4) enfin, pour administrer la justice en toute équité, sans acception de personne, justice que l'on dit avoir régné dans le royaume jusqu'à présent.

On reviendra plus loin sur cette division sur laquelle il y a matière à glose[22]. Pour l'heure, continuons la lecture de la structure et des sources de cette partie de l'acte, pour laquelle nous avons dû exceptionnellement approfondir l'analyse proprement grammaticale déjà esquissée plus haut. En plus d'être fortement rythmée (une constante du dispositif, peut-être due à l'absence d'interférence de citations annalistiques ou scolastiques), cette section se distingue par un regain d'ornementation, souligné par la présence d'une citation biblique qui a étrangement échappé à l'attention de l'ensemble des commentateurs modernes et contemporains. *Ad laudem bonorum vindictam vero malorum* est certes une formule qui peut sonner de manière relativement banale, et qui est présente non seulement dans la rhétorique de chancellerie des premiers Valois, mais aussi dans celle de la chancellerie papale[23]. Elle n'en est pas moins la pointe émergée d'un lieu néo-testamentaire crucial pour la réflexion médiévale sur la soumission à l'autorité royale :

22 *Cf. infra*, p. 401-406.

23 *Cf.* par exemple la *summa dictaminis* de Thomas de Capoue [*Die Briefsammlung des Thomas von Capua*, aus den nachgelassenen Unterlagen von Emmy Heller und Hans Martin Schaller, Matthias Thumser, Jakob Frohmann (éd.), MGH, 2011, www.Mgh.de/datenbanken/thomas-von-capua, consulté le 01 02 2019, III, 3, préambule d'une lettre solennelle d'Alexandre IV aux grands du Danemark (1260) : *Ad populorum regimen et tutelam constitute sunt in orbe terrarum ab eo, per quem reges regnant et principes imperant, regum et principum potestates, ut in virga equitatis et iustitie populos ipsos regant et in tranquillitate pacis custodiant sibi subditas nationes ipso universorum domino, qui iustitiam diligit et vultus eius inspicit equitatem, iudicium regibus et principibus ipsis dante ac eis* ***ad vindictam malorum, laudem vero bonorum executionem temporalis gladii committente***. C'est l'expression classique de l'élaboration théologique de la délégation de la justice divine aux pouvoirs temporels. Sur la connaissance et l'exploitation de ce préambule à la chancellerie royale française au XIV^e siècle, *cf.* Barret, Grévin, *Regalis excellentia*, *op. cit.*, p. 579.

Une citation de la première Épître de Pierre
dans la seconde partie du dispositif

| Epistula Petri, I, 13-17 | Acte de 1374 |
|---|---|
| 13 **Subiecti estote** omni humanae creaturae propter Dominum sive **regi quasi praecellenti** | |
| 14 sive ducibus tamquam ab eo missis **ad vindictam malefactorum laudem vero bonorum** | [...] cum enim sint et fuerint ab antiquo pro demanio regni regendo et conservando actibus bellicis **ad laudem bonorum vindictam vero malorum** |
| 15 quia sic est voluntas Dei ut benefacientes obmutescere faciatis inprudentium hominum ignorantiam | si opus fuerit exercendis provinciarum regimine ac debita justitia que nunc usque, laudes Deo, in regno nostro dicitur floruisse absque acceptione personarum omnibus et singulis ministranda [...] |
| 16 quasi liberi et non quasi velamen habentes malitiae libertatem sed sicut servi Dei | |
| 17 omnes honorate fraternitatem diligite **Deum timete regem honorificate** | |

Ce sont donc ici à la fois les actions guerrières de la noblesse et l'administration de la justice sous l'autorité royale qui sont placées sous l'invocation de l'Épître de Pierre enjoignant aux chrétiens d'être de bons sujets des rois, rois envoyés par Dieu pour châtier les méchants et exalter les bons. La formule magnifie le roi, envoyé de Dieu, à travers l'action de ses serviteurs.

Le rôle de ces serviteurs est précisé dans la seconde partie de cette longue période, seconde partie qui reste encore subordonnée à la principale élusive, car elle reprend dans une construction zeugmatique les verbes [*cum*] *sint et fuerint* en leur adjoignant cette fois un sujet qui précise l'identité des personnes remplissant les *distincta officia ordinata* : [*cum sint et fuerint*] *virique spectabiles, illustres et superillustres, litterati, prudentes et scientifi* [...] *deputati ad* [...] *hujusmodi officia gubernanda* [...]. On précise donc qu'il existe des hommes de qualités suréminentes – et la suite peu banale d'adjectifs qui leur sont accolés souligne leur exceptionnalité – hommes « par les jugements et les opérations desquels la terre fleurit, qui sont commis et députés à gouverner lesdits offices, à prêter service, et à fournir des conseils à la majesté royale dans tout ce qui concerne le droit public ». Là encore, cette partie du dispositif se manifeste clairement comme distincte des plus sèches prescriptions précédentes, à la fois par son souffle rhétorique et par son absence de teneur législative précise, ce qui aurait dû alerter sur son caractère non normatif. La rythmisation reste présente, mais devient irrégulière (*prudentes et scientifici* ; *jus publicum concernunt*), ce qui pourrait indiquer une certaine autonomie du passage par rapport aux formules usuelles. Il n'est pas sûr pourtant que l'image la plus remarquable de la séquence, celle de l'orbe des terres qui fleurit grâce aux délibérations (*opiniones*) et aux actions (*operationes*) des conseillers du roi, n'ait pas une origine qui pourrait se retrouver.

Après ce crescendo qui a fait passer de l'évocation des offices établis pour gouverner le royaume à l'excellence de ceux qui les occupent et qui sont spécialistes du droit, nous arrivons enfin à la partie conclusive de cette longue suite de propositions subordonnées. Ces conseillers qui savent le droit s'en sont servis, et il est donc possible d'enchaîner avec une nouvelle proposition subordonnée implicitement introduite par le *cum*, mais où sujet et verbe changent : *Et* [*cum*] *super adeptione vel administratione regni non reperiatur certa etas constituta* [...] : « et comme, au sujet de l'acquisition du [gouvernement] du royaume et de son administration, il ne se trouve aucun âge constitué ou prédéfini par le droit en ce qui concerne le roi, qui n'est pas tenu par les lois... »

Cette subordonnée est elle-même suivie d'une quatrième structure dépendante en *cum*, un *cum* cette fois explicitement réitéré, peut-être parce qu'il faut la faire elle-même dépendre de la précédente, et non du verbe principal : « puisque les droits qui disent qu'un certain âge est exigé dans les mineurs, parlent des sujets sous la juridiction des droits ». Le roi explique donc ici que les juristes qui l'entourent lui ont *assuré* qu'il n'existe aucune loi, romaine ou coutumière, qui fixe la majorité des rois de France, en précisant que les lois d'apparence contraire, fixant la majorité des enfants mâles à tel ou tel âge dans le royaume, ne s'appliquent qu'aux sujets soumis à ces droits, et non au prince, libre des lois. C'est ici qu'intervient la fameuse citation de la maxime justinienne *princeps legibus solutus est*, citation dont la présence dans l'acte a déjà fait couler beaucoup d'encre[24]. Si l'on peut se permettre ce commentaire trivial, l'analyse du contexte semble lui donner sa juste portée, sans faire du roi de France un monstre non soumis aux lois. Dans le contexte bien précis de l'invention d'une loi de majorité, il s'agit essentiellement de rappeler que le roi n'est pas tenu à l'obéissance

24 *Cf.* Autrand, *Charles V*, *op. cit.*, p. 639 ; 1995, p. 27 ; Rigaudière, « La *lex* », art. cité, p. 186-187 ; *Id.* 2012, en particulier p. 299-301.

à l'une des lois de majorité, coutumières ou dérivées du droit civil, qui s'appliquent normalement à ses sujets, mais que la loi successorale royale doit obéir à d'autres logiques, logiques déterminées par les précédents de l'histoire du royaume et par les capacités innées de la famille royale, et qu'il s'agit, précisément, de fixer une fois pour toutes. On ne saurait mieux, sur ce point, confirmer les vues d'A. Rigaudière sur la signification de la création de la *Constitutio* de 1374 en tant que fondement d'un ensemble de lois fondamentales, suréminentes, qui peuvent bien être considérées comme une constitution du royaume, en ce qu'elles enclenchent un mécanisme de définition de la capacité législative du pouvoir royal par lui-même[25].

C'est seulement après cette série de précisions que, dans la dernière section de cette longue période de la seconde partie du dispositif, la phrase principale apparaît (enfin…), sous la forme d'une sorte de résumé de l'acte, introduit par une formule typique des préambules de la chancellerie royale[26]. Ce résumé final est cousu aux considérations précédentes par une série de rappels qui le relient comme autant de nerfs au reste de l'acte :

> *Dignum prorsus et congruum arbitramur tam ex iis quam alisi supradictis in dicto anno quarto decimo suprascriptos filios nostros vel successorum nostrorum in casibus superius declaratis, regimen et administrationem regni nancisci suscipere et habere, ac omnia facere que ad verum regem pertinent ut superius est premissum*

ou si l'on préfère une version épurée :

> *Dignum et congruum arbitramur in anno quarto decimo filios nostros vel successorum nostrorum regimen et administrationem regni nancisci suscipere et habere, ac omnia facere que ad verum regem pertinent*[27] *:*
>
> « Nous jugeons digne et convenable qu'à quatorze ans nos fils ou ceux de nos successeurs possèdent, saisissent et tiennent le gouvernement et l'administration du royaume, et qu'ils fassent tout ce qui revient à un vrai roi. »

Comme on le voit, une fois l'acte réduit au creuset de ce résumé final, deux éléments restent : l'âge de la majorité fixé à quatorze ans, et l'association à cet âge de la possibilité d'exercer la plénitude du pouvoir royal.

---

25 Rigaudière, « La *lex* », art. cité et *Id.*, « Un grand moment », art. cité, *passim.*

26 *Cf.* Barret, Grévin, *Regalis excellentia*, *op. cit.*, n° 137, p. 467 (1351) : *Dignum arbitramur et congruum ut non solum in illis que justa sunt, verum etiam in illis que consona videbantur equitati, regalis liberalitas ad gratiam quandoque defacili condescendat, prout qualitas exigit casuum diversorum.*

27 On notera l'absence d'intérêt pour le cursus rythmique dans ce passage bien évidemment créé par les notaires royaux, et non repris d'une formule antérieure : *régem pértinent.*

## LES CLAUSES FINALES

*Si quis autem in tantam proruperit temerarie presumpcionis audaciam, quod premissa vel aliquod premissorum, per se vel per alium, publice vel oculte, nisus fuerit impedire, seu super eisdem se inobedientem reddiderit vel rebellem, omni jure successionis, etiam regni, regiminis vel administrationis ejusdem, quod pro tunc et futuro tempore sibi competere posset, nec non dignitatibus, feodis, terris et dominiis que in regno nostro tenebit, et etiam mandantes, consulentes, agentes, consentientes seu ratum habentes, eo ipso noverint se privatos.*

« [...] et se aucun prenoit hardiesce par fole présumpcion, tant qu'il se efforçast par lui ou par autre, publiquement ou occultement, de empeschier les choses dessus dictes ou aucunes d'icelles, ou sur ycelles se rendre inobédient ou rebelle, et aussi les mandans et conseillans, faisans, consentants ou ayans ce pour agréable, sachent que ilz sont privez et déboutez de tout droit de succession, et aussi du Gouvernement et administration du Royaume, lequel pour lors et ou temps avenir, lui pourroit appartenir ; et aussi des dignitez, Fiefz, Terres et Seigneuries que il tendra en nostre Royaume. »

Le jeu de clauses finales annonce la fin du dispositif et de l'acte. L'analyse de la construction des clauses pénales ne pose pas de problèmes particuliers. Il ne saurait être ici question de citation car, de nouveau, il s'agit de spécifier le plus précisément possible un ensemble de clauses. Si rhétorique il y a, c'est celle d'une menace contre la rébellion, que la solennité du niveau général de l'acte engage à amplifier. On ne parlera donc pas de *temeritatis audacia*, encore moins de simple *audacia*, mais de *temerarie presumpcionis audacia*[28] pour ceux qui oseraient se dresser contre les dispositions de la loi, immédiatement ou médiatement, publiquement ou occultement, et qui se rendraient par là coupables de rébellion et désobéissance. Les clauses qui les privent de leur droit éventuel de succession, de gouvernement, de leurs dignités et de leurs fiefs, sont terminées par une série de formules juridiques classiques, que seule leur complétude, encore une fois, sépare de l'ordinaire. Il est prévu que tout complice, exécutant, conseiller, actif (*agentes*) ou passif (*consentientes seu ratum habentes*) tombe sous le coup de la loi, et les coupables potentiels

28 La formule plus classique (et d'un degré moins solennelle) *temeritatis audacia* est très courante dans la rhétorique papale des XIIIe et XIVe siècles. *Cf.* par exemple le préambule avignonnais du 21 janvier 1350, Hold, *Unglaublich*, *op. cit.*, v. II, n° 109, p. 560-561.

en sont avertis d'avance par la formule consacrée (et canonique) : *noverint se privatos*[29].

> *Ne autem nostra presens lex vel constitutio deinceps in disceptationis materiam deducatur, sed si qua super ipsa pretenderetur ignorantia, crassa dici debeat et supina, volumus et decernimus eamdem solenniter publicandam et in archivis cartarum nostrarum ad perpetuam memoriam redigendam.*
>
> « Et à ce que nostre présente Loy ou Constitucion doresenavant ne soit demenée en matere de discorde, maiz se aucune ignorance estoit sur ce prétendue ou alléguée, elle soit et doie estre ditte crasse et supine, Nous voulons et décernons que ceste mesme Loy soit solennelment publiée, et à perpétuele mémoire mise ès coffres et Trésor de noz Chartres. »

Enfin, les clauses de promulgation (ou devrait-on plutôt ici parler d'enregistrement ?) et de conservation ne comportent pas non plus de difficulté d'analyse. Elles sont corsetées dans un jeu de constructions formelles parfaitement rythmées, parce qu'il dépend de l'élaboration et du perfectionnement d'une phraséologie étroitement dépendante de la chancellerie papale (*matériam deducátur* ; *débeat et supína* ; *solénniter publicándam* ; *memóriam redigéndam* : quatre cursus velox), et plus généralement d'une culture rédactionnelle juridique élaborée depuis presque trois siècles en osmose avec l'*ars dictaminis.* L'*ignorantia crassa et supina*, qui a donné à notre français classique l'expression « ignorance crasse », est un renforcement performatif soulignant l'impossibilité, une fois la loi promulguée, d'en faire fi. La loi est désormais verrouillée, sur la forme et sur le fond[30].

---

29 La banalité de cette formule du droit canonique au XIII^e^ siècle n'empêche pas de remarquer qu'elle est rythmée : *nóverint se privátos.*

30 Cette culture renvoie bien sûr à des fondements phraséologiques et juridiques plus anciens. Ce qui s'est passé aux XII^e^ et XIII^e^ siècles a été un remaniement tantôt léger, tantôt pesant d'un certain nombre de formules en vue de les mettre au goût du jour en respectant l'alors nouvelle mode de rythmer massivement les textes *secundum usum curiae romanae.* Que cette inflexion stylistique ait correspondu à un développement sans précédent du droit canon complique encore le travail consistant à séparer les bases phraséologiques dépendantes de l'Antiquité tardive et du Haut Moyen Âge de leurs réélaborations postérieures…

## ANALYSES STRUCTURELLES
## ET ÉTUDE DES SOURCES
### Un bilan d'étape

Au terme de cette longue analyse, on ne peut pas prétendre avoir résolu l'ensemble des problèmes formels que pose l'acte – envisagé ici essentiellement comme une unité textuelle, plutôt que codicologique. Ce sont pourtant quelque cent soixante-dix pages qui ont déjà été consacrées à sa dissection, tant du point de vue diplomatique ou strictement linguistique, qu'à travers la mise en valeur de certaines tendances stylistiques et la recherche des sources. L'acharnement sur cette poignée de pages, dans une démarche de micro-histoire stylistique – mais le terme de microhistoire est-il pertinent quand l'objet se trouve au centre juridique et idéologique d'une construction étatique de première grandeur ? – a pourtant porté quelques fruits. Résumons certaines des conclusions qui peuvent être esquissées dans un bilan d'étape.

D'un point de vue méthodologique, l'analyse met définitivement en valeur la distance qui sépare la traduction française de 1392 de la rédaction latine de 1374. Si la première peut être qualifiée de traduction-calque, elle est toutefois loin de suivre parfaitement le texte. Elle simplifie parfois certains motifs rhétoriques latins et, surtout, se rend coupable d'ambiguïtés, et, dans au moins une section longue du dispositif, d'un contresens à rallonge qui souligne à quel point il est dangereux d'utiliser de manière interchangeable les deux textes quand on veut étudier le sens de la loi. L'acte latin a ses problèmes structurels et ses lourdeurs, déjà soulignées, mais si l'on veut se donner la peine de clarifier sa structure, aucun des passages incriminés ne présente de problèmes insolubles. Il faut donc retourner à ce texte.

D'un point de vue stylistique, les questions posées plus haut sur la rigueur de l'application de procédés de décoration rythmiques trouvent une réponse progressive au fil de l'analyse de l'acte[31]. Les fins de membres de phrases, parfois de phrases, ne respectant pas le cursus rythmique sont trop nombreuses pour que l'on puisse postuler une volonté systématique de formater ses périodes en fonction de ces recherches chez les rédacteurs.

31 *Cf.* en particulier *supra*, p. 190-192, 214, 225, 239, 257, 275.

Autre problème est de savoir dans quelle mesure les très nombreux passages qui suivent en apparence ces procédés découlent d'un suivi mécanique de tours et micro-formules intégrés aux langages de chancellerie sous l'influence directe du grand modèle papal, ou s'ils correspondent à une volonté consciente de respecter malgré tout globalement ces procédés d'ornementation. Le texte est donc fortement, mais irrégulièrement rythmé. Il se trouve de ce point de vue à la frontière des procédés de l'*ars dictaminis* classique et d'un latin de chancellerie plus désincarné, en fin d'histoire d'une certaine conception médiévale de la rhétorique latine sur laquelle nous allons revenir dans les pages suivantes[32].

Il reste enfin difficile, à ce stade, de jauger le degré d'achèvement de la mise en valeur des sources. On a exposé au fil de l'analyse les raisons pour lesquelles il semble probable, voire plus que probable, qu'un certain nombre de passages correspondent, pour des raisons d'agencement, à une réutilisation de sources qui n'ont pas été retrouvées. La probabilité de telles rencontres ultérieures, à peu près nulle dans les clauses finales, est très basse dans la première moitié du dispositif. Elle reste assez faible dans sa seconde moitié (période autonome *Cum sint* [...] *superius est premissum*), en dépit de l'existence d'une ou deux formules qui pourraient avoir été empruntées. Elle est en revanche importante dans l'ensemble des parties du préambule et de l'exposé pour l'instant non renvoyées à un autre lieu textuel. Il faut tenir compte de ce déséquilibre si l'on veut peser la signification des sources retrouvées dans la mécanique de l'acte, car – j'espère l'avoir montré – la mise en valeur de l'enchaînement de ces citations permet de mieux comprendre non seulement la logique de rédaction globale du texte, mais aussi le rôle que chacune de ces tesselles est appelée à y jouer.

Tel quel, ce jeu incomplet de sources exhumées ou précisées modifie sensiblement la vision traditionnelle des composantes de l'acte. La part faite aux autorités antiques et bibliques reste stable, puisque deux nouvelles citations, respectivement pétrinienne et sénéquienne, viennent enrichir le fonds précédemment connu. On peut leur adjoindre la citation patristique de Saint Hilaire. On pourrait en dire autant du droit civil, puisque le rapprochement de certains segments avec tel titre du

32 *Cf. infra*, troisième partie, en particulier p. 304-318, pour les problèmes d'analyse du « latin de chancellerie » produit en France et des rhétoriques affiliées dans la seconde moitié du XIV^e^ siècle.

Code confirme un poids spécifique bien connu et déjà longuement glosé. Dans le domaine du droit, c'est surtout le poids nouveau des autorités canoniques (Décret de Gratien ; Décrétales de Grégoire X et de Jean XXII) qui se fait sentir. Le fond juridique de l'acte apparaît ainsi rééquilibré, à l'image de la culture, généralement civiliste et canonique, des juristes de Charles V, docteurs et savants *in utroque jure*[33]. Et l'autorité impériale est à présent contrebalancée par l'autorité papale, peut-être plus implicite, mais s'étendant sur de plus longues portions de l'acte. Dans un autre domaine aussi, l'analyse des sources a apporté du nouveau, mais de manière plus ambiguë : dans celui des sources de réflexion politique relativement proches ou contemporaines de l'époque de Charles V. Si le rôle ponctuel mais à peu près certain d'inspirateur joué par François de Montebelluna (mort depuis onze ans au moment de la rédaction, rappelons-le[34]) méritait d'être souligné, les rapprochements plus discrets – partant plus incertains – avec le *De regimine principum* de Gilles de Rome, voire avec le *De eruditione filiorum nobilium* de Vincent de Beauvais, peuvent également être mentionnés. Il n'est pas totalement impossible que les mécaniques de transposition de telles sources dans la rhétorique de chancellerie structurant une partie de l'acte expliquent la difficulté à rapprocher les passages incriminés des phrases qui leur font écho. Il peut également s'agir de simples rencontres motivées par une osmose de fond entraînant des similitudes de forme. La question reste difficile à trancher.

Un dernier enseignement sur ces sources provient enfin de leurs relations réciproques, telles qu'elles se devinent à la lumière de cette analyse formelle, et il faut en tirer certaines leçons pour avancer dans le déchiffrement du texte. Dans une bonne partie des cas, il est en effet imprudent, voire contreproductif, de cataloguer trop strictement une source en fonction d'une typologie reflétant surtout les pratiques disciplinaires actuelles. Hilaire de Poitiers est certes un père de l'Église qui vécut au IVe siècle et Sénèque un philosophe romain de l'époque de Néron. Ils sont pourtant appariés, parce que Sénèque était envisagé par maint philosophe du XIVe siècle comme un penseur chrétien. Des citations de décrétales de Grégoire X et Jean XXII renvoient bien à la culture du droit canon. Mais ces citations, si l'on y prend garde,

33 *Cf.* sur ce point *infra*, p. 423.

34 *Cf.* Vernet, « Documents nouveaux », art. cité, p. 88-89.

concernent deux préambules, expressément valorisés dans les écoles de rhétorique d'Oxford du bas Moyen Âge comme modèles du discours solennel orné. Elles rentrent donc aussi bien dans la culture pragmatique et rhétorique du haut notariat et secrétariat royal que dans la culture juridique des membres de la faculté de décret. Le *De regimine* de Gilles de Rome et le commentaire sur les Psaumes d'Hilaire de Poitiers appartiennent à première vue à deux genres textuels différents, puisque l'un est un miroir princier, l'autre un commentaire biblique. Mais derrière le Psaume 118 se cache un traité d'éducation… Il existe encore sans doute bien d'autres moyens d'envisager certaines de ces sources comme des ensembles unitaires. L'exaltation de Saint Louis, la construction de l'*exemplum* mérovingien, la citation d'un passage du *Tragicum argumentum* qui a peut-être donné l'idée de l'*exemplum* macédonien, tout cela a de fortes chances de renvoyer à une culture annalistique ou hagiographo-annalistique qui ramène de manière discrète mais insistante vers l'un des grands centres de production textuelle de la royauté, un centre en relation directe avec la première histoire de l'acte : l'abbaye de Saint-Denis, dont les historiographes, en cette fin du XIVe siècle, complétaient sans relâche les *Grandes Chroniques de France*, tout en exploitant le *Tragicum argumentum* quelques décennies après sa rédaction, pour leurs propres compositions rhétoriques[35]…

Si l'analyse des sources de l'acte apporte donc quelque chose à ce stade du point de vue méthodologique, c'est en définitive surtout une confirmation de la nécessité pour la recherche de dépasser la séparation encore trop ancrée entre sources dites « littéraires », « juridiques », « notariales » ou « annalistiques ». Il faut penser aux différentes cultures des rédacteurs de manière plus souple, en concevant des pôles organisant la pensée rédactionnelle en fonction de configurations différentes, dans un fonctionnement en éventail. La mise en relief de la culture rhétorico-juridique typique du milieu des notaires et secrétaires du roi, des gens du parlement et des professeurs de droit, ou de la culture philosophico-théologique des clercs de la Sorbonne et des grands traducteurs de la cour de Charles V, ou bien encore de la culture annalistique et mémorielle, liée à la royauté, fleurissant dans la mouvance de Saint-Denis, tout cela n'indique que l'existence de trois tendances correspondant à des professionnalisations relatives. Il existait en effet, en dépit des

35 *Cf.* sur ce point *supra*, p. 240.

antagonismes institutionnels et catégoriels, et des oppositions de pensée nées de ces spécialisations, une culture commune à l'ensemble de ces clercs et intellectuels de haute volée, culture dans laquelle un savoir de base rhétorique, biblique et classique était déterminant. Il faut donc tenter de comprendre ce que les différents acteurs qui sont intervenus dans la rédaction de l'acte ont pu lui apporter en dépit de ces clivages, sans en faire les habitants de mondes séparés.

Avant d'entreprendre cette exploration conclusive, il reste toutefois deux étapes préliminaires à parcourir. Non seulement l'analyse structurelle de l'acte a laissé bien des aspects de son contenu de côté, dans une volonté de ne pas faire interférer trop systématiquement exploration conceptuelle et formelle, même s'il était inévitable de confondre parfois les deux plans. Surtout, cette démarche a abouti à fragmenter en permanence l'unité d'un texte que l'on doit aussi envisager dans son entier, d'un souffle, comme la démonstration qu'il est. Il faut donc, une dernière fois, avant de poser la question du rôle joué par les différents acteurs dans la rédaction de l'acte, reprendre le fil de sa narration pour tenter de développer sa richesse conceptuelle, en se délestant d'une partie des préoccupations de forme qui ont dominé jusqu'ici. Une telle analyse ne s'interdira pas de convoquer les sources quand elles peuvent aider à expliciter le sens que l'équipe de 1374 a voulu donner à ce texte. Elle s'appuiera au contraire sur elles, mais dans une autre optique, pour tenter de rendre à cette rhétorique la force qu'elle avait pu avoir pour ses concepteurs, et qu'elle avait déjà en partie perdue dans l'opération de traduction de 1392.

Recommencer immédiatement cette exploration aurait toutefois plus d'un inconvénient, au sortir de cette longue analyse. Il est prudent de prendre d'abord un peu de distance avec le texte, de le laisser décanter avant de l'affronter à nouveau dans sa densité. La meilleure solution pour ce faire est peut-être de le mettre une première fois en perspective, en posant la question de son insertion dans le domaine encore mal étudié, car séparé entre des champs de recherche divers, des rhétoriques latines du XIV^e^ siècle français.

TROISIÈME PARTIE

# LE CONTEXTE DE CRÉATION

## CULTURES RHÉTORIQUES DE LA FRANCE DU XIVe SIÈCLE

Si de grands textes tels que l'acte de fixation de la majorité des rois de France à quatorze ans n'ont pas été étudiés jusqu'à présent dans leur dimension rhétorique, ou, pour le dire plus rondement, dans toutes leurs dimensions textuelles, c'est essentiellement parce que l'espace même de ces recherches est encore mal défini. On perçoit évidemment la présence de différentes cultures textuelles dans la France du XIVe siècle, et certains mouvements ont été mis en exergue depuis longtemps, même s'ils demandent encore à être explorés dans toute leur ampleur. Ainsi, l'existence d'un premier humanisme français, centré autour du cercle formé par Jean de Montreuil, Nicolas de Clamanges, Laurent de Premierfait et Jean Muret, est bien connue pour le règne de Charles VI[1]. La production des grands penseurs scolastiques gravitant autour de l'université de Paris n'a pas non plus été négligée, illustrée qu'elle fut par de grandes figures telles que Jean de Jandun ou Buridan dans la première moitié du siècle, Nicole Oresme ou Pierre d'Ailly par la suite[2].

1 *Cf.* sur le milieu des humanistes parisiens et avignonnais à l'époque de Charles VI entre de nombreux travaux Ornato, *Jean Muret*, *op. cit.*, *Id.*, « La redécouverte », art. cité ; Ouy, « Les recherches », art. cité ; *Un traducteur et un humaniste*, *op. cit.*

2 Parmi les publications les plus récentes, *cf.* Biard, Joël, *Science et nature : la théorie buridanienne du savoir*, Paris, Vrin, 2012 ; Brenet, Jean-Baptiste, *Transfert du sujet. La noétique d'Averroès selon Jean de Jandun*, Paris, Vrin, 2003 ; Nicole Oresme, *Questiones super Physicam (Books I-VII)*, Stefano Caroti, Jean Celeyrette, Stefan Kirschner, Edmont Mazet (éd.), Leiden-Boston, Brill, 2013 (Studien und Texte zur Geistesgeschichte des Mittelalters, 112) ; Lamy, Alice, *La pensée de Pierre d'Ailly, un philosophe engagé au Moyen Âge*, Paris, Champion, 2013.

## UN PROBLÈME MÉTHODOLOGIQUE

L'attention maximale a sans doute toutefois été portée au développement de la production littéraire, annalistique, politique et scientifique en langue vulgaire, car si l'espace du nord de la France a été très tôt illustré par la littérarisation de sa langue vernaculaire principale, sous différentes formes, le XIVe siècle représente assurément un moment-clé de l'ascension du français dans sa variante parisienne. Non seulement il se maintient comme langue de l'expression littéraire écrite de rayonnement européen et méditerranéen, ce qu'il était déjà depuis très longtemps, mais il conquiert, on l'a dit, rapidement, quoiqu'incomplètement, les différents registres de l'écriture administrative et de la communication politique, municipale et princière, mais aussi et surtout royale. Enfin, il s'affirme de plus en plus, dans la seconde moitié du siècle essentiellement, comme une langue de traduction et de transmission des savoirs politiques, philosophiques et scientifiques, qui vise à rivaliser dans ces domaines, sans encore y parvenir pleinement, avec le latin. Le mouvement de traduction de l'époque de Charles V est bien sûr au centre de cette dynamique, qui fait des cultures écrites du nord du royaume entre 1360 et 1409 des cultures potentiellement bilingues[1]. Entre courants scolastiques, développement tous azimuts de la « litéracie » en langue vulgaire et, à la fin du siècle, premières influences humanistes, le panorama des cultures écrites françaises et latines du second XIVe siècle français présente une richesse époustouflante.

1 *Cf.* par exemple pour l'époque de Charles V la double activité d'écriture en latin et en français de Raoul de Presles, qui compose sa *Musa* dans un latin précieux et complexe (l'un des tous premiers exemples, peut-être le seul datant de la décennie 1360, d'un style qui entretient des liens potentiels avec l'humanisme), tout en écrivant certains de ses traités politiques en français, et en traduisant le *De civitate Dei* et des parties de la Bible pour Charles V. Une telle activité ne peut être analysée sous le seul angle du latin ou du français : elle est fondamentalement bilingue. Sur Raoul de Presles, *cf.* Bossuat, Robert, « Raoul de Presles », *Histoire littéraire de la France*, n° 40, 1974, p. 111-186. Le même raisonnement vaut aussi bien pour des juristes comme Evrart de Trémaugon que pour des scientifiques comme Nicole Oresme, ou pour les notaires et secrétaires du roi.

## IMPACT CULTUREL ET TYPOLOGIES TEXTUELLES

Tout cela est bien connu. Ce qui l'est moins, c'est la manière dont ces cultures circulaient entre différentes dimensions textuelles. La richesse qui s'étale dans les productions cataloguées comme « littéraires » ou « philosophiques et scientifiques » trouvait en effet d'innombrables échos dans des registres de l'expression écrite considérés par la recherche comme plus pragmatiques, mais ces derniers ont été rarement mis en valeur, et les mécanismes d'interaction entre ces sous-champs d'une culture écrite globale sont encore peu étudiés. En d'autres termes, quand un Évrart de Trémaugon couche une première version du *Songe du Vergier* en latin, puis élabore une seconde version française à destination du roi[2], ou quand Nicole Oresme prépare sa colossale traduction-commentaire des *Politiques*, des *Économiques* et de l'*Éthique*[3], l'idée vient naturellement de comparer les deux facettes de cette production – originaux ou brouillons latins, traductions ou transpositions françaises – pour comprendre les mécanismes de transposition entre les deux langues. L'interface est en effet le produit même de la réflexion : c'est la même culture « haute » qui circule entre deux vecteurs linguistiques. Quand est envisagé le rapport entre le bagage culturel supposé des notaires et secrétaires du roi, ou du milieu des gens du parlement, et leurs pratiques d'écriture quotidiennes, l'approche se révèle plus délicate. On sait en effet d'un côté à travers les testaments et les inventaires que ces hommes possédaient des bibliothèques, cultivaient des goûts, maniaient des instruments de travail dont le catalogage permet d'esquisser les contours d'une riche culture de l'écrit, développée dans plusieurs directions[4]. Mais on a rarement cherché dans leurs pratiques d'écriture

2 *Le songe du Vergier*, *op. cit.*, pour la version française, et *Somnium Viridarii*, *op. cit.*, pour la version latine.

3 Éd. de la traduction des *Économiques* dans Nicole Oresme, *Le livre de yconomique*, *op. cit.* ; de celle des *Politiques* dans Maistre Nicole Oresme, *Le livre de politiques d'Aristote*, Albert D. Menut (éd.), Philadelphia, The American Philosophical Society, 1970 (Transactions of the American Philosophical Society, n. s., 60/6) ; de l'*Éthique* dans Maistre Nicole Oresme, *Le livre de Ethiques d'Aristote*, Albert D. Menut (éd.), New York, Stechert and Co., 1940.

4 Autrand, « Culture et mentalité », art. cité, renvoyant aux données mises à disposition par *Testaments enregistrés*, *op. cit.*

institutionnelles les traces précises de ce bagage culturel. La majeure partie de leurs productions rentre en effet dans la catégorie des pratiques d'écriture hautement formalisées, qui correspondaient à la norme d'une activité en chancellerie ou des procédures de la magistrature, et une barrière semble se dresser entre les deux mondes. D'un côté, spéculation philosophique, politique et théologique, ou divertissement littéraire ; de l'autre, formalisation administrative, communication politique et routine procédurière... Or un texte tel que l'acte de 1374 – mais le raisonnement serait valable pour tout grand texte solennel émanant de la chancellerie royale au XIV^e^ ou au début du XV^e^ siècle – se trouve exactement à mi-chemin entre ces deux univers, dans un entre-deux dont les règles formelles sont conditionnées par des techniques d'écriture pragmatique bien affirmées – celles des pratiques d'écriture en chancellerie et des mécanismes de rédaction et de validation de l'acte royal – d'une part, et par le bagage de spéculations politiques, juridiques, philosophiques et théologiques innervées par les différents apports d'une culture littéraire biblique et classique, patristique et annalistique, parfois même, romanesque d'autre part. Pour comprendre les conditions d'agencement de ces configurations textuelles combinant des caractéristiques génériques et conceptuelles d'ordres différents, il est donc nécessaire de dépasser cette dichotomie, de retrouver les logiques d'un champ de la communication politique dépendant d'une culture haute aux multiples facettes, mais conditionnée par le filtre de pratiques rhétoriques spécifiques – des pratiques qui concernaient aussi bien l'écriture que, dans certains contextes, la performance[5].

Des tentatives ont été faites ces dernières années pour combler ce fossé, qui correspond pour une grande part à un problème disciplinaire de la recherche moderne. La majorité des chercheurs qui travaillent avec le plus d'acharnement sur les cultures textuelles françaises du XIV^e^-XV^e^ siècle ont toutefois une formation et une approche littéraire, ce qui explique qu'ils s'aventurent rarement dans les zones de l'écrit « pragmatique » ou purement politique. Du côté des historiens, les recherches de Marie

5 *Cf.* le témoignage éloquent et précoce fourni à ce sujet par les premières périodes de Guillaume du Breuil, *Style du parlement de Paris*, Henri Lot (éd.), Paris, pas de mention d'éditeur, imprimerie Gouverneur Daupeley, 1877, p. 1 et p. 61 pour la traduction française du XIV^e^ siècle ; « *Habeas, advocate, modum et gestum maturum cum vultu leto moderate ; sis humilis et curialis secundum statum tuum, retenta auctoritate status tui* [...] », véritable réflexion sur la performance oratoire des avocats du parlement dont les catégories sont clairement empruntées à la rhétorique.

Bouhaïk-Gironès sur les clercs de la basoche aux XVe et XVIe siècles ont contribué à rapprocher le monde du théâtre et les pratiques du débat juridique[6]. Il faut aller plus loin, en s'attachant non seulement à examiner l'existence d'interfaces étroites entre les cultures « littéraires » et les pratiques professionnelles des hommes de loi ou des officiers de l'État, mais également à explorer dans l'*ensemble* de leur production textuelle les traces d'interaction entre les différentes facettes de leurs activités. Car l'erreur majeure en histoire des textualités médiévales serait précisément d'imaginer des domaines de production aussi rigoureusement séparés qu'ils allaient le devenir à l'époque contemporaine. Au XIVe siècle, il n'existait pas de champ littéraire si autonome qu'il aurait été hermétiquement séparé des domaines de l'écriture politico-administrative, et les modes mêmes d'apprentissage des cultures de l'écrit – conditionnés par la mémorisation partielle ou totale de textes religieux ou de classiques, et par le poids des mises en forme métriques et rythmiques – imposaient encore au clerc des habitudes rédactionnelles radicalement différentes des nôtres. Certes, le dégagement progressif de routines administratives, juridiques, scolastiques, a fait de ces siècles de transition – mais, d'une certaine manière, tous le sont… – des époques mouvantes, où les rapports entre les différents pans du savoir et du savoir-écrire étaient susceptibles de se modifier radicalement en une ou deux générations.

Un témoin spectaculaire de cette évolution reste le passage progressif du presque-tout latin apparent au presque-tout français entre l'époque de Philippe IV le Bel et celle de Charles VII à la chancellerie royale. Mais les cultures de l'écrit de l'époque de Charles V étaient aussi, et surtout, comme toujours au Moyen Âge, des cultures héritées, et pour bien les comprendre, il faut résister à ce travers de l'historien du bas Moyen Âge qui est de porter plus d'attention aux nouveautés qu'aux rémanences. Dans le cas des grands textes de la chancellerie royale française, il nous faut donc définir les conditions de leur mise par écrit en replaçant cette culture de la communication pragmatique à sa manière si particulière, mais d'un si grand poids pour le développement du langage de l'État, dans le temps long d'un ensemble de pratiques dont l'étude a été jusqu'ici écartelée, en France, entre différents champs : les pratiques de la rhétorique – d'abord latine – conditionnant la rédaction des actes et des lettres.

6 Bouhaïk-Gironès, Marie, *Les clercs de la Basoche et le théâtre comique (Paris, 1420-1550)*, Paris, Champion, 2007 (Bibliothèque du XVe siècle, 72).

Cet espace de la formalisation de la communication, situé à équidistance des cultures juridiques, des pratiques de chancellerie et d'un enseignement rhétorique à dominante épistolaire, mais transcendant cette seule dimension, correspond pour l'essentiel dans l'Europe du bas Moyen Âge à la discipline connue sous le nom d'*ars dictaminis*, et souvent envisagée à travers le seul angle des traités théoriques (par convention, *artes dictandi*[7]). Que cet aspect des techniques d'écriture ne soit guère envisagé en ce qui concerne la France du XIVe siècle s'explique par différentes raisons. D'une part, l'*ars dictaminis* est censée y avoir connu un déclin rapide, brutal et pour ainsi dire définitif précisément à cette époque, en anticipant quelque peu ce qui aurait été une tendance générale dans l'Europe des deux derniers siècles du Moyen Âge[8]. En France comme par exemple en Castille, la montée en puissance dans les registres de la communication politico-administrative de la langue vulgaire aurait contribué à ce déclin précipité[9]. En fait, divers indices montrent que cette vision est partiellement controuvée, et qu'au moins durant la première moitié du XIVe siècle, l'*ars* était enseignée et pratiquée, dans le nord de la France, sur une assez grande échelle. Pour la seconde

7 Sur l'*ars dictaminis*, *cf.* Camargo, Martin, *Ars dictaminis ars dictandi*, Turnhout, Brepols, 1991 (Typologie des sources du Moyen Âge occidental, 60), à compléter par Hartmann, Florian, *Ars dictaminis. Briefsteller und verbale Kommunikation in den italienischen Stadtkommunen des 11. bis 13. Jahrhunderts*, Ostfildern, Thorbecke, 2013 (Mittelalter-Forschungen, 44) et *Le* dictamen *dans tous ses états. Perspectives de recherche sur la théorie et la pratique de l'*ars dictaminis *(XIe-XV[e] siècles).* Actes du colloque international de Paris, 5-6 juillet 2012, Benoît Grévin, Anne-Marie Turcan-Verkerk (éd.), Turnhout, Brepols, 2015 (Bibliothèque d'Histoire Culturelle du Moyen Âge, 16), avec bibliographie mise à jour et répertoire commenté des traités théoriques et de l'état de la recherche les concernant. La convention suggérée par Camargo et généralement suivie par les spécialistes de réserver le terme *ars dictaminis* à la discipline en général, *ars dictandi* aux traités théoriques et *summa dictaminis* aux collections de lettres-modèles, qu'elles soient issues d'une réélaboration de documents réellement écrits en chancellerie, ou créées pour les besoins de l'enseignement, n'a qu'une valeur de clarification relative. Les médiévaux utilisaient indifféremment *ars dictaminis* ou *ars dictandi* pour qualifier des traités théoriques, qu'ils appelaient aussi parfois *summa dictaminis.*

8 Vision entretenue par la synthèse Vulliez, Charles, « L'*ars dictaminis*, survivances et déclin dans la moitié nord de l'espace français dans le Moyen Âge tardif (milieu XIIIe-milieu XVe siècle) », *Rhetorica*, n° 19/2, 2001, p. 141-153, qu'il faut à présent dépasser au moins pour la période 1300-1350. Une synthèse sur la théorie et la pratique de l'*ars dictaminis* dans la France des années 1280-1350 reste toutefois à écrire.

9 Sur le problème de la castillanisation des langages politiques et de ses liens avec l'impact apparemment marginal de l'*ars dictaminis* en Castille, et pour une réévaluation de l'importance de ce dernier, *cf.* Grévin, Benoît, « Théorie et pratique du *dictamen* dans la péninsule ibérique (XIIIe-XIV[e] s.). Quelques jalons », *Le* dictamen *dans tous ses états*, *op. cit.*, p. 309-346.

moitié du XIV^e^ siècle, le problème se révèle plus délicat, et il y a fort à parier que c'est précisément des années 1340-1370 que l'on peut dater les débuts d'un déclin effectif dans l'enseignement de l'*ars*, au moins sur son versant théorique. Mais il est possible de tempérer cette constatation en se souvenant qu'une bonne partie des rédacteurs putatifs de l'acte de 1374 avaient reçu leur éducation avant 1350. Il faudra tenir compte de ces effets de décalage.

## DES CULTURES RHÉTORIQUES EN PARTIE CACHÉES

D'autre part et surtout, les cultures de l'écrit pragmatique diffusées en Europe dans la mouvance de l'*ars dictaminis* sont plus discrètes en France qu'ailleurs dans le temps long, parce que la majorité de leurs praticiens n'en ont jamais fait les instruments de revendication d'une domination socioprofessionnelle dont elles auraient été l'expression majeure. Au contraire de l'Italie, où l'*ars* a été associée pendant deux siècles et demi à la maîtrise de l'écrit et à la domination politique par des castes de notaires dont les rôles politiques étaient liés à leur maîtrise oratoire et rédactionnelle, que ce soit dans le gouvernement des communes du Nord, ou dans la gestion politique des affaires de la papauté ou de la cour de Sicile, au Sud[10], les notaires et clercs français ont manié les techniques du *dictamen* sans lui donner (ou sans réussir à lui donner…) le prestige idéologique qu'il avait outre-monts. C'est qu'en France, le poids spécifique des écoles de théologie et de la culture philosophico-théologique a tôt contrebalancé, puis relégué à la seconde

10 Pour le rôle de l'*ars* dans la définition politique des communes de l'Italie du Nord, *cf.* à présent Hartmann, *Ars dictaminis*, *op. cit.* Pour le milieu des notaires siciliens, Grévin, *Rhétorique*, *op. cit.*, p. 263-417, ainsi que Nicola da Rocca, *Epistolae*, Fulvio Delle Donne (éd.), Florence, Edizioni del Galluzzo, 2003 (Edizione nazionale dei testi mediolatini, 9) ; *Una silloge epistolare della seconda metà del* XIII *secolo*, Fulvio Delle Donne (éd.), Florence, Galluzo, 2007 (edizione nazionale dei testi mediolatini, 19) ; Fulvio Delle Donne, « Le *dictamen* capouan : école rhétoriques et conventions historiographiques », *Le* dictamen *dans tous ses états.*, *op. cit.*, p. 191-207. Pour la chancellerie papale, *cf.* à présent en particulier Thumser, Matthias, « Les grandes collections de lettres de la curie pontificale au XIII^e^ siècle », dans *Le* dictamen *dans tous ses états*, *op. cit.*, p. 209-242.

place la culture juridico-rhétorique qui s'était développée, notamment mais pas seulement dans les écoles de l'Orléanais, en parallèle avec celles de Bologne puis de Naples. Peut-être tout simplement est-ce la différence de poids social et politique du notariat qui a créé cette disparité. Il ne faudrait bien sûr exagérer ni la défaite des « juristes » face aux « théologiens », chantée par Henri d'Andeli dans sa savoureuse *Bataille des Sept Arts* vers 1230[11], ni l'incapacité des milieux appuyés sur une culture rhétorico-légale à acquérir une position dominante à la faveur de la construction de l'État royal dès la fin du XIIIe siècle, avec les légistes, premiers représentants de ces « idiots politiques » critiqués par Nicole Oresme à la génération de Charles V[12]. Ce qu'il faut saisir, c'est que dans la France des XIIIe et XIVe siècles, ces cultures rhétoriques particulières, étroitement liées à l'expression du droit et à la formalisation de la communication étatique, ont eu tendance à prospérer à l'ombre (et en interaction avec) d'autres cultures, plus scolastiques, dominées par le double magistère de la théologie et de la philosophie. Si l'on ajoute que la focalisation sur la montée en puissance du français a relégué l'étude des interactions entre les différentes formes d'expression latine au second plan, au profit d'une réflexion globale sur les rapports entre le latin et le français, elle-même souvent conditionnée par l'intérêt plus vif porté au second élément du couple, on comprendra que les dynamiques du *dictamen* dans la France des XIIIe-XIVe siècles aient été sous-étudiées. De là, entre autres raisons, la difficulté à cerner les contours de cet espace de la « rhétorique médiolatine » à vocation épistolaire et étatique « à la française » dans un monde où on la voit rarement apparaître à la première place, même si elle conditionnait une partie des cultures de l'écrit.

11 *Les dits d'Henri d'Andeli*, Alain Corbellari (éd. et trad.), Paris, Champion, 2003 (Les classiques français du Moyen Âge, 146 et Traductions des classiques du Moyen Âge, 66).

12 *Cf.* sur ce point Krynen, « Les légistes », art. cité et *Id.*, 1993, *L'Empire du roi*, *op. cit.*, p. 110-124.

# CULTURES RHÉTORIQUES DE LA FRANCE DES DERNIERS CAPÉTIENS ET DES PREMIERS VALOIS

## 1280-1409

En dépit de confusions récurrentes à ce sujet, l'*ars dictaminis* ne s'est implantée en France que vers le milieu du XII^e siècle[1]. Après un bourgeonnement mal connu, elle y a connu une explosion rapide et significative, centrée sur les écoles ligériennes, dans le dernier quart du même siècle[2]. En témoigne à la fois l'activité et l'œuvre de Bernard de Meung, dont la *summa dictaminis* fut populaire jusqu'au XV^e siècle dans une vaste partie de l'Europe[3], et les traités italiens des années 1200-1230, qui se font l'écho des enseignements et théories des maîtres « orléanais[4] ». Après

1 *Cf.* dernièrement les mises au point Turcan-Verkerk, Anne-Marie, « L'art épistolaire au XII^e siècle. Naissance et développement de l'*ars dictaminis* », *Annuaire de l'École pratique des hautes études (EPHE), Section des sciences historiques et philologiques*, n° 140, 2009, p. 155-158 ; *Id.*, « Langue et littérature latines du Moyen Âge », *Annuaire de l'École pratique des hautes études (EPHE), Section des sciences historiques et philologiques*, n° 141, 2011, p. 128-147 ; *Id.*, « Langue et littérature latines du Moyen Âge », *Annuaire de l'École pratique des hautes études (EPHE), Section des sciences historiques et philologiques*, n° 143, 2012, p. 134-142 ; *Id.*, « Langue et littérature latines du Moyen Âge », *Annuaire de l'École pratique des hautes études (EPHE), Section des sciences historiques et philologiques*, n° 144, 2013, p. 138-154 et *Id.*, « L'introduction de l'*ars dictaminis* en France. Nicolas de Montiéramey, un professionnel du *dictamen* entre 1140 et 1158 », *Le* dictamen *dans tous ses états*, *op. cit.*, p. 63-98.

2 *Cf.* sur les écoles ligériennes des XII^e et XIII^e siècles Vulliez, Charles, *Des écoles de l'Orléanais à l'université d'Orléans (X^e-début XIV^e siècles)*, Thèse de Doctorat d'État dactylographiée, Paris-X Nanterre, 1993.

3 *Cf.* dernièrement à ce sujet Vulliez, Charles, « De la théorie à la pratique, les recueils de lettres rattachés au nom de Bernard de Meung : pour qui, pour quoi faire ? », *Le* dictamen *dans tous ses états*, *op. cit.* p. 145-160. (avec bibliographie).

4 *Cf.* par exemple le chapitre spécialement consacré aux théories et aux modes d'exposition français de l'écriture épistolaire (*Liber* 6 *"De dictamine secundum usum gallicum"*) dans le *Candelabrum* de Bene de Florence (achevé en 1226), dans Bene Florentini, *Candelabrum*, Gian Carlo Alessio (éd.), Padoue, Antenore, 1983 (Thesaurus mundi, Biblioteca scriptorum latinorum mediae et recentioris aetatis, 23).

cette première floraison, dont les liens avec les cultures poétiques latines et l'*ars poetriae* doivent encore être explorés, le début du XIII^e^ siècle fait déjà figure de terra *quasi incognita* de la recherche.

On connaît le développement des écoles juridiques orléanaises, finalement institutionnalisées en université[5], et les traces de maintien et de développement d'activités d'enseignement de l'*ars dictaminis* dans l'espace ligérien ont été étudiées et mises en valeur par Charles Vulliez et Anne-Marie Turcan-Verkerk[6]. Pourtant, au XIII^e^ siècle, peu de maîtres et d'œuvres surnagent, ces dernières toutes inédites ou mal étudiées : seules les figures de Jean de Garlande, essentiellement poète et grammairien, mais dont la *Parisiana poetria de arte prosaica, metrica et rithmica* (circa 1220) contient nombre d'enseignements liés à l'*ars*[7], de Pons le Provençal, auteur important de plusieurs traités et collections de modèles (*summae dictaminis*) inédits, actif à Toulouse, Orléans et Paris[8], et de Jean de Limoges, rédacteur élusif d'une *ars* et d'un important miroir épistolaire, le *Somnium morale pharaonis*[9], se distinguent d'un

5 Vulliez, *Des écoles*, thèse cit. Si la formalisation des *studia* orléanais est ancienne, leur coalescence en université est toutefois tardive (1306). *Cf.* pour une application rhétorique de l'art des notaires royaux à propos des réglementations de la jeune université Barret, Grévin, *Regalis excellentia*, *op. cit.*, n° 316, p. 51-517 (préambule et début de l'exposé de l'ordonnance réglementant l'enseignement des droits civils et canoniques à Orléans).

6 Vulliez, *Des écoles*, thèse cit. ; Turcan-Verkerk, Anne-Marie, « Lettres d'étudiants de la fin du XIII^e^ siècle : les saisons du *dictamen* à Orléans en 1289 », *Mélanges de l'École française de Rome Moyen Âge*, n° 105, 1993, p. 651-714.

7 Éd. *The* Parisiana Poetria *of John of Garland*, Traugott Lawler (éd.), New Haven-Londres, Yale university Press, 1974 (Yale Studies in English, 182).

8 Sur Pons le Provençal, *cf.* en dernier lieu Vulliez, *Des écoles*, thèse cit., t. II/2, p. 707-716 ainsi que Felisi, Claudio, Turcan-Verkerk, Anne-Marie, « Les *artes dictandi* latines de la fin du XI^e^ à la fin du XIV^e^ siècle : un état des sources », *Le* dictamen *dans tous ses états*, *op. cit.*, p. 417-542, n° 79, p. 487 (avec bibliographie). Une étude de fond de cet enseignant et de ses œuvres reste un préalable à toute réflexion sérieuse sur les rapports entre l'enseignement du droit, celui de l'*ars dictaminis* et celui de l'*ars notariae* dans l'espace français (Sud et Nord) du XIII^e^ siècle.

9 *Cf.* Johannis Lemovicensis, abbatis de Zirc 1208-1218 *Opera omnia*, 3 t., Konstantin Horváth (éd.), Veszprém, Egyházmegyei könyvnyomda, 1932 (Libri de Zirc, 2), publiées en Hongrie à cause de l'activité supposée de Pierre de Limoges dans ce pays, mais il y a de fortes chances qu'une confusion entre deux personnages oblige à déplacer la composition de son *ars* et surtout de l'important *Somnium morale Pharaonis* de plusieurs décennies, et à la replacer en France. L'impact du *Somnium*, miroir épistolaire aussi peu lu aujourd'hui que diffusé au Moyen Âge, a été grand au XIV^e^ siècle. Sur Jean de Limoges, *cf.* Felisi, Turcan-Verkerk, « Les artes », *art. cité*, n° 56, p. 469-470, et sur l'histoire de sa réception les nouveaux éléments dans Michel, Nicolas, « Diffusion et réception du Somnium

ensemble assez restreint de traités anonymes[10]. Ce relatif assèchement, qu'il est tentant de mettre en relation avec le « tournant théologique » du XIII^e^ siècle et la raréfaction apparente des productions littéraires latines dans l'espace français, cache sans doute des continuités encore mal étudiées, notamment dans le sud du royaume. En ce qui concerne la chancellerie royale, il est remarquable qu'il entre en concomitance avec la période d'éclipse des procédures d'ornementations rhétoriques telles que les préambules mentionnée en introduction.

## LES CULTURES RHÉTORIQUES LATINES SOUS LES DERNIERS CAPÉTIENS DIRECTS (1285-1328)

Dans une histoire encore très mal connue, une série d'indices dévoile une inflexion notable à la fin du XIII^e^ siècle, correspondant en gros au règne de Philippe IV le Bel. Les cultures rhétoriques de l'écrit épistolaire et administratif latin semblent alors se renouveler sous la double impulsion de l'importation de matériels et d'enseignements italiens, et de la croissance de l'État royal. Est en effet attesté à Paris en quelques années le passage de différents spécialistes de l'*ars*, dont certains avaient une réputation européenne. Si Nicolas et Jean de Sicile ont laissé relativement peu de traces[11], Laurent d'Aquilée était un maître de renommée internationale qui enseigna à Rome, Naples et Bologne. Le fait que ce dernier dédie à Paris un remaniement de sa *Summa dictaminis* à Philippe le Bel, et qu'il travaille en collaboration avec un Guido Parisiensis (Guy

---

morale pharaonis de Jean de Limoges : pour une meilleure connaissance des pratiques dictaminales », *Archivum Latinitatis Medii Aevi*, n° 74, 2016, p. 127-174.

10 *Cf.* à leur sujet *ibid.*, p. 497-522, répertoire des traités anonymes repérés jusqu'en 1400, en particulier n° 98, 121 et 137 pour le XIII^e^ siècle français.

11 Sur Nicolas de Sicile, *cf.* Vulliez, Charles, « Un témoin inconnu de l'enseignement parisien (?) de Nicolas de Sicile à l'époque de Philippe le Bel », *Bulletin de la Société nationale des antiquaires de France*, Paris, 1998, p. 195-200. Sur Jean de Sicile, Vilaplana, María Asunción, « De arte dictandi. Notas entorno a la obra de Juan de Sicilia », *Estudios de historia medieval en homenaje a Luis Fernandez Suárez*, Valladolid, Universidad de Valladolid, 1991, p. 523-534, à compléter par Felisi, Turcan-Verkerk, *Les artes*, art. cité, n° 54, p. 467-468.

de Paris, Guy parisien…), entre 1298 et 1302[12], alors que Nicolas de Sicile termine son *ars dictatorie facultatis* à Paris en 1300[13], témoigne d'une certaine effervescence. Mais nous n'avons aucune idée du lieu d'enseignement de ces maîtres, apparemment hors du cadre universitaire *stricto sensu*[14].

Il faut conjuguer ces témoignages avec des indices d'un autre type pour comprendre ce qui se joue dans ces années d'inflexion des langages et des procédures administratives de l'État royal. C'est en effet dans les décennies 1280-1300 qu'arrivent sur le marché parisien (et sans doute ailleurs, à Orléans, Toulouse, Montpellier…) les premiers exemplaires des grandes *summae dictaminis* compilées selon des processus complexes en Italie centrale dans le troisième quart du XIIIe siècle. La *summa dictaminis* dite de Pierre de la Vigne comprenant une riche anthologie de lettres et actes créés à la cour de Sicile sous Frédéric II et Conrad IV essentiellement[15], et les *summae dictaminis* papales ou d'inspiration papale de Thomas de Capoue[16], Richard de

12 Sur Laurent d'Aquilée, *cf.* Kenneth Jensen, « The Works of Lawrence of Aquileia with a List of Manuscripts », *Manuscripta*, n° 17, 1973, p. 147-158 ; Felisi, Turcan-Verkerk, « Les *artes* », art. cité, n° 61, p. 471-473.

13 Vulliez, « Un témoin », art. cité.

14 Le prologue de la *Summa dictaminis edita iuxta doctrinam Tullii* de Laurent d'Aquilée, transcrit dans Novati, Francesco, « Il "De malo senectutis et senii" di Boncompagno da Signa », *Rendiconti della R. Accademia dei Lincei. Classe di Scienze morali, storiche e filologiche*, ser. V, 1, 1892, p. 49-67, montre pourtant que le maître avait reçu un accueil officiel du milieu universitaire parisien (p. 254 : *Et licet in presentia magistrorum et scolarium Parisius commorantium presens compilatio solempnis recitationis meruerit gloria decorari et solempniter fuerit approbata* […]).

15 Sur la somme de Pierre de la Vigne, *cf.* Schaller, Hans Martin, *Handschriftenverzeichnis zur Briefsammlung des Petrus de Vinea* (unter Mitarbeit von Bernard Vogel), Hanovre, Hansche Buchhandlung (MGH Hilfsmittel, 38), 2002 (catalogue des manuscrits fondé sur le principe du plus petit dénominateur commun entre les lettres de la collection classique et celles d'autres collections) ; Grévin, *Rhétorique*, *op. cit.* et Barret, Grévin, *Regalis excellentia*, *op. cit.* (particulièrement pour son utilisation à la chancellerie royale française), ainsi qu'à présent l'édition expérimentale (philologiquement non définitive, mais riche de recherches textuelles concernant les sources d'inspiration possibles) *L'epistolario di Pier della Vigna*, *op. cit.*

16 Bibliographie récente et à jour sur cette *summa* dans Thumser, « Les grandes collections », art. cité, p. 214-220. Une pré-édition électronique de la *summa* de Thomas de Capoue est disponible sur le site des *Monumenta Germaniae Historica* (*Die Briefsammlung des Thomas von Capua*, *op. cit.*), un catalogue des manuscrits dans Stöbener, Kristina, Thumser, Matthias, *Handschriftenverzeichnis zur Briefsammlung des Thomas von Capua auf Grundlage der Vorarbeiten von Hans Martin Schaller*, Wiesbaden, Harrassowitz (MGH, Hilfsmittel, 30), 2017. Sur l'utilisation de Thomas de Capoue à la chancellerie royale française au XIVe siècle, *cf.* Grévin, « Zum Problem », art. cité.

Pofi[17] et Bérard de Naples[18], anthologies des procédés de formalisation de la haute communication papale, d'Innocent III à Grégoire X, sont les plus fameux de ces instruments de travail qui mettaient à destination des notaires des chancelleries royales de l'Europe une rhétorique d'État latine solennelle et sophistiquée, élaborée selon les normes de l'*ars dictaminis* italienne classique, et bien adaptée aux pompes de la communication étatique. L'arrivée sur le marché parisien de ces recueils textuels est attestée à la fois par la présence d'exemplaires à pecia datant du règne de Philippe le Bel[19], et par l'attention prêtée à certains *dictamina* contenus dans les *Lettres* de Pierre de la Vigne par des hommes du roi tels que Jean de Caux, archiviste de Philippe III, et Pierre d'Étampes ou Guillaume de Nogaret, qui possédaient des anthologies de ces textes[20]. La réapparition des préambules en tête de certains documents royaux solennels, l'inflation d'une rhétorique de l'État royal à des fins de propagande (contre les Flamands, par exemple) recourant aux techniques de formalisation papales et siciliennes, la circulation de thèmes présents dans les *Lettres* de Pierre de la Vigne dans les pamphlets écrits par Nogaret lors de la querelle avec Boniface VIII[21] sont autant de témoignages de l'inculturation précoce de ces cultures rhétoriques au sommet de l'État, à une époque où la communication royale était encore latine. C'est de cette inflexion « siculo-papale » de la culture rhétorique des juristes, clercs et gens

17 Thumser, « Les grandes collections », art. cité, p. 220-224. Cette somme riche en textes pompeux, très amplement utilisée à la chancellerie royale française (*cf.* Grévin, « Zum Problem ») est encore inédite (édition en cours par Peter Herde). Elle jouit d'un statut particulier, puisque ses *dictamina* semblent plus correspondre à un retravail, voire à une *inventio* rhétorique autour de thèmes politiques papaux, qu'à une simple compilation de lettres papales authentiques.

18 Thumser, « Les grandes collections », art. cité, p. 224-230.

19 Sur les exemplaires à *pecia* en contexte parisien au début du XIV^e^ siècle, *cf.* Murano, Giovanna, *Opere diffuse per exemplar e pecia*, Turnhout, Brepols, 2005 (col. Textes et études du Moyen Âge, 29).

20 *Cf.* sur ce point Grévin, *Rhétorique*, *op. cit.*, p. 566-569, à prolonger dans le cas de Pierre d'Étampes par les recherches récentes de Brown, Elizabeth A. R., « Guillaume de Nogaret et les textes : les registres JJ 28 et JJ 29 », *La royauté capétienne et le Midi au temps de Guillaume de Nogaret*, Actes du colloque des 29 et 30 novembre 2013, Bernard Moreau, Julien Théry-Astruc (éd.), Nîmes, Éditions de la Fenestrelle, 2015, p. 209-234. E. Brown suggère que la compilation ces matériaux, traditionnellement attribuée sur la foi d'ex-libris à Pierre d'Étampes, renverrait plutôt à l'activité de Guillaume de Nogaret, les registres ayant été récupérés dans un second temps par Pierre.

21 *Cf.* Grévin, *Rhétorique*, *op. cit.*, p. 574-577.

du roi à l'époque de Philippe le Bel qu'il faut partir pour comprendre les fondements des cultures rédactionnelles des rédacteurs de l'acte de 1374, trois générations plus tard.

On aurait toutefois tort de s'imaginer ces cultures rhétoriques comme tout entières tournées vers et conditionnées par l'effort de communication politique ou de formalisation administrative. Si l'on veut replacer ce nouvel essor de la rhétorique royale dans le contexte plus général de la floraison de l'*ars dictaminis* dans la France des derniers Capétiens directs (1285-1328), on s'aperçoit rapidement que la formalisation des actes et des lettres officielles n'est alors que l'aspect principal d'une culture rhétorique plus complexe qui innerve toute la France du Nord, et conditionne l'écriture de textes de genres très divers.

Il suffit en fait de mettre bout à bout les témoignages épars sur les conditions d'enseignement de *l'ars dictaminis* par des acteurs cette fois locaux – sans doute moins concurrents des maîtres italiens que destinés à un public plus modeste, et non parisien, – pour reconstituer une culture grammaticalo-rhétorique articulée, dans laquelle le *dictamen* prosaïque de la correspondance épistolaire et notariale tenait une place dominante, sans étouffer d'autres potentialités, comme la capacité à composer des poèmes latins métriques ou rythmiques.

Vers 1280-1308 enseignait ainsi à Soissons un certain maître Jupiter, pseudonyme derrière lequel il faut peut-être voir à la fois le rédacteur de commentaires au *Grecismus* d'Evrard de Béthune et à une partie des *Métamorphoses* d'Ovide, et l'auteur de l'une des premières *artes dictandi* métriques, nouvelle formule d'enseignement du *dictamen* promise à un grand succès dans l'espace germanique[22]. Où l'on voit apparaître l'alliance entre une culture pragmatique de l'épistolaire et de l'acte et un savoir grammatical nourri de l'exégèse d'un classique utilisé dans l'acte de 1374... Un tel enseignement a d'ailleurs pu avoir des liens directs avec la formation initiale de futurs grands officiers royaux des premiers Valois. Deux des conseillers les plus importants de Charles V, Jean et Guillaume de Dormans, n'ont-ils pas fait leurs premières armes grammaticales et rhétoriques à Soissons dans les années 1310-1330, quelques années plus tard, avant peut-être d'aller se perfectionner en

22 Lorenz, Rüdiger, *Summa Iovis. Studien zu Text und Textgebrauch eines mittelalterlichen Lehrgedichts*, Cologne-Vienne-Weimar, Böhlau, 2013 (Ordo, 13) ; Felisi, Turcan-Verkerk, « Les *artes* », art. cité, n° 147, p. 119.

droit à Orléans[23] ? En l'an 1289 exerçait par ailleurs à Saint-Denis un maître de grammaire anonyme qui a laissé un recueil composite de lettres destinées à des étudiants adolescents, riches d'une thématique estudiantine et en partie inspirées de modèles orléanais. Dans ce manuscrit, ces lettres sont par ailleurs entremêlées à des vers rythmiques liés à son enseignement, à la vie de Saint-Denis et à ses activités religieuses. C'était selon toute probabilité un maître local, enseignant la grammaire et les procédés de formalisation épistolaire, inculqués aux adolescents locaux – et pour certains parisiens ? – sous le contrôle de l'abbaye[24]. En 1315-1320, enfin, fut composé un riche recueil de *dictamina* de genres variés, lettres fictives des divers acteurs de la vie sociale du Trégorois, lettres d'étudiants et poèmes rythmiques d'inversion parodique, scatologique et bouffonne, dont une étonnante transposition latine de la *Chanson d'Audigier.* Tout cela dépendait de l'activité d'un maître qui enseignait sans doute dans le *studium* de Morlaix, en Bretagne, à partir d'un matériel orléanais[25].

La mise en série de ces divers dossiers textuels, auxquels on pourrait ajouter l'ensemble des traités rythmiques et d'*ars dictandi* de la bibliothèque de l'Arsenal, probablement datables de la même époque et copiés à Auxerre en 1339[26], aboutit à donner une idée assez différente de celle d'une *ars dictaminis* à forte dimension pragmatique, et prête à être déracinée en quelques décennies dans la France des années 1300, popularisée par C. Vulliez dans son article pionnier de *Rhetorica*[27]. Non seulement ces techniques, bien enseignées à Paris et Orléans par des maîtres prestigieux, étaient, sous les derniers Capétiens directs, suffisamment attractives pour attirer des maîtres italiens dans la capitale

23 Autrand, « La succession », art. cité, p. 703.

24 Hauréau, Jean-Barthélémy, « Notice sur le numéro 15131 des manuscrits latins de la bibliothèque nationale », *Notices et extraits des manuscrits de la bibliothèque nationale et autres bibliothèques*, n° 33, 1890, p. 127-139, p. 127-139 ; Turcan-Verkerk, Anne-Marie, « Le Formulaire de Tréguier revisité : les *Carmina Trecorensia* et l'*Ars dictaminis* », *Archivum Latinitatis Medii Aevii*, n° 52, 1994, p. 209-210.

25 *Ibid.* Pour le texte de l'ensemble des *dictamina* en prose stylisant la société bretonne des années 1300, *cf.* Prigent, René, « Le Formulaire de Tréguier », *Mémoires de la Société d'Histoire et d'Archéologie de Bretagne*, 4/2, 1923, p. 275-413, p. 321-401.

26 Ms. Paris, Bibliothèque de l'Arsenal, n° 763. *Cf.* Felisi, Turcan-Verkerk, « Les *artes* », n° 103-104. Ces textes portent la trace de l'influence de Laurent d'Aquilée et de Thomas de Capoue.

27 Vulliez, « L'*ars dictaminis*, survivances », art. cité, qu'il faudrait réécrire à partir des éléments nouveaux donnés dans Felisi, Turcan-Verkerk, « Les *artes* », art. cité.

du royaume, mais elles étaient diffusées dans de larges fractions de la population lettrée recevant l'enseignement de professeurs travaillant dans des écoles locales qui couvraient vraisemblablement une grande partie de l'espace de la France du Nord[28]. Enfin et peut-être surtout, ces arts rhétoriques n'étaient pas confinés aux dimensions de la rédaction de l'acte et de la lettre, selon les procédures mécaniques qui les auraient assimilés à l'*ars notariae.* Ils recouvraient un enseignement complémentaire de techniques de formalisation en vers latins métriques et rythmiques, et en prose ornée. Les paysans des lettres-modèles du formulaire de Tréguier s'expriment ainsi avec la plus grande recherche, dans de savants enchaînements de cursus velox, planus et tardus, et en termes latins choisis, pour exposer leurs problèmes de récoltes... Dernier aspect, remarquable et encore si peu exploré de cette culture du *dictamen* à la française, malgré les recherches pionnières d'Anne-Marie Turcan-Verkerk : cette culture latine n'était en rien coupée de la langue vulgaire. Elle interagissait au contraire en permanence avec elle, sans doute dans l'enseignement même, mais aussi dans la rédaction. Les poèmes parodiques du formulaire de Tréguier sont une latinisation, remarquable dans son genre, du roman d'inversion le plus fameux de tout le XIII^e^ siècle[29]. La collection du maître de Saint-Denis contient quant à elle des exemples notables par leur précocité de poèmes mixtes rythmiques franco-latins[30]. Enfin, *une ars dictandi* cistercienne inédite, datant également du XIV^e^ siècle, contient, entre de nombreux modèles latins, une lettre française, de ce français picard cher à Serge Lusignan[31].

28 Pour des raisons méthodologiques, il y a sans doute intérêt à séparer jusqu'à un certain point le problème de l'enseignement et de la pratique du *dictamen* en France du Sud (zones occitanophones et de droit écrit prévalent) et du Nord après 1280. Par ailleurs, les cultures du *dictamen* en France du Sud au XIV^e^ siècle sont une *terra incognita* où tout reste à explorer (le seul domaine pour lequel on dispose à ma connaissance de quelques pistes étant la Provence, hors du royaume, et plus généralement l'espace du royaume d'Arles en cours de grignotage par l'État royal français).

29 Sur Audigier, *cf.* Jodogne, Omer, « Audigier et la chanson de geste, avec une édition nouvelle du poème », *Le Moyen Âge*, n° 66, 1960, p. 495-526.

30 Hauréau, « Notice », art. cité, p. 139, Turcan-Verkerk, « le formulaire », art. cité.

31 Ms. BnF lat. 11384 : f° 225 r-v : *"in gallico"* : « Jou tells chevaliers et sires de tel lieu fach savoir a tous chiaus ki ches presentes lettres verront et orront que je dois a houmes religieus... » Il ne s'agit pas de la traduction en français, comme la rubrique pourrait le faire croire, de la lettre latine précédente, dont la rubrique et l'incipit sont *"Nobili mulieri. Si dicatur" : Nobilissime mulieri et non immerito virtutum laudibus excellende .AA. domine de Danguto frater Guido.* Sur ce manuscrit contenant à la fois une *ars dictandi* inédite et un formulaire d'origine cistercienne, à localiser d'après l'indice linguistique précédemment évoqué dans la zone d'expression écrite picarde, *cf.* Felisi, Turcan-Verkerk, « Les *artes* », art. cité, n° 122, p. 509.

Cette culture française du début du XIVᵉ siècle, orientée vers l'apprentissage des moyens de dominer, au-delà de la simple correction grammaticale, tout mode de composition dans un latin sophistiqué, qu'il soit métrique, rythmique ou prosaïque, mais avec une vive prédilection pour les deux derniers vecteurs formels, a été peu étudiée, car elle ne se rattache pas ou mal, à l'exception peut-être d'Orléans, aux lieux d'enseignements universitaires. On ignore à peu près tout des enseignements rhétoriques dans (ou en marge de) l'université parisienne[32], et d'après les témoignages à peine évoqués, la raison de cette ignorance semble claire. L'enseignement de l'*ars dictaminis* était au début du XIVᵉ siècle assuré en région parisienne par des maîtres d'échelon intermédiaire, enseignants dépassant par leur niveau les petites écoles les plus basses peut-être (encore que le niveau d'enseignement des petites écoles, en pleine réévaluation, puisse et doive être discuté), et assurant un ensemble d'enseignements faisant le pont entre la première alphabétisation et l'université. Des maîtres grammairiens, en fait chargés de l'enseignement d'une grammaire d'assez haut niveau et de la rhétorique, dispensaient probablement ces leçons de rhétorique latine en marge du système universitaire proprement dit.

Les enseignements donnés dans le cadre des ordres religieux (Cisterciens, Dominicains, notamment) ont également dû jouer un rôle central, encore à évaluer pour le XIVᵉ siècle, dans le développement puis le maintien de ces cultures du *dictamen*, particulièrement valorisées dans des cursus juridiques (ou la préparation à des cursus juridiques ?), mais que devaient également recevoir des enfants et adolescents destinés à devenir artiens puis théologiens[33]. La capacité à écrire dans les styles de prose ornée dont l'apprentissage était au fondement de la discipline était donc potentiellement partagée, en 1300-1330, par une grande partie de la fraction de la population lettrée en latin. On en faisait usage, un peu moins souvent qu'en Italie, dans les circonstances qu'imposaient des choix génériques (rédaction de lettres ou actes), ou pour des raisons spécifiques. Il faut toutefois rappeler que la rédaction de pièces liturgiques et autres textes latins rythmiques raffinés ressortissait en fait des mêmes techniques d'apprentissage et du même univers culturel que celle des lettres de chancellerie. Les rédacteurs des hymnes en l'honneur de Saint Louis qui furent composés pour créer les liturgies célébrées à la Sainte-Chapelle et chéries par divers membres de

32 *Cf.* sur ce problème Vulliez, « L'*ars dictaminis*, survivances », art. cité.

33 *Cf.* à ce sujet le témoignage du *Tractatus de laudibus Parisius* de Jean de Jandun évoqué *infra*.

la famille royale utilisèrent ainsi des techniques semblables à celles qui étaient apprises sous la férule des maîtres d'Orléans, de Saint-Denis ou de Morlaix[34]. Cela, aussi, peut éclairer les procédés de rédaction de certains passages de l'acte, tels que le début de l'éloge de Saint Louis.

Les élites « artiennes » elles-mêmes étaient loin d'être toujours imperméables au charme ou à l'intérêt de ces cultures rédactionnelles. Un texte de 1324 en particulier témoigne de l'impact que ces cultures du *dictamen* avaient malgré les apparences en milieu universitaire, dans le monde des théologiens. Dans un traité tôt édité, mais trop négligé depuis, et dont la forme n'a fait l'objet d'aucune attention spécifique, le philosophe Jean de Jandun, fervent défenseur des thèses de Marsile de Padoue, écrivit quelques mois avant que ses prises de position ne le contraignent à l'exil un remarquable *Éloge de la ville de Paris* (*Tractatus de laudibus Parisius*), en réponse à un *dictator* – maître de *dictamen*, il emploie ce terme – anonyme qui l'avait accusé de maltraiter la capitale dans une production précédente en exaltant à son détriment Senlis[35]. On reconnaît là un sous-genre spécifique de la littérature des XIII^e^ et XIV^e^ siècles, le *certamen* ou joute rhétorique au sujet des mérites de deux cités diverses, jeu attesté soixante ans plus tôt à la chancellerie papale au sujet de Subiaco et Anagni[36]. Le talent de Jean de Jandun a fait de ce traité de dimension moyenne quelque chose de plus qu'un simple jeu, car on y trouve des descriptions du palais royal, de la Sainte-Chapelle, des activités marchandes de Paris ou de ses enseignements qui sont restées classiques. On a moins remarqué la forme de la description, chatoyante d'ornementation rhétorique et rythmée selon les préceptes du cursus[37]. Jean répond à un *dictator* anonyme dans un débat rhétorique et, tout maître en

34 Sur les hymnes de la liturgie composée en l'honneur de saint Louis à l'époque de la canonisation, *cf. Historiae Rhytmichae*. XIII 2te Folge : *Liturgische Reimofficien*, *op. cit.*, p. 185-198 (texte des hymnes) ; Folz, Robert, « La sainteté de Louis IX d'après les textes liturgiques de sa fête », *Revue d'histoire de l'Église de France*, n° 57, 1971, p. 30-45 ; Gaposchkin, Cecilia, « *Ludovicus decus regnantium* : the Liturgical Office for Saint Louis and the Ideological Programm of Philipp the Fair », *Majestas*, 10, 2002, p. 27-90.

35 Traité édité dans *Paris et ses historiens aux XIV^e^ et XV^e^ siècles*, éd. par Antoine Le Roux de Lincy-Lazare Maurice Tisserand, Paris, Imprimerie impériale, 1867, p. 3-79. Pour un commentaire récent, *cf.* Inglis, Erik, « Architecture and a Scholastic. Jean de Jandun's "Tractatus de laudibus Parisius" (1323) », *Gesta*, n° 42/1, 2003, p. 63-85.

36 *Cf.* Sambin, Paolo, *Un certame dettatorio tra due notai pontifici (1260). Lettere inedite di Giordano da Terracina e di Giovanni da Capua*, Rome, 1955 (Note e discussioni erudite, 5).

37 *Cf.* la première période du traité, *Paris et ses historiens*, *op. cit.*, *p. 22 : Circuivi terram climata cúncta perámbulans, a finibus lústrans sollerter, et inquirens qui ex locibus habilitabilibus in splendore et amenitate sui gradus comparatiónis excédens, tanta polleret preeminentia ut locorum ceterorum genus suppellátivum precelléret, et signis ac virtutibus digne Paradisi nomine merúerit insigníri.*

théologie français qu'il soit, il choisit en 1324 de le faire en utilisant avec aisance les canons d'un *dictamen* orné, plus semblable à la logique du latin des préambules de chancellerie qu'à celle des *disputationes* universitaires. Un passage du *Tractatus*, éloge de la personne royale, forme même une suite de tables de composition qui évoquent de près la forme des traités d'*ars dictandi* « nouvelle manière » inventés par Laurent d'Aquilée, maître à Paris en 1300[38]. Jean a-t-il été son élève, ou celui de l'un de ses disciples ?

*Tractatus de laudibus Parisius* :
table de composition sur l'éloge du roi de France[39]

| | | |
|---|---|---|
| Gloriétur | in Dómino, et a cunctis bone voluntátis homínibus | glorificetur inclitissimus |
| Exúltet | | attollatur christianissimus |
| Letétur | | collaudetur serenissimus |
| Glorificétur | | admiretur victoriosissimus |

| | | | |
|---|---|---|---|
| … monárcha Francórum, sub cujus | hereditario | regímine | studiosi, etc. 1 |
| | felicissimo | | ab infidelium, etc. 2 |
| | potentissimo | | ad suam, etc. 3 |
| | justissimo | | subditi, etc. 4 |

1 Studiosi viri precipuo sapientie et prudéntie clípeo, pace videlicet ac libertate, gaudent se ésse munítos.

2 Ab infidelium nequitiis deffenditur pópulus christiánus.

3 Ad suam potentíssimam sédem, per aptissimum flúminis cúrsum, suas opulencias dirigunt várie natiónes, et juste commutationis debita lúcra repórtant.

4 Subditi voluntarii vicinorum suorum non opprimúntur injúriis, nec impunita superbia licentia suis vicínis iniuriántur.

*Ars narrandi petendi concludendi* (anonyme, imité de la *Pratica* de Laurent d'Aquilée, milieu cistercien, France, XIV<sup>e</sup> s.[40])

| | | | |
|---|---|---|---|
| Sanctitati | vestre insinuatione presentium | devotissime reseramus | quod et cetera… |
| Beatitudini | | reverentius intimamus | |
| Clementie | | flexis genibus manifesto | |

38 Sur les *artes dictandi* en forme de table de composition inventées par Laurent d'Aquilée et reprises dans toute l'Europe au XIVe siècle, *cf.* Jensen, « The works », art. cité ; Murphy, James, J, *Rhetoric in the Middle Ages. A History of Rhetorical Theory from St. Augustine to the Renaissance*, Berkeley-Los Angeles, University of California, 1974, p. 259-264 (reproduction d'éditions anciennes) ; Felisi, Turcan-Verkerk, « Les *artes* », n° 62, p. 471-472.

39 *Paris et ses historiens*, *op. cit.*, p. 62, et pl. hors pagination après la p. 20 pour la reproduction des arborescences du manuscrit.

40 Manuscrit BnF latin 11384, f° 17v.

Ce choix d'écriture vient renforcer la probabilité que l'emprise du *dictamen* dans le Paris de la première moitié du XIV^e siècle ait été franchement sous-estimée.

## JEAN II LE BON, CHARLES V ET CHARLES VI
## Persistance des cultures pragmatiques

Nous voici arrivés au seuil de la génération des rédacteurs de l'acte de 1374, sans doute pour la plupart nés entre 1320 et 1350, et susceptibles d'avoir suivi un enseignement dans des classes de *dictamen* du type qui se devine à travers ces témoignages dans les années 1330-1360. Pour cette période fatidique de l'avènement des premiers Valois, correspondant à une première francisation partielle de la chancellerie sous Philippe VI, suivie d'une relatinisation brutale sous Jean II, interrompue par sa captivité et par la prise progressive du contrôle de l'État royal en perdition par son fils Charles[41], les témoignages concrets d'enseignement rhétorique latin sont pour l'instant quasi inexistants. Il s'agit là d'un problème, car si l'on peut postuler (sans preuves dirimantes) que l'enseignement théorique des cultures du *dictamen* avait presque disparu, sous sa forme traditionnelle, héritée des courants italiens et français du XII^e et du XIII^e siècle, dans la France de 1420, il n'en va pas de même cinquante ans plus tôt. Surtout, raréfaction et quasi-disparition d'un enseignement théorique ne veut pas dire perte immédiate de contact avec les modèles pratiques, et l'on sait que dans l'enseignement des rhétoriques de la lettre et de l'acte, la théorie n'était qu'une propédeutique à un apprentissage de la pratique fondé sur la discussion, la mémorisation et l'imitation de modèles, tels que ceux des formulaires de Tréguier et Saint-Denis.

Or la continuation des activités de copie et d'imitation des textes contenus dans les grands recueils de *dictamina* est bien attestée dans la France du second XIV^e siècle. Non seulement les notaires et secrétaires du roi s'inspiraient largement des textes contenus dans les grandes *summae dictaminis* papales et siciliennes mentionnées plus haut – un fait désormais bien mis en valeur pour l'époque de Jean II le Bon et de

41 Sur ces évolutions en dents de scie, *cf.* Lusignan, *La langue des rois*, *op. cit.*, p. 105-126.

Charles V[42] – mais nous savons à travers le témoignage des testaments et inventaires qu'un certain nombre de personnages actifs dans les milieux du parlement et des secrétaires du roi et morts au début du XVe siècle possédaient les *Lettres* de Pierre de la Vigne ou la somme de Richard de Pofi, pour ne parler que de deux de ces instruments de travail parmi les plus importants[43]. C'était le cas du secrétaire et notaire du roi Nicolas de l'Espoisse, de Nicolas de Baye, greffier du parlement rendu fameux par son journal, ou de Jean Canard, évêque d'Arras, chancelier de Bourgogne[44]. Il est particulièrement significatif de voir ce dernier léguer dans un testament enregistré en 1405 au parlement les *Lettres* de Pierre de la Vigne à son neveu, abbé de Saint-Rémy de Reims, qui enseignait à la faculté de décret à Paris. Jean Canard avait lui-même été avocat au parlement, puis avocat du roi en 1380 et membre du conseil de Charles VI[45]. Nous retrouvons là l'ancrage de cette culture rhétorique

---

42 Grévin, *Rhétorique*, *op. cit.*, p. 581-626 ; Barret, Grévin, *Regalis excellentia*, *op. cit.*, p. 257-314 et 577-623.

43 Sur les bibliothèques des gens du parlement, *cf.* Autrand, « Culture et mentalité », art. cité.

44 Pour Nicolas de l'Espoisse, *cf. Testaments enregistrés*, *op. cit.*, p. 368 (608) : lettres de Pierre de la Vigne et Pierre de Blois, léguées, à son petit neveu Jean, « qu'il a tenu aux escoles a ses despens, pour le faire encore aprendre apres son trèpas ». Pour Jean Canard, *ibid.*, p. 152-392 (lettres de Richard de Pofi et Pierre de la Vigne, et *Historia destructionis Troiae* de Guido da Colonna, probablement, non sûrement en version latine). Pour Nicolas de Baye, *cf.* Tuetey, Alexandre, *Inventaire de Nicolas de Baye, chanoine de Notre-Dame, greffier du parlement de Paris sous Charles VI*, précédé d'une notice biographique, Paris, pas de mention d'éditeur (imprimerie Daupeley-Gouverner), 1888, p. LXXXVI et XCIV (inventaire de 1419, deux exemplaires des *Lettres* de Pierre de la Vigne). L'association des lettres de Pierre de Blois, de Pierre de la Vigne et de Richard de Pofi avec la *Historia destructionis Troiae* est signifiante, cette dernière œuvre étant utilisée comme modèle de haut style dans les classes de rhétorique (*cf.* Camargo, « La déclamation », art. cité, p. 307, n. 2). Cet ensemble forme le noyau des textes recommandés par différents enseignants de *dictamen* anglais de la même période (1350-1420). À la charnière des XIVe et XVe siècles, nous avons déjà mentionné que le maître anonyme probablement oxfordien du *Compendium artis dictatorie* indique comme exemples à suivre pour apprendre le beau style du *dictamen* les quatre œuvres précédemment mentionnées, associées explicitement au *Liber sextus* des *Décrétales* et, implicitement, au *Somnium morale pharaonis* de Jean de Limoges (*cf.* Camargo, « la déclamation », art. cité, p. 307). Le *Somnium morale pharaonis* et les *summae dictaminis* de Richard de Pofi, Pierre de la Vigne et les lettres de Pierre de Blois sont sans cesse associés dans la tradition manuscrite du XIVe siècle, qui regroupe ces collections pour former des instruments de travail à disposition des notaires de chancellerie (*cf.* Schaller, *Handschriftenverzeichnis zur Briefsammlung des Petrus de Vinea*, *op. cit.*, *passim*). On a vu par ailleurs l'utilisation très rhétorique (quoique non dénuée d'un arrière-plan juridique) faite d'une pièce du *Liber sextus* dans la *Constitutio* de 1374.

45 Sur Jean Canard, *cf.* Schnerb, Bertrand, « Jean Canard, chancelier de Philippe le Hardi, duc de Bourgogne », *« De part et d'autre des Alpes » (II) : chancelleries et chanceliers des princes*

inspirée de la phraséologie papale et impériale (car il s'agit de la Sicile de Frédéric II…) dans le milieu des grands juristes conseillers du roi ou des princes, un ancrage qui se traduit dans certains des choix formels et des sources d'inspiration de l'acte de 1374 : que l'on pense à l'utilisation des préambules des décrétales de Grégoire X.

*à la fin du Moyen Âge*. Actes de la table ronde de Chambéry, 5 et 6 octobre 2006, Guido Castelnuovo, Olivier Mattéoni (éd.), Chambéry, Université de Savoie, 2011 (Coll. Sociétés, religions, politiques, 19), p. 197-214.

# LES CULTURES RHÉTORIQUES FRANÇAISES VUES AU PRISME DE L'ACTE

Il est pourtant indéniable que quelque chose était en train de changer en profondeur dans ces cultures rhétoriques latines au moment même de la rédaction de l'acte. En 1374, la génération des « premiers humanistes » français grandissait. Si Laurent de Premierfait et Nicolas de Clamanges étaient encore dans l'enfance, Jean de Montreuil avait vingt ans, et Jean Muret était déjà un homme fait[1]. Dans quelques années, leur activité allait marquer le début d'une inflexion des cultures latines qui contribuerait à dissocier des pratiques relevant du *dictamen* de l'idée d'élégance rhétorique, avec un succès au départ limité en France, tant ce premier humanisme français a souffert des désastres de la guerre civile et de l'effondrement des années 1410. D'autre part, il est indéniable que la francisation progressive des pratiques de chancellerie était en train d'atteindre un seuil critique qui menaçait à terme la pérennisation des pratiques d'écritures en chancellerie telles qu'elles s'étaient transmises et développées depuis Philippe IV le Bel.

Certes, les gens du roi qui moururent au tout début du XV^e^ siècle possédaient encore les traités et *summae* représentatifs de cette tradition. Mais ces instruments de travail étaient peut-être alors déjà en partie passés de mode, et les recettes stylistiques de la chancellerie royale semblent avoir changé au début du XV^e^ siècle, quand Odart Morchesne compose en 1426-1427 son *Formulaire*[2]. Quoiqu'en partie latin, et dépendant de formules héritées du XIV^e^ siècle, il ne s'inspire pas directement des *dictamina* papaux ou siciliens associés à cette culture dans les modèles

1 Sur l'humanisme français au tournant des XIV^e^ et XV^e^ siècles, *cf.* en particulier pour la bibliographie de la seconde moitié du XX^e^ siècle Ouy, « Les recherches », art. cité.

2 *Le formulaire d'Odart Morchesne*, *op. cit.* C'est ce que semble impliquer la non-reprise de modèles directement issus des *Lettres* de Pierre de la Vigne ou des *summae* de Thomas de Capoue et Richard de Pofi dans ce formulaire achevé en 1427. On pourrait toutefois arguer que cette absence résulte d'une volonté de complémentarité.

qu'il présente. Le langage de la chancellerie royale allait rester, par vitesse acquise, généralement dépendant des formules inventées dans un passé plus ou moins lointain, mais cette culture deviendrait, pour autant qu'on en puisse juger, plus strictement formulaire, et quand les secrétaires du roi Charles VII, tel Alain Chartier, voudraient faire montre de leur savoir rhétorique dans leur correspondance privée, ils recourraient à un autre style, déjà teinté d'humanisme, que celui employé dans leur correspondance officielle[3].

On aurait pourtant tort de lire l'acte de 1374 à la lumière de ces développements encore en grande partie à naître ou balbutiant durant le règne de Charles V. Sa composition, en prise sur l'actualité ou le passé récent par un certain nombre de ses références, liées au programme des traductions (Nicole Oresme) ou aux écrits politiques du règne précédent (François de Montebelluna), reste profondément ancrée dans un univers rédactionnel dépendant des cultures rhétoriques de la fin du XIIIe siècle (Grégoire X) et du début du XIVe siècle (Jean XXII, la chancellerie royale...), et plus généralement des procédés de formalisation peu à peu perfectionnés durant l'histoire triséculaire de l'*ars dictaminis*. À cette date relativement tardive, cette dépendance découle certes peut-être plus d'une vitesse acquise et d'une culture pratique que de théories rhétoriques sur le déclin en France. La négligence relative des procédures d'ornementation, en contraste avec les procédés de rédaction plus stricts de la chancellerie royale à l'époque de Philippe IV le Bel[4], pourrait être un indice du début d'un éloignement progressif par rapport à des théories encore enseignées avec soin dans les classes à l'époque de l'enfance et de la jeunesse des plus vieux conseillers de Charles V, mais peut-être pas des plus jeunes.

La force d'inertie de cet héritage rhétorique restait pourtant grande, voire écrasante, si l'on pense qu'une partie de l'esthétique développée dans ce texte et dans des actes solennels similaires a dépendu d'une débauche d'accumulation qui incitait à réutiliser dans des agencements toujours plus longs et plus complexes des segments hérités de ces cultures rhétoriques notariales des XIIIe et XIVe siècles, afin de créer des orfèvreries toujours plus lourdes, toujours plus pesantes. Le maintien de tels procédés impliquait nécessairement une évolution stylistique lente, voire quasi

3 Analyse dans Bourgain, « Style professionnel », art. cité.
4 Barret, Grévin, *Regalis excellentia*, *op. cit.*, p. 156-162.

nulle (sauf à se souvenir de ce glissement fondamental : le remplacement progressif du latin par le français). L'évolution ne se faisait pas par renouvellement du langage utilisé, mais par surenchère dans les méthodes de composition. Il y aurait là, dans une vision harmonique tentant la comparaison entre les procédés d'écriture et les pratiques artistiques, un élément commun avec les procédés de l'architecture rayonnante en transition vers le gothique flamboyant, et, plus généralement, avec l'obsession de multiplication mise en valeur par Jacques Chiffoleau pour cet âge de la « religion flamboyante[5] ». On se gardera de s'engager trop loin dans cette voie, au moins provisoirement. Examinons plutôt comment ces cultures rhétoriques persistantes conditionnaient dans le détail la structure de l'acte, par simple force d'inertie.

## LE FONDS NOTARIAL ET SON EXPLOITATION
### Un acte tissu de motifs de préambules et de syntagmes cadencés

Le tableau suivant vise ainsi à faire prendre conscience qu'il existe d'autres optiques d'analyse de l'acte que celle précédemment réalisée. On a noté çà et là dans la présentation des sources de l'acte des formules qui pouvaient être inspirées par le répertoire du latin de chancellerie et ses modèles papaux ou impériaux. Il est toutefois possible de relever bien plus systématiquement la présence dans l'acte de ces automatismes et tours formulaires typiques du langage pontifical, impérial et royal du bas Moyen Âge, automatismes dont il est bien sûr impossible de reconduire la présence à une source plutôt qu'une autre, car ils sont sans cesse utilisés d'un bout à l'autre de l'Europe aux XIII<sup>e</sup> et XIV<sup>e</sup> siècles.

5 Chiffoleau, Jacques, « La religion flamboyante (vers 1320 – vers 1520) », *Histoire de la France religieuse*, t. II, Jacques Le Goff, René Rémond (éd.), Paris, Seuil, 1988, p. 13-184.

Mise en série et comparaisons de quelques formules récurrentes du langage de chancellerie présentes dans l'acte de 1374

| Fragments de l'acte de 1374 | Lieux de comparaison[6] CR : chancellerie royale, préambules du XIVe s. / *Variae* de Cassiodore / PdV : Lettres de Pierre de la Vigne /PP : Préambules de la papauté avignonnaise / RdP : Lettres de Richard de Pofi / ThdC : Lettres de Thomas de Capoue / Clem : Lettres de Clément IV / CF : Constitutiones Friderici II |
|---|---|
| Reipublice commodum | CR n° 500 : Sereni liliorum culminis regia sublimatur dignitas et claris laudum preconiis ejus magestas attollitur, cum, justis petencium votis liberaliter annuens, et **reipublice commoditatibus** provida subvenit potencia [...] |
| Subditorum concernentibus tansquillitatis | CR 534 : **Subditorum** nostrorum **transquillitatem,** indemnitatem etiam ac quietem totis procurare viribus nobis ex debito incumbere arbitrantes [...] |
| Cum publica utilitate concurrant | Publica utilitate : six fois dans les *Variae* de Cassiodore. |
| Temporibus prosperetur | CR 314 : totis affectibus cupientes ut catholice et orthodoxe fidei negotium [...] ad Dei gloriam et dicte fidei augmentum nostris **tempóribus prosperétur** [...] |
| Super regimine regni | CR 357-358 : et qui incessanter nobis in **regimine regni** nostri assistunt [...] |

6 Les préambules de la chancellerie royale du XIVe siècle sont extraits de l'édition Barret, Grévin, *Regalis excellentia*, *op. cit.*, n° 1-548, p. 428-576 ; pour les *Variae* de Cassiodore, *cf. Cassiodori Senatoris Variae*, Theodor Mommsen (éd.), Berlin, Weidmannsche Verlagsbuchhandlung 1894 (MGH Auctores Antiquissimi, 12) et la nouvelle édition-traduction Cassiodoro, *Varie*, vol. 1-5, Andrea Giardina et alii, Roma, L'Erma di Bretschneider, 2014-2017 ; pour les *Lettres* de Pierre de la Vigne, *cf.* à présent la nouvelle édition *L'Epistolario di Pier della Vigna*, *op. cit.* ; les préambules de la papauté avignonnaise sont extraits de la série présentée dans Hold, *Unglaublich*, *op. cit.* ; les lettres de Richard de Pofi sont exploitées à partir d'une base de travail personnelle constituée à partir du ms. Vat. Lat. Barb. 1948 (pour lequel *cf.* Schaller, *Handschriftenverzeichnis zur Briefsammlung des Petrus von Vinea*, *op. cit.*, n° 36, p. 59-60 ; pour un catalogue des incipits et du contenu des lettres, *cf.* Batzer, *Zur Kenntnis*, *op. cit.*, dans l'attente de l'édition de Peter Herde); les lettres de Thomas de Capoue peuvent être consultées dans *Die Briefsammlung des Thomas von Capua*, *op. cit.* ; les lettres de Clément IV dans la prééditon *Epistole et dictamina*, *op. cit.* ; les *Constitutiones Friderici II* dans *Die Konstitutionen Friedrichs II. für das Königreich Sizilien*, Wolfgang Stürner (éd.), Hanovre, Hahnsche Buchhandlung 1996 (Constitutiones et acta publica imperatorum et regum, II, supplementum).

| | |
|---|---|
| Predecessorum nostrorum vestigiis inherere | CR 313 : Nos, **predecessorum nostrorum vestigiis inherere** volentes [...] et six autres occurrences [...] |
| Temporibus retroactis | CR 291 et 291 |
| Élément de préambule : Consuevimus nos exhibere petentibus liberales | CR 522 : Si regie largitatis gratia **petentium** desideriis **liberalem** se reddere **consuevit** [...] |
| Élément de préambule : Pacifico statui regni nostri | PdV I, 19 : de **regni** nostri **statu pacifico** inter ceteras considerationes nostras precipue nos cura perangit [...] |
| Élément de préambule : Cupientes sinceris affectibus providere | PP 120 : Anime tue salutem **sinceris afféctibus cupiéntes** te a malis operibus sollicitis studiis revocamus [...] |
| Ad ... removenda scandala | CR 201 Humane consideracionis excitat nos instinctus oppressis fidelibus subditis subvenire et ab eis **scandala** disposita **removere** [...] |
| Dignitate prefulgeat | RdP n° 263 : inter ceteras illarum partium ecclesias **dignitáte prefúlget** [...] |
| Plenum sortiantur effectum | ThdC n° VII, 4 : Ut igitur tot inculcatio precum nostrarum apud te **plenum sortiátur efféctum** [...] |
| Laudem bonorum vindictam vero malorum | Clem. n° 239 : Omnia enim ad bonum venient exitum, **ad laudem bonorum et malefactórum vindíctam.** |
| Viri spectabiles | Vir spectabilis : cinq occurrences dans les *Variae* de Cassiodore |
| Élément de préambule : Dignum et congruum arbitramur | CR n ° 234 : Inter opera caritatis quibus piis locis afficimur nos in exhibicione graciarum, precipue pro sustencatione pauperum, reddere liberales **dignum et cóngruum arbitrámur.** |
| Superius declaratus | CF : II, 7 : **supérius declarátum**, quemadmodum [...] |
| Presumpcionis audaciam | PP 109 : Grave nimis nec immerito gerimus et molestum quamplurimum redditur votis nostris cum per cuiusquam **presumptiónis audáciam** [...] divina provocatur maiestas. |
| Publice vel occulte | RdP 364 ; PdV V, 49 : aut machinentur **públice vel ocúlte** in lesionem nostri nominis vel honoris [...] |
| Solemniter publicandam | ThdC I, 9 : requiratis assensum quo habito providentia nostra bulla munitam quam vobis sub alia carta mittimus interclusam **solémpniter publicétis.** |

Il s'agit à travers cet échantillon de faire toucher du doigt à quel point les formulations banales qui se mimétisent dans le flux de l'acte ressortissent à une culture de l'écrit pragmatique qui s'enracine en permanence dans les instruments de travail notarial. On a examiné un ensemble de formules simples en interrogeant une base textuelle composée de la série des préambules de *Regalis excellentia* et de diverses collections de lettres ou de lois principalement en rapport avec la papauté et la cour de Sicile. Sur les vingt formules sélectionnées, dont l'une correspond à une citation biblique, neuf se retrouvent une ou plusieurs fois dans des préambules composés à la chancellerie au XIV^e^ siècle, et souvent dans le quart de siècle précédant la rédaction de l'acte. Les autres ont trouvé des correspondances dans diverses sources papales ou siciliennes-impériales connues en France au XIV^e^ siècle (*Constitutiones Friderici secundi*[7], lettres de Clément IV[8], préambules de lettres papales avignonnaises[9]), et notamment dans quatre outils favoris des notaires de Jean II le Bon et Charles V : les *Variae* de Cassiodore, assimilées dans cette optique à une *summa dictaminis*[10], *les Lettres* de Pierre de la Vigne[11], enfin les lettres contenues dans les *summae dictaminis* papales de Thomas de Capoue et Richard de Pofi[12].

Si l'on prête attention à la signification de ces rapprochements, on s'aperçoit que ce tableau indique quelque chose de tout à fait différent de la mise en valeur des sources qui a formé une bonne partie de la démonstration des pages précédentes. Dans ce cas précis, les rencontres ne pointent pas vers une source potentielle précise, mais vers l'un des

7 *Die Konstitutionen*, *op. cit.* Sur leur exploitation et connaissance dans la France du XIV^e^ siècle, *cf.* par exemple *Somnium Viridarii*, *op. cit.*, I, CLXXXVI, p. 288 (passage original d'Evrart de Trémaugon).

8 Thumser, Matthias, « Zur Überlieferungsgeschichte der Briefe Papst Clemens' IV. (1265-1268) », *Deutsches Archiv für Erforschung des Mittelalters*, n° 51, 1995, p. 115-168 : nombreux manuscrits français, et d'origine française.

9 Hold, *Unglaublich*, *op. cit.* Sur les confusions méthodologiques possibles entre la circulation de préambules d'origine avignonnaise et celle de leurs modèles contenus dans les *summae* de Thomas de Capoue et Richard de Pofi dans la France du XIV^e^ siècle, *cf.* Barret, Grévin, *Regalis excellentia*, *op. cit.*, p. 207-208.

10 Sur l'utilisation concomitante des *Variae* et des *summae* à la chancellerie royale française, en fonction des mêmes logiques, *cf. Ibid.*, *passim* et particulièrement p. 243-252 ; 285-287, ainsi que tableaux d'annexe p. 577-623.

11 Sur l'utilisation des *Lettres* par les notaires et secrétaires de Jean II et Charles V, *cf. supra*, n. 617-620.

12 Sur l'utilisation de ces *summae* papales à la chancellerie royale française, *cf.* Barret, Grévin, *Regalis excellentia*, *op. cit.*, ainsi que Grévin, « Zum Problem », art. cité.

lieux de renvois presque infinis que leur connaissance de milliers de textes rédigés selon les codes rythmiques et rhétoriques de l'*ars* mettait à la disposition des notaires pour varier leurs formules. Il s'agit donc là d'un registre de l'écriture formulaire, ou plutôt semi-formulaire, car ces techniques de rédaction fonctionnaient en partie selon des mécanismes de permutation dont les tableaux de Jean de Jeandun et de l'*ars* anonyme présentés plus haut ont donné un exemple, et qui permettaient de diversifier la formulation de détail de toutes les parties habituelles de l'acte dont la formalisation juridique ou diplomatique ne demandait pas le recours à un vocabulaire précis (comme c'était par exemple le cas pour la formule *noverint se privatos*). On a mentionné plus haut l'existence d'une formule *considerátis prudénter* qui aurait pu être aussi bien utilisée que le *premeditátis prudénter* choisi par les rédacteurs dans l'introduction du dispositif[13]. Une telle démonstration pourrait se répéter pour bien des passages du texte. C'est en grande partie le respect du conditionnement par le cursus rythmique et l'habitude de faire varier les formules en fonction de cet art de la décoration qui maintenait chez les notaires, en liaison avec leur entraînement à composer des vers métriques et rythmiques, l'habitude de permuter des mots de structure accentuelle semblable, et il est probable que l'abandon progressif de ces pratiques à la fin du XIV^e^ siècle a contribué à la rigidification relative des formulaires de chancellerie qui se devine au début du XV^e^ siècle.

La valeur de ces rapprochements n'est pas toujours exactement semblable. Quatre d'entre eux, en particulier, correspondent à des points où les rédacteurs ont utilisé des « accroches de préambules », classiquement employées pour structurer l'exorde solennel d'un acte ou d'une lettre pontificale ou royale. D'autres forment de simples chevilles qui peuvent être modifiées à volonté pour s'adapter à la structure grammaticale de la phrase tout en conservant leur structure rythmique, telle la formule *solémniter publicándam*, modifiable en *solémniter publicá-mus*, *-vit*, *-re*, *-ri -ta*, *-tum*, *ti*.... D'autres ont été simplement notés pour pointer le fait que la forme prise par telle expression d'apparence parfaitement banale, telle que *supérius declarátum*, dépend en fait d'un formatage rythmique[14]. D'autres

13 *Cf. supra*, p. 260. Sur ces mécanismes de permutation, *cf.* dorénavant Barret, Grévin, *Regalis excellentia*, p. 296-298, ainsi que Grévin, « Zum Problem », art. cité.

14 Ce type de formatage explique par exemple qu'en latin de chancellerie du XIII^e^ ou du XIV^e^ siècle on n'écrive pas simplement *supra declaratum*, comme cela serait possible, mais plutôt *supérius declarátum* : le critère rythmique aboutit à sélectionner des formes

encore, comme le syntagme *dignitáte prefúlgeat*, illustrent la possibilité de jouer de ces permutations fondées sur des équivalences rythmiques pour changer la formulation de détail en fonction du point à souligner : on retrouve ainsi dans les différents textes papaux, siciliens ou royaux du répertoire des notaires de Charles V tout un ensemble de variations : *dignitáte prefúlgere* ; *religióne prefúlgere* ; *devotióne prefúlgere* ; *nobilitáte prefúlgere*[15]…

Les possibilités de combinaisons offertes par ce langage rédactionnel dont les notaires de Charles V maîtrisaient encore l'essentiel, sinon les arcanes, renvoient donc à l'infini des potentialités d'un langage à la fois très souple et pourtant structuré en fonction d'habitus précis, et si le jeu en valait la chandelle, les exemples sélectionnés pourraient être multipliés et ces remarques de micro-histoire textuelle prolongées pendant de très nombreuses pages. Il suffit ici d'avoir touché du doigt ce que pouvait impliquer, au niveau le plus humble de la pratique notariale, la maîtrise par les rédacteurs de ces techniques de travail. La conséquence première de leur possession et de leur lecture des *Variae* de Cassiodore, des *Lettres* de Pierre de la Vigne, de Richard de Pofi ou de Thomas de Capoue, mais aussi de leurs recueils de *Décrétales*[16], était cette conformation mentale à une basse continue rhétorique, structurée par les mêmes rythmes et les mêmes formules, qui imprégnait tous leurs écrits. Libre à eux d'en jouer à différentes échelles, en entremêlant ces rappels automatiques à des citations conscientes de fragments plus importants, potentiellement localisables, de textes de ce genre, ou de textes différents, dans un jeu d'échelles qui s'étendait de l'enchaînement minimal au bloc textuel le plus grand. Tout l'art est ici de comprendre que ces automatismes et réflexes d'écriture en chancellerie, couplés à cette pulsion de citations amples, n'entravaient pas nécessairement l'inventivité verbale et conceptuelle de ceux qui maniaient ces langages, même si elle l'orientait, d'une manière parfois analogue à la logique des mises en vers, dans des directions précises.

---

comparatives, ou des formes verbales complexes (par exemple *devenire* au lieu de *venire*), au détriment de formes plus simples.

15 Pour *dignitate prefulgere*, *cf.* Richard de Pofi, n° 263 (régeste Batzer, *Zur Kenntnis*, *op. cit.*, p. 69 : *Levantes in-merearis*) ; pour *religione prefulgere*, *cf.* Thomas de Capoue, VII, 69 (*Die Briefsammlung des Thomas von Capua*, p. 175) ; *devotione prefulgere*, trois exemples dans Richard de Pofi n° 28, 156 et 275 (Batzer, *Zur Kenntnis*, *op. cit.*, p. 43 ; 58 ; 70) ; *nobilitate prefulgere*, un exemple dans Richard de Pofi, n° 223 (*Ibid.*, p. 65).

16 Sur le rapprochement didactique entre le latin des décrétales du *Liber sextus* et celui des grandes collections de lettres papales ou impériales, *cf. supra*, p. 215, n. 74.

## UNE IMPORTATION FACILITÉE
## Les cultures voisines de l'annalistique et de l'histoire

Si l'on peut donc faire se réfracter dans l'acte de 1374 l'infinie variété des sources de rédaction notariales, la possibilité inverse existe également de jouer de l'inclusion dans l'acte de sources d'origines diverses, et ne ressortissant pas *a priori* à l'univers des cultures pragmatiques de la chancellerie royale et de la rhétorique épistolaire ou administrative, pour sonder leur proximité relative avec ces cultures de l'écrit. L'acte peut ainsi attirer l'attention sur le statut formel de sources de type historique ou annalistique. Aux limites textuelles de cette catégorie, le *Tragicum argumentum de miserabili statu regni Francie*[17] est un bon exemple d'un texte que sa théâtralisation rhétorique, tout entière conditionnée par un culte exacerbé d'une *ars dictaminis* pré-humaniste, n'empêchait pas de s'intégrer harmonieusement dans ces logiques. D'une certaine manière, cette *deploratio* politique, de genre difficilement classable, pourrait même être comptée dans les pièces à conviction de la permanence des cultures du *dictamen* dans la France du second XIVe siècle, même si le lettré qui l'a écrite dépendait d'une formation culturelle typiquement nord-italienne, plaçant son argumentation dans une perspective déjà partiellement classicisante. Reprenons le passage cité dans la *Constitutio* :

> Accedat Károlus imperátor^velox^, cujus triumphos mundus mirabiliter extollet quamdiu sol eclípticam permeábit^velox^. Accedant et ceteri victóres conspícui^tardus^, quorum incompta legio, ut de pluribus páuca reféram^planus^, et Gades Hercúleas áttigit^tardus^ et Arthoas glácies non expávit^velox^.
>
> « Que s'avance l'empereur Charles, dont le monde glorifiera les triomphes aussi longtemps que le soleil parcourra l'écliptique. Que s'avancent également les autres vainqueurs illustres, dont la légion indomptée, pour ne rappeler que quelques uns de nombreux hauts faits, atteignit Gadès des colonnes d'Hercule et ne craignit pas les glaces de l'Arctique[18]. »

La révélation de cette « compatibilité rythmique » suggère un dernier élargissement de perspective qui conduit à faire éclater la vision trop

17 Éd. Vernet, « Le *tragicum argumentum* », art. cité.
18 *Ibid.*, p. 133.

strictement pragmatique ou notariale de ces procédés d'écriture dans l'Europe des XIIIe et XIVe siècles. Si des pièces à thématique politique comme le *Tragicum argumentum* peuvent également avoir été composées selon des principes rhétoriques qui concordent partiellement – non intégralement, il s'agit dans le cas de l'*Argumentum* d'une rhétorique surchauffée, débarrassée de toute emprise juridico-légale ou administrative – avec les techniques de rédaction en chancellerie, c'est, potentiellement, le cas d'une fraction importante de la « littérature » en prose latine de l'Europe des XIIIe et XIVe siècles. La remarque vaut notamment, dans le cadre de cette étude, pour la littérature annalistique, dont maint exemple italien du XIIIe siècle prouve qu'elle a pu à certains moments se plier presque intégralement aux règles de l'*ars dictaminis*.

La question a été à peu près ignorée pour la France des XIIIe et XIVe siècles. Pourtant, un bref sondage dans l'*Historia Albigensium* de Guillaume de Puylaurens[19], source première potentielle, par des voies encore mystérieuses, d'un fragment de l'éloge de Louis IX, montre que ce clerc suivait en fait les mêmes logiques d'ornementation rhétorique. Reprenons le passage incriminé :

> Reminiscor etiam quod, data regno quiete ex isto latere, Rex Angliae et Comes Britanniae ex alio regnum látere lacesséntes[velox], pueri Regis, Deo agente, víribus sunt repúlsi[velox], et Comes, tradito comitatu materno filio ejus, ire débuit ùltra máre[velox], moraturus íbi quinquénnio[tardus]. Motus quoque Robertorum consentientium Philippo Comiti Boloniae aspiranti regno, ejusdem Philippi morte extínguitur naturáli[velox]. Comes quoque Campaniae Thobaldus sensit quod durum sibi fuerit contra stímulum calcitráre[velox], ut non impar quibuscumque francorum Regibus videatur amplexari Déi negótium[tardus], quos ita semper Dóminus amplexátur[velox][20].

L'application du cursus n'est pas ici parfaitement homogène, mais ce n'est pas ce qui importe. Il suffit d'examiner la séquence *morte extinguitur naturali*, avec sa succession artificielle, pour comprendre que ces effets de rythme sont volontaires. En d'autres termes, ce notaire et juge des évêques de Toulouse, à l'époque où Pons le Provençal y exerçait ses activités, avait reçu une formation rhétorique qu'il appliquait dans la rédaction de sa chronique. En fait, cette démonstration pourrait s'étendre, de manière bien plus rigoureuse, à un ensemble considérable

19 Éd. *Rerum gallicarum…*, t. XIX, *op. cit.*, p. 193-224.
20 *Ibid.*, p. 223.

de chroniques et d'hagiographies du XIII^e et du début du XIV^e siècle, écrites par des clercs français dans un latin orné, que la fonctionnalité de glorification de ces textes rapprochait automatiquement du *stylus altus* des chancelleries royales. La fameuse *Vita* de Saint Louis composée par son confesseur dominicain, Geoffroy de Beaulieu en 1272-1275[21], sur laquelle nous aurons l'occasion de revenir, est ainsi régulièrement cadencée. Nous sommes là dans le monde, relativement homogène, de la bulle de canonisation de Saint Louis, et de la création de sa liturgie, au moment déjà évoqué de l'épanouissement de ces cultures sous Philippe III et Philippe IV le Bel[22]. Et, un siècle plus tard, si la proportion de cursus dans le latin très rhétorique et guère touché par les expériences humanistes de Michel Pintoin, continuateur des *Grandes Chroniques de France* sous le règne de Charles VI déjà rencontré, au-delà de la date de rédaction de notre acte, n'est pas aussi notable que dans les textes précédemment cités, on peut encore se demander, au détour de certaines périodes, s'il ne recherche pas des effets de rythme[23].

Du point de vue de l'histoire du *dictamen* et de la rhétorique, il y a donc là un très vaste champ à explorer, qui pourrait permettre d'avancer dans la résolution de certains problèmes, notamment en confirmant l'importance des écoles cisterciennes, dominicaines, ou d'établissements religieux au poids culturel spécifique tels que Saint-Denis dans la transmission et la pérennisation de ces techniques d'écriture, au sud comme au nord du royaume. Et il est notamment possible qu'à Paris la permanence de ces traditions au XIV^e siècle ait été due à une combinaison d'enseignements délivrés dans l'orbite de grands centres religieux tels que Saint-Victor et Saint-Denis, et d'autres, peut-être organisés à l'ombre de la faculté de décret. D'un point de vue formel, les cultures ecclésiastiques – d'autres

21 *Rerum gallicarum…*, t. XX, *op. cit.*, p. 3-27. *Cf.* par exemple la rythmisation de la fin du c. XI : *Si autem ipsum his continentiae diebus ex certa causa uxorem suam reginam visitáre contíngeret* (tardus), *et cum éa morári* (planus), *et ex vicinitate uxoris pro humana fragilitate quandoque motus carnis inordinátos sentíret* (planus), *surgébat de lécto* (planus), *per cameram deambulans donec carnis rebéllio quievísset* (velox). La rythmisation n'est pas parfaitement régulière, mais suffisamment présente pour postuler une recherche consciente.

22 Sur le contexte idéologique de cette création, *cf.* Gaposchkin, « Ludovicus », art. cité.

23 *Cf.* par exemple *Chronique du religieux de Saint-Denis*, *op. cit.*, t. I, p. lib. III, fin du chapitre 11 : *Nam victis parcens mícius quam decéret, cum jurassent se per triennium arma moturos mínime contra régnum, illos abíre permísit ; et eorum detencione credebatur, cum regni nobiliores ibi essent, pacem perpetuam potuisse cum Ánglicis confirmásse.* Il reste bien difficile de trancher, car la présence de nombreux cursus veloces peut être due simplement à un effet de rémanence de vieilles formules. Si ces effets sont voulus, ils sont en tout cas non-systématiques.

cultures toutefois que celles qui se traduisent dans les *quodlibet* et les traités logiques ou théologiques de la faculté des arts et les écoles de théologie de la Sorbonne – et les cultures pragmatiques notariales et juridiques pouvaient donc se retrouver autour de certaines tendances communes, qui expliquent en partie la facilité d'insertion de toutes sortes de sources d'apparence hétérogène dans l'acte de 1374.

## L'ACTE DE 1374, MIROIR FORMEL DES CULTURES RÉDACTIONNELLES HÉRITÉES DU XIVe SIÈCLE

On a tenté de présenter dans cette partie en quoi, malgré notre ignorance relative des conditions d'apprentissage des savoirs rhétoriques latins dans la France du XIVe siècle, la réunion d'un certain nombre d'indices pouvait aider à pénétrer encore un peu plus avant dans les logiques de rédaction du texte. Celles-ci n'étaient pas seulement dépendantes d'un savoir générique, réuni par une équipe de clercs aux formations et aux idées diverses, qui aurait été amoncelé pour être cousu tant bien que mal dans un ensemble bariolé. Elles reposaient également sur des procédures de formalisation qui, pour comprendre un versant strictement diplomatique, relevaient également d'habitudes rhétoriques caractéristiques d'une certaine culture rédactionnelle. Cette culture était d'abord celle des notaires et secrétaires du roi, secondairement partagée par les hommes de loi du parlement ou de la faculté de décret, et, potentiellement, par tous ceux qui avaient à rédiger des correspondances et des instruments, publics ou privés. Elle dépendait lourdement d'une *ars dictaminis* ou art de la rédaction en prose ornée (et, on l'a vu, dans une acception large, en vers) qui avait exercé une grande attraction dans la France du premier XIVe siècle, et dont le poids hérité se faisait encore sentir durant le règne de Charles V, même si les changements de paradigme culturel tendaient sans doute à en estomper les contours. On passait en effet alors insensiblement d'une culture de la rédaction relativement cohérente à un ensemble de recettes plus pragmatiques, héritées, la transposition progressive en français rendant superflue l'armature théorique de l'*ars* conçue pour le latin. Toutefois, l'ombre portée sur les habitus notariaux par cet ensemble de savoirs dont le versant pragmatique correspondait à la connaissance et au maniement de milliers de textes regroupés dans des instruments de travail commodes conditionnait encore en grande partie les pratiques d'écriture des serviteurs du roi, particulièrement quand ils devaient concevoir une lettre royale ou un acte en latin. La *constitutio* de 1374 rentrait dans ce cadre d'un genre formel dont la structuration impliquait le recours aux ressources de cette culture si difficile à définir, une culture de l'écrit pragmatique, mais richement rhétorisée, touchant d'une part à l'univers des procédures et du droit, de l'autre à des modes de composition d'essence littéraire (dans une perspective moderne).

Enfin, parce que l'emprise de ces modes de composition textuelle avait longtemps dépassé, et dépassait encore dans son arrière-saison parisienne, le simple univers des correspondances et de la production d'actes, pour investir en puissance toutes sortes de traités et de productions – pamphlétaires, annalistiques, hagiographiques –, la rhétorique d'apparat de l'acte de 1374 transcendait les déjà vastes frontières du latin de chancellerie. Elle partageait un plan commun avec une part bien plus importante de la production latine créée en France (ou ailleurs) aux XIII^e^ et XIV^e^ siècles. Il n'y avait de ce point de vue, au fond, pas plus de rupture de continuité avec le monde des annales royales ou évoquant la royauté qu'avec celui des préambules des encycliques impériales ou des décrétales de la théocratie papale, et la force de ce *continuum* était telle que les éléments extérieurs à ces logiques, citations classiques ou bibliques, par exemple, venaient sans peine s'y intégrer. C'est aussi cette apparente homogénéité formelle qui a préservé pendant si longtemps le mystère de l'acte, miroir spéculaire d'une culture dont les éléments surabondants semblaient trop bien amalgamés pour provenir de constituants aussi divers.

Surabondance : à sa manière, l'acte de 1374 est bien l'un des témoins de choix des tendances formelles de son époque, tendances à la surcharge, à l'amplification, à l'itération qui sont aussi celles d'un temps de transition, où le maniement des vieilles formes se conjugue avec la réflexion sur des idées nouvelles, à un moment où le latin, une dernière fois, domine ici le français, sans réussir à en comprimer la résistible ascension. Et l'on pourrait bien voir dans l'emphase de ce texte comme un chant du cygne d'un certain latin haut de la culture notariale française, quelques années avant que la montée en puissance continuelle du français et l'apparition des nouvelles modes humanistes latines ne rebattent les cartes, en précipitant dans l'oubli, en France, le monde du *dictamen*. Mais c'est assez donner à la réflexion sur la forme. Il faut maintenant revenir au fond.

# QUATRIÈME PARTIE

# LE SENS DE L'ACTE, ESSAI D'ANALYSE

Nous n'avons à présent plus besoin de disséquer l'acte sous toutes ses facettes pour en sonder la structure. Nous pouvons affronter son sens dans une vision unitaire. Cela ne signifie pas qu'il soit inutile à ce stade d'envisager la manière dont il est bâti, ni de s'appuyer sur ses sources. Mais ce sera dans une autre optique, celle du soutien d'une exégèse dans laquelle le problème de leur origine s'efface devant la signification éventuelle à donner à leur recours. Quant à la composition de la *Constitutio*, il est loisible de l'envisager d'une autre manière que celle que l'on a présentée plus haut, une manière qui fasse ressortir d'autres instruments d'écriture, d'autres techniques rédactoriales, et qui s'adapte mieux, en particulier, à la saisie du mouvement d'ensemble qui relie les différentes parties du texte, au-delà de la grammaire et de la basse continue du cursus rythmique. Cette manière consiste à souligner les techniques, d'apparence très simples mais essentielles dans la rédaction de l'acte médiéval, qui permettaient de progresser dans l'argumentation d'une façon différente de la logique quodlibétique heurtée des *disputationes* ou des traités scolastiques[1]. C'est en effet par *ampliatio* et par *variatio*, par un ensemble de techniques consistant à développer la même idée en la répétant sous une forme différente, de manière à l'infléchir insensiblement pour opérer la transition entre différentes parties du discours, que les rédacteurs des actes de la chancellerie royale procédaient, et c'est ce mouvement ample qui va nous guider dans l'exploration du sens de la loi[2]. Pour la faciliter, une dernière fois, le texte et son interprétation seront proposés, bloc par bloc, en frontispice des commentaires. La francisation de 1392 s'étant toutefois révélée une chausse-trappe plutôt qu'une aide, elle sera remplacée par une nouvelle traduction[3], proposition nécessaire à ce stade, qui tente de retrouver la logique initiale et le sens de l'original, à défaut de ses harmoniques.

1 La différence de progression rhétorique entre la *constitutio* et le *Songe du Vergier* (*Le songe du vergier*, *op. cit.*, pour la version française et *Somnium viridarii*, *op. cit.* pour la version latine) est à cet égard particulièrement éclairante. Le traité scolastique, reprenant la mécanique de la *Quaestio* (juridique ou théologique…), procède par thèse et antithèse, tandis que l'acte de 1374 se construit plutôt par un mouvement cyclique, mêlant inflexions progressives et reprises d'argumentations déjà esquissées plus haut, sous un angle différent.

2 Sur ces deux techniques et leur application, *cf.* Grévin, *Rhétorique*, *op. cit.*, p. 220-229.

3 Cette traduction originale reprend le texte donné *supra* dans le prologue.

# LE PRÉAMBULE, OU L'INSPIRATION DIVINE

*Karolus Dei gracia Francorum rex. Ad perpetuam memoriam.*

« Charles par la grâce de Dieu roi des Français. À perpétuelle mémoire. »

Comme un coup de trompette, ou peut-être plutôt comme la première sonnerie de l'un de ces orgues dont l'usage se perfectionnait sous les voûtes des cathédrales en cette fin du XIV^e^ siècle, la *suscriptio* et la formule de perpétuité introduisent l'acte dans un accord obligé. Le roi (*rex*), nommé (Karolus) par la grâce de Dieu (*gracia Dei*), est souverain des Francs ou Français (*Francorum*) ; le peuple et son protecteur divin, celui qui inspire l'acte et celui qui en bénéficiera – car c'est, en dernière instance, le peuple qu'il s'agit de protéger – ainsi enclos dans l'enceinte du pouvoir royal : *Karolus Dei gracia francorum rex.* Celui-ci construit cette architecture de mots pour l'éternité : ad *perpetuam memoriam.*

*Filios regum per parentes educari et erudiri debere ut Deum timeant, virtutum ac virium profectum celeriter attingant, sincere diligi et primogenitos maxime magnis donis et altis honoribus decorari reipublice commodum, status regnorum et subditorum concernentibus transquillitatis augmentum, predecessorum illustrium sectando vestigia, clare liquet. Bona enim terra cum diligentia colitur ut fructus optimus reportetur, multomagis sunt filii regum per patres studiosius nutriendi et docendi ut virtutibus imbuantur, fortificentur et crescant, et cum in adultam etatem pervenerint, puericie redoleant bonos mores, qui ad majoris honoris culmen sunt in populis erigendi. Altius nempe precepta descendunt que teneris imprimuntur etatibus, et illa vera et utilis censetur doctrine prudentia, que ab etatis initiis atque ab infantie ipsius exordiis inchoatur, unde sapiens : fili a juventute tua excipe doctrinam et ad canos invenies sapientiam.*

« Il apparaît clairement que les fils des rois doivent – être instruits et éduqués par leurs parents afin qu'ils craignent Dieu, qu'ils opèrent rapidement des progrès en vertus et en forces, – être chéris sincèrement, et que les aînés surtout doivent être décorés de grands dons et de hauts honneurs qui regardent l'avantage de la chose publique, le bon état des royaumes et l'augmentation de la tranquillité des sujets, en suivant les traces des illustres prédécesseurs. Puisqu'en effet la

> bonne terre est cultivée avec soin pour qu'un excellent fruit en soit tiré, à plus forte raison les fils des rois doivent être entretenus et enseignés avec un zèle particulier, afin qu'ils s'imprègnent de vertus, se fortifient et croissent, et que, quand ils seront parvenus à l'âge adulte, ils exhalent les bonnes mœurs de leur enfance, eux qui doivent être élevés au-dessus des peuples au faîte d'un honneur plus grand. Car les préceptes s'enfoncent plus profondément qui sont inculqués pendant la tendre enfance, et c'est une prévoyance de l'enseignement considérée à bon droit utile, qu'il commence dès le plus jeune âge et les débuts mêmes de l'enfance. D'où cette parole du sage : "Mon fils, reçois l'enseignement dès ta jeunesse, et tu trouveras la sagesse jusqu'à tes cheveux blancs". »

Le premier tiers du préambule forme donc l'ouverture de ce premier mouvement. Ouverture solennelle, recourant tout d'abord à un discours très général, pour lequel il faut noter que l'on n'invoque pas l'exemple particulier des rois de France. C'est le type absolu du gouvernement royal qui est détaillé pendant l'ensemble du préambule, un type applicable à toute monarchie chrétienne, et c'est là une différence essentielle avec l'exposé.

## L'ÉDUCATION DU ROI-ENFANT

Dans ce premier ensemble de trois périodes, il s'agit de poser en principe l'attention que le roi doit porter, comme tous les hommes et plus que d'autres hommes, à l'éducation de ses fils, et, tout particulièrement, de celui de ses fils qui est destiné à lui succéder. Il n'est pas encore question d'âge de fixation de la majorité, de précocité des rois de France, de disposition de la succession à la couronne. Il s'agit seulement de poser que l'éducation royale doit être exceptionnellement soignée, dans la lignée d'une longue tradition capétienne, une tradition que Charles V connaît bien. C'est celle des miroirs princiers créés par de vénérables précepteurs, un Gilles de Rome, un Vincent de Beauvais[1], mais c'est aussi celle des enseignements de Saint Louis, véhiculés en latin et en français, enseignements auxquels le roi sage accordait une attention toute particulière en ces mêmes années[2].

---

1 Sur le *De regimine* de Gilles de Rome et le *De eruditione filiorum nobilium* de Vincent de Beauvais, *cf. supra*, p. 192-196, 226-227.

2 *Cf.* Delaborde, « Le texte primitif », art. cité et commentaire *infra*, p. 442-443.

La première période pose en principe – au fondement de l'acte – plusieurs thèmes qui seront développés par la suite, même s'il ne faut pas la confondre avec un thème de sermon. Le genre textuel est différent. Les fils de rois doivent être éduqués et affinés (c'est le sens premier d'*erudire*, dégrossir) afin d'acquérir deux qualités fondamentales. L'une est la crainte de Dieu, qui remplit chaque phrase de l'Ecclésiaste (*Deum time*[3] !), message du roi-prophète Salomon à tous ses successeurs, et l'autre, qui en découle pour ainsi dire, est l'augmentation constante des forces et des vertus qui formeront le charisme royal. Mais cette éducation doit s'accompagner d'une dilection qui, s'étendant en particulier aux aînés, a pour conséquence le déversement sur eux d'une faveur royale traduite par l'octroi d'honneurs et de dons. Ceux-ci doivent à leur tour assurer l'avantage du royaume, entendu comme communauté politique (*res publica*) et, à travers l'évocation de l'augmentation continuelle de la tranquillité des sujets, en tant que troupeau humain confié à la garde du roi[4]. L'ensemble de ces actions, éducation des fils, création d'une situation suréminente pour les premiers-nés, maintien et accroissement à travers ce double dispositif d'un état de stabilité, de profit public et de paix harmonieuse, doit enfin se faire en suivant la trace des prédécesseurs illustres. Le thème de l'imitation des rois vertueux, et de Saint Louis, est annoncé de très loin, d'une manière encore abstraite, intemporelle.

Sous les apparences imprécises de ces thématiques générales, c'est déjà une philosophie raffinée de l'éducation royale qui se dessine. Deux éléments dynamiques s'équilibrent en effet dans l'instruction du jeune prince, et particulièrement de l'héritier, en transition de l'enfance vers l'âge adulte. D'une part, il est éduqué de manière stricte dans la crainte de Dieu et le progrès des vertus. D'autre part il est couvert d'honneurs et de dons. Si ceux-ci assurent en puissance le bon fonctionnement du royaume, c'est implicitement parce qu'ils sont la contrepartie du développement de vertus royales qui ne s'obtiennent que par cette sévère éducation, axée sur le domaine religieux, dans la tradition capétienne[5].

---

3 La formule revient dans le relativement court Ecclésiaste, sous différentes formes, au moins cinq fois.

4 Commentaire sur le concept de roi-pasteur dans le *Liber de informatione principum* (version latine inédite), l'un des miroirs les plus lus à la cour de Charles V, *cf.* BnF lat. 16622, f° 51v.

5 Éléments dans une optique d'histoire des femmes dans Allirot, Anne-Hélène, *Filles de roy de France. Princesses royales, mémoire de saint Louis et conscience dynastique (de 1270 à la fin du* XIV*e siècle)*, Turnhout, Brepols, 2010 (Culture et société médiévales, 20).

Le respect de l'Église et l'ensemble de qualités acquises serviront à canaliser et à faire fructifier la puissance mise entre les mains du dauphin – et l'on peut songer, à travers les honneurs et les dons, à la mise en place du mécanisme de dévolution du delphinat qui, dans l'enfance de Charles V, était encore couplée à la possession de la Normandie pour assurer effectivement à l'héritier une place suréminente dans le fonctionnement de l'État royal[6]. Le développement sur l'avantage acquis pour la chose publique et pour les sujets grâce à ces dispositions implique toutefois que le discours se projette également dans le futur. La position suréminente de l'aîné sous le règne de son père est déjà en soi un gage de stabilité. Le développement de ses qualités et de conditions nécessaires à une succession sans heurts (même si elle n'est pas encore mentionnée) est le gage d'une continuation heureuse de la royauté, dans une dynamique s'appuyant sur le passé (*sectando vestigia*) pour enclencher un cercle vertueux de montée vers la perfection future (*transquillitatis augmentum*). Un dernier élément, lui aussi temporel, doit être relevé. En indiquant que les fils de rois doivent acquérir leurs vertus *rapidement*, on pose une première pierre d'attente pour développer la construction d'une précocité exceptionnelle exigible des héritiers au trône, thème qui se révélera fondamental dans l'exposé[7].

La deuxième période du premier tiers du préambule applique pour la première fois dans l'acte ce mécanisme de *variatio* qui vient d'être évoqué. Elle précise en effet le lien d'abord suggéré implicitement entre la bonne éducation et son résultat, dans une double construction. C'est d'abord l'image en forme de parabole de la bonne terre qui, cultivée soigneusement, donne les meilleurs fruits, une maxime qui évoque effectivement d'autant plus la parabole évangélique du bon semeur que l'ouverture a posé qu'à la base de cette éducation, c'était le respect craintif, la révérence pour le principe divin qui devaient se rencontrer[8]. Un Gilles Sauron retrouverait dans ce thème l'amorce d'une possibilité d'arrimage de ce texte aux motifs végétaux qui font des lettres de la suscription et des majuscules des paroles initiales autant de troncs d'arbres lançant leurs frondaisons à travers la page de l'acte[9]. Préfiguration de l'arbre de Jessé

6 Autrand, *Charles V*, *op. cit.*, p. 51-76 et 169-173. Charles ne devient toutefois duc de Normandie qu'en 1355. Il a dix-sept ans.

7 *Cf. infra*, p. 345-378.

8 Sur les origines possibles de cette maxime, *cf. supra*, p. 194-195.

9 Sauron, *L'histoire végétalisée*, *op. cit.* Sur ces décorations, *cf. supra*, p. 83.

qui sera évoqué plus bas, à travers la galerie des rois bibliques ? L'image d'une royauté s'épanouissant en une lancée végétale n'est effectivement pas loin[10], mais si arbre il y a, c'est plutôt dans ce passage celui d'un verger, et l'image la plus naturelle reste celle de la récolte ou de la moisson. Le champ cultivé est celui de l'esprit du fils de France. Autant la maxime paysanne, aristotélicienne et biblique, est généralement valable, selon l'ordre littéral des lois naturelles, autant elle est fondamentale, transposée par cette exégèse de la royauté dans l'éducation du prince. Si les fils des rois doivent être « nourris », c'est-à-dire entretenus spirituellement (comme matériellement, par l'organisation d'un hôtel, puis d'apanages) par leurs pères, et instruits (*docendi*), c'est-à-dire enseignés dans les doctrines de l'orthodoxie (*doctrina*), c'est pour qu'ils s'imprègnent de vertus, qu'ils se fortifient et croissent en elles et à travers elles. Le sens du vocable *imbuere*, utilisé dans ce passage qui court en parallèle des enseignements de Gilles de Rome[11], est précisé par la narration de la conséquence de ce façonnement vertueux. Dans ces conditions, les enfants royaux, une fois devenus adultes, seront des réservoirs de perfections morales qui embaumeront littéralement leur entourage et, par voie d'extension, le royaume entier. La métaphore végétale reste donc sous-jacente : le roi s'épanouira en un être qui, tel un arbre odorant, porteur de fruits, ou une fleur (de lys..., Saint Louis sera qualifié plus loin de fleur), éclatera de perfections traduites par tous les sens, et non seulement par la vue ou par l'ouïe. Son odeur, l'odeur d'une quasi-sainteté, fera du royaume entier un jardin mystique[12].

Il y a pourtant plus dans cette période que cette métaphore olfactive et végétale. D'une part, on a de nouveau posé, en le précisant d'un degré, le problème de la limite d'âge. L'éducation des rois-enfants doit être parfaite pour qu'ils soient parfaitement conformés, arrivés à l'âge adulte. La définition de la borne, de la limite autour de laquelle vont pivoter toute la construction idéologique et tout le contenu juridique de l'acte, est donc donnée : c'est celle du passage à l'âge adulte. D'autre part, on a développé dans une seconde *variatio* la dialectique complexe qui fait

10 Sur la symbolique végétale et plus particulièrement arboricole dans la France des XIV^e^ et XV^e^ siècles, *cf.* Mérindol, Christian de, « De l'emblématique et de la symbolique de l'arbre à la fin du Moyen Âge », *L'arbre. Histoire naturelle et symbolique de l'arbre, du bois et du fruit au Moyen Âge*, Paris, Le Léopard d'Or, 1993 (Les cahiers du léopard d'Or, 2).

11 *Cf. supra*, p. 195-196.

12 Image qui trouve son écho dans la seconde partie du dispositif, *cf. infra*, p. 407.

interagir la nécessité d'une éducation plus parfaite et la position sociale. Le zèle majeur avec lequel cette éducation doit être donnée (*studiosius nutriendi et docendi*) est la rançon de la position des rois au sommet de l'échelle sociale – pour spatialiser les paroles de l'acte – de leur place surélevée, sur un faîte ou sur un trône qui surplombe le reste de la société (plus proche de Dieu ?), au sommet de celle-ci (*culmen*), position d'où ils dirigeront les peuples. Le sous-entendu est clair : l'éducation doit être, conformément à cette logique, la meilleure qui soit.

Enfin, la troisième période glose en une triple *variatio*, entée sur trois citations, cette idée de l'efficacité d'une meilleure éducation, mais en lui donnant un mouvement particulier, en l'orientant vers une considération temporelle précise. Il est dit en effet, par la bouche de Sénèque, que les préceptes et enseignements descendent plus profondément quand ils sont imprimés à l'âge tendre ; par celle de saint Hilaire, que la vraie « prudence de doctrine », un concept dont la richesse est difficile à rendre[13], est celle qui commence aux portes mêmes de l'enfance ; et ce double avertissement est solennellement confirmé par le Sage de l'Ecclésiastique qui parle à son fils, en lui conseillant d'acquérir cette « doctrine » dans sa jeunesse, pour la retrouver jusque sous ses cheveux blancs.

C'est donc, encore plus que la nécessité déjà bien introduite d'une bonne éducation, celle de la commencer dès le plus jeune âge, au berceau, qui est martelée par cette triple succession, intimée par cinq maîtres-précepteurs qui sont eux-mêmes des autorités d'enseignement : le Sénèque que l'on voit sur la première page du manuscrit de la bibliothèque de l'Arsenal haranguer des étudiants, et instruire, vieillard en cheveux blancs, le jeune Lucilius[14] ; la triade mystique formée par saint Hilaire, commentateur inspiré des Psaumes, par saint Pierre s'adressant au jeune Timothée (car cette phrase du préambule du commentaire au psaume 118 commente elle-même un passage éducatif des Épîtres), et par le roi-prophète David, auteur du miroir éducatif qu'est le gigantesque Psaume 118, moyeu des Psaumes, quintessence de la Bible[15] ; enfin par

13 Sur le concept de *prudentia* et son utilisation par les penseurs scolastiques, *cf.* en particulier les nombreux éléments rassemblés dans *Phronêsis-Prudentia-Klugheit. Das Wissen des Klugen in Mittelalter, Renaissance und Neuzeit-Il sapere del saggio nel Medioevo, nel Rinascimento e nell'età moderna*, Alexander Fidora, Andreas Niederberger, Merio Scattola (éd.), Turnhout, Brepols, 2013 (Textes et Études du Moyen Âge, 68).

14 Paris, Arsenal, ms. (latin) 1085.

15 *Cf.* sur ce point *supra*, p. 119-120.

l'Ecclésiastique, sage par excellence. Avant même la galerie des rois, c'est donc une galerie des sages du panthéon chrétien (ou crypto-chrétien pour Sénèque) qui renforce de ces conseils l'incitation à ne pas attendre pour entamer dès les premiers instants l'éducation princière. Ce pari chronologique est un jeu contre le temps presque bergmanien – le Bergman du *Septième sceau*, bien sûr. En infligeant au royal nourrisson tout le poids de cette éducation, de ce conditionnement à la sainteté, dès le berceau, on s'assure potentiellement de retrouver la sagesse d'un roi aux cheveux blancs, à l'autre bout d'une vie ici résumée en l'éclair d'une sentence, si Dieu le veut : le type du roi adulte, voire sénescent, est déjà contenu dans l'enfant, sur lequel se penchent ces vieillards chenus, sages, saints, rois et prophètes.

## PRINCIPES THÉOLOGIQUES ET NATURELS DE L'« IMMORTALITÉ » ROYALE

*Ceterum equum censetur reges filios suos ut se ipsos diligere, tanquam sue senectutis pastores et custodes domus sue, cum natura eadem persona reputentur cum ipsis, et filii si non bene viverent ad interitum patris essent. Sane filios regum generaliter magnificandos et honorandos plus quam alios jura clamant, in quibus parentes ceteris munificentiores esse debent ; nam, ipsis solis remanentibus post mortem, memoria et spe ducti quodam modo immortalitatem participant ; unde, non magnificando vel honorando eosdem, donum Dei singulare sibi in filiis prestitum negligere viderentur. Rursus, quod in honoribus sint aliis fratribus primogeniti preferendi paterna benedictione pinguiori, satis patet ex benedictione quam dedit Isaac ipsi Jacob sic inquiens : Det tibi Deus de rore celi et de pinguedine terre habundantiam frumenti, vini et olei, serviant tibi populi et adorent te tribus ; esto dominus fratrum tuorum et incurventur ante te filii matris tue.*

« D'ailleurs, il est considéré juste que les rois chérissent leurs fils comme eux-mêmes, en tant qu'ils sont les pasteurs de leur vieillesse et les gardiens de leur maison, et puisque par nature ils sont réputés être une seule et même personne avec eux-mêmes, enfin [puisque] que si les fils ne vivaient bien, ils seraient cause du trépas du père. Certes, les droits proclament que les fils des rois doivent être de manière générale magnifiés et honorés plus que d'autres, eux envers lesquels les parents doivent se montrer plus munificents qu'envers les autres. En effet, eux seuls restant après leur mort, guidés par la mémoire et par l'espoir, ils participent en quelque manière de l'immortalité. Aussi, si

> on ne les magnifie ou ne les honore pas, [les pères] sembleraient négliger le don unique que Dieu leur a prêté dans [la personne de] leurs fils. Derechef, que les aînés doivent être chargés de plus d'honneurs que les autres frères dans une plus riche bénédiction paternelle découle assez de la bénédiction qu'a donnée Isaac à Jacob, selon ces paroles : "Que Dieu te donne de la rosée du ciel et de la richesse de la terre toute abondance de froment, de vin et d'huile, que les peuples te servent et que les tribus t'adorent : sois le seigneur de tes frères et que les fils de ta mère se courbent devant toi." »

La partie centrale de ce premier mouvement dans le concerto qu'est le préambule ternaire commence par une nouvelle introduction en manière de préambule, qui revient en arrière pour se raccrocher à la première période de l'ouverture – et ces structures et sous-structures cycliques, ces retours d'inflorescences en boucle qui s'épanouissent en feuillages, évoquent effectivement les logiques d'ornementation du gothique rayonnant… Les rédacteurs, une fois posée la nécessité d'une éducation précoce de l'enfant royal, ont choisi de revenir sur les liens particuliers qui unissent l'enfant au roi son père. Si l'on tient compte du fait que la première section s'est close sur l'évocation d'un prince dans sa tendre enfance qui est, en puissance, un roi sage aux cheveux blancs, on comprendra pourtant que ce retour en arrière n'exclut pas un développement harmonieux, période après période, par rapport aux motifs qui le précèdent immédiatement.

Il s'agit en effet cette fois de préciser en philosophie pourquoi il est juste (*equum censetur*) que les rois chérissent (le *diligere* actif fait pendant au *diligi* passif de la première période) leurs fils comme eux-mêmes. La précision est d'importance, qui assimile le soin donné par le roi à son successeur au soin de sa propre personne, pilier constitutif de l'ordre du royaume. Tout de suite intervient un ensemble de considérations qui placent, pour les hommes du XIVe siècle, le raisonnement dans le sillage d'Aristote, l'Aristote des *Économiques*, donc[16]. La justice politique qui fait que les rois doivent donner autant d'importance à leurs fils qu'à eux-mêmes tient à quatre raisons. D'une part, 1) ils sont les pasteurs potentiels de leur vieillesse ; d'autre part, 2) ils sont les gardiens de leur maison. À ces simples gloses des qualités des princes s'ajoutent deux explications plus profondes. 3) Le roi et son fils sont réputés par nature une seule et même personne ; et 4) si les fils ne vivaient bien, ils concourraient au trépas du père.

16 Sur la source pseudo-aristotélicienne de ce passage, *cf. supra*, p. 205-210.

L'image du pasteur de la vieillesse est peut-être celle qui, dans un acte pensé en fonction d'une succession précipitée, reste la plus imprécise. Elle peut pourtant évoquer des souvenirs annalistiques liés à l'histoire glorieuse de la dynastie capétienne, comme l'accession à la co-royauté du jeune Philippe Auguste du vivant de son père en 1179[17], une possibilité qui n'était pas éteinte à l'époque de Charles V et Charles VI si l'on en croit les arguments (probablement inventés ou spécieux) avancés par les opposants à Louis d'Anjou lors des débats durant la succession de 1380. Ils avaient en effet prétendu que Charles V désirait faire couronner son fils de son vivant, argument qui reposait peut-être sur des projets que le roi eût exécutés s'il avait vécu assez longtemps pour voir le dauphin arriver à l'âge de sa majorité[18]. Cette évocation trouve sans doute toutefois son illustration majeure dans le passé de Charles V, appui effectif de son père et pasteur de sa vieillesse (et du royaume) lors des deux captivités de Jean II vieillissant (d'une vieillesse toute médiévale : Jean a trente-sept ans en 1356…) en Angleterre[19].

L'image du gardien de la maison, elle, peut-être plus facilement glosée, car elle est plus générale. Il est probable que le vocabulaire pseudo-aristotélicien est ici compris dans différentes dimensions, entre lesquelles prédominent l'image du royaume comme maison du roi, mais aussi celle de la maison au sens de la seconde féodalité, entendue comme lignage : lignage dont la vision resurgira en force à la fin de cette partie centrale du préambule, et dans l'exposé.

L'utilisation conjointe des deux citations présentes dans cette partie de l'acte requiert un surcroît d'explication. La première d'entre elles, depuis longtemps bien glosée, est cette maxime justinienne, qui pose que le père et le fils sont par nature réputés même personne[20]. Elle acquiert néanmoins un sens à la fois plus complexe et plus clair grâce à l'exploitation des *Économiques*. La mise en valeur de l'hypotexte pseudo-aristotélicien confirme en effet que cette sentence et les développements qui l'accompagnent signifient dans l'acte le principe du développement d'une idéologie d'instantanéité de la succession et de transmission de l'héritage royal au-delà de la mortalité des rois individuels. J. Krynen invoque en évoquant ce passage l'ombre portée par une fameuse maxime de ce même Ecclésiastique que le préambule a

---

17 Baldwin, *Philippe Auguste*, *op. cit.*, p. 24-25.

18 Potin, « Le coup d'État », art. cité.

19 Autrand, *Charles V*, *op. cit.*, p. 221-400.

20 *Cf. supra*, p. 204-205.

convoqué sous le nom de sage (*Sapiens*), une maxime au fondement de la mystique de l'« immortalité monarchique » telle qu'elle a été développée graduellement, depuis le XIVe siècle, par les théoriciens du pouvoir royal : *Mortuus est pater et quasi non est mortuus similem enim reliquit sibi post se*[21]. Or cette maxime, qui n'est malgré tout pas utilisée par les rédacteurs, comme il le remarque, est pourtant toute proche de l'acte, presque lisible par transparence. C'est en effet à travers elle que Nicole Oresme, qui la glose par ailleurs dans ses *Politiques*, commente dans sa traduction du passage des *Économiques* repris dans l'acte la qualification par les fils de gardiens de la maison paternelle (*custodes domus sue*) :

> [Traduction] Et seront conservateurs ou gardes de toute la maison. [Commentaire] Et ce est selon l'Escripture, qui dit : Mortuus est pater et quasi non est mortuus : similem enim sibi relinquit post se, etc. Relinquit enim deffensorem domus contra inimicos et amicis reddentem gratiam. Quant le père est mort il est aussi come se il ne fut pas mort ; car il lesse apres soy semblable a soy, qui deffent et garde la maison contre les ennemis et rent grace as amis du père[22].

On ne saurait mieux exprimer à quel point ces expressions de « gardiens de la maison » ou « pasteurs de la vieillesse », qu'une lecture superficielle pourrait trouver vagues, renvoient en puissance à une construction conceptuelle sophistiquée, au cœur de l'élaboration de cette doctrine de la transmission monarchique. La *domus* dont les fils de roi sont *custodes* symbolise bien le lignage royal et la succession de l'État, que leur identité de nature avec leur père leur permet de conserver inaltérés après sa mort, sans interruption, assurant ainsi le salut du royaume contre ses ennemis extérieurs, et son épanouissement interne par le renforcement des liens (vassaliques, contractuels, hiérarchiques) entre la chaîne d'amis que forment les princes de la famille royale, les vassaux, les serviteurs de l'État, l'ensemble des sujets du royaume[23].

Une considération vient pourtant tempérer cette image de perfection inaltérable. Elle est potentiellement menacée par la remarque que si les

21 Krynen, « Le mort », p. 210.

22 Maistre Nicole Oresme, *Le livre de yconomique*, *op. cit.*, p. 832.

23 *Ibid.* : « [...] qui deffent et garde la maison contre les ennemis et rent grace as amis du père ». Le choix des termes de la traduction entre ici en résonance avec le concept de grâce royale, comme moyen juridique privilégié d'exhausser, sous forme de privilèges divers, le statut des *familiares* et officiers méritants entourant le roi (au premier rang desquels les princes des fleurs de lys).

fils ne vivaient pas bien, ils seraient la mort du père. Pourquoi avoir inclus dans le texte cette partie du développement aristotélicien qui semble rompre la perfection de cet agencement ? C'est que le préambule de l'acte n'est pas un éloge des perfections royales. Il est un rappel conditionnant le développement de ces vertus et le bon fonctionnement de la complexe machinerie de la succession royale à travers les temps à la parfaite éducation des princes. Si celle-ci fait défaut, l'édifice s'écroule. Les charismes latents dans la souche royale ne s'éveillent que s'ils sont cultivés avec soin, comme la bonne terre. Faute de cette culture, l'œuvre du père sera déformée par le fils, et le royaume se divisera, comme Juda et Israël à la mort de Salomon…

La section médiane de ce cœur du préambule (il s'agit en effet de la cinquième section des neuf sous-ensembles regroupés dans les trois volets) reprend de nouveau la technique de la *variatio* et, pour cette fois, de l'*ampliato*, pour opérer le croisement entre cette synthèse pseudo-aristotélicienne et les idées développées dans l'ouverture. Les deux premières parties du préambule trilobé se recroisent ainsi pour former une nouvelle construction en ogive, qui résume l'essentiel de la portée des éléments jusqu'ici dégagés. Les rédacteurs reviennent en effet sur l'idée que les fils des rois doivent être en général (*generaliter*) magnifiés, c'est-à-dire rendus grands, et honorés plus que les autres, et que leurs parents doivent être plus munificents envers eux que les hommes ordinaires. Ce rappel s'opère toutefois avec une précision importante : ce sont les droits qui proclament cette nécessité (*jura clamant*). Cette mention, que l'on pourrait lier à un rappel des traditions de la maison de France et de la coutume des apanages (laquelle ne date, après tout, pas du XIV^e^ siècle, mais, sous une forme un peu différente, de l'époque de Saint Louis), s'explique sans doute par la nécessité de développer la maxime de droit civil sur l'identité naturelle du père et du fils posée plus haut : c'est en effet sur ce point que porte la seconde partie, explicative, de la période : « en effet, eux seuls restant après la mort, conduits par la mémoire et l'espoir, ils participent en quelque sorte de l'immortalité ». Pour expliquer ce qui se cache derrière les remarques de ce passage, il faut d'une part avoir à l'esprit l'hypotexte pseudo-aristotélicien (*immortalitatem participant*), d'autre part le maniement couplé des concepts de mémoire (*memoria*) et d'espoir (*spes*) dans la pensée scolastique. Étant posé qu'en ce bas monde, les pères, une fois morts, ne laissent vraiment d'eux que la reproduction quasi identique de leurs fils, cette chaîne les fait participer à l'immortalité de l'espèce (*species*), qui se propage à travers cette succession, voire de la personne qui se transmet presque (*reputentur*) à l'identique.

Quant à l'inclusion de la précision *memoria* et *spe ducti*, elle s'explique en fait par le maniement conjugué de ces termes dans la théologie aristotélicienne de Thomas d'Aquin. Celui-ci lie les deux notions d'espoir et de mémoire pour discuter leur rôle de moteur de l'âme, dans laquelle elles provoquent la délectation (mais aussi, parfois, l'affliction), par la contemplation du futur ou du passé[24]. Ainsi l'exercice correct de la royauté provoque-t-il le plaisir du souverain qui jouit en mémoire de refléter la perfection de ses ancêtres (*predecessorum illustrium sectando vestigia*), tout en espérant que son fils reproduira à son tour son modèle, et c'est en étant conduits (*ducti*) par ce principe que les rois sont capables d'avancer dans l'exercice de leur magistère, conscients qu'ils sont qu'ils portent en eux, par une opération mystérieuse (*quodammodo*), l'immortalité qui est celle de l'État incarné dans la personne royale.

La vision aristotélico-thomasienne de la conduite
de l'État royal à travers les générations

… ipsis solis remanentibus post mortem, memoria et
spe ducti quodam modo immortalitatem participant…

Chaîne de la *species* royale

| | | | | | | | |
|---|---|---|---|---|---|---|---|
| Roi passé | – apprend<br>– instruit | → | Roi présent | – apprend<br>– instruit | → | Roi futur | – apprend<br>– instruit |
| ↑ | | | ↓ | ↓ | | ↑ | |
| ← | | | *memoria ductus* | *spe ductus* | | → | |

24 Thomas D'Aquin, *Summa Theologica*, II, *Quaestio* XXXII, art. 3 et 4 (Divi Thomae Aquinatis … *Summa theologica*, editio altera romana, prima secundae partis, Rome, Forzani, 1894], p. 244-246, ici p. 245] : *Ad tertium sic proceditur. Videtur quod memoria, et spes non sint causae delectationis : delectatio enim est de bono praesenti* […] *sed memoria et spes sunt de absenti : est enim memoria praeteritorum, spes vero futurorum ; ergo memoria, et spes non sunt causa delectationis* […] *maxima est delectatio, quae fit per sensum, qui requirit praesentiam rei sensibilis : secundum autem gradum tenet delectatio spei, in qua non solum est delectabilis conjunctio secundum apprehensionem, sed etiam secundum facultatem, vel possibilitatem adipiscendi bonum, quod delectat : tertium autem gradum tenet delectatio memoriae, quae habet solam conjunctionem apprehensionis.*

On voit donc que la lecture qui fait des rois, et non de leur fils, les sujets d'*immortalitatem participant*, est celle qui s'impose, à la suite des *Économiques*, et malgré l'indication de *remanentibus post mortem* et la traduction de 1392[25]. C'est bien le roi éduquant son enfant qui est conduit à la fois par la mémoire et l'espoir, car il se trouve au centre de la chaîne. L'enfant n'aurait que la *memoria*, sans encore avoir l'espérance, qu'il ne possèdera que quand il sera devenu père, et sera par conséquent placé au centre de la logique de succession. De même que la période précédente, cette construction ne se ferme toutefois pas sans une admonition qui forme la troisième partie de la phrase : s'ils ne les magnifiaient ni ne les honoraient, les rois sembleraient donc négliger pour eux-mêmes le don singulier que Dieu leur a fait en la personne de leurs fils. Cet avertissement souligne de nouveau l'attention que les rois doivent porter à la préparation de leurs héritiers pour ne pas gripper ce mécanisme de succession qui met en jeu bien plus qu'un simple relais gouvernemental.

Après cette démonstration mêlant aristotélisme, théologie et droit, la section médiane du préambule se clôt par un développement qui revient à son tour sur une idée de l'ouverture que n'avait pas pu reprendre, malgré sa complexité, l'ensemble précédent, et qui vient la compléter. Les rois doivent aimer leur fils *generaliter*, ce qui est prouvé par la philosophie. Mais ils doivent aimer leurs aînés *specialiter* (l'adverbe n'est pas dans le texte, mais c'est bien le sens du développement), pour une raison théologique. La préférence envers les aînés est en effet fondée par l'exemple typologique de la bénédiction de Jacob dans laquelle le patriarche a donné à Isaac tout ce qui accompagne le droit d'aînesse : la domination future de sa souche sur Israël, et le droit éminent à dominer sur les peuples et nations : « Que Dieu te donne de la rosée du ciel et de la bonté de la terre, abondance de froment, de vin et d'huile, que les peuples te servent et que les tribus t'adorent, sois le seigneur de tes frères, et que les fils de ta mère se courbent devant toi ». L'ensemble du verset est riche d'harmoniques susceptibles d'une abondante exégèse, de la rosée du ciel et de la bonté (la « grasseur ») de la terre, renvoyant dans la glose ordinaire au couple de la contemplation des mystères divins et de l'enrichissement spirituel par l'action bienfaisante[26], jusqu'à la

25 *Cf.* sur ce point *supra*, p. 207-209.

26 *Biblia latina cum glossa ordinaria. Facsimile Reprint of the Editio Princeps Adolph Rusch of Strassburg 1480/1481*, intro. Karlfried Froehlich and Margaret T. Gibson, Brepols,

trilogie du froment, du vin et de l'huile, le premier évoquant la bonne récolte de l'éducation royale, le second l'eucharistie, le troisième l'onction du sacre. Dans le contexte de la monarchie des Valois, c'es toutefois l'insistance portée sur le rang supérieur de l'aîné par rapport à ses frères qui retient l'attention. Ces derniers bénéficient de toute la théorie sur la prééminence des fils de rois développée dans les périodes précédentes, et forment un groupe charismatique, mais un groupe qui doit rester autant au-dessous de la personne du roi, que le commun est au-dessous d'eux. Le premier-né étant roi futur, *rex in spe*, doit se dégager par la grandeur de ses honneurs de l'ensemble formé par ses frères. On retrouve là toute la philosophie et l'idéologie de la culture apanagiste, qui ne s'était pas encore déréglée et qui pouvait sembler, en 1374, symboliser le bon fonctionnement d'une monarchie groupée autour des princes des fleurs de lys, dans les traditions du royaume depuis le XIII^e^ siècle[27]. Tels Ésaü, les princes doivent recevoir des domaines à gouverner, mais ils n'en doivent pas moins se courber devant l'héritier direct.

Au-delà de cette application, automatique dans l'esprit du temps, cette bénédiction grandiose prépare de loin l'exaltation de la famille royale, héritière des rois d'Israël et Juda dans le monde de la nouvelle loi : Isaac est la souche lointaine de David et Salomon, et à travers sa bénédiction se préfigure l'idée de la royauté concrétisée dans les rois de l'Ancien Testament, le Christ, et les rois de France. Un commentateur du siècle de Voltaire aurait peut-être fait remarquer que les rédacteurs au service de Charles V avaient une étrange manière de défendre le droit d'aînesse, en choisissant précisément dans la Genèse un épisode où le cadet, Isaac, vole l'héritage de l'aîné, Ésaü, en trompant son père aveugle sur son identité, mais cette idée ne pouvait guère venir à l'esprit d'un clerc du XIV^e^ siècle, ou en tout cas, elle n'a pas effleuré ceux qui ont écrit ces lignes. L'important est ici de souligner qu'Isaac, par les vertus développées par son éducation et le choix divin, s'est trouvé digne de devenir l'aîné de Jacob, et que celui-ci lui a donné sans conteste une préfiguration du royaume d'Israël en héritage, en ne laissant à son frère qu'un domaine notable, mais vassal et périphérique.

---

Turnhout, 1992, t. I, p. 72 : *Et quia per quosdam in contemplationem surgit, per quosdam in active vite opera pinguescit, sequitur det tibi Deus de rore celi et cetera.*

27 Sur la mécanique des apanages dans la France de Charles V interprétée comme essai de décentralisation politique, *cf.* Cazelles, *Société et politique*, *op. cit.*, p. 498-504 et Autrand, *Charles V*, *op. cit.*, p. 641-668.

Dans l'optique des cultures théologiques, juridiques et philosophiques du Paris du XIVe siècle, la partie centrale du préambule se révèle donc un formidable moteur conceptuel et exégétique, un moteur qui réussit à conjoindre l'intégralité de ces trois plans du savoir pour construire une représentation articulée de la succession des rois, de leur participation à l'immortalité à travers une lignée privilégiée, à la fois résultat d'un plan divin enraciné dans la plus lointaine histoire, d'une logique naturelle développée par le philosophe par excellence, et d'un mécanisme de droit enregistré dans le code. Tout est donc prêt pour fermer cette première partie de l'acte, en opérant la transition entre les thèmes développés dans le préambule et ceux qui seront traités par l'exposé.

## NÉCESSITÉ D'UNE RÉFORME ET MESSIANISME DE LA PAIX

### La fin du préambule

*Porro summe debent reges attendere quod beneficia filiis suis, precipue primogenitis, impensa cum publica utilitate concurrant, cum hec duo post Deum sibi debeant existere cariora, confidentes in filiis rempublicam post ipsorum obitum feliciter conservari in ipsius negotiis peragendis, sic intendentes solerter quod ea que periculosiora sunt nequaquam absque remedio reformacionis acommode relinquant, sed si respiciant oculate quod populus ab opprimencium protectus incursibus exhuberantia virtutum quiescat in pulchritudine pacis, in tabernaculis fiducie, et requie temporalium opulenta, res quoque publica suis temporibus prosperetur. Postremo super regimine regni debemus predecessorum nostrorum vestigiis inherere et inter bonos meliores et inter meliores optimi sunt sectandi.*

« En outre, les rois doivent prêter la plus grande attention à ce que les bénéfices accordés à leurs fils, et particulièrement aux aînés, concordent avec l'utilité publique, puisque ce sont là les deux choses qui doivent, après Dieu, leur être les plus chères, confiants [qu'ils sont] qu'à travers leurs fils la chose publique sera heureusement conservée après leur trépas dans tout ce que requerront ses affaires, et s'entendant habilement à ne jamais laisser ce qui présente plus de péril sans y remédier par une réforme appropriée ; [car] si au contraire ils prennent garde avec clairvoyance à ce que le peuple, protégé des assauts de ses oppresseurs, repose dans la splendeur de la paix, dans les tabernacles de la confiance, et dans le repos des prospérités mondaines, la chose publique également prospérera de leur temps.

> En dernier lieu, nous devons suivre les traces de nos prédécesseurs en ce qui concerne le gouvernement du royaume, et entre les bons, ce sont les meilleurs, et entre les meilleurs, les plus parfaits qui doivent être suivis.

La troisième et dernière section du préambule, légèrement plus courte que les précédentes, doit synthétiser une dernière fois l'ensemble de cette argumentation, tout en annonçant le dispositif. Une troisième fois, les rédacteurs ouvrent la séquence par une manière de préambule (*summe debent reges attendere…*). Il s'agit cette fois de relier dans une autre construction en ogive l'ensemble des dispositifs de surhaussement (*beneficia* : honneurs, dons, grandeurs) versés sur les fils, et plus particulièrement sur les aînés, à l'utilité publique (*publica utilitas*) qui a déjà été évoquée au tout début du préambule, sous la forme du *reipublice commodum*, du profit de la chose publique, en expliquant que les avantages donnés aux princes doivent concourir au bien public. Le mécanisme de *variatio* joue donc cette fois en faveur du membre de phrase de l'ouverture initiale du préambule où l'on expliquait un peu mystérieusement que les fils de rois, et surtout les premiers nés, devaient être décorés de grands dons qui regardaient la chose publique, la stabilité des royaumes et l'augmentation de la tranquillité des sujets.

Les explications données dans la partie médiane sur la continuité de la personne royale dans la personne de ses fils permettent à présent aux rédacteurs de revenir sur cette maxime pour la développer et lui donner tout son sens. Utilité publique et avantages donnés aux fils, et surtout aux aînés, les deux choses qui doivent être les plus sensibles aux rois, pourraient sembler en apparence contradictoires, et il faut de fait veiller (*attendere*) à ce qu'ils n'entrent pas en collision. Précisément, c'est parce que les rois peuvent espérer (*confidentes*) selon la logique thomaso-aristotélicienne que la chose publique, l'État (*respublica*), sera heureusement conservée (*feliciter conservari*) après leur trépas à travers la continuation d'eux-mêmes que représentent leurs fils, de par leur capacité future à mener les affaires de l'État, que les deux plans peuvent être harmonieusement conjoints. À une condition toutefois, qui est que les rois réfléchissent intelligemment (*solerter*) à ce que ce qui présente un danger (*periculosiora*) ne soit pas laissé sans « remède de réformation ».

Le danger est évidemment ici l'absence de définition de la majorité des jeunes rois, ce fameux âge majeur (*adultatis etas*) où ils pourront dégager tout l'arôme de leurs qualités morales (*virtutes*) et de leurs charismes (*vires*), et où ils pourront être sûrs que les frères de rois se courbent bien devant eux, en reconnaissant leur « plus grasse bénédiction ». La conception de la loi sur la fixation de la majorité des rois de France à quatorze ans apparaît bien ainsi dans ce cadre comme une *reformatio*, dans le sens médiéval du terme. On procède à un ajustement pour qu'un gouvernement idéalement parfait, mais auquel manque quelque chose pour que cet état de perfection se concrétise mondainement, puisse se rapprocher de son type idéal, indiqué tant par la philosophie que par l'exégèse et la théologie, le tout dans la pensée assumée de suivre les indications que les prédécesseurs, par leurs actions glorieuses, ont laissées au roi régnant à présent…

La loi de 1374, réformation du royaume, est donc bien la clé de voûte d'une nouvelle construction juridique. Cette construction ne vise pas à transformer, mais à donner toute sa stabilité au vaisseau de l'État royal, tout comme la décrétale de Grégoire X qui réglait l'élection papale, source d'inspiration de ce passage[28], ne visait pas à créer du nouveau, mais, en précisant les mécanismes de l'élection, à stabiliser un édifice de tout temps parfait, mais que l'imperfection humaine, inspirée par le démon, pouvait dérégler. Le résultat potentiel de cet effort de la raison humaine guidée par l'inspiration divine pour se rapprocher du modèle idéal de fonctionnement du royaume est annoncé dans la fin de la période principale de cette section, dans un recours à la Bible qui scande en fait chacune des conclusions des trois parties du préambule. Les rois doivent donner le meilleur d'eux-mêmes (*respiciant oculate*, le subjonctif indique ici la potentialité d'une entreprise difficile mais réalisable) pour que d'une part le peuple, protégé des assauts des ennemis par la surabondance de leurs vertus, « se repose dans la splendeur de la paix, dans les tabernacles de la confiance et dans le repos des prospérités mondaines », et que d'autre part la chose publique, l'État (car, on le comprend à la lecture de ce texte, le substantif « État » ne s'étant pas encore dégagé dans son sens classique, c'est *res publica* qui en tient lieu en tant qu'abstraction du pouvoir royal fondé en justice) prospère de leur temps.

Ici, la vision se fait messianique. Si, par la création de la loi qui va remplir un vide périlleux dans l'organisation de la continuité monarchique, on réussit à combler le manque qui met en péril l'État, et à

28 *Cf. supra*, p. 214-217.

rendre parfaite la concordance entre l'effort fait en faveur des princes et du prince héritier, et la recherche du bien public, le peuple du royaume, protégé des assauts de ses ennemis par le trop-plein des vertus royales, entrera dans une ère de félicité. La parfaite concordance de la succession monarchique et l'application de cet ensemble de vertus soigneusement cultivées dans la famille royale sous l'égide de Dieu protégera le peuple des assauts et des courses de ses ennemis – et tout le monde pense aux Anglais, en plein effort de reconquête, après quarante ans de ravages – et l'état du royaume évoquera cet avènement de la paix terrestre sur les collines de Sion décrit par Isaïe, où le peuple se repose dans la splendeur d'une paix parfaite, dans les tabernacles de la confiance qui sont ceux d'une Église fonctionnant harmonieusement, et dans le repos de l'opulence des choses temporelles[29]. Et le langage philosophique de gloser la vision prophétique : la chose publique, l'État entendu comme règne organisé, prospèrera. *Suis temporibus* : il faut tenter de faire advenir ce temps, dont les efforts d'organisation du royaume et de reconquête qui commencent à porter leurs fruits de manière spectaculaire en 1374 indiquent la possibilité, à condition que le roi gagne sa partie d'échecs contre la mort, au besoin en trichant, en jouant du savoir de ses philosophes et de ses juristes pour changer un enfant-roi en souverain adulte.

Le préambule est presque clos, qui a lancé ses arcatures en tous sens pour construire cette philosophie de l'éducation, de la succession et de la réforme royale et justifier déjà, en puissance, la validité de la loi, par le rappel de la précocité des rois, de l'importance du droit d'aînesse et du bénéfice que le royaume peut tirer d'une réformation ne laissant aucun doute sur les mécanismes devant régir la succession après le trépas du roi. Il reste à opérer la transition avec l'exposé en un dernier rappel, un dernier préambule-miniature qui, tel un pendentif, viendra se placer au centre de cette croisée d'ogives. En dernier lieu, précise-t-on, nous devons (et le roi de France apparaît soudain en majesté, comme celui qui dit la loi) suivre dans le gouvernement du royaume (l'expression est plus forte en latin, puisqu'elle reprend la même racine : *regimine regni* : le « régissement du royaume ») les traces de nos prédécesseurs, et non de n'importe lesquels… suivant les formulations canoniques, et la logique

29 Isaïe 32, 18-19.

d'une pensée typologique, ce sont « les meilleurs entre les bons, et les modèles absolus de perfection (*optimi*) entre les meilleurs qui doivent être suivis ». Avec cette maxime, qui transforme un préambule-miniature banal (mais toujours profondément signifiant dans une optique médiévale) en une exhortation à la perfection, c'est, déjà, l'image de Saint Louis, modèle de toute perfection, qui se profile, et le dispositif qui s'ouvre. Il est temps de passer à l'examen des précédents bibliques, classiques et francs qui justifient la fixation de l'âge de la majorité des rois de France à quatorze ans.

# L'EXPOSÉ, OU LA GALERIE DES ROIS

L'exposé est un temps de l'acte différent, un temps où l'abstraction qui régnait dans le préambule ne vaut plus au même degré. Ce préambule aurait pu être en théorie réutilisé sans modification majeure par n'importe quelle grande chancellerie voulant parler d'une disposition nouvelle en faveur de l'héritier du trône, car le message orthodoxe qu'il délivre, s'il était pensé en fonction de la situation du royaume, n'en était pas moins de portée générale. On a vu en fait que les choses étaient plus complexes, dans la mesure où toute sa structure est parsemée de pierres d'attente destinées à devenir les fondements de développements élaborés dans le reste de l'acte, mais ces pierres d'attente sont dissimulées, ces renvois, implicites. La discussion précise de la loi n'a pas encore été engagée, qui se serait marquée par exemple par une première approximation de cet âge de la majorité qui n'a été mentionné qu'en passant. Dès le début de l'exposé, avec l'accumulation d'exemples précis, c'est dans une tout autre logique, une logique de recherche des précédents que, « sur les traces des prédécesseurs », les rédacteurs de la loi s'inscrivent. Il s'agit bien ici, à travers une galerie de modèles et d'ancêtres, de chercher l'âge légitime auquel les rois de France peuvent être considérés majeurs, et les raisons qui justifient le choix de la date de quatorze ans.

> *Hinc est quod nos considerantes attente etatem quatuordecim annorum seu eciam minorem nullatenus repugnare regie dignitati vel administracione nasciscende seu suscipiende regnorum ; Joas enim unctus fuit et regnavit etatis sue anno septimo ; Josias octo annorum erat, quando regnare cepit ; David parvulus in regem unctus est, et Salomon elegit Deus adhuc puerum et tenellum, et isti reges fecerunt placitum coram domino ; Jheremias puer super gentes constitutus est et regna.*

> Aussi, nous, considérant attentivement :
> – que l'âge de quatorze ans, voire même un âge mineur, ne répugne nullement à [l'acte d'] assumer ou de saisir l'administration des royaumes – en effet Joas fut oint et régna la septième année de son âge ; Josias avait huit ans, quand il

> commença à régner ; David fut oint pour [devenir] roi petit enfant ; et Dieu élut Salomon encore dans sa tendre enfance ; et tous ces rois firent ce qui plaît à [la face de] Dieu ; quand à Jérémie, il fut établi enfant [comme autorité] sur les nations et les royaumes – ;

L'exposé radicalise ce changement de ton, correspondant à l'entrée dans le deuxième mouvement de l'acte, en proclamant que l'ensemble des éléments introduits dans le préambule ont amené le roi à « considérer que l'âge de quatorze ans, ou un âge inférieur, ne répugnait en rien à la saisie du gouvernement du royaume par le roi ». Il dévoile donc d'un coup ce qui restait la pensée implicite du préambule. Cet âge de majorité évoqué dans la première section, où le roi peut exhaler les vertus acquises par son éducation particulière, cet âge conditionné par la rapidité avec laquelle les princes croissent en forces et en vertus, c'est l'âge de quatorze ans, ou un âge inférieur, qui n'est contradictoire ni avec la dignité royale proprement dite, ni avec le gouvernement effectif (*administratio*) des royaumes. Royaumes… : même si le propos se précise, nous ne sommes pas encore entrés dans la logique des *exempla* propres au royaume de France, et la suite de modèles bibliques qui vont être invoqués implique que le discours reste sur le plan général des royaumes chrétiens, au moins pour un temps. Par « dignité royale », il faut sans doute entendre ici plutôt la dignité effective qu'apporte l'onction du sacre que le titre de roi, porté sans difficulté, en France comme ailleurs, par des enfants en bas âge, au bas comme au haut Moyen Âge. C'est toutefois le sacre qui rend cette *dignitas* parfaite[1], et les précédents mentionnés dans la suite de l'acte vont rappeler qu'elle est compatible avec un âge peu avancé.

1 Sur le concept de *dignitas*, *cf.* Rigaudière, « La *lex* », art. cité, p. 184 (*regia dignitas*) et *Id.*, « Un grand moment », art. cité, p. 306-307.

## LA CONSTRUCTION DES MODÈLES ROYAUX

Dès la fin de cette constatation, solennisée par le redoublement des verbes décrivant la saisie du gouvernement (*nasciscende et suscipiende*) – un redoublement qui parcourt la rhétorique de l'acte et fait partie des conventions du langage de l'État au XIVe siècle, car il tente de caractériser le fait même de gouverner dans toute sa portée juridique –, la galerie des rois bibliques s'ouvre, qui n'a fait l'objet que de commentaires assez réduits[2]. L'analyse de ces exemples prouve pourtant qu'il importe de dépasser la simple énumération pour comprendre leur portée, d'autant plus que derrière les rois se cache, on l'a vu, un prophète. Les rois-enfants de l'Ancien Testament sont quatre, Joas, Josias, David et Salomon. Quatre types différents, deux parfaits et deux imparfaits, de rois oints du Seigneur dans leur enfance et qui, pour un temps ou durant toute leur vie, ont marché dans les justes voies et « fait ce qui plaît à la face de Dieu ».

Joas, familier des lecteurs français de Racine, est certainement le type le moins parfait de ces rois-modèles bibliques, car il ne règne selon les vœux du Seigneur que tant qu'il reste sous la direction (on n'ose dire sous la régence…) du prophète Joiada. Devenu adulte, il se détourne de Dieu, attirant la catastrophe sur le royaume de Juda. C'est donc à cause de l'âge et des circonstances de son accession au pouvoir qu'il a été choisi comme modèle possible des enfants-rois de France. L'histoire est connue. Le roi-enfant, qui a échappé à la destruction de sa famille par la reine Athalie, est élevé pendant six ans dans le temple sous la protection de lévites. La septième année, il est couronné par surprise sur le parvis du temple, et acclamé par le peuple alors qu'Athalie est entraînée et massacrée hors de l'enceinte consacrée. La narration de l'épisode en II, Rois, 11, 12 comporte des éléments para-liturgiques qui théâtralisent ce couronnement : *Produxitque filium regis et posuit super eum diadema et testimonium feceruntque eum regem et unxerunt et plaudentes manu dixerunt « vivat rex »* : « il produisit le fils du roi et lui imposa le diadème et le témoignage, et ils le firent roi et l'oignirent en applaudissant des mains

2 *Cf.* en particulier Delachenal, *Histoire de Charles V*, *op. cit.*, t. IV, p. 534 ; Rigaudière, « La lex », art. cité, p. 180.

et ils dirent : vive le roi[3] ». C'est sans doute à la faveur de cette scène de couronnement théâtralisée, mais aussi de sa gestation (qui accessoirement, dans l'optique des Valois, a l'intérêt de présenter la vengeance éclatante d'une succession patrilinéaire malmenée par des prétentions au trône féminines…) que l'avènement de Joas pouvait paraître, en dépit des accidents de son règne, comme une préfiguration idéale de l'accession à la majorité d'un roi-enfant régnant déjà *de jure*. Six ans se passent en effet entre la mort du dernier souverain légitime et le couronnement de l'enfant-roi par les mains des prêtres.

Le second roi de la galerie, Josias, est sans doute le moins évocateur pour un lecteur moderne. C'est pourtant une figure de sainteté royale éminente, abondamment exploitée dans l'homilétique médiévale, car Josias fait figure dans l'histoire de Juda de second David, quasi-restaurateur du temple qu'il répare, et souverain qui, par une piété de tous les instants, retarde sa vie durant l'inévitable chute du royaume qui surviendra peu après lui. Dans l'optique des traditions hagiographiques liées à la maison royale, il a enfin la qualité éminente d'être le modèle royal qui a été appliqué avec le plus de constance à Saint Louis lors de la rédaction de l'une des pièces accumulées en vue du futur procès de canonisation, et qui en a influencé d'autres. Geoffroy de Beaulieu, rédacteur de la *Vita et sancta conversatio* […] *sancti Ludovici*, structure en effet une large partie de cet ouvrage en filant la comparaison du saint roi avec la figure de Josias, et cette application a été reprise par Guillaume de Chartres[4]. La comparaison opérée par Geoffroy s'appuyait déjà sur la constatation que, comme Josias, Louis avait exercé la royauté encore enfant. L'inclusion du saint roi dans la galerie prépare donc l'éloge de Saint Louis, Josias capétien, dans la partie centrale de l'exposé.

Les deux modèles restants, attendus, semblent des plus classiques, puisqu'il s'agit de David et de Salomon. Pourtant, l'un et l'autre appellent également le commentaire. David, roi-enfant, pose tout d'abord un problème, car la Bible elle-même spécifie qu'il fut oint et commença à

3 Et l'on pense à Gerson trente ans plus tard, composant son *Vivat rex*…

4 Pour Geoffroy de Beaulieu, *cf. Rerum gallicarum et Francicarum scriptores…*, *op. cit.*, t. XX, en particulier p. 3-4, c. 1 (*Qualiter laus regi Josiae regi Ludovico conveniat*) et c. 2 (*Quod nomen Josiae sibi competat*) et p. 25, c. 51 (*Qualiter memoria Josiae memoriae ejus adaptetur*) pour l'application de la figure de Josias à Saint Louis. Pour Guillaume de Chartres, qui le reprend explicitement, *cf. ibid.*, p. 29. Commentaires sur ces rapprochements typologiques dans Le Goff, *Saint Louis*, *op. cit.*, p. 396-401.

régner à trente ans[5]. La contradiction a pourtant une raison : il existe en fait deux onctions davidiques. Il fut investi du charisme royal encore petit enfant (*parvulus*), par Samuel, après que ce dernier l'eût sélectionné parmi les fils pourtant plus âgés de Jessé, alors qu'il paissait les troupeaux de son père. Cette première onction prophétique, qui retirait la royauté à Saül pour la donner en puissance à l'enfant, est celle qui est visée par le texte. Elle ne manque pas d'intérêt dans un contexte de réflexion sur l'accession à la dignité royale, en suggérant que l'on peut être sacré deux fois, ou que l'on peut recevoir la capacité à régner avant de se trouver en condition effective d'exercer le gouvernement.

Quant à Salomon, dont le cas ne pose *a priori* pas de problèmes d'interprétation aussi graves, il présente néanmoins une troisième variation qui complète les potentialités typologiques de cette galerie des rois de l'Ancien Testament. On ne glosera pas ici l'exploitation d'une figure de roi-prophète légèrement ambiguë car, plus que David, Salomon, auteur pour les médiévaux d'une série de livres sapientiaux, offre un modèle imparfait. Bâtisseur du temple et acheveur de l'œuvre de son père, il succombe pourtant à l'idolâtrie à la fin de son règne, préparant ainsi la catastrophe de la division de Juda et Israël. De même que pour Josias, son avènement, les premières années de son règne et sa sagesse proverbiale n'en font pas moins un modèle par excellence de l'action royale[6]. La présentation du roi-enfant (*puerum et tenellum*) prend surtout son intérêt à la lecture de son contexte biblique, car elle fait référence à un passage des Paralipomènes où David instruit Salomon et le prépare à lui succéder, pour achever ce qu'il n'a pu qu'ébaucher, en construisant enfin le temple dont les matériaux et les plans sont prêts. Dans un premier temps, David s'adresse à Salomon pour le conforter et l'assurer que Dieu est avec lui et ne l'abandonnera pas. Puis il parle à l'assemblée (à l'*ecclesia*), pour lui déclarer que Dieu a élu son fils encore enfant (*puerum et tenellum*) pour cette entreprise[7]. Il s'agit donc d'un épisode de planification de la succession, dont la dimension mystique permet de plus toutes les comparaisons : tel David, Charles V prépare

5 II, Rois, 5-6.

6 Sur la centralité de la figure de Salomon aux XIII^e^ et XIV^e^ siècles, et son application particulière à la figure de Charles V, *cf.* Boudet, Jean-Patrice, « Le modèle du roi sage aux XIII^e^ et XIV^e^ siècles : Salomon, Alphonse X et Charles V », *Revue historique*, n° 647, 2008/3, p. 545-566.

7 Chr., I, 28-29.

par la loi l'avènement d'un Charles VI qui est déjà investi, enfant, des charismes qui l'aideront à parfaire l'unité et la perfection du royaume en construisant le temple d'un gouvernement chrétien parfait.

Après cette succession ordonnée de quatre modèles royaux complémentaires dont l'un forme un couronnement idéal, le second un modèle de sainteté « pré-capétienne », le troisième celui d'une double onction enfantine et adulte, et le quatrième celui d'une présentation par un roi-père du roi futur à l'*ecclesia*, la cinquième et dernière figure de la galerie des rois pose un problème d'exégèse politique. Pourquoi, en effet, avoir voulu donner comme exemple le prophète Jérémie, qui n'est pas présenté dans la Bible comme étant de race royale ? Il existe deux explications complémentaires à ce choix. La première est suggérée par la formulation du texte : « Jérémie a été établi enfant [comme autorité] sur les peuples et les royaumes ». Le début du livre prophétique s'ouvre en effet sur une scène grandiose où le prophète encore enfant est interpellé par Dieu qui lui dit qu'il l'a établi en ce jour au-dessus des « nations » et des royaumes « pour arracher et détruire, pour disperser et dissiper, et pour édifier et planter[8] », passage souvent invoqué, par Evrart de Trémaugon par exemple[9], pour discuter des pouvoirs de l'Église en général et du pape en particulier. L'invocation d'une puissance de destruction et de refondation quasi divine (qui symbolise en fait le magistère prophétique, et dans une vision spéculaire, l'avènement du Christ détruisant l'ancienne loi pour fonder la nouvelle) sur un prophète encore enfant rendait tentante l'exploitation de ce modèle, qui pouvait correspondre à une certaine vision du rôle dirigeant et réorganisateur de la maison royale capétienne et de ses continuateurs Valois dans l'Europe des XIII^e et XIV^e siècles[10].

Il existe toutefois une autre raison à ce choix. Elle réside dans deux éléments antérieurs du dialogue entre Dieu et Jérémie, bien connus des clercs. D'une part, quand la divinité fait de lui son prophète, l'enfant se récrie en balbutiant de terreur qu'il est incapable de parler car il est,

8 Jr., 1, 10.

9 *Cf.* sur ce point *infra*, p. 473.

10 Pour une exaltation en *stylus altus* particulièrement remarquable de la maison de France, aux racines profondes, choisie par la divinité entre toutes les maisons royales, *cf.* l'annonce écrite à l'occasion du couronnement de Charles II (en 1289), successeur en Sicile [désormais continentale] de Charles I^er, sous la plume de Stefano di San Giorgio (*Una silloge*, *op. cit.*, n^o 63, p. 65-66).

précisément, enfant (*A a a Domine Deus ecce nescio loqui quia puer ego sum*). Dieu le reprend alors pour lui dire qu'il ne doit pas s'exprimer ainsi, car il placera les paroles dans sa bouche et l'accompagnera dans toutes ses actions (*et dixit Dominus ad me noli dicere puer, quoniam ad omnia quae mittam te ibis et universa quaecumque mandavero tibi loqueris*[11]...). Il s'agit donc là d'une réfutation divine de l'incapacité d'un enfant à gouverner avec autorité. D'autre part, Dieu commence par lui rappeler qu'il l'a sanctifié comme prophète sur les nations avant même de le former dans le ventre de sa mère et qu'il ne sorte de sa vulve. Le prophète est donc déclaré capable de prophétie indépendamment de son âge réel et de son développement biologique, tout comme, implicitement, les rois de France sont déclarés capables *en puissance* de régner du fait de la quasi-sainteté et de la capacité exceptionnelle de leur lignée charismatique, quel que soit le moment précis de leur développement : on verra que si l'âge de quatorze ans est concrètement choisi, l'argumentation de l'exposé recouvre en fait tous les âges de la royauté précoce, du roi-nourrisson, voire du roi en gestation, au roi adolescent en passant par le roi enfant, qui vient d'être traité avec les figures de Josias, Joas, David et Salomon.

La figure de Jérémie introduit donc à la fin de la galerie des rois bibliques un surcroît d'aura prophétique qui trouve une de ses causes dans le désir de souligner les raisons divines d'une précocité biologique transcendant les limites habituelles de l'entrée dans l'âge de raison. Après cette démonstration qui a repoussé très loin de la frontière d'une accession possible à un gouvernement effectif, autour de sept ou huit ans, l'âge auquel les rois-modèles de l'Ancien Testament ont pu commencer à régner, les rédacteurs choisissent d'infléchir brusquement leur discours pour examiner de nouveau les raisons de fixer l'âge de la majorité à quatorze ans. Ils le font en se replaçant dans la perspective de l'éducation, mais, également en sautant du temps biblique vers l'histoire, les coutumes et les droits du royaume de France.

11 Sur les liens entre l'enfance et la prise de parole, en particulier dans une perspective religieuse (miracles...), *cf.* Lett, *L'enfant des miracles*, *op. cit.*, en particulier p. 103-112.

## L'INVOCATION DU SEUIL DES QUATORZE ANS, DU DROIT CANON AUX TRADITIONS MONARCHIQUES

> [...] *considerantes eciam quod annus quartusdecimus annus discretionis existit, et in ipso quis ad plures actus legitimos admittitur, exercendi et assuescendi sunt nobiles ad labores militares et opera bellicosa ; et quod nonnulli reges tam predecessores nostri quam alii, hac etate seu paulo ante vel post, regnorum gubernacula assequti, magnifice et utiliter regnaverunt ; quodque filii regum Francie solent cura pervigili instrui et educari in bonis moribus, virtutibus et honore, quapropter ipsos verissimiliter creditur plus illo tempore profecisse, quam alios minoris status, etate longe majori, juxta illud quod scribitur : « Cesaribus virtus contigit ante dies »* [...]

> « [...] considérant également :
> – que l'âge de quatorze ans correspond à l'âge de discrétion, et que c'est dans ce temps que l'on est admis à exercer plusieurs actes légitimes, que les nobles doivent être dès lors entraînés et habitués aux travaux militaires et aux actions guerrières ;
> – et que plusieurs rois, tant nos prédécesseurs qu'autres, ayant assumé à cet âge, ou peu avant ou peu après, la direction du royaume, ont régné magnifiquement et avec profit ;
> – que de plus les fils des rois de France sont traditionnellement instruits et éduqués avec un soin très vigilant dans les bonnes mœurs, les vertus et [le sentiment de] l'honneur, en raison de quoi on croit avec grande apparence de raison qu'ils ont fait plus de progrès à cet âge que d'autres, d'état inférieur, quoique de loin plus âgés, selon cette écriture : "Aux Césars la vertu survint avant les jours" [...] »

Après le brillant *organum* à cinq voix présenté par la galerie des rois, l'exposé se réorganise dans un développement plus rapide et cadencé, qui conduira au nouveau point d'orgue de l'exaltation de Saint Louis. Nous ne nous trouvons en effet plus dans le préambule, avec sa pompeuse ouverture ternaire, *maestoso.* Le mouvement de l'exposé, plus long, est aussi moins équilibré, affectant une respiration qui fait s'enchaîner passages vifs, en récitatif, et retour à un rythme plus grave.

La section introduit en apparence un thème nouveau, développant la valeur de cet âge de quatorze ans qui a été choisi pour le passage à l'âge adulte des rois de France, au début de l'exposé : celui des précédents concrets et des motivations en droit qui justifient de considérer ce seuil comme pertinent. Les deux angles d'attaque juridiques immédiatement apparents sont canonique et coutumier, et pour cause : le droit civil est ici le principal adversaire car, l'acte y reviendra[12], il tend à reculer la pleine capacité juridique très tard, jusqu'à vingt-cinq ans. En revanche, l'âge de discrétion canonique (*annus discretionis*), le premier invoqué, marque un seuil important dans la vie médiévale, où les enfants reçoivent, on l'a dit, capacité d'accomplir légitimement des actions importantes, les *plures actus legitimi* du texte. Parmi ces actions non détaillées, mais qui devaient venir à la pensée de quiconque, et pas seulement des canonistes du conseil, on ne trouve rien de moins qu'un ensemble, précisé par le concile de Latran IV au terme d'une longue évolution, concernant le mariage, l'entrée dans les ordres et la confession.

Effectivement, contrairement à ce que l'évolution sémantique ambiguë du terme, souvent confondu avec l'âge de raison, pourrait laisser entendre, l'*annus discretionis* canonique du XIV^e^ siècle fait souvent référence au seuil de douze-quatorze ans et constitue bien, à certains égards, un basculement dans l'âge adulte[13]. Mais le seuil de quatorze ans est aussi représentatif d'une étape importante dans la vie nobiliaire, expressément invoquée : c'est l'âge où les jeunes nobles, sortant de l'enfance, assument un entraînement militaire sérieux qui forme un nouveau stade de leur éducation chevaleresque, pleinement achevée vers vingt-et-un ans, l'un des âges possibles de l'adoubement[14].

---

12 *Cf.* commentaire *infra*, p. 396-397.

13 *Cf.* à ce sujet Flach, *Étude historique*, *op. cit.*, p. 54. Pour l'importance du concept d'âge de discrétion à la fin du XIV^e^ et au début du XV^e^ siècle, *cf.* Christine de Pisan, *Le livre des fais et bonnes meurs du sage roy Charles V*, Susanne Solente (éd.), 2 t., Paris, Champion, 1936., t. I, c. 12, « Ci dit du temps de discrecion et d'aage perfait », p. 31-33, qui reste malheureusement plutôt vague sur l'âge entendu par ce seuil. La présentation par Christine de l'âge de discrétion se trouvant entre celle de la jeunesse désordonnée, et celle de la maturité (aage de meureté) qu'elle place à cinquante ans (!), on peut supposer qu'il s'applique plutôt au seuil de quatorze ans qu'à celui de sept…

14 Le dernier précédent d'adoubement d'un héritier du trône de France va toutefois plutôt dans un sens inverse, puisque c'est celui de Charles par son père lors de son couronnement, en 1350, alors qu'il avait douze ans. *Cf.* à ce sujet Delachenal, *Histoire de Charles V*, *op. cit.*, t. I, p. 55. Pour l'entraînement aux armes et surtout pour la capacité d'exercer le métier des armes, il faut noter que la limite de quatorze ans n'a rien d'une théorie ou d'un engouement nobiliaire lié à l'idéologie de la « seconde féodalité ». On retrouve le seuil à peine supérieur de quinze ans très concrètement énoncé dans les statuts florentins au XV^e^ siècle pour l'entrée dans la milice communale. *Cf.* Taddei, *Fanciulli*, *op. cit.*, p. 46, qui note le décalage avec la *legitima aetas* « naturelle » plus tardive : « Mentre la *legitima aetas* "naturale" coincideva con la maturità fiscale – che, come abbiamo visto, si conseguiva a 18 anni – l'età "militare" per l'esercito comunale era avanzata a 15 anni. Era questo il limite minimo richiesto per entrare nelle compagnie di popolo fiorentine… ».

Derrière ce rappel des coutumes prévalentes dans l'éducation militaire de la noblesse, il y a toutefois plus qu'une invocation générale des habitudes du XIVe siècle. Cette division en deux, ou plutôt en trois temps (sept ans, quatorze ans, vingt-et-un ans[15]) correspond en fait à un discours aristotélicien, omniprésent dans la partie des *Politiques* consacrée à l'éducation – et donc bien connu du roi et de ses conseillers – qui a été adapté à l'éducation des princes et de la noblesse dès le XIIIe siècle, on l'a dit, par Gilles de Rome[16]. Et cette « saisie aristotélicienne » du développement social de l'adolescent était commune aux clercs du XIVe siècle. Il ne s'agit donc pas ici d'un tour de passe-passe conceptuel ou d'un trucage, qui plaquerait violemment trois ordres de pensée de l'adolescence pour forcer un résultat, mais d'une tentative d'harmoniser et de clarifier une tendance générale, en la concentrant en un rayon unique pour contrebalancer le poids inquiétant des prescriptions du droit civil.

De cet ensemble de données, ramassées en un développement, les rédacteurs repartent pour appliquer ce seuil de légitimité canonique et coutumière qui permet à la souche des rois de France de se marier, de gouverner et de combattre. Le discours du roi – puisque c'est, depuis les prémisses de l'acte, le roi qui parle en majesté, et que sa présence est renforcée par le passage à la première personne depuis le début de l'exposé[17] – se tourne enfin vers sa propre famille, non exclusivement, toutefois. Ils précise en effet que plusieurs rois, soit de la maison de France, soit d'autres maisons (*nonnulli reges tam predecessores nostri quam alii*) ont assumé le gouvernement avec éclat à un âge similaire à quatorze ans, que les « fils des rois de France ont accoutumé d'être instruits et éduqués avec le plus grand soin dans les mœurs, les vertus et l'honneur, et qu'il est donc crédible qu'ils aient développé plus rapidement ces qualités que d'autres d'état mineur », selon la maxime ovidienne, « aux Césars la vertu survint avant les jours ». Sous ses apparences relativement simples, le développement, sans être confus, est parcouru de plusieurs lignes directrices. Il doit être débrouillé.

15 L'âge de vingt-et-un ans, qui n'est jamais discuté dans la *constitutio*, se trouve en permanence à l'arrière-plan du raisonnement, car c'est l'âge indiqué pour la majorité par la réflexion aristotélicienne et par nombre de coutumes (*cf.* sur ce dernier point Flach, *Étude historique*, *op. cit.*, p. 332-398). C'est toutefois le seuil fatidique de vingt-cinq ans, correspondant aux prescriptions du droit romain (d'ailleurs relayé sur ce point par le droit canon), qui sera invoqué en dernier ressort comme le seuil de majorité absolu auquel l'âge de quatorze ans doit être assimilé pour les rois de France.

16 *Cf. supra*, p. 227.

17 *Cf.* à ce sujet *supra*, p. 212 et 342.

Le premier point concerne le maintien d'une possibilité d'invoquer des exemples royaux extérieurs à l'histoire de France au moment même où les rédacteurs s'attaquent enfin, introduisant par avance l'éloge de Saint Louis, aux vertus suréminentes de la famille royale. Ce choix peut s'expliquer par la volonté de réserver la possibilité de citer des exemples bien connus et éloquents, pour lesquels il n'était pas besoin de chercher les grandes figures du XIII^e^ siècle comme Frédéric II, roi de Sicile à trois ans, ou Henri III Plantagenêt. L'exemple du principal compétiteur de Jean II et de Charles V pour la couronne de France, Édouard III d'Angleterre, monté sur le trône à quinze ans, devait être bien plus présent aux mémoires de la fin du XIV^e^ siècle[18]. Il est toutefois encore plus logique de penser que les concepteurs de l'acte ont ici voulu en renforcer la cohérence. Ils se souvenaient d'une part que le préambule entier avait été placé sous l'invocation de la royauté et des royaumes en général, et ils savaient d'autre part qu'ils allaient bientôt invoquer l'exemple des Césars, puis, à la fin de l'exposé, celui des rois de Macédoine.

Un second point qui n'a sans doute pas été assez relevé concerne la valeur médiane de l'âge de quatorze ans proposé par les conseillers du roi pour la majorité. On l'a déjà souligné : Charles V a conscience du fait que maint roi de France a accédé au trône un peu après (Philippe Auguste, à quinze ans) ou avant (Saint Louis, à douze ans, selon certaines sources qui correspondaient probablement à la vérité, mais d'autres, présentes à l'esprit des conseillers du roi, indiquaient expressément quatorze ans[19]). Il a peut-être réfléchi aux dispositions de Philippe III suggérant en cas de décès prématuré l'âge de quinze ans pour l'accession à la majorité de son fils[20]. Il s'agissait précisément de trouver une moyenne. Or les traités d'éducation aristotéliciens du type du *De regimine* de Gilles de Rome avaient préparé la matière, en expliquant longuement, notamment au sujet de l'éducation militaire, que la borne idéale de quatorze ans était, concrètement, relative. Certains enfants, plus précoces, pouvaient développer les qualités requises au passage à une éducation plus avancée vers douze ou treize ans, d'autres, au contraire, un peu plus tard, vers

18 Sur la paradoxale mais réelle référence à Édouard III, pourtant adversaire de Philippe VI, Jean II et Charles V, comme « roi-modèle » sous Charles V (à travers des programmes picturaux), *cf.* Cazelles, *Société et politique*, *op. cit.*, p. 495.

19 *Cf. supra*, p. 242.

20 *Cf. supra*, p. 71, 228.

quinze ou seize ans. C'est dans ce contexte scolastique et aristotélicien qu'il faut placer cette précision, que les rois ont commencé à régner, un peu avant ou après quatorze ans.

Commencé à régner : la figure du gouvernail, utilisée pour la première fois ici (*gubernácula asseqúti*) pour qualifier le gouvernement des affaires que tant de jeunes rois ont assumé brillamment, est certes déjà devenue banale vers 1370, partagée qu'elle est entre le gouvernement pontifical, la rhétorique impériale et celle de l'État royal depuis bien des siècles. Elle n'en est pas moins porteuse d'un sens symbolique fort – qu'elle ne perdra guère jusqu'au XVII^e^ siècle compris[21] – un sens qui contribue à relever l'importance de cette prise en main de la nef gouvernementale. L'adolescent de quatorze ans dispose d'assez de force pour manœuvrer les instruments pesants qui pourront diriger l'État (ce qui souligne implicitement que les exemples bibliques invoqués plus haut tenaient en partie d'un temps de l'avant, marqué par une force spéciale de l'onction divine, qui n'est plus valable au XIV^e^ siècle, sauf intervention céleste : tout le monde sait que l'enfant de huit ans ne peut prendre de décision rationnelle ni assumer pleinement cette charge, à moins que Dieu n'opère le miracle de Jérémie). Et il est fort possible qu'ici, l'ensemble des concepteurs de l'acte, au premier rang desquels le roi, ait pensé à la prise du pouvoir effective par Charles V, en 1356[22].

21 On pourrait évoquer jusqu'au pompeux tableau de Rubens de la galerie du Louvre représentant précisément la conduite du navire de l'État par Marie de Médicis lors de la minorité de Louis XIII, aussi bien que penser à la symbolique des nefs de table dont c'était alors, sous le roi sage, un premier apogée, visuellement conservé pour nous malgré les désastres de la guerre civile et de la seconde moitié de la guerre de Cent Ans par les miniatures représentant la visite de l'empereur Charles IV à Paris (scènes fameuses du banquet représenté dans le ms. Paris, BnF, Fr. 2813, *Grandes Chroniques de France*, f° 473v). Il est peut-être plus immédiatement signifiant de constater l'utilisation de l'image de la nef royale par Philippe de Mézières quinze ans après la rédaction de la *constitutio* dans le *Songe du Vieil Pelerin* (cit. Carqué, *Stil und Erinnerung*, *op. cit.*, p. 558 n. 151, à partir de *Le songe du vieil pelerin*, George W. Coopland (éd.), Londres, Cambridge University Press, 2 vol., 1969, 2, p. 208, qu'il faut maintenant remplacer par Philippe de Mézières, *Songe du viel Pelerin*, Joël Blanchard (éd.), 2 vol., Genève, Droz, 2015 (Textes littéraires français, 633)), dans une exhortation à Charles VI à se vêtir conformément à sa dignité : « [...] entre tous ceulx du royaume de Gaule, par-dessus tous les grans seigneurs de la nef françoise, en habit royal, Beau tresdoulx Filz, tu doys estre apparans et different en tes atours et en tes vetements [...] ». La nef de l'État se présente donc comme une allégorie de la France, gouvernée par le roi, assisté des grands seigneurs qui en sont comme les marins.

22 *Cf.* à ce sujet les éloges donnés à Charles V pour sa capacité à gouverner adolescent par Trémaugon, Évrart de, *Somnium viridarii*, *op. cit.*, prologue, p. 5-6, commentés *infra*, p. 474-476.

C'est en fonction de cette logique que l'exposition glisse de nouveau vers le thème déjà longuement exposé dans le préambule d'une éducation précoce des rois, mais avec une différence fondamentale, puisqu'il est cette fois nommément appliqué aux rois de France, qui apparaissent ici pour la première fois : *filii regum Francie.*

L'exaltation d'une vertu spéciale de la maison royale de France, constatable tant dans le domaine religieux (thème du maintien de l'orthodoxie, sainteté de Saint Louis) que militaire (bravoure particulière des rois de France en bataille) est une thématique dont le développement progressif a été bien étudié, même si certains textes d'origine ou de genre réputés périphériques (dont, précisément, différentes lettres ou certains *dictamina*) n'ont pas été suffisamment pris en compte pour la fin du XIII^e^ et pour le XIV^e^ siècle[23]. Elle est ici appliquée à l'éducation, cette éducation toujours présente (*cura pervigili*) qui leur confère bonnes mœurs (religieuses), vertus (religieuses et guerrières) et honneur (guerrier et féodal), et qui leur donne donc la force de combattre et de gouverner. Ce passage réintègre donc pour un temps la logique du préambule. L'élément qui lui donne toute sa force, en la précisant, est la maxime ovidienne sur la précocité des Césars.

Ici, jouons le jeu d'une interprétation maximale. Si l'on se contente d'invoquer, comme il est possible, le sens général du vers, il en ressort que la précocité des rois de France est comparée à la vertu précoce des Césars, dans une assimilation qui laisse la porte ouverte à diverses interprétations sur le degré de « revendication impériale » que les rédacteurs de l'acte ont souhaité lui conférer. S'agit-il d'un pas de côté prudent, sans conséquence, ou d'une tentative plus audacieuse pour rappeler, une nouvelle fois, que les rois de France sont, au même titre que les empereurs germaniques, les héritiers de Charlemagne, et que, de par la dignité du principe de succession français, supérieure à celui de l'élection impériale, ils sont en fait mieux habilités à recueillir cet héritage ? On sait que ces revendications idéologiques resurgirent comme autant de poussées de fièvre à différents moments de la royauté capétienne directe, Valois

23 *Cf.* en particulier les textes exaltant les Angevins de Naples Charles II et Robert d'Anjou présentés *supra*, p. 234, n. 32. Sur l'idéologie du roi de savoir et les mécanismes de glorification dynastique mis en place par Robert d'Anjou, *cf.* Kelly, Samantha, *The new Solomon. Robert of Naples (1309-1343) and Fourteenth-Century Kingship*, Leyde-Boston, Brill, 2003 (The Medieval Mediterranean, 48).

et Bourbon[24], et que le début du règne de Charles VI fut un moment d'exaltation de « l'impérialité » des rois de France. Ce n'était toutefois pas autant le cas à l'époque de Charles V, partisan d'une entente cordiale avec la dynastie Luxembourg et avec son oncle Charles IV, qui lui ressemblait à tant d'égards par son intelligence, sa culture lettrée et sa sagacité politique[25].

Il vaut donc sans doute mieux prendre cette indication dans le sens plus profond et plus littéral que permet de lui donner la lecture du contexte d'extraction de la source. Les Césars, dit Ovide, possèdent une vertu innée, un charisme biologique, qui les emplit de *virtus* avant même leur naissance (comme Dieu avait donné l'esprit prophétique et la capacité de détruire et planter à Jérémie, avant même qu'il ne sortît du ventre de sa mère, voire qu'il ne fût conçu). Et ce charisme les rend capable d'assumer le commandement d'armées et de conquérir l'Orient alors qu'ils sortent à peine de l'enfance[26]. De même, la maison de France possède une vertu innée, transcendant les générations, qui passe de père en fils, inaltérée, et qui, à condition d'être développée correctement, leur donne la possibilité de tenir le gouvernail de l'État à un âge où, entre les mains d'hommes de statut mineur, quoique plus âgés, il se romprait comme un fétu. Tels les Hercule enfants et les Bacchus adolescents chantés par le poète dans

24 Ces poussées, qui se traduisent parfois par de véritables candidatures à l'Empire, correspondent presque systématiquement, au Moyen Âge, aux moments où la légitimité impériale était mise à mal. *Cf.* toutefois pour la force de l'idéologie impériale sous Charles V les éléments discutés *supra*, p. 260-263, et les nombreuses références textuelles et visuelles rassemblées par Carqué, *Stil und Erinnerung*, *op. cit.*, en particulier par référence aux exaltations « impériales » d'Evrart de Trémaugon et à l'assimilation Charlemagne-Charles V (absente de notre *constitutio*, où il est vrai elle n'avait guère sa place), p. 416-472. La démonstration la plus éclatante de cette symbolique de la continuité impériale reste le sceptre dit de Charlemagne, seule pièce importante des insignes et emblèmes royaux créés à l'époque de Charles V qui nous soit parvenue, et, dans son genre, équivalent des prodiges d'orfèvrerie déployés sous le règne de Charles VI, mieux conservés par les hasards des dispersions à travers l'Europe (belle reproduction du sceptre dans Carqué, *Stil und Erinnerung*, *op. cit.*, p. 473).

25 Sur les relations entre Charles V et Charles IV, *cf.* Autrand, *Charles V*, *op. cit.*, p. 161-168 et 179-805, ainsi que pour un point de vue allemand Seibt, *Karl IV*, *op. cit.*, en particulier p. 346-360.

26 Sur le contexte du vers ovidien, par référence à l'expédition parthique du jeune Gaius César, *cf. supra*, p. 234. Je n'ai pas trouvé de commentaire médiéval à ce passage de l'*Ars amatoria* qui permette de postuler que la référence à l'expédition parthique aurait été utilisée aux XIII^e^ et XIV^e^ siècles pour évoquer le pouvoir charismatique d'un souverain susceptible de conduire la croisade. La possibilité d'une telle rencontre existe, mais il s'agirait dans le cadre de notre analyse d'une surinterprétation.

la même zone de l'*Ars amatoria*, c'est cette précocité native de l'espèce qui rend les rois de France capables d'accomplir leurs exploits et leurs conquêtes, putativement, dès le berceau et, concrètement, au moment où d'autres ne font que commencer leur apprentissage militaire.

La maxime ovidienne, si on lui donne toute sa force, s'adapte en fait parfaitement, à la fois aux développements futurs sur les rois vainqueurs au berceau, mais aussi à l'exposé central du préambule sur le mécanisme de transmission biologique de l'identité royale selon l'ordre de la nature aristotélicienne. C'est même à travers elle que ce mécanisme est concrètement appliqué à la maison de France. Il faut donc prendre au sérieux ces lectures médiévales d'Ovide, philosophe naturel cachant ses explications sous le voile de l'allégorie, celle de *l'Ovide moralisé.* Malgré la date de 1374, c'est dans cet univers conceptuel que se meuvent les personnalités du conseil, non dans celui des gloses humanistes, plus évhéméristes et plus historicisantes. Question de génération, et de hasard chronologique. Les premiers clercs français reflétant ce changement d'orientation sont en effet sur le point d'atteindre l'âge de raison…

## SAINT LOUIS,
## MIROIR DES ROIS DE FRANCE

> […] *et quod in corde nostro indelebiliter est scriptum, qualiter sanctissimus attavus et predecessor noster, patronus, deffensor et dominus singularis, beatus Ludovicus, flos decus, lumen et speculum nedum regalis prosapie, sed omnium Gallicorum ; cujus memoria in benedictione est, et non derelinquetur in secula ; ac divina protegente gracia, nullius mortalis criminis sensisse contagium perhibetur, regnumque et rempublicam sic laudabiliter gubernavit, quod gesta ipsius preclara que mundus mirabitur quamdiu sol eclipticam permeabit, per nos et successores nostros, merito ad consequenciam trahi debent ; sic quod sua actio nostra instructio videatur – de ipso enim legitur, quod regni maximi et potentes inimici, agente Deo, ipsius pueri regis viribus sunt repulsi, in etatis sue quarto decimo anno regni regimen assumpsit, recepit homagia seu fidelitatis juramenta prelatorum, parium et aliorum vassallorum, fuitque sacra unctione regali inunctus et coronatus –;* […]
>
> « [considérant] également :
> – qu'est écrit indestructiblement dans notre cœur comment notre très saint aïeul et prédécesseur, patron, défenseur et seigneur particulier, le bienheureux

> Louis, fleur, parure, lumière et miroir de la souche royale, ou plutôt de tous les Gaulois – lui dont la mémoire est en bénédiction et ne sera pas délaissée dans la suite des siècles ; et dont il est dit que, par la protection [spéciale] de la grâce divine, il ne sentit la contagion d'aucun péché mortel – dirigea si louablement le royaume et la chose publique que ses actions très éclatantes, qui seront admirées du monde tant que le soleil parcourra l'écliptique, doivent être érigées en règle pour nous, de sorte que son action soit notre instruction – à son propos en effet, on lit que les premiers [barons] du royaume et de puissants ennemis, par l'action divine, furent repoussés à force par ledit roi enfant, qu'il assuma le gouvernement du royaume dans la quatorzième année de son âge, [époque à laquelle] il reçut les hommages ou serments de fidélité des prélats, des pairs et des autres vassaux, et fut oint de l'onction royale et couronné [...] »

La *laudatio sancti Ludovici* que constitue le long développement faisant suite à la citation ovidienne forme incontestablement l'un des points d'orgue de l'acte, à la fois d'un point de vue rhétorique, idéologique et juridique. C'est par une lente montée qui a exalté l'éducation des rois en général dans le préambule, puis des rois et des rois de France en particulier dans les débuts de l'exposé, en introduisant le proto-type vétérotestamentaire de Saint Louis, Josias (et au fond si Josias est Saint Louis, plus que David ou Salomon, c'est peut-être parce que, plus qu'eux, il est resté indemne de péchés mortels : *nullius mortalis criminis sensisse contagium perhibetur*), et qui a fini par la note éclatante de l'assimilation aux Césars, que l'on arrive au modèle suprême de la maison royale, Saint Louis, souverain français qui a réalisé par ses hauts faits et ses souffrances l'idéal christique d'un roi de passion, à une époque de rayonnement exceptionnel du royaume, et autour duquel l'idéologie de l'exceptionnalité de la souche royale s'est cristallisée à la fin du XIII^e^ et au XIV^e^ siècle. Dans la France de Philippe le Bel et de ses successeurs, le temps de Saint Louis apparaît comme un temps idéal, le temps fondateur du royaume et de l'État qui sépare un avant plus ou moins mythique, en tout cas moins invoqué, d'un après que l'on connaît bien[27]. L'acte de fondation de 1374 ne fait pas exception : Saint Louis y est la référence à la fois fondatrice et centrale à laquelle se reporter. Que le royal enfant eût été couronné peu avant ou à douze ans n'y fait pas grand-chose,

27 Sur la sacralisation de saint Louis et la construction de son culte dans la France de la fin du XIII^e^ et du XIV^e^ siècle, *cf.* Folz, « La sainteté », art. cité ; Brown, Elisabeth, « The Chapels and Cult of St. Louis at St. Denis », *Mediaevalia*, n° 10, 1984, p. 279-331 ; Carqué, *Stil und Erinnerung*, *op. cit.* ; Rathmann-Lutz, Anja, *« Images » Ludwigs des Heiligen im Kontext dynastischer Konflikte des 14. und 15. Jahrhunderts*, Berlin, Akademie Verlag, 2010.

on l'a dit. Si les clercs du conseil en avaient été sûrs, ils auraient sans doute mis cette disparité sur le compte de cette pensée de la moyenne aristotélicienne, ou peut-être des vertus particulières d'un roi saint qui pouvait encore avancer la moyenne de ce développement, mais ils disposaient en fait de deux séries de chroniques dont l'une indiquait la référence de quatorze ans, et ils ont pu de bonne foi considérer cette seconde information comme aussi valable que la première[28]. Cela posé, entrons dans la logique de ce panégyrique dont la ferveur a réussi à faire vaciller un instant les certitudes positivistes d'un Delachenal[29].

L'agencement de la présentation de ce miroir de toute royauté est remarquable. Nous avons vu le roi parler de manière impersonnelle dans le préambule, puis se dévoiler dans l'exposé en adoptant le pluriel de majesté. À ce moment stratégique de l'acte – qui n'est pas loin, du reste, d'en former le milieu – Charles V fait retour sur lui-même et examine son cœur, dans lequel il trouve le témoignage de la perfection de son ancêtre : *in cordo nostro indelebiliter est scriptum…* L'image est, comme celle du gouvernail, à prendre au pied de la lettre, dans une logique à la fois visuelle et spatiale. C'est dans l'écrin du cœur du roi que repose le modèle de sainteté qu'il s'efforce de suivre dans son gouvernement et dans sa vie quotidienne. La *laudatio* est ensuite composée de deux temps successifs, de longueur inégale. Dans un premier temps, la figure de Saint Louis et son gouvernement sont généralement exaltés ; ce n'est que dans un second temps plus court qu'il est précisé qu'il vainquit ses ennemis en bataille à quatorze ans, âge où il prit en main le gouvernement de l'État, reçut les hommages et fut sacré et couronné.

La partie la plus longue et la plus générale s'organise autour de trois cycles. Le premier insiste sur le rôle exemplaire de Saint Louis pour le roi, la maison royale et les habitants du royaume en général ; le second détaille la perfection de ses actions ; le troisième insiste sur leur valeur de modèle contraignant pour les rois ses successeurs.

Le premier cycle est celui qui se rapproche le plus d'une paraphrase liturgique. La sainteté du roi-modèle, deux fois invoquée (*sanctissimus… beatus*) enclot un ensemble de qualifications qui précisent sa relation

28 Sur ces traditions alternatives, véhiculées dans la *Chronique* de Guillaume de Nangis (contrairement à ses *Vies* latine et française de Saint Louis), ainsi que chez Philippe Mousket, Guillaume de Puylaurens et le Ménestrel de Reims au XIII^e^ siècle, *cf.* Delaborde, « Le texte primitif », art. cité, p. 87, n. 1.

29 *Cf.* sur ce point *supra*, p. 117-118.

éminente avec Charles V : il est aïeul (*attavus*, un renforcement d'*avus*, moins précis que *bisavus*, *trisavus* ou *tettaravus* qui auraient été inexacts) et prédécesseur, patron et défenseur, et ces doublets quasi synonymiques ont leur valeur signifiante de renforcement de ce lien biologique et successoral, et de renvoi au rôle de saint patron de la famille royale. Mais il est aussi seigneur singulier, *dominus singularis*, pour ainsi dire, non pas tant saint privilégié, que roi au carré, roi du roi dont son imitation forme le but ultime. Une fois le lien mystique entre Charles V et son ancêtre développé, c'est dans un mouvement d'opposition théâtrale (de *variatio*, encore une fois…) la liaison du saint avec la famille royale tout entière et la « nation des Gaulois » qui est chantée, en s'appuyant sur une base hymnico-liturgique singulièrement renforcée. Les deux formules liturgiques *flos et decus* et *lumen et speculum*[30] sont en effet appariées pour faire éclater l'antienne d'un roi, fleur et parure, miroir et lumière, qui se reflète dans une logique hiérarchique descendant sur la famille royale, et de la famille royale sur le royaume tout entier. Si l'élément visuel l'emporte, et avec quel éclat, il n'est pas seul en jeu, comme dans tout discours de sainteté médiévale. L'éclat de la sainteté royale offre à la fois une lumière qui resplendit sur l'univers, et l'odeur balsamique d'une fleur précieuse qui le purifie, la fleur de lys des rois de France, désormais bien installée au centre de la rhétorique visuelle de la monarchie. Et l'on peut se demander si l'assertion initiale que la décoration visuelle des trois actes n'a guère à voir avec son contenu textuel ne péchait pas, au moins à la marge, par approximation.

Le motif de Saint Louis, roi de l'ensemble des Gaulois, est évidemment central pour jauger l'inscription de l'acte dans le développement d'une rhétorique de l'attachement des Français à la maison royale qui a été longuement discutée ces dernières décennies dans le cadre des débats sur le développement plus ou moins tardif et plus ou moins concret d'une identité « proto-nationale[31] ». Cette identité, fort différente de l'identité nationale du dernier modernisme ou de la première époque contemporaine, passait en grande partie par l'exaltation de la figure de Saint Louis, patron du royaume et de la famille royale, qui permettait de souder les deux ensembles et de les identifier. Le terme de Gaulois utilisé dans ce contexte ne doit pas dérouter. C'est

30 Sur l'origine liturgique de ces formules, *cf. supra*, p. 236-237.

31 *Cf.* en particulier sur ce point Beaune, *Naissance de la nation France*, *op. cit.*

non seulement un doublet classique et commode de *Franci* dans la phraséologie politique des XIIIe et XIVe siècles[32], mais il a l'avantage d'arrimer cette histoire aux narrations antiques sur la Gaule préromaine et sur les vertus militaires des Gaulois[33]. Dans le contexte de l'acte, son apparition au côté des *Franci* qui viennent à peine d'être évoqués a donc une valeur de renforcement et de complément, dans la logique de ces recherches de doublets signifiants qui pour leurs utilisateurs médiévaux augmentaient, plutôt qu'ils n'affaiblissaient, la portée de ce qui était dit.

Après cette présentation fulgurante qui part du cœur littéral de la monarchie – le cœur du roi ! – pour s'étendre à l'ensemble du royaume à travers la famille royale, cette première section de l'éloge se clôt par les deux formules liturgiques qui s'élèvent telle une prière qui serait dite par Charles V, et qui, dans leur banalité, n'en ont pas moins, également, une signification temporelle. Saint Louis est le passé fondateur, la *memoria* du saint roi est en bénédiction, mais il est aussi le futur, de toute éternité : sa mémoire ne sera jamais abandonnée à travers les siècles. C'est, en fait, la glose mystique, au cœur de l'appareil de sacralisation de la monarchie, du mécanisme scolastico-aristotélicien de fonctionnement de la royauté présenté dans la partie médiane du préambule. On y spécifiait que les rois, conduits par la mémoire et par l'espoir, participaient en quelque sorte de l'immortalité, puisque la mémoire des rois du passé et l'espoir du comportement futur de leurs fils les faisaient se mouvoir et leur donnaient la force d'avancer dans l'accomplissement de leur devoir royal[34]. Or les rois de France, s'ils n'échappent pas à cette règle générale, ont l'avantage de trouver au centre de ce dispositif Saint Louis, dont le modèle les fait s'avancer, par la contemplation du passé, mais aussi par l'espoir d'atteindre un jour sa perfection, car il est également placé dans le futur idéal de la monarchie, jusqu'à la fin des temps. Ainsi les harmoniques impersonnelles du préambule se reflètent-elles dans l'exposé qui les colore et les personnalise, en les appliquant plus particulièrement à la souche sanctifiée de la maison de France.

---

32 *Cf.* par exemple la lettre du roi de Sicile (Naples) Robert d'Anjou adressée à Philippe V en 1318 citée *supra*, p. 234, n. 32 ; ou vers la fin du siècle l'extrait du *Songe du Vieil pelerin* de Philippe de Mézières cité *supra*, n. 696.

33 Beaune, *Naissance de la nation France*, *op. cit.*, sub indice « Gaule », « Gaulois ».

34 *Cf.* l'analyse des sources de ce passage, *supra* p. 204-206, ainsi que de leur agencement conceptuel, *supra* p. 334-336.

Après cette envolée à caractère liturgique[35], la partie centrale du panégyrique glisse vers le gouvernement du roi, sans entrer encore dans les détails. Saint Louis est caractérisé par un double ensemble d'actions, les unes propres à la sainteté, les autres à la gestion de la *respublica.* D'un côté, selon la formule hagiographique consacrée, le roi n'a connu aucun péché mortel, exceptionnalité qui justifie sa sainteté de manière négative. De l'autre, il a gouverné incomparablement, justification positive. Il a gagné sa sainteté par son accomplissement parfait du métier de roi. Les termes qualifiant son gouvernement, classiques, doivent néanmoins être glosés, car, là encore, ils s'ancrent dans une rhétorique qui relie l'exposé au préambule et est pleinement signifiante. Il a tenu le gouvernail de l'État, *gubernavit* (et c'est donc une illustration directe de la capacité générale des adolescents royaux commentée quelques lignes plus haut), de manière à s'attirer la louange éternelle, et l'État est ici signifié par le couple des deux noms, des deux pôles conceptuels, *regnum* et *respublica*, que nous avons déjà vus associés[36]. Il l'a fait de telle manière que le monde s'en étonnera aussi longtemps que le soleil parcourra les régions zodiacales, et cette glose, faisant affleurer (illogiquement, intuitivement, ce n'est pas

35 Cet éloge de Saint Louis rejoint la fortune matérielle prévue pour les trois exemplaires de l'acte, destinés à être abrités dans le trésor des chartes qui se trouve alors dans la Sainte-Chapelle, au plus près du dispositif de sacralisation de la royauté mis en place par saint Louis pour honorer la Sainte Couronne, et consacré à lui par ses successeurs. La continuité entre Charles V et saint Louis, soulignée par Carqué, *Stil und Erinnerung*, *op. cit.*, p. 485-494, est particulièrement remarquable dans le culte des reliques conservées à la Sainte-Chapelle : non seulement l'une des chartes ornées les plus solennelles de l'époque de Charles V, Brunel, *Images du pouvoir royal*, *op. cit.*, n° 25, p. 170-174, concerne le don par Charles à son frère Jean de Berry d'un morceau de la vraie croix conservé à la Sainte-Chapelle, coupée par le roi lui-même (*cf.* également pour le préambule de cet acte Barret-Grévin 2014, n° 374), mais Charles V s'était également fait confectionner une grande couronne, la sixième de l'inventaire des biens mobiliers (*Inventaire du mobilier de Charles V*, roi de France, Jules Labarte (éd.), Paris, Imprimerie nationale, 1879, p. 16) dans laquelle avaient été insérés des fragments d'épines de la Sainte Couronne (« Item, la couronne que le Roy fist faire, où il y a des espines de la Saincte Couronne ; et y a quatre florons, où il a, en chascun floron, ung gros saphir, troys moyens saphirs et une grande et grosse emeraude, cinq balaiz et huit perles [...] et poise douze marcs cinq onces et demye. Et le pié de ladicte couronne, qui est d'argent, poise douze marcs d'argent ». Les termes de l'inventaire soulignent que cette couronne, quand elle n'était pas portée par le roi, pouvait être traitée comme un objet de vénération. Si le commentaire n'entrait pas dans le champ d'une herméneutique quelque peu gratuite, on serait presque tenté de dire que les trois exemplaires de la *constitutio* viennent, en 1374, à la Sainte-Chapelle, prendre la place des fragments de reliques qui rejoignent alors la famille royale...

36 *Cf. supra*, p. 213, 238.

ce que dit strictement le texte) l'image d'un roi-soleil, reporte à l'éclat fulgurant de la sainteté royale, tout en rappelant la marche de l'univers organisé selon le modèle divin décrit par Aristote et commenté dans les écoles[37]. Au centre de la nature, le saint roi... Enfin, cette exemplarité du gouvernement royal et immaculé de Saint Louis doit être suivie, car elle est christique. Elle doit être suivie en droit, comme une loi éternelle de la royauté, selon ce qu'indique la formule tirée du registre juridique *ad consequenciam trahi debent*. Elle doit être suivie en morale, comme un exemple de sainteté, selon ce que suggère l'usage de la maxime théologique *sic quod sua actio nostra instructio videatur*. Cette dernière maxime qualifie en effet chez saint Thomas (après bien d'autres) l'imitation du modèle christique, exemple ultime de tout chrétien[38]. Le saint roi est ainsi assimilé dans ses œuvres et ses souffrances au Christ dont il forme le relais et l'intercesseur pour la famille royale et le peuple de France.

C'est la tête et le cœur chargés de cette dimension écrasante de la sainteté du modèle suprême des rois de France, sortie de la poitrine de Charles V, que les hommes du XIV^e^ siècle abordaient la troisième et dernière partie du panégyrique décrivant plus concrètement les actions de Saint Louis au sortir de l'enfance. L'indication *De ipso enim legitur* était sans ambiguïté : elle invitait à se reporter aux nombreuses sources où les actions, la geste du saint roi, étaient racontées, au premier rang desquelles les *Grandes Chroniques de France* sans cesse tissus à Saint-Denis. On pouvait lire dans ces histoires que le roi encore enfant avait été attaqué par de puissants ennemis du royaume, que le lecteur pouvait aussi bien assimiler, selon son degré d'information et sa pensée, aux Anglais qu'aux barons révoltés, et que tout enfant qu'il fût, il les avait repoussés en bataille – ce qui correspondait assez bien à la réalité des premières campagnes du jeune monarque. On pouvait y lire également, dans ces propres termes pour certaines chroniques, que c'était à quatorze ans qu'il avait assumé le gouvernement du royaume (et la mention du *regimen* vient ici compléter celle du *gubernaculum*, dans une logique qui rejoint le préambule), qu'il avait reçu les hommages et serments de fidélité des prélats, des pairs et des autres vassaux, et qu'il avait été oint de la sainte onction royale, et couronné.

Ici, la banalité de l'enchaînement n'empêche pas que tout soit signifiant, que tout doive être pris en compte. D'un côté, la précision sur

37 Sur cette image solaire de Saint Louis, *cf.* Rathmann-Lutz, « Images », *op. cit.*, p. 209-210.
38 *Cf.* sur ce point *supra*, p. 240.

les hommages et serments reçus au couronnement n'est pas gratuite. C'est l'une des premières pierres d'attente, après la mention de l'âge de majorité, qui commence à son tour à préparer, au sein même de l'exposé, les précisions du dispositif, lequel attachera une grande importance à la question des serments donnés et reçus lors du sacre[39]. D'autre part, il n'y a rien de fortuit à ce que l'exaltation de Saint Louis finisse précisément sur la note de l'onction de la sainte huile et du couronnement par la couronne royale. La liaison entre l'accession à la majorité et les opérations mystiques et juridiques du sacre a été lentement préparée au cours de la première partie de l'acte, d'abord par l'itération de bénédictions typologiquement préfiguratrices, comme celle d'Isaac, ensuite par le rappel des onctions royales de Joas et David. Elle éclate ici au grand jour, car le type de Saint Louis révèle dans sa pleine intensité la centralité de cette étape essentielle de l'obtention de la dignité royale, parfaite par l'onction divine et l'imposition des couronnes. Ainsi est aménagée la transition vers les dispositions particulières qui seront prises à ce sujet dans la dernière partie de l'acte.

## PROTÉGER LES MINEURS, ÉVITER LES TUTELLES

[...] *videntes eciam – dierum crescente malicia – mundum jugiter in deteriora prolabi, et non ex divine providencie deffectu seu debiti rerum ordinis, sed ex propriis demeritis in hominum mentes assueta depravante nequitia malis malorum passim cumulum superaddi ; et quod quasi dampna infinita per administratores alienos minoribus illata et irrogata fuerunt temporibus retroactis, nec cessant, prodolor indesinenter inferri ; exactique temporis consideracio edocet, et pensata prudenter discrimina manifestant, quot et quantis aliena, longeva et peregrina regimina plena periculis extiterunt ; quibus de causis et aliis, ut minorum indempnitatibus succurratur, et ipsi frequenter veniam etatis impetrant, et nos et predecessores nostri in concedendo eandem consuevimus nos exhibere petentibus liberales* [...]

« [...] voyant aussi :
– que, la méchanceté augmentant avec les jours, le monde glisse continuellement vers le pire, et que, non par défaut de la providence divine ou de l'ordre convenable des choses, mais en raison de leurs propres démérites, comme

39 *Cf. infra*, p. 387-389.

> la malice invétérée dans les hommes les pervertit, une montagne de maux s'ajoute partout aux maux [déjà présents] ;
> – et que c'est presque une infinité de dommages qui a été infligée et apportée par les administrateurs étrangers aux mineurs dans les temps révolus, et qu'ils ne cessent, hélas !, d'être infligés ; et que la contemplation du temps écoulé nous apprend, ces injustices justement considérées manifestent à combien et à quels périls les gouvernements placés longuement sous une tutelle étrangère ont été soumis, raisons pour lesquelles, entre bien d'autres, afin que l'intégrité des mineurs soit secourue, eux-mêmes invoquent fréquemment [qu'on leur fasse] grâce de leur âge, et nous et nos prédécesseurs avons accoutumé, en la leur concédant, de nous montrer généreux envers les requérants. »

Avec la sortie du panégyrique, l'exposé replonge pour un temps dans une sorte de récitatif où la geste du pouvoir royal fait place à des considérations différentes. Récitatif solennel pourtant, scandé par le rythme ample imposé par la solennité des sources convoquées par les rédacteurs. Les deux fragments massifs des préambules des décrétales de Jean XXII et de Grégoire X[40] structurent en effet ce discours dont ils marquent le développement en alternance avec les deux textes qu'y ont cousu les serviteurs du roi, pour créer un costume mi-parti, préfiguration textuelle des modes de cour sous Charles VI. Le premier d'entre eux a notamment pour fonction de signifier la coupure conceptuelle qui s'opère alors.

Cette coupure n'est pas radicale. Il est en effet logique d'opposer le temps de la sainteté, temps lointain et révolu, qu'il faut s'efforcer de retrouver dans un futur aménagé par la loi, au temps dont le motif avignonnais détaille les imperfections. La « méchanceté des jours croissant », le monde roule continuellement à l'abîme, gronde le redoutable premier thème papal, et cette vision n'est sans doute que trop éloquente pour des hommes qui ont vécu les années 1330-1360, les guerres anglaises et intestines, l'arrivée de la peste, le désordre politique. Ce désordre du monde n'est pas le résultat du défaut de la protection divine ou d'une malconception naturelle. Il est le fruit d'un endurcissement des hommes qui s'accoutument à faire le mal, et dans cette vision d'une montagne de maux qui s'empilent en couvrant toujours plus d'espace, on peut bien reconnaître également cette obsession de la multiplication caractéristique de la vision flamboyante. C'est là pour les rédacteurs l'occasion de brosser un tableau général de décadence morale en rejoignant une thématique

---

40 *Cf.* pour l'origine de ces textes *supra*, p. 244-246.

alors bien rodée. Cette décadence est en effet également abordée par plusieurs autres actes solennels du troisième quart du XIV^e^ siècle, tel que celui qui dote en 1352 l'église de Saint-Ouen, siège de l'ordre de l'Étoile, en insistant sur l'abaissement des vertus combatives de la noblesse[41].

Le texte explicite une première fois de quels dérèglements concrets il va être question quand les rédacteurs précisent que des dommages infinis ont été jadis portés par des administrateurs étrangers aux mineurs, et que cette situation cruelle continue sans interruption. La mention des tutelles abusives, tout droit sortie de l'arsenal des civilistes, surgit donc ici pour la première fois dans l'acte de manière explicite. L'insertion est habile, car elle évite d'affronter de manière trop frontale la question de la régence ou tutelle du roi qu'elle va naturellement amener. Par l'évocation des milliers de cas de maltraitance de jeunes héritiers que le hasard biologique ou la guerre ont faits orphelins, et qu'un curateur sans scrupules maltraite, les rédacteurs de l'acte procèdent à une audacieuse opération où ils assimilent implicitement la maltraitance du royaume en cas de tutelle prolongée à ces scandales particuliers. Le passage fait donc appel à un imaginaire émotif appuyé à la fois sur le monde des romans et des chansons de gestes, sur la thématique folklorique de l'orphelin dépouillé ou menacé[42], et sur une situation très réelle : celle de la multiplication, dans le monde nobiliaire de la seconde féodalité (mais aussi dans celui des patriciats urbains) des procès d'héritage et de tutelle, dont le scandale, au gré des abus coutumiers, enflait parfois au point de motiver l'intervention du pouvoir royal, comme à Toulouse au temps de l'*Arrestum Sane*, sous le règne de Philippe V le Long[43]. Des marqueurs d'émotivité théâtraux, hyperboles (*dampna infinita*) et exclamations (*prodolor*) viennent encore souligner ce scandale d'une injustice exercée sur les enfants et adolescents qu'il importe de faire cesser.

L'invocation du second préambule papal et le développement qui le suit forment une imposante *variatio* de ce thème pour la première fois

41 *Cf.* pour ce texte Barret, Grévin, *Regalis excellentia*, *op. cit.*, n° 229, p. 492-493 (le texte donné peut être considéré comme la réunion du préambule et du début de l'exposé).

42 *Cf.* par exemple à ce sujet Struyf, Marie-Claude, « Les orphelins de père dans l'œuvre romanesque de Jean Renart », *Les relations de parenté dans le monde médiéval*. XIV^e^ colloque du Centre universitaire d'Études et de Recherches médiévales d'Aix, Aix-en-Provence, Presses universitaires de Provence, 1989 (Senefiance, 26), p. 273-285.

43 *Arrestum Sane*, *op. cit.* Éléments d'analyse succincts dans Arabeyre, Patrick, « Le premier recueil méthodique d'ordonnances royales françaises : le *Tractatus ordinationum regiarum* d'Étienne Aufréri (fin XV^e^-début du XVI^e^ siècle) », *Revue d'Histoire du Droit*, 79, 2011, p. 391-453, p. 401.

présenté, comme si les rédacteurs, conscients de la gravité des allégations qu'ils avancent – un tuteur de la couronne pourrait porter tort au royal héritier, au roi lui-même, dans sa minorité – tenaient à expliciter leur pensée avant d'accomplir le saut décisif. Le premier emprunt papal était typologiquement motivé par le fait que la loi de Jean XXII visait à punir les agents divers qui semaient en l'absence du pape le trouble dans les États pontificaux d'Italie, en bafouant ses légats – situation évoquant de loin celles de tuteurs pervers qui, pouvant agir avec impunité, saccagent un héritage. Le second emprunt, qui vient le redoubler, reçoit son efficacité du fait que sa source, le préambule de la décrétale de Grégoire X déjà mentionnée, commente rétroactivement les dommages et catastrophes que les vacances du pouvoir prolongées ont causés dans les temps passés.

Les motifs ont donc été choisis et ajustés parce qu'ils se complètent à leur manière. L'un insiste sur les dégâts infligés par les mauvais tuteurs aux enfants et héritiers sans défense, l'autre reprend ce thème, mais en l'infléchissant implicitement vers une déploration de l'absence ou de l'insuffisance d'une législation apte à remédier à cet état de fait. Or le caractère implicite de cette déclaration est, si l'on veut bien y réfléchir, compensé, au moins dans l'esprit des rédacteurs, par l'existence d'une pierre d'attente qui avait été posée par eux dans la troisième partie du préambule, quand ils avaient utilisé la première moitié de ce fragment de décrétale[44] : c'est là, effectivement, qu'avaient été pointés du doigt pour la première fois dans l'acte les problèmes posés par le fait que le roi devait apporter le remède d'une réformation (*remedio reformationis*) pour éliminer ce qui, dans la mécanique de la succession, pouvait présenter un danger (*periculosiora*). Si les leçons du temps jadis et l'examen attentif des dommages infligés aux particuliers mineurs enseignent au roi « à combien et à quels périls les gouvernements (*regimina*) placés longuement sous une tutelle étrangère ont été soumis », il s'agit bien à la fois des gouvernements domestiques, et du gouvernement royal (le terme de *regimina* aidant de ce point de vue à opérer la transition), ce qui explique la possibilité du développement étonnant qui va suivre.

Les rédacteurs, en effet, précisent et achèvent leur pensée en soulignant que ce sont ces abus qui ont conduit les rois prédécesseurs du roi et lui-même à faire œuvre de justice en accordant leur grâce libérale à ceux qui, fréquemment, invoquaient la « grâce de l'âge », et qu'ils l'ont fait

44 *Cf. supra*, p. 214-215.

pour qu'il soit « secouru aux indemnités des mineurs ». Ils expliquent donc qu'une des fonctions de justice essentielle du roi de France a été, devant ceux qui invoquaient ou pour lesquels on invoquait, en suivant les formules du droit romain, réparation de torts commis à leur encontre alors qu'ils étaient sous tutelle, ou sauvegarde contre des torts potentiels, de les protéger par différents mécanismes juridiques, dont la dipense d'âge par laquelle on traduisait au XVIII^e^ siècle l'expression « *veniam etatis impetrare*[45] ».

C'est dire d'une certaine manière que le roi, redresseur des torts faits aux mineurs dans son royaume, se considère en droit de légiférer pour que l'État royal, dans son éternité, répare en tant que principe de justice permanent le tort potentiel qui peut être infligé au jeune roi encore sous tutelle, en créant un dispositif qui, assimilé à une « dispense d'âge », *litterae emancipationis*, empêchera automatiquement le jeune roi d'être lésé par une tutelle abusive. Sans rentrer trop avant dans le débat sur les deux corps du roi et l'élaboration d'un idéal de continuité monarchique[46], il semble qu'il y ait là une illustration de la dissociation conceptuelle du principe de royauté, divisé entre un être biologique qui doit être, périodiquement, protégé quand il est trop jeune et que son père est

45 C'est le mécanisme juridique qui est connu dans la France d'Ancien Régime sous le nom de « lettre de bénéfice d'âge », et pour lequel les auteurs du XVIII^e^ siècle donnent également l'équivalent de lettres d'émancipation. *Cf.* pour des exemples du XIV^e^ siècle Barret, Grévin, *Regalis excellentia*, n° 169, p. 476 (émancipation accordée à deux sœurs venant de se marier, juin 1351), ainsi que n° 292, p. 510 (émancipation accordée à Simon de Thouars, comte de Dreux, pour cause de maladie de son père, 1361). La rhétorique du préambule n° 169 est particulièrement pertinente pour notre réflexion, car elle contient en miniature le raisonnement développé sur la précocité des rois de France : *Etsi annorum numerus homines ex constitutione juris et consuetudinis reddit in etate perfectos, quandoque tamen sensus aptitudine et statura corporum naturaliter operatur in eis quod juniores ante complementum naturalis etatis perfecti sunt ad actus quoslibet exercendos.* Il n'est pas exclu que la mise en série d'actes équivalents permette de progresser encore dans notre compréhension de la genèse de la loi de 1374, car les notaires de la chancellerie ont dû fournir de nombreuses lettres dont les préambules et dispositifs comportaient un discours général sur les raisons, nécessités et vertus de l'émancipation.

46 Débat pour lequel je renvoie à la bibliographie donnée dans Krynen, « Le mort », art. cité et *Id.*, *L'Empire du roi*, *op. cit.*, 1993, p. 135-153. Après l'essai fondamental de Kantorowicz, Ernst H., *Les deux corps du roi. Essai sur la théologie politique au Moyen Âge*, Jean-Philippe Genet-Nicole Genet (trad.), Paris, Gallimard, 1989 (version originale *The King's Two Body. A study in medieval political Theology*, Princeton, Princeton University Press, 1957), on indiquera simplement ici Paravicini Bagliani, Agostino, *Le corps du pape*, Paris, Seuil, 1997, qui contribue à replacer le problème du « double corps » et de la continuité de l'État monarchique dans la série des emprunts conceptuels de l'État royal à l'État pontifical.

prématurément décédé, et un principe immortel qui se comporte en justicier réparant les torts faits aux mineurs, le mineur fût-il… le roi.

> […] *quodque rex et dominus naturalis ac legittimus plus diligitur a subditis, quam quicumque regens pro eo, videtur libencius, et sibi ab eisdem promptius obeditur, retrahunturque a facinoribus et delictis solum Dominum videndo ;* […]
>
> « [et voyant de plus]
> Que le roi et seigneur naturel et légitime est plus chéri par ses sujets que quiconque gouvernant en son nom, qu'il est vu plus volontiers, et qu'il est obéi par lesdits [sujets] plus promptement, et qu'ils s'abstiennent des méfaits et délits en voyant leur seul seigneur […] »

Le développement suivant, que l'on n'a séparé que pour des besoins de commodité, est à la fois la conséquence logique de ce qui précède et une transition vers le double *exemplum* macédono-mérovingien qui fermera l'exposé. Les rédacteurs ont évité de dire frontalement que le dispositif visait à protéger le jeune roi des abus d'une tutelle qui ne peut guère être que celle de membres de sa famille (encore que certains précédents étrangers aient pu donner l'idée d'autres formes de tutelle, ecclésiastiques par exemple, comme ce fut longuement le cas pour Frédéric II de Sicile), tout en en disant assez pour faire comprendre l'objet de leur pensée, et de l'acte. Ils retournent alors l'argumentation en la chargeant d'une valeur positive, pour souligner dans quelle position plus satisfaisante que tout gouvernement délégué le gouvernement direct par le roi, seigneur naturel, place le royaume. Le triangle roi-sujet-régent se recompose donc, puisque l'on passe du parallèle d'une protection accordée par la royauté aux mineurs, dont le mineur royal, contre les tutelles abusives, à un rapport harmonieux entre roi et sujets, causé par l'absence de régence, régence évoquée explicitement par l'expression *regens pro eo*. Et l'on se prend à rêver en lisant ces lignes aux souvenirs de Charles V, qui avait vécu, non sans peines et sans contestations, parfois féroces, cette situation d'une « régence du royaume », mais à fronts renversés, quand il se trouvait être, lui, adolescent, lieutenant général et « régent le royaume » pour le compte de son père captif du roi d'Angleterre, après Poitiers[47].

Dans ce nouveau développement, qui forme donc un type de *variatio*, mais une *variatio* d'une portée très spéciale par rapport à l'argumentation

47 Sur la lieutenance, puis régence de Charles V avant le retour de Jean II le Bon, *cf.* Cazelles, *Société et politique*, *op. cit.*, p. 229-385 et Autrand, *Charles V*, *op. cit.*, p. 196-400.

précédente, c'est l'amour et l'obéissance des sujets envers un seigneur naturel qui se trouve glosé, en un quadruple mouvement. Le roi, seigneur naturel, a plus de légitimité, et est plus aimé par les sujets, que quiconque gouverne pour lui. L'importance de la notion de seigneur naturel a déjà été suffisamment glosée pour qu'on n'ait pas à revenir ici sur ce qu'elle représente dans ce cadre, à la fois d'un point de vue juridique et idéologique[48].

Cet amour et ce bon gouvernement causés par l'absence de barrière ou d'intermédiaire entre le souverain et ses sujets ont deux conséquences, présentées selon un mode de pensée que l'on a déjà eu l'occasion de commenter, de manière négative et positive, ou passive et active – et l'on retrouve ici l'influence formelle, discrète mais tout de même présente, des modes de pensée scolastiques des juristes et théologiens. D'un côté, on lui obéit plus promptement, dans l'action. D'un autre côté, la vision du seigneur véritable tend à réfréner chez les sujets la tendance au crime ou au délit[49]. Dans cette vision du roi de justice dont la seule présence établit l'ordre dans le royaume, malgré les tendances peccamineuses des sujets, se retrouve quelque chose de la rhétorique des lettres de rémission les plus solennelles, elle-même largement empruntée aux sources papales et impériales[50]. Dieu a établi les rois pour gouverner, et pour administrer la justice qui doit nécessairement être délivrée aux hommes corrompus par la chute adamique, réformant ainsi la société sans cesse menacée de dissolution, cette même dissolution qu'annonçait

48 Krynen, Jacques, « Naturel », art. cité.

49 Sur le lien entre l'« amour » entre le roi et ses sujets et la justice royale au XIVe siècle, *cf.* en particulier Scordia, Lydwine, « Devoir de justice et amour du roi aux XIIIe-XIVe siècles », *Le roi, fontaine de justice*, Jean-Patrice Boudet, Silvère Menegaldo, Bernard Ribémont (éd.), Paris, Klincksieck, 2011, p. 129-144. Sur le concept d'amour politique en France au bas Moyen Âge, *cf. Ead.*, « Concepts et registres de l'amour du roi dans le *De regimine principum* de Gilles de Rome », *Amour et désamour du prince : du haut Moyen Âge à la Révolution française*, Josiane Barbier, Monique Cottret, Lydwine Scordia (éd.), Paris, Kimé, 2011, p. 45-62 ; « L'amour du roi est-il une composante politique de la "nation France" au XIIIe siècle ? », *Nation et nations au Moyen Âge*, Actes du XLIVe Congrès de la SHMESP, Paris, Publications de la Sorbonne, 2014, p. 217-230 ; *Ead.*, « Le roi doit avoir le cœur de ses sujets : réflexion sur l'amour politique en France au XVe siècle », *Désordres créateurs. L'invention politique à la faveur des troubles*, Emmanuelle Tixier du Mesnil, Gilles Lecuppre (éd.), Paris, Kimé, 2014, p. 107-118, 2013 et 2014.

50 Sur les lettres de rémission, *cf.* Gauvard, Claude, *« De grace especial ». Crime, État et société en France à la fin du Moyen Âge*, Paris, Publications de la Sorbonne, 2010 (Les Classiques de la Sorbonne, 1) [première éd. 1991], en particulier p. 61-71. Sur l'origine sicilienne et papale d'une partie de leur phraséologie, *cf.* Grévin, *Rhétorique*, *op. cit.*, p. 594-620.

le début de cette section, avec sa vision d'un monde humain s'enfonçant irrémédiablement dans un abîme de méfaits. Le roi fait donc office de contrepoids investi de pouvoirs christiques pour enrayer la dissolution du monde. Mais pour que ce mécanisme fonctionne, il importe que le principe de diffusion de la justice (du gouvernement…) royale ne soit pas entravé par la formation d'un écran, c'est à dire d'une tutelle qui se prolonge indûment.

C'est alors que les rédacteurs choisissent de synthétiser à nouveau leur argumentation, d'une manière inattendue, en soulignant que les charismes de la personne royale transcendent la question de l'âge, dans un ultime revirement qui replace au centre du propos la figure de l'enfant royal en bas âge.

## DEUX VARIATIONS SUR L'ENFANT-ROI EN BATAILLE

> […] *et ut frequenter visum est, puerum, juvenem vel infantem, ad bonum obediencie et serviciorum promptitudinem excitati, audaces et magnanimi fiunt, ac magis in omnibus virtuosi ; Macedones enim prelio pulsi, rege suo regis deffuncti filio existenti in cunis pene aciem posito, accrius repetiere certamen, victores futuri propter presentiam ejusdem, ostendentes priori bello regem non virtutem Macedonibus defuisse ; et Gallici Chilpericum regem Francie, cujus auttoritate et nomine etatis quatuor mensium existentis regnum regi voluerunt, intuentes per reginam matrem suam ad exercitum inter brachia portari, ita strenue bellaverunt quod dictus Chilpericus gloriosissimum habuit et obtinuit triumphum* […]

> « […] enfin qu'on a souvent vu que, lui [étant encore] enfant, adolescent ou nourrisson, eux, incités au bien de l'obéissance et à la promptitude des services, se font audacieux et héroïques, et plus vertueux en toutes choses ; – en effet les Macédoniens, repoussés au combat, ayant placé leur roi, fils du roi défunt, qui était encore au berceau, au milieu de l'armée, recommencèrent plus vivement l'assaut, pour remporter la victoire à cause de la présence de celui-ci, montrant [par là] que dans la guerre précédente, c'était le roi, non la vertu, qui leur avait manqué ; et les Gaulois, voyant Chilpéric, roi de France, sous l'autorité et le nom duquel ils avaient voulu que le royaume fût régi, alors qu'il n'avait que quatre mois d'existence, porté dans les bras de la reine sa mère à l'armée, combattirent si durement que ledit Chilpéric remporta et obtint un très glorieux triomphe […] »

L'interprétation correcte de la séquence *et ut frequenter visum est puerum juvenem vel infantem*, contre la traduction de 1392[51], permet en effet de comprendre que cette partie du texte sert d'introduction directe aux deux narrations historiques : les rédacteurs affirment qu'il s'est fréquemment vu dans l'histoire que des sujets, mis en présence d'un roi enfant (*puerum*), adolescent (*juvenem*), voire nourrisson (*infantem*), aient été excités au « bien de l'obéissance » et à la promptitude des services, qu'ils soient devenus audacieux et magnanimes, enfin que leur vertu, stimulée par la présence royale, se soit pour ainsi dire dilatée dans toutes les directions. L'expression *bonum obedientiae* n'est à cet égard pas indifférente, car sa charge théologique initiale est forte. Peut-être inventée, en tout cas utilisée avec prédilection par saint Augustin, elle symbolise dans le *De civitate Dei*[52] et le commentaire inachevé sur la Genèse[53] le véritable apprentissage contenu dans l'interdiction de manger du fruit de l'arbre de vie dans le jardin d'Éden. Le *malum inobedientiae* est cette action qui a précipité la chute adamique, tandis que le *bonum obedientiae* consiste dans le respect de la parole de Dieu qui aurait dû être gardé[54]. En s'y conformant, les sujets du roi suivent donc un plan divin qui leur permet

51 *Cf.* sur ce point *supra et infra*, p. 249-250 et 459-560.

52 *De civitate Dei*, XIII, 20 [Augustini Hipponensis, *De civitate Dei*, Bernard Dombard, Alphonse Kalb (éd.), Turnhout, Brepols, 1955 (Corpus Christianorum series Latina, XLVIII)., t. II, p. 403] : *Quae licet senio non veterescerent, ut necessitate perducerentur ad mortem (qui status eis de ligno vitae, quod in medio paradiso cum arbore vetita simul erat, mirabili Dei gratia praestabatur), tamen et alios sumebant cibos praeter unam arborem, quae fuerat interdicta, non quia ipsa erat malum, sed propter commendandum purae et simplicis oboedientiae bonum, quae magna virtus est rationalis creaturae sub Creatore Domino constitutae. Nam ubi nullum malum tangebatur, profecto, si prohibitum tangeretur, sola inoboedientia peccabatur* [...]

53 Augustinus *De genesi ad litteram*, VIII, 13, 28-31 [*Œuvres de Saint Augustin*, 49, *La genèse au sens littéral en douze livres (VIII-XII), De genesi ad litteram libri duodecim*, Paul Agaësse-Aimé Solignac (éd.), Paris, Desclée de Brouwer, 1972 (Bibliothèque augustinienne, 49). p. 50-55] : *Et praecepit dominus deus Adae dicens : ab omni ligno quod est in paradiso edes ad escam ; de ligno autem cognoscendi bonum et malum non manducabitis de illo* [...] *nec potuit melius et diligentius demonstrari, quantum malum sit sola inoboedientia* [...] *Cum vero illud tangitur, quod nec tangenti obesset, si non prohiberetur, nec cuiquam alteri, quandolibet tangeretur, quare prohibitum est, nisi ut ipsius per se bonum oboedientiae et ipsius per se malum inoboedientiae monstraretur ?* [...] *Nec fieri potest, ut voluntas propria non grandi ruinae pondere super hominem cadat, si eam voluntati superioris extollendo praeponat. Hoc expertus est homo contemnens praeceptum Dei et hoc experimento didicit, quid interesset inter bonum et malum, bonum scilicet oboedientiae, malum autem inoboedientiae* [...]

54 L'expression est également reprise dans la *Regula sancti Benedicti* : LXXI, *Ut obedientes sint sibi invicem frates* (*cf. Benedicti Regula*, Rudolph Hanslik (éd.), Vienne, Hoelder-Pichler-Tempsky, 1960 (Corpus scriptorum ecclesiasticorum Latinorum, 75), p. 161 : *Oboedientiae bonum non solum abbati exhibendum est ab omnibus, sed etiam sibi invicem ita oboediant fratres.*

de compenser partiellement les effets de la chute adamique en obéissant au roi, instrument de Dieu pour maintenir une justice imparfaite sur la terre remplie d'hommes peccamineux. Si le roi est présent, et peut être vu *facialiter*, l'homme sera maintenu dans un état de quasi-innocence, et la paix établie. Que le roi s'éloigne ou qu'un obstacle fasse écran à son action bénéfique, et l'homme risque de retomber dans le péché, tenté par Satan[55]. La reconstitution de ce complexe d'idées souligne quelle charge christique contient l'expression *solum Dominum videndo*, le roi se faisant ici le représentant direct de Dieu sur terre[56].

Ce qui intrigue le plus au premier abord est que pour illustrer ce propos, les rédacteurs aient choisi deux *exempla* dans lesquels, en posant la vertu immanente de la présence du roi enfant, adolescent ou nourrisson, ils radicalisent une dernière fois la démonstration, en sélectionnant un double récit historique dans lequel ce n'est pas l'adolescent autour de quatorze ans, ni même l'enfant autour de sept ans qui est mis en valeur, mais bien l'image surprenante de l'enfant-roi qui vainc littéralement ses ennemis en bataille au berceau. C'est d'abord l'anecdote des Macédoniens, qui, défaits par leurs ennemis, portent littéralement leur roi dans un berceau au sein de leurs escadrons et, galvanisés par la présence royale, remportent une victoire complète. C'est ensuite le récit adapté des *Grandes Chroniques de France*, où un roi-enfant mérovingien de quatre mois d'âge est porté dans les bras de sa mère Frédégonde devant des troupes qui remportent un triomphe sur ses ennemis[57].

Il vaut la peine de s'arrêter sur ces deux *exempla* sans leur prêter la valeur trop anecdotique qu'on leur a attribuée jusqu'ici. Ils sont en effet placés dans une position stratégique de l'acte, vers la toute fin de l'exposé, qui va se clore. Ce double récit est par conséquent, à sa manière, l'un des temps forts de l'enchaînement narratif. Quelle est donc sa signification ? Il est bien sûr possible de choisir une *interpretatio facilior*, en suggérant que les rédacteurs ont simplement voulu radicaliser leur démonstration

---

55 Sur la connexion conceptuelle entre l'exercice du pouvoir royal et de la justice d'une part, et la nature peccamineuse de l'homme postadamique d'autre part, *cf.* Stürner, Wolfgang, *Peccatum und potestas. Der Sündenfall und die Entstehung der herrscherlichen Gewalt im mittelalterlichen Staatsdenken*, Sigmaringen, Thorbecke, 1987 (Beiträge zur Geschichte und Quellenkunde des Mittelalters, 11), analyse des sources scolastiques et papales.

56 Idée qui sera reprise dans le dispositif à travers la dernière citation biblique, *cf. infra*, p. 402-406.

57 Sur les sources de ces deux *exempla*, *cf. supra*, p. 250-256.

en soulignant par l'absurde que si un roi nourrisson pouvait motiver ses troupes, cela était encore plus vrai d'un roi adolescent, et que leur argumentation en sortait renforcée. Une telle explication est toutefois un peu courte, et il en existe d'autres.

Une première piste est livrée par la comparaison avec les exemples similaires du reste de l'acte. Un roi-enfant en bataille avait déjà été présenté, Saint Louis. Il était néanmoins *puer*, glissant vers le statut de *juvenis* : il avait quatorze ans. Toute la présentation des actions concrètes de Saint Louis, vers la fin de son panégyrique, tourne autour de cet âge supposé. Plus haut, la galerie des rois offrait un ensemble de rois-enfants dont l'accession au trône oscillait entre sept et huit ans, à la première césure importante dans les âges de l'éducation aristotéliciens. Seule la mention des Césars renvoyait entre autres choses à l'idée du roi nourrisson[58], mais de manière implicite. Avec le massif double *exemplum* de la fin de l'exposé, un vide est donc comblé et l'ensemble des âges de la vie du roi depuis sa naissance jusqu'à sa puberté se trouve représenté par des modèles prouvant que, même si le roi est mineur, il incarne potentiellement *toujours* la dignité royale à son sommet.

La création du dyptique regroupant la Macédoine et le royaume des Francs mérovingiens fut quant à elle, on l'a dit, sans doute causée par l'irrésistible attraction de deux *exempla* jumeaux isolés dans l'annalistique, dont l'un arrimait la victoire du roi enfançon à l'histoire du royaume, tandis que l'autre plongeait dans l'antiquité. Cette double construction n'était pas forcée, dans l'optique universaliste des sages du conseil du roi. Oresme le commente au long des *Politiques* : la *translatio imperii* qui a fait passer l'hégémonie de Babylone à la France en passant par la Perse, la Grèce et Rome fait de l'histoire macédonienne, comme des cinq autres, un modèle spéculaire valable pour toute réflexion politique. De ce point de vue, l'exemple est donc parfaitement fonctionnel, Aéropos étant l'un des lointains précurseurs d'Alexandre le Grand, sous qui

58 Le raisonnement, poussé à fond, dépasserait le cas du nourrisson pour englober le fœtus, puisque le sens original du vers ovidien est que les Césars sont dotés de leurs vertus avant même leur naissance. *Cf.* au sujet de la conception médiévale du fœtus, en tant que futur enfant, Lett, *L'enfant des miracles*, *op. cit.*, p. 20-21, et dernièrement Van der Lugt, Maaike, « L'animation de l'embryon humain dans la pensée médiévale », *L'embryon : formation et animation. Antiquité grecque et latine, tradition hébraïque, chrétienne et islamique*, Luc Brisson (éd.), Paris, Ellipses, 2008, p. 233-254, ainsi que plus généralement pour les études sur l'hérédité médiévale, *L'hérédité entre Moyen Âge et époque moderne*, Charles de Miramon et Maaike Van der Lugt (éd.), Florence, Galluzzo, 2008 (Micrologus' library, 27).

l'empire macédonien atteindra sa plus grande expansion, comme le Chilpéric de l'*exemplum* mérovingien l'est – malgré le saut de race – des Valois du XIV^e^ siècle.

Les deux *exempla* portent par ailleurs en eux bien plus que la description d'une bataille gagnée quasi miraculeusement, grâce à l'explosion de la « foi royale ». Ils soulignent également les conditions de la légitimité monarchique, nécessaire pour que le miracle advienne. Le roi macédonien au berceau était le fils du roi défunt, sa continuation biologique : l'enfant réputé mineur selon les lois ordinaires prolonge directement le père dans sa royauté, illustration des explications aristotéliciennes du préambule. Quant au petit roi mérovingien, il est expressément précisé que les Gaulois avaient voulu, en dépit de ses quatre mois d'âge, que le royaume fût régi (selon le vocabulaire de la plénitude de l'exercice du pouvoir, regroupant *rex*, *regimen*, *regere* et *regens pro rege* dans le fil de l'acte) en son nom et sous son autorité. On trouve donc dans l'histoire « française » un précédent montrant que dans le cas extrême d'un avènement à la couronne d'un enfant de moins d'un an, suivi d'une crise grave, la *natio* (les grands ? mais le choix de *Gallici* implique un accord, au moins implicite, de la communauté tout entière) avait accepté, non pas un gouvernement réel de l'enfant, impossible à ce stade, mais le principe que le gouvernement du royaume, assuré en l'occurrence par sa mère, s'effectuerait non sous l'autorité d'une tutelle ou d'une régence, mais au nom et sous l'autorité nominale de l'enfant. C'est là, véritablement le sens de la démonstration, même si l'on peut bien admettre également que le choix des nourrissons vise, effectivement, une dernière fois, à faire admettre le caractère médian de la solution des quatorze ans, en soulignant qu'au fond, une absence totale de tutelle serait concevable. Le début du préambule le disait, sous l'invocation d'Hilaire de Poitiers et du Siracide : c'est dès le premier âge que l'enfant-roi apprend son métier, d'abord comme prince, s'il a la chance que son père survive assez longtemps, sinon comme roi mineur dans lequel s'impriment déjà (*imprimuntur*) les préceptes d'un bon gouvernement.

Reste à souligner une dernière dimension de cet *exemplum* où la majesté royale rayonne à travers la figure d'un enfant au berceau. Cette image paraît incongrue à un esprit moderne qui dissocie mécaniquement l'univers religieux et la pensée de la représentation royale. Elle ne l'était pas pour un homme du XIV^e^ siècle, qui tendait à surimposer la figure du

Christ, modèle ultime de toute royauté, à celle du roi. Or le roi-nourrisson est une image christique par excellence de ce Dieu-enfant qui se dresse déjà, du sein de sa mère, pour dominer l'univers, image aussi puissante que rassurante pour Charles V, ses conseillers, les habitants du royaume. Dans l'iconographie même des *Grandes Chroniques de France*, objets de plusieurs programmes d'enluminure aux XIVe et XVe siècles, la figure de l'enfant-roi porté devant l'armée par sa mère n'a pas été délaissée[59]. Et il n'est pas impossible que cette dernière association implicite ait joué un rôle non négligeable dans le choix du double *exemplum* pour clore en beauté le mouvement de l'exposé, d'autant plus que le Christ-enfant est porteur de paix, une paix que l'on va, une fois encore, invoquer contre la menace du chaos avant d'entrer dans le dispositif.

## LA SORTIE DE L'EXPOSÉ, UN DERNIER APPEL MESSIANIQUE

> [...] *pacifico statui regni nostri nedum pro nostris sed pro perpetuis temporibus cupientes sinceris affectibus providere, ad vitandas discordias, removenda scandala, et alia inconvenientia et detrimenta maxima, que nisi provideretur, timerentur verissimiliter evenire;* [...]
>
> « Désirant d'un élan sincère pourvoir à l'organisation pacifique de notre royaume, non pas seulement pour notre temps, mais à perpétuité, afin d'éviter les discordes, d'ôter les scandales, et autres défauts et dommages essentiels, qui, si l'on n'y pourvoyait, risqueraient vraisemblablement de survenir ; »

La sortie de l'exposé s'effectue en effet, comme dans un sas, après cette double narration historique, par une nouvelle recompactation sous forme d'un énième développement en forme de préambule, développement dont le fond, au-delà de sa banalité apparente, prend tout son sens à la lumière de l'interprétation de la seconde partie de l'exposé. Si

59 *Cf.* par exemple Lyon, Bibliothèque municipale, Ms P. A. 30, f. 53v, Frédégonde et son fils Clotaire II combattant Childebert II à Droizy. La reine, couronnée, tient dans ses bras un enfant qui peut être interprété comme un nourrisson, mais qui porte la couronne, symbole de dignité royale. Elle s'avance à la tête d'une armée, et fait face à ses adversaires. Sur l'association de l'*infans* et du Christ dans la pensée médiévale, *cf.* Lett, *L'enfant des miracles*, *op. cit.*, p. 72-73.

le roi, fût-il enfant, se révèle le frein dynamique, le remède provisoire mais efficace à l'anarchie et à la corruption post-adamique, et si c'est ce caractère provisoire ou intermittent de la pleine royauté, dû aux conditions pratiques de la succession royale, qui empêche ce remède de donner tout son effet, il faut effectivement, de toute urgence, concourir au rétablissement d'une harmonie supérieure en créant une loi qui pérennisera le pouvoir bénéfique de l'exercice plénier de la dignité royale. C'est pourquoi Charles V souligne que c'est pour établir l'état pacifique de son royaume et pour éviter les discordes, scandales et autres inconvénients et dommages de grande envergure qui ne manqueraient pas (*verisimiliter*) de survenir si rien n'était fait, que la loi, dont le dispositif s'annonce, va être promulguée.

Ici, c'est en partie l'usure sémantique qui cache la force des termes employés : *cupientes sinceris affectibus* est bien supérieur à « désirant avec une sincère affection ». Il s'agit d'un élan partant du tréfonds du cœur, ce cœur dans lequel est enclos telle une statue l'exemple de Saint Louis, roi parfait. La charge sémantique de *scandala*, qualification potentiellement chargée d'une valeur juridique de tout déréglement punissable qui menace l'ordre établi ou à établir dans la chrétienté, ne doit pas non plus être oubliée[60]. Enfin, *status pacificus* est quelque chose de plus qu'un simple statut « pacifique », ce terme ayant acquis un sens largement passif en français contemporain. Il faut ramener ce concept à sa racine étymologique d'état (*status*), équilibre, assiette, organisation (constitution… pour paraphraser A. Rigaudière) créateur de paix (*paci-ficus* : *qui pacem facit*). À travers la loi, c'est un état du royaume stable mais dynamique, faisant rayonner la paix autour de la personne du roi, qui va être créé, car les hasards de la succession dynastique seront enfin tempérés par un dispositif qui maximalisera les potentialités de la continuité mystique et juridique de la maison de France. Et ce, non seulement « pour notre temps », mais pour l'éternité.

60 *Cf.* sur ce point Fossier, Arnaud, « "Propter vitandum scandalum". Histoire d'une catégorie juridique (XII^e^-XV^e^ siècle) », *Mélanges de l'École française de Rome*, 121/2, 2009, p. 317-348.

# LE DISPOSITIF, OU L'ŒUVRE DU CONSEIL

Nous nous trouvons encore dans une section de l'acte qui fait office de sas entre l'exposé et le dispositif. Tout confirme cependant que la frontière vient d'être franchie, car le texte change de densité. Les toutes dernières formulations caractéristiques d'une rhétorique respirant librement s'effacent, avec l'évocation de la délibération du roi et de ses conseillers, pour faire place à un ensemble de termes qu'il était certes possible d'agencer autrement, mais qui sont, cette fois, des marqueurs de validité juridiques, des instruments performatifs de la loi. L'entrée dans le troisième mouvement de l'acte se fait en effet sous le sceau d'une dérhétoricisation, ou plutôt d'un changement de stratégie impliquant une inversion de polarité entre la force rhétorique et la rigueur juridique de la démonstration (et de ce point de vue, les deux pôles préambule-exposé/dispositif fonctionnent à travers l'acte comme un système unitaire, dans un véritable champ magnétique où le droit dit la même chose que la rhétorique, mais sous une forme différente, comme si l'un des modes de pensée était le négatif de l'autre). Il faudra attendre longtemps – la fin de la période centrale et l'entrée dans le rappel des recherches des juristes aboutissant à synthétiser la teneur de l'acte, pour que le discours retrouve une marge d'autonomie par rapport à l'exposition stricte de la loi[1]. Aussi hésite-t-on à définir le rythme de ce troisième mouvement selon les critères musicaux employés plus haut. À moins que la bonne métaphore ne soit, tout simplement, celle d'un passage provisoire, comme il s'en pratiquait tant dans les grandes messes du XIV^e^ siècle, de la polyphonie complexe d'un *Kyrie* à une partie exécutée en plain-chant ?

1 Sur cette section de l'acte et ses particularités stylistiques, grammaticales et diplomatiques, *cf. supra*, p. 267-273.

[...] *premissis omnibus et singulis, quantum nobis ex alto permittitur premeditatis prudenter, ut agere considerate possimus, ad omnem dubitationis materiam submovendam, habita super hoc deliberatione matura et consilio pleniori cum pluribus prelatis personisque notabilibus clericis et laicis, declaramus decernimus ordinamus et hac editali lege nostra irrefragabili et imperpetuum valitura diffinimus constituimus et sanccimus de nostris certa scientia ac regie plenitudine potestatis* [...]

« [...] l'ensemble et chacune de ces choses susdites ayant été, autant qu'il nous est accordé [du haut] des cieux [de le faire], prudemment médité, [et,] afin que nous puissions agir avec circonspection, ayant [été la matière d'une] mûre délibération et [d'un] conseil plénier, [renforcé de] moult prélats et personnes remarquables, tant clercs que laïcs, nous déclarons, décrétons, ordonnons, et, par cette loi à valeur d'édit irréfragable et valide à perpétuité qui est la nôtre, définissons, constituons et sanctionnons, de nos certaine science et plénitude de la puissance royale [...] »

Le début du dispositif comporte lui-même une introduction, qui résume, on l'a dit, l'action royale. Charles V ramasse d'un trait (*premissis omnibus et singulis* [...] *premeditatis*) l'ensemble foisonnant de l'argumentation qui vient d'être développée dans le préambule et l'exposé, pour souligner que ces raisons juridiques, théologiques, historiques, ces autorités bibliques, patristiques, classiques, canoniques, ces exemples et ces contre-exemples ont tous été médités, et longuement médités (*pre-meditatis*), avec toute la circonspection nécessaire (*prudenter*), afin d'agir avec le coup d'œil le plus sûr (*ut agere considerate possimus*) et sans plus d'hésitation (*ad omnen dubitationis materiam submovendam*). Un dernier effet de style a été glissé par le notaire dans cette partie de l'acte, avant l'entrée dans la sèche énumération de la loi : une succession d'assonances résonnent discrètement pour souligner la concentration appliquée par la personne royale et ses conseillers à la préparation de la loi : *permittitur premeditatis prudenter* [...] *pluribus prelatis personis*. Car le roi a tenu à souligner qu'il s'est entouré d'un conseil important (*plenior*, plus grand qu'à l'ordinaire), un conseil constitué de toutes sortes de personnes (prélats, personnes notables, clercs et laïcs), sur l'identité desquelles il faudra revenir dans la dernière partie de cette étude, pour regrouper l'ensemble des données nécessaires à la préparation et à la finalisation de ce grand projet monarchique, et que les délibérations ont duré longtemps (*deliberatione matura*). Charles V, roi sage, moins orgueilleux que Frédéric II, ne se pose pas en seul artisan, mais en artisan principal. Les conseillers conseillent, le roi gouverne.

Arrive enfin l'ensemble des verbes dont l'énonciation fait *ipso facto* sortir la loi du néant, assortis des deux définitions de la puissance législatrice du roi en action, et d'une longue glose sur le caractère indestructible et perpétuel de la nouvelle *constitutio*. C'est peut-être la seule partie de l'acte qui a été examinée à fond par l'historiographie, tant elle porte en elle-même de charge juridique[2]. La glose du nom de la loi, qui apparaît ici pour la première fois (seul l'adjectif *legittimus* lui fait écho dans le préambule et l'exposé), explicitée en forme d'édit (*editalis*) irréfragable, et à valeur perpétuelle (*imperpetuum valitura* : devant valoir à perpétuité[3]), est formellement encadrée et enclose dans la double suite de verbes, trois placés avant elle (*declaramus, decernimus, ordinamus*), trois derrière (*diffinimus, constituimus et sanccimus*), tandis que les deux formules soulignant qu'elle a été promulguée avec la plus grande solennité et charge performative possible sont repoussées en fin de séquence et accolées. La loi s'assimile donc, comme il a été abondamment glosé, à un édit impérial (second et dernier écho direct de l'Empire dans l'acte), délivré par les hommes les plus sages du royaume, de « certaine science » (c'est-à-dire, pour retrouver l'origine étymologique du terme, dans la certitude absolue de sa justesse, qui ne pourra plus être contestée, fondée par la connaissance parfaite du roi) et dans la plénitude de la puissance royale. *De nostris certa scientia ac regie plenitudine potestatis* : là encore, il faut redonner à ces termes peu à peu usés par l'accoutumance une force qu'ils n'avaient pas perdue à la fin du XIV^e^ siècle (qu'ils n'ont jamais véritablement perdue sous la monarchie…), celle de la fiction légale, qui devient vérité en conseil, que le roi connaît l'ensemble du droit, et qu'il peut donc décider au mieux par le choix du droit véritable pour la situation qui convient, particulièrement dans un cas où il s'agit d'établir pour l'éternité un droit encore non fixé, et celle de la plénitude du pouvoir royal, soulignant dans le droit fil des conceptions théocratiques de la *plenitudo potestatis* papale la capacité absolue à créer la loi ou à l'améliorer, à l'instar de l'empereur ou du pape[4].

---

2 *Cf.* en particulier Rigaudière, « La *lex* », art. cité, p. 174, et *Id.*, « Un grand moment », art. cité, p. 296.

3 Sur l'origine de cette formule dans la phraséologie du droit civil, et plus précisément dans la *Novella* 112 (*hac… perpetuo valitura constitutione sancimus*), *cf.* Gouron, André, « Ordonnances des rois de France et droits savants (XIII^e^-XV^e^ siècles) », *Comptes rendus de l'Académie des Inscriptions et Belles lettres*, n° 135/4, 1991, p. 851-865, en particulier 856-859.

4 *Cf.* sur ce point Petit-Renaud, « Le roi, les légistes », art. cité, p. 1.

## LE DISPOSITIF
## Clauses de succession et d'entrée dans la majorité

[...] *ut si nos vel successores nostros nutu divino decedere vel ab hac luce migrare contigerit, filio nostro masculo primogenito, seu primogenitis regum successorum nostrorum pro-tunc existentibus minoribus quatuordecim annis, eo-ipso quod dictus primogenitus noster, seu primogeniti predictorum successorum nostrorum quartumdecimum annum sue etatis attigerint, vel eisdem decedentibus sine filiis masculis fratres sui ab eodem patre procreati, naturales et legittimi secundum debitum ordinem originis eorumdem, dictum annum quartumdecimum attingentes, quos exnunc prout extunc quoad infra scripta puberes statuimus et decernimus reputari, habeant et habere debeant regimen et administracionem regni, homagia et juramenta fidelitatis per prelatos, fratres, pares, principes, seu quascumque personas alias ecclesiasticas vel seculares, prestanda et facienda ; etiam si archiepiscopali, episcopali, regia, vel alia quacunque prefulgeant dignitate, recipiant et admittant ; illi vero qui ad eadem prestanda vel facienda erunt quomodolibet astricti, illa dicto tempore sibi facere et prestare neccessario teneantur* [...]

« [...] que s'il arrive que nous, ou nos successeurs, décèdent ou migrent de cette lumière [mondaine vers la lumière éternelle], concernant notre fils de sexe mâle, aîné, ou les aînés des rois nos successeurs, qui se trouveraient à tel moment avoir moins de quatorze ans, du simple fait que notre susdit aîné ou les aînés de nos susdits successeurs auront atteint la quatorzième année de leur âge ; ou bien que, étant décédés sans fils mâles, leurs frères, engendrés par le même père, naturels et légitimes, selon l'ordre obligé de leur antécédence, auront atteint ladite quatorzième année, – lesquels [fils ou successeurs] nous statuons et décrétons être considérés dorénavant, avec effet immédiat, pubères [à cet âge] quant aux choses écrites plus bas – ils aient et doivent avoir le gouvernement et l'administration du royaume, et qu'ils reçoivent et admettent les hommages et serments de fidélité qui doivent être prêtés et faits par les prélats, par leurs frères, par les pairs, par les princes, ou par quelque autre personne que ce soit, ecclésiastique ou séculière, même si elle resplendissait de la dignité archiépiscopale, épiscopale, royale, ou de quelque autre [dignité] ; que ceux en revanche qui sont tenus de prêter et de faire lesdits [hommages] en quelque manière que ce soit, soient nécessairement obligés à les lui faire à ce moment. »

La séquence suivante, la première du dispositif après le mécanisme de promulgation proprement dit, est véritablement le cœur juridique de la loi, dans la mesure où elle fixe à la fois la règle de succession, selon l'ordre bien connu, par primogéniture des mâles, légitimes, et à défaut de descendance directe, dans la branche masculine la plus proche du roi défunt, et l'âge de la majorité des rois à quatorze ans. Il est donc vrai, comme on l'a souligné, que la loi comporte un dispositif successoral qui en fait bien autre chose qu'une simple loi de fixation de la majorité : une véritable loi de succession au trône[5]. Étant donné le caractère ambigu du fondement écrit de la loi salique, on peut considérer à bon droit que l'acte de fixation de 1374 contribue à ancrer ces règles de succession dans les « constitutions » monarchiques et les maximes fondamentales de l'État.

Il n'en reste pas moins que, dans le dispositif rhétorique de l'acte, la priorité est donnée à la question de la majorité. Les rédacteurs commencent en effet par expliquer qu'en cas de décès du roi ou de ses successeurs – donc, de tout roi de France à commencer par Charles V –, si son fils (ou ses successeurs légitimes, de quelque degré de parenté qu'ils soient) est âgé de moins de quatorze ans, il acquerra automatiquement le droit de gouverner et d'administrer le royaume quand il atteindra l'âge de quatorze ans. La question du décès du roi, magnifiée par la double figure *nutu divino decedere vel ab hac luce migrare*, est donc directement rapportée au problème de l'âge de son successeur. Les précisions sur l'ordre de succession restent en revanche semi-explicites, dans la mesure où elles n'évoquent pour les frères du roi et leur descendance, à défaut d'héritier direct, que « l'ordre convenable de leur origine », sans autre détail. Il vrai que le principe de primogéniture patrilinéaire était tellement limpide, une fois qu'on s'était accordé à le suivre[6], qu'un malentendu était difficilement envisageable.

On prend en revanche à l'occasion de cette évocation de l'ordre de succession un soin particulier de marquer en quoi consiste exactement la légitimité du roi. Il doit être de la même souche paternelle, même s'il s'agit d'une lignée collatérale (ce qui exclut donc les femmes deux fois, puisqu'on évoque ici l'illicéité des revendications d'Édouard III), mais il doit aussi être « naturel et légitime », c'est-à-dire sans soupçon de supercherie biologique ou de bâtardise.

Ces « formules » n'étaient pas de pure forme, loin de là. La question de la « naturalité » s'est posée, de la matière tragique que l'on sait, pour le petit-fils de Charles V, Charles VII, dont la propagande bourguignonne a attaqué la légitimité en niant qu'il fût fils de Charles VI.

---

5 Rigaudière, « La *lex* », art. cité, p. 183-187.

6 Sur la construction progressive au XIVe siècle d'une « idéologie de la loi salique », *cf.* Krynen, *L'Empire du roi*, *op. cit.*, p. 127-135.

Quant à celle de la légitimité, elle a surgi dans un contexte moins tragique, mais de manière à provoquer bien des remous, en pleine histoire moderne, quand Louis XIV, du haut d'une *plenitudo potestatis* qui n'était plus retenue par les mêmes freins que celle des rois du bas Moyen Âge, a décidé, non seulement de légitimer ses bâtards, mais également de les rendre habiles à succéder, altérant ainsi l'équilibre constitutionnel de la monarchie finissante. Il est vrai qu'entre temps une crise d'une tout autre importance avait eu lieu, celle qui avait failli provoquer la déchéance de la troisième race pour cause de non-catholicité, mais c'est là une autre histoire... quoique l'issue de cette histoire dise également beaucoup sur la force des principes de succession posés par notre acte et confirmés dans la suite des temps.

Après ces précisions sur l'ordre de succession, le roi déclare donc *ex certa scientia* que lesdits successeurs, rois mineurs de quatorze ans, assumeront automatiquement le gouvernement du royaume dès qu'ils atteindront cet âge. Les formules utilisées, performatives, renforcent comme on l'a déjà expliqué le caractère effectif de la loi qui vaut dès lors automatiquement pour toutes les dispositions qui vont suivre : *exnunc prout extunc quod infra scripta*. Par surcroît de précaution, il est rappelé par incise que les rois sont décrétés et statués (deux verbes déjà utilisés dans la formule générale de promulgation de la loi, dans la mesure où *statuimus* et *constituimus* sont quasi équivalents) pubères à cet âge, ce qui n'est pas exactement dire qu'ils seront majeurs en droit romain : les *puberes* atteignent l'âge viril, qui donne certains droits définis, mais certainement pas la plénitude de majorité invoquée dans l'acte. Il y a là une nuance qui pourrait certainement être glosée en droit, retrouvant la ligne médiane du droit canonique dans lequel l'*annus discretionis*, dans le sens de limite de douze ou quatorze ans, valide la possibilité d'un mariage librement consenti, ou d'une entrée en religion[7]. La suite immédiate du dispositif ôte néanmoins toute ambiguïté sur ce que l'usage de ce terme, peut-être un raffinement de civilistes pour éviter de faire rentrer formellement les cadres du droit romain en contradiction avec la teneur de l'acte, doit laisser entendre sur l'autonomie à laquelle atteindra le roi.

---

7 *Cf.* sur ce point *supra*, p. 230-231 et 353. Sur les seuils d'âge dans le droit romain, *cf.* Flach, *Étude historique*, *op. cit.* et Youf, Dominique, « Seuils juridiques d'âge : du droit romain aux droits de l'enfant », *Sociétés et jeunesses en difficulté* [en ligne], n° 11, printemps 2011, URL : http://sejed.revues.org/7231, consulté le 01 02 2019.

Il est en effet précisé qu'à ce seuil fatidique, le roi assumera le gouvernement (le fait de régner dans toute la plénitude du terme : le *regimen*) et l'administration du royaume, et, dans une longue série de spécifications, qu'il recevra « les hommages et serments de fidélité qui doivent être prêtés par les prélats, ses frères, les pairs, les princes, et quelque autre personne que ce soit, ecclésiastique, ou séculaire, même si elle resplendissait de la dignité archiépiscopale, épiscopale, royale ou autre ». Ces hommages sont d'abord ceux qui sont détaillés par l'*ordo* du sacre, conservé pour l'époque de Charles V dans le *Livre du couronnement* qu'il fit élaborer pour son usage personnel[8]. La liste, quoiqu'attendue, mérite un commentaire. L'ordre est d'une part signifiant, puisque ce n'est pas la famille royale qui vient en premier, mais les archevêques et évêques du royaume, dans une hiérarchie respectant l'Église et son rôle de puissance semi-autonome. La mention des frères, étant donné le contexte d'élaboration et le dispositif de l'acte, est également fondamentale, d'autant plus que c'est là un des premiers points, après la mention répétée et inévitable des fils et premiers-nés, où le dispositif entre en résonance avec le préambule. Tels les frères d'Isaac, héritier du pouvoir suprême sur les terres qui constitueront le futur Israël, les frères du roi lui prêteront, sans contestation, hommage, sans prétendre prolonger une tutelle qui aurait pu leur revenir : c'est dire de manière positive ce que les clauses pénales répéteront sous la forme d'une interdiction solennelle. Puis viennent les pairs, puis le groupe des *principes* – la très haute noblesse qui, souvent liée à la famille royale par un lien de consanguinité, occupe le plus haut rang de la hiérarchie nobiliaire, enfin toute personne susceptible de prêter ces hommages[9].

On détaille enfin spécifiquement deux cas, en soulignant qu'il n'existe pas de clause dérogatoire à cette prestation de serment, soit pour cause d'exemption ecclésiastique – un évêque ou archevêque qui dépend du roi ne peut pas se prévaloir de la hiérarchie religieuse pour esquiver l'hommage, soit, et c'est la clause qui a retenu l'attention des historiens, pour cause de dignité royale. Ici, Françoise Autrand a invoqué l'exemple de Charles II le Mauvais en soulignant que c'était probablement de lui

8 British Library, ms. Cotton MS Tiberius B VIII, f° 73-78, texte des serments prêtés au roi lors du sacre.

9 À comparer avec les groupes devant prêter serment de fidélité au roi durant le couronnement (pour lesquels *cf. infra*, p. 394-395).

qu'il s'agissait dans ce contexte[10]. C'est oublier que la *constitutio* était conçue pour l'éternité, à un moment où nul ne pouvait prévoir que la radicalisation de la guerre de Cent Ans au début du XV^e siècle, puis l'éviction des Anglais hors de France – fors Calais, jusqu'en 1558 – allaient finalement exclure le retour à un ordre ancien dans lequel, depuis la fin du XI^e siècle, le roi d'Angleterre possédait des domaines en France, et en faisait hommage au roi. En 1374, au moment de la rédaction de la loi, un nouveau cycle de négociations se préparait, les négociations de Bruges de 1375-1376, et les plénipotentiaires français partaient en position de force, munis d'instructions qui prévoyaient diverses concessions de détail au roi d'Angleterre pour obtenir la paix, à condition toutefois de préserver la suzeraineté française sur les territoires qui lui seraient conservés ou rétrocédés. Il était donc prévu que le roi d'Angleterre rentrât en possession d'une Guyenne réduite à une portion plus ou moins congrue, mais en se reconnaissant pour elle vassal du roi de France, comme il l'avait fait jusqu'au début du XIV^e siècle[11]. C'est sans doute d'abord dans cette optique, et avec cette vision, qu'il faut penser à cette clause royale[12]. Une clause de réciprocité, dont on a vu qu'elle était formellement séparée par le système de ponctuation des chartes de cette première partie du dispositif[13], verrouille enfin le système, en précisant que le roi recevra ces hommages et serments d'une part, et que ceux qui doivent les lui prêter seront tenus de le faire d'autre part. La prestation de serment au roi n'était pas un simple devoir. C'était un engagement qui comportait un aspect contractuel, incluant des droits et devoirs réciproques, et le roi, autant qu'il en tirait profit, avait également l'obligation de conserver cet édifice qui faisait partie du *status*, de l'équilibre dynamique du royaume, à une époque où l'épanouissement de nouvelles logiques de pouvoir nobiliaire donnait à ces formes féodales un nouveau souffle[14].

10 Autrand, *Charles V*, *op. cit.*, p. 634.

11 *Ibid.*, p. 613-625. Delachenal, *Histoire de Charles V*, *op. cit.*, t. IV, p. 562-579.

12 On peut d'ailleurs noter la place tenue par le groupe des « serments des barons de Guyenne qui sont venus en l'obéissance du roi », division régionale particulière (et la seule de ce genre) dans l'ensemble des catégories de serments transcrites dans le « Livre du couronnement de Charles V » (ms. Cotton MS Tiberius B VIII, f^o 74r-v-75r).

13 *Cf. supra*, p. 164.

14 Cazelles, *Société et politique*, *op. cit.*, p. 571-575.

## DU SACRE À LA *PLENITUDO POTESTATIS*

> [...] *donumque munificum sacre unctionis regalis, ceptrum, coronam et diadema, vestimenta, et alia insignia regalia universa et singula, recipere valeant pro sue libito voluntatis ; teneant ac plenum sorciantur effectum iuramenta, tam in sacra unctione vel coronatione, quam alias tunc per eosdem prestita ; nec non gracie, pacta, conventiones et promissa facta suis subditis et vassallis, seu aliis personis ecclesiasticis vel secularibus quibuscunque, ac si essent majores viginti quinque annis ; faciantque et disponant in omnibus et per omnia, prout verus rex Francorum facere potest et eidem competit ratione sui precelsi culminis ac dignitatis supreme sue regie majestatis, consuetudinibus non obstantibus quibuscumque.*
>
> « [...] qu'ils puissent recevoir le don munificent de la sainte onction royale, le sceptre, la couronne et le diadème, les vêtements, et l'ensemble des autres insignes royaux, à leur convenance personnelle ; qu'aient et possèdent pleine puissance les serments alors prêtés par eux-mêmes, tant lors de la sainte onction ou couronnement, qu'en d'autres occasions, ainsi que les grâces, pactes, conventions et promesses faits à leurs sujets et vassaux, ou aux autres personnes ecclésiastiques et du siècle, quelles qu'elles soient, comme s'ils avaient atteint la majorité des vingt-cinq ans, et qu'ils fassent et disposent en tout et pour tout, comme peut faire un vrai roi des Français et comme il lui revient [de faire] par la raison de sa suréminente hauteur et de la dignité suprême de sa royale majesté, nonobstant quelque coutume que ce soit. »

Avec les dispositions sur le sacre et sur la validité des serments, des actes gracieux, des alliances et des promesses, l'énumération des droits et devoirs qui caractérisent l'accession à la majorité des rois de France continue, mais pas pour longtemps. Si l'on pense en effet qu'une nouvelle partie du dispositif qui est en fait une récapitulation des raisons et des termes de la loi va bientôt s'ouvrir (à partir de *cum enim et fuerint*), et qu'elle sera suivie par des clauses qui ne disent pas la loi elle-même, mais les effets que sa non-application comporterait et son mode de publication et de conservation, on s'aperçoit que c'est finalement une fraction de l'acte très réduite – un septième du total, deux cent cinquante mots – qui forme le cœur du dispositif[15] . Cela n'en donne que plus de relief à ce que les rédacteurs ont voulu placer dans cet espace préservé, presque a-rhétorique, encore éloigné de la fin du texte et de ses clauses spéciales.

La seconde partie de ce « cœur juridique de l'acte », qui précise les effets de l'application de la loi dans l'exercice du pouvoir royal, se

15 Lequel est deux fois plus long : quelque cinq cent quarante mots.

divise elle-même en trois sous-sections, de longueur à peu près égale, mais de contenu différent. La première concerne le sacre. La seconde engage la sacro-sainteté et la performativité de la parole royale dans ce qu'elle a de plus contraignant, et de plus politique. La troisième ramasse l'argumentation et résume l'esprit de la loi, aménageant déjà, dans une remontée de sève rhétorique, la transition vers la suite.

Le sacre, tout d'abord[16]. Il était déjà évoqué, implicitement, par les spécifications sur la réception et l'admission des serments de fidélité vassalique de la part du roi car, comme le récit de l'accession au trône de Saint Louis dans l'exposé le suggérait, les deux cérémonies étaient liées[17]. À partir de quatorze ans, les rois auront le droit de recevoir, quand ils l'estimeront convenable, l'onction royale, et tous les attributs, sceptre, couronne, diadème, vêtements, et autres insignes, qui l'accompagnent. Ici, déjà, se distingue dans l'évocation de ce sommet de l'ascension monarchique, un frémissement qui redonne un peu d'air à cette énumération. Il est en effet impossible d'évoquer le mystère le plus important de la royauté sans en souligner la majesté par quelques agencements. Les rédacteurs, en évoquant le « don munificent de la sainte onction royale », ne se contentent pas d'exalter la grandeur de cette opération par un de ces jeux de surhaussement rhétorique que les théoriciens du *dictamen* appelaient *circuitio* ou *circumitio*, en faisant du concept principal le complément de nom d'un qualifiant qui le place ainsi sur un piédestal (*donum unctionis* au lieu d'*unctio*).

Ils renforcent également le jeu d'échos avec les autres sections de l'acte où, du préambule à l'exposé, cette partie du dispositif a été annoncée. Le don munificent (*donum munificum*) répond ainsi au don singulier (*donum singulare*) que Dieu a fait aux rois en la personne de leurs fils, don de la continuité monarchique dont le sacre est la célébration liturgique. Il répond également, tout près dans le préambule, à la solennité de la bénédiction d'Isaac qui donne Israël à Jacob. Il répond surtout, dans l'exposé, au quadruple couronnement des rois d'Israël et de Juda, mentionnant deux fois l'onction, avec un écho numérique (l'onction à

16 Sur l'importance du sacre dans le parcours et la pensée de Charles V, *cf.* Cazelles, *Société et politique*, *op. cit.*, p. 463-466, et Carqué, *Stil und Erinnerung*, *op. cit.*, p. 227-263 (à propos de la confection, attentivement suivie par le roi, du livre du sacre des rois de France, aujourd'hui Londres, British Library, MS Cotton Tiberius B. VIII). Carqué va, d'une manière intéressante pour notre propos, jusqu'à qualifier le « Livre du sacre » de « "loy ou constitucion royal" informelle » (*ibid.*, p. 262).

17 *Cf. supra*, p. 365-366.

sept ans de Joas préfigure l'onction à quatorze ans des rois de France). Il renvoie enfin, au centre absolu de l'acte, au couronnement de Saint Louis, où tous les éléments essentiels de la cérémonie, réception des hommages et serments de fidélité, onction sainte et couronnement proprement dit, étaient déjà évoqués. Le couronnement du roi saint, effectué au juste âge (selon le comput des rédacteurs...) reste le modèle intangible de tout couronnement futur. L'arrangement rhétorique de la formule *pro sue líbito voluntátis*, qui brise le rythme naturel (*pro libito sue voluntatis*) pour créer un cursus velox, peut être plus un réflexe d'écriture, partagé avec mille actes[18], qu'un trait spécialement choisi pour l'occasion. Il n'en musicalise pas moins le texte : le plain-chant, insensiblement, s'est mué en *organum*.

Dans l'énumération des éléments du sacre, il n'y a rien qui puisse troubler l'exégèse classique, à un détail près. Des éléments popularisés par l'iconographie, couvre-chefs mis à part, seul le sceptre est expressément mentionné[19]. Les vêtements ne sont évoqués que de manière générique, et tous les autres objets symboliques (globe, main de justice...) sont recouverts par la formule *insignia regalia universa et singula* : « l'ensemble complet des insignes royaux[20] ». En revanche, le couple *corona et diadema* attire l'attention, car il pose un certain nombre de problèmes. On lit en effet de-ci de-là que la couronne royale est différente du diadème, terme réservé aux usages impériaux. Ce passage confirme qu'il n'en est rien, tout comme la rhétorique de la chancellerie impériale indique d'ailleurs en sens contraire qu'on utilise alternativement les deux termes pour qualifier la couronne impériale[21]. Mais il implique que l'on fait usage de

18 La formule *pro libito sue voluntatis* reste toutefois bien plus employée, statistiquement.

19 Sur la symbolique du sceptre à l'époque de Charles V, *cf.* le *Traité du sacre* de Jean Golein, dans Jean Golein, *Le "racional des divins offices" de Guillaume Durand. Livre IV. La messe, les "Prologues" et le "Traité du sacre" : liturgie, spiritualité et royauté : une exégèse allégorique*, éd. critique et commentée, Charles Brucker-Pierre Demarolle, Genève, Droz, 2010 (Publications romanes et françaises, 250), p. 289 : « Le sceptre signifie royal majesté en qui doit estre droiture par discrecion, et par-dessus la main d'yvuire, par beneiçon. En ceste manière mest l'Escripture que Salemon beney a l'église d'Israel ». On rappellera l'existence du sceptre dit de Charlemagne fait pour Charles V, riche d'une symbolique impériale et auto-référentielle (la statuette de Charlemagne porte elle-même un sceptre, et, en dessous d'elle, la scène en bas-relief représente le sacre...).

20 Sur les différents éléments, *cf. ibid.*, p. 688-692. Outre couronne et sceptre, sont mentionnés la verge, les chausses, la brodure de fleurs de lys, le surcot, les ouvertures du surcot (pour l'onction), les aiguillettes, l'épée et, à part, l'étendard royal.

21 *Cf.* sur ce point Grévin, *Rhétorique*, *op. cit.*, p. 225, n. 279 : *corona* et *diadema* sont alternativement utilisés dans la rhétorique de Frédéric II, et *diadema* est richement glosé, dans la pensée du XII^e et du XIII^e siècle, dans une logique très voisine de *corona*.

deux couronnes au moment du sacre. Le texte n'a pas *corona vel diadema*, qui pourrait être un renforcement visant à préciser l'importance d'un seul objet par l'emploi d'un redoublement sémantique.

Le diadème, sous sa forme dérivée de l'ornement de l'époque gréco-romaine, existait comme parure royale dans la France du XIVe siècle, qu'il ait été imité ou retrouvé par les lois de la logique ornementale et vestimentaire. C'est en particulier cet attribut qu'ont choisi les lapicides qui ont créé le gisant installé à Saint-Denis pour la tombe de Jean Ier le Posthume, l'enfant-roi dont la mort au berceau, cinq jours après la naissance, avait exacerbé la première grande crise dynastique du royaume, en 1316. Le nourrisson porte le bandeau royal, une mince couronne plate, non fleurdelisée, sans doute métallique, incrustée qu'elle semble de pierres précieuses[22]. Dans l'inventaire en français des meubles de Charles V, fondamental pour l'histoire des ornements royaux du XIVe siècle, nombre de diadèmes sont répertoriés avec les couronnes, sous le nom de « cecles [cercles][23] », et l'iconographie du règne de Charles V ne manque pas de témoignages montrant que les membres de la famille royale portaient toutes sortes de parures, allant du plus simple diadème jusqu'aux couvre-chefs d'apparat tels que la fameuse « très grant, très belle et meilleure[24] ». Mais est-il raisonnable de penser que le terme de diadème ne qualifie pas, dans l'acte, tout simplement, une couronne ? Ou bien faut-il au contraire y voir un écho à la différence faite, déjà, au XIVe siècle, entre des couronnes plus simples et des couronnes à arceaux (plus tard dites « fermées »), qualifiées précisément d'impériales[25] ?

---

22 Sur le tombeau de Jean Ier, *cf.* Gaude Ferragu, Murielle, *D'or et de cendres. La mort et les funérailles des princes dans le royaume de France au bas Moyen Âge*, Lille, Presses universitaires du Septentrion, 2005, p. 311.

23 *Inventaire du mobilier*, *op. cit.*, n° 1 à 55 : *cf.* par exemple pour les cercles, n° 16, p. 19 : « Item, ung petit cècle d'or, qui fut a ladicte dame, garny de ballaiz, esmeraudes et de troches de perles ; et a en chascune troche sept perles ; et a, oudit chappel, six ballaiz et six esmeraudes. Pesant six onces ». On voit que la forme plus simple de l'objet n'exclut pas son caractère précieux.

24 Pour un exemple de couronne-diadème, *cf.* le buste de Marie de France (*circa* 1380) du Metropolitan Museum of Art de New York, reproduction Carqué, *Stil und erinnerung*, *op. cit.*, p. 333. Pour les couronnes d'apparat de Charles V, en particulier la « très grant, très belle et meilleure », *cf.* Cazelles, *Société et politique*, *op. cit.*, p. 506 ; *Inventaire du mobilier*, *op. cit.*, n° 1-55 (dont n° 1, p. 12-14).

25 *Cf.* sur ce point François, Michel, « Le pouvoir royal et l'introduction en France de la couronne fermée », *Comptes rendus des séances de l'Académie des Inscriptions et Belles-Lettres*, 1962, p. 404-413.

Le point est capital pour deux raisons. D'une part, l'objet et le concept de couronne acquièrent alors toujours plus d'importance en Europe dans la réflexion mi-juridique, mi-théologique sur l'essence de la couronne et du pouvoir royal ; le cercle de la couronne symbolisant, comme on sait, entre bien d'autres choses, la plénitude du pouvoir royal, il en vient peu à peu à servir de support sémantique à une conception plus abstraite de la domination monarchique[26]. D'autre part, Charles V attachait une grande attention à la confection des couronnes symbolisant son pouvoir, une attention qui, en l'absence d'autres témoignages aussi éloquents, semble bien avoir été exceptionnelle dans la série des rois de France des XIII^e^ et XIV^e^ siècles[27]. Il faudrait donc approfondir la question de la mention des deux couronnes, dites ici couronne et diadème pour éviter toute confusion. J'incline provisoirement à penser que l'évocation de ces deux couronnes fait concrètement écho dans la loi aux dispositifs mentionnés dans différentes versions de l'*ordo* du sacre royal, dont le *Traité du sacre* de Jean Golein, dispositifs selon lesquels le roi et la reine, après avoir été couronnés, quittaient à un moment précis la grande couronne de cérémonie, pour recevoir en échange une autre couronne de dimension ordinaire, de poids plus supportable[28].

---

26 Sur la symbolique de la couronne dans la France de Charles V, *cf.* le traité du sacre de Jean Golein, dans Jean Golein, *Le "rational"*, *op. cit.*, p. 688 : « La coronne signifie en majesté royal vraie loyauté, car elle est de ronde figure, sans fin et sans commencement ; ainsi est noblesce royal sans froisseure et sans interruption, et se doit porter sur le chief en significance qu'il est sur touz en vraie dominacion et avironnement de justice sans decliner plus a l'une partie que a l'autre [c'est-à-dire, pour reprendre les termes de la *constitutio*, *sine acceptione personarum*]. Ce qu'elle est d'or signifie charité, a fleurons espaniz par benignité, a pierres precieuses en signe de vertueuse equité… ».

27 Cazelles, *Société et politique*, *op. cit.*, p. 506, renvoyant notamment à l'inventaire édité dans Labarte 1879.

28 L'*ordo* du sacre contenu dans le ms. BnF 1246, édité et commenté dans Le Goff, Jacques, Palazzo, Éric, Bonne, Colette, *Le sacre royal à l'époque de Saint Louis*, Paris, Gallimard, 2001, p. 290-291, contient une séquence qui pourrait expliquer ce développement, et semble par ailleurs pertinente au regard des habitudes vestimentaires de Charles V : […] *et missa expleta deponit archiepiscopus coronas* [les couronnes du couronnement] *de capitibus eorum ; quibus exutis regalibus insignibus, iterum imponit capitibus eorum modicas coronas, et sic vadunt ad palacium, nudo gladio precedente* (figure quatorze du manuscrit, f° 37v, reproduction *ibid.*, hors pagination, début du livre, pl. XIV). Commentaire sur cette séquence et son iconographie *ibid.*, p. 73 et 184-185. Le traité du sacre de Jean Golein la reprend [Jean Golein, *Le "rational"*, *op. cit.*, p. 701] en lui donnant une glose succincte : « Et pour signifiance d'aucune humilité et de subjection a Dieu, après ce que la messe est finee [après le couronnement de la reine], l'arcevesque hoste leurs coronnes de leurs chiefs et les enseingnes royaux et leur met es chiefs autres petites coronnes, et en tele manière

La transition s'effectue naturellement, dans cette section du dispositif, du sacre proprement dit vers l'examen du pouvoir performatif supérieur acquis à partir de la majorité (et, implicitement, du sacre), par la personne royale. Ici, il faut s'arrêter sur un point de droit. L'acte dispose expressément que le roi peut, à treize ans révolus, recevoir ou différer le sacre, à son choix. L'assomption de la plénitude de la dignité et des pouvoirs royaux, si elle tend à être associée à la combinaison des deux facteurs (entrée dans ce qui est désormais l'âge légal de majorité des rois de France, et cérémonie du sacre), ne l'est donc pas tout à fait en droit. Il y a là un mystère monarchique, et, pour ainsi dire, comme une faille dans le dispositif, car il est évident que d'un point de vue théologique et mystique, le roi acquiert la plénitude de la puissance royale à travers l'opération du sacre, mais Charles V et ses conseillers ont voulu réserver la possibilité d'un empêchement ou d'une motivation retardant le couronnement mystique de l'édifice normatif. L'épopée de 1429 et le couronnement de Charles VII à Reims souligneront *a contrario*, un demi-siècle plus tard, à quel point les deux éléments, dans la pratique, restaient indissociables, et la tendance à associer l'accession au pouvoir et le sacre restera toujours forte, seuls des cas de force majeure (tels, précisément, que la formation au nord du royaume de la double monarchie franco-anglaise, ou le protestantisme initial du nouveau roi Henri IV) empêchant la tenue du sacre à l'accession au trône du roi. Dans la pratique, les manœuvres de l'automne 1380 et le couronnement à la hâte de Charles VI déclaré majeur à douze ans sont la meilleure preuve que la réserve *pro libito voluntatis* ne s'accompagnait pas d'une pensée de dissociation des deux facettes de l'accession à la plénitude des pouvoirs monarchiques. Il s'agissait sans doute plutôt, sous couvert du libre arbitre royal, de réserver la possibilité négative de cas d'empêchements.

Quoiqu'il en soit de ce point, à partir du moment où le roi est majeur, sacré ou non, sa parole acquiert force de loi. Les serments prêtés au moment du couronnement et de l'onction (deux paroles qui résument les deux éléments principaux du sacre, investissant le roi des charismes divins d'un « évêque extérieur » et de la puissance monarchique[29]) ou à

s'en vont au Palais, l'espee nue portant devant eulz. Et après on commande a garder les parements devant diz jusques a la mort d'yceulz pour les enterrer dedens ».

29 Pour une lecture du sacre royal français, *cf.* Le Goff, Palazzo, Bonne-Colette, *Le sacre royal*, *op. cit.*

un autre moment (*alias* : étant donné la clause de réserve sur le moment d'accomplissement du sacre, ce pourrait être aussi bien avant qu'après la cérémonie) acquièrent leur pleine force, leur plein effet (*plenum effectum*) performatif[30]. Il ne s'agit pas simplement des serments du sacre obligeant le roi à la défense du royaume et de la foi catholique, pour résumer un ensemble de dispositions bien plus complexes[31], implicitement contenues dans l'acte, mais de quatre catégories d'actes souverains, de nature parfois assez différente : les grâces, les pactes, les conventions et les promesses.

Derrière les grâces (*gracie*) se profile l'énorme train des privilèges de tous ordres, parmi lesquels les anoblissements, les dons d'apanages, les élévations de statut mais aussi les exemptions diverses, les rémissions et les grâces pénales, qui formaient une partie considérable de l'exercice souverain du pouvoir royal (et de la production de la chancellerie[32]). Sous le terme de *conventiones et pacta*, on devine notamment le réseau serré et si important en ces temps de guerre anglaise des conventions diplomatiques et des traités passés à travers l'Europe, et la collection de conventions et de pactes diplomatiques des rois de France rassemblée un peu plus tard pour Charles V par Gérard de Montaigu le jeune vient à l'esprit[33]. Ces deux catégories résument en quelque sorte les deux facettes principales – fonctionnement interne du royaume, et politique extérieure[34] – d'un gouvernement en actes, le dernier terme de « promesse » venant

30 Sur la performativité médiévale, *cf.* les approches croisées développées dans *Le pouvoir des mots au Moyen Âge*, Nicole Bériou, Jean-Patrice Boudet, Irène Rosier-Catach (éd.), Turnhout, Brepols, 2014 (Bilbiothèque d'Histoire Culturelle du Moyen Âge, 13).

31 Sur le noyau central de ces serments, *cf.* pour la version donnée par l'*ordo* du milieu du XIII^e^ siècle, Le Goff, Palazzo, Bonne, *Le sacre royal*, *op. cit.*, p. 286, et pour l'*ordo* de l'époque de Charles V (manuscrit le plus fameux, en possession personnelle de Charles V et annoté par lui, British Library, ms. Cotton MS Tiberius B VIII, f° 44v-45r) pour le serment général sur la conservation de la couronne et de la paix dans le royaume, ainsi que l'exercice de la justice (éd. *Ordines coronationis Franciae : texts and ordines for the coronation of Frankish and French kings and queens in the Middle Ages*, 2 vol., Richard A. Jackson (éd.), Philadelphia (Pa.), University of Pennsylvania Press, 1995-2000 (Middle Age series), t. 2, p. 454-522).

32 *Cf.* sur ce point Gauvard, *« De grâce espécial »*, *op. cit.* (les lettres de rémission sont, techniquement, des privilèges…) ; Guyotjeannin, Pycke, Tock, *Diplomatique*, *op. cit.*, p. 104 (catégorie générale du privilège englobant une grande partie de la production gracieuse d'actes royaux).

33 *Cf.* à ce sujet *supra*, p. 87-94.

34 Ces divisions ne sont toutefois guère tranchées au XIV^e^ siècle, comme en témoigne le choix d'une partie des documents contenus dans la collection de 1378 : l'imbrication des suzerainetés rend chimérique le dégagement parfait d'un plan de la négociation internationale différent des négociations internes au royaume.

souligner le caractère génériquement sacré de tout engagement royal (promesse doit sans doute ici s'entendre plutôt d'engagements solennels écrits, mais pourrait engager la simple parole du roi). La répartition des champs d'action des quatre concepts est bien sûr un peu plus aléatoire que cette stylisation dans le détail, avec des recoupements possibles, mais le caractère volontairement général de la mention englobant ceux envers lesquels s'engage la parole royale ne contredit pas cette division de principe : il s'agit en effet des sujets et vassaux du roi, d'une part, ou de toute autre personne ecclésiastique (la papauté au premier chef, mais aussi de grands seigneurs ecclésiastiques souverains comme les princes-électeurs ecclésiastiques de l'Empire) ou séculière (de l'empereur aux nobles qui ne sont pas du ressort du royaume, ou qui ne traitent pas en tant que tels, en passant par les rois) d'autre part.

La précision qui verrouille ce passage stipulant que sa parole et ses actes de juridiction ou d'alliance auront force plénière pour le roi majeur révèle enfin en un éclair un certain nombre de craintes, d'arrière-pensées et de repères conceptuels des rédacteurs de l'acte. « Que tout cela ait lieu, comme si les rois étaient majeurs de vingt-cinq ans d'âge ». Les rédacteurs l'avaient soigneusement évité jusqu'ici. Ils avaient bien évoqué l'*adulta etas* dans le préambule, sans en fixer la limite. Ils avaient fortifié le seuil de quatorze ans d'un recours à la coutume et au droit canon. Ils avaient parlé dans l'exposé en utilisant la phraséologie du droit civil d'une *venia etatis* qui sonnait comme une dispense d'âge, sous-entendant qu'ils assimilaient à ce mécanisme la loi qu'ils s'apprêtaient à créer. Ils avaient, enfin, au début du dispositif, choisi le terme de *puberes* pour réputer le roi majeur à quatorze ans, sans toutefois user exactement du terme de majorité. Arrivés à ce point tardif de l'acte, en ayant terminé avec le détail des dispositions centrales, enhardis par leur création, ils évoquent, comme des nécromants, le spectre qui a parcouru souterrainement les développements de l'acte. Ce spectre, c'est l'ensemble des prescriptions de la loi civile qui fixe l'âge de la majorité légale à vingt-cinq ans[35].

---

35 Sous l'influence du droit romain, ce seuil de vingt-cinq ans est très loin de ne représenter qu'un fantôme juridique vers la fin du Moyen Âge. Pour son importance dans la pensée et les prescriptions concrètes de la société florentine au Quattrocento, où il interfère avec un seuil de dix-huit ans dans les prescriptions communales, *cf.* par exemple Taddei, *Fanciulli*, *op. cit.*, p. 44-45. Il faut encore noter que si c'est bien le droit civil qui a la préséance, le droit canon s'est en grande partie aligné sur lui pour fixer le terme ultime du passage à l'âge adulte. *Cf.* sur ce point Metz, « L'enfant », art. cité, p. 17.

On mesure ici toute la force de ce droit qui informe au dessus des coutumes et à égalité avec le droit canon – dont ce travail a tout de même montré à quel point il conditionnait, également, la pensée de l'acte – la pensée des juristes de Charles V. Il ne s'agit pas ici de prendre en défaut la mécanique légale si minutieusement élaborée par l'équipe rédactionnelle, ou de retourner à l'explication un peu facile d'une pensée du fourre-tout, qui se contenterait de souligner que les rédacteurs font flèche de tout bois, navigant entre le Charybde de coutumes multiformes et d'un droit canon envahissant, et le Scylla d'une loi romaine inadaptée aux réalités juridiques de la France des premiers Valois. Ce n'est pas de cela qu'il s'agit, mais d'un effort grandiose d'harmonisation entre différentes formes de droit qui fonctionnent en symbiose depuis déjà des siècles – il y a bien longtemps, en 1374, que le droit civil est cultivé avec soin, en France comme en Italie[36] – et qui doivent, telles les pièces d'une de ces orfèvreries que les membres de la famille royale s'offraient aux étrennes sous le règne de Charles VI, monter d'un même élan pour soutenir la loi.

C'est sans doute le sens ultime de cette incise d'apparence redoutable – *ac si essent majores viginti quinque annis* – que de souligner que, par une dispense spéciale (*venia etatis*) exercée par la royauté sur elle-même, la majorité de quatorze ans des rois de France s'assimilera juridiquement à la majorité civile de vingt-cinq ans, qu'elle est *légalement* placée exactement sur le même plan. Les rédacteurs ne pouvaient faire plus pour concrétiser la concordance voulue, malgré le laps temporel :

1. des coutumes de la maison de France, avec leurs accessions régulières, sinon parfaites, à la majorité de rois mineurs aux pères défunts, autour d'une moyenne de quatorze ans,
2. des dispositifs canoniques dotant les adolescents de cet âge d'une responsabilité élargie (mariage, entrée dans les ordres) impliquant une transition avancée vers l'âge adulte,

36 Sur la progression de la référence au droit romain et de son utilisation dans la France des XIII^e^, XIV^e^ et XV^e^ siècles, *cf.* dans une abondante littérature Krynen, « Naturel », art. cité, p. 170-171 ; *Id.*, « Les légistes », art. cité, *passim* ; Gouron, « Ordonnances des rois », art. cité ; Rigaudière, Albert, « Loi et État dans la France du Bas Moyen Âge », *L'État moderne : le droit, l'espace et les formes de l'État.* Actes du colloque tenu à la Baume les Aix, 11-12 octobre 1984, Noël Coulet, Jean-Philippe Genet (éd.), Paris, éditions du CNRS, 1991, p. 33-59 ; Flach, *Étude historique, op. cit.*, p. 65 et suivantes en particulier pour son influence sur la conceptualisation juridique du droit des mineurs et des âges de la majorité.

3. et de l'ensemble précis et complexe de dispositifs du Code Justinien fixant les conditions de la majorité complète à vingt-cinq ans.

C'est là un autre type de polyphonie qui se déroule à travers l'acte, une polyphonie dont l'analyse est essentielle à la compréhension de son équilibre, une polyphonie à trois voix.

Une fois franchi ce cap, qui forme l'une des cadences du dispositif, les choses se brusquent, car l'invocation du droit romain annonçait la fin de sa partie centrale. La clause suivante, fondamentale, concentre une dernière fois dans sa formulation à la fois énergique et, de nouveau, plus rhétorique, la définition de la toute puissance, de la *plenitudo potestatis* à laquelle le roi accède à quatorze ans, avant que ne s'ouvre le résumé (la *reductio* rhétorique) de la démarche poursuivie dans la loi que constitue, en fait, l'avant-dernière partie du dispositif. Les rédacteurs, reprenant l'ensemble de l'argumentation, trouvent une formule qui contient en elle une définition de cette *plenitudo* dont ils viennent d'énumérer les diverses composantes. « Que le roi fasse et dispose en tout et pour tout, comme un vrai roi des Français peut le faire, et comme il lui revient… », formule tautologique qui revient à indiquer l'ensemble des traditions monarchiques comme le livre où discerner quels sont les traits caractérisant l'exercice plénier du pouvoir par un roi majeur, et qui resterait incomplète si cet exercice plénier du pouvoir royal n'était placé à sa juste altitude par le complément « … par la raison de sa suréminente hauteur et de la dignité suprême de sa royale majesté ».

Évoquer le caractère suprême de la dignité royale en ces termes absolus, c'est créer de nouveau, quoique plus discrètement qu'avec la citation ovidienne, une glose à tendance « impérialisante » de la dignité des rois de France, cette *dignitas* déjà invoquée, et qui n'a pas de supérieur[37]. Et c'est placer par ce renforcement rhétorique le roi à une hauteur qui avoisine celles des deux têtes théoriques de la chrétienté, le pape et l'empereur – deux supériorités juridiques contestées, que l'ouverture du grand schisme et l'accession au trône germanique de Venceslas vont bientôt annuler pour longtemps, provoquant une nouvelle poussée de sève de l'idée impériale dans la France de Charles VI.

*Consuetudinibus non obstantibus, quibuscumque* : « nonobstant quelque coutume que ce soit ». Est-ce bien raisonnable ? L'écho du coup de

37 Sur l'impérialisation du roi de France dans l'idéologie politique et la pratique juridique des XIV^e^ et XV^e^ siècles, *cf.* Krynen, *L'Empire du roi*, *op. cit.*, p. 384-414.

tonnerre de la mention de la majorité à vingt-cinq ans à peine éteint, les rédacteurs s'abaissent-ils, comme pris d'une peur subite, à repousser l'assaut des coutumes du royaume, juste après ce sommet d'exaltation de la dignité royale ? Pourquoi cette évocation ? La rhétorique, qui va pourtant reprendre en partie ses droits, n'en peut mais. Il faut achever de verrouiller juridiquement le dispositif, et la chose ne sera pas faite, non seulement tant que le cas du droit civil n'aura pas été réglé, mais aussi tant que l'ensemble des coutumes contraires n'aura pas été invoqué, pour être frappé d'invalidité. Pour comprendre en quoi ces coutumes, qui paraîtraient ne pas devoir résister à ce stade au dispositif juridique inventé par le conseil du roi de France, pouvaient menacer l'édifice nouvellement créé, il faut rappeler que, quand un groupe de notables du royaume soucieux du bien public voulut, en 1388, délivrer Charles VI de la tutelle effective d'oncles qui ne l'avaient déclaré majeur à douze ans en 1380, contre la loi de 1374, que pour s'emparer plus sûrement du pouvoir, ils invoquèrent précisément les coutumes qui plaçaient vers vingt ou vingt-et-un-ans, conformément à la pensée aristotélicienne revisitée par les scolastiques (vingt-et-un ans, le troisième seuil de cette montée de l'enfance vers l'âge adulte, après sept et quatorze ans[38]...), l'accession à la pleine majorité des rois[39].

Il existait donc un ensemble de traditions, fondées sur la mémoire de la maison royale, sur la pratique du gouvernement par les Capétiens et les Valois, étayées d'un aussi grand nombre d'exemples que les cas de

38 Sur ces seuils successifs et leur signification, *cf. supra* et *infra*, p. 225-228, 352-354 pour la pensée aristotélicienne et ses interprétations scolastiques, ainsi que les analyses concernant le droit des mineurs dans la France médiévale et d'Ancien Régime de Flach, *Étude historique*, *op. cit.*, p. 32-98.

39 Sur cet épisode, *cf. Chronique du religieux de Saint-Denis*, *op. cit.*, t. 1, liv. 9, c. 10, p. 554-563 (pour les rapports entre la présentation reconstruite des débats et la *constitutio*, *cf. supra*, p. 101-107). *Cf.* au sujet de l'argumentation développée à Reims en 1388 le témoignage succinct mais significatif de Froissart [*Les chroniques de sire Jean Froissart*, éd. revue et augmentée, Jean Alexandre C. Buchon, 3. t., Paris, Wattelier, 1867, t. 2, p. 747] : « Sur ce chemin, et en ce retour, fut ordonné, par grand'délibération de conseil, que le roi de France qui étoit en gouvernement de ses oncles, et avoit été depuis le roi son père mort, prendroit le gouvernement et la charge de son royaume ; et s'en déporteroient ses oncles : car ils avoient bien à quoi entendre ailleurs. **Jà n'avoit-il vingt-un accomplis** : **mais il étoit sur le point d'entrer au vingt et unième an**. Celle chose fut sçue et publiée partout. Si sembla à chacun chose raisonnable. » C'est ici la considération du passage au seuil de vingt-et-un ans qui est placée au centre du propos, et c'est l'approche de ce troisième et dernier seuil vers l'âge adulte qui donne toute leur force aux arguments des conseillers s'opposant à la tutelle de fait des oncles.

déclaration de majorité ou d'accession au pouvoir complet à treize, quatorze ou quinze ans, qui indiquaient plutôt vingt ou vingt-et-un ans comme l'âge où le jeune roi pouvait effectivement gouverner par lui-même, et les juristes du conseil le savaient pertinemment, tout comme ils savaient sans doute que l'exemple de Saint Louis, si longtemps sous la tutelle de sa mère, était à double tranchant. Et ces précédents s'appuyaient sur toutes sortes de coutumes également valables hors de la famille royale, qui se trouvaient renforcées par l'aveu du droit civil, facteur encore retardant. Tout cela, les juristes de Charles V en craignaient l'effet, et il n'est pas mauvais de le rappeler, de rappeler que l'édifice juridique qu'ils créèrent en 1374 était une barrière visant à assurer la continuité monarchique contre tout un ensemble de traditions et de règles, règles de bon sens biologique et politique appuyées sur les coutumes et les droits, qui allaient à l'encontre de leur définition de la majorité.

Les arguments de ce qui était déjà une sorte de raison d'État – une raison d'État fondée en mystique, et bien différente de ce que l'on a peu à peu entendu par là durant l'ère post-machiavélienne – avaient concouru à la création de ce dispositif, dont on connaissait néanmoins le caractère contradictoire avec les conditions réelles d'exercice du pouvoir. Le renforcement de la continuité monarchique était sans prix : il valait bien la fiction juridique d'un roi toujours apte à gouverner à quatorze ans[40]. Et c'est bien en partie pour cette raison que la loi de 1374, en dépit de sa violation immédiate en 1380, a fini par s'imposer[41]. Non comme un frein mis à la minorité effective de rois de France placés sous tutelle, minorité qui ne pouvait être brisée vers quatorze ans que par le concours d'une précocité intellectuelle et de circonstances politiques favorables, mais comme un dispositif juridique protégeant, durant cette minorité réelle, le roi adolescent, en lui conférant à partir de quatorze ans une *plenitudo potestatis* de principe – rarement appliquée dans les faits[42]. Le risque de voir invoquer le troisième seuil biologique pour vider la loi de son contenu, même au plan juridique, demeurait toutefois trop grand pour ne pas y remédier. Si les deux mentions du droit romain et des coutumes introduisent une tonalité angoissante dans le troisième mouvement de l'acte, elles n'y sont donc pas déplacées.

---

40 Certains l'étaient effectivement, ainsi Louis XI.

41 On reviendra dans la conclusion de cette étude sur les autres causes qui ont pu favoriser après un début plutôt malheureux (non respect de 1380) la sacralisation de la loi de la fin du XV^e^ à celle du XVIII^e^ siècle.

42 *Cf.* les cas de Louis XIV, Louis XV ou plus près de la *constitutio*, Charles VIII.

## LE TROISIÈME QUART DU DISPOSITIF
## Le conseil se met en scène et résume la loi

Nous voici donc entrés dans cette partie que l'on a pu estimer être un prolongement classique des clauses centrales du dispositif, où l'on donnait au roi capacité et devoir de choisir des conseillers pour administrer les provinces, faire la guerre et dire le droit[43]. Il n'en est, comme on l'a vu, rien. Après la gigantesque période qui structure l'exposé et la première moitié du dispositif, le début d'une nouvelle et tout de même assez longue période indique une césure conceptuelle majeure dans l'acte[44]. Dans les relatives qui précèdent la phrase principale de cette section, cette partie définit l'existence d'officiers et de conseillers, qui œuvrent pour l'administration de l'État, et conseillent le roi en matière juridique, précisant implicitement qu'ils n'ont pas trouvé de disposition fixant de manière claire la majorité des rois de France, et que les coutumes et lois contraires que l'on pourrait invoquer ne regardent que les particuliers. C'est alors seulement qu'une proposition principale, portée par l'élan de cette démonstration, réitère en miniature la promulgation et les effets de la loi.

> *Cum enim sint et fuerint ab antiquo pro demanio regni regendo et conservando actibus bellicis ad laudem bonorum vindictam vero malorum, si opus fuerit, exercendis provinciarum regimine, ac debita justitia que nunc usque, laudes Deo, in regno nostro dicitur floruisse absque accepcione personarum, omnibus et singulis ministranda, distincta officia ordinata ; virique spectabiles, illustres et superillustres, litterati, prudentes et scientifici, quorum opinionibus et operacionibus floret orbis, commissi et deputati ad hujusmodi officia gubernanda, impendenda obsequia, ac ministranda consilia majestati regie in omnibus que jus publicum concernunt ; et super adeptione vel administratione regni non reperiatur certa etas constituta vel prefinita a jure in rege, qui solutus est legibus, cum jura dicentia certam etatem exigi in minoribus loquantur jurium ditioni subjectis : dignum prorsus et congruum arbitramur tam ex iis quam aliis supradictis in dicto anno quartodecimo suprascriptos filios nostros vel successorum nostrorum, in casibus superius declaratis, regimen et administrationem regni nancisci, suscipere et habere, ac omnia facere que ad verum regem pertinent, ut superius est premissum.*

43 *Cf. supra*, p. 267-273.
44 *Cf. supra*, p. 175-177.

> « Étant en effet posé qu'il existe et qu'il a existé depuis les temps anciens des offices distincts et bien hiérarchisés :
> – pour régir le domaine [royal ?] du royaume et pour le conserver,
> – [pour] exercer des actions de guerre exaltant les hommes de bien et châtiant les méchants, s'il en est besoin,
> – [pour] le gouvernement des provinces,
> – et [pour] administrer la justice nécessaire, [justice] que l'on dit, louanges à Dieu, avoir jusqu'à présent fleuri dans notre royaume, sans acception de personnes, pour tous et un chacun ;
> [étant donné également qu'il existe] des hommes remarquables, illustres et plus qu'illustres, lettrés, prud'hommes, experts en sciences, par les délibérations et opérations desquels fleurit le globe, qui ont pour rôle et fonction de diriger lesdits offices, et de prêter leurs services, et d'administrer leurs conseils à la royale majesté, en tout ce qui concerne le droit public ; et qu'au sujet de la prise en charge et de l'administration du royaume, il ne se trouve pas [de leur aveu] un âge ferme, fixé en loi ou déjà défini par le droit pour le roi, lequel n'est pas tenu par les lois, puisque les droits qui disent que tel âge fixe est exigé dans les mineurs [pour s'occuper de leurs affaires] ne parlent que de ceux qui sont sujets à la [juri]diction de ces droits ;
> [étant donc donné tout cela,] nous estimons absolument digne et convenable, tant pour ces raisons, que pour les autres susdites, que nos suscrits fils, ou ceux de nos successeurs, dans les cas déclarés plus haut, obtiennent, saisissent et possèdent à leur quatorzième année le gouvernement et l'administration du royaume, et qu'ils fassent tout ce qui revient [de faire] à un vrai roi, comme il a été disposé plus haut. »

Cette section, grammaticalement et rhétoriquement opposée à la précédente, lui est donc étroitement liée par son argumentation, car c'est précisément le rappel inquiétant des dispositions du droit civil et de l'existence de coutumes contradictoires concernant la majorité qui motive sa rédaction. C'est là une preuve difficilement réfutable du caractère non anecdotique de la double invocation de non-validité du droit civil et du droit des coutumes opérée précédemment, allégation que les rédacteurs de la loi se sentent à présent obligés d'étayer par un retour à une manière d'exposé, en se découvrant.

L'originalité majeure de ce passage qui reprend une allure rhétorique et retrouve, fût-ce de manière fugitive, la voies de la citation, tient en effet dans la mise en scène théâtralisée qu'opère de lui-même le conseil du roi. Même si c'est toujours le roi qui parle – *in regno nostro* ; *filios nostros* – sa présence se fait de nouveau discrète dans cette évocation. Elle met en revanche au premier plan les membres du conseil et les serviteurs de l'État royal, dont l'action et la réflexion sont glosées dans une progression rhétorique déjà en partie commentée[45]. On passe en effet de la vision impersonnelle d'une pyramide harmonieuse d'offices et de charges qui concourent au bon fonctionnement de la machine gouvernementale, à l'exaltation de conseillers qui dirigent ces offices et qui conseillent la royale majesté, puis à l'évocation du résultat de ces conseils, prouvant irréfutablement que les lois contradictoires sur la majorité ne s'appliquent pas au roi.

La première section frappe par sa stylisation rhétorique de l'organisation du gouvernement royal. Si l'on se reporte aux analyses grammaticales effectuées plus haut[46], on distingue en effet sans peine l'existence de quatre types d'offices distincts (*officia distincta*) qui possèdent eux-mêmes chacun une gradation hiérarchique (*ordinata*), et qui correspondent respectivement :

1. à l'administration (*regendo*) et à la sauvegarde (*conservatio*) du domaine du royaume (*demanio regni*), un terme dans lequel j'incline à penser qu'il faut comprendre la partie du royaume englobée dans le domaine royal, de large extension en 1374, particulièrement après la phase des reconquêtes sur le point de se conclure[47] ;
2. à la gestion des affaires militaires ([*pro*] *actibus bellicis … exercendis*) ;
3. au gouvernement des provinces (*provincie*), et il est possible qu'il s'agisse, par opposition au domaine royal, des apanages, voire de l'ensemble du royaume non inclus dans le domaine royal, ou bien encore d'une allusion à un mode d'administration de la partie du royaume sous juridiction royale immédiate plus capillaire[48] ;

---

45 *Cf. supra*, p. 267-273.

46 *Cf. supra*, p. 269.

47 Sur les phases de la reconquête, principalement entre 1369 et 1375, *cf.* Autrand, *Charles V*, *op. cit.*, p. 568-612. Les gains territoriaux les plus spectaculaires ayant été faits en 1369-1370 et en 1372-1373, la situation n'est pas encore stabilisée, mais l'avantage français très net au moment de la rédaction de la *constitutio*. Le domaine royal couvre alors, après la récupération des parties incluses dans la « grande Aquitaine » cédée à Brétigny, l'essentiel de la Normandie, de la Picardie, de la Champagne et de l'Île-de-France, le comté de Bigorre, et un ensemble méridional unitaire qui s'étend de la Saintonge au Gévaudan et au Velay en incluant le Toulousain, le Rouergue et le Languedoc, soit une petite moitié ou un gros tiers du royaume pris dans son ensemble. Sur la difficulté des agents de Charles V à tirer argent du domaine, et l'action d'agrandissement de Charles V, remarquable dans une seconde phase qui inclut notamment l'Orléanais, le Valois, les parties restantes de la Normandie et (théoriquement) la Bretagne, *cf.* Cazelles, *Société et politique*, *op. cit.*, p. 560-565.

48 L'utilisation du terme, à fort parfum de « romanité », dans les préambules Barret, Grévin, *Regalis excellentia*, *op. cit.*, n° 161, p. 473 (ordonnance prescrivant une amende de soixante

4. enfin à l'exercice de la justice (*debita justitia* [...] *ministranda*), dans lequel il faut peut-être voir une allusion plus particulière au parlement parisien[49].

Dans cet ensemble qui résume l'essentiel des charges et offices présidant à la gestion effective d'un royaume en temps de guerre, deux fonctions en particulier sont rehaussées. Les « offices de guerre » se voient érigés en bras armé de la justice royale, qui « encourage les bons et châtie les méchants », suivant l'exhortation pétrinienne[50]. L'administration proprement dite de la justice, quant à elle, est exaltée comme une caractéristique du royaume de France, où elle a fleuri « sans acception de personnes », c'est-à-dire sans privilèges indus, dans le respect des rangs et du droit, ce pour quoi Charles V rend grâce à Dieu[51]. Il s'agit là, en fait, de deux facettes d'une même exaltation de la justice royale opérée sous des formes différentes à travers ses officiers : les gens de robe, parlementaires et légistes disent la loi et tranchent les procès, empêchant la dissémination de la discorde de l'intérieur. Les guerriers procèdent *manu militari* au soulagement des bons et au châtiment des méchants en refoulant les forces hostiles qui tentent de malmener de l'extérieur cette harmonie judiciaire du royaume, gage de l'augmentation de la tranquillité et de la paix si ardemment désirée, en ligne avec la prophétie isaïenne du préambule.

De fait, à travers la citation pétrinienne, c'est bien la mécanique d'avènement d'une ère de paix sous un roi justicier placé par Dieu sur

---

livres parisis pour la partie perdante lors de l'appel en parlement des jugements des seigneurs de la prévôté de Péronne, 1368) et n° 527, p. 571 (lettre de commission de trois réformateurs généraux dans les baillages et sénéchaussées de Mâcon, Toulouse, Beaucaire et Carcassonne, 1362), ne semble guère aller dans le sens d'une opposition sémantique *demanium regni / provinciae regni* correspondant à la division « domaine royal / reste du royaume ». En revanche, l'échelle des unités envisagées dans ces actes (prévôtés, baillages et sénéchaussées) peut faire penser que dans l'acte de 1374, on envisage d'abord le gouvernement du domaine royal au sens large (*demanium regni*), puis dans son extension capillaire (prévôtés, baillages, sénéchaussées...) et dans la complexité de son maillage.

49 Sur le rôle du Parlement dans l'élaboration d'une conception de la justice royale, *cf.* Petit-Renaud, « Le roi et les légistes », art. cité. Sur le milieu des parlementaires et son importance au XIV^e^ siècle, *cf.* Autrand, « Naissance d'un grand corps », art. cité.

50 Sur l'origine et le contexte d'utilisation de cette citation, *cf. supra*, p. 270-271.

51 Sur la notion d'*acceptio personarum* et son utilisation dans la réflexion théologique des XIII^e^ et XIV^e^ siècles, *cf.* Porro, Pasquale, « "Rien de personnel". Note sur la question de l'*acceptio personarum* dans la théologie scolastique », *Revue des sciences philologiques et théologiques*, 2010/3, 94, p. 481-509.

terre pour y faire régner l'ordre que l'on retrouve ici. Cette sentence, remise en contexte, inscrit l'exercice de la justice dans le cadre d'une soumission volontaire des populations chrétiennes aux ordres du roi, délégué de Dieu sur terre[52]. Cette partie du dispositif s'agence donc, non seulement avec le préambule, mais aussi avec celle de l'exposé qui soulignait que les sujets s'animaient au bien et réfrénaient leur tendance au mal à la vision de leur seul seigneur. Elle complète ces éléments en suggérant comment, au contraire de la barrière formée par une mauvaise tutelle ou par la captation frauduleuse des charismes et pouvoirs royaux, la hiérarchie ordonnée et descendante des offices guerriers et pacifiques contribue à faire rayonner le pouvoir justicier du roi dans l'ensemble du royaume, en atteignant la *natio* entière des Français ou des Gaulois. Enfin, dernier point qui n'est pas, peut-être, le moins important dans le contexte du conseil de Charles V, l'exaltation des gens de guerre permet de donner toute sa place à une partie du conseil et de l'entourage royal qui, sans cela, serait restée quelque peu dans l'ombre. La haute et moyenne noblesse à idéologie militaire se voit ainsi replacée, au côté des parlementaires, juristes et théologiens, dans son rôle de protectrice du trône et d'exécutrice des volontés royales : lointain écho, ou plutôt développement plus clair, de la référence aux travaux militaires de la noblesse de l'exposé qui rappelait déjà que le roi, premier noble, est au sommet de l'édifice féodal.

Le développement suivant précise le rôle de ces offices en changeant légèrement de focale pour éclairer les hommes qui gouvernent cette machinerie complexe, des *viri spectabiles*, *illustres*, *superillustres*, *litterati*,

52 Sur un développement au XIII^e^ siècle de l'image du roi guerrier et justicier à partir de la citation pétrinienne, *cf. Lettres* de Pierre de la Vigne, VI, 9 (*L'Epistolario di Pier della Vigna*, *op. cit.*, p. 1058), préambule au privilège de construction de la ville-forteresse de l'Aquila (L'Aquila, Abruzzes), destinée à protéger les habitants du royaume de Sicile : *Regnantibus nobis feliciter et triumphantibus ac victoriose degentibus in hereditario regno nostro Syciliae, illud occurrit precipue provida deliberatione pensandum, qualiter utrumque tempus, pacis videlicet et bellorum, sub dicione nostrae potentiae salubriter dirigatur, et quod, subactis iam undique rebellionis obstaculis, id bellico sudore quesivimus, in statu pacifico gubernemus ; amatoresque pacis, sub umbra alarum nostrarum vivere cupientes, foveamus salubriter, et nostrae potentiae dextera protegamus, et eis nostrae potentiae dexteram porrigamus, ;* ***ac gladius noster, quem ad vindictam malefactorum et laudem bonorum suscepimus, in facinorosos sic seviat, quod innoxios tueatur.*** On retrouve dans cette rhétorique, connue des notaires et secrétaires des rois Valois, l'utilisation de la maxime apostolique pour exalter une justice royale de la paix et de la guerre, qui protège les habitants du royaume en châtiant les attaques externes, mais aussi internes.

*prudentes et scientifici*, soit un ensemble de sages et d'hommes de savoir, parfois de très haut rang, dont la sextuple qualification ne correspond en fait pas parfaitement au tableau des hiérarchies gouvernementales esquissées plus haut (de tels titres n'ont pas grand chose à voir avec les charges guerrières). C'est que la narration est passée insensiblement de la description de l'entière machinerie gouvernementale à celle des conseillers qui entourent Charles V, élevant le regard d'un degré dans cette présentation hiérarchique, quasi dyonisienne, du gouvernement. En effet, ces hommes de savoir suréminent, ce sont ceux qui sont « commis et députés par le roi pour diriger ces offices, prêter leurs services et administrer les conseils ». Le terme de *gubernanda*, on a eu l'occasion de le voir, est fort, malgré sa banalité. Il qualifie l'exercice du pouvoir monarchique par la prise en main du gouvernail du navire ou du char de l'État. Ce que suggèrent ces formules, c'est donc que ces conseillers, qui peuvent, bien sûr, remplir concrètement certains des offices précédemment évoqués, sont essentiellement une hiérarchie supérieure, placée entre le roi et cette hiérarchie descendante d'offices. Ils forment les moteurs premiers qui mettent en branle l'action royale après avoir nourri la méditation du roi.

Cette superbe présentation ne verse pas dans les débauches rhétorico-exégétiques que certains autres textes du bas Moyen Âge n'hésitèrent pas à employer pour expliciter cette vision hiérarchique du gouvernement, en faisant par exemple des conseillers et des agents royaux des anges et des dominations répercutant les volontés du trône céleste. C'était le cas des conseillers et notaires de Frédéric II et de ses fils, qui il est vrai reculaient devant peu de choses, dans le domaine de la rhétorique au moins[53]. L'image développée par les écrivains de la *constitutio* n'en a pas moins un sens voisin. Les rédacteurs, qui travaillent ici pour eux-mêmes, n'ont pas recouru à ce genre d'image assimilant directement le fonctionnement gouvernemental à celui de la cour céleste, peut-être plus en fonction du genre de l'acte que d'une pudeur qu'ils n'avaient certainement pas. Pour dire l'importance de leur rôle, au centre de la machinerie de l'État, ils ont en effet usé d'une image très forte, une image aussi orgueilleuse, sous ses apparences pacifiques, que celles des « hiérarchies notariales angéliques[54] » de la cour de Sicile. Par les délibérations et les interven-

53 *Cf.* à ce sujet Grévin, *Rhétorique*, *op. cit.*, p. 326-330.

54 *Ibid.*, et pour l'édition de la « lettre des hiérarchies notariales angéliques », envoyée par les membres de la chancellerie de Sicile en corps à Nicola da Rocca *senior*, disciple de Pierre

tions de cet aréopage de conseillers « illustres et superillustres », brillant de toute l'accumulation de leur savoir, c'est le monde entier qui fleurit. Surprenante affirmation, à bien y réfléchir, et qui en dit long sur l'orgueil des lettrés et savants qui entouraient Charles V, en cette année 1374 où le royaume était miraculeusement remonté des abîmes du traité de Brétigny ; où, l'Anglais poussé à la mer, Paris se couvrait de palais, les traductions s'achevaient, le trésor se gonflait et les traités scientifiques s'écrivaient comme par enchantement ; en ces temps où il semblait que le roi sage et ses conseillers avaient, en dix ans, réussi l'impossible. C'est pourquoi, peut-être, cette belle image d'un pré ordonné qui, du royaume, s'étend sur le monde, et qui fleurit (de fleurs de lys...) sous l'action du conseil du roi a été inventée (ou empruntée...) pour décorer, telle une tapisserie de haute lice, cette partie de l'acte, comme un pendant pacifique à la terrible image de la justice royale s'abattant sur les méchants par l'entremise de ses guerriers qui orne la sous-période précédente.

Les conseillers ne peuvent toutefois rester dans la contemplation narcissique de la perfection de leur gouvernement. S'ils insistent sur leurs qualités et leur savoir surabondant, c'est pour en venir au point en litige. Ce sont eux qui concentrent les savoirs de toute la chrétienté, eux qui prêtent assistance et conseil à la majesté royale – une manière de rappeler que Charles V est bien, tout de même, au centre de ce jardin de justice – eux qui « lui administrent leurs conseils » en tout ce qui concerne le droit public, le *jus publicum* (et l'on retrouve là la *respublica* et la *publica utilitas* : le droit public, c'est au fond le droit du royaume, la synthèse ordonnée de tous les droits en construction, à travers la loi). Et c'est sur cette base qu'ils affirment solennellement, une toute dernière fois que, d'après leurs recherches, le droit n'entre pas en contradiction avec la loi qui se crée.

---

de la Vigne, en 1252-1253 ou 56-58, *cf.* Nicola da Rocca, *Epistolae*, *op. cit.*, n° 24, p. 42-44. On comparera également ces documents au préambule du privilège d'autorisation de la fondation d'une confrérie des notaires et secrétaires du roi accordé par Jean II le Bon en mars 1351, texte pour lequel *cf.* Lusignan, *La langue des rois*, *op. cit.*, p. 109, et Barret, Grévin, *Regalis excellentia*, *op. cit.*, n° 114, p. 460-461, ainsi que commentaire p. 96-385. Il s'agit d'une construction idéologique mettant en valeur à partir d'un remploi de sources papales et siciliennes (*summae* de Pierre de la Vigne, Thomas de Capoue et Richard de Pofi) et d'ajouts propres le rôle des notaires et secrétaires en tant qu'imitateurs des évangélistes relayant la parole christique dans la diffusion de la parole royale. Ces textes forment autant d'illustrations de la création d'une idéologie des notaires royaux en Europe aux XIIIe et XIVe siècles, reposant sur des principes généraux (exaltation du rôle de médiateurs de la parole royale en direction du reste des hommes) susceptibles de variations rhétoriques de détail.

C'est l'objet de la dernière partie de la subordonnée, qui stipule : « qu'au sujet de la prise en charge et de l'administration du royaume, il ne se trouve pas [de leur aveu] un âge ferme, fixé en loi ou déjà défini par le droit pour le roi, lequel n'est pas tenu par les lois, puisque les droits qui disent que tel âge fixe est exigé dans les mineurs [pour s'occuper de leurs affaires] ne parlent que de ceux qui sont sujets à la [juri]diction de ces droits ». Les fleurs de rhétorique ont, de nouveau, subitement disparu, pour faire place à la rigueur d'une dernière démonstration irréfutable, en deux points, organisés autour de la fatale mention justinienne « le prince est délié des lois », ou « n'est pas tenu des lois[55] ». D'une part, l'on n'a pas trouvé de loi, malgré toutes les recherches possibles, qui fixe de manière certaine la majorité royale en cas de minorité du roi. Il n'a été rencontré que des indices. D'autre part, il existe un certain nombre de lois, lois romaines et coutumes, qui fixent la majorité des habitants du royaume à divers âges, souvent tardifs. Or ces lois ne sont pas valables pour le roi. Encore une fois, l'application tant discutée de la maxime *princeps est legibus solutus* n'est pas ici une déclaration d'impunité monarchique, même si elle crée un précédent. Elle vise à spécifier que, de même qu'il existe divers droits à l'intérieur du royaume, il existe un droit royal, créé spécialement pour le roi, dont la *constitutio*, en accord avec la vision d'A. Rigaudière, est fondatrice. C'est le principe de dégagement de ce droit royal différent du droit des particuliers, et donc, notamment, du droit romain, en ce que ce dernier s'applique aux particuliers, que la maxime explicite. On pourrait presque gloser : *Rex est solutus legibus ordinariis, non legibus coronae.* Le roi n'est lié qu'à la loi du roi, à la loi de succession royale qui vient de se créer.

Ainsi se parfait cette construction juridique. Il ne reste plus aux rédacteurs qu'à rappeler, au terme de ce nouvel exposé, resserrant les mailles de l'argumentation, le corps même de la loi qui a déjà été délivrée, dans cette miniature de l'acte qu'est la séquence *Dignum prorsus et congruum arbitramur-regem pertinent* « …nous estimons absolument digne

55 Sur la maxime *princeps legibus* et son application par les juristes royaux au XIV^e^ siècle, *cf.* en particulier Esmein, Adhémar, « La maxime *Princeps legibus solutus est* dans l'ancien droit public français », *Essays in Legal History Read before the International Congress of Historical Studies held in London in 1913*, Paul Vinogradof (éd.), Londres-New York, Oxford University Press, 1913 ; Petit-Renaud, « Le roi et les légistes », art. cité ainsi qu'*Id.*, *Faire loy au royaume de France, de Philippe VI à Charles V (1328-1380)*, Paris, De Boccard, 2001, p. 141-155.

et convenable, tant pour ces raisons, que pour les autres susdites, que nos suscrits fils, ou ceux de nos successeurs, dans les cas déclarés plus haut, obtiennent, saisissent et possèdent à leur quatorzième année le gouvernement et l'administration du royaume, et qu'ils fassent tout ce qui revient [de faire] à un vrai roi ». Il n'y a rien à ajouter sur ce qui a déjà été dit de ce résumé de la loi[56], qui contient lui-même un préambule et un exposé miniatures, sinon que les rédacteurs précisent son statut par le *ut superius est premissum* qui le clôt : il s'agit bien d'un rappel. La loi est faite. Il ne reste plus qu'à la protéger.

## DÉFENSE ET ILLUSTRATION D'UNE LOI
### Clauses pénales, de publication et de conservation

*Si quis autem in tantam proruperit temerarie presumpcionis audaciam, quod premissa vel aliquod premissorum, per se vel per alium, publice vel oculte, nisus fuerit impedire, seu super eisdem se inobedientem reddiderit vel rebellem, omni jure successionis, etiam regni, regiminis vel administrationis ejusdem, quod pro tunc et futuro tempore sibi competere posset, nec non dignitatibus, feodis, terris et dominiis que in regno nostro tenebit, et etiam mandantes, consulentes, agentes, consentientes seu ratum habentes, eo ipso noverint se privatos. Ne autem nostra presens lex vel constitutio deinceps in disceptationis materiam deducatur, sed si qua super ipsa pretenderetur ignorantia, crassa dici debeat et supina, volumus et decernimus eamdem solenniter publicandam et in archivis cartarum nostrorum ad perpetuam memoriam redigendam.*

« Si toutefois quelqu'un éclatait de l'audace d'une présomption si téméraire, qu'il s'efforçât d'entraver les susdites dispositions, ou partie d'elles, par lui-même ou par autrui, publiquement ou occultement, ou qu'il se rendît sur leur fait désobéissant ou rebelle, qu'il sache qu'il sera de ce fait privé de tout droit de succession, même du royaume [et] de gouvernement ou d'administration dudit royaume qui pourrait lui revenir alors et dans les temps à venir, ainsi que des dignités, fiefs, terres et domaines qu'il tiendra dans notre royaume, lui, ainsi que ses commissaires, conseillers, complices actifs et passifs ou simplement approbateurs. Enfin, de crainte que cette présente loi ou constitution qui est la nôtre ne devienne par la suite matière à controverse, mais [afin] que si on prétextait sur son fait l'ignorance, ladite [ignorance] doive être considérée crasse et grossière, nous voulons et décrétons que ladite loi soit solennellement publiée et versée dans les archives de nos chartes à mémoire perpétuelle. »

56 *Cf. supra*, p. 273.

Le troisième mouvement est presque achevé. Les rédacteurs n'ont plus qu'à ajouter les clauses pénales qui préciseront la sanction devant s'abattre sur quiconque aurait l'audace de s'opposer à l'application de cette loi, et à définir les conditions de sa publication et de sa conservation. Presque tout a été dit plus haut sur la structure de ces clauses qui, étant de forme, n'admettent de variation rhétorique que celle qui donne le maximum d'impact à leur valeur performative : la *circuitio « temerarie presumpcionis audaciam »*, amplification de la simple *presumptio*, ou les renforcements *nisus fuerit impedire seu super eisdem se inobedientem reddiderit vel rebellem*, qui caractérisent de diverses manières la désobéissance à la loi. Sur le fond, il faut noter que les clauses pénales n'attaquent pas simplement ceux qui oseraient contester de front la loi. Elles visent tout ce qui en gênerait l'application, aussi bien en bloc qu'en détail (*premissa vel aliquod premissorum*). Il s'agit donc là d'une manière d'éviter qu'on ne tente de vider la loi de sa substance en en conservant la forme, mais, par exemple, en émettant des réserves sur tel ou tel aspect de la *plenitudo potestatis* d'un roi de moins de vingt-et-un ans. Combinant l'interdiction d'attaques publiques ou occultes de la loi, intégralement ou par partie, les clauses pénales s'efforcent donc de ne laisser aucun mécanisme entraver son application.

L'étude des peines prévues n'est pas moins révélatrice de ce que l'on craint, et de ce à quoi l'on veut faire obstacle. En effet, la première peine qui est envisagée pour le rebelle, une peine énorme, est la privation du droit de succession, même au royaume (on dirait en français classique, « à la couronne »), et d'administration de celui-ci, que pourrait avoir le délinquant au moment du délit ou dans un futur placé après celui-ci. Cette précision implique que l'on reconnaît crûment, en plein conseil, qu'en cas de minorité du roi, ce sont des membres de sa famille qui assureront la tutelle (comme il sera effectivement prévu dans les ordonnances de l'automne), et que si quelqu'un se dresse contre l'application de l'acte d'août 1374, ce sera un prince des fleurs de lys, potentiellement habile à régner par simple droit du sang.

Il y a dans ce mécanisme de privation du droit à la couronne de celui qui oserait entraver le dispositif prévoyant l'accession à la majorité du roi à quatorze ans quelque chose d'énorme au regard des règles de succession de la monarchie française, telles qu'elles se sont définies au cours des siècles. En fonction des usages de la pleine époque moderne (XVII^e^ et

XVIIIe siècles), une telle clause pénale aurait sans doute été considérée comme inapplicable en droit, car contradictoire avec le principe même de la loi salique et de la succession régulière. Peut-on déchoir un prince du sang de son droit à la succession (surtout si celui-ci n'est pas théorique, car il est un très proche parent, par exemple un oncle du roi) pour un motif de cette nature ? La clause n'a jamais été appliquée. Il est possible que dans l'esprit des juristes du conseil cette éventualité ait été sérieusement envisagée, la sacralité de l'ordre de succession n'étant pas remise en cause dans leur esprit par le fait que l'un de ses chaînons aurait été supprimé. La clause n'en introduit pas moins une entorse potentielle à la régularité du principe de succession, un principe inséré dans le dispositif même de l'acte. Les princes qui en 1380 sont passés par-dessus la loi ont montré ce qu'ils en pensaient, tout en arguant probablement que l'esprit de la *constitutio* de 1374 étant d'abaisser au maximum l'âge de la majorité du roi, ils ne faisaient que le suivre en déclarant Charles VI majeur et en le couronnant subitement. Ce qui, bien sûr, n'était pas la vérité…

Cette clause pénale privait à la fois le prince ou toute autre personne entravant la loi de ce droit de succession et de gouvernement, entraînant sa déchéance automatique de la tutelle dont il abusait. Elle lui faisait également perdre tous les dignités, fiefs, terres et domaines qu'il tenait dans le royaume, et entraînait dans sa chute tous ceux, grands ou petits, qui avaient pu le conseiller, l'approuver (*consentientes*) ou simplement, savoir ce qu'il tramait sans pour autant le dénoncer (*ratum habentes*). La punition des juristes futurs qui se seraient opposés aux juristes du conseil était donc également programmée, comme celle du prince qui se serait opposé aux volontés de Charles V…

Derrière cette mécanique impitoyable se profile en définitive encore autre chose, que le poids spécifique de la loi sous-entendait : c'est toute une série des dispositifs juridiques invoqués et perfectionnés lors d'un certain nombre des grands procès politiques des XIVe et XVe siècles où l'on invoque le crime de lèse-majesté qui est ici résumée. Et si l'on pense que le coupable envisagé était bien un prince du sang, un prince, par définition en ces années 1370, apanagiste, on peut sans peine imaginer ce que le conseil du roi se représentait par cette cascade de dispositions entourant la chute du rebelle. L'application de ces clauses aurait en fait automatiquement comporté le démantèlement d'un apanage, de l'un de ces États dans l'État, de ces États démultipliant l'État, dont le fonctionnement exigeait l'existence d'une hiérarchie complexe et savante, reproduisant en miniature l'organisation de l'État royal. C'est toute la chaîne des serviteurs et officiers du coupable qui, potentiellement, se serait trouvée impliquée… et c'est un quasi-roi, un roi en puissance de par l'ordre de succession établi dans la loi, profitant de son rang suréminent de prince des fleurs de lys pour attenter abusivement à la majesté du roi véritable, qui aurait été précipité de ce faîte usurpé par la puissance souveraine de la loi, garante suprême du droit véritable[57].

L'introduction d'une clause de publication et conservation, d'apparence traditionnelle dans son expression, mais unique dans sa teneur, permet de clore cette analyse du contenu de l'acte sur une note plus apaisée que ces grondements de *dies irae* que forment les lignes des clauses pénales. Il reste en effet à préciser que la loi ou constitution – et c'est la seule fois où le terme est, au tout dernier instant possible, introduit dans l'acte – ne doit pas être oubliée, ni devenir matière à controverse, par défaut vrai ou feint de connaissance, développement amené par les craintes au fondement des clauses précédemment développées. Afin donc que l'ignorance d'une législation si fondamentale soit considérée crasse et grossière, réputée impossible pour tout prince français, le roi ordonne, d'un double verbe qui fait de cet ordre une loi dans la loi (*volumus* et *decernimus*), qu'elle soit solennellement publiée et versée aux archives du trésor des chartes, à la Sainte-Chapelle, pour perpétuelle mémoire[58]. D'une part, on anticipe donc l'enregistrement solennel au parlement, qui n'aura lieu que quelques mois plus tard, dans une séance royale où, par ailleurs, le roi rendra justice sur une question d'héritage, et donc, de revendication de droits d'héritiers potentiellement lésés[59]. D'autre part et enfin, la loi qui réglera le futur est ainsi constituée par avance comme élément d'un passé qu'il faut respecter.

---

57 L'importance d'une comparaison de ces clauses avec les catégories juridiques mises en œuvre dans les grands procès politiques de la fin du Moyen Âge m'a été suggérée par Olivier Mattéoni, auquel on renverra pour une étude encore récente de l'un des plus importants procès intentés par le pouvoir royal français à un prince du sang (Mattéoni, Olivier, *Un prince face à Louis XI. Jean II de Bourbon, une politique en procès*, Paris, PUF, 2012).

58 Il faut redonner au mot une force que sa banalisation ultérieure lui a fait perdre à première lecture.

59 *Cf.* sur l'arbitrage qui eut effectivement lieu durant la séance d'enregistrement de la *constitutio* au parlement en mai 1375 *supra*, p. 126-127.

## LA DATE ET LA MENTION HORS TENEUR, OU LE COUPLE CACHÉ DERRIÈRE L'ACTE

*Datum in castro nostro nemoris Vicenarum; mense Augusti, anno ab incarnatione Domini millesimo trecentesimo septuagesimo quarto; regni vero nostri undicesimo. Per regem, in consilio suo. P. Blanchet.*

« Donné en notre château du Bois de Vincennes le mois d'Auguste, l'année de l'incarnation du Seigneur mille trois cent soixante-quatorze, de notre règne, la onzième.
De par le roi, en son conseil, P. Blanchet. »

La date fait encore partie du dispositif rhétorique et conceptuel de l'acte, réduit à l'essentiel d'une temporalité où, en dehors de Dieu, seuls le lieu de rédaction, et, par les adjectifs possessifs, le roi sont mentionnés, à l'exception de cette ultime note impériale du mois d'Auguste. Le roi en son château de Vincennes, durant le mois des Césars, se replace ici sous la protection du Dieu de l'incarnation, dont la temporalité enclot le déroulement chétif de ses propres années de règne. La mention hors teneur, en revanche, déjà à moitié hors de l'acte – elle l'est totalement, d'un point de vue rhétorique – dit quelque chose de très différent sur sa rédaction. Artiens ou juristes, nobles ou philosophes, parlementaires ou prélats, les conseillers se sont effacés. Ne restent plus, face à face, que le notaire et son roi.

# CINQUIÈME PARTIE

# LE TEXTE ET SES AUTEURS

Le notaire, le roi. Ce sont, aux deux bouts de la chaîne, les deux *acteurs* de l'acte. Entre ces deux autorités si différentes se trouve l'ensemble des rédacteurs qui ont participé, avec le souverain et son secrétaire, à l'élaboration du texte. Le statut de ces trois sortes d'autorités est aussi distinct que l'a laissé entendre la rhétorique de la loi. Le roi en est bien la source première. Il se trouve donc partout dans l'acte. Même quand les phrases du préambule ou de la fin de seconde partie du dispositif se placent sur un plan impersonnel, c'est bien lui qui parle, et il apparaît clairement, dans la majesté de la première personne du pluriel, aussi bien pour présenter l'exposé que pour énoncer le dispositif. Les rédacteurs intermédiaires, « conseillers du roi », sont également présents, plus qu'on ne l'a peut-être dit, puisque la « loi dans la loi » que forme la seconde partie du dispositif, avant les clauses finales, est en fait placée sous leur autorité expresse. On n'y parle pas du devoir et du droit du roi majeur de les nommer aux plus hautes charges de l'État, mais bien du rôle qu'eux, conseillers royaux, ont joué dans l'élaboration du texte[1]. Ce sont en effet ces « scientifiques personnes » qui ont cherché dans les ressources de leur sagesse et de leur savoir des précédents et des oppositions possibles à la fixation de la majorité des rois de France à quatorze ans, et qui ont conseillé le roi dans la rédaction de l'acte. Le notaire, Pierre Blanchet, n'apparaît en revanche pas dans le texte proprement dit. Sans la mention hors teneur, nous ne saurions pas qu'il a joué un rôle dans la rédaction de la loi.

1 *Cf.* sur ce point, et sur les malentendus qu'une interprétation incorrecte de ce passage a pu provoquer *supra*, p. 267-273 ; 401-407.

# DERRIÈRE LA LOI, LES HOMMES

Aussi n'est-il guère surprenant qu'en évoquant la *constitutio* les chercheurs aient généralement négligé le secrétaire pour se concentrer sur le groupe formé par le roi et ses conseillers. Ce faisant, ils se sont parfois complu à suggérer l'existence d'un triangle correspondant aux grandes tendances intellectuelles et institutionnelles du conseil de Charles V, ou, pour être plus précis, de ce conseil informel et plus spécifique formé par les intellectuels dont s'était entouré le roi[1]. Le souverain aurait en quelque sorte arbitré entre deux groupes bien distincts, qui s'opposaient en France à la fois dans leur conception du pouvoir et de l'État, dans leurs orientations conceptuelles et, dans une certaine mesure, dans leurs carrières. Jacques Krynen a mis en valeur dans un article classique[2], dont la teneur a ensuite été développée dans *l'Empire du roi*[3], l'opposition déjà forte à la fin du XIII^e^ siècle, et encore proclamée cent ans plus tard, entre les hommes de loi et du droit, promoteurs d'une renaissance de l'État fondée sur l'utilisation pragmatique et parfois sans scrupules du droit romain (et canon…), et les « artistes » ou « artiens », théologiens passés par les bancs de la faculté des arts, imbus de leur science exégétique et philosophique, et cherchant le modèle de l'État dans la scolastique aristotélicienne. Cette opposition se reflétait effectivement dans les orientations conceptuelles *a priori* bien différentes de certains des conseillers de Charles V, et il est tentant de faire à son tour de l'acte le reflet de ces deux tendances qu'aurait en quelque sorte harmonisées la volonté du roi. Charles V se serait érigé en arbitre pour forcer « légistes » et « artistes » à s'accorder sur une sorte de synthèse amalgamant les justifications juridiques et théologico-politiques susceptibles de fonder en raison la fixation à quatorze ans de la majorité des rois de France, et le contenu, ainsi que, jusqu'à un certain point, l'agencement de l'acte,

---

1 Autrand, *Charles V*, *op. cit.*, p. 728-731.

2 Krynen, « Les légistes », art. cité.

3 Krynen, *L'empire du roi*, *op. cit.*, p. 110-124.

seraient le produit de cette opération. Aux « artistes », le préambule. Aux « légistes », les zones de l'exposé et du dispositif invoquant spécifiquement la mécanique des droits[4]...

## DES COMPÉTENCES EN PARTIE COMMUNES

À la lumière des nouvelles sources trouvées dans le texte, il est tentant de suivre cette hypothèse qu'elles semblent confirmer jusqu'à un certain point. D'une part, la mise en valeur de la citation « pseudo-aristotélicienne » suggère de renforcer, dans l'ombre de Nicole Oresme, le rôle des « artistes », dont la pensée apparaît bien plus clairement qu'auparavant dans cette partie essentielle de l'acte, d'un point de vue philosophique. En effet, le préambule, par nature impersonnel, place en quelque sorte la réflexion sur un plan philosophico-théologique, en accord avec les spéculations des clercs de l'université de Paris et la tradition de l'aristotélisme chrétien, tandis que l'exposé, rappel concret de précédents, possède une dominante plus historiographique. Quant au dispositif, il est *a priori* logique de le considérer comme la section la plus proprement juridique, même si l'on a vu que les frontières conceptuelles entre ces trois parties de l'acte ne sont pas aussi tranchées qu'une telle schématisation le laisse entendre, loin de là. D'autre part, le catalogue des sources ou inspirations juridiques retrouvées, avec son arsenal de recours au droit civil et au droit canon, fait parfaitement ressortir la culture juridique variée, fondée sur les deux droits (*in utroque jure*), qui a motivé le raisonnement d'une partie de l'acte.

N'est-il pas pourtant hasardé de forcer le trait pour faire de la loi une sorte de « synthèse dialectique » de deux tendances contraires ? Il faut sans doute plutôt, dans la logique de la pensée médiévale, concevoir les efforts conceptuels faits pour harmoniser les différents plans du savoir impliqués comme une volonté de concordance qui vise à faire converger aussi bien les deux (les trois...) droits que la théologie et la philosophie pour former le piédestal de la loi nouvelle. Les procédés

4 Cette ligne de démarcation interne à l'acte ne résiste en fait pas à l'examen, comme on le verra notamment *infra* dans les pages suivantes.

conceptuels et rhétoriques convoqués pour justifier le choix de l'âge de quatorze ans sont à cet égard éloquents. D'une part, les rédacteurs ont tout fait pour prendre dans le droit civil, le droit canon et le droit coutumier ce qui pouvait justifier le choix d'une telle date. Au risque de contorsions considérables, ils ont donc posé l'équivalence de l'âge de quatorze ans avec un ensemble de seuils coutumiers, partagés par la noblesse et la famille royale, ou propres à la famille royale, et avec l'âge de discrétion du droit canon, mais aussi, plus brutalement, avec les vingt-cinq ans de l'accession à la *plena facultas* juridique du droit romain. Cet ensemble d'ajustements n'a toutefois recouvert qu'une partie des procédés conceptuels mis en œuvre pour soutenir la validité de ce choix. La discussion sur les seuils d'âge a été sans cesse sous-tendue par la lecture d'Aristote et de ses commentateurs des XIIIe et XIVe siècles, les principes éducatifs du Stagirite s'ajustant, notamment à travers la synthèse égidienne, à la démonstration de l'importance du seuil de quatorze ans dans la vie nobiliaire comme dans l'éducation[5]. Il n'y avait pas ici contradiction entre la philosophie ou la théologie et la loi, mais bien plutôt entre un type de loi et l'autre, la science des artiens pouvant servir à résoudre le problème. De même, dans la partie centrale du préambule, les facettes aristotéliciennes et juridiques de l'argumentation se renforcent-elles mutuellement, bien plus qu'elles ne se contredisent. Peut-être la focalisation opérée jadis et naguère sur la mention du *rex solutus legibus*, du prince au-dessus des lois, a-t-elle, en rappelant les tensions très réelles entre des théologiens toujours inquiets devant les risques de tyrannie royale et des légistes toujours suspects de vouloir donner au roi les attributs et le pouvoir d'un empereur romain, un peu trop masqué à quel point le texte de la *constitutio* participait de cette vision harmonique d'un savoir tout entier tendu dans l'effort de création d'un État encore pensé en fonction d'un modèle idéologiquement proche de l'*ecclesia*, un État fondé sur la raison philosophique et la grâce théologique, aussi bien que sur la construction du droit[6].

Il existait d'autre part entre les savoirs strictement juridiques et théologico-philosophiques un ensemble compact de connaissances, de coutumes et de précédents qui forme en quelque sorte le dernier tiers des éléments

5 *Cf. supra* et *infra*, p. 227-228 ; 354-355.

6 Sur la sacralisation de l'État royal sous Charles V, *cf.* Cazelles, *Société et politique*, *op. cit.*, p. 528-530.

ayant conflué dans la loi, et qui était susceptible de faciliter cet amalgame, car il possédait une dimension aussi bien juridique que religieuse. Cet ensemble, c'était la tradition, semi-légendaire, semi-historique, pleine d'aura sacrale et de recettes de gouvernement, de la maison de France, passée des Capétiens directs aux Valois et plongeant, au-delà des Capétiens, dans le passé magnifié des temps mérovingiens et carolingiens. Et l'on peut se demander s'il ne faudrait pas convoquer à côté des légistes et des artistes un troisième groupe, celui des « archivistes et gardiens de la mémoire royale », à l'ombre des *Grandes Chroniques* de Saint-Denis et du trésor des chartes de la Sainte-Chapelle, pour parfaire cette représentation des différentes forces pensantes à l'œuvre dans la rédaction de l'acte. De la mémoire de Saint Louis à celle des Mérovingiens, de l'évocation de François de Montebelluna aux détails de la cérémonie du sacre, combien de motifs de l'acte ne rappellent-ils pas les différentes phases d'accumulation de cette culture de la monarchie, en pleine reconstruction sous le règne de Charles V ?

## CANDIDATS PRIMAIRES ET SECONDAIRES À LA RÉDACTION DE LA LOI

De fait, un examen des forces potentiellement à l'œuvre derrière la rédaction de l'acte conduit à souligner le genre d'aporie que rencontre assez vite toute tentative de reconnaître derrière les différentes composantes de la loi un ensemble de tendances trop bien définies. On n'y échappera pas ici plus qu'ailleurs : la tentation de mettre en scène celles des figures des « conseillers » du roi qui peuvent être le mieux reliées à l'acte est irrésistible, et il se trouve que les hasards de la chronologie et de la documentation suggèrent de donner un relief particulier à deux clercs qui sont pour ainsi dire l'« artiste » et le « légiste » par excellence du règne de Charles V. D'une part, c'est comme on l'a vu précisément à l'été 1374 que Nicole Oresme semble avoir achevé la traduction-commentaire des *Politiques*, *Économiques* et *Éthiques* entreprise cinq ans plus tôt et surveillée avec un si grand soin par Charles V[7]. Il ne paraît donc pas

7 *Cf.* sur ce point *supra*, p. 207 et pour le rôle probable d'Oresme dans la rédaction de l'acte *infra*, p. 448-466.

exagéré, à la lumière de l'insertion d'un motif tiré des *Économiques* au cœur du préambule, de poser la question du rôle exercé par le penseur dans la gestion de la loi.

D'autre part, c'est vraisemblablement au printemps 1374 que le juriste *in utroque* Evrart de Trémaugon commence la rédaction-compilation du *Somnium viridarii*, première version latine du *Songe du Vergier* achevé en 1378. Or il est non seulement postulé que la rédaction de cette somme politique a été l'occasion de contacts réguliers avec le roi[8], mais il existe plusieurs points de rencontre entre la *constitutio* et les écrits de Trémaugon – des points de rencontre que l'on n'a pas encore présentés en détail parce que la rédaction du *Somnium* (mais pas celle des trois leçons sur les décrétales conservées…) fut pour l'essentiel postérieure à celle de la *constitutio*, mais sur lesquels il importera de s'arrêter[9]. Il est donc tentant de penser qu'Evrart de Trémaugon a pu prendre sa part dans le choix des allégations juridiques, civiles et canoniques qui ont structuré la rédaction de l'acte. Et comme, malgré les témoignages d'intérêt du juriste pour l'œuvre du philosophe[10], les traces des traditionnelles tensions entre légistes et artistes ne manquent pas plus dans les traductions d'Oresme que dans le *Songe du Vergier*[11], ces deux penseurs concrétisent bien l'opposition si souvent invoquée entre les deux tendances dans l'entourage de Charles V. Nicole Oresme et Evrart de Trémaugon forment ainsi deux figures affrontées qui structureront naturellement la présentation des relations de l'acte avec les « artistes » et les légistes.

Derrière ce commode tête-à-tête du roi et de deux « idéaltypes » du juriste et du théologien-philosophe de la France du XIV^e^ siècle, se pose pourtant la question de savoir qui étaient les autres conseillers, « prélats, clercs et laïcs[12] » qui participèrent, *consilio pleniori*, à l'élaboration de la loi. Ici, se livrer au jeu des suppositions en convoquant une longue liste apporterait relativement peu, car nous n'avons aucune certitude. Pour n'évoquer que les « intellectuels » les plus en vue du règne, qu'un

---

8 *Cf.* sur ce point Evrart de Trémaugon, *Trois leçons sur les décrétales*, *op. cit.*, p. 12-17.

9 *Cf.* à ce sujet l'examen de détail proposé *infra*, p. 467-483.

10 Evrart de Trémaugon cite en particulier dans le *Somnium* le *Livre de divinacions* de Nicole Oresme (pour lequel Coopland, George W., *Nicole Oresme and the Astrologers : A Study of his "Livre de divinacions"*, Liverpool, Liverpool University press, 1952). Sur le contexte de cette utilisation, *cf. infra*, p. 469.

11 *Cf.* sur ce point *infra*, p. 467-468 et plus généralement Krynen, « Les légistes », art. cité.

12 Pour reprendre les termes mêmes de la loi : *deliberatione matura et consilio pleniori cum pluribus prelatis personisque notabilibus clericis et laicis* […]

Philippe de Mézières ait résidé à Paris dès 1373 et qu'il ait joué un rôle dans l'éducation du futur Charles VI dans les années suivantes autorise d'autant moins à reconnaître son inspiration dans telle ou telle partie de l'acte que l'œuvre dans laquelle il serait le plus tentant de chercher des parallèles, *le Songe du vieil pèlerin*, est bien postérieure[13]. Il est de même toujours possible d'évoquer le nom de Jean Golein, traducteur du *De informatione principum*, un miroir contenant des réflexions sur l'éducation des princes par leur père, aussi bien que du *Rationale* de Guillaume Durand dans lequel il insère un *Traité du sacre*[14]. Les deux ouvrages entretiennent des liens potentiels avec certaines parties de l'acte. On peut également penser à Denis Foulechat, translateur pour le sage roi du *Polycraticon* de Jean de Salisbury, autre « miroir princier » important[15]. Tant qu'un emprunt important et direct entre l'une des versions latines de ces œuvres et la *constitutio* n'a pas été prouvé, ces rapprochements restent toutefois génériques, donc jusqu'à un certain point gratuits. Les traductions de la *Cité de Dieu* et de certaines parties de la Bible par Raoul de Presles le mettent également en connexion avec l'acte, mais encore plus faiblement, s'il se peut[16]. L'écho augustinien du *bonum obedientiae*, pour passionnant qu'il soit, ne saurait en effet être assimilé à un emprunt massif[17], et quant à la Bible qui, parmi les clercs du roi n'en avait pas une connaissance assez grande, qu'ils fussent secrétaires, juristes ou théologiens, pour pouvoir l'invoquer ?

Un point de contact plus immédiatement pertinent entre le texte et le conseil est en revanche peut-être donné par la figure de Pierre d'Orgemont, élu chancelier de France en 1373 et réputé avoir présidé l'opération de continuation des *Grandes Chroniques* de Saint-Denis pour les règnes de Jean II et Charles V qui aboutit à la confection

13 L'édition *Le songe du vieil pelerin*, W. Coopland (éd.), *op. cit.*, doit maintenant être remplacée par *Songe du vieil pèlerin*, Joël Blanchard (éd.), *op. cit.*

14 Sur Jean Golein et le traité du sacre, *cf.* Jean Golein, *Le rational*, *op. cit.*

15 Sur Denis Foulechat et la traduction du *Polycraticus*, *cf. Le policratique de Jean de Salisbury*, 1372, *liv. I-III*, Charles Brucker (éd.), Genève, Droz, 1994 (Publications romanes et françaises, 209) ; *Le « Policratique » de Jean de Salisbury (1372), liv. V*, Charles Brucker (éd.), Genève, Droz, 2006 (Publications romanes et françaises, 242) ; *Éthique chrétienne et philosophies antiques. Le « Policratique » de Jean de Salisbury, liv. VI et VII*, Charles Brucker (éd.), Genève, Droz, 2013 (Publications romanes et françaises, 260).

16 Sur Raoul de Presles et son activité littéraire, *cf.* Bossuat, Robert, « Raoul de Presles », *Histoire littéraire de la France*, n° 40, 1974, p. 111-186.

17 Sur cet écho augustinien dans la *constitutio*, *cf. supra*, p. 374.

du manuscrit BnF français 2813 du vivant du roi[18]. Que le chancelier lui-même ait pu superviser un travail de cette ampleur, en prenant le relais direct de l'historiographie dyonisienne, attire l'attention, dans un contexte français où la continuation des chroniques était plutôt traditionnellement réservée à l'abbaye, et souligne le désir du souverain et de ses conseillers de maîtriser directement la confection de la mémoire royale[19]. À l'échelle de l'Europe des XIII^e^ et XIV^e^ siècles, une telle activité de production « littéraire » de la part d'un chancelier s'inscrit en revanche dans une longue tradition, alors illustrée dans l'Empire par la figure de Jean de Neumarkt, chancelier de Charles IV[20]. Ce qui intéresse ici est donc surtout le témoignage de l'activité des conseillers du roi et dirigeants de l'appareil d'État dans le champ historiographique, en liaison directe avec l'élaboration d'une *memoria* de la royauté pleinement réinvestie dans la *constitutio*. On verra que les activités de recherche et de compilation du garde du trésor des chartes Gérard de Montaigu et de son fils homonyme, qui ont abouti à l'inclusion de la *constitutio* de 1374 dans le *Recueil des traités* de 1378, ne sont pas non plus sans rapports possibles avec la gestation de certaines parties du texte[21].

---

18 *Cf.* sur cette question *Les grandes chroniques de France. Chronique des règnes de Jean II*, *op. cit.*, p. XII-XVIII, discussion de la théorie attribuant l'autorité de cet ajout aux « Grandes Chroniques » à Pierre d'Orgemont, à partir d'un mandement du ms. BnF Clairambault 216 exploité par Lacabane, Léon, « Recherches sur les auteurs des Grandes Chroniques de France dites de Saint-Denys », *Bibliothèque de l'école des chartes*, n° 2, 1841, p. 57-74, p. 66-72, ainsi que pour une mise en perspective Guenée, Bernard, « Les grandes chroniques de France. Le Roman aux roys (1274-1518) », *Les lieux de mémoire*, II. *La nation*, dir. Pierre Nora, Paris, Gallimard, 1986, p. 189-214.

19 Sur la construction de la *memoria* royale à travers l'œuvre annalistique, *cf.* Autrand, *Charles V*, *op. cit.*, p. 723 et Carqué, *Stil und Erinnerung*, *op. cit.*, p. 447-454.

20 Sur les activités d'écriture remarquables, conjugant production « en chancellerie » incluant une ample correspondance à dominante latine, et divers travaux en latin et en allemand, de ce grand intellectuel allemand de Bohême du second XIV^e^ siècle, *cf.* *Briefe Johanns von Neumarkt*, Paul Piur (éd.), Berlin, Weidmannsche Verlagsbuchhandlung, 1937 (Vom Mittelalter zur Reformation. Forschungen zur Geschichte der deutschen Bildung, 8).

21 *Cf.* *infra*, p. 442.

## FLUIDITÉ DES CULTURES POLITIQUES DANS LA FRANCE DU SECOND XIVe SIÈCLE

Le problème majeur concernant la part respective jouée par différents membres du conseil et de l'entourage du roi dans la rédaction de l'acte – sans compter les questions d'ordre général, irrésolubles en l'état, sur la part prise par le roi, par des membres de la famille royale (on pense à la reine, à Louis d'Anjou…), et par les conseillers politiques les plus importants, dans le choix de la date de quatorze ans – est qu'il est difficile, voire impossible de distinguer rigoureusement ces différents acteurs sur la seule base de leurs origines, de leurs orientations intellectuelles et de leurs carrières.

L'idéologie nobiliaire n'est ainsi pas une marque qui pourrait départager un ensemble de laïcs « moins instruits » de celui des clercs. Si la figure de Philippe de Mézières est en de nombreux points atypique, elle reste ainsi emblématique des possibilités d'une évolution personnelle qui change progressivement, en quelques décennies, un noble combattant, imbu de l'idéal de croisade, en lettré partageant sans difficulté certaines des attributions majeures des intellectuels « parisiens » du temps, dont la plus notable (et à certains égards, celle que l'on a le plus tendance à négliger) est le bilinguisme français-latin. Quand on aura songé que Mézières revêt également les attributs du « secrétaire/notaire » royal par excellence, en sa qualité de chancelier du roi de Chypre, on commencera à mesurer la difficulté à séparer les clercs et conseillers du roi en groupes socio-institutionnels tranchés[22]. Si le parcours d'Evrart de Trémaugon, de petite noblesse bretonne, chanoine à Rouen et licencié ès lois en 1363, enseignant du droit canon à Paris avant 1369, nommé conseiller et maître des requêtes le 16 mai 1374, et qui terminera sa vie évêque de Dol, est à maints égards plus classique, il n'en souligne pas moins que l'orientation juridique n'est pas incompatible avec d'autres types potentiels de culture, aussi bien nobiliaire que théologique[23]. Quant à

22 Sur Philippe de Mézières et sa carrière, *cf. Songe du vieil pelerin* (Blanchard), *op. cit.* Sur les cultures linguistiques que reflète son œuvre, *cf.* Grévin, Benoît, « L'Europe des langues au temps de Philippe de Mézières », *Philippe de Mézières et l'Europe. Nouvelle histoire, nouveaux espaces, nouveaux langages*, Joël Blanchard (éd.), Renate Blumenfeld-Kosinski, Genève, Droz, 2017, p. 95-112.

23 Présentation de son parcours dans Evrart de Trémaugon, *Trois leçons*, *op. cit.*, p. 9-29.

Nicole Oresme, étudiant du collège de Navarre, docteur en théologie et grand maître du collège de Navarre en 1356, archidoyen puis évêque de Lisieux en 1361 et 1378, il n'est pas futile de rappeler dans le contexte d'une étude des rédacteurs de la loi qu'il avait assumé en 1359 le titre de secrétaire du roi, sous lequel il avait signé un acte de la chambre des comptes[24]. Dans ce milieu intellectuel bouillonnant de la France de Charles V, l'orientation de l'œuvre attribuée ou reconnue n'est que rarement l'indicateur univoque d'une carrière ou d'une origine. Raoul de Presles, surtout connu pour être le traducteur de la *Cité de Dieu* (mais ses activités d'écriture vont bien au-delà), est ainsi d'abord un juriste, avocat puis maître des requêtes du roi[25].

Des compétences juridiques et des études précises étaient certes requises des membres du milieu du parlement, de la chambre des comptes, des notaires et des secrétaires du roi, que n'auraient pas nécessairement possédées des docteurs en théologie. Les études d'un Jean Canard, gradué « es deux facultéz [...] des arts et des decrets » à l'époque de rédaction de la loi, rappellent toutefois qu'il n'était pas impossible de combiner jusqu'à un certain point les deux formations, partant les deux habitus, théologiques et juridiques[26]. Dans l'exercice des charges de l'État, des hautes fonctions ecclésiastiques, et dans le conseil du roi, l'interpénétration entre le monde des théologiens issus de la faculté des arts et des juristes venant de la faculté de décret (que l'on fait régulièrement, sans guère de preuves, accomplir le voyage de Bologne dans leur jeunesse[27]) était constante, et les préoccupations intellectuelles des membres du milieu des parlementaires, avocats, notaires et secrétaires du roi rejoignaient souvent celles des « artistes », tous ces hommes étant par ailleurs susceptibles, soit de naissance, soit par osmose, de participer aux cultures

24 *Cf.* pour une présentation biographique dans Maistre Nicole Oresme, *Le livre de politiques*, *op. cit.*, p. 13-22, p. 16 pour son rôle de secrétaire du roi en 1359.

25 Sur la carrière de Raoul de Presles, *cf.* Bossuat, « Raoul de Presles », art. cité et Lombard-Jourdan, Anne, « À propos de Raoul de Presles », art. cité.

26 Schnerb, « Jean Canard », art. cité, p. 200-201, détruisant la légende de Jean Canard docteur en théologie, mais rappelant qu'il avait suivi selon ses propres dires un double cursus au début de son parcours, puisqu'il était « gradué es deux facultez [...] des Ars et de Decretz ».

27 *Cf.* sur ce point Evrart de Trémaugon, *Trois leçons*, *op. cit.*, p. 10 (affirmation sur le passage à Bologne d'Evrart, probable mais qui n'est étayée à ma connaissance par aucune preuve) et Schnerb, « Jean Canard », art. cité, p. 201 (beaucoup plus prudent sur la possibilité que Jean Canard ait pu étudier à Bologne).

nobiliaires qui connaissaient alors une inflexion annonciatrice des fastes de la première partie du règne de Charles VI.

Un exercice d'assouplissement mental est donc nécessaire pour rappeler à quel point les frontières d'ordinaire bien tracées se brouillent quand l'ensemble des éléments constitué par les données prosopographiques, les parcours institutionnels et politiques, enfin la production textuelle, est réellement examiné. Un tel effort permet de rappeler comment, de même qu'un clerc de la fin du XIVe siècle pouvait plier sa pensée aux logiques *a priori* très différentes de la rédaction ou de la performance d'un sermon ou d'une lettre de chancellerie, d'une *disputatio* scolastique ou d'une ballade, du latin ou du français, de même les différents conseillers de Charles V qui ont eu la plus grande part dans la rédaction de la loi ont pu s'entendre malgré leurs oppositions de doctrine et leurs formations partiellement différentes, et aboutir à la rédaction d'un texte où seul un long travail permet de suggérer ce qui revient au droit, à la théologie, aux traditions monarchiques, au notariat. Et l'on peut imaginer que si le fond de la loi a été discuté *consilio pleniori* par un grand nombre de personnes et par toute une assistance politique – dans laquelle les compétences juridiques et théologiques ne manquaient certes pas –, la rédaction proprement dite en a été confiée à un groupe relativement restreint, qui a travaillé, à l'été 1374, sous la surveillance du roi. Étaient-ils quatre, huit, ou douze, ces hommes de savoir et de lettres parmi lesquels figurait sans doute Evrart de Trémaugon, peut-être Pierre d'Orgemont et Gérard de Montaigu, sûrement, en tant que greffier et rédacteur final, Pierre Blanchet ? Cela, nous ne le saurons jamais, et c'est faute de pouvoir rétablir ce qui a été oblitéré par le temps qu'il faut bien se contenter de styliser ce processus, en faisant intervenir quatre acteurs pour l'ensemble de la troupe : le roi, l'artiste – représenté par Oresme –, le juriste – Trémaugon –, et le secrétaire Blanchet.

# LA LOI ET LE ROI

Établir les rapports d'autorité de Charles V sur la *constitutio* est d'une facilité extrême, si l'on entend par là l'inspiration générale et le choix de l'âge de majorité, qui était du ressort du roi. Il se révèle bien plus difficile de comprendre dans le détail le degré de précision des instructions et de la surveillance royales concernant la rédaction proprement dite de l'acte. La possibilité de répondre à une telle question n'est en effet pas seulement subordonnée à un ensemble d'hypothèses concernant le degré d'intérêt du « roi sage » pour l'agencement rhétorique du texte. Elle dépend également d'une prise de position sur sa connaissance et sur son degré de pratique du latin.

## ROI SAGE, ROI LETTRÉ ?

Entrer dans la tête d'un souverain médiéval est, on le sait, entreprise ardue. La lenteur des processus d'individuation en cours au long du bas Moyen Âge, aussi bien que la pauvreté des témoignages et des sources directes concernant la personnalité des souverains, rendent cette opération quasiment impossible avant le XIV^e^ siècle[1], une figure telle que Saint Louis formant à cet égard exception, non pas tant grâce au nombre des sources – si déformées par la vision hagiographique – qu'à cause du caractère exceptionnel du récit de Joinville[2]. Au XIV^e^ siècle,

1 Sur le problème de l'individuation au Moyen Âge, *cf.* Bedos-Rezak, Brigitte Myriam, Iogna-Prat, Dominique (éd.), *L'individu au Moyen Âge*, Paris, Aubier, 2005.

2 Sur le projet d'une bibliographie de saint Louis, ses possibilités et ses limites, *cf.* Le Goff, *Saint Louis*, *op. cit.*, particulièrement p. 13-26, ainsi qu'*Id.*, « Entretien avec Jacques Le Goff ». Propos recueillis le 16 janvier 1998 par Laurence Moulinier et Odile Redon, avec la collaboration de Bartélemy, Thifaine, *Médiévales* 34, 1998, p. 91-100.

les choses changent insensiblement, et la multiplication des focales consentie par l'accroissement des sources écrites conservées, tout comme l'attention majeure prêtée aux traits de personnalité par les contemporains, permettent d'esquisser des portraits royaux où l'impersonnalisation d'un gothique classique cède peu à peu la place à un ensemble de caractéristiques plus individuelles. Tout comme la sculpture et la peinture nous apprennent assez clairement à quoi ont ressemblé Jean II, Charles V ou l'empereur Charles IV, les récits des contemporains s'ajoutent aux symptômes de leur activité politique, de mécénat ou d'écriture pour faire parfois entrevoir l'homme derrière le roi.

L'exercice n'en reste pas moins difficile, et soumis à des aléas dépendant dans la plupart des cas de l'interprétation personnelle, tant les conventions historiographiques médiévales et le poids de l'institution monarchique s'associent pour dissimuler la personnalité de chair derrière l'intemporalité du roi-État. Nous savons ainsi que Charles V était obsédé par les couronnes et les joyaux, mais il est bien difficile d'interpréter un tel trait comportemental, et les portraits idéalisés du roi qui ont surgi sous la plume tant des contemporains sensibles aux succès étonnants du règne que des hommes des générations suivantes, confrontés aux désastres des temps de Charles VI, ne contribuent pas à faciliter la tâche de l'historien. Il manque le témoignage d'une autobiographie de jeunesse à la manière de celle de l'empereur Charles IV pour pouvoir entrer plus avant dans la personnalité du roi[3].

Une chose est sûre pourtant : Charles V était un roi lettré, passionné de livres et de sciences, qui a cru comme peu de souverains au bas Moyen Âge – un Frédéric II, un Alphonse X – en la possibilité de gouverner en suivant les conseils des philosophes, théologiens et « scientifiques personnes » du temps passé et de leurs meilleurs interprètes du présent[4]. Roi de textes, aimant les textes, et contribuant directement à la production – essentiellement par traduction – d'un nouveau corpus politico-scientifique français, le troisième Valois apparaît dans cette optique comme un souverain particulier, dont le regard sur un acte central de son règne, aussi chargé d'implications conceptuelles et de références à l'ensemble du savoir

3 Sur la *Vita Karoli IV* et son interprétation, voir la nouvelle édition-traduction *Vie de Charles IV*, *op. cit.*

4 Sur cet aspect de Charles V, *cf.* Autrand, *Charles V*, *op. cit.*, p. 713-750 ; Boudet, *Entre science*, *op. cit.*, p. 303-309 et *Sciences et savoirs sous Charles V*, Olivier Bertrand (éd.), Paris, Champion, 2014 (Colloques, congrès et conférences sur le Moyen Âge, 20).

médiéval, ne pouvait être vide. La tentation est donc de faire du souverain, non seulement l'initiateur de la loi, mais, en partie, le concepteur, ou au moins l'instigateur, de son agencement. Une telle opération ne peut toutefois s'effectuer qu'au risque d'une possible dérive herméneutique.

Il y a beau temps en effet que les historiens ont pris leurs distances avec le credo positiviste qui voulait que de nombreux textes, lois, lettres ou actes, aient reflété directement la pensée du souverain jusque dans ses moindres détails. Dans les monarchies étatiques du bas Moyen Âge, les processus de formalisation diplomatiques, rhétoriques et épistolaires inhérents aux pratiques d'écritures des chancelleries et autres organes du pouvoir royaux interposaient un ensemble d'opérations entre la décision souveraine, éventuellement motivée, du prince, et sa communication par écrit. Ce problème se posait aussi bien pour la production d'actes et de textes en langue vulgaire, soumis à des codes de formalisation eux-mêmes conditionnés par les modèles latins, que pour les textes rédigés en latin, avec une différence de taille toutefois. Si l'on peut postuler un degré de compréhension raisonnable par le roi de France d'un acte complexe écrit en français au XIV^e^ siècle, il est beaucoup plus difficile de dire jusqu'à quel point il pouvait comprendre l'agencement syntaxique et rhétorique d'un texte latin sophistiqué du genre de la *constitutio*.

La question se pose tout particulièrement pour Charles V, roi savant, petit-fils de Philippe VI, roi peu lettré en latin et partisan de la francisation de la communication royale, et fils de Jean II, bien meilleur latiniste et chaud défenseur de l'usage intégral du latin à la chancellerie[5]. Comme on le sait, Charles V a lui-même poussé à l'utilisation du français à la chancellerie, et engagé un programme de traduction d'œuvres de tous genres correspondant à une véritable *translatio studii* du latin vers le français. Ce programme est resté sans égal par son ampleur dans la France du bas Moyen Âge, même si le mouvement de traduction d'ouvrages scientifiques, politiques et juridiques en français avait en fait débuté depuis plus d'un siècle[6]. Cet amour du français a souvent et logiquement été

5 Sur les différences de « rapport au latin » des premiers Valois, *cf.* Lusignan, *La langue des rois*, p. 95-153.

6 Sur les traductions à la cour de Charles V, entre de très nombreuses références, *cf.* Autrand, *Charles V*, *op. cit.*, p. 713-750 ; Lusignan, *La langue des rois*, *op. cit.*, p. 123-124 ; Ducos, Joëlle, « Goût des sciences et écriture du savoir à la cour de Charles V », *Le goût du lecteur à la fin du Moyen Âge*, Danielle Bohler (éd.), Paris, Éditions du Léopard d'Or, 2006 (Cahiers du Léopard d'Or, 11), p. 225-244 ; *Sciences et savoirs*, *op. cit.*

associé au désir d'un souverain francophone de lire dans une langue qu'il maîtrisait mieux que le latin les œuvres dont il estimait la connaissance nécessaire pour gouverner. D'un autre côté, la réputation de roi savant faite à Charles V et le témoignage de Christine de Pisan, qui en fait un bon latiniste, semblent infirmer l'image d'un roi « semi-lettré[7] ». Mais Christine de Pisan a écrit son *Livre des Fais et bonnes meurs du roi Charles V* en 1404, une génération après la mort du souverain qui avait accueilli son père, dans une volonté affichée de panégyrique. Il semble donc y avoir contradiction entre l'image du roi de sciences, associée à la domination du latin, et celle du souverain français attaché à la promotion de sa langue.

En fait, la lecture même des deux passages où Christine de Pisan évoque la pratique du latin par Charles V met sur la voie d'une solution, même si l'on peut douter que l'autorité personnelle de la femme de lettres soit ici d'un grand poids. Elle dit en effet expressément, d'une part que Jean le Bon avait fait « introduire [son fils] en lettres moult souffisement, et tant que competemment entendoit son latin et souffisemment, sçavoit les rigles de gramaire[8] », d'autre part, que Charles V avait lancé son programme de traduction « pour ce que peut-estre n'avoit le latin, pour la force des termes soubtilz, si en usage comme la lengue françoise[9] ». Dans aucun des deux passages, il ne s'agit donc de prétendre que le roi avait la connaissance profonde du latin caractéristique des lettrés et clercs passés par les bancs de l'université et ayant suivi une longue formation, qu'elle fût à dominante juridique ou théologique. Il s'agit simplement de souligner que Charles V avait reçu un enseignement de base en latin qui lui avait donné les clefs d'un accès moyen (souffisemment) à la langue, par la connaissance de sa structure grammaticale (les « rigles de gramaire »), et d'autre part, de suggérer que cette maîtrise du latin n'allait pas jusqu'à une familiarité qui lui permît de lire aussi aisément qu'en français toute sorte de textes. Charles V disposait donc vraisemblablement d'un savoir linguistique asymétrique, qui le rendait aisément capable de lire divers documents latins simples, tels que des prières[10], des mandements ou des textes juridiques à la phraséologie

7 Sur ces passages fameux, *cf.* Lusignan, *La langue des rois*, *op. cit.*, p. 122-123. Ils sont édités dans Pisan, Christine de, *Le livre des fais*, *op. cit.*

8 *Ibid.*, t. 1, p. 16.

9 *Ibid.*, t. 2, p. 13.

10 Sur les prières en l'honneur de Saint Louis spécialement composées pour Charles V, *cf. infra*, p. 441.

répétitive, ou encore certains passages de la Bible. Il ne disposait en revanche probablement pas de la formation rhétorique sophistiquée qui l'aurait mis à même de goûter sans difficulté une lettre de Pétrarque ou de comprendre sans certains risques de malentendu les traductions latines d'Aristote créées au siècle précédent. Encore moins maîtrisait-il les règles qui lui auraient permis d'écrire lui-même un document latin complexe, requérant une inventivité majeure, même s'il est probable qu'il aurait pu sans trop de peine dicter un document à la phraséologie standardisée, du genre de ceux que produisait le plus couramment la chancellerie royale.

Ce genre de décalage entre une pratique du latin témoignant de la part d'un souverain d'un niveau de connaissances non négligeable, et la production de textes d'une extrême complexité dans son entourage, était en fait monnaie courante aux XIII^e^ et XIV^e^ siècles, et pratiquement inévitable étant donné la différence fondamentale régissant l'éducation des princes et celle de leurs techniciens de l'écrit. Un Frédéric II, auteur du traité de fauconnerie *De arte venandi cum avibus* au XIII^e^ siècle[11], un Charles IV de Luxembourg, rédacteur en latin de sa propre autobiographie à l'époque même de la vie de Charles V[12], étaient tous deux vraisemblablement bien meilleurs latinistes que ce dernier, une acquisition plus complète de la langue en tant qu'habitus leur ayant sans doute été facilitée par une tradition de multilinguisme familial et patrimonial qui n'existait pas au même degré à la cour de France[13]. Pourtant, les productions latines de ces deux empereurs sont loin, dans leur simplicité syntaxique et lexicale relative, d'égaler les constructions rhétoriques raffinées des hommes qui servaient d'interprètes à la parole impériale, un Pierre de la Vigne pour Frédéric II, un Jean de Neumarkt pour Charles IV[14].

11 Sur le *De arte venandi cum avibus*, *cf.* Van den Abeele, Baudoin, « Il De arte venandi cum avibus e i trattati latini di falconeria », Pierre Toubert-Agostino Paravicini Bagliani (éd.), *Federico II e le scienze*, Palerme, Sellerio, 1994, p. 395-409.

12 *Cf.* l'édition-traduction *Vie de Charles IV*, *op. cit.*

13 Sur le multilinguisme de Frédéric II, *cf.* Stürner, Wolfgang, *Friedrich II. Der Kaiser 1220-1250*, Darmstadt, Nimbus Verlag, 2000, p. 361 (l'empereur était crédité vers la fin du XIII^e^ siècle de savoir six langues). Sur celui de Charles IV, *cf.* ses propres affirmations, assez précises, dans son autobiographie (*Vie de Charles IV*, *op. cit.*, p. 56-57) : il savait l'allemand, le français, l'italien et le latin, et avait « réappris » le tchèque oublié (ou jamais très bien appris ?) à cause de sa longue absence de Bohême durant son enfance et son adolescence.

14 Sur Jean de Neumarkt, *cf.* *Briefe Johanns von Neumarkt*, *op. cit.* Sur Pierre de la Vigne, Grévin, *Rhétorique*, *op. cit.*

Une bonne compréhension passive de différents registres de latin haut n'empêchait donc pas le décalage de compétences avec les agents de la parole royale de persister. On peut imaginer que les compétences en latin de Charles V ont été plus faibles d'un ou deux crans que celles de ces deux souverains, sans être négligeables, le plaçant dans la position de comprendre des textes de difficulté moyenne, et de s'exprimer au besoin dans un latin simple. Dans le cas de Charles V, comme de Frédéric II et Charles IV, il faut faire la part d'une enfance et d'une jeunesse occupées par une éducation en partie nobiliaire et guerrière, et d'une gestion très précoce d'affaires politiques complexes, qui excluait le nombre d'heures requises pour acquérir cette domination « magistrale » du latin dont s'enorgueillissaient les clercs – avec des différences notables selon les hommes et les régions[15]. La part de l'affectif dans le désir de promouvoir l'une ou l'autre des langues impliquées reste un problème qui transcende ces questions. Peut-être l'étude comparative du latin d'autres rois lettrés des XIII^e^ et XIV^e^ tels que Robert d'Anjou[16], et de leur éducation, permettra-t-elle d'affiner notre compréhension de ces limites qui pouvaient être à la fois socio-institutionnelles, pédagogiques et, bien sûr, psychologiques, la personnalité des souverains français successifs ayant visiblement influencé leur rapport au latin de manière tranchée au cours du XIV^e^ siècle.

Il est en somme probable que Charles V entretenait un rapport ambigu avec le latin de la *constitutio*, dont nous avons vu qu'il vaut bien sa réputation de complexité, essentiellement à cause de la surcharge syntaxique motivée par l'existence d'une période exorbitante, elle-même suivie d'une autre très longue période, ces deux phrases couvrant à elles seules l'exposé et les deux tiers du dispositif, soit les deux tiers de l'acte[17]. Le roi était probablement familier avec les idées développées dans le texte, idées qu'il a motivées ou approuvées à la faveur de discussions durant l'été et peut-être déjà le printemps 1374, et cette familiarité pouvait compenser jusqu'à un certain point le sentiment de dépaysement qu'il a pu éprouver devant la complexité de l'agencement syntaxique.

15 Sur la jeunesse de Charles V, *cf.* Autrand, *Charles V*, *op. cit.*, p. 1-194. Sur celle de Frédéric II, Stürner, Wolfgang, *Friedrich II. Teil 1. Die Königsherrschaft in Sizilien und Deutschland 1194-1220*, 1992, Darmstadt, Nimbus Verlag., et sur celle de Charles IV, son propre témoignage dans *Vie de Charles IV*, *op. cit.*, 2010.

16 Sur Robert d'Anjou, roi savant, *cf.* Kelly, *The New Solomon*, *op. cit.*

17 Sur ces deux phrases et leur analyse, *cf. supra*, p. 173-179.

On peut toutefois remarquer que si la structure grammaticale du texte est complexe, son vocabulaire ne l'est pas vraiment. Les termes sont, à l'exception de la fameuse écliptique (*ecliptica*) empruntée à François de Montebelluna[18], ceux d'un latin de chancellerie pompeux, mais relativement classique, du latin biblique majestueux, mais ici plutôt clair de la Genèse, des Prophètes ou des Rois, enfin d'une phraséologie juridique et pragmatique qui devait être familière au roi. Emblématiquement, la seule erreur de latin franche commise par les rédacteurs (ou par les copistes ?) de l'acte a été la confusion entre la préposition latine classique rare *penes* et l'adverbe plus courant *paene*[19]. Or cette erreur a été causée par une lecture hâtive du latin emprunté à Justin, auteur de difficulté moyenne, mais qui utilise une langue par nature différente de celle de la chancellerie. Et elle a été faite par les notaires qui ont dressé l'acte, dans un des très rares passages du texte où la phraséologie n'avait pas été pliée aux habitudes de la chancellerie, mais était restée quasiment celle de l'auteur dont l'emprunt était extrait. Le problème des niveaux de latin ne concernait donc pas le seul roi.

S'il faut synthétiser les hypothèses suggérées par le cadre sociolinguistique de la cour des années 1370, on avancera donc avec prudence que Charles V pouvait entretenir une certaine familiarité avec le texte, mais que cette familiarité résultait sans doute autant, voire plus, de l'intensité de son intérêt pour les thèmes envisagés et de sa réflexion sur le problème de la succession et de la majorité, que d'une latinité qui trouvait certainement ses limites devant l'agencement de cette orfèvrerie rhétorique. Mais peut-on aller jusqu'à avancer que le roi était vraiment rentré dans les détails des thèmes dont la succession scande l'acte ?

18 Sur ce passage et sur le lien entre la difficulté de compréhension du terme et la qualité de la traduction française de 1392, *cf. supra*, p. 92, 238-239, et *infra*, p. 542.
19 *Cf. supra*, p. 43, 120.

## CHARLES V
## ET LES THÈMES DE LA *CONSTITUTIO*
### Les traductions et Aristote

Un premier indice allant dans ce sens est fourni par la concomitance d'une partie du programme de traduction initié par Charles V avec les thèmes affrontés dans la *constitutio.* Ici, l'absence d'une concordance parfaite ne doit pas induire en erreur. Seul un réflexe herméneutique pourrait conduire à s'étonner de l'absence apparente de citations des versions latines de *tous* les ouvrages à peine traduits ou en cours de traduction pour Charles V dans la loi. L'existence d'un programme de traduction comprenant (entre autres choses) à la fois la *Bible*, les *Politiques*, *Éthiques* et *Économiques* d'Aristote, et divers miroirs intégrant des passages sur l'éducation des princes et la sagesse des rois, tels que le *Policratique* et le *De informatione principum*, conduit déjà assez près des sources de l'acte[20]. Il faut d'autre part rappeler que la bibliothèque de Charles V contenait nombre d'ouvrages déjà traduits aux XIIIe et XIVe siècles qui viennent compléter cette panoplie. Elle abritait en particulier une quantité impressionnante de volumes de Sénèque et du *De regimine principum* de Gilles de Rome, en latin et en français, les *Grandes Chroniques de France*, et une kyrielle d'ouvrages juridiques, dont des traductions partielles du corpus du droit civil établies par les générations précédentes[21].

Dans cet ensemble compact, la traduction du corpus aristotélicien prend un relief particulier. On reviendra plus bas sur l'implication de Nicole Oresme dans ce travail, et sur ce qu'elle signifie potentiellement pour le rôle du penseur dans la supervision d'une partie de l'acte. Pour

20 Sur la traduction de la Bible et du *De informatione*, *cf.* Bossuat, « Raoul de Presles », art. cité. Sur celle du *Policraticus*, *cf. Le policratique de Jean de Salisbury*, 1372, liv. I-III, *op. cit.* ; *Le « Policratique » de Jean de Salisbury (1372), livre V*, *op. cit.* ; *Éthique chrétienne*, *op. cit.* Sur le programme oresmien de traduction d'Aristote, *cf.* Maistre Nicole Oresme, *Le livre de Ethiques*, *op. cit.* ; *Id.*, *Le livre de yconomique*, *op. cit.* ; *Id.*, *Le Livre du ciel et du monde*, Albert D. Menut, Alexander J. Denomy (éd.), Albert D. Menut (trad.), Madison-Londres, The university of Wisconsin Press, 1968 ; *Id.*, *Le livre de politiques*, *op. cit.*

21 *Cf.* Delisle, *Recherches*, *op. cit.* Nombre de ces ouvrages peuvent être consultés en version digitale à travers le projet *Europeana regia*, regroupant notamment les manuscrits issus des bibliothèques de Charles V, de ses frères et de Charles VI conservés dans différentes institutions européennes.

l'heure, il importe de préciser l'importance de cette référence pour le roi. Or les sources sont exceptionnellement disertes sur ce point. On a déjà évoqué l'attention extrême avec laquelle Charles V avait veillé à la progression du travail de « translation », qu'il avait tout fait pour faciliter, comme en témoigne le mandement écrit de sa propre main en 1372, et qu'il vaut la peine de retranscrire :

> De par le roy.
>
> Jean d'Orleans, Nous faisons translater à nostre bien amé le doyen de Rouen, maistre Nicolle Oresme, deux livrez, les quiex nous sont très necessaires et pour cause, c'est assavoir polithiques et yconomiques, et pour ce que nous savons que le dit maistre Nicolle a a ce faire grant peine et grant dilligence, et que il convient que pour ce il delaisse toute ses autres oevrez et besoignes quelconques, voulons nous que, pour sa dicte peine, et aussi pour ce que il y entende et laisse toutes autres besongnes, quelles que elles soient, vous li bailliez et delivrez tantost et sans nul delay la somme de deux cens franz d'or. Si gardez, sur toute l'amour que vous aves à nous et le plaisir que vous desirez nous faire, et si cher que vous doubtez encourir nostre indignacion, que en ce ne faitez faulte, quelque chevance que fere en doiez. Car ainssi li avons promis. Et pour ce que vous sachiez que ce vient de nostre conscience, nous avons en ces presentes cy dessoulx escript de nostre main. Donné en l'abbaye de Chaaliz, ce XXIe jour de may. Et telle lettre et descharge que avoir en vouldrez, nous la vous promettons passer et faire. [C'est le passage suivant qui est de la main de Charles V] Gardez sur quanque vous douptez nous courouser, queque chevance que vous en doiez faire, vous ly delivrez sanz nul deloy iic franz.
>
> Escrit de nostre main
> Charles[22].

On ne glosera pas ici l'exceptionnalité de l'acte, au milieu duquel le roi prend littéralement la plume pour réitérer son souhait d'être expressément obéi et ses menaces en cas de retard, témoignage insigne tant de l'impatience de Charles V de voir les traductions prêtes que du soin avec lequel il protégeait les conditions de travail de son équipe de savants-traducteurs. La mention dans ce passage des seuls *Politiques* et *Économiques* provient du fait que Nicole Oresme avait déjà terminé la traduction de l'*Éthique* en 1370, alors que le dernier paiement en rapport avec la traduction de l'ensemble de ces ouvrages n'intervient qu'au 31 août 1374 (ce qui

22 *Mandements et actes divers*, *op. cit.*, n° 1061, p. 552 (*cf.* pour le début du travail *ibid.*, n° 889, p. 458-259).

laisse planer un doute sur le degré exact de finition de ces travaux à l'été 1374, quoiqu'on postule généralement qu'ils étaient déjà très avancés en 1372[23]). Il est néanmoins révélateur que le fameux passage du *Songe du Vergier* (pour le coup un ajout opéré dans la version française par rapport au « brouillon » latin) concernant la lecture quotidienne d'Aristote par le roi inclue aussi bien les courts *Économiques* que les deux volumes bien plus longs des *Politiques* et de l'*Éthique* qui sont plus souvent invoqués par l'historiographie actuelle. Lui aussi mérite d'être cité :

> Et aussi, se nous considerons parfaitement conment chascun jour il [Charles V] lit ou fait lire devant luy de Ethyques, de Pollitiques ou de Yconomiques, ou d'autres moralités, pour savoir que appartient au gouvernement de tout seigneur naturel, et conment il doit justement et virtusement vivre, et son pueple garder d'oppressions et deffendre, certes nous povons dire et maintenir que sa seignorie est vraye et naturele seignorie. Et met poine en son vivent que ceste seignorie soit perpetuele, et que son pueple, après sa mort, soit justement et virtueusement gouverné[24].

Cette évocation de la lecture quotidienne par Charles V des trois œuvres traduites par Oresme entre 1369 et 1374 intervient dans la défense du chevalier contre l'accusation faite par le clerc aux rois de « tyranniser » trop souvent qui forme le cent trente-deuxième chapitre du premier livre du *Songe*[25]. Elle montre par parenthèse à quel degré la séparation d'une culture théologico-philosophique et d'une culture juridique à la cour de Charles V est, jusqu'à un certain point, artificielle, Evrart de Trémaugon invoquant dans ce passage, comme dans maint autre, la figure du Stagirite pour défendre sa conception de l'exercice du pouvoir royal. Le *Songe du Vergier* a été écrit dans sa version française entre 1376 et 1378, quatre ans après l'achèvement probable du premier jet de la traduction des *Économiques*[26], mais les témoignages de

23 Maistre Nicole Oresme, *Le livre de yconomiques*, *op. cit.*, p. 791, souligne qu'une version préparatoire des *Politiques* était déjà prête en 1372, et postule qu'une première version des *Économiques* aurait pu être présentée au roi à la même date. Le postulat que le gros du travail était fini en 1372 semble toutefois entrer en contradiction avec la teneur du mandement cité, datant du 21 mai 1372, à moins de supposer que Charles ne presse les dernières étapes de ce travail.

24 *Le songe du Vergier*, *op. cit.*, t. I, p. 222, cité par Schnerb, Bertrand, « Charles V au miroir du *Songe du Vergier* », *Le Moyen Âge*, n° 116, 2010/3, p. 545-559., p. 554.

25 *Le songe du Vergier*, t. I, cxxxii, 3.

26 Sur la chronologie de la rédaction des traductions d'Aristote par Oresme, *cf.* Maistre Nicole Oresme, *Le livre de yconomiques*, *op. cit.*, p. 791, et *Id.*, *Le livre de politiques*, p. 19-20.

type archivistique sur l'intérêt direct pris par Charles V à la trilogie aristotélicienne n'avaient pas cessé à cette date. C'est en effet en 1376 que le roi avait commandé à son copiste favori, Raoulet d'Orléans, de travailler à une édition de luxe en petit format de la trilogie qu'il pourrait emporter dans ses voyages[27]. Une génération plus tard, Christine de Pisan se fera l'écho des habitudes de lecture de Charles V, qui réservait une partie de son temps à l'audition ou à la lecture directe d'ouvrages théologiques, politiques ou scientifiques[28], et l'éditeur du *Livre des fais et bonnes meurs* a noté que c'est l'un des points où le récit de la femme de lettres se rapproche le plus, à travers la mention du *Songe du Vergier*, des sources contemporaines de la vie du roi[29]. Les *Économiques*, au même titre que les *Éthiques* et les *Politiques*, faisaient bien partie des obsessions de Charles V, particulièrement durant les années 1372-1376, et il est donc légitime de supposer que c'est en accord avec la volonté royale que le passage central du préambule a été travaillé pour les refléter. La signification exacte de ce choix, impliquant sans doute une discussion entre le roi et le traducteur, sera explicitée dans la section consacrée aux « artistes[30] ».

27 Maistre Nicole Oresme, *Le livre de yconomiques*, p. 791. Deux manuscrits « de poche » furent créés, l'un contenant l'*Éthique* (Ms. La Haye, Museum Meermanno-Westreenianum, 10 D1) ; l'autre contenant les *Politiques* et les *Économiques*, le ms. Bruxelles, Bibl. royale, 2904. Sur Raoult d'Orléans, *cf.* Oeser, Wolfgang, « Raoulet d'Orléans und Henri du Trévou, zwei französische Berufsschreiber des 14. Jahrhunderts und ihre Schrift », *Archiv für Diplomatik, Schriftgeschichte, Siegel- und Wappenkunde*, n° 42, 1996, p. 395-418.

28 Christine de Pisan, *Livre des fais et bonnes meurs*, *op. cit.*, t. I, c. XVI, p. 47-48 : « En yver, par especial se occupoit souvent à ouir lire de diverses belles hystoires de la Sainte Escripture, ou des fais des Romains, ou Moralités de philosophes et d'autres sciences jusques à heure de soupper… »

29 *Ibid.*, n. 2.

30 *Cf.* sur ce point *infra*, p. 451-453.

## CHARLES V
## ET LES THÈMES DE LA *CONSTITUTIO*
## L'obsession pour Saint Louis et pour le sacre

Il existe deux autres dimensions de la *constitutio* qui rejoignent directement les obsessions du roi et le travail sur les textes de ses serviteurs intimes. La première, bien connue, est l'obsession pour le sacre, son *ordo* et les éléments symboliques et décoratifs qui lui sont associés, au premier rang desquels les couronnes[31]. On l'a vu, le sacre est en fait partout présent dans l'acte, pressenti dans la bénédiction d'Isaac, apparaissant au seuil de l'exposé dans la galerie des rois d'Israël, resurgissant dans l'évocation fulgurante de Saint Louis, pour être enfin évoqué de manière très concrète dans le second quart du dispositif. Cette dimension du texte peut également être mise en relation avec l'élaboration, commencée immédiatement après le sacre du roi, du *Livre du couronnemement de Charles V*, aujourd'hui conservé à Londres[32]. Là encore, l'activité d'écriture encadre la rédaction de l'acte, car des interpolations et ajouts (liés aux nouveaux serments de fidélité exigés lors de la phase de reconquête et des gains en Normandie) ont été opérés sur le manuscrit dans la dernière partie du règne, en 1378 ou peu après cette date. Un second élément vient encore renforcer, sur le front des traductions opérées pour le roi, cet arrière-plan textuel de la dimension « sacrale » de la *constitutio :* l'inclusion par Jean Golein dans sa traduction du *Rationale divinorum officiorum* de Guillaume Durand d'un « traité du sacre[33] ». L'ensemble constitué par le *Rational* et par le traité a été terminé en 1372, dans ces années d'effervescence intellectuelle qui précédèrent de peu la rédaction de la *constitutio.* Le sacre n'était donc pas un souvenir, mais une « matière à penser » la mystique de la royauté, la signification de ses mystères, et aussi la force des engagements juridiques qui y étaient contractés, par le souverain comme par ses sujets, toujours présente à l'esprit du roi.

Plus encore que le sacre, c'est néanmoins peut-être la dévotion de Charles V pour Saint Louis qui est susceptible de livrer une série d'indices

31 *Cf.* sur ce point *supra*, p. 391-393.
32 Sur ce manuscrit, *cf. Ordines coronationis Franciae*, *op. cit.*, en particulier p. 462.
33 Jean Golein, Le « rational », *op. cit.*

sur son implication dans la rédaction de l'acte. De cette dévotion, nous avons conservé un nombre presque incalculable de témoins, dont certains prouvent que malgré son caractère déjà traditionnel dans la famille royale au milieu du XIV<sup>e</sup> siècle, elle avait pris une forme exacerbée chez Charles V[34]. Les prières spécialement composées et contenues dans le « manuscrit des Très grandes heures de Charles V » détruit à Turin en 1904 sont particulièrement éloquentes à cet égard :

> Oratio ad sanctum Ludovicum, regem Francie. Sancte et pie Ludovice, unus de gloriosis confessoribus Dei, unus de regibus magnis amicis Dei, iste peccator, licet indignus, iste successor tuus, licet ineptus, licet nimis inconveniens heres tuus, dubius, nescius, sollicitus et anxius de populo tuo commisso regimini suo, ego scilicet inutilis persona, nullis bonis ornata, sed profunda ignorantia tenebrata, innumeris viciis deformata, inmensis peccatis onerata, ego inquam, quem Deus et tu post Deum voluisti fieri regem in populo tuo [...][35]

Une telle prière, si elle a bien été composée, comme il est probable, pour Charles V, permet d'établir précisément la valeur donnée à la *laudatio sancti Ludovici*, au panégyrique triomphant du roi martyr et combattant dressé au milieu de l'exposé. Il ne s'agit pas pour le roi sage de suivre superbement les traces de son prédécesseur, mais de s'élever d'une indignité de principe vers ce modèle de tous les instants, source d'inspiration dans le gouvernement comme dans la vie quotidienne, et cette dimension de la pensée de Charles V, loin d'être oubliée, doit être comparée avec ce que nous avons rappelé du lecteur d'Aristote et du « roi scientifique » pour compléter le portrait d'un souverain sacralisant, comme une grande partie de son peuple, un « avant » désormais mythique de la monarchie française. Au-delà de cet aspect générique et fondamental de la dévotion à Saint Louis, un aspect précis de l'intérêt du roi pour son prédécesseur a toutefois pu entrer directement en relation avec l'élaboration du texte. Il s'agit de l'intérêt porté par Charles V aux textes éducatifs créés par Saint Louis, tout particulièrement aux fameux *Enseignements.*

Les *Enseignements* de Saint Louis, écrits en français, et transmis dans d'innombrables versions légèrement dissemblables dès la fin du XIII<sup>e</sup> siècle, ne contiennent pas, sauf erreur, de passage qui aurait pu servir de source

34 Carqué, *Stil und Erinnerung*, *op. cit.*, *passim*, en particulier p. 485-492.
35 Delisle, *Recherches*, *op. cit.*, t. 1, p. 208-213 pour le manuscrit, 210-211 pour la prière.

directe d'inspiration à la *constitutio*[36]. Ils n'en forment pas moins un traité éducatif insistant sur la nécessité pour le prince de se former en sagesse et dans la révérence de Dieu qui forme un écho général avec la première partie de la loi, et l'idée d'un rapprochement entre le « traité éducatif » du saint roi et la *constitutio* était déjà venue à François Delaborde, sur la foi d'un témoignage particulier de l'intérêt porté par la famille royale à cette pièce[37]. En 1374 toujours, l'année de la rédaction de la *constitutio* (mais en quel mois ? le roi était en tout cas à Vincennes, lieu de rédaction de notre acte), Gérard de Montaigu, secrétaire du roi et garde du trésor des chartes, mit la main lors de ses recherches sur un exemplaire des *Enseignements* qu'il considéra apparemment comme autographe. Il le soumit au roi, ainsi qu'un original supposé des enseignements de Saint Louis à sa fille Isabelle, et Charles, après lui avoir ordonné d'en prendre copie, offrit les deux exemplaires à son beau-frère le duc de Bourbon. Ces événements furent consignés dans le Recueil des *Traités des rois de France*, entre les copies des deux textes :

> L'original de ces enseignemens lequel estoit escript d'une grosse lettre qui n'estoit mie trop bonne fut trouvé par moy Gerard de Montagu secretaire du Roy ou tresor de ses privileges chartres et Registres dont j'estoie garde et le baillé au Roy en sa tour du bois de Vincennes l'an mil ccclxxiiii. Lequel le bailla lors a monseigneur le duc de Bourbon frere la Royne. Lesquelx estoient descenduz du Roy sainct Loys dessudit. Et me commenda le Roy que j'en retenisse autant pour garder en sonds (sic) tresor. Et aussi pareillement bailla lors le Roy audit duc de Bourbon l'original des enseignements qui s'ensuivent lesquelz aussi furent trouvez ou tresor dessudit[38].

Le sens de ces lignes a pu prêter à controverse, Delaborde lui-même ayant supposé, sur la foi du don des deux documents fait au duc de Bourbon, que la fausseté de l'attribution avait été découverte assez rapidement par Charles V et son archiviste, qui se seraient pour ainsi dire « débarrassés » des textes[39]. Cette interprétation ne résiste toutefois guère à l'analyse, quand on songe que le partage des reliques avec des membres de la famille royale était un élément important de la stratégie

36 Sur les différentes versions de ce texte, *cf.* Delaborde, « Le texte primitif », art. cité. Sur sa signification, *cf.* Le Goff, *Saint Louis*, *op. cit.* Pour un essai de reconstitution du texte original, *cf.* O'Connell, David, *Les Propos de Saint Louis*, Paris, Gallimard-Julliard, 1974.

37 *Ibid.*, p. 86.

38 BnF fr. 10140, f° 295v-296r.

39 Delaborde, « Le texte primitif », art. cité, p. 89.

de gouvernement et de la politique d'union pratiquée par Charles V. Le même roi qui fit dresser un acte très solennel pour sanctifier le don à son frère Jean de Berry d'un morceau de la vraie croix, relique insigne s'il en fut[40], pouvait bien offrir à Louis II de Bourbon, pair de France et l'un des princes des fleurs de lys, directement issu du saint roi, qui se trouvait par ailleurs être son beau-frère[41], ces deux « lettres reliques » qui avaient une importance particulière pour une partie de la famille royale fondant tout entière sa légitimité sur sa descendance directe du saint roi[42].

Il y avait probablement d'autant moins de négligence ou de symptôme de désintérêt dans ce don que l'agencement des pièces contenues dans les manuscrits des *Recueils des traités* montre au contraire leur extrême importance pour le roi sage. À la suite des traités internationaux, dans la section finale, réservée aux actes concernant plus proprement le gouvernement du royaume, domine un ensemble de pièces remontant à l'activité de Saint Louis, parmi lesquelles l'une des ordonnances contre le blasphème[43], la lettre de pouvoir laissée par le roi partant à la croisade d'Égypte à sa mère Blanche (document important dans l'optique des régences et tutelles[44]…), et les deux « enseignements[45] ». Après quelques

40 *Cf.* Brunel, *Images du pouvoir royal*, *op. cit.*, n° 25, p. 170-174 (1372), *cf.* Barret, Grévin, *Regalis excellentia*, *op. cit.*, 2014, n° 374, p. 532 et renvois.

41 Sur le Bourbonnais sous Louis II, et le rôle de celui-ci dans la construction de l'« État bourbonnais », *cf.* Mattéoni, Olivier, *Servir le prince : les officiers des ducs de Bourbon à la fin du Moyen Âge (1356-1523)*, Paris, Publications de la Sorbonne, 1998 (Histoire ancienne et médiévale, 52), en particulier p. 69-85. Sur les pratiques de gouvernement de Louis II, *cf. Id.*, « Les ducs de Bourbon et la grâce. Les lettres de rémission de Louis II (seconde moitié du XIV^e^-début du XV^e^ siècle) », *Un Moyen Âge pour aujourd'hui : pouvoir d'État, opinion publique, justices : mélanges offerts à Claude Gauvart*, Julie Claustre, Nicolas Offenstadt, Olivier Mattéoni (éd.), Paris, PUF, 2010 et *Id.*, « Louis II de Bourbon, l'enquête et la réforme : remarques sur une pratique de gouvernement », *Quand gouverner, c'est enquêter. Les pratiques politiques de l'enquête princière, Occident, XIII^e^-XIV^e^ siècles*, Thierry Pécout (éd.), Actes du colloque d'Aix-en-Provence et Marseille, 19-21 mars 2009, Paris, De Boccard, 2010, p. 169-182. Sur ses liens étroits avec Charles V, *cf.* Autrand, *Charles V*, *op. cit.*, p. 335-842.

42 Sur l'importance du culte de Saint Louis dans la maison de Bourbon aux XIV^e^ et XV^e^ siècles, *cf.* Mattéoni, *Un prince face à Louis IX*, *op. cit.*, p. 192-210.

43 Laquelle ordonnance stipule, soit dit en passant, que c'est à partir de quatorze ans (ou de sept ?) que les blasphémateurs seront punis : *annus discretionis* ! Sur la législation contre le blasphème au Moyen Âge et à l'époque moderne, *cf.* Leveleux-Texeira, Corinne, « Entre droit et religion : le blasphème, du péché de la langue au crime sans victime », *Revue de l'histoire des religions*, 4, 2011, p. 587-602.

44 Sur cette délégation de pouvoir, *cf.* Le Goff, *Saint Louis*, *op. cit.*, p. 194.

45 Sur ces textes, *cf.* Delaborde « Le texte primitif », art. cité. Des versions de ces textes sont publiées dans *Rerum gallicarum et Francicarum scriptores / Recueil des historiens des Gaules*

pièces relatives au règne de Charles V, ces écrits remontant au roi saint forment un complexe mélange d'actes législatifs et de préceptes éducatifs et moraux, qui n'est pas sans évoquer la teneur de la *constitutio*. Ils sont suivis, comme on l'a vu, par le texte de la *constitutio* de 1374, lesté de sa cédule, pièce qui ferme le recueil[46]. Il n'est donc pas excessif de dire que la *constitutio* fait pendant, dans cette dernière section du traité, à l'anthologie législativo-éducative léguée par le saint roi, et qu'elle se place dans son sillage. Il reste évidemment difficile de juger dans quelle mesure une telle construction a dépendu jusque dans le détail de la volonté du roi, mais il paraît au moins probable que ce dernier a choisi, sinon l'ordre exact, du moins la teneur des textes remontant à l'époque de Saint Louis qui devaient s'apparier à ceux témoignant de sa propre activité, dans son sillage (et sans doute dans l'esprit de l'humble prière contenue dans le manuscrit de Turin), pour clore le « Recueil des traités ». Et l'on est tenté, au regard du soin pris à confondre les deux mémoires, de penser que c'est bien par référence aux nombreux textes affirmant que Saint Louis avait été couronné à quatorze ans, et non à douze (ce qui est après tout n'est pas tout à fait un mensonge, dans la mesure où nous ne connaissons pas plus la date exacte de la naissance du saint roi que nos prédécesseurs du XIV^e^ siècle…), que Charles V a porté son choix sur cet âge[47].

## LE CŒUR TEXTUEL DU ROI : LE TESTAMENT

Reste à évoquer, avant de quitter la personne du roi pour celle de ses conseillers, un dernier témoin important de l'attention portée par Charles V à la loi. On a dit en effet plus haut que, dès 1375, par la copie de Saint-Denis et l'acte enregistré en parlement, la présence physique

*et de la France*, *op. cit.*, t. XX, p. 26-27 pour les enseignements de Saint Louis à son fils, et dans *Rerum gallicarum et Francicarum scriptores / Recueil des Historiens des Gaules et de la France*, t. XXIII, p. 131-133 pour les *Enseignements* à Isabelle. Un essai de reconstitution du texte original se trouve dans O'Connell, *Les propos*, *op. cit.*

46 *Cf.* sur ce point *supra*, p. 88.

47 *Cf.* sur ce point *supra*, p. 354-360.

de la loi avait été démultipliée, cinq exemplaires rayonnant déjà dans l'espace de Paris et de l'Île-de-France. La loi avait toutefois déjà été mentionnée dans un autre document exceptionnel, le propre testament du roi, dressé en octobre 1374 à Melun[48]. La consultation de l'article concerné montre qu'il s'agit là de bien plus qu'une simple évocation. Dans ce testament, renforcé d'un codicille le 22 janvier 1379, Charles requérait en effet expressément que l'entier dispositif de la loi et des ordonnances fût respecté :

> Item. Voulons et ordenons que la loy et les ordonances, faites par nous sur l'aagement et gouvernement de nostre ainsné filz et successeur, et aussi sur le douaire de nostre treschiere et tresamée compaigne la royne et sur la provision de noz autres enfanz nez et à naistre, et aussi le gouvernement de nostre royaume, garde et deffense d'icellui, la garde et conservacion de noz biens meubles et autres qui à nostre ainsé filz, lui estant soubz aagé, avendroient des rentes et revenues ordinaires et extraordinaires de nostre royaume, le temps que ycellui nostre ainsné filz devra prandre, avoir et recevoir le gouvernement du royaume, son sacre et les autres nobleces appartenans à la dignité royal, les partages et appanages de noz autres enfans, filz et filles, nez et à naistre, soient et demeurent en leur vertu et aient et obtiegnent leur plain effet[49].

Dans cet article, la volonté de préserver la *constitutio* n'était certes pas expressément distinguée de celle de conserver sa force à l'ensemble du dispositif législatif promulgué entre l'été et l'automne 1374, et incluant les ordonnances concernant la tutelle et les apanages. C'est pourtant en l'état un indice exceptionnel sur la manière dont, en ses propres termes et avec le minimum d'altérations stylistiques impliqué par la mise au propre notariale, le roi conceptualisait l'acte écrit quelques mois plus tôt, et qu'il voulait protéger par delà sa mort (ce qu'il fit avec à peu près le même succès que, trois cent cinquante ans plus tard, Louis XIV, tentant par son testament de protéger les dispositions qu'il avait prises pour la régence et le statut de ses enfants légitimés...). Tous les termes de ce rappel peuvent être pesés, qui confirment ou renforcent plusieurs intuitions ou démonstrations. C'est tout d'abord la distinction faite entre la « loi » et les « ordonnances » qui semble donner, une dernière fois, raison à Albert Rigaudière dans sa volonté de souligner que la loi était

---

48 Delachenal, *Vie de Charles V*, t. V, n° XXV, p. 183-199 ; codicille ajouté le 22 janvier 1379 à Vincennes, *ibid.*, n° XXX, p. 219-224.

49 *Ibid.*, p. 197.

effectivement, dans l'esprit du roi, bien autre chose qu'une ordonnance, en dépit des qualifications qui lui ont été données en 1392[50]. C'est ensuite le résumé de la teneur de la loi, concernant l'« aagement et le gouvernement » du successeur du roi de France, qui vient confirmer que pour Charles V, la loi de fixation portait bien à la fois sur la majorité du jeune roi et sur les modalités de son gouvernement. C'est enfin le rappel du moment où le roi majeur devra prendre la tête du royaume (avec un dernier écho rhétorique, solennel, par la répétition des trois verbes « prandre, avoir et recevoir », aux formules pompeuses évoquant la prise en main du royaume dans la *constitutio*), mentionnant expressément le sacre, mis en balance avec les « autres nobleces appartenant à la dignité royal », qui souligne que le couronnement est au centre mystique de ce dispositif et de la pensée du roi qui a promulgué la loi. À sa manière, la loi en miniature qu'est l'article du testament de Charles V sur la *constitutio* et les ordonnances vient bien attester, dans un dernier effort juridique, à quel point le roi sage avait intériorisé cette loi.

50 *Cf.* sur ce problème *supra*, p. 54, 74.

# LA LOI ET LES « ARTISTES »

Si Charles V a décidé de l'âge de fixation de la majorité des rois de France, si sa culture et ses lectures lui ont certainement permis d'en discuter de nombreux détails, il est pourtant certain que la majeure partie des arguments utilisés dans la loi ont été suggérés par des membres de son entourage, « artiens » ou « juristes », notaires ou gens du parlement. Il faut imaginer qu'une équipe a débattu et préparé la succession des thèmes et des motifs dont est tissu l'acte. Dans cette équipe, les juristes avaient une place déterminante, et leur apport spécifique sera discuté, au-delà de la simple énumération des lois civiles ou des canons invoqués, à travers l'examen des rapports possibles entretenus entre les thèmes de la *constitutio* et ceux présentés dans la plus fameuse compilation à caractère politico-juridique du temps de Charles V, le *Songe du Vergier* d'Evrart de Trémaugon[1]. L'analyse du préambule, en particulier, tend toutefois à souligner à quel point les artiens ou « artistes », maîtres de théologie préalablement passés par la faculté des arts qui s'opposaient intellectuellement à la prééminence des juristes et à leur action dans le conseil du roi[2], ont également pesé dans la rédaction des termes de l'acte et dans l'agencement de sa progression conceptuelle. Il est en particulier tentant de renvoyer le choix de la citation pseudo-aristotélicienne sur la survie des fils à travers leur père qui s'entrelace aux maximes juridiques pour former la partie centrale du préambule à la traduction des *Économiques* par Oresme, alors fraîchement achevée, et qui ne cessait d'être l'objet de l'attention du roi à travers les remaniements, la lecture et les copies d'exemplaires personnels[3]. Peut-on aller plus loin, et parler d'une inspiration directe, voire d'une intervention d'Oresme, sur le texte ?

1 *Cf. infra*, p. 472-483.

2 *Cf.* sur ce point Krynen, « Les légistes », ainsi qu'*infra*, p. 467-470.

3 *Cf.* sur ce point *supra*, p. 439.

## ORESME ET L'IMPACT DE SA PENSÉE SUR LES PRATIQUES GOUVERNEMENTALES ET LES LOIS

Il n'est pas aisé de juger en détail l'impact des activités d'écriture et de traduction d'Oresme sur les conceptions et pratiques de gouvernement de Charles V (écriture et traduction ne peuvent d'ailleurs être dissociées, le penseur accomplissant une œuvre aussi remarquable à travers ses traductions-commentaires que par la création d'autres textes que l'on pourrait réputer plus « originaux »)[4]. Il a probablement été loin d'être négligeable, comme le montre en particulier l'établissement original (et éphémère) de procédures d'élections pour des offices centraux de l'État tels que celui de chancelier de France[5]. Dans la décennie 1370, le doyen de la cathédrale de Rouen avait atteint l'apogée de son influence auprès du souverain, qui avait tout fait comme on l'a vu pour faciliter ses activités intellectuelles, et lui permettre de se consacrer, semble-t-il surtout à Paris[6], à ses entreprises de traductions des *Politiques*, *Éthiques* et *Économiques*, ainsi, après la rédaction de la loi, qu'à celle du *De Caelo et mundo* aristotélicien[7].

Une preuve de l'impact de ces traductions aristotéliciennes dans la rédaction des lois sur la succession de 1374 se trouve dans l'*Ordonnance* de tutelle d'octobre écrite en français, spécifiant en particulier le rôle dévolu à la reine Jeanne de Bourbon[8]. Le préambule-exposé de cette loi, d'un grand raffinement, contient en effet une maxime sur l'amour majeur que les mères portent à leurs enfants, qui semble directement issue du huitième livre des *Politiques* d'Aristote, comme il a déjà été remarqué, notamment, par Françoise Autrand[9] :

---

4 *Cf.* à ce sujet Krynen, « Les légistes », posant la question du malaise du philosophe face aux empiètements des juristes, et Maistre Nicole Oresme, *Le livre de politiques*, *op. cit.*, p. 15-19 tentant de mesurer le poids de sa pensée monétaire et de son œuvre de vulgarisation d'Aristote dans les pratiques de gouvernement royal sous le règne de Jean II, ainsi que sous la lieutenance, puis sous le règne de Charles V.

5 *Ibid.*, p. 19. Sur ces élections, *cf.* Cazelles, *Société et politique*, p. 508-510.

6 *Cf.* sur ce sujet Maistre Nicole Oresme, *Le livre de politiques*, *op. cit.*, p. 18-19.

7 Sur le *Livre du ciel et du monde*, traduction du *De Caelo*, *cf.* Nicole Oresme, *Le Livre du ciel*, *op. cit.*

8 *Ordonnances…*, t. VI, p. 49. *Combien que la mort soit certaine et inevitable…*

9 Autrand, « La succession », art. cité, p. 30.

Rapports entre la version oresmienne de l'*Éthique*
et l'ordonnance sur la tutelle des enfants de France d'octobre 1374

| Ordonnance sur la tutelle des enfants de France, préambule et exposé (extrait) | Oresme, *Le Livre de Ethiques d'Aristote*, VIII, 16 (Menut 1940, p. 441). |
| --- | --- |
| […] et pour ce nous estans, la merci nostre Seigneur, en bonne santé du corps, attendans et considerans les choses dessus dictes, et desideranz de tout notre cueur ycelles mettre à excecucion deuë, aïans en mémoire que **selon raison escripte et naturele, la mere aime plus tendrement ses enfanz**, et a le cueur plus doulz et plus piteux de eulx garder soigneusement et **nourrir** amoureusement, que quelconque autre personne tant leur soit prochain de lignage, et quant à ce doit estre preferée à touz autres […] | […] Et par raisons desus dites, il est manifeste que les meres aimment plus leur enfanz que ne font les peres. [Commentaire d'Oresme] : Il appert asséz par la seconde raison ; car les meres sont plus certaines que les peres de ce que les enfants sont leur. Item, par la derrenière raison ; car les meres sont plus de temps avecques leurs enfans que ne sont les peres ; mesmement celles qui les **nourrissent**, si comme ilz doivent faire **selon nature et selon raison**. |

Si le texte de l'ordonnance d'octobre a été remanié et développé, les rapprochements semblent en effet suffisamment probants pour postuler que c'est bien la traduction oresmienne qui a servi de source d'inspiration directe à ce passage de l'acte. Or le fait mérite d'autant plus d'être souligné que l'ordonnance d'octobre a été écrite dans la dépendance conceptuelle et juridique de la *constitutio* d'août, qu'elle évoque d'ailleurs précisément à travers son dispositif. Non seulement ce dernier souligne que le mécanisme prévu pour la tutelle est valable jusqu'à ce que le roi mineur atteigne quatorze ans, dans le droit fil de la loi[10] mais, avant même la démonstration aristotélicienne de l'amour majeur porté par la mère à ses enfants, le préambule reprend en la concentrant une argumentation sur la perpétuation de la mémoire parentale à travers les fils qui semble bien dérivée du thème similaire développé dans la partie centrale du préambule de la *constitutio* :

10 *Ordonnances…*, t. VI, p. 50 : « … que se par le plaisir de Dieu, il avenoit que Nous alissons de vie à trespassement avant que Charles nostre ainsné Filz fust entrez ou quatorziesme an de son aage, et s'il mouroit Nous vivant, ce que ja n'aviegne, avant que Loys, ou autre pour lors nostre ainsné Filz, fust entré oudit xiiii.e an… »

La *constitutio* de 1374 et l'ordonnance d'octobre sur la tutelle

| *Constitutio…*<br>préambule, partie centrale | Ordonnance d'octobre…<br>préambule, extrait[11] |
|---|---|
| Ceterum equum censetur reges **filios suos ut se ipsos diligere,** tanquam sue senectutis pastores et custodes domus sue, **cum natura eadem persona reputentur cum ipsis,** et filii si non bene viverent ad interitum patris essent. Sane filios regum generaliter magnificandos et honorandos plus quam alios jura clamant, in quibus parentes ceteris munificentiores esse debent ; **nam, ipsis solis remanentibus post mortem, memoria et spe ducti quodam modo immortalitatem participant ;** unde, non magnificando vel honorando eosdem, donum Dei singulare sibi in filiis prestitum negligere viderentur […] | […] et aussi **que leurs Enfanz** estanz Meneurs d'aage, **lesquelz il doivent amer naturelment comme eulx mesmes et ceulx par qui leur mémoire doist estre perpetuée,** soïent nourriz et enseigniez, gardez et defenduz diligenment et curieusement au bien et prouffit de leurs Royaumes, et par Genz qui très parfaitement les aiment […] |

Tout se passe donc ici comme si, de manière somme toute assez classique dans le mécanisme de francisation des préambules latins au XIV^e^ siècle, une argumentation très complexe avait été quelque peu simplifiée et contractée, ce qui n'est toutefois pas rendre tout à fait justice au texte français. Il s'agit en effet dans cette opération de convoquer un écho du préambule de la loi de 1374, et de le coudre à des thèmes qui n'apparaissent pas dans la *constitutio*, dont celui de l'amour maternel, pour composer un autre préambule original, un préambule qui vaudrait bien, lui-même, analyse, même si les termes en seraient assez différents de celle effectuée dans ces pages et l'exercice plus difficile. Il n'est en effet pas aussi aisé de retrouver des sources dont certaines, sinon toutes, ont été préparées en latin, à travers une rédaction en moyen français[12], que de jongler entre différents textes latins.

11 *Ibid.*, p. 49.

12 Rédaction en français dont, encore une fois, on suspecte fortement à cette époque et dans ce cadre précis qu'elle soit le reflet d'une première rédaction latine non conservée.

## ORESME ET LA LOI DE 1374
## La citation des *Économiques* et son contexte

On ne reviendra pas en détail dans cette section sur les rapports entre la citation du passage des *Économiques* contenue dans la partie centrale du préambule et la traduction oresmienne. Ils ont déjà été présentés[13]. On s'en souvient : une lecture attentive de de la traduction-commentaire montre non seulement comment les rédacteurs de l'acte pouvaient comprendre la maxime « *immortalitatem participant* » dans un sens encore proche du texte de la traduction latine d'Aristote, quelque peu oblitéré par la traduction française de 1392. Elle prouve également à travers le commentaire fourni par Oresme à sa « translation » de ce passage qu'il l'avait directement rapproché de la sentence biblique « *Mortuus est pater et quasi non mortuus* », l'un des points d'ancrage servant aux juristes et penseurs des XIV^e^ et XV^e^ siècles à construire l'édifice conceptuel de l'instantanéité de la succession royale[14]. Tout comme les juristes, malgré les spécificités de leurs modes de pensée, étaient parfaitement capables d'utiliser et d'invoquer Aristote dans leur argumentation[15], le philosophe envisageait le problème de la succession d'un point de vue aristotélicien, mais en recourant à des modes d'argumentation et à des outils conceptuels en partie communs avec ceux des juristes. Pour n'être guère nombreuses, les citations du Code Justinien sont d'ailleurs bien présentes dans le commentaire au *Livre de Politiques*[16].

C'est toutefois l'existence d'un autre passage de la *constitutio*, correspondant à une partie de l'exposé, dont l'autorité oresmienne peut être prouvée de manière difficilement réfutable, qui renforce la probabilité que la citation des *Économiques* ait été non seulement directement inspirée par la lecture du travail d'Oresme, mais aussi peut-être par un choix explicite du penseur. Avant de faire la démonstration de ce point, il est toutefois peut-être utile de suggérer ce qu'a pu signifier le recours spécifique aux *Économiques* dans le préambule de la *Constitutio*, alors que c'est l'*Éthique* qui inspire apparemment en première ligne l'ordonnance sur la tutelle d'octobre.

13 *Cf. supra*, p. 207-209.

14 *Cf.* sur ce point Krynen, « Le mort », art. cité, en particulier p. 210-214.

15 Aristote est ainsi invoqué d'abondance dans le *Somnium viridarii*, *op. cit.*, t. II, p. 462-467 liste des citations, avec recours massif à l'*Éthique* et aux *Politiques*, et plus ponctuel aux *Économiques*.

16 Maistre Nicole Oresme, *Le livre de politiques*, *op. cit.*, p. 389, quinze citations répertoriées.

Les *Économiques* pseudo-aristotéliciens se présentent comme un court traité (court en tout cas par rapport aux *Politiques* ou à l'*Éthique*, une quarantaine de pages dans la version des Belles-Lettres[17]) sur la gestion du domaine et des biens, correspondant à ce que les anciens entendaient par le terme d'*oikonomia.* L'examen des trois parties successives montre en fait que dans cet ouvrage anonyme d'origine hellénistique, attribué par la suite à Aristote, les concepts d'économie comme science du gouvernement de la maison ou du domaine privé, et de gestion des affaires financières et de la richesse de l'État, se superposent déjà, sans vraiment s'entremêler. La première partie du traité porte clairement sur la gestion du domaine familial[18]. La seconde donne en revanche des exemples multiples de résolution de problèmes financiers liés à la gestion de territoires, de cités ou d'armées par des hommes d'État grecs ou barbares de divers genres (dont des tyrans)[19]. Enfin, la troisième reprend une dimension plus strictement familiale, en se concentrant sur les rapports entre les époux et, par incidence, sur l'éducation des enfants, fondement d'une bonne maisonnée[20]. Envisagée dans l'optique du gouvernement royal au XIV^e^ siècle, cette ambiguïté, qui déséquilibre profondément ce traité à première lecture, a certainement pu sembler un atout. Elle permettait en effet de faire coïncider des catégories d'analyse aristotéliciennes (ou réputées telles) avec des modes de gouvernement et de gestion typiques de l'État monarchique en cours de renforcement, qui se situaient eux-mêmes à la frontière entre le public et le privé, et superposaient constamment des dimensions familiales et étatiques.

On y a déjà fait allusion : il est en effet difficile de saisir quelque chose à la conception et aux modes de gouvernement dans la France de Charles V, si l'on ne fait pas l'effort de saisir au point de vue des hommes du temps les logiques qui avaient présidé au renforcement d'une gestion familiale de l'État et du royaume expliquant, entre autres dynamiques, la construction apanagiste[21]. S'il était certainement déjà possible d'envisager l'administration financière de l'État tout entier à partir de la catégorie

17 Aristote, *Économiques*, *op. cit.*

18 *Ibid.*, p. 1-8.

19 *Ibid.*, p. 9-35.

20 *Ibid.*, p. 36-47.

21 Sur la mécanique des apanages à l'époque de Charles V (pour laquelle diverses explications s'imposent, dont la référence à Saint Louis), *cf.* Cazelles, *Société et politique*, *op. cit.*, p. 498-504 et Autrand, *Charles V*, *op. cit.*, p. 429-435 et 641-668.

de l'économique, la gestion de l'hôtel du roi[22], ainsi que de ceux de la reine et des princes, en particulier, cadraient parfaitement avec la notion d'économie, prise dans un sens plus « familial ». À leur tour, les considérations pseudo-aristotéliciennes sur la nécessaire harmonie de la famille royale et, au sommet de celle-ci, du couple représenté par la reine et le roi, formaient à la fois la clé de voûte de ce dispositif, et le lien naturel avec les considérations de l'*Éthique* sur le comportement moral des hommes de la cité, appliquées en premier lieu, dans l'optique de la monarchie Valois, au souverain, modèle exemplaire du royaume :

Les *Économiques* et la conceptualisation
du bon gouvernement du royaume

| | | |
|---|---|---|
| Couple royal | = | Harmonie familiale (livre III) |
| Hôtels de la famille royale / domaine royal | = | Gestion du domaine (livre I) |
| Royaume au sens large | = | Gestion de la cité (livre II) |

Du point de vue du préambule de la *constitutio*, qui évoquait la nécessité d'une bonne éducation familiale afin de préserver un fonctionnement correct de la royauté à travers les générations, il était donc logique de recourir au troisième livre des *Économiques*, puisque celui-ci conjuguait l'évocation directe du fonctionnement harmonieux de la famille idéale avec l'idée de gestion harmonieuse du domaine et de la république. C'est l'échelon intermédiaire du domaine, sans doute, d'ailleurs, extensible de la « maison du roi » qu'était l'hôtel au domaine royal tout entier – domaine, on s'en souvient, expressément évoqué dans le dispositif[23] – qui assurait la solidité de l'arrimage des catégories pseudo-aristotéliciennes aux préoccupations du temps.

22 Sur le poids de l'hôtel dans la gestion financière sous Charles V, *cf.* Cazelles, Raymond, « Les trésors de Charles V », *Comptes rendus des séances de l'Académie des Inscriptions et Belles-Lettres*, n° 124, 1980, p. 214-226.

23 *Cf. supra*, p. 401-405.

## NICOLE ORESME, LE *LIVRE DE POLITIQUES* ET LA LOI
### Les âges de la vie

L'utilisation des *Économiques* dans le préambule ne préjuge en rien d'une absence d'exploitation des *Politiques* pour étayer d'autres parties du texte. Et l'on peut même avancer sans forcer le trait que les rédacteurs des lois sur la succession de 1374 ont pris soin d'utiliser l'ensemble du corpus nouvellement traduit des trois traités « aristotéliciens » sans négliger aucun d'entre eux, même si l'*Éthique* a été « reléguée » à l'arrière-plan dans l'ordonnance de tutelle, peut-être à cause du caractère plus moral et affectif de l'évocation du rôle joué par la reine et de son amour pour les enfants. L'utilisation du travail d'Oresme sur les *Politiques* d'Aristote dans la rédaction de la *constitutio* a, quant à elle, échappé jusqu'ici à l'attention principalement parce qu'elle est à la fois suggérée et dissimulée par l'une des citations sur le caractère « exotique » desquelles se sont focalisés les remarques ou les silences des chercheurs modernes. Il y a donc « citation sous la citation », et c'est aussi pour cette raison qu'afin de ne pas brouiller les fils de la démonstration, on a repoussé la présentation de la véritable autorité gouvernant cette partie du texte jusqu'à cette section terminale.

Il existe au moins deux points de rencontre potentiels entre la teneur de la *constitutio* et celle du *Livre de Politiques*, achevé pour l'essentiel par Oresme en 1372, et remanié jusqu'à l'été 1374, au moment même de la rédaction de la loi. Ils ne sont toutefois pas significatifs au même degré, tant s'en faut, même s'ils doivent être tous deux discutés. Le premier d'entre eux, d'ordre relativement général, concerne le problème des seuils d'éducation des enfants, dont on a déjà évoqué le versant aristotélicien. Les considérations longuement développées par Gilles de Rome dans le *De regimine* sur les âges de sept et quatorze ans, et sur leur signification pour l'éducation des enfants des nobles et des princes ont en effet, on l'a dit, une origine aristotélicienne. C'est en particulier à la fin du septième livre des *Politiques* que le Stagirite développe, dans une sorte de transition introductive vers le huitième livre consacré à l'instruction civique, la question des âges de l'éducation[24] :

24 *Cf.* Aristote, *Politique*, t. III, première partie, liv. VII, texte établi et traduit par Jean Aubonnet, Paris, Les Belles lettres, 1986 (Coll. des universités de France), p. 112, pour

> Il y a deux âges selon lesquels l'éducation se divise nécessairement : de sept ans à la puberté, et ensuite de la puberté à vingt-et-un ans. Ceux qui divisent les âges en périodes de sept ans n'ont la plupart du temps pas tort, et il faut suivre la division <établie> par la nature [...][25]

La traduction de ce passage par le maître normand est en fait problématique, car elle s'appuie sur un contresens probablement dû à une altération du texte dans les manuscrits des versions latines utilisées :

> Et ii. eages sunt asquelz il est neccessaire que la discipline soit divisee. Un est apres .vii. ans juques a pubescence ou adolescence. Et un autre de pubescence ou adolescence jusques a .xxi. ans. Et ceulz qui divisent les eages par septeines ne dient pas bien quant a mont de choses, car il convient contresuir ou ensuir la division de nature[26].

La présentation générale des trois septennaires est, on le voit, marquée par une interprétation négative (« ne disent pas bien quant à mont de choses ») en contradiction apparente avec l'original aristotélicien. Cette interprétation est néanmoins tempérée par la lecture des gloses explicatives d'Oresme. Il a d'abord commenté « pubescence ou adolescence » par « Jusques a .xiii. ans ou environ[27] ». Il glose ensuite plus longuement le reste du texte :

> Aucuns disoient que le premier eage dure siques a .vii. ans, le second sisques a .xiiii. ans, l'autre siques a .xxi. ans, et ainsi outre. Mes continuelment selon nature les enfans ont un estat les iii. premiers ans et un autre les .ii. ensuians, et un autre les .ii. autres apres sique a vii. ans, et un autre siques a .xiiii. ans et un autre plus lonc siques a .xxxvii. (sic). Mes ce ne est pas a entendre precisement ne generalement ; car selon diverses complexions les uns se avancent, les autres tardent. Et les uns plus et les autres moins[28].

Le savant relativise donc la validité des trois échelles des sept, quatorze et vingt-et-un ans, en revanche adoptées sans guère de discussion par

---

le texte original. Ce paragraphe a d'ailleurs été rejeté en introduction au huitième livre dans la traduction latine de Guillaume de Moerbecke.

25 On a repris ici la traduction Aristote, *Les politiques*, traduction inédite, introduction, bibliographie, note et index par Pierre Pellegrin, Paris, Flammarion, 1990, plutôt que celle, à notre sens moins élégante, de Jean Aubonnet.

26 Maistre Nicole Oresme, *Le Livre de Politiques*, *op. cit.*, p. 338, seconde colonne.

27 *Ibid.*, glose à la traduction immédiatement précédente : « T[raduction] Et .ii. eages sunt asquelz il est neccessaire que la discipline soit divisee. Un est apres .vii. ans jusques a pubescence ou adolescence. G[lose]. Jusques a .xiiii. ans ou environ ».

28 *Ibid.*

Gilles de Rome, pour souligner l'existence de possibles seuils intermédiaires. Il ne les annule pourtant pas. L'essentiel reste sans doute qu'il précise en conclusion de son commentaire que ces âges doivent de toute manière être entendus comme des moyennes, qu'une complexion favorable ou défavorable de l'individu peut conduire à modifier dans un sens ou dans un autre. Au-delà de la relativisation du chiffre de quatorze ans, cette explication va évidemment dans le sens de la philosophie « moyenniste » développée dans le préambule et l'exposé de la *constitutio*. On ne peut toutefois guère en dire plus, tant Oresme semble se montrer ici un partisan des plus tièdes du choix du seuil de quatorze ans.

## NICOLE ORESME, LE *LIVRE DE POLITIQUES* ET LA *CONSTITUTIO*
### Les lois de succession royale et la rédaction du dispositif

Si la question des seuils d'âge semble aboutir à une fausse piste, en ce qu'elle ne relie la pensée d'Oresme que de loin, et de manière ambiguë, aux choix opérés dans la *constitutio*, il en va tout autrement du problème plus général des règles de la succession royale. Ici encore, il faut repartir des démonstrations de Jacques Krynen. C'est dans les « Légistes idiots politiques » que celui-ci a évoqué le plus longuement la richesse du très long commentaire élaboré par Nicole Oresme au passage du chapitre 15 du livre III des *Politiques* discutant la succession dans les royautés[29]. J. Krynen a en particulier souligné qu'Oresme semble précisément appeler de ses vœux l'élaboration d'une loi de succession claire dans ce long développement débattant de la bonté des principes électifs et héréditaires[30] .

On peut toutefois aller beaucoup plus loin, et il est même étonnant qu'aucun des commentateurs de la loi n'ait pensé à comparer en détail le « traité oresmien sur la succession royale » (car la dimension exceptionnelle de ce commentaire d'Oresme à sa propre traduction d'un paragraphe

29 Krynen, « Les légistes », art. cité, en particulier p. 178-179.
30 *Ibid.*, p. 179 n. 31.

des *Politiques* mettant en question le principe de la succession héréditaire permet de lui donner ce titre[31]) et les termes de la loi. En effet, dans la zone précisément indiquée par J. Krynen comme celle où Oresme appelle en quelque sorte la *constitutio* de ses vœux[32], le penseur attaque de front le problème de l'immédiateté de la succession en cas de mort précoce du souverain laissant un enfant en bas âge pour successeur. Et il le fait en des termes qui prouvent son autorité directe sur une partie de l'exposé de la *constitutio*.

Contredisant une assertion d'Aristote soulignant la nécessité pour le roi d'être suffisamment âgé pour assumer ses fonctions, Oresme affirme en effet que cette maturité biologique n'est pas nécessaire. Le roi n'a pas besoin d'être avancé en âge, du moment qu'il n'est pas « joenne en meurs » (jeune de mœurs). En effet : « un filz de noble nature en peu de temps et par peu de experiences est fait plus prudent que aucun autre en long temps ». Après avoir étayé ces propos par l'exemple biblique de Tobie, sage dès son jeune âge, et cité la Sagesse, il revient à l'argumentation d'Aristote pour souligner que le Stagirite ne parle de la nécessité d'un âge avancé que par rapport à une monarchie élective[33]. Et Oresme d'ajouter : « Et se il avenoit que le roy morust et son hoir [= héritier] demourast petit enfant, je dis qu'il devroit avoir garde par la lay [= garde du royaume par la loi], comme dit est. Et ce que tous ceulz du royalme

31 Maistre Nicole Oresme, *Le livre de Politiques*, *op. cit.*, p. 153-156 (mais sur deux colonnes en corps huit…), commentaire à la traduction suivante : « Mes ce ne est pas legiere chose de croire encore ceci ; car ce est plus fort a faire, et convendroit a ce plus grant vertu que selon nature humaine de avoir roy par election ou par succession », phrase qui développe chez Aristote les conséquences du problème posé immédiatement *supra* : « Se aucun mettoit que pour les cités ce est la tres meulleur chose qu'il soient gouvernees par le roy, donques est question en quele manière se avront les enfans ou hers du roy quant a ce, assavoir mon se il convient que le lignage regne par succession […] ». Il s'agit donc de débattre de la validité de la succession héréditaire et, comme on s'en aperçoit rapidement à la lecture du commentaire oresmien, des règles de succession héréditaires considérées comme justes par les Valois.

32 *Ibid.*, p. 154-155, f° 115a-115b. La seule ébauche de réflexion à ma connaissance sur les rapports entre les réflexions d'Oresme sur la succession royale dans le *Livre de Politiques* et la loi, dont je n'ai pris connaissance qu'au moment de donner ce livre à l'impression, est contenue dans un travail resté inédit de Sylvain Piron. Cfr. Piron, Sylvain, « Nicole Oresme. Violence, langage et raison politique », Working paper, 1997, Halshs-00489554, en particulier p. 63-65.

33 Maistre Nicole Oresme, *Le livre de Politiques*, *op. cit.*, p. 154, première colonne : « Et quant Aristote dit que nul ne eslit joennes hommes pour estre princes, je di que il entent de joennesce de meurs, et parle de prince qui est fait par election de personnes ».

communelment ont a lui naturele amour et reverence et esperance, et qu'il sunt unis et ont regart a lui comme a leur chief, ce est une chose tres profictable a toute la policie[34] ». Le maître rouennais renforce enfin ses propos sur la nécessité que les citoyens obéissent au roi enfant en cas de décès précoce de son père, et sur le profit que la république peut tirer du lien d'amour naturel, de révérence et d'espérance que tous ont envers lui, en choisissant un *exemplum* tiré de l'histoire antique, un *exemplum* que le lecteur connaît désormais bien :

> Et a cest propos raconte Justin que ceulz de Macedone une foiz apres la mort de leur roy furent vaincus et chaciés par leur adversaires et eurent confusion, mes il retournerent autre fois et apporterent le filz du roy petit enfant en un berseau en la bataille et eurent tres noble victore, ou pour la bonne fortune de l'enfant ou par la pitié qu'il avoient qu'il deust estre pris[35].

Nous ne saurons sans doute jamais si le choix de cet *exemplum* a été inspiré uniquement à Oresme par sa culture personnelle[36], ou si l'exploitation du même passage par François de Montebelluna quelques années auparavant dans le *Tragicum argumentum*[37] a contribué à lui donner l'idée de l'utiliser ici. Si simple rencontre il y a, elle est remarquable[38]. Toujours est-il que cette évocation change radicalement la lecture du passage du dispositif de la *constitutio* qui se termine sur le double exemple des « enfants royaux » au berceau.

Outre son intérêt conceptuel, le développement de Nicole Oresme qui précède l'*exemplum* macédonien recèle déjà une phrase qui offre un parallèle formel presque parfait, au-delà du changement de vecteur linguistique, avec le texte de la loi :

---

34 *Ibid.*, passage immédiatement suivant.

35 *Ibid.*, passage immédiatement suivant.

36 C'est possible, car il cite un autre passage de Justin peu de temps auparavant, *cf. ibid.*, p. 154.

37 *Cf.* sur ce point *supra*, p. 177, 198.

38 Oresme et François de Montebelluna auraient alors retrouvé l'exemple du roi-nourrisson macédonien par des voies séparées pour l'appliquer au roi de France et à sa relation avec ses sujets, ce qui semble étrange. Ont-ils tous deux repris une idée qui avait déjà été exploitée, par exemple dans un contexte de discussion scolastique ? L'emprunt au texte de François de Montebelluna du passage sur l'écliptique (*cf. supra*, p. 238-239) prouve en tout cas que les rédacteurs de l'acte avaient le *Tragicum argumentum* en tête. Il est donc probable que Nicole Oresme avait au moins en mémoire l'utilisation par le lettré italien de l'*exemplum* du roi-nourrisson macédonien.

La fin du dispositif et le *Livre de Politiques* 1,
l'argument sur la précocité des natures royales exceptionnelles

| Le livre de Politiques d'Aristote, 115a-115vb | *Constitutio* de 1374 : extraits du dispositif |
|---|---|
| Au sixte, qui dit que le roy doit estre ancien, etc., je di qu'il ne est pas neccessaire que il soit ancien de eage, mes suffist que il ne soit pas joenne de meurs, si comme l'Escripture dit de Thobie qu'il estoit bien joenne, mes il ne fist nulle ouvre enfancible. **Et un filz de noble nature en peu de temps et par peu de experiences est fait plus prudent que aucun autre en long temps.** Et pour ce dit l'Escripture que viellesce honorable ne est pas en nombre de ans : Senectus enim venerabilis, etc., Sapientie, .iv. Et quant Aristote dit que nul ne elist joennes hommes pour estre princes, je di que il entent de joennesce de meurs, et parle de prince qui est fait par election de personnes. | [...] quodque filii regum Francie solent cura pervigili instrui et educari in bonis moribus, virtutibus et honore, quapropter ipsos verissimiliter creditur plus illo **tempore profecisse, quam alios minoris status, etate longe majori** [...] |

Quant à la suite de son propos, qui contient l'*exemplum* proprement dit, il est introduit par une évocation de l'amour des sujets pour leur seigneur naturel, indépendamment de son âge, qui la encore offre un parallèle formel presque parfait, au-delà même de l'identité des idées développées :

La fin du dispositif et le *Livre de Politiques* 2,
l'exemple macédonien

| Le livre de Politiques d'Aristote, 115a-115vb | *Constitutio* de 1374 : extraits du dispositif |
|---|---|
| Et se il avenoit que le roy morust et son hoir demourast petit enfant, je dis que il devroit avoir garde par la lay, comme dit est. **Et ce que tous ceulz du royalme communelment ont a lui naturele amour et reverence et esperance, et qu'il sunt unis et ont regart a lui** | [...] quodque rex et dominus naturalis ac legittimus plus diligitur a subditis, quam quicumque regens pro eo, videtur libencius, et sibi ab eisdem promptius obeditur, retrahunturque a facinoribus et delictis solum dominum videndo ; et ut frequenter visum est, puerum, juvenem |

| | |
|---|---|
| **comme a leur chief,** ce est une chose tres profictable a toutel a policie. Et a cest propos raconte Justin que **ceulz de Macedone une foiz apres la mort de leur roy furent vaincus et chaciés par leur adversaires et eurent confusion, mes il retournerent autre fois et apporterent le filz du roy petit enfant en un berseau en la bataille et eurent tres noble victore, ou pour la bonne fortune de l'enfant ou par la pitié qu'il avoient qu'il deust estre pris.** | vel infantem, ad bonum obediencie et serviciorum promptitudinem excitati, audaces et magnanimi fiunt, ac magis in omnibus virtuosi ;<br>Macedones enim prelio pulsi, rege suo regis deffuncti filio existenti in cunis pene[39] aciem posito, accrius repetiere certamen, victores futuri propter presentiam ejusdem, ostendentes priori bello regem non virtutem Macedonibus defuisse… |

Le choix par Oresme en 1370-1373[40] de l'*exemplum* macédonien pour étayer son propos sur la possibilité d'une succession héréditaire harmonieuse, même en cas de décès précoce du souverain faisant de son héritier presque au berceau, « petit enfant », un roi théoriquement à la merci de ses sujets, permet en effet d'éclairer d'une lumière nouvelle le passage du dispositif précédent le double *exemplum* « macédono-mérovingien », qui résistait à toutes les tentatives d'explication « génétique ». Il semble bien, en effet, que le début de ce développement soulignant que le seigneur naturel et légitime est plus aimé par ses sujets que quiconque régnerait pour lui (ou « en sa place »), ait été extrapolé à partir des propres termes du commentaire d'Oresme. Celui-ci soulignait en effet dans cette zone de son « traité miniature » sur le principe de succession que c'est le principe d'amour naturel de « ceux du royaume » pour le roi qui assure la cohésion de l'État quel que soit l'âge du souverain, en opposition explicite aux préférences d'Aristote pour un souverain plus âgé, choisi par l'élection, peut-être intellectuellement plus apte, mais « non naturel ». La transition entre ce développement et l'*exemplum* proprement dit, dans le texte de la *constitutio* – passage dont l'agencement grammatical a donné tant de fil à retordre au traducteur de 1392[41] – aurait donc été créée pour assurer le lien entre ce qui était en fait deux « citations » du texte français d'Oresme, d'un

39 Sic pour *penes*.

40 Ce choix pourrait probablement être rapporté aux années 1371-1372, puisqu'il intervient vers le milieu du texte, passage qu'Oresme n'avait sans doute pas encore travaillé en 1370, et que le gros de la traduction des *Politiques* était déjà achevé à la fin de 1372. Nous sommes donc deux ou trois ans avant la rédaction de la loi.

41 *Cf. supra*, p. 95, 249-250.

statut toutefois assez différent. La première correspondait à une adaptation latine, relativement éloignée quant à la forme (le saut de langue aidant...), de son commentaire sur l'« amour naturel » des sujets pour leur roi, tandis que l'autre reprenait le texte de Justin, évidemment en invoquant le texte original latin, plutôt qu'en opérant une « rétro-latinisation » du texte français, inutile dans un contexte où l'autorité était suffisamment connue des clercs du roi pour être citée directement. Il n'est d'ailleurs pas interdit d'imaginer que l'opération avait été facilitée par le fait qu'Oresme lui-même avait donné le canevas de ce passage tout entier, indiquant les grandes lignes de l'adaptation de son développement sur l'amour pour le seigneur naturel, et livrant le texte latin de Justin[42]. Enfin, la remarque sur le fait que les fils nobles croissent en prudence plus rapidement que les autres, précédant de peu dans le « traité » d'Oresme ces considérations, a probablement été la source de la maxime équivalente qui a été appliquée aux fils de roi (et implicitement, déjà, aux princes de la maison de France) vers le début du dispositif. Non seulement la substance en est très proche, mais dans le « traité sur la succession » d'Oresme, cette maxime est, malgré le terme « noble », d'apparence plutôt vague, expressément appliquée aux fils de roi. Elle est donc conceptuellement identique à celle qui est utilisée dans la *constitutio*.

Ce que l'on découvre à travers la mise en valeur de ces parallélismes, c'est donc que Nicole Oresme a très probablement conditionné la rédaction de la loi en proposant une suite de thèmes qui ont été tantôt entrelacés à d'autres considérations (notamment de nature juridique), tantôt ajustés par blocs à des éléments de teneur équivalente, comme l'*exemplum* macédonien accolé à l'historiette mérovingienne. Au terme de cette démonstration, la part avérée ou probable du grand savant dans l'élaboration des deux premiers tiers du texte est donc loin d'être négligeable. Il intervient à la fois au centre du préambule, au début du dispositif, enfin vers la fin de celui-ci. La citation de Justin et deux sentences ou maximes sur la précocité des princes et sur l'amour des sujets pour leur roi naturel reçoivent par contrecoup un arrière-plan aristotélicien qui renvoie, médiatement, aux *Politiques* et à leur traduction récente, laquelle commençait à circuler dans les milieux des intellectuels entourant le roi.

---

42 On comprend maintenant pourquoi la version de Justin suivie dans la *constitutio* est légèrement plus proche de celle des éditions classiques que de la version suivie par François de Montebelluna : si emprunt il y eut, il ne fut pas direct, mais simplement conceptuel.

Le texte en acquiert une cohérence supérieure. Cette autorité d'Oresme l'arrime en effet d'une part à l'ordonnance sur la tutelle d'octobre. Elle replace d'autre part l'ensemble de la progression conceptuelle qui conduit vers l'énoncé du dispositif dans un schéma aristotélicien associant *Économiques* et *Politiques*, tout comme les deux ouvrages étaient associés dans les lectures du roi. La loi achève ainsi d'être dévoilée comme l'envers absolu de la vision méprisante entretenue par Delachenal et sa génération. Non pas galimatias ou verbiage amphigourique, mais montage incroyablement complexe, mécanisme d'horlogerie dont le parement rhétorique recouvre une armature juridique faite d'un alliage des trois droits, et, au cœur de la machine, un jeu d'engrenages subtils – et dissimulés – qui forment un puissant moteur aristotélicien, un moteur dont les rouages principaux sont les *Économiques* et, à travers leur commentaire, les *Politiques*.

## UNE INSPIRATION À DISTANCE ?
### Le problème rouennais

L'autorité d'Oresme sur le texte paraît ainsi établie. Autorité partagée, car le savant n'a pu que négocier les termes de la loi avec d'autres rédacteurs ou inspirateurs, notamment juristes, mais autorité suffisamment incontestable pour justifier une réhabilitation qui dépasse la structure formelle pour s'étendre au fond même de l'argumentation. Le raffinement conceptuel de la loi s'explique en effet mieux quand on mesure l'implication du plus grand intellectuel français du XIV^e^ siècle – un intellectuel d'expression française et latine… – dans sa construction. Pourtant, un élément oblige à tempérer cette implication, ou au moins à lui donner un sens légèrement différent de celui qu'elle aurait si la présence d'Oresme auprès du roi était clairement attestée durant l'été 1374 – temps probable de rédaction, au moins de la finalisation de l'acte. Les sources concernant le chapitre de la cathédrale de Rouen, dont Oresme était doyen, montrent en effet que, contrairement à certaines années précédentes, le savant a été obligé de résider assidûment dans la capitale normande durant cette année. Il n'existe même aucune trace d'un voyage entrepris dans la région parisienne durant le printemps et l'été 1374, alors même que de nombreuses absences sont attestées pour d'autres périodes, les octrois de permission de la part du chapitre ayant été conservés[43]. On en est alors réduit à multiplier les hypothèses sur la nature exacte des emprunts indiscutables opérés par l'équipe rédactionnelle aux traductions-commentaire oresmiens ou à leurs travaux préparatoires. Le philosophe a-t-il effectué durant ce laps de temps de brefs voyages qui n'auraient pas nécessité d'autorisation du chapitre ? C'est possible, mais non prouvable. Se peut-il, à l'inverse, que le roi et ses conseillers aient sélectionné et retravaillé ces sources oresmiennes, alors à peine rédigées, sans participation active du maître ? L'hypothèse, *a priori* surprenante, n'est pas non plus inconcevable. On a vu plus haut quelle place la lecture des traductions oresmiennes avait prise dans la vie de Charles V. Et l'année 1374 correspond au moment où les révisions des gloses par Oresme s'achèvent, les traités se présentant, enfin, sous leur forme définitive. Envisager une opération de ce type suppose toutefois que les clercs responsables aient pu jongler entre les « versions françaises » de Nicole Oresme, et leurs sources latines, ce qui aurait requis une connaissance remarquable de l'ensemble des textes (aristotéliciens latins) et hypotextes (Justin...) impliqués.

On est alors en définitive conduit à se demander si, tout simplement, la collaboration d'Oresme à la rédaction de la loi ne s'est pas opérée à distance, par une correspondance dans laquelle le savant aurait indiqué à partir de ses propres travaux préparatoires à ses monumentales traductions les autorités qui lui paraissait les plus pertinentes pour étayer la loi. Cette hypothèse permettrait de comprendre comment Oresme a pu à la fois participer activement – à distance – à la rédaction d'une loi qui porte indubitablement son empreinte, tout en se plaçant légèrement en retrait par rapport à d'autres acteurs – juristes et secrétaires – dans l'entreprise de rédaction. En retrait, ou plutôt en amont : l'intervention directe du philosophe aurait été opérée au niveau du plan, plutôt que de l'agencement final du texte, et ce décalage expliquerait également comment la loi peut synthétiser avec autant de facilité apparente des savoirs et des modes de conceptualisation portés par des hommes aussi opposés que l'étaient – au

---

43 *Cf.* Neveux, François, « Nicole Oresme et le clergé normand du XIV^e^ siècle », Jeannine Quillet (éd.), *Autour de Nicole Oresme.* Actes du colloque Oresme organisé à l'université de Paris XII, Paris, Vrin, 1990, p. 9-36, particulièrement p. 25.

moins conceptuellement – les juristes et les « artistes » présents dans l'entourage de Charles V. Qu'elle soit l'œuvre du roi et de ses conseillers sélectionnant « à chaud » les commentaires d'Oresme à peine rédigés pour en faire l'un des supports de la loi, ou qu'elle ait été plus directement guidée par le maître, l'autorité d'Oresme éclate toutefois indéniablement dans les emprunts massifs faits aux *Économiques* et au passage du *Livre de Politiques* discutant la succession royale dans le texte. Il est même encore possible d'y trouver d'autres échos des travaux oresmiens.

## AUTRES ÉCHOS « ORESMIENS » DANS LA LOI

Au-delà de cette implication directe, le « traité sur la succession » élaboré par le maître rouennais à l'intérieur du *Livre de politiques* contient en effet plusieurs passages qui font écho, par le choix de leurs autorités ou par leur thématique, aux thèmes de la *constitutio.* Même s'il est plus délicat de postuler que ces concomitances impliquent une influence directe sur ce point d'Oresme sur la loi, car elles sont partagées avec bien d'autres sources possibles[44], il vaut la peine d'en évoquer au moins cinq.

En débattant la validité respective des principes d'élection et de succession héréditaire, Oresme est d'abord amené dans un passage précédent de son « traité-commentaire » à commenter la question de l'identité de la personne royale à travers les générations, dans des termes voisins de ceux qu'il utilise dans la glose du passage des *Économiques* employé dans le préambule. Il cite notamment la maxime *Mortuus est pater illius, et quasi non est mortuus*, pour rappeler qu'il n'existe pas de continuité supérieure à la succession de père en fils, tout en l'assortissant d'exemples historiques soulignant la force de cette continuité de la *species* royale[45].

---

44 On verra notamment qu'une partie de ces échos se retrouve dans le *Somnium viridarii*, *cf.* immédiatement *infra*, chapitre suivant.

45 Maistre Nicole Oresme, *Le livre de politiques*, *op. cit.*, p. 154, première colonne et transition vers la seconde colonne, avec latin et traduction : « Or est ainsi que apres unité de personne mortele qui ne peut toujours durer, l'en ne peut faire continuation par plus grande unité que par celle qui est en succession de père a filz. Et pour ce dit l'Escripture : Mortuus est pater, et quasi non est mortuus ; similem enim sibi reliquit post se [Eccles. 30 : 4] Le père est aussi comme se il ne estoit pas mort quant il lesse apres soy son filz semblable

Un autre point de rapprochement est donné par l'évocation, toujours dans la perspective d'une exaltation du principe de succession royale, de l'élection de David[46]. Ici, la formulation ambiguë sert à assurer une transition qui pouvait avoir tout son intérêt dans le cadre de l'affermissement progressif de la légitimité des Valois. David, souligne Oresme, a certes été élu (comme à maints égards, Philippe VI, Jean II et Charles V), mais il l'a été, par Dieu, « a dignité royal pour soy et pour ses hoirs ». L'élection divine se combine donc avec la promesse d'une succession héréditaire pour un temps indéfini.

Le troisième motif mineur concordant entre les deux textes renvoie également à la « galerie des rois » du début du dispositif, cette fois en relation avec la réfutation de la possibilité qu'une femme accède à la couronne. Dans les exemples discutés, celui d'Athalie tient en effet une place de choix[47]. C'est là en quelque sorte l'envers, immédiatement traduisible pour les clercs du XIVe siècle (voire pour nombre de laïcs connaissant un peu d'Histoire sainte), de l'onction et du sacre de l'enfant roi-Joas, dont la légitimité est le pendant de l'usurpation de la reine d'origine tyrienne[48].

Enfin, immédiatement après cette évocation, c'est précisément sur le problème de l'importance d'être gouverné par un seigneur naturel, non étranger, que revient Oresme pour souligner que la règle qui veut que le roi qui gouverne ses sujets soit d'un « même lignage avec eux », et de la « même nation », est d'origine divine : dernier renforcement de ce concept de « seigneurie naturelle du roi » déjà développé avant le recours à l'*exemplum* macédonien[49].

D'autres aspects encore de l'argumentation oresmienne pourraient être mis en relation avec la *constitutio*, en particulier les développements

---

a lui ». Les exemples concernent l'un des Artaxerxès achéménides (d'après Justin…), et les souverains du livre des Rois (qui restent assez vagues).

46 *Ibid.*, p. 155, seconde colonne : « Et David fu esleu de Dieu a dignité royal pour soy et pour ses hoirs ».

47 *Ibid.*, même colonne.

48 *Cf.* pour une discussion sur le rôle de Joas *supra*, p. 347-351 et l'analyse de son sacre dans le *Somnium infra*, p. 474.

49 Maistre Nicole Oresme, *Le livre de politiques*, *op. cit.*, p. 155, seconde colonne et transition p. 156 : « Une autre regle, lay ou coustume est que nul ne succede qui est de estrange païz et d'autre nation, et ceste regle fu mise ou .xv.e chapitre du premier. Et selon Aristote, la cause est car le roy est aussi comme père de ses subjecs et donques il doit estre d'un lignage ovec eulz, ce est a dire d'une gente et d'une nation ; et ce est chose selon nature […] »

qui suivent ce dernier passage sur la nécessité d'exclure la succession par les femmes, immédiate ou médiate[50]. Le penseur commence en effet la conclusion de ce « traité dans le traité » en rappelant que les principes de succession à peine passés en revue, et qui correspondent en fait à ceux entérinés par la loi, sont ceux qui doivent être valides dans un royaume : « Je conclus donques et di que succession de lignage ovec les regles teles comme dit est ou autres quelcunques escriptes ou acoustumees, ce sunt les lays royals par lesqueles l'en peut avoir droit a .i. royalme[51] ».

Au-delà de son impact précis sur diverses parties de la loi, il semblerait donc qu'en écrivant ces quelques pages, Nicole Oresme ait préparé à sa manière, de façon très directe, l'élaboration d'une part fondamentale de la *constitutio*. Cela ne signifie naturellement pas qu'il faille à toute force faire cadrer l'ensemble de sa démonstration avec celle de la loi. Il n'est en effet pas le seul conseiller de Charles V à avoir en quelque sorte « préparé le texte ». Dans un parallélisme surprenant, presque attachant, un grand juriste, à certains égards son rival, a lui aussi, mais probablement un peu après la rédaction de la loi, inclus un « traité de la succession des rois de France » dans l'ouvrage monumental qu'il écrivait pour le roi. Des jeux de miroir aussi parfaits facilitent la tâche de l'historien. Ils permettent en effet, après avoir fait d'Oresme l'« artiste », d'attribuer le rôle du légiste à Evrart de Trémaugon.

50 *Ibid.*, p. 156, première colonne.
51 *Ibid.*, fin de la première colonne.

# LA LOI ET LES LÉGISTES

Entre 1376 et 1378, Evrart de Trémaugon, entré au conseil du roi au printemps 1374, s'occupa activement à translater et à organiser en français le *Somnium viridarii* qu'il avait composé en latin, à partir de sources diverses, du printemps, de l'été ou de l'automne 1374 au printemps 1376[1]. Ce faisant, il créa un livre en partie nouveau, réorganisant l'ordre des chapitres, supprimant certains développements du texte latin, en ajoutant d'autres. L'un de ses ajouts les plus remarquables, extensivement cité et commenté par Jacques Krynen dans « les légistes "idiots politiques" », concerne une simple mention qui fermait dans le *Somnium* un chapitre où le clerc condamnait la pratique de l'astrologie : *principale (ergo) studium boni principis est gubernare populum per scienciam politicam et bonum consilium prudentium* : « la principale étude d'un bon prince est (=doit être) de gouverner le peuple par la science politique et par le bon conseil des sages[2] ». Dans la version française du *Songe*, cette sentence, placée cette fois dans la bouche du chevalier (« Donques, le principal propos et estude d'un roy doit estre bien gouverner son pueple et par le conseil des sages[3] »), est longuement glosée.

C'est la définition du terme « sage » (*prudens* dans le texte latin) qui provoque le débordement d'ire de Trémaugon, car sa glose est une attaque célèbre contre les prétentions des « artistes » et autres théologiens à régenter le royaume, une attaque visant Oresme de manière à peine voilée. Les sages, explique Trémaugon, sont bien sûr les juristes, « expers en Droit canon et en Droit cyvil et ez coutumes et es constitucions et loys royaux » (division remarquable de la science du droit, si l'on songe au contexte de création de la *constitutio*[4]). C'est par leur conseil, et non

1 Sur la chronologie des travaux d'Evrart, *cf.* Evrard de Trémaugon, *Trois leçons*, *op. cit.*, p. 9-13.

2 *Somnium viridarii*, t. II, CCCLIV, 10, p. 236.

3 *Le Songe du Vergier*, t. I, CLXXXVI, 10-12, p. 410.

4 On retrouve en effet dans cette définition quadripartite les quatre domaines de la loi que les juristes français de la fin du XIV^e^ siècle sont censés étudier : droit civil et ses

par ceux des « Arcians », que le peuple doit être gouverné, même si ces derniers possèdent les « principes du gouvernement du pueple, c'est assavoir ez livres dez Ethyques, de Ychonomiques et de Pollytiques ». En effet, ces principes, cette science, ils ne l'ont « qu'en general et si n'en ont pas la practique ne si ne le saroient mettre a effect ». Et le juriste de comparer les théologiens-philosophes voulant organiser le gouvernement à un expert en sciences naturelles qui voudrait guérir le roi d'une maladie[5]. Malgré toute sa science des causes naturelles, il serait incapable d'y réussir en pratique. Enfin, rappelant que « le droit est la pratique de la philosophie morale, quant à ses troys partiez : Ethyque, Ychonomique et Politique », Evrart assène que connaître par cœur les trois livres ne revient en aucun cas à savoir gouverner, et attaque frontalement la prétention des artiens à régenter le royaume en traitant les juristes d'« idiots politiques ». Aux philosophes de donner « les principes de gouvernement du peuple », mais « sans en avoir la practique ne l'excercisse ». Aux juristes, et à eux seuls, de gouverner.

## EVRART DE TRÉMAUGON, LE ROI, LE CONSEIL ET LA LOI

Cet accès de bile n'était que la nouvelle étape d'une très longue querelle. L'accusation portée contre les juristes d'être des « idiots politiques » avait déjà été lancée par Gilles de Rome dans le *De regimine*[6]. La hargne des philosophes naturels contre la montée du droit grondait dès

commentateurs, droit canon et ses gloses, droit des coutumes du royaume, et, à ne pas confondre avec les trois derniers, le droit royal en cours de construction. La question reste ouverte de savoir si par là on entend uniquement les constructions juridiques de l'État français, ou si les « constitutions et lois royaux » incluent une réflexion sur les lois royales d'autres constructions étatiques contemporaines ou quasi contemporaines.

5 *Le Songe du Vergier*, t. I, p. 410 : « Et povons mettre exemple : un naturel philosofe scet bien lez principes de Medycine et dire lez causes generalement et universelement, mez, pout tant, il ne sçaret mie guerir un malade, car il n'en a mie la practique ; et si ne crois mie que le roy de France vousit comettre le gouvernement de sa personne, quant a le tenir sain et en bon point, au meilleur philosofe naturel qui vive ».

6 Krynen, « Les légistes », art. cité, p. 172, renvoyant à *De regimine principum*, III, 2, 2, c. 8 : « Quas scientias debent addiscere filii nobilium, et maxime filii regum et principum ».

la seconde moitié du XIIIe siècle, avant l'avènement de Philippe le Bel[7]. Dans le contexte de la création de la *constitutio*, ce mouvement d'humeur d'Evrart de Trémaugon apparaît toutefois d'autant plus remarquable que l'empreinte – directe ? – de Nicole Oresme sur la rédaction de la loi est désormais prouvée. Derrière l'artiste qui possède à fond les « Ethyque, Ychonomique et Pollitique » se dessine en première ligne la figure de l'auteur du *Traité des monnaies*, traducteur d'Aristote. L'antagonisme latent entre les « artistes » et les juristes co-rédacteurs de la loi s'était-il aggravé depuis 1374 au point que vers 1377, Trémaugon se sentît motivé à inclure cette féroce attaque dans son remaniement du *Songe du Vergier* ? Les enjeux étaient-ils plus politiques et institutionnels, le groupe des « légistes », solidement au pouvoir à travers la mainmise des « Sénonais » sur le parlement[8], se voyant menacé par l'ascension d'autres personnes, ou plus véritablement intellectuels, deux conceptions fort éloignées du pouvoir royal et de sa justification en philosophie ou en droit s'affrontant par écrits interposés ? Question en partie inextricable, tant les luttes d'influence au sein du conseil et les antagonismes institutionnels ont dû se superposer à de réelles tensions intellectuelles, dont la dynamique même a puissamment contribué au renouvellement et au jaillissement de la pensée politique dans la France de Charles V. Il reste tout de même ironique qu'Evrart de Trémaugon se soit lancé dans cette diatribe en réécrivant un passage de son traité où il exploitait d'abondance l'un des ouvrages les plus anciens de Nicole Oresme, le *Livre des divinations*, exactement comme si la nécessité de citer l'adversaire l'avait fait venir à sa pensée[9]. Mais tout cela se passait en 1376-1377, après la rédaction

7 On peut en particulier penser aux commentaires amers de Roger Bacon dans son *Opus tertium*, c. 24 [Bacon, Fratris Rogeri, *Opera quaedam hactenus inedita*, vol. I, *Opus tertium, opus minus, compendium philosophiae*, J. S. Brewer (éd.), Londres, Longman, 1859], p. 85-88 sur l'invasion générale du droit dans l'Angleterre et la France de la fin du XIIIe siècle : « *Utinam igitur excludantur cavillationes et fraudes juristarum, et terminentur causae sine strepitu litis, sicut solebant esse ante quadraginta annos. O si videbo oculis meis hoc contigere* [...]. *Si etiam jus canonicum purgaretur a superfluitate juris civilis, et regularetur per theologiam, tunc ecclesiae regimen fieret gloriose* [...] *Sed juristae civiles, aut civiliter jus canonicum tractantes, recipiunt nunc omnia bona ecclesiae et provisiones principum et praelatorum ; ita quod alii non possunt nec vivere in studio, nec studium sapientiae exercere ; et expediunt se breviter, aut omnino transeunt, sine sapientia philosophiae et theologiae ad ius civile* [...] »

8 Sur le « groupe sénonais », *cf.* Cazelles, *Société et politique*, *op. cit.*, en particulier p. 470-477.

9 *Cf. Le Songe du Vergier*, *op. cit.*, t. I, p. 402-410, fondé sur *Somnium Viridarii*, *op. cit.*, t. II, CCCLI-CCCLVI [Schnerb-Lièvre 1993-1995, t. II], p. 232-239, avec renvois à Oresme, *Livre de divinacions*, c. CVII. *Cf.* sur le *Livre de divinacions* Coopland, *Nicole Oresme and the Astrologers*, *op. cit.*

de la loi. Celle-ci avait-elle été l'occasion de débats si violents qu'elle ait contribué à envenimer cet antagonisme, qui ne s'exprimait pas encore dans la version latine sans doute couchée sur le papier, pour ce chapitre en 1374-1375 ?

Il est en effet tentant de supposer un rôle de premier plan au professeur de la faculté de décret dans la rédaction de la loi dont le double parement de citations civiles et canoniques apparaît à présent dans toute son ampleur[10]. Certes, Charles V disposait d'un grand nombre de juristes dans son entourage, et il faut se méfier de la pente qui pousse le chercheur à exploiter le matériel mis à disposition par le *Somnium/Songe*, tout simplement parce qu'il s'agit du grand traité à dominante juridique écrit dans l'entourage direct du roi, abordant les thèmes traités par la loi, de sucroît bien édité. Un faisceau d'indices relie pourtant l'auteur du *Songe du Vergier* à l'activité rédactionnelle de l'été et de l'automne 1374, et à la naissance du dispositif législatif assurant la succession de Charles V. Evrart de Trémaugon est tout d'abord appelé au conseil du roi au printemps 1374, au moment même où l'on pense à la rédaction de la loi[11]. Il est déchargé par le pape de ses obligations universitaires en octobre de la même année, probablement après en avoir fait la demande quelques mois plus tôt, et l'on a mis cette décharge en relation avec l'entreprise de rédaction du *Somnium viridarii*[12], ce qui est certainement vrai. Cela ne veut toutefois pas dire qu'il n'ait pas déjà travaillé activement dans l'entourage royal durant l'été à d'autres projets, particulièrement si l'on tient compte de l'arrêt des cours universitaires en août, mois de la promulgation de la loi, et qu'il n'ait pas participé à d'autres opérations textuelles aussi importantes que la rédaction du *Somnium*. À l'automne, il est en effet associé à la création du dispositif de tutelle, ne serait-ce que parce qu'il fait partie du conseil organisé en détail dans l'ordonnance réglementant la tutelle des enfants de France : une loi qui, on l'a vu,

---

10 Sur les rapprochements implicites opérés entre Trémaugon et la loi de 1374, *cf.* en particulier Krynen, « Le mort », p. 196-198.

11 Evrart de Trémaugon, *Trois leçons*, *op. cit.*, p. 12-13.

12 *Ibid.*, avec citation de la bulle de Grégoire XI, remarquant que la supplique qu'il avait adressée au pape pour être relevé de son enseignement avait dû être envoyée par Evrart dès mai 1374. Les termes de la bulle, *propter negocia carissimi in Christo filii nostri Karoli regis Francorum illustris, quibus insistere te oportet*, donnent effectivement l'idée d'un travail de fond qui se rattache sans doute à la rédaction du *Somnium viridarii*, mais ils peuvent également avoir rapport à l'élaboration de la loi.

fait écho à la *constitutio* à plus d'un titre[13]. Le juriste a donc travaillé dans l'entourage du roi précisément pendant le laps de temps qui a vu la gestation et la rédaction de l'ensemble de ces dispositions successorales, de mai à octobre 1374.

Les travaux de Trémaugon témoignent avec autant d'éloquence des liens possibles entre sa réflexion et l'élaboration de la loi. Pour des raisons de cohérence linguistique, et surtout de proximité temporelle, c'est à la version latine du *Songe du Verger*, au *Somnium Viridarii* donc, que l'on se reportera prioritairement. Evrart a peut-être commencé à la composer durant le printemps et l'été 1374, et elle a en tout cas été achevée le 16 mai 1376[14]. Elle se trouve donc notablement plus proche dans le temps de la rédaction de la loi que la « translation » française qu'il a exécutée entre 1376 et 1378. Il faut néanmoins se souvenir de l'antécédence de la rédaction de la loi d'août 1374 par rapport à celle de la plus grande partie du *Somnium*, pour ne pas confondre un exercice de rapprochement des deux textes avec la découverte d'une autorité d'un autre type. Contrairement aux trouvailles faites dans le *Livre de Politiques*, les communautés thématiques ou de sources n'ont, ici, que la valeur, relative, d'une rencontre. On verra pourtant que l'on peut dans une certaine mesure prolonger cette enquête par une archéologie de la pensée d'Evrart qui précède la rédaction de la loi[15].

---

13 Sur les liens entre le préambule de l'ordonnance de tutelle et la *constitutio*, *cf. supra*, p. 448-449 ; Evrart de Trémaugon est mentionné dans le groupe du conseil de régence élargi destiné à conseiller la reine dans le dispositif de l'ordonnance de tutelle avec le titre de conseiller, *cf. Ordonnances*... t. VI, p. 52.

14 Sur l'achèvement du *Somnium* deux ans après sa promotion au rang de conseiller d'Evrart, *cf.* Evrart de Trémaugon, *Trois leçons*, *op. cit.*, appendice I, p. 241-242, explicit du *Somnium*.

15 *Cf. infra*, p. 481-483.

## ARGUMENTS DE POLITIQUE GÉNÉRALE ET ALLÉGATIONS BIBLIQUES
### De la *plenitudo potestatis* à la « galerie des rois »

Dans la masse touffue des allégations et des contre-allégations du *Somnium*, monument d'échanges dialectiques entre un clerc et un chevalier qui s'affrontent durant cinq cent cinquante-deux chapitres, en affirmant l'un le principe de la prééminence papale et ecclésiastique, l'autre celui de l'indépendance du roi, se distinguent différents motifs qui rapprochent le traité de la *constitutio*. Les plus connus sont assurément les longues discussions portant sur toutes sortes de points ou de maximes de droit évoqués dans la loi : discussion de la *plenitudo potestatis*, notamment à partir de son origine papale[16] et de la maxime *solutus a legibus*[17], longs développements sur le pouvoir conféré par le sacre, et sur la capacité de l'empereur ou du roi à gouverner pleinement avant son couronnement[18]. Ce dernier point apparaît particulièrement notable par rapport au dispositif créé par la loi, laquelle donne une importance fondamentale au sacre, sans toutefois lier la pleine autorité du gouvernement du roi au couronnement, qui n'est pas une obligation[19]. Le chevalier, contre le clerc, défend en effet l'idée que le mécanisme de l'onction royale est par essence différent de celui du couronnement impérial, qui change le statut du souverain de roi des Romains en empereur. L'exemple donné par le clerc n'est donc pas contraignant.

Les chapitres CLXXXV et CLXXXVI[20], dans lesquels le clerc attaque le droit de succession de Charles V au royaume de France, alors que le chevalier aligne en défense un ensemble de raisons soutenant la logique de la loi salique et de l'ordre de succession tel que défini par la loi de 1374, sont fondamentaux. Ils présentent un véritable traité dans le traité, analogue au « traité oresmien » à peine évoqué[21], fondant en

16 *Somnium Viridarii*, *op. cit.*, t. I, CLIII-CLIV (p. 206-207), et passages suivants sur le couronnement).

17 *Ibid.*, t. I, CLV-CLVI (p. 208-209).

18 *Ibid.*, t. I, CLXI-CLXXVIII (p. 213-261).

19 *Cf. supra*, p. 394.

20 *Somnium Viridarii*, *op. cit.*, t. I, p. 276-293.

21 *Cf. supra*, p. 456-464.

droit la succession des rois de France en ligne patrilinéaire à l'exclusion des femmes et de la descendance par les femmes, riche d'harmoniques avec les thèmes développés par la loi.

Il existe néanmoins en dehors même de ce passage stratégique et des autres zones textuelles jusqu'ici évoquées d'autres rencontres qui donnent à penser. Les moindres d'entre elles ne sont pas les pages où le clerc et le chevalier invoquent et manient tour à tour des *exempla* liés aux problèmes de succession et d'autorité prophétique ou royale utilisés dans la *constitutio*. L'exemple de la bénédiction de Jacob et de l'héritage d'Isaac et Ésaü est ainsi exploité (dans un passage composé de première main par Evrart, puisqu'il traite de la succession de Bretagne et du droit du roi à s'emparer du duché), et il est intéressant de voir le juriste manier en tous sens l'argument de la primogéniture acquise par Isaac (par renoncement « transumptif » d'Ésaü), pour souligner que le droit d'aînesse est de droit divin (*jure divino*). La valeur de ce rapprochement ne doit toutefois pas être exagérée, car le « *miles* » qui défend les droits de Charles V relativise ce droit d'aînesse en le dissociant du droit de succession. Si Evrart de Trémaugon a été l'inspirateur du choix de l'autorité biblique dans le préambule, elle y a été appliquée de manière bien différente que dans cette dispute scolastique[22].

Un second point qui attire l'attention est la discussion de la signification de l'expression *ecce constitui te super gentes et regna*, tirée du début du livre de Jérémie, section utilisée par les rédacteurs de l'acte à la fin de la « galerie des rois[23] ». Le clerc et le chevalier s'affrontent ici sur l'application de cette maxime à la puissance papale, et les arguments du chevalier, tirés pour l'essentiel des *Octo quaestiones de potestate pape* de Guillaume d'Ockham, visent avant tout à préciser et à réfuter partiellement l'utilisation faite de la maxime par les partisans de la supériorité papale en soulignant que l'application de la figure de Jérémie au pape est irrecevable pour un ensemble de raisons historiques et théologiques :

---

22 *Somnium Viridarii*, *op. cit.*, t. I, p. 304 (réponse à une argumentation du clerc partant de la même autorité, *ibid.*, p. 298). La forme même de la *disputatio* impliquait, il est vrai, l'examen dialectique des différentes interprétations d'une autorité, mais il est tout de même notable que dans le *Somnium*, ce soit le « *miles* » royal qui mette en pièce la prééminence absolue d'Isaac. La logique de défense des droits du roi l'emporte ici, puisque l'argument de la primogéniture d'Isaac renforçant son droit à la succession avait été appliqué dans un premier temps à la branche des ducs de Bretagne évincée de la succession.

23 *Ibid.*, t. I, CLVII-CLVIII, p. 194-198.

cette puissance a été donnée à Jérémie non en tant que prêtre (*sacerdos*), mais en tant que prophète (*propheta*). Ce débat rappelle à quel point le pouvoir charismatique donné à Jérémie sur les « peuples et nations » était au centre des discussions sur la définition du pouvoir temporel, et cette centralité peut avoir joué son rôle dans le choix du verset comme autorité renforçant la « galerie des rois » dans la *constitutio*[24].

À côté de ces deux rencontres, les diverses évocations de David, Salomon, Joas et Josias semblent moins significatives. Elles n'en sont pas moins porteuses d'une valeur de clarification non négligeable, particulièrement dans le cas de l'évocation des onctions de David et Joas. La discussion sur les conditions de l'onction de Joas[25] montre à quel point l'argumentation juridique pouvait s'emparer de l'histoire biblique pour en discuter la valeur de précédent. Le chapitre CLXXX du premier livre, portant sur la naissance du statut particulier du royaume de France après son détachement de l'empire de Charlemagne, permet dans la même logique d'expliciter l'utilisation de l'onction de David dans la loi[26]. Elle est ici associée, à partir d'un montage de considérations originales d'Evrart de Trémaugon et d'un développement antérieur dû à Durand de Saint Pourçain, à l'exaltation d'une stabilisation du royaume de France passant d'un statut chaotique et violent sous la première race, à une stabilité politique plus grande, mais encore marquée par l'élection sous les carolingiens, pour converger vers la stabilité héréditaire capétienne. L'onction puis le couronnement de David, après l'élection légitime de Saül, entachée par sa désobéissance ultérieure à Dieu, marque ainsi la transition vers un temps où les fils succèdent enfin à leurs pères dans un « état légitime », le remplacement du seul roi élu par la race élue préfigurant la prise en main du royaume de France par la dynastie régnante.

On comprend mieux à l'analyse de textes de ce genre à quel point le choix et l'agencement d'exemples bibliques, classiques ou « francs » dans l'exposé de la *constitutio* ne se dissociait pas, dans l'esprit de ceux des rédacteurs qui étaient juristes, d'une pensée prenant appui à la fois sur l'histoire sainte et sur l'histoire universelle dérivée des sources classiques pour motiver *juridiquement* les droits du roi. Et l'on saisit mieux la colère de Nicole Oresme contre les juristes et leur propre hargne

24 *Cf.* sur ce point *supra*, p. 350-351.
25 *Somnium viridarii*, t. I, CLI-CLII (p. 200-203).
26 *Ibid.*, p. 262-266.

face aux théologiens, quand on considère cette volonté des hommes de droit de plier l'ensemble des savoirs à leur logique. Il existait bien deux méthodes et deux ordres d'explications, philosophiques et juridiques, qui s'appuyaient en partie sur les mêmes sources, se recoupaient largement, et prétendaient tous deux rendre raison du fonctionnement de l'univers dans une vision totalisante. Et ces deux ordres d'explication, tels les serpents d'un caducée, se superposent en permanence dans la loi, en une torsade qui lui donne son rythme.

## LA SUCCESSION ET L'ÉDUCATION DES ROIS DE FRANCE À TRAVERS LE *SOMNIUM*

Au-delà de ces rencontres, c'est dans pas moins de quatre passages différents, comprenant le prologue et l'épilogue (« *Sompnians* »), mais aussi deux chapitres autonomes portant sur l'éducation des princes et sur la nécessité pour les rois d'être lettrés, ainsi que sur la légitimité des droits à la couronne de Charles V, qu'Evrart de Trémaugon aborde spécifiquement, sous des angles différents, les problèmes de succession et d'éducation qui forment le cœur de la *constitutio*. Ces passages doivent d'autant plus être pris en compte dans une réflexion sur l'influence possible du juriste sur la rédaction de la loi qu'à la différence de ceux précédemment invoqués, ils ont tous été composés de manière relativement autonome, et non, comme mainte séquence, repris des autorités qui forment la texture de la plus grande partie du *Somnium*[27]. Il s'agit donc bien ici de la pensée propre d'Evrart de Trémaugon, une pensée qui se développe en fonction de l'actualité du règne à partir d'une culture de la science politique et du droit empruntant son matériau à nombre de penseurs de l'Europe des XIIIe et XIVe siècles.

C'est d'abord, dans le prologue du *Somnium*, qui se détache alors pour la première fois du double modèle formé par le *Somnium* de Jean de Legnano et le *Defensor pacis*, l'évocation des débuts du gouvernement

27 Sur ce problème, *cf. supra*, introd. et *Le songe du vergier*, *op. cit.*, p. XLIII-XLIX et 1993-1995, p. XXIX-XXXI.

de Charles qui attire l'attention, à travers la glorification du miracle d'un jeune garçon, presque encore nourrisson (*quasi modo genitus infans et adolescentulus*), qui réussit à gouverner (*dirigere*) un peuple sans tête (*acephalum*), monstrueusement divisé (*monstruose divisum*), avec la plus grande sagesse (*prudentissime*), en employant tantôt la verge de fer, tantôt celle des veilles, tantôt celle des vertus[28]. Ici, le recours au « brouillon » latin du *Somnium* plutôt qu'au texte français du *Songe* prend tout son intérêt, car l'évocation du roi-enfant a perdu de sa précision hyperbolique avec la traduction (« ou temps de ton enfance[29] »). C'est bien, de manière hyperbolique[30], mais particulièrement troublante eu égard au double *exemplum* des nourrissons en bataille utilisé dans la loi, à la fois de pré-adolescent (*adolescentulus* : un enfant de douze à quatorze ans...) et de quasi-nourrisson (*quasi genitus infans*), que Charles est qualifié, pour évoquer le dur apprentissage du gouvernement qu'il avait effectué durant sa propre adolescence et la captivité de son père.

Le second passage du *Somnium* abordant le thème de la précocité remarquable d'une éducation au pouvoir royal se trouve dans une section récusant les accusations de gouvernement tyrannique portées contre le roi de France[31]. Il s'agit d'une véritable incidente, qualifiée comme telle dans le titre de ce chapitre (*excusat regem Francie a tirannide et* <u>*incidenter tractat qualiter dominum Delphinum primogenitum suum proponit liberalibus*</u>

28 *Somnium viridarii*, t. I, prologue, 17 (p. 5-6) : *Porro inter innumerabilia Dei dona que tibi contulit Altissimus, hec excedunt omnia. Nam* <u>***cum esses quasi modo genitus infans et adolescentulus***</u>*, populum acephalum in se monstruose divisum prudentissime direxisti, nunc in virga ferrea cum dure fuerit cervicis, nunc in virga vigiliarum cum fuerit cordis pigri, nunc in virga virtutis quam misit Dominus ex Sion dominare in medio inimicorum tuorum, et persecuciones nedum extrinsecas illorum qui tecum dulces ceperant cibos, ut accedat quod legitur in Psalmo, animante Domino, superasti.* Sur l'intérêt du terme d'*infans* pour la réflexion médiévale concernant les seuils de la petite et de la moyenne enfance, *cf.* Lett, *L'enfant des miracles*, *passim*.

29 *Le Songe du Vergier*, t. I, prologue, 17 (p. 6-7) : « Et entre lez aultres miracles que Diex a fait pour toy, ce ne doit pas estre oblié, car, quant tu estoies regent le royaume, ou temps de ton enffance, en France furent teles divisions [...] »

30 Charles, né en 1338, ne commence en pointillé sa carrière politique que vers 1350, quand il assume les fonctions de dauphin de Viennois et se fiance, et surtout en 1351, quand il devient héritier du trône de France, mais il n'assume véritablement le pouvoir qu'en 1356, après Poitiers, alors qu'il a déjà dix-huit ans. *Cf.* Autrand, *Charles V*, p. 51-356. En aucun cas son parcours de régent ou de roi ne concorde avec la figure du roi-enfant ou pré-adolescent, de douze ou quatorze ans, et il est d'autant plus remarquable qu'Evrart de Trémaugon choisisse de la lui appliquer lors d'une rédaction qui s'étale entre le printemps 1374 et le printemps 1376.

31 *Somnium viridarii*, t. I, CXXXIIII, 4-6bis (p. 171-172).

*artibus informari*[32]). Evrart se complaît à rappeler dans ces quelques lignes le soin apporté par Charles V à l'éducation du futur Charles VI, nommé comme tel. Charles s'est souvenu combien il avait profité dans son gouvernement d'avoir étudié les lettres dans sa jeunesse. Il fait donc instruire avec le plus grand soin dans les « lettres et disciplines » le dauphin de Viennois, son premier né, de sorte qu'à la mort de Charles V surgisse un Charles VI qui ne succédera pas seulement au royaume, mais également à la sagesse de son père[33]. Suit une allégation juridique rappelant que le mariage assure une sorte d'immortalité à l'homme, car le fils représente le père (et l'on se souvient de l'utilisation d'une maxime semblable dans le centre du préambule de la loi), allégation renforcée par une autorité aristotélicienne sur la perpétuation des espèces à travers la génération[34]. Cette digression est enfin conclue par un commentaire sur la nécessité d'instruire dans les « disciplines scolastiques » les fils des rois, commentaire lui-même raccroché à une longue méditation, reprise de Pierre de Blois, sur l'importance pour le roi d'être instruit, témoins les connaissances juridiques et philosophiques de César et le profit qu'Alexandre tira de l'enseignement d'Aristote[35].

Le vocabulaire même de la partie de cette section directement issue de la plume d'Evrart est très proche de celui utilisé dans le premier tiers du préambule de l'acte de 1374 (*litteralibus disciplinis sue premicias*

32 *Ibid.*, table des rubriques des chapitres, p. 320.

33 *Ibid.*, p. 171-172 : *Nec illud sub silencio pretermittam : nam cum experimento didicerit quante commoditates sibi accesserint et regno suo ex eo quod litteralibus disciplinis sue premicias adolescencie imbuerit, hinc est quod dominum Karolum, dephinum Viennensem et filium suum primogenitum, litteris atque disciplinis solerter et prudentissime facit erudiri, ut sic cum hominem Karolus Quintus egressus fuerit, surgat Sextus nedum regni, sed et prudencie paternalis successor et heres.*

34 *Ibid.*, p. 172 : *Matrimonium enim sic est honestum ut humano generi artificiose inducat immortalitatem ; nam filius patrem representat, in Aut., De Nupciis, in principio, collacione IIII. Nam generacio ad hoc est adinventa ut quod in se perpetuari non poterat in suo simili perpetuaretur, secundum Philosophum.*

35 *Ibid.* : *Et non immerito fili maxime Regum debent scolasticis disciplinis erudiri, nam si res publica regenda est, si prelia committenda sunt, si castra metenda sunt, si machine erigende, si propugnacula facienda, denique si quies libertatis, si justicie cultus, si reverencia legum, si gencium amicicie sint firmande, libri hec omnia erudiunt ad perfectum. Rex quidem sine litteris navis est sine remigio et volucris sine pennis. Recensent historiae quantum Julio Cesari contulerit litteras didicisse : in litterali studio tantus fuit ut quaternas dictaret simul epistolas ; quantus in Juri civili peritus fuerit leges Romanorum indicant ; quam jugiter in philosophia exercuerit predicat subtilitas bisextilis : doctrina Aristotelis et continuum, sub eo, virtutis exercicium magnum magnificavit et extulit Alexandrum.* Ce passage est littéralement tiré de Pierre de Blois, lettre n° 67 (Petri Blesensis, *Opera omnia*, Jacques-Paul Migne (éd.), Paris, éd. Migne (*Patrologia Latina*, 207), col. 211-212.

*adolescencie* ***imbuerit***[36] *; litteris atque disciplinis solerter et prudentissime facit* ***erudiri***). La maxime *non immerito* ***filii*** *maxime* ***regum debent*** *scolasticis disciplinis* ***erudiri*** qui ouvre l'emprunt à Pierre de Blois évoque en particulier l'attaque de la loi (***filios regum*** *per parentes educari et* ***erudiri debere***[37] [...]), et l'on pourrait imaginer que dans ce cas précis, Evrart de Trémaugon avait cette dernière en tête quand il a composé ces lignes, à moins que le sens de l'inspiration ne doive être inversé. Il n'est en effet pas impossible que le prologue du *Somnium*, s'il a été composé en premier (ce qui n'est, après tout, pas sûr), l'ait été dans les mois mêmes de rédaction de la loi...

Quelle que soit la valeur de ce rapprochement formel, c'est l'ensemble de ce passage du *somnium* qui reprend, à sa manière, l'argumentation du préambule de la *constitutio.* On y trouve en effet la justification de la nécessité pour le premier-né du roi de recevoir une éducation exceptionnelle, afin d'assurer correctement la perpétuation du bon gouvernement royal, en fonction d'une logique philosophico-juridique qui reprend exactement, en partant d'autorités différentes, les allégations du milieu du préambule. L'immortalité du genre humain est assurée par la perpétuation à travers le mariage, car le fils représente le père, et ce mécanisme est fondé aussi bien en droit romain qu'en philosophie naturelle. Là encore, on subodore pourquoi des « artistes » tels qu'Oresme pouvaient s'exaspérer de la prétention des juristes à fonder l'univers en droit. Car contrairement à ce qu'insinue Evrart dans son attaque contre les « artiens », les juristes n'étaient pas prêts à leur laisser la discussion et l'établissement des principes universaux pour s'occuper de la seule pratique. Ils avaient également tendance à chercher dans le corpus des droits civil et canon, des coutumes et des « lois royales » les justifications, pour eux parfaitement équivalentes à celle des philosophes, du fonctionnement de la *machina mundi*...

On passera rapidement sur les mentions de l'éducation de César et d'Alexandre, tirées de Pierre de Blois, qui suivent ces considérations, car si elles présentent des échos potentiels avec la rhétorique du préambule[38],

36 À comparer avec la formule de la première partie du préambule *multomagis sunt filii regum per patres studiosius nutriendi et docendi ut virtutibus imbuantur.*

37 Sur ce thème initial, *cf. supra*, p. 190-191 ; 326-328.

38 Le thème de l'éducation de Jules César, premier des Césars dans une optique médiévale, entre notamment en résonance avec le vers ovidien *Caesaribus virtus contigit ante diem/dies*, pour lequel *cf. supra*, p. 234-235, 358-359. Quant au couple Alexandre/Aristote symbolisant

elles ne lui sont pas liées au même degré, pour arriver au chapitre déjà évoqué du *Somnium* développant longuement la validité des droits à la couronne de Charles V et du principe de succession adopté dans les faits en France et étayé par la construction de la loi salique depuis les crises du début du XIV^e^ siècle[39]. Ce développement est lui-même anticipé par la matière d'un court chapitre sur la non-nécessité de l'onction pour acquérir la plénitude de la puissance royale, où le chevalier recourt à une argumentation sur l'immédiateté de la succession en invoquant notamment la maxime « Le mort saisit le vif » (sous une forme latinisée : *mortuus saisit vivum*[40]). Ces précisions, pour fondamentales qu'elles soient, n'entrent néanmoins pas en résonance directe avec le propos de la *constitutio*, qui ne concerne pas exactement l'immédiateté de la succession royale, même si elle aborde au moins de biais cette question.

En revanche, le long et original chapitre CLXXXVI[41], où le chevalier défend le droit à la succession au trône des Valois contre les assertions du clerc qui s'est fait l'avocat d'Édouard III et de Charles II de Navarre, ne se contente pas de développer minutieusement une série de thèmes abordés dans le dispositif de la *constitutio*, comme la logique de l'ordre de succession patrilinéaire à l'exclusion des femmes. Il rejoint directement la loi en au moins deux points fondamentaux. Le premier d'entre eux concerne la maxime de droit qui dispose que le fils est réputé la même personne que son père. Ici, une allégation de droit renvoyée à la loi *De agricolis et censitis* invoque l'identification du fils avec le père et de la fille avec la mère pour poser l'impossibilité que la personne d'une femme continue la personne du roi son père dans une succession à l'identique[42]. C'est ensuite vers la fin du chapitre le problème de la règle de primogéniture qui est abordé, avec une armature conceptuelle évoquant de près divers passages du préambule de la *constitutio*. Le principe

---

la parfaite union du meilleur philosophe et du plus puissant roi, éduqué sous sa houlette, il peut être relié à la *constitutio* de deux manières, soit en invoquant le recours explicite à Aristote dans le préambule, soit en soulignant que la *virtus* de la dynastie macédonienne est mise en parallèle avec celle du roi de France à travers l'exemple du roi-nourrisson macédonien, lointain aïeul d'Alexandre.

39 *Somnium Viridarii*, t. I, CLXXXVI (p. 282-293).

40 *Ibid.* I, CLXVIII, 2 (p. 232). *Cf.* sur ce passage Krynen, « Naturel », p. 185 (à partir du *Songe*, non du *Somnium*).

41 *Somnium viridarii*, t. I, CLXXXVI (p. 282-293).

42 *Loc. cit.*, paragr. 4 : *Tercio, filius cum patre seu matre eadem persona reputatur, adeo quod ubi unus stat vel est, alter stare vel esse videtur. C De agricolis et censitis, l. Cum satis libro xi°.*

de primogéniture permet d'assurer la conservation heureuse du royaume, car le roi s'efforce de bien gouverner 1) dans l'espérance que l'un de ses fils lui succédera, 2) parce que les cadets doivent obéir aux aînés, 3) parce que le père aime normalement plus l'aîné, et fera donc plus attention à la « cure » du royaume s'il sait que l'aîné va lui succéder, 4) enfin parce que l'unité de gouvernement opérée dans le royaume par le choix d'un seul successeur selon une ligne rationnelle garantira la paix et le repos du peuple. C'est, désincarné et délesté de ses autorités bibliques, mais renforcé d'un renvoi aux *Politiques* et au *Code*, une grande partie de la philosophie du début et de la fin du préambule, qui insistait sur l'amour supérieur que les pères doivent porter aux aînés, et sur la paix et le repos que goûterait le peuple grâce à l'établissement d'un gouvernement harmonieux.

Après ces deux chapitres où Evrart de Trémaugon semble penser au plus près de la logique du préambule, l'épilogue[43], où le *Somnians* glorifie longuement le roi, propose enfin un résumé des pouvoirs de l'éducation qui vient rappeler une dernière fois, en écho à la digression du chapitre CXXXIV et au prologue, à quel point une éducation soignée chez les princes est un gage de succès du gouvernement futur. Evrart commence par comparer la sagesse de Charles V à celle de Salomon (le quatrième roi de la galerie[44]...). Il souligne ensuite combien les nobles de l'ancien temps s'efforçaient de respecter ce principe éducatif, en invoquant l'exemple de Philippe de Macédoine confiant Alexandre enfant à Aristote. L'exemple, vraisemblablement emprunté d'une citation du *Policratique* renvoyant à Aulu-Gelle[45], est d'autant moins anecdotique qu'Evrart, malgré son hostilité de principe envers les philosophes, cite d'abondance Aristote. Le philosophe par excellence a assuré l'éducation du conquérant par antonomase... Mais c'est surtout la mention qui clôt

---

43 *Somnium viridarii*, t. II, Epilogue (=*Sompnians*), p. 268-275.

44 *Somnium viridarii*, t. II, Epilogue, 14, p. 272 : *Estis autem in sapientia similis Salomoni, qui placuit Deo quia cor docile petiit a Deo ut possit ejus populum judicare, III Regum III°.*

45 *O quantum, serenissime Princeps et Domine, ad istam sapienciam habendam antique nobiles laborabant ; nato enim Alexandro, scripsit pater ejus Aristoteli epistolam in hec verba : Nam mihi filium scio, ex quo quidem Diis gracias ago, non tamen pro eo quod natus est quam pro eo quod natus est temporibus vite tue ; spero enim fore ut educatus et enutritus a te, dignus existat regni suscepcione et nimirum si eum sapiencia appeteret informari, cum sine sapiencia principatus stare non valeat.* Origine : Aulu-Gelle, *Noctium Atticarum* IX, c. 3, § 5, reproduit dans Jean de Salisbury, *Policraticus*, l. IV, c. 7, source probable d'Evrart (*cf. Somnium Viridari*, p. 352).

ce passage, également présente chez Jean de Salisbury, qui donne toute sa force à ces réflexions. On y apprend que, dans les *Gestes des Romains*, il est fait mention d'une lettre dans laquelle le roi des Romains exhortait le roi des Français à faire en sorte que ses fils fussent instruits dans les disciplines libérales, anecdote reflétant apparemment un échange réel entre Conrad III et Louis VII dont la source s'est perdue, et qui serait à l'origine de la maxime *rex sine scientia est asinus coronatus*[46]. Et l'on se prend à rêver qu'une version de cette lettre, encore conservée à la fin du XIV<sup>e</sup> siècle, ait peut-être été à l'origine de la phraséologie des mystérieuses premières lignes de la loi de 1374…

## DU *SOMNIUM VIRIDARII* À LA TROISIÈME LEÇON SUR LES DÉCRÉTALES
### Le recours aux lois de succession

On a parlé de l'originalité du chapitre sur les règles de succession au trône de France, pour lequel Evrart ne pouvait par définition trouver toute sa matière dans les traités politiques d'un Ockham, d'un Jean de Legnano ou d'un Marsile de Padoue. Cette originalité s'entend toutefois par rapport aux sources externes, et non par rapport aux réflexions précédentes de l'auteur, car Evrart de Trémaugon exploite dans une grande partie de ce chapitre son travail antérieur d'enseignant. La préservation de trois leçons sur les décrétales qu'il avait respectivement données en 1371, 1372 et 1373 à la faculté de décret permet en effet de donner une profondeur certaine à la construction de l'argumentation sur la succession développée dans le chapitre du *Somnium viridarii*[47]. La troisième de ces leçons, une répétition donnée en 1373 au Clos Bruneau, « *in aurora*, à destination des bacheliers[48] », portait sur la décrétale *Indicante* concernant les testaments. Elle avait été l'occasion pour le juriste de développer à travers l'examen de cas disparates un ensemble varié de

46 Extrait édité et commenté dans *Ex rerum anglicarum scriptoribus saeculi XII. et XIII*, Felix Liebermann (éd.), Reinhold Pauli, Hanovre, Hahn, 1885 (*Monumenta Germaniae Historica Scriptores*, t. 27), p. 45.
47 Evrart de Trémaugon, *Trois leçons*, *op. cit.*
48 *Ibid.*, p. 171.

connaissances sur les règles de succession, et notamment d'examiner les problèmes 1) de l'établissement d'une succession héréditaire, 2) de la primogéniture, 3) enfin de l'exclusion des femmes. Une grande partie de l'argumentation esquissée dans ces pages est en fait passée dans le chapitre sur la succession du *Somnium*, sous une forme réorganisée[49]. Non seulement le problème de l'exclusion des femmes a été antéposé à celui de la primogéniture, mais la présentation en a été modifiée. Dans la leçon de 1373, en effet, le professeur s'adresse à des élèves qui pouvaient suivre son argumentation de manière elliptique, dans le cadre d'un enseignement de droit, et non au roi. Il ne parle donc pas directement du roi de France et des règles du royaume concernant le principe de succession héréditaire et de primogéniture. Il place plutôt son raisonnement dans l'abstrait, et s'appuie sur l'établissement du principat romain, et sur son glissement vers la succession héréditaire, en n'évoquant le royaume, de manière encore impersonnelle, que vers la fin. Enfin, dans la transition entre le passage concernant le droit d'aînesse et celui traitant de l'exclusion des femmes, il glisse à propos de ce dernier point la mention *et istud est dubium arduum et pendens de facto in quo de mandato cujusdam domini nuper scripsi*[50].

Nous sommes en 1373, et le juriste expose à l'occasion d'un cours sa conception de la manière de défendre en droit les principes de succession qui se précisent peu à peu dans le cadre de la monarchie française. Il a donc été déjà interrogé sur ce point par un « certain seigneur », mention dans laquelle il est difficile (non impossible) de reconnaître le roi, mais où l'on pourrait deviner l'un de ses conseillers. Quelques mois plus tard, il sera appelé par le roi lui-même pour entrer au conseil et l'assister. Il commencera à rédiger le *Somnium viridarii*, mais sera aussi assez impliqué dans l'affaire de l'organisation de la succession pour apparaître à sa place parmi un aréopage de membres de la famille royale et de hautes autorités parlementaires et ecclésiastiques, dans le conseil de tutelle défini par l'ordonnance d'octobre. La rédaction de la *constitutio* de 1374 est donc enserrée entre la leçon de 1373 d'une part, et la rédaction du *somnium viridarii* dont les premières étapes l'ont peut-être accompagnée, d'autre

49 Ces passages repris dans le *Somnium* sont soulignés en gras *ibid.*, p. 185-196, et correspondent pour une large part à *Somnium viridarii*, t. I, p. 282-291 (CLXXXVI).

50 Evrart de Trémaugon, *Trois leçons*, *op. cit.*, p. 186, ainsi que commentaire à cette mention *ibid.*, p. 13-14.

part. À la lumière des différents rapprochements qui peuvent être faits entre la *constitutio* et ses travaux, il devient franchement improbable qu'Evrart n'ait pas été impliqué dans l'opération de rédaction même.

Une dernière concomitance renforce cette suspicion. Il est une source qui a été utilisée à la fois dans la leçon de 1373 et dans le *Somnium viridarii*, plusieurs fois, et qui est apparue à la nouvelle analyse des sources de l'exposé de la *constitutio*. Cette source, c'est le titre *De electione* du *Liber sextus* définissant avec force détails les mécanismes de l'élection papale, et dont la loi *Ubi periculum* est un élément essentiel[51]. Le lieu précis d'exploitation choisi par les rédacteurs de la loi de 1374, *Ubi periculum*, a été utilisé une fois par Evrart de Trémaugon, pour de tout autres raisons, dans le *Somnium*[52]. D'autres sections du titre *De electione* ont été par ailleurs invoquées par lui pour discuter la logique de l'élection papale et et de l'élection dans le *Somnium*, ou des problèmes d'héritage en contexte mendiant dans la leçon sur la décrétale[53]. Cette familiarité d'Evrart avec une zone du *Liber sextus* sans cesse invoquée par le docteur en droit pourrait expliquer la sélection du préambule d'*Ubi periculum* comme élément de construction du dispositif de la *constitutio*. Elle jette en tout cas une lumière différente sur ce choix, celle d'une pratique d'enseignement où la teneur de *De electione* était souvent exploitée dans un contexte de discussion des règles de succession et du pouvoir royal. Plus discrète que la concomitance entre la citation de Justin par Oresme et sa réutilisation dans la *constitutio*, cette ubiquité de la décrétale du Sexte personnalise de même la rédaction de la loi. De même que l'artien, le juriste a vraisemblablement imposé ses thèmes.

---

51 *Corpus iuris canonici…*, pars secunda, *Decretalium collectiones*, *op. cit.*, c. 946 (Sexti Decretal. Lb. I, Tit. VI, "*De electione et electi potestate*"). *Ubi periculum* est le troisième *capitulus* du *titulus*.

52 *Somnium Viridarii*, t. II, p. 88 (CLIX.1). *Ubi periculum* est invoquée pour parler de l'élection papale, et du fait que l'élection par les cardinaux, qui n'ont aucun pouvoir temporel, suppose que le pape n'en ait pas non plus.

53 *Cf.* pour l'utilisation de ce titre du *Liber sextus* dans le *Somnium ibid.*, p. 443, « citations juridiques, décrétales du Sexte », et pour la troisième leçon, Evrart de Trémaugon, *Trois leçons*, *op. cit.*, p. 415 (tables des trois leçons, « décrétales du Sexte »).

# LE NOTAIRE ET LA LOI

Ainsi derrière l'autorité d'ensemble du roi, l'autorité plus partielle, mais précise de ses clercs transparaît-elle à présent derrière certains des passages de l'acte, donnant la sensation de deviner une partie des procédés de composition de la loi, d'entrer véritablement dans l'atelier rédactionnel des conseillers de Charles V. Certes, tout n'est pas dit avec la mise en valeur du rôle – à distance ? – de Nicole Oresme, du rôle peut-être plus direct d'Evrart de Trémaugon dans le choix des autorités et, sans doute au moins pour ce dernier, dans la discussion du rythme de progression conceptuelle de la loi. Il est en particulier exclu que d'autres conseillers n'aient pas interféré dans la composition de plusieurs parties de ce texte. Pierre d'Orgemont, Gérard de Montaigu ou d'autres encore, liés au culte de la mémoire royale, à ses archives et à Saint-Denis, ont dû avoir leur mot à dire sur le choix des *exempla* tirés de l'histoire de France, qu'ils concernent les Mérovingiens ou Saint Louis. Et au moment de dresser le dispositif, c'est probablement tout un ensemble de juristes et de conseillers laïcs et ecclésiastiques du roi qui s'est penché avec lui sur les termes exacts de la loi pour en soupeser la valeur et la portée.

Il est pourtant à présent possible d'imaginer un peu plus précisément, derrière le détail de ce travail de groupe qui ne pourra jamais être parfaitement reconstitué (sauf miracle qui ferait exhumer un brouillon commenté de la loi…) comment les clercs du roi ont procédé dans la rédaction de la *constitutio.* De manière passive ou active, Nicole Oresme a fourni une partie importante du fond conceptuel, sans peut-être intervenir directement dans les étapes ultérieures de rédaction, dont son séjour rouennais l'aurait éloigné. Soit qu'il ait simplement préparé par ses travaux des mois précédant sur les *Politiques* et des *Économiques* le matériau utilisé par les rédacteurs, soit qu'il ait lui-même indiqué les passages devant être utilisés, il a en tout cas donné son armature aristotélicienne à la loi. Evrart de Trémaugon et quelques autres ont ensuite débattu la teneur des allégations et autorités qu'ils souhaitaient y insérer, ainsi que le rythme général de composition du texte. Ils en ont ensuite tracé le plan, encore bien géométrique, en couchant sur le papier la série de ses arguments et en indiquant leur progression, dans un latin qui était soit celui des citations, soit celui, encore très scolastique – au sens de latin des écoles, marqué par la technique d'argumentation, logique, théologique ou juridique, des universités. Sans doute la différence entre les deux plans d'intervention – celui, possible, d'Oresme, et celui, probable d'Evrart de Trémaugon et d'autres techniciens tels que Pierre d'Orgemont, peut-elle également être mise en relation avec leurs statuts, même si l'on a évoqué la fluidité relative de ceux-ci. Une chancellerie médiévale était une institution qui imposait ses propres logiques – hiérarchiques, administratives et humaines. Un Pierre d'Orgemont, depuis 1373, un Evrart de Trémaugon – depuis mai 1374, au début des travaux de rédaction de la loi ? – étaient respectivement chancelier de France et maître des requêtes de l'hôtel, et ces charges leur donnaient un rôle potentiel dans la rédaction des lois. Le passé de secrétaire royal de Nicole Oresme était en revanche bien lointain. Les hommes de pouvoir et de loi auraient donc en quelque sorte joué un rôle central dans une chaîne de construction de la loi qui, partant du principe premier royal, aurait impliqué le philosophe, tout en laissant l'essentiel de la rédaction aux juristes, pour remettre la finalisation au soin des secrétaires-notaires du roi. Tel, un siècle plus tôt, les croquis de Villard de Honnecourt, le plan ébauché, après l'impulsion oresmienne, par les hommes du roi, laissait en effet apparaître la structure du texte à naître. Il n'en était pas moins encore imparfait, trop schématique, trop anguleux. Sans doute aussi lui manquait-il à ce stade toute une partie du raisonnement plus impersonnel et général, par exemple ces réflexions qui constituent le tout début du préambule, ou la transition entre l'exposé et le dispositif, car les scolastes ne s'étaient peut-être pas donné la peine de parfaire la décoration de la loi, en dehors des lignes argumentatives qu'ils avaient tracées. C'était là, à un degré qui reste difficile à préciser, la tâche du rédacteur ultime de l'acte, Pierre Blanchet.

## PIERRE BLANCHET, SECRÉTAIRE DU ROI

Si le nom de Nicole Oresme transcende par sa célébrité l'histoire même de la France de Charles V, si celui d'Evrart de Trémaugon, moins fameux, est tout de même familier pour les spécialistes du règne et de la pensée politique française, peu connaissent l'existence de Pierre Blanchet, secrétaire de Charles V[1]. Le notaire n'a pas écrit de traité qui l'aurait fait passer à la postérité. Il n'a pas non plus connu la carrière exceptionnelle d'un Jean Tabari, son collègue, qui finit ses jours évêque de Thérouanne[2]. La carrière de Pierre Blanchet est pourtant à l'image de son intervention sur le texte, discrète, mais incontournable. Derrière la pâle image d'un notaire, se dissimule en effet un intime de Charles V, rouage essentiel du pouvoir royal.

Pierre Blanchet fait partie d'une dynastie notariale qui fit son chemin de la Bourgogne à Paris à la faveur de l'ascension du « groupe sénonais », dense réseau d'hommes de loi, de lettres et d'Église investissant les allées du pouvoir sous la protection et dans le sillage des frères Dormans, de Pierre d'Orgemont et de Guillaume de Melun[3]. Trois Blanchet, Pierre, Jean et Louis, furent secrétaires du roi durant les règnes de Jean II et Charles V, et il est probable qu'ils étaient plus ou moins étroitement liés à d'autres notaires royaux originaires de la cité de Brennus[4], tels que Philippe Ogier[5], ou de ses environs, comme Nicole de Vères[6]. Pierre

---

1 Sur Pierre Blanchet, *cf.* principalement Cazelles, *Société et politique*, *op. cit.*, p. 471, 485, n. 56, 492, 502, Autrand, *Charles V*, *op. cit.*, p. 672, Barret, Grévin, *Regalis excellentia*, *passim*, en particulier p. 131-135.

2 Sur Jean Tabari et sa carrière originale, puisqu'il aurait conjugué des études de droit et de solides connaissances médicales *cf.* Wickersheimer, Ernest, *Dictionnaire biographique des médecins en France au Moyen Âge*, 2 t., Genève, Droz, 1979, t. II, p. 489.

3 Sur le groupe sénonais et ses protecteurs (souvent non originaires de Sens, mais liés à des familles sénonaises), *cf.* Cazelles, *Société et politique*, *op. cit.*, p. 470-477.

4 C'est l'image que ce groupe de clercs, frottés de culture classique et réfléchissant aux antiquités gauloises, souhaitait donner de Sens pour l'exalter comme « alter-capitale » des Gaules. Elle n'était pas aussi incongrue qu'il y paraît, si l'on pense à la fois au poids politique du groupe sénonais, et au rôle de métropole ecclésiastique de Paris que possédait alors Sens. *Cf.* sur ce point Cazelles, *Société et politique*, *op. cit.*, p. 476-477.

5 Sur Philippe Ogier, *cf. ibid.*, p. 171 ; Barret, Grévin, *Regalis excellentia*, *op. cit.*, en particulier p. 123-124.

6 Originaire de Pont-sur-Yonne, *cf.* Cazelles, *Société et politique*, *op. cit.*, p. 471-472, 520.

sera encore oncle de Raoul Renaud, actif à la chambre des comptes sous Charles VI[7]. Ces hommes gravitant autour de quelques institutions centrales – la chancellerie royale, le parlement, la cour des comptes – ne doivent en effet pas être imaginés comme de simples scribes, relais passifs d'un pouvoir qui s'exercerait ailleurs. Ils étaient des techniciens de l'écrit appréciés qui formaient, à travers la définition progressive du collège des notaires et secrétaires du roi, une institution renforçant sa cohérence au cours du XIVe siècle. La création de leur confrérie en 1351 marqua à cet égard un tournant.

La différence majeure entre ces clercs du roi et des hommes tels qu'Evrart de Trémaugon ou Nicole Oresme reste toutefois que des notaires et secrétaires tels que Nicole de Vères, Jean Tabari, Pierre ou Louis Blanchet nous apparaissent essentiellement à travers des opérations d'écriture ou comptables, des procédures de rédaction ou des transactions « diplomatiques », où l'impersonnel prédomine. Dans leur rôle de notaires et de secrétaires, ces lettrés se conditionnaient pour écrire, voire pour parler en fonction de styles – style du parlement, style de la chancellerie... – qui transcendaient par définition tout caractère personnel. Cela ne veut pas dire qu'ils n'aient pas possédé une ample culture, une culture que la documentation fournie par les inventaires et les testaments permet parfois d'entrevoir d'assez près. Le notaire et secrétaire du roi Nicolas de l'Espoisse, d'une génération plus jeune que Pierre Blanchet, mais qui avait déjà commencé à sa carrière dans la décennie 1370, possédait ainsi divers ouvrages qu'il légua dans son testament de 1419. Ces livres reflètent d'assez près dans leur variété différentes facettes des cultures écrites française et latine de l'époque de Charles V, même si l'empreinte professionnelle se lit à travers la présence de sommes de *dictamina* et de lettres, et d'un *Style du parlement*[8]. Cette culture polyvalente, ces hommes la mettaient toutefois au service de techniques de l'écrit communes à un groupe d'individus interchangeables. C'est ainsi que Pierre Blanchet partageait avec nombre de ses collègues l'utilisation conjointe de certains

7 Ces membres de la famille de Pierre Blanchet sont actifs à la chambre des comptes sous le règne de Charles VI. *Cf.* Prévost, Danièle, *Le personnel de la Chambre des Comptes de 1320 à 1418*, thèse soutenue le 17 novembre 2000 à l'université de Paris 1 Panthéon-Sorbonne.

8 *Testaments enregistrés*, *op. cit.*, p. 34-380 : On trouve parmi les livres aussi bien le *Stylus parlamenti* de Dubreuil ou les *Lettres* de Pierre de la Vigne, instruments de travail, qu'un *Roman d'Alixandre*, une *Histoire de Troye la grant*, des *Histoires d'Outremer*, les *Lettres* de saint Bernard, ou encore le *De consolatione* de Boèce, le *Manipulus florum* et le *Policraticus*.

préambules latins particulièrement appréciés pour décorer certains types de textes, et qui forment en quelque sorte l'expression la plus évidente d'un patrimoine rédactionnel commun des clercs et secrétaires du roi, un patrimoine qui était, au fond, la maîtrise du *stylus cancellariae*[9].

Dans ce groupe compact, Pierre Blanchet se distingue par plusieurs traits. Tout d'abord, il semble avoir commencé sa carrière, vers la fin du règne de Philippe VI de Valois, en 1347, au service de Saint-Denis, ce qui le placerait au plus près des sources mémorielles de la royauté[10]. D'autre part, il avait déjà été au service direct de Charles alors qu'il n'était encore que lieutenant, puis « régent le royaume », dans les années de la captivité de Jean II[11]. En 1374, il avait donc déjà une longue expérience aux côtés du roi. Enfin, il fut régulièrement affecté à des tâches particulières : missions en Bourgogne, sans doute facilitées par son origine[12], rédaction de séries de textes en rapport avec les pays de Languedoc en 1358[13]. Surtout, il faisait partie d'un groupe de trois secrétaires du roi qui avaient été choisis pour contrôler la rédaction et l'expédition des lettres de don lors de l'élaboration de l'ordonnance du 13 novembre 1372[14], précisée par l'ordonnance du 6 décembre 1373[15]. Cette marque

---

9 *Cf.* en particulier les préambules : Barret, Grévin, *Regalis excellentia*, *op. cit.*, n° 388, p. 536-537 (préambule utilisé par quatre notaires différents, dont Pierre Blanchet et Jean Tabari, entre 1351 et 1372) ; n° 410, p. 543 (préambule de lettre d'annoblissement utilisé plusieurs fois par Pierre Blanchet, mais aussi trois de ses collègues, entre 1353 et 1359) ; n° 512, p. 567 (autre préambule de lettre d'annoblissement utilisé dix-huit fois par dix notaires différents, dont Pierre Blanchet). Ces préambules comportent souvent (mais pas toujours) de légères variantes qui permettent de les individualiser dans le détail.

10 Cazelles, *Société et politique*, *op. cit.*, p. 471, par référence à *Documents parisiens*, *op. cit.*, t. II, p. 289-293. Le fait doit-il être mis en relation avec le choix du secrétaire pour superviser un privilège solenel de mai 1372 exemptant Saint-Denis de toute taxe concernant les acquisitions faites depuis 1324 ? *Cf.* Brunel, *Images du pouvoir royal*, *op. cit.*, n. 27, p. 180-183.

11 *Cf.* Barret, Grévin, *Regalis excellentia*, *op. cit.*, n° 82bis, p. 452 ; n° 153, p. 471 ; n° 410[g], p. 543 ; n° 419 et 420, p. 545.

12 Cazelles, *Société et politique*, *op. cit.*, p. 471.

13 Barret, Grévin, *Regalis excellentia*, *op. cit.*, 2014, n° 235, p. 494-495.

14 *Ordonnances* ..., t. V, p. 539 : « Item. Il plaist au Roy que toutes Lettres de don soient signées par Maistres Pierre Blanchet, Yves Daven, Jehan Tabari, ses Secretaires, & et non par autres ; & se on apportoit Lettres de don signées par autre Secretaire, que Mons. Le Chancelier ne les seelle point ».

15 *Ordonnances*..., t. V, p. 645. Le nom de Pierre Blanchet disparaît toutefois dans l'édition des *Ordonnances*, au profit d'un Yves Blanchet. Si ce remaniement n'est pas une erreur, l'information donnée par Cazelles, *Société et politique*, *op. cit.* est donc légèrement inexacte, car il n'y a pas seulement adjonction de deux autres secrétaires à la liste, mais également modification du groupe.

de confiance particulière, partagée avec Jean Tabari et Yves Darien, indique une place au plus près du roi, une place qui explique partiellement son choix pour contrôler et opérer la finalisation de l'acte de 1374.

## BLANCHET ET LES TEXTES DE 1374

Tout indique en effet que le choix d'un secrétaire n'a pas été l'objet d'un hasard en août 1374. Certes, Pierre Blanchet faisait déjà partie du groupe très restreint de notaires et secrétaires qui semblent se distinguer, sous le règne de Jean II et sous celui de son fils, par la fréquence de mise en forme d'actes solennels, de ceux qui, précisément, sont encore souvent écrits en latin, et reçoivent dans de nombreux cas un préambule demandant des compétences rédactionnelles particulières. Dans le corpus des quelque cinq cent cinquante actes de *Regalis excellentia*, le notaire sénonais ne signe ainsi pas moins de soixante textes[16]. L'important n'est toutefois pas là. Si le choix de Blanchet demeure partiellement indéchiffrable, un fait montre qu'il a répondu à une logique cohérente, et poursuivie au fil des mois. C'est en effet également lui qui a été le responsable pour la chancellerie de l'ensemble des ordonnances d'octobre (tutelle, apanages) dont l'original est préservé, et c'est, enfin, le secrétaire qu'a utilisé dans le même mois Charles V pour coucher son testament[17].

Le secrétaire a donc en fait supervisé, pour la partie notariale, l'ensemble des opérations textuelles entreprises pour définir la logique successorale. Si l'hypothèse posant que les ordonnances d'octobre ont été d'abord écrites en latin est exacte, c'est certainement lui qui a assuré l'opération

16 Barret, Grévin, *Regalis excellentia*, *op. cit.*, numéros donnés dans l'index général, p. 847. Sur l'activité de Blanchet, rédacteur de préambules d'actes, *cf. ibid.*, en particulier p. 130-135.

17 Delachenal, *Histoire de Charles V*, *op. cit.*, t. V, n° XXV, p. 183-199, 199 pour la signature. La signature de Pierre Blanchet se compose de son patronyme, décoré d'une hampe formant fourche sur la même ligne que le dos du B initial, et surmonté d'une boucle qui ôte toute ambiguïté sur le fait qu'elle symbolise un P. Le point est d'importance, car sans ce détail, il serait possible de mettre en doute que cette signature émane de Pierre, plutôt que de Louis ou de Jean Blanchet. *Cf.* reproduction dans Brunel, *Images du pouvoir royal*, *op. cit.*, n° 27, p. 180, nouvelle analyse des signatures du groupe familial Blanchet dans Jeay, Claude, *Signature et pouvoirs au Moyen Âge*, Paris, École des chartes, 2015 (Mémoires et documents de l'École des chartes, 99), p. 380-381, et cahier d'illustrations n° 6, *infra*, p. 491.

de traduction en français. Et le choix de Blanchet pour la rédaction du testament indique à quel point l'homme faisait partie des familiers : en 1374, avec Tabari, avec Yves Darien, avec son parent Louis Blanchet, il est l'un des techniciens-rédacteurs qui forment un premier cercle autour du roi, et dans ce cercle, c'est à lui qu'ont été confiées les opérations de rédaction liées à la promulgation des lois organisant la succession. À moins, bien sûr, d'imaginer que la signature du secrétaire n'ait pas exclu un travail d'équipe, au niveau même de la mise en forme notariale, des éléments donnés par le « conseil de rédaction », mais c'est là une hypothèse que la complexité des formules maniées par Blanchet depuis alors presque vingt ans suggère de reléguer au second plan. Le clerc du roi était de force à mettre en forme sans assistance le texte définitif de la *constitutio*, selon les grandes lignes suggérées par les juristes, artiens, et autres conseillers du roi.

FIG. 6. – La signature de Blanchet, d'après J 401, n° 6a.
Archives nationales (France), J 401, n° 6,
© Pôle image des Archives nationales.

## BLANCHET ET LE TEXTE DE LA *CONSTITUTIO*

Peut-on toutefois s'avancer au-delà de ces considérations générales pour toucher véritablement du doigt comment Blanchet a pu transformer le brouillon de l'acte en le changeant en *constitutio*, en rédigeant la loi telle qu'elle est passée à la postérité sous la forme reflétée par les trois actes ? Comme on l'a suggéré, l'opération se révèle en partie illusoire, s'il s'agit de retrouver le style personnel d'un auteur ou rédacteur qui indiquerait l'intervention du secrétaire dans tel ou tel passage de la loi. Ce que Blanchet a fait là, n'importe lequel des meilleurs secrétaires du roi aurait sans doute pu le faire, si l'on considère qu'ils partageaient une culture commune, et que le critère de leur art était, dans la rédaction de passages à forte teneur rhétorique, la capacité à inventer dans un exercice de *variatio* perpétuelle de nouvelles formules réitérant, au prix d'agencements de détail toujours nouveaux, l'impermanence d'une rhétorique royale galvanisée par l'emprunt aux répertoires impérial et papal. Si l'on garde en mémoire cet état de fait, il est possible de suggérer brièvement en fonction de quel savoir-faire Blanchet a donné son apparence finale à la loi.

Les soixante préambules qu'il a signés dans le corpus de *Regalis excellentia* forment pour ce faire une base de départ qu'il ne s'agira pas ici d'exploiter intégralement. Il suffira de suggérer, à partir de quelques exemples, en quoi cette culture notariale de Blanchet, elle-même dépendante d'une culture rhétorique latine plus ample, mais filtrée en fonction des exigences du *stylus cancellariae*, a pu contribuer à donner sa patine à un texte que le secrétaire a finalisé au prix vraisemblable d'un ultime gonflement, d'une rythmisation partielle, enfin, d'une « mise aux normes » de la chancellerie royale qui en a quelque sorte « déscolasticisé » l'apparence pour le rendre plus conforme aux rhétoriques de l'État. Quatre exemples parmi les préambules signés par Blanchet entre 1350 et 1374 montreront comment les logiques rédactionnelles générales présentées dans la troisième partie ont pu se concrétiser, à travers l'idéaltype du notaire qu'était Blanchet, dans la rédaction de l'acte.

En mai 1372, deux ans avant la création de la loi, Pierre Blanchet signe un privilège d'amortissement et d'exemption des droits de franc-fief concédés à l'abbaye de Saint-Denis[26]. Cet acte superbe, orné d'un décor de feuilles de lierre, a été muni d'un préambule solennel, comme il convenait, dans la logique du XIV^e^ siècle, à un privilège délivré à l'abbaye-sanctuaire de la royauté. La rhétorique de ce texte est des plus classiques. Le roi déclare qu'il croit rendre un culte convenable à Dieu, roi des rois si, imitant ses royaux prédécesseurs, il contribue au maintien et à la réparation des églises, et tout particulièrement, entendant leurs prières, de celles qui tiennent le plus près à la royauté. Une rhétorique à la fois si fondamentale et banale n'entre par définition en résonance avec la *constitutio* que dans les passages

26 *Cf.* Brunel, *Images du pouvoir royal*, *op. cit.*, n. 27, p. 180-183 et Barret, Grévin, *Regalis excellentia*, *op. cit.*, n° 144^c^, p. 468-469.

où la même logique est invoquée, c'est-à-dire dans les deux parties du préambule où l'on rappelle la nécessité de suivre l'exemple des prédécesseurs, et, au plus loin, vers la fin du dispositif, dans le simili-préambule qui introduit la réitération en miniature de la loi :

Un écho formulaire faible entre un préambule commun à Blanchet et à d'autres notaires et la loi : le préambule de l'amortissement en faveur de Saint-Denis de mai 1372

| Privilège en faveur de Saint-Denis, mai 1372, Pierre Blanchet | Loi de 1374, extraits du préambule et du troisième quart du dispositif |
| --- | --- |
| Dignum et meritorium opus agere credimus necnon gratum Regi regum, per quem vivimus, regimur et regnamus impendere famulatum, **si regum et aliorum predecessorum nostrorum** qui in honore ipsius summi Regis tam pie quam devote regni nostri ecclesias fundaverunt **vestigiis inherentes**, dignis peticionibus que pro conservacione reddituum et possessionum ipsarum ecclesiarum nobis fiunt libenter accomodamus pias aures, et si ad hoc erga omnes liberalitas regia faciliter se inclinet, verumptamen erga illas que per reges francorum predecessores nostros et nos fundate atque dotate fuerunt merito libencius extendere consuevit. | [Dispositif] : dignum prorsus et congruum arbitramur tam ex iis quam aliis supradictis in dicto anno quartodecimo suprascriptos filios nostros vel successorum nostrorum, in casibus superius declaratis, regimen et administrationem regni nancisci [...] [Préambule] : [...] reipublice commodum, status regnorum et subditorum concernentibus transquillitatis augmentum, **predecessorum** illustrium **sectando vestigia** [...] [Préambule] : Postremo super regimine regni debemus **predecessorum nostrorum vestigiis inherere** et inter bonos meliores et inter meliores optimi sunt sectandi [...] |

De ces rencontres mineures, on ne déduira certes pas l'importance du « modèle de 1372 » pour la rédaction de 1374. Il faut ici inverser le raisonnement, et souligner à quel point l'insertion de formules banales mais centrales de la phraséologie royale dans le flux du texte a dépendu de l'intériorisation de cette culture par les notaires-secrétaires, ici représentés par Blanchet. Le modèle de préambule de 1372 a d'ailleurs, avec quelques variations, été utilisé au moins quatre fois durant les années 1370-1374 à la chancellerie royale, dont deux par le parent de Pierre, Louis Blanchet[27]. Quant à la rhétorique du « *dignum* [...] *credimus/arbitramur* »,

27 Barret, Grévin, *Regalis excellentia*, *op. cit.*, n° 144a, b et d, p. 468-469, avec un certain nombre de variantes formulaires mineures.

elle se retrouve en fait dans des dizaines de préambules signés dans les mêmes années par Blanchet, ce qui peut aider à comprendre comment la formule choisie pour la fin du dispositif (*dignum* [...] *et congruum arbitramur*) a pu être sélectionnée dans un riche répertoire, selon un principe de combinaison formulaire :

> *Dignum agere credimus et honestum* [...]
> *Dignum et justum censemus* [...]
> *Dignum et meritorium opus agere credimus* [...]
> *Dignum et meritorium opus prosequi credimus* [...]
> *Dignum et racioni consonum arbitramur* [...]
> *Dignum opus prosequi credimus* [...]
> *Dignum quin ymo debitum opus agere credimus* [...][28]

C'est dans cet ensemble la formule *dignum et racioni consonum arbitramur* qui se trouve la plus proche de celle utilisée dans l'acte, et elle est utilisée une fois dans le corpus des préambules avec la modification *congruum*, mais par un autre notaire, Jean de Rougemont[29]. La possibilité de faire coïncider une culture rédactionnelle propre à Blanchet avec les formules de l'acte se révèle donc ici une fiction.

Si cette culture reste par définition partagée entre les notaires, il est toutefois possible de montrer à quel point certains des thèmes développés dans l'acte et des vocables ou tours qui y sont employés dépendent d'une phraséologie conceptuellement signifiante que Blanchet lui-même a constamment rencontrée dans les années mêmes de son activité notariale, et notamment à l'époque mouvementée des débuts politiques de Charles. En août 1356, dix-huit ans avant la loi et quelques semaines avant le désastre de Poitiers, le notaire avait ainsi confectionné une série de lettres de confirmation de privilèges adressées à des places de langue d'Oc (Avignonet, Fanjeaux, Castelnaudary, Montgiscard, Carbonne, Mas-Saintes-Puelles), en se servant d'un même préambule :

> *Inter curas et sollicitudines innumeras et immensas quibus noster afficitur animus hiis diebus, nos, nostris fidelibus et subditis guerrarum occasione nostrarum gravatis, dampnificatis et oppressis ex inimicis merito condolentes, totis desideriis affectamus ut per nostre provisionis et gratie dexteram a suis possint gravaminibus*

28 Attaques des préambules Barret-Grévin n° 136, 143-144 ; 146-147 ; 149 ; 152 ; 153 (*dignum et meritorium opus agere credimus*, deux fois), p. 466-471, tous rédigés par Blanchet.

29 *Ibid.*, n° 149[b-c], p. 470.

*atque dampnis aliqualiter relevari, futurisque nostrorum insidiosis hostium insultibus preservari*[30].

Une telle rhétorique de la protection royale accordée aux sujets contre les assauts des ennemis forme l'un des sous-thèmes communs avec la culture rhétorique de la chancellerie qui parcourt le texte, pour affleurer de manière caractéristique à travers la formule du préambule de la *constitutio* d'août 1374 *si respiciant oculate quod populus ab opprimencium protectus incursibus*[23]*. Le verbe opprimere*, utilisé pour qualifier dans le préambule des privilèges de 1356 les sujets opprimés (*oppressi*) se change en qualificatif des oppresseurs (*opprimencium*) dans la *constitutio*, et la formule rythmiquement et sémantiquement équivalente *incursibus* se substitue à *insultibus*. Le tour général de ce passage reste néanmoins celui d'un privilège de protection (sauvegarde, confirmation de privilèges liés à la défense des villes en état de guerre…), omniprésent dans la rhétorique royale de la première moitié de la guerre de Cent Ans.

Avec le préambule des actes n° 163ª et 164, lettres de rémission écrites par Pierre Blanchet en 1354 et 1363 en faveur de rebelles et de faux-monnayeurs[24], on touche à un autre type encore de rencontre potentielle entre la rhétorique de l'acte et celle de textes moins exceptionnels régulièrement composés par Blanchet. Ici, on ne peut même pas parler de formule directement reprise, mais simplement de l'ubiquité d'une phraséologie générale de la justice royale tempérant sa rigueur pour punir ou plutôt pour épargner des humains enclins à la faute en conséquence de la chute adamique[25]. La répétition de ces formules sous la plume notariale aide à saisir à la fois comment Blanchet pouvait s'emparer aussi familièrement des thèmes de la décrétale de Jean XXII sur la détérioration morale de l'humanité pour les intégrer dans la basse

---

30 *Ibid.*, n° 235, p. 494-495. Traduction : « Entres les soins et les inquiétudes innombrables et immenses dont notre esprit est chargé en ces jours, Nous, participant justement à la douleur de nos fidèles et sujets alourdis par les hasards de la guerre, maltraités et opprimés par les ennemis, souhaitons de tous notre désir qu'ils puissent être en quelque manière soulagés du poids de leurs oppressions et dommages par la dextre de notre prévoyance, et préservés à l'avenir des traîtres assauts de nos ennemis. »

23 Sur cette formule et son contexte, *cf. supra*, p. 341, 216-217.

24 Barret, Grévin, *Regalis excellentia*, *op. cit.*, p. 474. Ces deux modèles semblent inspirés des *Lettres* de Pierre de la Vigne. Sur l'importance de ces dernières dans la création de la rhétorique de la grâce française, *cf.* Grévin, *Rhétorique*, *op. cit.*, p. 592-626.

25 Sur l'affleurement de ce thème dans la *constitutio*, *cf. supra*, p. 372-379.

continue du texte et comment il a pu, peut-être, développer plus loin dans le texte à partir d'une idée donnée par Nicole Oresme une rhétorique de l'obéissance au seigneur naturel soulignant le lien entre la présence royale et la capacité des sujets à réfréner leur tendance à faire le mal.

À travers ces exemples successifs, nous nous sommes peu à peu éloignés de travaux d'écriture de Blanchet offrant des modèles de séquences formellement analogues à des passages de l'acte, pour dériver vers des thématiques (la faute et le pardon des lettres de rémission) susceptibles d'avoir influencé les stratégies d'écriture de parties de la loi, sans pour autant fournir nécessairement un ensemble de formules directement reprises dans la *constitutio*. Il ne s'agit pas tant ici de rappeler qu'au prix d'une variation de vocabulaire, un praticien tel que Blanchet était parfaitement capable de créer un texte à l'apparence relativement neuve en restant dans le sillage d'une rhétorique bien rodée – c'était, après tout, le principe même de l'art notarial – que de suggérer que l'arsenal conceptuel fourni par les pratiques d'écriture solennelle des notaires et secrétaires du roi était, à sa manière, par certains côtés, presque aussi riche, même s'il était par définition plus banal, au moins plus partagé, que celui, d'un type en partie différent, à disposition d'un Oresme ou d'un Evrart de Trémaugon.

Les trois mondes étaient d'ailleurs interconnectés. Un préambule méditant sur la faute et sur la rémission est une miniature susceptible de refléter la matière développée dans une somme théologique, aussi bien que dans un traité politique sur l'exercice de la puissance royale : c'est en définitive l'une des variantes possibles que peut prendre une méditation concentrée ou développée dans des genres textuels différents. Un dernier texte, *a priori* sans rapport immédiat avec la *constitutio*, contribuera à suggérer à quel point l'effort d'adéquation de la rhétorique notariale à l'expression de la puissance royale pouvait ouvrir au sein même de la phraséologie en apparence la plus banale des perspectives qui rejoignent par l'énormité de leurs implications certains des aspects les plus troublants de l'effort rhétorique développé dans la loi de 1374.

En septembre 1375, quelques mois après l'enregistrement solennel de la loi en parlement, Blanchet écrivit le préambule d'un acte solennel, entérinant l'union perpétuelle de la ville et du duché d'Orléans à la couronne[26]. C'était là l'expression de la politique acharnée de défense

26 Barret, Grévin, *Regalis excellentia*, *op. cit.*, nº 271, p. 504 (éd. de l'acte entier, *Ordonnances* ..., VI, p. 153).

et illustration du domaine royal que Charles V menait de front avec sa tactique de délégation du gouvernement par apanages, et qui obtint des résultats sensibles dans les dernières années du règne[27].

La construction rhétorique de ce préambule est une exaltation exceptionnelle dans sa forme, à l'intérieur de ce genre textuel, de la grandeur de la couronne, que la majesté royale doit s'efforcer de renforcer, sans s'arrêter à sa simple protection. Quoique l'« impérieuse majesté du sceptre royal, élevée au sommet suprême de la hauteur, veille constamment sur le bien-être des sujets, de la chose publique et du royaume – car la puissance du prince s'enrichit du bien-être des sujets –, elle ne doit pas pour autant être moins attentive, en conservant le corps et les droits régaliens de sa couronne, à orienter les yeux très perçants de son esprit vers l'exaltation, l'embellissement et la perfection (*stabilimentum*) de ladite couronne ; l'une (la couronne) et l'autre (la puissance royale) ont en effet perpétuellement besoin de se secourir mutuellement, afin que l'une et l'autre se réjouisse dans l'allégresse et, à travers l'exaltation du diadème, voie se parfaire son empire » :

> *Licet sceptri regalis imperiosa majestas in summum celsitudinis apicem elevata subditorum reique publice regni sui commoditatibus jugiter invigilet, quia et commoditate subditorum principis locupletatur potencia, non tamen propter hoc minus curiose corone sue corpus et jura regalia tuens ad ipsius exaltationem decoremque et stabilimentum debet perspicacissimos oculos erigere sue mentis ; istorum enim alterum alterius auxilio semper eget ut in ejus subditorum prosperitatibus se felicem gaudeat et in exaltacione sui dyadematis ipsius imperium videat stabiliri*[28].

Il y aurait beaucoup à dire sur cette succession d'images, superposant dans un scintillement rhétorique qui recouvrait l'obsession de Charles V pour les *regalia* le concept abstrait de couronne à l'exaltation concrète des ornements royaux. Il s'agit typiquement là du genre de rhétorique

27 Sur cette politique de récupération et d'extension du domaine, *cf.* Cazelles, *Société et politique*, *op. cit.*, p. 560-565.

28 Barret, Grévin, *Regalis excellentia*, *op. cit.*, n° 271, p. 504. Traduction alternative : « Bien que l'impérieuse Majesté du Sceptre Royal, élevée au faîte suprême de la hauteur, veille continuellement au profit des sujets et de la Chose publique de son Royaume, puisque la puissance du Prince est enrichie par le profit de ses sujets, elle n'en doit pas moins soigneusement, examinant le corps de sa couronne et ses droits royaux, élever les yeux très perçants de son esprit en vue d'exalter, d'orner et d'affermir ladite Couronne ; car tous deux ont réciproquement besoin du secours de l'autre, de sorte qu'Elle se réjouisse heureusement des prospérités de ses sujets, et que son Empire s'affermisse dans l'exaltation de son Propre Diadème ».

surchargée qui hérissait Delachenal, mais qu'une lecture anthropologique permet d'exploiter pour lui rendre toute sa charge conceptuelle, une charge liée au fait que dans le langage des notaires, comme dans celui des liturgistes ou théologiens, les idées des juristes pouvaient être transposées pour être redites autrement, notamment par la métaphore.

Il n'est pas question ici de la succession des rois de France, mais bien, au carré, de l'exaltation d'une couronne dont c'est l'empire (*imperium*) qui, s'il est parfaitement stabilisé dans son orbe, provoque la prospérité du royaume et la joie du souverain. Si l'on pense à la rhétorique développée dans la loi, on ne peut qu'être frappé par l'équivalence dans les deux textes entre l'exaltation verticale de la grandeur royale (ici symbolisée par le sceptre), l'appariement permanent des concepts de *regnum* et de *respublica* et, en particulier, la double présence du diadème et de la couronne, double expression mystérieuse et sacramentelle du pouvoir corporel et incorporel du roi, de la couronne abstraite du royaume et de la couronne (des couronnes…) physique(s) du prince. Il y a toutefois un dernier aspect de ce texte qui renvoie comme un écho lointain à la *constitutio*, et qui en est sans doute le plus original : c'est l'impérialisation du pouvoir du roi de France, symbolisée dans le culte même de la couronne par l'expression qui ouvre le préambule, *imperiosa majestas*, et par celle qui la ferme, *imperium stabiliri*.

C'est sur la réflexion que provoque cette image que l'on aimerait conclure cette évocation du travail opéré sur le texte par Pierre Blanchet, un travail qui a dû porter, dans le détail, sur toutes les parties de l'acte qu'il devait probablement mettre au propre et harmoniser jusque dans les détails avant de le confier au copiste-artisan et à l'enlumineur chargés d'élaborer les trois actes dans leur matérialité. On a vu que l'écho impérial parcourait discrètement le texte, comme un leitmotiv caché que les rédacteurs auraient sans cesse eu en tête, sans toutefois vouloir l'actualiser, sauf en quelques points stratégiques : maxime ovidienne, inflation « romanisante » ou simplement « impérialisante » des verbes performatifs (*sanccimus*, *constituimus*…) qui fondent la loi[29]… On voit ici, un an après la rédaction de la *constitutio*, Blanchet reprendre la rhétorique de la couronne dans l'ambivalence de ses deux termes de *corona* et diadème[30] pour exalter plus audacieusement « l'empire du roi », à travers

29 *Cf.* sur cette succession verbale *supra*, p. 260-262, 382.

30 Sur la double mention de la couronne et du diadème, *cf. supra*, p. 389-393.

la reconstitution et le renforcement du domaine – un renforcement spectaculaire dans ces années 1374-1375 qui virent les Anglais acculés aux portes de Bayonne et Bordeaux.

Est-il possible de supposer que le mouvement si banal dans un sens, si bien avéré dans l'ensemble, mais si élusif dans le détail, qui fait que la rhétorique de la chancellerie s'est infiltrée partout dans la loi, comme un métal cerclant les gemmes que seraient les citations et allégations préparées par les savants du roi, n'a pas été à sens unique ? Est-il permis d'imaginer que le rédacteur ultime, Pierre Blanchet, n'a pas seulement apporté à la finalisation du texte l'ensemble du savoir-faire qu'il possédait en commun avec le corps des notaires et secrétaires du roi, mais qu'il a retiré de cette expérience exceptionnelle quelque chose qui est passé, le temps d'un éclat, dans la rédaction d'autres textes solennels ? Est-il licite de penser que la présence des deux couronnes dans le préambule de 1375 doit quelque chose à leur association dans la loi ? On se plaît à le proposer, pour rappeler une dernière fois qu'un texte peut être unique, tout en rentrant dans la catégorie d'un ensemble de textes plus communs, qu'il peut avoir un auteur, tout en en ayant d'autres, qu'il peut refléter à la fois des personnes et une institution. Pierre Blanchet n'a pas créé la loi : il l'a écrite.

# CONCLUSION

Cet essai n'a pas retracé l'histoire de l'influence de la loi de 1374 sur la pensée politique française, histoire complexe, longue, qui n'a fini qu'avec la royauté et qui a été plus moderne que médiévale. La *constitutio* a en effet rencontré un destin paradoxal. D'abord bafouée dès 1380, nullifiée par le traité de Troyes de 1420, puis restée sans effets pratiques par suite de hasards biologiques jusqu'en 1483[1], elle a pourtant resurgi avec force pour s'imposer comme une loi fondamentale du royaume, la « première loi » constamment invoquée par les publicistes et les historiens des XVIe, XVIIe et XVIIIe siècles, et qui avait fini par devenir si populaire qu'elle était bien dans toutes les têtes à la fin de la monarchie. Les clauses finales du dispositif n'étaient pour une fois pas restées lettre morte : en 1650 ou en 1715, il n'y avait « ignorance si crasse » qui ne sût que le roi, s'il accédait au trône dans son enfance, devait être déclaré majeur à quatorze ans. Aussi l'histoire de l'application de la *constitutio* de 1374 est-elle surtout restée associée, dans la mémoire historique française, aux figures de Louis XIII, Louis XIV et Louis XV, souverains dont l'accession à la majorité telle qu'elle était fixée par la loi a été, surtout pour les deux premiers, un véritable enjeu politique. C'est la régularité de ces avènements au trône d'enfants-rois bourbons qui a fait de la loi un objet d'histoire moderne, malgré les deux précédents de Charles VIII au XVe, et de Charles IX au XVIe siècle.

La loi des Valois est ainsi devenue, dans le temps long de la monarchie, celle des Bourbons. Il est probable que la violence de la contestation du principe de légitimité qui était à l'origine de cette construction l'a en fait aidée à surmonter par réaction des débuts difficiles. En 1380, les propres frères du roi n'avaient guère hésité à passer par-dessus une loi dont ils pouvaient prétexter ne pas violer l'esprit en abaissant encore

1 Sur l'interprétation de la loi à l'avènement de Charles VIII en 1483, discutée par les juristes et l'entourage royal lors de la fixation de la majorité de Charles IX en 1563, *cf.* Rousselet-Pimont, *Le chancelier…*, *op. cit.*, p. 55-63.

l'âge de majorité du souverain. Après les abîmes des années 1410-1430, une fois le pouvoir des Valois restauré grâce à l'abaissement de la double monarchie des Lancastre, par suite des succès de la seconde partie du règne de Charles VII, il devenait plus difficile de ne pas sacraliser un passé fondateur, celui de la première reconquête face aux Anglais, et du premier affermissement d'une légitimité dynastique qui était entretemps devenue nationale. Cette légitimité avait été contestée jusque dans ses fondements, entre 1412 et 1453. La loi de 1374 a sans doute bénéficié de ce regain paradoxal, qui a sacralisé le pouvoir des Valois triomphants, et ramené les regards vers la geste du plus glorieux des fondateurs de la lignée, le roi sage, Charles V.

Conscient de l'importance de la loi dans l'histoire de longue durée des institutions et de la pensée politique française, j'avais d'abord pensé intituler ces pages *Un lieu de mémoire textuelle de la monarchie française.* Je n'en ai rien fait, à la fois pour la raison que je n'écrivais pas vraiment cette histoire-là, et pour une autre, qui s'est dévoilée au fur et à mesure de l'enquête. Lieu de mémoire, la loi de 1374 l'a certainement été, puisqu'elle a atteint, malgré des débuts erratiques, son objectif de devenir une loi perpétuelle de la royauté, et que dès le XVe siècle, les rois et leurs serviteurs se sont tournés vers ce texte fondateur pour régler les problèmes de succession. Mais qu'a-t-on retenu de ce texte ? Si cette étude a été bonne à quelque chose, elle l'a été à dévoiler des aspects de la construction de la *constitutio* qui étaient restés opaques, presque depuis l'origine, à ses exégètes successifs. Ceux qui ont étudié la loi, dès la confirmation de 1392, se sont vraisemblablement focalisés sur le dispositif, voire sur cette première moitié du dispositif qui contient en fait l'essentiel de la charge normative de la *constitutio.* Or le cœur de ce dispositif, en dépit de son importance, ne présentait pas vraiment de difficulté d'analyse. Une fois posé que le roi, choisi dans l'ordre de succession héréditaire patrilinéaire, à l'exclusion perpétuelle des femmes et des héritiers par les femmes, devenait majeur à quatorze ans, et que cette majorité comportait le plein exercice de la puissance royale dans tous ses aspects, et la possibilité non contraignante de recevoir le sacre, tout était à peu près dit. Si le successeur légitime accédait au trône avant cet âge, il était placé sous tutelle, mais cette tutelle ne devait limiter son pouvoir théorique et sa capacité d'action que jusqu'à ce qu'il atteignît quatorze ans. Au-delà de cet âge, il pouvait continuer de ne pas gouverner par lui-même, mais nul, fût-il prince des fleurs de lys, ne pouvait capter au nom d'une tutelle *de facto* une part de la plénitude de la puissance royale, qui s'exerçait désormais au nom du roi, sans restriction. Il y avait bien sûr là matière à interprétation, à disquisitions et à disputes sur les mécanismes de la régence, ou sur ce que signifiaient ces restrictions, une fois rapportées à la doctrine de l'immédiateté de la succession royale, également réaffirmée dans le texte à travers l'exemple des rois-nourrissons. Le socle de la loi, lui, était trop clair pour être remis en question, sinon à la refuser en bloc, ce qui était devenu impossible dès le milieu du XVe siècle.

Mais qu'en était-il du reste de la loi, de toute cette construction conceptuelle et rhétorique dont des pans ont été ramenés à la lumière, sans que l'on prétende ici avoir percé tous les secrets de la rédaction du texte ? À la lecture des approximations et des erreurs de traduction de la version française de 1392, il paraît certain que, très peu de temps après l'élaboration de la *constitutio*, l'extraordinaire montage par lequel des savants éminents de l'entourage de Charles V avaient tenté de faire entrer tout leur savoir à l'appui de cette « première loi » n'était déjà plus perçu dans toute sa portée, voire même était déjà renvoyé à l'indétermination relative d'une rhétorique du pouvoir dont on ne se donnait pas – dont on ne s'est jamais donné après 1380 – la peine d'approfondir la logique. S'il n'y a pas ici scandale historique, ce problème d'obscurcissement précoce d'un texte aussi central dans l'histoire de la monarchie mérite tout de même réflexion.

Les rapports entre la construction d'un texte et sa réception étaient, il est vrai, rarement univoques au Moyen Âge. La loi de 1374 n'est pas le premier montage rhétorique dont les logiques de transmission et de vulgarisation impliquent que ceux à qui il était destiné n'aient pas pu y voir autant que ceux qui l'avaient rédigé. Ce principe, qui semble aller à rebours de la logique législatrice romaine ou moderne, était en fait inhérent à tout texte construit en fonction d'une logique faisant sa large part à des axiomes d'explication du monde d'ordre théologique ou théologico-philosophique, et l'on a vu à quel point la logique de construction de la *constitutio* était associée à une glorification sacrale de la monarchie. D'un certain point de vue, la non-intelligibilité de larges parties du texte pour le profane – fût-il clerc ou juriste de culture moyenne – n'était que la monnaie courante d'une tendance de la culture scolastique à hiérarchiser les logiques de diffusion du savoir. Aux théologiens-philosophes la capacité d'expliciter le monde dans tous ses aspects, dans la langue la plus parfaite, le latin. Aux clercs moins bien formés, plus loin, aux laïcs peu « éduqués » (*eruditi…*), la nécessité de se contenter d'un reflet, éventuellement transposé en langue vulgaire, de ce savoir ultime et complexe, par définition fermé aux profanes.

De ce point de vue, le choix du latin pour rédiger la version finale de la loi était sans doute finalement impliqué par l'extraordinaire complexité de la somme d'arguments, d'autorités et de raisonnements que l'on avait voulu y mettre. Un tel niveau de sophistication supposait le recours au latin – au moins dans un premier temps – au risque de provoquer un redoutable court-circuit communicationnel, puisque ce choix revenait à fermer, ce qu'il a concrètement fait, la compréhension intégrale du texte à la majeure partie de ses interprètes. Il y a bien un aspect de mystère théologique – les fameux mystères de l'État chers à Kantorowicz[2] – dans la construction de cette première loi qui a délibérément tenu à distance, à travers l'écran du latin, l'interprétation du profane, comme si le roi et les rédacteurs s'étaient complu à jeter un voile sur l'alchimie subtile ayant présidé à la fabrication de la législation royale.

Cette interprétation, pour comporter sans doute une part de vérité, ne satisfait toutefois pas pleinement. Si vraiment la volonté des concepteurs de l'acte avait été dès le départ d'en obscurcir la portée, on s'explique mal comment leur désir aurait pu s'articuler avec le souhait si clairement affirmé, sous la houlette du roi, par les rédacteurs eux-mêmes, de mettre à disposition les savoirs encyclopédiques développés durant ces années en les traduisant en français. À moins d'avoir recours à des explications d'ordre psychanalytique qui feraient du roi et de son conseil les promoteurs schizophrènes d'une double vision du savoir royal – devant être diffusé d'une main et retenu de l'autre – il faut admettre que Charles V et ses conseillers n'ont sans doute pas parfaitement calculé le risque qu'ils prenaient à rédiger la loi sous cette forme, et dans cette langue, pour son interprétation future. Que la loi ait pu contenir deux ou trois ordres

2 Kantorowicz, Ernst H., « Mysteries of State : An Absolutist Concept and Its Late mediaeval Origins », *The Harvard Theological Review*, n° 48/1, 1955, p. 65-91.

d'explications, les unes apparentes, les autres dissimulées, n'a sans doute pas échappé à l'équipe rédactoriale, et rejoint cette logique « sacralisante » qui rappelle le modèle biblique de tout texte médiéval. Écrire un texte parfait, c'était bien, en poésie vulgaire comme en philosophie latine, écrire un texte qui, à l'instar de la Bible (ou du Code…), appelait la glose. Mais écrire un texte d'une telle complexité dans ses parties les plus générales qu'il décourageât toute tentative de clarification ?

Il faut ici faire intervenir deux ordres d'explication, qui tous deux renvoient à la culture du temps. Le premier, pour être trivial, n'en mérite pas moins d'être discuté. Il concerne la surcharge. Ce qui rend la loi mal déchiffrable dans tant de sections, c'est la vertigineuse accumulation de quatre ensembles de raisons. La construction de la *constitutio* s'opère en effet, à travers ses périodes à rallonge, en fonction d'un quadruple programme. Elle est à la fois fondée en théologie, par le renvoi aux autorités bibliques et à leur interprétation, en droit, par un triple jeu de références aux droits canonique, civil et coutumier, mais aussi en philosophie, par le dialogue avec les *Politiques* et les *Économiques*. Elle est enfin fondée en histoire, une histoire qui part d'Israël et de Juda pour rejoindre les Valois à travers les rois de Macédoine, les Mérovingiens et Saint Louis. Or, selon un mode de construction du discours et de progression conceptuelle qui était monnaie courante au XIV^e^ siècle et que l'on retrouve aussi bien dans le *Songe du Vergier* que dans les commentaires ajoutés par Oresme à ses propres traductions, ces quatre types d'autorités, loin d'être clairement séparés, acquéraient d'autant plus de force – dans l'esprit des rédacteurs – qu'ils s'épaulaient réciproquement. La partie centrale du préambule, dans laquelle le principe d'immédiateté de la succession est étayé à la fois par le droit civil et par Aristote, au point qu'ils se confondent l'un l'autre, en est un exemple éclatant, mais les lectures juridiques du sacre de Joas faites par Evrart dans le *Somnium* montrent aussi bien comment une telle interprétation pouvait jouer pour l'ensemble de la loi.

Est-il exagéré de dire que les rédacteurs ont trop bien réussi leur pari, et que l'alliage de ces quatre composantes a rendu presque illisibles les origines respectives des raisons invoquées dans l'acte ? Le fait que cette construction ait finalement reçu l'empreinte des techniques de rédaction notariale en vigueur à la chancellerie a certainement contribué à cette indifférenciation, car ces décorations, tout en contribuant à harmoniser l'ensemble, ont adouci des transitions et gommé des aspérités qu'un autre rythme d'argumentation aurait maintenues plus lisibles. Dans un traité en forme de *disputatio* tel que le *Somnium Viridarii*, les autorités apparaissent bien plus nettement. Le chevalier et le clerc qui combattaient dans les deux versions du *Songe* se fondent dans la loi en une parole idéale et harmonisée, la parole du roi, dont le langage de majesté, pour être moins agressif et plus solennel, n'est pas toujours aussi immédiatement compréhensible.

Soutenir cette explication de la relative obscurité de la loi, c'est toutefois faire également la part d'une tendance discursive qui peut être également rapportée au problème plus général de la surcharge et de la prédilection pour le foisonnement rhétorique dans les cultures françaises du XIVe siècle. On y a succombé plusieurs fois dans ces pages : la structure de la loi, avec ses systèmes de voûtes et de contre-voûtes, ses arcboutants et ses lancées, ses pendentifs et ses recroisements, peut être comparée à l'une de ces fastueuses constructions d'un gothique qui devenait alors, de rayonnant, flamboyant, ou mieux encore, à l'une de ces pièces d'orfèvrerie sorties des ateliers parisiens, dont seul le sceptre de Charlemagne a été préservé pour l'époque de Charles V, mais que les hasards ont un peu mieux conservées pour le règne de Charles VI.

Un tel ordre d'explication renvoie toutefois à une dimension esthétique qui, finalement, conduit à remettre en jeu la valeur de la démonstration. À quoi bon prendre le contre-pied de Delachenal en clamant, cent ans après lui, la beauté d'un texte qui refléterait, telle une châsse ou une chapelle, le savoir-faire de ses concepteurs, sinon à susciter une réaction contraire quelques années plus tard ? C'est qu'ici, le jugement esthétique n'a pas vraiment sa place. Bien sûr, le texte possède une dimension artistique, une dimension qui peut et doit être mise en valeur. Et le recours à la comparaison avec des formes de production artistique contemporaines est d'autant plus légitime que certaines d'entres elles véhiculaient un message en partie similaire à celui de la loi[3]. Mais il est tout de même loisible de faire remarquer 1) que, sauf construction d'un programme

3 On renvoie une dernière fois ici aux analyses de Carqué, *Stil und Erinnerung*, *op. cit.*, judicieux alliage de références aux productions textuelles et manuscrites, et aux productions plastiques, pour explorer l'idéologie royale au temps de Charles V.

architectural, sculptural ou pictural par référence explicite à un texte, ce type de comparaison ne peut revêtir qu'une portée conceptuelle limitée, dans la mesure où le principe d'explication invoqué est, précisément, de type analogique, voire métaphorique ; 2) que les rédacteurs de l'acte n'ont certainement pas *privilégié* une réflexion littéraire de type esthétique en construisant la loi.

Bons lettrés en latin, ces hommes étaient par exemple parfaitement capables de saisir que la construction de périodes de plusieurs dizaines de lignes ne rendait la lecture du texte ni aisée, ni attractive. Telle était néanmoins la forme que devaient recevoir l'exposé et le dispositif d'une *constitutio*. Le plaisir très réel pris à sélectionner, modifier ou inventer des formules que leur parfum liturgique ou leur puissance métaphorique rendait particulièrement évocatrices, comme la *laudatio sancti Ludovici* ou la glorification fleurie des conseillers du roi, justifie de parler d'une dimension esthétique du texte. Il n'implique pas de lui donner la priorité, pas plus, finalement, qu'à la « clarté communicationnelle ». Les rédacteurs ont d'abord voulu donner le maximum de portée à la loi, et ils l'ont fait en la remplissant, en la surchargeant d'une combinaison de motifs, de raisons, de rappels, qui en a fait cette construction à la fois savante, raffinée et lourde. Ils n'ont sans doute pas anticipé à quel point cette complexité allait déséquilibrer l'interprétation de l'ensemble en faveur d'une partie du dispositif.

Il existe toutefois un dernier ordre d'explication qui facilite notre compréhension de l'accident par lequel ce grand texte a attendu si longtemps que commence sa résurrection. Cet ordre d'explication, sans doute plus satisfaisant pour l'historien que les considérations précédentes, nécessairement un peu abstraites, concerne les particularités des cultures savantes du nord de la France – on serait tenté de dire parisiennes, mais ce n'est pas tout à fait exact – de l'époque de Jean II et de Charles V. Si l'on a exagéré en en faisant un commencement absolu dans l'ordre de différents phénomènes comme les traductions d'ouvrages scientifiques ou philosophiques du latin vers le français, l'époque du roi sage vaut bien sa réputation de temps d'efflorescence et de bouillonnement intellectuel. Et l'un des moindres charmes d'une lecture renouvelée de la loi n'est pas de l'ancrer plus profondément, notamment à travers la révélation du rôle spécifique joué lors de sa rédaction par les travaux de Nicole

Oresme, dans ces cultures franco-latines des années 1360-1380, si riches dans les quatre domaines – théologie, philosophie, historiographie et droit – qui ont principalement innervé la loi.

Pourtant, cette floraison culturelle n'a pas vraiment abouti, contrairement à ce qu'imaginaient peut-être ses promoteurs, à l'apparition d'un classicisme où les modèles créés, en français et en latin, auraient servi de base pérenne au développement d'une culture bilingue, même si l'impact de ces créations n'a pas toujours été négligeable, loin de là. Sous Charles VI, déjà, un puissant renouvellement des acteurs et des formes d'expression, passant à la fois par la promotion de nouvelles modes en langue vulgaire et de nouvelles esthétiques latines, avait sensiblement modifié une partie des références culturelles, même s'il ne faut pas exagérer les effets de rupture avant 1410, puisqu'une partie des acteurs de la scène intellectuelle parisienne a vécu les deux règnes. Il reste tout de même notable que la pléiade du « premier humanisme » français s'affirme précisément à partir des années 1380, immédiatement après la mort du roi sage, et ces hommes, parmi bien d'autres, pensaient en fonction de références et de critères qui n'étaient plus ceux de la génération qui avait été formée à la rhétorique, à la philosophie ou au droit, entre 1320 et 1360 : celle des rédacteurs de la loi.

La coupure représentée par la seconde partie de la guerre de Cent Ans, les désastres de la guerre civile et l'occupation du nord du royaume par les forces anglo-bourguignonnes a radicalisé cette évolution, en faisant se succéder plus rapidement que d'ordinaire les générations. Le mouvement du « premier humanisme » lui-même n'a guère survécu à l'affaissement de la seconde partie du règne de Charles VI. En 1430, l'ambiance intellectuelle du règne de Charles V était devenue une référence lointaine, dans un monde encore bien plus francisé, bouleversé, où une nouvelle littérature nobiliaire voyait le jour, avant un « second humanisme ». Mais déjà, en 1392, les redéfinitions culturelles en cours n'expliquaient-elles pas partiellement le voile d'imprécision qui a entouré la francisation de la loi ? Si le programme de Charles V et d'Oresme avait parfaitement réussi, si le royaume s'était gouverné à travers la lecture d'Aristote, la *constitutio* aurait-elle, vingt ans après, été aussi obscure ? Ou faut-il simplement comprendre, en revenant à une conception hiérarchique et élitiste, curiale, de la loi, que sa compréhension devait être donnée aux savants de la cour de Charles V, le troupeau des sujets du roi et des serviteurs plus distants pouvant se contenter d'une interprétation exotérique ? Après tout, cette interprétation, qui n'est pas illogique, justifierait à elle seule que la loi en tant que construction conceptuelle complexe se soit évanouie, tel un songe, avec le changement de règne. Au gouvernement du roi sage, obsédé par Aristote, avait succédé le gouvernement du roi fou, et l'idée d'un royaume régi par une alliance de droit, de théologie et de philosophie, soutenue par de nombreux clercs, avait perdu une partie de son impulsion, après 1380, plus encore après 1392. Elle n'avait plus le soutien du roi, plus intéressé par la « cour amoureuse » que par les arcanes d'Aristote. En ce sens, la loi, toute intemporelle et perpétuelle qu'elle se voulût, était bien le produit d'un temps, et d'un temps éphémère. Il aurait fallu que Charles V, comme il l'espérait, se succédât à lui-même à travers son fils, pour que son interprétation première demeurât.

Reste à s'interroger sur ce qu'a signifié cette opération d'exhumation des sources et de reconstitution – en partie par anastylose – à laquelle on s'est livré dans ces déjà trop nombreuses pages. Je l'ai déjà dit, je ne crois pas avoir retrouvé l'essence de la loi, dans la mesure où l'essentiel serait à présent dit sur ce texte. Je crois, et c'est déjà beaucoup, avoir réussi à soulever un coin du voile qui dissimulait l'existence d'innombrables échos ou sources, ailleurs que dans les passages où la clarté de la référence biblique ou historique les mettait en évidence depuis le XVIII^e^ siècle. Il reste pourtant suffisamment à faire pour gager que si quelqu'un veut reprendre ce travail dans dix, vingt ou quarante ans, il pourra compléter, corriger, et peut-être, avec de la chance, retrouver telle source encore cachée d'une partie fondamentale du texte, comme l'attaque du préambule. S'essayer à l'histoire textuelle, en une véritable démarche historique, aussi bien que littéraire, c'est aussi admettre que l'on peut faire progresser la connaissance des sources, mais que cette progression n'est, bien souvent, qu'une étape, un palier, que l'interprétation n'est pas définitive, non pas tant parce que la pluralité du sens permettrait de toujours tout remettre en jeu, que parce qu'un surcroît de travail, et le perfectionnement des outils d'analyse, permettront un jour de reconstituer plus précisément les mécanismes de rédaction de textes créés en fonction des habitudes et habitus des cultures traditionnelles.

Dans son inachèvement, l'opération a tout de même contribué à dévoiler un ensemble de formes, ou de thèmes, qui ont modifié la perception de ce très vieux et prestigieux document de l'histoire des modernités françaises – un document qui montre surtout pour moi qu'au fondement de ces modernités étatiques se trouvaient des logiques qui n'étaient pas celles de la pensée moderne. Mais ce faisant, qu'a-t-on fait exactement ? J'avais évoqué au tout début de cet essai le terrain de fouilles que représente l'acte, pour suggérer à quel genre d'exhumation le chercheur procède, quand il tente de porter à la lumière, fragment après fragment, un objet depuis longtemps enterré. La métaphore archéologique est-elle toutefois pertinente, qui donne l'idée d'une série de vestiges resurgissant d'un espace informe, un espace qui ne donne pas vraiment la mesure de la dimension textuelle ?

Une possibilité serait de recourir, pour préciser cette démarche et en rendre à la fois le caractère émotionnel, esthétique – car esthétique il y a, tout de même – et archéologique, à l'image de la restauration picturale. L'examen patient d'une surface laisse soudain apparaître un, deux, plusieurs fragments d'une peinture ancienne dissimulés sous un enduit. À la fin de l'opération, le chercheur – restaurateur, archéologue, analyste… – a découvert un cycle pictural dont les motifs ont été à moitié détruits par le temps. Pourtant, ce qui subsiste permet de reconstituer, ou de tenter de reconstituer la fresque originelle, en laissant un certain jeu à l'interprétation et à l'erreur, son corollaire. Cette analogie possède l'avantage de rendre compte de l'équilibre entre les parties à peu près « dévoilées » du texte – celles où les sources sont mises en évidence – et d'autres qui attendent encore leur restauration, et d'expliquer quel genre de torsion peut produire une reconstitution de la logique d'ensemble d'un document dont la technique de rédaction n'est qu'à moitié explicitée. Elle laisse pourtant insatisfait.

Tout d'abord, la redécouverte d'une source ne rend pas pour autant le texte limpide. L'*exemplum* macédonien était bien connu, mais personne ne savait qui l'avait sélectionné. André Vernet établit un parallèle qui suggérait de se tourner vers l'œuvre de François de Montebelluna. On a à présent montré que c'est probablement Oresme qui a été à l'origine du choix de ce motif, mais sans pouvoir prouver si cette dernière solution excluait la précédente, ou si c'est la lecture du *Tragicum argumentum* qui lui avait donné cette idée. Dans un sens plus général, la métaphore de la peinture à moitié effacée est également trompeuse quant à la nature de l'opération engagée dans le défrichement du texte. Ne pas connaître l'origine de telle maxime n'empêche ni de la lire ni de l'interpréter, même si cette interprétation risque d'être différente d'une lecture mieux renseignée. La différence entre une interprétation non motivée et une interprétation « savante » n'est donc pas vraiment celle de l'œil qui passe de la zone où l'enduit originel s'est effondré à la zone où la peinture a été plus ou moins bien préservée. Il s'agit ici de porter un regard différent sur une structure continue, non de rétablir l'intégrité d'un artefact à moitié détruit.

La comparaison qui rend peut-être le mieux justice à l'entreprise d'exploration des arcanes du texte, en histoire médiévale comme ailleurs, reste sans doute en définitive celle qui a été sans cesse suggérée durant la quatrième partie de cet essai, toute emplie de jeux d'orgue et de trompettes, de plain-chant et de cette savante polyphonie, de cette *ars nova* que goûtait tant le père de Charles V, Jean II le Bon[4]. Cette comparaison fait du texte une partition musicale qu'il faut interpréter. L'opération est facilitée par le fait que sa portée métaphorique est réduite au minimum. Car le langage musical est bien langage, même s'il est d'un genre différent de celui du langage parlé. Et la musique peut être transfigurée par l'analyse, sans cesser d'être musique. La différence entre la lecture « laïque » des périodes de la loi, et celle, « initiée », qui rétablit les principes de la construction du texte, serait celle, conceptuellement plus satisfaisante, parce qu'elle préserve une unité, entre l'audition d'une polyphonie dont nous ne comprenons pas la logique de construction, et l'écoute d'une polyphonie dont nous nous sommes fait expliquer, dont nous avons expliqué les principes d'agencement.

Ce sont les mêmes sons, la même beauté ou absence de beauté, et au fond, on peut arguer que l'opération reste la même. Mais quelque chose change de l'auditeur qui ne se fie qu'à son instinct à celui qui a pu, au prix d'une longue patience, appeler de son ignorance, et rétablir, fût-ce partiellement, les principes de composition de la partition – de l'acte. Participant des deux univers, celui de l'écoute au premier degré

4 Sur l'amour pour la musique de Jean II le Bon, *Cf.* Cazelles, *Société et politique*, *op. cit.*, p. 44.

et celui de l'analyse musicale, mais ayant enrichi sa compréhension de l'étude des motifs cachés qui parcourent la *constitutio*, il est désormais mieux capable de deviner les principes d'entrelacement harmonique des trois droits, de la philosophie, de la théologie et de l'annalistique qui président à la construction du texte. Il peut envisager avec plus de sérénité ce paradoxe d'une loi fondatrice qui, dès ses débuts, fut vraisemblablement l'objet d'une lecture savante et profane. Il peut admettre qu'il comprend quelque chose, mais qu'il ne comprendra jamais tout. Et il peut libérer la loi.

# ÉPILOGUE

## Éditions et tableau de l'acte

### ÉDITIONS

Les deux éditions proposent deux visions complémentaires de l'acte, en accord avec les analyses opérées dans la deuxième partie. L'édition diplomatique s'appuie sur l'exemplaire B (J 401, n° 6$^{B}$), particulièrement bien conservé, pour mettre en valeur les choix d'abréviation et de ponctuation des copistes des trois versions *princeps* de la loi. L'édition non-diplomatique donne une présentation classique des variantes textuelles – minimes – entre les trois exemplaires et des sources. Le tableau livre une présentation alternative des sources, tenant plus efficacement compte des échos textuels.

ÉDITION DIPLOMATIQUE
(D'APRÈS L'ACTE J 401, N° 6$^{B}$ DES ARCHIVES NATIONALES)

KAROLUS dei gracia francoru$^{m}$ rex. Ad perpetuam memoriam

Filios regum per parentes educari & erudiri debere | ut deum timeant virtutum ac virium profectum celeriter attingant | sincere diligi | Et primogenitos maxime magnis donis et altis honoribus decorari reipublice commodum status regnorum et subditorum concerne$^{n}$tibus (l. 2) transquillitatis augmentum | predecessorum illustrium sectando vestigia | clare liquet Bona enim terra cum diligentia colitur | ut fructus optimus reportetur ⌜ Multomagis sunt filii regum per patres studiosius nutriendi & docendi ut virtutibus imbuantur fortificentur et crescant (l. 3) et cum in adultam etatem pervenerint puericie redoleant bonos mores qui ad maioris honoris culmen sunt in populis erigendi | Altius nempe precepta descendunt | que teneris imprimuntur etatibus | Et illa vera & utilis censetur doctrine prudencia | que ab etatis initiis atq$^{ue}$ (l. 4) ab infantie ipsius exordiis inchoatur | Unde sapiens Fili a iuventute tua excipe doctrinam | & ad canos invenies sapienciam | Ceterum equ$^{u}$m censetur reges filios suos ut seipsos diligere | tanq$^{uam}$ sue senectutis pastores | et custodes domus sue ⌐ cum natura eadem persona repute$^{n}$tur c$^{um}$ ip$^{s}$is (l. 5) Et filii s$^{i}$ non bene viverent | ad interitum patris essent | Sane filios regum generaliter magnificandos & honorandos plusq$^{uam}$ alios iura clamant | in quibus parentes ceteris munificentiores esse debent | nam ipsis solis remanentibus post mortem memoria & spe ducti quodam modo im-(l. 6)mortalitatem participant | unde non magnificando vel honorando eosdem | donum dei singulare sibi in filiis prestitum negligere viderentur ϟ Rursus q$^{uod}$ in honoribus sint aliis fratribus primogeniti preferendi | paterna benediccione pinguiori | satis patet ex benediccione quam dedit ẏsaac (l. 7) ipsi iacob sic inquiens | Det tibi deus de rore celi et de pinguedine terre habundanciam frumenti | vini & olei | serviant tibi populi & adorent te tribus | esto dominus fratrum tuorum et incurventur ante te filii matris tue | ϟ Porro summe debent reges attendere | q$^{uod}$ beneficia filiis suis p$^{re}$cipue (l. 8) primogenitis impensa | cum publica utilitate concurrant | Cum hec duo post deum sibi debeant existere cariora | Confidentes in filiis rempublicam post ipsorum obitum feliciter conservari | in ipsius negotiis p$^{er}$agendis sic intendentes solerter | q$^{uod}$ ea que periculosiora sunt | neq$^{ua}$q$^{uam}$ absque remedio (l. 9) reformacionis acommode relinquant | Sed si respiciant oculate quod populus ab opprimencium protectus incursibus | exhuberantia virtutum quiescat in pulchritudine pacis | in tabernaculis fiducie & requie temporalium opulenta res quoq$^{ue}$ publica | suis temporibus prosperetur ϟ Postremo (l. 10) super regimine regni debemus predecessorum n$^{ost}$rorum vestigiis inherere | et inter bonos meliores et inter meliores optimi sunt sectandi ϟ Hinc est q$^{uod}$ nos considerantes attente | etatem quatuordecim annorum seu eciam minorem | nullatenus repugnare regie dignitati | vel administracione (l. 11) nasciscende seu suscipiende regnorum | joas enim unctus fuit & regnavit etatis sue anno septimo | Iosias otto annorum erat q$^{uan}$do regnare cepit | david parvulus in regem unctus est Et Salomon elegit deus adhuc puerum & tenellum | et isti reges fecerunt placitum coram Domino | (l. 12) Iheremias puer super gentes constitutus est & regna | Considerantes eciam quod annus quartusdecimus | a$^{n}$nus discrecionis existit | et in ipso quis ad plures actus legitimos admittitur | exercendi et assuescendi sunt nobiles ad labores militares et opera bellicosa | Et quod nonnulli reges (l. 13) tam predecessores n[ost]ri quam alii | hac etate seu paulo ante vel post | Regnorum gubernacula assequti | magnifice & utiliter regnaverunt | q[uod]q[ue] filii regum francie solent cura pervigili instrui & educari in bonis moribus virtutibus & honore | Quapropter ipsos verissimiliter creditur plus (l. 14) illo tempore profecisse | q[uam] alios minoris status etate longe maiori | iuxta illud quod scribitur | Cesaribus virtus contigit ante dies | Et quod in corde n[ost]ro indelebiliter est scriptum qualiter sanctissimus attavus & predecessor noster patronus deffensor & dominus singularis | beatus (l. 15) ludovicus | flos | decus | lumen | & speculum | nedum regalis prosapie | sed omnium gallicorum | cuius memoria in benediccione | est & non derelinquetur in secula | ac divina protegente gracia | nullius mortalis criminis sensisse contagium perhibetur | Regnu[m]que et rempublicam sic (l. 16) laudabiliter gubernavit | q[uod] gesta ipsius preclara que mundus mirabitur q[uam]diu sol eclipticam permeabit | per nos & successores nostros merito ad consequenciam trahi debent |sic q[uod] sua actio nostra instruccio videatur | De ip[s]o enim legitur | q[uod] regni | maximi & potentes inimici | agente (l. 17) deo | ip[s]ius pueri regis viribus | sunt repulsi ┌ in etatis sue quartodecimo anno regni regimen assumpsit | Recepit homagia seu fidelitatis iuramenta | prelatorum | parium et aliorum vassallorum | fuitque sacra unccione regali jnunctus & coronatus ┌Videntes eciam dierum crescente (l. 18) malicia | mundum iugiter in deteriora prolabi | et non ex divine providencie deffectu | seu debiti rerum ordinis | sed ex propriis demeritis in hominum mentes assueta depravante nequicia malis malorum passim cumulum superaddi | Et q[uod] quasi dampna infinita per ad-(l. 19)ministratores alienos minoribus illata et irrogata fuerunt | temporibus retroactis | nec cessant prodolor indesinenter inferri | exactiq[ue] temporis consideracio edocet | & pensata prudenter discrimina manifestant | Quot et q[uan]tis aliena longeva & peregrina regimina plena periculis (l. 20) extiterunt | quibus de causis et aliis ut minorum indempnitatibus succurratur | et ipsi frequenter veniam etatis impetrant | et nos & predecessores n[ost]ri in concedendo eandem consuevimus nos exhibere petentibus liberales ┌ q[uod]q[ue] rex & dominus naturalis ac legittimus plus diligitur a subdit[is] (l. 21) q[uam] quicunque regens pro eo | videtur libencius | et sibi ab eisdem promptius obeditur | retrahunturq[ue] a facinoribus & delictis solum dominum videndo | Et ut frequenter visum est puerum iuvenem vel infantem ad bonum obediencie & serviciorum promptitudinem excitati audaces (l. 22) & magnanimi fiunt ac magis in omnibus virtuosi | Macedones enim prelio pulsi | rege suo regis deffuncti filio existenti | in cunis pene aciem posito accrius repeciere certamen | victores futuri propter presenciam eiusdem | ostendentes priori bello regem non virtutem macedo-(l. 23)nibus defuisse | Et gallici chilpericum regem francie cuius auttoritate et nomine etatis quatuor mensium ex$^{\text{iste}}$ntis | regnum regi voluerunt | intuentes per reginam matrem suam ad exercitum inter brachia portari | ita strenue bellaverunt | q$^{\text{uod}}$ dictus chilpericus gloriosissimum (l. 24) habuit & obtinuit triumphum ⌐ Pacifico statui regni n$^{\text{ost}}$ri nedum pro nostris sed pro perpetuis temporibus cupientes sinceris affectibus providere | ad vitandas discordias removenda scandala et alia inconvenientia et detrimenta maxima | que nisi provideretur timerentur (l. 25) verissimiliter evenire | ϟpremissis omnibus & singulis | q$^{\text{uan}}$tum nobis ex alto permittitur | premeditatis prudenter | ut agere considerate possumus | ad omnem dubitationis materiam submovendam | habita super h$^{\text{oc}}$ deliberatione matura | et consilio pleniori cum pluribus (l. 26) prelatis | personisq$^{\text{ue}}$ notabilibus clericis $^{\text{et}}$ laicis | Declaramus decernimus ordinamus | et hac editali lege n$^{\text{ost}}$ra irrefragabili $^{\text{et}}$ imperpetuum valitura diffinimus | constituimus et santtimus | de n$^{\text{ost}}$ris certa sciencia ac regie plenitudine potestatis ϟ ut si nos vel successores (l. 27) n$^{\text{ost}}$ros nutu divino decedere | vel ab hac luce mígrare contigerit | filio n$^{\text{ost}}$ro masculo primogenito | seu primogenitis regum successorum n$^{\text{ost}}$rorum protunc ex$^{\text{iste}}$ntibus mínoribus quatuordecim annis | eoip$^{\text{s}}$o qu$^{\text{od}}$ dictus primogenitus n$^{\text{oste}}$r seu primogeniti pred$^{\text{i}}$c$^{\text{t}}$orum successorum n$^{\text{ost}}$rorum (l. 28) quartu$^{\text{m}}$decimum annum sue etatis attigerint | vel eisdem decedentibus sine filiis masculis | fratres sui ab eodem patre procreati naturales & legittimi secundum debitum ordinem originis eorumdem | dictum annum quartu$^{\text{m}}$decimum attingentes | quos exnunc prout extunc (l. 29) quoad infrascripta puberes statuimus & decernimus reputari | habeant et habere debeant | regimen & administracionem regni homagia & iuramenta fidelitatis per prelatos fratres pares principes seu quascumq$^{\text{ue}}$ personas alias eccl$^{\text{es}}$iasticas vel seculares | prestanda & facienda | etia$^{\text{m}}$ (l. 30) si archiep$^{\text{iscop}}$ali ep$^{\text{iscop}}$ali regia vel alia quacunq$^{\text{ue}}$ prefulgeant dignitate | recipiant et admittant | ϟIlli vero qui ad eadem prestanda vel facienda erunt quomodolibet astricti | illa dicto tempore sibi facere & prestare n$^{\text{e}}$cc$^{\text{ess}}$ario teneantur | Donumq$^{\text{ue}}$ munificum sacre unccionis regalis (l. 31)

Ceptrum coronam & diadema vestimenta & alia insignia regalia universa & singula | recipere valeant pro sue libito voluntatis | Teneant ac plenum sorciantur effectum iuramenta, tam in sacra unccione vel coronatione q$^{uam}$ al$^{ias}$ tunc per eosdem prestita | nec non gracie (l. 32) pacta convenciones | & promissa facta suis subditis & vassallis | seu aliis personis eccl$^{es}$iasticis vel secularibus quibuscunq$^{ue}$ | ac si essent maiores viginti quinque annis | faciantq$^{ue}$ et disponant in omnibus $^{et}$ per omnia | prout verus rex francorum facere potest & eidem competit (l. 33) ratione sui precelsi culminis | ac dignitatis sup$^{re}$me sue regie maiestatis | Consuetudinibus non obstantibus quibuscumq$^{ue}$ | Cum enim sint & fuerint ab antiquo pro demanio regni regendo & conservando actibus bellicis ad laudem bonorum | vindictam vero malorum si opus (l. 34) fuerit exercendis provinciarum regimi$^{n}$e | ac debita iustitia que nunc usq$^{ue}$ laudes deo in regno n$^{ost}$ro dicitur floruisse absque accepcione personarum omnibus & singulis ministranda distincta officia ordinata | viriq$^{ue}$ spectabiles illustres & superillustres ⌐ l$^{itte}$rati prudentes $^{et}$ scienti-(l. 35)fici | quorum opinionibus et operacionibus floret orbis | commissi & deputati ad huiusmodi officia gubernanda impendenda obsequia ac ministranda consilia maiestati regie | in omnibus que ius publicum concernunt | Et super adepcione vel administratione regni | non (l. 36) reperiatur certa etas constituta vel prefinita a iure | in rege qui solutus est legibus Cum iura dicencia certam etatem exigi in minoribus loquantur iurium dicioni subiectis | Dignum prorsus & congruum arbitramur | tam ex iis q$^{uam}$ aliis supradictis in d$^{i}$c$^{t}$o anno quartodecimo (l. 37) suprascriptos filios n$^{ost}$ros vel successorum n$^{ost}$rorum | in casibus superius declaratis regimen & administracionem regni nancisci suscipere & habere | Ac omnia facere que ad verum regem pertinent ut superius est premissum ϟ Si quis autem in tantam proruperit temerarie presump-(l. 38)cionis audaciam q$^{uod}$ premissa vel aliquod premissorum per se vel per alium publice vel oculte nisus fuerit impedire | seu super eisdem se inobedientem reddiderit vel rebellem | omni iure successionis | eciam regni regiminis vel administracionis eiusdem | quod protunc & futuro tempore (l. 39) sibi competere posset | nec non dignitatibus feodis terris & dominiis que in regno n$^{ost}$ro tenebit | Et etiam mandantes | consulentes | agentes | consentientes seu ratum h$^{abe}$ntes eoip$^{s}$o noverint se privatos ϟ ŧ Ne autem n$^{ost}$ra presens lex vel constitucio deinceps in disceptacionis materia$^{m}$ (l. 40) deducatur | sed si qua super ip$^{s}$a pretenderetur ignorancia crassa dici debeat & supina | volumus &

decernimus eamdem solenniter publicandam et in archivis cartarum n$^{ost}$rarum ad p$^{er}$petuam memoriam redigendam ϟ Datum in castro n$^{ost}$ro nemoris vicenarum mense (l. 41) augusti ϟAnno ab incarnacione domini millesimo Trecentesimo Septuagesimo quarto ϟRegni vero nostri undicesimo ϟ

Per regem in consilio suo
Pblanchet.

duplicata

ÉDITION NON-DIPLOMATIQUE (FONDÉE SUR LES ACTES J 401, N° $6^{A}$, $6^{B}$ ET $6^{C}$ DES ARCHIVES NATIONALES)

A : J 401 n° $6^{A}$
B : J 401, n° $6^{B}$
C : J 401, n° $6^{C}$
*D* : Dupuy, *Traité de la majorité…*, p. 151-156.
O : Ordonnances des roys de France…, t. VI, p. 26-30.
Commentaire sur l'orthographe : les emplois des lettres c pour t et t pour c, ainsi que les séparations entre les mots ont été partiellement normalisés, conformément aux habitudes modernes (*administracionem* → *administrationem* ; *protunc* → *pro tunc*). Pour une restitution plus précise de l'orthographe des trois chartes, *cf.* l'édition diplomatique *supra*.
Commentaire sur les citations : l'édition non-diplomatique vise à présenter les citations ou échos pouvant être rapportés à une source unique. Pour les échos renvoyant à des sources multiples (formulaires diplomatiques, culture liturgique, etc.), *cf.* le tableau, *infra*, et les analyses de la seconde partie.

Karolus Dei gracia Francorum rex. Ad perpetuam memoriam.

Filios regum per parentes educari et erudiri debere ut Deum timeant, virtutum ac virium profectum celeriter attingant, sincere diligi et primogenitos maxime magnis donis et altis honoribus decorari Reipublice commodum, status regnorum et subditorum concernentibus transquillitatis augmentum, predecessorum illustrium sectando vestigia, clare liquet. Bona enim terra cum diligentia colitur ut fructus optimus reportetur, multomagis sunt filii regum per patres studiosius nutriendi et docendi ut virtutibus imbuantur fortificentur et crescant, et cum in adultam etatem pervenerint, puericie redoleant bonos mores, qui ad majoris honoris culmen sunt in populis erigendi. *Altius* nempe *precepta descendunt que teneris imprimuntur etatibus*[1], et illa *vera* et *utilis* censetur *doctrine prudentia, que ab etatis initiis atque ab infantie ipsius exordiis inchoatur*[2], unde sapiens : *fili a juventute tua excipe doctrinam et ad canos invenies sapientiam*[3].

Ceterum equum censetur reges filios suos ut se ipsos diligere, tanquam sue *senectutis pastores* et *custodes domus*[4] *sue, cum "natura eadem persona reputentur cum ipsis"*[5], et *filii* si *non bene viverent ad interitum patris essent*[6]. Sane filios regum generaliter magnificandos et honorandos plus quam alios jura clamant, in quibus parentes ceteris munificentiores esse debent ; nam, ipsis *solis* remanentibus post mortem, memoria et spe ducti quodam modo *immortalitatem participant* ; unde, non magnificando vel honorando eosdem, donum Dei singulare sibi in filiis prestitum *negligere viderentur*[7]. Rursus, quod in honoribus sint aliis fratribus primogeniti preferendi paterna benedictione pinguiori, satis patet ex benedictione quam dedit Isaac ipsi Jacob sic inquiens : *Det tibi Deus de rore celi et de pinguedine terre habundantiam frumenti, vini et olei, serviant tibi populi et adorent te tribus ; esto dominus fratrum tuorum et incurventur ante te filii matris tue*[8].

Porro summe debent reges attendere quod beneficia filiis suis, precipue primogenitis, impensa cum publica utilitate concurrant, cum hec duo post Deum sibi debeant existere cariora, confidentes in filiis rempublicam post ipsorum obitum feliciter conservari in ipsius negotiis peragendis, sic *intendentes solerter quod ea que periculosiora sunt nequaquam absque remedio reformacionis acommode relinquant*[9], sed si respiciant oculate quod populus ab opprimencium protectus incursibus exhuberantia virtutum quiescat in pulchritudine pacis, in tabernaculis fiducie, et requie temporalium opulenta, res quoque publica suis temporibus prosperetur. Postremo super regimine regni debemus predecessorum nostrorum vestigiis inherere et *inter bonos meliores* et inter meliores optimi sunt *sectandi*[10].

1 Seneca, Ad *Helviam*, 18, 8.
2 Hilarius Pictavensis, *Tractatus super psalmos in psalmum* CXVIII, *proemium.*
3 Ecclesiastic., 6, 18.
4 *Senectutis pastores ; custodes domus :* Pseudo-Aristoteles, *Oeconomica*, III, 2.
5 *Natura-reputentur cum ipsis* : *cf.* Cod. *Just.*, 6, 26, 11.
6 *Filii-erunt* : Pseudo-Aristoteles, *Oeconomica*, III, 2.
7 *Solis-negligere viderentur : ibid.*
8 Gen., 27, 28-29.
9 *Sexti Decret.*, l. I, tit. VI, "De electione et electi potestate".
10 *Decreti secunda pars*, c. XVI, quest. I., c. XXVI.

Hinc est quod nos, considerantes attente etatem quatuordecim annorum seu eciam minorem, nullatenus repugnare regie dignitati, vel administracione nasciscende seu suscipiende regnorum ; "Joas enim unctus fuit et regnavit etatis sue anno septimo[11]" ; "*Josias octo annorum erat, quando regnare cepit*[12]" ; "David parvulus in regem unctus est[13]" ; et *Salomon elegit Deus adhuc puerum et tenellum*[14]*;* et isti reges fecerunt placitum coram Domino ; Jheremias *puer super gentes constitutus est et regna*[15] ; considerantes eciam quod annus quartusdecimus annus discretionis existit, et in ipso quis ad plures actus legitimos admittitur, exercendi et *assuescendi sunt nobiles ad labores militares et* opera *bellicosa*[16], et quod nonnulli reges tam predecessores nostri quam alii, hac etate seu paulo ante vel post, regnorum gubernacula assequti, magnifice et utiliter regnaverunt ; quodque filii regum Francie solent cura pervigili instrui et educari in bonis moribus, virtutibus et honore, quapropter ipsos verissimiliter creditur plus illo tempore profecisse, quam alios minoris status, etate longe majori, juxta illud quod scribitur : "*Cesaribus virtus contigit ante dies*[17]" ; et quod in corde nostro indelebiliter est scriptum, qualiter sanctissimus attavus et predecessor noster, patronus, deffensor et dominus singularis, beatus Ludovicus, flos decus, lumen et speculum nedum regalis prosapie, sed omnium Gallicorum, cujus memoria in benedictione est, et non derelinquetur in secula, ac divina protegente gracia, nullius mortalis criminis sensisse contagium perhibetur, regnumque et rempublicam sic laudabiliter gubernavit, quod gesta ipsius preclara que *mundus mirabitur quamdiu sol eclipticam permeabit*[18], per nos et successores nostros merito ad consequenciam trahi debent ; sic quod[a] sua actio nostra instructio videatur – de ipso enim legitur, quod regni maximi et potentes inimici, *agente Deo, ipsius pueri regis viribus sunt repulsi*[19], in etatis sue quarto decimo anno regni regimen assumpsit, recepit homagia seu fidelitatis juramenta prelatorum, parium et aliorum vassallorum, fuitque sacra unctione regali inunctus et coronatus – ;

11 2 Rois, 11, 12 ; 11, 21.
12 2 Rois, 22, 1.
13 1 Samuel, 16, 11-13.
14 Chr., 29, 1.
15 Jr., 1, 1-10.
16 Aegidius romanus, *De Regimine*, III, 3.
17 Ovid., *Ars amatoria*, I, 184.
18 Cfr. Franciscus de Montebelluna, *Tragicum argumentum de miserabili statu regni Francie*, 2.
19 Guillelmus de Podio Laurentii, *Historia Albigensium*, XL.

*videntes* eciam – *dierum crescente malicia – mundum jugiter in deteriora prolabi*, et non ex divine providencie deffectu seu debiti rerum ordinis, sed ex propriis demeritis in *hominum mentes assueta depravante nequitia malis* malorum *passim cumulum superaddi*[20] ; et quod quasi dampna infinita per administratores alienos minoribus illata et irrogata fuerunt temporibus retroactis, nec cessant, prodolor indesinenter inferri ; *exactique temporis consideracio edocet, et pensata prudenter discrimina manifestant*, quot et quantis aliena, longeva et peregrina regimina *plena periculis*[21] extiterunt ; quibus de causis et aliis, ut minorum indempnitatibus succurratur, et ipsi frequenter veniam etatis impetrant, et nos et predecessores nostri in concedendo eandem consuevimus nos exhibere petentibus liberales ; quodque rex et dominus naturalis ac legittimus plus diligitur a subditis, quam quicumque regens pro eo, videtur libencius, et sibi ab eisdem promptius obeditur, retrahunturque a facinoribus et delictis solum dominum videndo ; et ut frequenter visum est, puerum, juvenem vel infantem, ad bonum obediencie et serviciorum promptitudinem excitati, audaces et magnanimi fiunt, ac magis in omnibus virtuosi ; *Macedones* enim *prelio pulsi, rege suo regis deffuncti filio existenti in cunis peneb aciem posito, accrius*[c] *repetiere certamen, victores futuri propter presentiam ejusdem, ostendentes priori bello regem non virtutem Macedonibus defuisse*[22] ; et *Gallici Chilpericum regem Francie, cujus auttoritate et nomine etatis quatuor mensium existentis*[d] *regnum regi voluerunt, intuentes per reginam matrem suam ad exercitum inter brachia portari, ita strenue bellaverunt quod dictus Chilpericus gloriosissimum habuit et obtinuit triumphum*[23] ; pacifico statui regni nostri nedum pro nostris sed pro perpetuis temporibus cupientes sinceris affectibus providere, ad vitandas discordias, removenda scandala et alia inconvenientia et detrimenta maxima, que nisi provideretur, timerentur verissimiliter evenire ;

premissis omnibus et singulis, quantum nobis ex alto permittitur premeditatis prudenter, ut agere considerate possimus[e], ad omnem dubitationis materiam submovendam, habita super hoc deliberatione matura et consilio pleniori cum pluribus prelatis personisque notabilibus clericis et laicis, declaramus decernimus ordinamus et hac editali lege

20 *Extravagantes Joannis papae XXII*, tit. XII, "De Poenis", 1.
21 "Exactique-periculis" : *Sexti Decret.*, l. I, tit. VI, "De electione et electi potestate".
22 Justin., *Epitome*, VII.
23 Cfr. *Grandes chroniques de France* (pour une discussion plus approfondie, *cf. supra*, p. 254-257).

nostra irrefragabili et imperpetuum valitura diffinimus constituimus et sanccimus de nostris certa scientia ac regie plenitudine potestatis : ut si nos vel successores nostros nutu divino decedere vel ab hac luce migrare contigerit, filio nostro masculo primogenito, seu primogenitis regum successorum nostrorum pro-tunc existentibus minoribus quatuordecim annis, eo-ipso quod dictus primogenitus noster, seu primogeniti predictorum successorum nostrorum quartumdecimum annum sue etatis attigerint, vel eisdem decedentibus sine filiis masculis fratres sui ab eodem patre procreati, naturales et legittimi secundum debitum ordinem originis eorumdem, dictum annum quartumdecimum attingentes, quos exnunc prout extunc quoad infra scripta puberes statuimus et decernimus reputari, habeant et habere debeant regimen et administracionem regni, homagia et juramenta fidelitatis per prelatos, fratres, pares, principes, seu quascumque personas alias ecclesiasticas vel seculares, prestanda et facienda, etiam si archiepiscopali, episcopali, regia, vel alia quacunque prefulgeant dignitate, recipiant et admittant ; illi vero qui ad eadem prestanda vel facienda erunt quomodolibet astricti, illa dicto tempore sibi facere et prestare neccessario teneantur ; donumque munificum sacre unctionis regalis, ceptrum, coronam et diadema, vestimenta, et alia insignia regalia universa et singula, recipere valeant pro sue libito voluntatis ; teneant ac plenum sorciantur effectum iuramenta, tam in sacra unctione vel coronatione, quam alias tunc per eosdem prestita ; nec non gracie, pacta, conventiones et promissa facta suis subditis et vassallis, seu aliis personis ecclesiasticis vel secularibus quibuscunque, ac si essent majores viginti quinque annis ; faciantque et disponant in omnibus et per omnia, prout verus rex Francorum facere potest et eidem competit ratione sui precelsi culminis ac dignitatis supreme sue regie majestatis, consuetudinibus non obstantibus quibuscumque. Cum enim sint et fuerint ab antiquo pro demanio[f] regni regendo et conservando actibus bellicis *ad laudem bonorum vindictam vero malorum*[24], si opus fuerit, exercendis provinciarum regimine, ac debita justitia que nunc usque, laudes Deo, in regno nostro dicitur floruisse absque accepcione personarum, omnibus et singulis ministranda, distincta officia ordinata ; virique spectabiles, illustres et superillustres, litterati, prudentes et scientifici, quorum opinionibus et operacionibus floret orbis, commissi et deputati ad hujusmodi officia gubernanda, impendenda obsequia,

24 Epist. Petri I, 14.

ac ministranda consilia majestati regie in omnibus que jus publicum concernunt ; et super adeptione vel administratione regni non reperiatur certa etas constituta vel prefinita a jure in rege, qui solutus est legibus, cum jura dicentia certam etatem exigi in minoribus loquantur jurium ditioni subjectis : dignum prorsus et congruum arbitramur tam ex iis quam aliis supradictis in dicto anno quartodecimo suprascriptos filios nostros vel successorum nostrorum, in casibus superius declaratis, regimen et administrationem regni nancisci, suscipere et habere, ac omnia facere que ad verum regem pertinent, ut superius est premissum. Si quis autem in tantam proruperit temerarie presumpcionis audaciam, quod premissa vel aliquod premissorum, per se vel per alium, publice vel oculte, nisus fuerit impedire, seu super eisdem se inobedientiem reddiderit vel rebellem, omni jure successionis, etiam regni, regiminis vel administrationis ejusdem, quod pro tunc et futuro tempore sibi competere posset, nec non dignitatibus, feodis, terris et dominiis que in regno nostro tenebit, et etiam mandantes, consulentes, agentes, consentientes seu ratum habentes, eo ipso noverint se privatos. Ne autem nostra presens lex vel constitutio deinceps in disceptationis materiam deducatur, sed si qua super ipsa pretenderetur ignorantia, crassa dici debeat et supina, volumus et decernimus eamdem solenniter publicandam et in archivis cartarum nostrarum ad perpetuam memoriam redigendam.

Datum in castro nostro Nemoris Vicenarum ; mense Augusti, anno ab Incarnatione Domini millesimo trecentesimo septuagesimo quarto ; regni vero nostri undicesimo.

Per regem, in consilio suo. P. Blanchet.

---

a. quod : que *O* | b. pene : ABC*DO*, sic pro penes | c. accrius : acrius *DO* | d. existentis : exeuntis *D* | e. possimus : possumus B | f. demanio : domanio B

## TABLEAU DE L'ACTE

En pointillés : passages inspirés d'une source qui n'a pas été retrouvée
En souligné : passages présentant un écho précis mais ponctuel, ou plus long mais faible avec une source commentée
En grisé : passages dont la source médiate ou immédiate est précisément connue

| Texte de la loi | Sources sûres | Interventions rédactionnelles, et principaux échos textuels |
|---|---|---|
| *Filios regum per parentes educari et erudiri debere ut Deum timeant, virtutum ac virium profectum celeriter attingant, sincere diligi et primogenitos maxime magnis donis et altis honoribus decorari reipublice commodum, status regnorum et subditorum concernentibus transquillitatis augmentum, predecessorum illustrium sectando vestigia, clare liquet. Bona enim terra cum diligentia colitur ut fructus optimus reportetur, multomagis sunt filii regum per patres studiosius nutriendi et docendi ut virtutibus imbuantur fortificentur et crescant, et cum in adultam etatem pervenerint, puericie redoleant bonos mores, qui ad majoris honoris culmen sunt in populis erigendi. Altius nempe precepta descendunt que teneris imprimuntur etatibus, et illa vera et utilis censetur doctrine prudentia, que ab etatis initiis atque ab infantie ipsius exordiis inchoatur, unde sapiens : fili a juventute tua excipe doctrinam et ad canos invenies sapientiam.* | Sénèque, *Ad Helviam de consolatione*, 18, 8<br>Hilaire de Poitiers, Commentaire au Psaume 119<br>Ecclésiastique, 6, 18 | Échos avec Gilles de Rome, Vincent de Beauvais (*De eruditione filiorum nobilium…*), Evrart de Trémaugon (*Somnium*)<br>Écho avec les Évangiles (parabole de la bonne terre), avec les *Économiques*<br>Écho avec Gilles de Rome, *De regimine* |
| *Ceterum equum censetur reges filios suos ut se ipsos diligere, tanquam sue senectutis pastores et custodes domus sue, cum natura eadem persona reputentur cum ipsis, et filii si non bene viverent ad interitum patris essent. Sane filios regum generaliter magnificandos et honorandos plus quam alios jura clamant, in quibus parentes ceteris munificentiores esse debent ; nam, ipsis solis remanentibus post mortem, memoria et spe ducti quodam modo immortalitatem participant ; unde, non magnificando vel honorando eosdem, donum Dei singulare sibi in filiis prestitum negligere viderentur. Rursus, quod in honoribus sint aliis fratribus primogeniti preferendi paterna benedictione pinguiori, satis patet ex benedictione quam dedit Isaac ipsi Jacob sic inquiens : det tibi Deus de rore celi et de pinguedine terre habundantiam frumenti, vini et olei, serviant tibi populi et adorent te tribus ; esto dominus fratrum tuorum et incurventur ante te filii matris tue.* | Pseudo-Aristote, *Économiques*, 3, 2<br>Genèse, 27, 28-29 | Échos directs avec le Code Justinien<br>Écho conceptuel avec la somme théologique de Thomas d'Aquin |
| *Porro summe debent reges attendere quod beneficia filiis suis, precipue primogenitis, impensa cum publica utilitate concurrant, cum hec duo post Deum sibi debeant existere cariora, confidentes in filiis rempublicam post ipsorum obitum feliciter conservari in ipsius negotiis* | *Liber sextus, "Ubi periculum"*, préambule | Intervention possible d'Evrart de Trémaugon |

| | | |
|---|---|---|
| *peragendis, sic intendentes solerter quod ea que periculosiora sunt nequaquam absque remedio reformacionis acommode relinquant, sed si respiciant oculate quod populus ab opprimencium protectus incursibus exhuberantia virtutum quiescat in pulchritudine pacis, in tabernaculis fiducie, et requie temporalium opulenta, res quoque publica suis temporibus prosperetur. Postremo super regimine regni debemus predecessorum nostrorum vestigiis inherere et inter bonos meliores et inter meliores optimi sunt sectandi.* | Isaïe, 32, 18-19 | Rhétorique de la protection contre les ennemis, chancellerie royale (autorisations de fortifications…)<br>Préambules de la chancellerie royale.<br>Fort écho avec Gratien, *Décret*, canon 26 |
| *Hinc est quod nos, considerantes attente etatem quatuordecim annorum seu eciam minorem nullatenus repugnare regie dignitati vel administracione nasciscende seu suscipiende regnorum ; Joas enim unctus fuit et regnavit etatis sue anno septimo ; Josias octo annorum erat, quando regnare cepit ; David parvulus in regem unctus est, et Salomon elegit Deus adhuc puerum et tenellum, et isti reges fecerunt placitum coram domino ; Jheremias puer super gentes constitutus est et regna ; considerantes eciam quod annus quartusdecimus annus discretionis existit, et in ipso quis ad plures actus legitimos admittitur, exercendi et assuescendi sunt nobiles ad labores militares et opera bellicosa, et quod nonnulli reges tam predecessores nostri quam alii, hac etate seu paulo ante vel post, regnorum gubernacula assequti, magnifice et utiliter regnaverunt ; quodque filii regum Francie solent cura pervigili instrui et educari in bonis moribus, virtutibus et honore, quapropter ipsos verissimiliter creditur plus illo tempore profecisse, quam alios minoris status, etate longe majori, juxta illud quod scribitur : "Cesaribus virtus contigit ante dies" ;* | II, Rois, 11, 12<br>II, Rois 22, 1-2<br>I, Samuel, 16, 11-13<br>Chroniques, 29, 1<br><br>I, Jérémie, 1-10<br><br><br><br><br><br><br>Ovide, *Ars amatoria*, 184 | Concept canonique d'*annus discretionis*<br><br>Fort écho avec Gilles de Rome, *De regimine…*<br><br>Inspiration probable d'Oresme |
| *et quod in corde nostro indelebiliter est scriptum, qualiter sanctissimus attavus et predecessor noster, patronus, deffensor et dominus singularis, beatus Ludovicus, flos decus, lumen et speculum nedum regalis prosapie, sed omnium Gallicorum, cujus memoria in benedictione est, et non derelinquetur in secula, ac divina protegente gracia, nullius mortalis criminis sensisse contagium perhibetur, regnumque et rempublicam sic laudabiliter gubernavit, quod gesta ipsius preclara, que mundus mirabitur quamdiu sol eclipticam permeabit, per nos et successores nostros, merito ad consequenciam trahi debent ; sic quod sua actio nostra instructio videatur – de ipso enim legitur, quod regni maximi et potentes inimici, agente Deo, ipsius* | Francesco de Montebelluna, *Tragicum argumentum…*<br><br>Jean XXII, *titulus* 12, "*De poenis*", c. 1 (préambule) | Échos de séquences liturgiques et hagiographiques diverses<br><br>Maxime "*sua actio nostra instructio*" (diffusée en particulier à travers Thomas d'Aquin)<br>Écho de Guillaume de Puylaurens, *Historia Albigensium* (source médiatisée) |

| | | |
|---|---|---|
| *pueri regis viribus sunt repulsi, in etatis sue quarto decimo anno regni regimen assumpsit, recepit homagia seu fidelitatis juramenta prelatorum, parium et aliorum vassallorum, fuitque sacra unctione regali inunctus et coronatus –;* | | Intervention possible d'Evrart de Trémaugon |
| *videntes eciam – dierum crescente malicia – mundum jugiter in deteriora prolabi, et non ex divine providencie deffectu seu debiti rerum ordinis, sed ex propriis demeritis in hominum mentes assueta depravante nequitia malis malorum passim cumulum superaddi;* | *Liber sextus, "Ubi periculum"*, préambule | Chancellerie royale : rhétorique des lettres d'émancipation |
| *et quod quasi dampna infinita per administratores alienos minoribus illata et irrogata fuerunt temporibus retroactis, nec cessant, prodolor indesinenter inferri; exactique temporis consideracio edocet, et pensata prudenter discrimina manifestant, quot et quantis aliena, longeva et peregrina regimina plena periculis extiterunt; quibus de causis et aliis, ut minorum indempnitatibus succurratur, et ipsi frequenter veniam etatis impetrant, et nos et predecessores nostri in concedendo eandem consuevimus nos exhibere petentibus liberales;* | | Intervention probable d'Oresme |
| *quodque rex et dominus naturalis ac legittimus plus diligitur a subditis, quam quicumque regens pro eo, videtur libencius, et sibi ab eisdem promptius obeditur, retrahunturque a facinoribus et delictis solum dominum videndo; et ut frequenter visum est, puerum, juvenem vel infantem, ad bonum obediencie et serviciorum promptitudinem excitati, audaces et magnanimi fiunt, ac magis in omnibus virtuosi;* | | Concept augustinien de "*bonum obedientiae*" |
| *Macedones enim prelio pulsi, rege suo regis deffuncti filio existenti in cunis pene*[25] *aciem posito, accrius repetiere certamen, victores futuri propter presentiam ejusdem, ostendentes priori bello regem non virtutem Macedonibus defuisse;* | Justin, *Épitomè* | Choix de l'*exemplum* très probablement dicté par Oresme |
| *et Gallici Chilpericum regem Francie, cujus auttoritate et nomine etatis quatuor mensium existentis regnum regi voluerunt, intuentes per reginam matrem suam ad exercitum inter brachia portari, ita strenue bellaverunt quod dictus Chilpericus gloriosissimum habuit et obtinuit triumphum;* | Matériaux des Grandes Chroniques de France | Choix du second *exemplum* probablement dicté par des conseillers du roi bons connaisseurs de l'annalistique royale (*Grandes Chroniques*, etc.) : Pierre d'Orgemont, Gérard de Montaigu ? |

25 Sic pour *penes*.

| | | |
|---|---|---|
| *premissis omnibus et singulis, quantum nobis ex alto permittitur premeditatis prudenter, ut agere considerate possimus, ad omnem dubitationis materiam submovendam, habita super hoc deliberatione matura et consilio pleniori cum pluribus prelatis personisque notabilibus clericis et laicis, declaramus decernimus ordinamus et hac editali lege nostra irrefragabili et imperpetuum valitura diffinimus constituimus et sanccimus de nostris certa scientia ac regie plenitudine potestatis :* | | Zone à rapprocher du vocabulaire utilisé dans la Bulle d'or de Charles IV<br>Concepts de *"certa scientia"* et de *"plenitudo potestatis"* |
| *ut si nos vel successores nostros nutu divino decedere vel ab hac luce migrare contigerit, filio nostro masculo primogenito, seu primogenitis regum successorum nostrorum pro-tunc existentibus minoribus quatuordecim annis, eo-ipso quod dictus primogenitus noster, seu primogeniti predictorum successorum nostrorum quartumdecimum annum sue etatis attigerint, vel eisdem decedentibus sine filiis masculis fratres sui ab eodem patre procreati, naturales et legittimi secundum debitum ordinem originis eorumdem, dictum annum quartumdecimum attingentes, quos exnunc prout extunc quoad infra scripta puberes statuimus et decernimus reputari, habeant et habere debeant regimen et administracionem regni, homagia et juramenta fide- litatis per prelatos, fratres, pares, principes, seu quascumque personas alias ecclesiasticas vel seculares, prestanda et facienda, etiam si archiepiscopali, episcopali, regia, vel alia quacunque prefulgeant dignitate, recipiant et admittant ;* | | Zone à rapprocher des *ordines* du sacre |
| *illi vero qui ad eadem prestanda vel facienda erunt quomodolibet astricti, illa dicto tempore sibi facere et prestare neccessario teneantur ; donumque munificum sacre unctionis regalis, ceptrum, coronam et diadema, vestimenta, et alia insignia regalia universa et singula, recipere valeant pro sue libito voluntatis ; teneant ac plenum sorciantur effectum iuramenta, tam in sacra unctione vel coronatione, quam alias tunc per eosdem prestita, nec non gracie, pacta, conventiones et promissa facta suis subditis et vassallis, seu aliis personis ecclesiasticis vel secularibus quibuscunque, ac si essent majores viginti quinque annis ; faciantque et disponant in omnibus et per omnia, prout verus rex Francorum facere potest et eidem competit ratione sui precelsi culminis ac dignitatis supreme sue regie majestatis, consuetudinibus non obstantibus quibuscumque.* | *Epistula Petri*, I, 14<br>*Digeste*, I, 3, 31 | |
| *Cum enim sint et fuerint ab antiquo pro demanio regni regendo et conservando actibus bellicis ad laudem bonorum vindictam vero malorum, si opus fuerit, exercendis provinciarum* | | |

| | | |
|---|---|---|
| *regimine, ac debita justitia que nunc usque, laudes Deo, in regno nostro dicitur floruisse absque accepcione personarum, omnibus et singulis ministranda, distincta officia ordinata ; virique spectabiles, illustres et superillustres, litterati, prudentes et scientifici, quorum opinionibus et operacionibus floret orbis, commissi et deputati ad hujusmodi officia gubernanda, impendenda obsequia, ac ministranda consilia majestati regie in omnibus que jus publicum concernunt ; et super adeptione vel administratione regni non reperiatur certa etas constituta vel prefinita a jure in rege, qui solutus est legibus, cum jura dicentia certam etatem exigi in minoribus loquantur jurium ditioni subjectis : dignum prorsus et congruum arbitramur tam ex iis quam aliis supradictis in dicto anno quartodecimo suprascriptos filios nostros vel successorum nostrorum, in casibus superius declaratis, regimen et administrationem regni nancisci, suscipere et habere, ac omnia facere que ad verum regem pertinent, ut superius est premissum.*<br>*Si quis autem in tantam proruperit temerarie presumpcionis audaciam, quod premissa vel aliquod premissorum, per se vel per alium, publice vel oculte, nisus fuerit impedire, seu super eisdem se inobedientem reddiderit vel rebellem, omni jure successionis, etiam regni, regiminis vel administrationis ejusdem, quod pro tunc et futuro tempore sibi competere posset, nec non dignitatibus, feodis, terris et dominiis que in regno nostro tenebit, et etiam mandantes, consulentes, agentes, consentientes seu ratum habentes, eo ipso noverint se privatos. Ne autem nostra presens lex vel constitutio deinceps in disceptationis materiam deducatur, sed si qua super ipsa pretenderetur ignorantia, crassa dici debeat et supina, volumus et decernimus eamdem solenniter publicandam et in archivis cartarum nostrorum ad perpetuam memoriam redigendam.* | | Écho de divers préambules de la chancellerie royale |

# ANNEXE

## La traduction française de 1378 à travers son reflet amiénois, transcription et analyse

### TRANSCRIPTION[1]

### D'après Amiens, archives municipales, registre AA4, f° 182r-183v

Charles par la grace de dieu Roy de France. A perpetuele mémoire. Il appert clerement que les filz des Rois doivent par leurs parens estre nourris et enseignez et Cherement amez / affin qu'ilz doubtent dieu et atteignent hastivement le proffit de vertus et de force / et especiaument appartient que les aisnez filz soient embellis de grans dons et de haultes honneurs regardant le proffit de la chose publicque l'estat des Royaumes et des subgetz d'iceulx et l'accroissement de paix et de transquillité ensuivant les traces des nobles devanciers / car la bonne terre est labouree a grand diligence affin que tresbon fruit en soit rapporté et par plus forte Raison sont les filz des Rois plus songneusement a nourrir et enseigner par leurs peres affin qu'ilz soient introduis en vertus et qu'ils soient enfortez et puissent croistre ¶ et que quant ilz venront en aage d'adolescence et parreue, ilz aient oudeurs de bonnes meurs de leur enfance, comme ils soient a monter sur le peuple a la haultesse de plus grant honneur. / Car les commandements qui sont ja imprimez es tendres aages montent plus hault / et telle est Reputee vraie et proffitable prudence de doctrine qui est venue du commencement

1 S'agissant d'une simple transcription, et non d'une édition scientifique, on a tenté de maintenir au maximum la graphie originale du texte, en conservant notamment la répartition des majuscules et des barres d'accentuation, contre l'usage moderne.

de l'aage et de l'enfance. Et pour ce dit le sage beau filz, prends prudence des ta jeunesse / et tu trouveras sapience quant tu seras chanu / et toutteffois Il est Raison que les Roys ayment leurs filz comme eulx meismes / comme pasteurs de leur vieillesse / et gardes de leur maison / comme par nature Ilz doivent estre Reputés une mesme personne avec eulx et se les filz ne menoient bonne vie, ce seroit la desplaisance et destruction de leurs peres / et crient les drois que les filz des Rois gentraument a magnifier et a honnourer sont plus que les altres / et que les peres leurs doivent estre plus que aux autres larges et habandonnez / car eulx tous seulz demourant appres la mort de leurs peres Ilz en bonne esperance participent aucunement immortalité / par quoy s'ilz ne les magnifient et honneurent Il semble qu'ilz aient en negligence le don de Dieu singulier qui leur est donné en leurs filz. Et de rechief il appert assez que les aisnez soient et doivent estre preférés a leurs aultres freres par plus crasse et plus large benediction de père par la benediction que Isaac donna a Jacob son filz / en luy disant ainsi / Dieu te donne la Rousée du ciel / et de la craisse de la terre habondance et fourment vin / et de huile les pueples te servent / et les lignées t'aourent / Soye seigneur de tes freres / et les filz de ta mere si s'inclinent devant toy. Et si doivent les souverainement entendre les Roys / que les benefices donnez a leurs filz aisnez conceurent avec l'utilité publicque / comme ces deux choses leur doient estre appres Dieu plus cheres / car ilz doivent avoir fiance / que appres leur trespassement la chose publique sera beneureement conservée en leurs filz / en parfaisant leurs besongnes entendans songneusement que les choses qui sont plus perilleuses Ilz ne laissent mie sans Remede de reformation proffitable // maiz regardent clerement que leur peuple soit deffendu des griefs et oppressions et par la planté de vertus se repose en la biaulté de paix es tabernacles de fiance et Riche ou Repos de biens temporelz / et que la chose publicque soit en leur temps en bonne prosperité // Et appres nous devons sur le gouvernement de nostre Royaume suivre les traces de noz devanciers / car entre les bons doivent estre suivis les meilleurs et entre les meilleurs les tresbons : Pour ce est il / que nous considerans diligemment que l'aage de quatorze ans, voire encores mendre, ne Repugne point a la dignité Royal ne a acquerir ou a Retenir administration ou le gouvernement des Royaumes, car Joas fut enoint et sacré et Regna ou vii. an de son aage / Josyas estoit de l'aage de huit ans / quant il commenca a Regner // David estoit petit quant il fut enoint en Roy // et dieu eslut Salomon estant encores enfant et tendre, et ces roys firent plaisirs devant nostreseigneur, Jeremie encores enfant fut estably et constitué sur les gens et sur les royaumes / Considerans aussi que le quatorziesme an est an de discretion et que en Icelluy les est receu a fais legitimes. Et autrement les nobles doivent estre exercitez et acoustumez a traveil de chevalerie et aux fais d'armes [f° 182v] Et aussi que aucuns Rois tant nos predecesseurs comme autres / lesquels en cest aage ou pou devant ou pou appres ont eu le gouvernement de leurs Royaumes ou grandement et proffitablement ils ont regne / Et aussi que les filz des Rois de France sont acoustumé par cure diligente estre instruits / nourris en bonnes meurs en vertus et honneur / Pour laquelle cause il est vraysemblable qu'ilz aient plus proffité en celluy temps que les autres de mendre estat en assez plus grant aage / Selon ce qu'il est escript en nostre coeur sans jamaiz estre effacé. Comment nostre tres saint predecesseur / patron deffenseur et seigneur singulier monsieur saint Loys ~ fleur beauté lumiere et miroir non mie tant seulement du lignage Roial mais aussi de tous les françois / duquel la mémoire est en la beneition et jamais ne fauldra // et lequel par la protection divine est tesmoingnié non avoir fait oncques tache de pechié mortel / et lequel gouverna si loablement le Royaume et la chose publicque que ses glorieux faiz merveilleux au monde et ses exemples doivent par nous tant l'eclipse y sera par nous et par nos successeurs bien estre traite consequence / telement que son action soit nostre instruction / Car il est leu de luy que les tresgrans et puissans ennemis du Royaume furent par l'octroy de nostre seigneur deboutez, par la force de luy estant Roy et enfant en l'aage de xiiii ans et que lors il prist le gouvernement de son Royaume, receut ses hommages et sermens de feaulté des prelats des pers et autres vassaulx et fut enoint de la sainte Royal onction et couronné // Nous veons aussi que croissant la malice des jours le monde chiet de mal empis Et que non mie par le deffaut de la pourveance divine ou de la droite ordonnance des choses // mais par les propres demerites des gents et la mauvaistié en eulx accoustumée se assemblent les maulx en eulx et que par estrangiers gouvernements bailléz aux enfans mineurs d'ans ont été fais ainsi comme infinis dommages ou temps passé et encores sont fais chascun jour. Et avec ce la consideration du temps passé nous enseigne et les grans inconveniens du temps passé nous manifestent combien et que les gouvernemens estranges unt esté plains de perilz /// pour lesquelles causes et plusieurs autres // affin qu'il soit par nous pourveu au dommage des mineurs / lesquelz souventeffois impetrent le pardon ou relievement de leurs aages / dusquelz nous et nos devanciers avons a ce actroier acoustumé a nous Rendre liberaulx / et aussi que le roy est seigneur naturel et legitime et plus amé de ses subgetz que quelconque autre regent pour luy / et est veu et regardé plus voulentiers et luy est par eulx obey plus promptement, et se Retraitent de deliz et de meffais seulement en veant leur seigneur / et si comme il a esté veu souvent et Regardé plus voulentiers que les subgetz en veant leur seigneur estant enfant et jeune sont esmeuz a estre plus prestes a son service et a estre hardis et courageux et plus vertueux en toutes choses. Car les macedoniens vaincus en bataille le filz de leur Roy lors trespassé estant ou berseul derosté / lors demanderent plus aigrement de la bataille et orent victoire, pour la presence de leur Roy en demonstrant que a la premiere bataille leur Roy leur estoit failly et que vertu ne leur estoit point faillie. Et aussi les Francois voient aucunement que par Chilperic Roy de France de l'aage de iiii. mois en son nom et de son auctorité le Royaume fut gouverné et quant ils le virent en l'ost estre porté entre les bras de la Royne sa mere Ils combatirent si noblement et si grandement que Icelluy Chilperic ot glorieuse victoire de ses ennemis. Nous aussi voulans de tout nostre povoir et de grant voulenté pourveoir a l'estat de nostre Royaume nompas tant seulement pour nostre temps maiz aussi pour le temps avenir, et pour eschever tous discors et hoster tous esclandres et autres inconveniens et dommages tresgrans / lesquels s'il n'y estoit pourveu pourroient vraysemblablement Avenir / Toutes les choses dessusdites et chascune d'icelles tant comme il nous est de diçu octroyé pourpensées et affin que nous puissions plus sagement ouvrer pour hoster toute matiere de doubte eue sur ce meure deliberation et conseil pleinier avec pluseurs prelas et notables personnes / clercs et lais / declairons decernons et ordonnons / et par cest present edit et ceste [f° 182r] presente loy sans Rappel et perpetuelement Valable establissons constituons et ordonnons de nostre certaine science et plaine puissance Royal que s'il advient que nous ou nous successeurs par la voulenté de Dieu trespassions de cest siecle / nostre aisné filz masle ou les aisnez filz masles de noz successeurs Rois de France estans mendres de quatorze ans / Qui si tost comme mondit aisné filz ou les aisnez filz de noz successeurs dessusdits auront attaint le xiiii. an de leur aage /

ou eulx trespassez sans enfans males / leurs freres engendrés d'icelluy meismes père naturels et legitimez Venans selon le deu ordre de leur nativité audit xiiii. an lesquels des maintenant pour lors nous quant aux choses qui s'ensuivent establissons ordonnons estre Reputez aagiez aient et doivent avoir le gouvernement et administration du Royaume Recoivent les hommages et serments de feaulté des prelaz freres pers de France princes et autres personnes quelzconcques d'eglise ou seculieres / soient ores archevesques evesques / Rois ou autres de quelconque preeminence ou dignité qu'ilz soient / Et que ceulx qui les choses dessusdites deveroient faire soient oudit temps tenus et astrains de le faire necessairement puissent aussi Recevoir le glorieux don de la sainte benediction et Unction a sacre real et le ceptre la couronne Le dyademe les vestemens et tous aultres enseignes royaulx / a leur voulenté et que les sermens par eulx fais tant en leur sainte unction sacre et coronation comme aultrement et les graces convenences et promesses faictes par eulx a leurs vassaulx et subgetz ou aultres personnes d'eglise ou seculieres quelzconques vaillent tiengnent et sortissent plain effet / aussi bien comme s'ilz estoient de l'aage de vingtcinq ans / et puissent faire et disposer en tout et par tout si comme vray Roy de France peut faire, comme a luy compette et appartient. A cause de sa haultesse souveraine dignité et magesté Royal nonobstans quelzconcques coustumes. Comme d'anchienneté aient esté et soient ordenez certains et distinctes[2] offices par le royaulme pour gouverner et conduire le domaine du Royaume / a faire et exercer les fais d'armes A la loenge des bons a la venjance des malvais et gouverner les provinces et faire justice, laquelle jusques au jourd'huy par la grace de sire Dieu et sans acception de personnes florit en Nostre Royaume. Et aussi y ait personnes honnourables et nobles, lettrez / sages et plains de grant science / par l'oppinion et operation desquelz le monde resplendit / commis commis[3] et deputez a exercer lesdits offices et faire service et donner conseil / a nostre real maiesté en toutes choses qui regardent le profit commun / Et aussi n'est trouvé de droit aucun certain aage estably ou prefix[é ?] sur l'adeption ou administration du Royaume ne du Roy lequel est franc et deslié de la Rigueur des loix / comme les drois disans certaine aage estre Requise es mineurs parlent des subgetz et nonpas des Rois. Pour ce nous Reputons digne

2 Sic.
3 Sic.

chose et convenable tant pour ce comme pour le choses dessusdites / que les filz des Rois dessusdits de nous et de noz successeurs aient en l'aage de xiiii ans dessudicte et ces cas dessus declarez le gouvernement et administration du Royaume / et qu'ilz puissent faire / tout ce que a vray Roy puet et doit appartenir si comme dessus est dit / Et s'il est aucun qui soit si fol ne si hardi qui s'efforce publiquement ou occultement empeschier par luy ou par autres les choses dessusdites ou aucunes d'icelles, ou se rende en icelles desobeissant ou Rebelle / et aussi les mandans. conseillans faisans et consentans ou ayans agreable / Sacent qu'ils sont par icellui fait privez de tout droit de succession / de royaume et de gouvernement et administration d'icelluy / lequel ly pourroit compéter et appartenir / lors / ou le temps Avenir / Et aussi de toutes dignitez fiefs terres et demaines qu'ils attendent ou Royaume. Et affin que nostre presente loy ou constitution ne soit doresenavant demenee en matiere de disceptation et que s'aucun pretendoit ignorance que elle soit dicte crasse et suppine, nous voulons et decernons que elle soit solennelement publiée et mise es escrins de noz chartres a perpetuelle mémoire. Donné en nostre chastel du bois de Vincennes ou mois d'aoust l'an del incarnation nostre seigneur [f° 138v] Mil trois cens soixante et quatorze et honziesme de nostre Regne. Par le Roy, en son conseil. P Blanchet. Doublet[4].

4 Abrégé et à moitié barré dans le registre.

## ANALYSE (ÉLÉMENTS)

À quelle distance la version de la traduction de la *constitutio* de 1378 reportée aux folios 182-183 du registre AA4 des archives municipales d'Amiens (XV$^{e}$ siècle) se trouve-t-elle de son modèle ? En l'absence de version originale conservée, il n'est bien sûr possible d'émettre que des hypothèses. Un certain nombre d'éléments concordants amènent pourtant à postuler que le copiste amiénois n'a que relativement peu altéré le profil linguistique de son modèle.

### ACTUALISATIONS ET PICARDISMES

Réglons d'abord la question des picardismes. Copié à Amiens, même à une époque tardive, le texte était susceptible de recevoir un certain nombre de marqueurs locaux, de ces « picardismes », qui l'auraient coloré pour lui donner une teinte locale plus ou moins prononcée[5]. Une analyse sommaire montre toutefois que cette coloration reste extrêmement ponctuelle, et l'on peut même se demander s'il n'y a pas au contraire eu volonté de maintenir un aspect « parisien », royal, à cette constitution. Si l'on laisse en effet de côté certains traits secondaires (« biaulté » pour « beauté » dans l'exposé, opposé à « beau » dans le préambule) d'interprétation moins facile, seuls deux « picardismes » francs apparaissent sauf erreur dans le texte. La forme « anchienneté » pour un probable original « ancienneté » a déjà été mentionnée. La forme « sacent » pour « sachent », dans les clauses pénales, peut également être considérée comme un picardisme. Or ce qui frappe dans ces altérations, c'est moins leur existence que leur extrême rareté, et leur place dans le texte. Elles apparaissent en effet vers la fin du dispositif, comme si l'attention (relative ?) du copiste à ne pas « picardiser » son texte s'était alors légèrement relâchée. Dans le préambule, par exemple, un terme comme « chanu » (chenu), qu'il aurait été facile et tentant de picardiser (« canu »), est resté dans ce qui était probablement son état premier. Inversement, à l'autre extrémité de l'acte, le « chastel » de la date est demeuré chastel, et non « castel », « catel », « cateau » ou « catiau ». Le texte n'est donc pratiquement pas picardisé, dans une stratégie consciente de respect de son faciès originel.

5 Sur ces phénomènes et leur importance, *cf.* Lusignan, *Essai d'histoire sociolinguistique*, *op. cit.*

Plus difficile à trancher est la question d'une éventuelle actualisation d'un certain nombre de formes, au-delà de la question de la variation dialectale. On sait en effet que la langue écrite, en particulier mais non seulement la langue administrative et politique, a subi une forte évolution au cours des XIVe et XVe siècles, une évolution qui est notamment allée dans le sens d'une « relatinisation » toujours plus grande du vocabulaire, concourant notamment à évacuer des formes évolutives éloignées de leur étymon latin (*aourer*, dérivant d'*adorare*) au profit de formes calquées sur ce dernier (*adorer*). *A priori*, le raisonnement concernant la dialectalisation pourrait être poursuivi sur ce terrain. Si le rédacteur a résisté à la tentation des « picardismes », pourquoi postuler qu'il ait altéré le texte en l'actualisant dans le respect du français parisien ? Il reste tout de même possible que pour certains termes, la tentation d'écrire selon le goût du XVe siècle l'ait emporté sur la volonté de conservation des formes originales, dans la mesure où le copiste et ses pairs ne voyaient peut-être dans certaines de ces modifications qu'une simple convention d'actualisation orthographique. On peut ainsi citer la coexistence dans cette traduction de doublets offrant les formes archaïques et « relatinisées », tels que « beneicion » et « benediction ». Tout de même, le maintien de formes telles qu'« aourent » (fin du préambule, bénédiction d'Isaac, au lieu « d'adorent »), formes que la littérature du XVe siècle (poésies de Villon singeant le vieux langage[6]) indique comme désuètes vers 1460 semble, là encore, indiquer que si actualisation orthographique/graphique il y a eu, celle-ci est restée superficielle. Si l'on exclut de possibles erreurs liées à la distraction ou à l'incompétence du copiste, on peut donc sans doute considérer que la version de la traduction de 1378 reportée par le registre d'Amiens est raisonnablement proche de son modèle.

### UNE STRATÉGIE DE TRADUCTION : GLOSES ET REDOUBLEMENTS SIGNIFIANTS.

La traduction de 1378 telle qu'elle nous est parvenue apparaît souvent plus « originale » que celle de 1392, dans la mesure où le traducteur offre de manière récurrente des précisions ou opère des redoublements de termes qui aboutissent parfois à des effets de glose ou de substitution. Le phénomène du redoublement des termes-cibles pour préciser le

6 *Cf.* sur ce point *supra*, p. 93, n. 32.

champ sémantique d'un terme-source est un trait connu des traductions médiévales, en particulier des traductions du latin en français effectuées aux XIV^e^ et XV^e^ siècles[7]. Cette technique est appliquée plusieurs fois dans notre texte, ce qui constitue une différence notable avec la traduction de 1392, dont le littéralisme évite généralement ces allongements :

Préambule

| | |
|---|---|
| *Teneris* [...] *etatibus* | du commencement de l'aage et de l'enfance. |
| *Ad interitum patris* | la desplaisance et destruction de leurs peres. |
| *Benedictione pinguiori* | par plus crasse et plus large benediction. |

Exposé

| | |
|---|---|
| *In tabernaculis fiducie* | es tabernacles de fiance et riche. |
| *Veniam etatis impetrant* | impetrent le pardon ou relievement de leurs aages. |
| *Ita strenue bellaverunt* | ils combatirent si noblement et si grandement. |

Dispositif

| | |
|---|---|
| *Qui solutus est legibus* | lequel est franc et deslié de la rigueur des loix. |
| *In tantam* [...] *temerarie presumpcionis audaciam* | Si fol ne si hardi. |

Dans certains cas, comme *teneris* [...] *etatibus* ou *strenue bellaverunt*, ces redoublements n'engagent guère le sens : on se trouve en quelque sorte au premier degré d'une traduction alternative, où l'on cherche simplement à rendre un agencement adjectif+nom par un redoublement de substantifs, ou à donner de la force à la translation d'un terme latin sans dérivé direct en français médiéval (*strenue*). Dans d'autres, cependant, le redoublement introduit une nuance de glose, qui va du plus léger au plus pesant. Cette glose semble parfois correspondre à la volonté d'indiquer l'ampleur du terme traduit en ne le privant d'aucune des

7 *Cf.* par exemple pour le XV^e^ siècle les analyses de la technique de traduction de Jean Miélot par Bossuat, Robert, « Jean Miélot, traducteur de Cicéron », *Bibliothèque de l'École des chartes*, n° 99, 1938, p. 82-124., p. 112-113 ; et de celle de Vasque de Lucène par Gallet-Guerne, Danielle, *Vasque de Lucène et la Cyropédie à la cour de Bourgogne (1470) : le traité de Xénophon mis en français d'après la version latine du Pogge, Étude. Édition des livres I et V*, Genève, Droz, 1974, p. 139-140.

valeurs potentielles qu'il possède en latin, comme dans le cas de *pinguiori*, rendu à la fois par « plus gras » et « plus large ».

Le traducteur s'avance un peu plus dans l'interprétation quand il choisit de gloser réellement la signification d'un terme en ajoutant à la simple traduction. Il ne revient ainsi pas au même de dire « *ad interitum patris* » et « à la déplaisance et destruction des pères », ce qui précise et oriente l'idée de la manière dont les fils indignes « tuent » leurs parents en détruisant le legs paternel par leur mauvais gouvernement. L'adjonction de « riche » à « fiance » pour qualifier les « tabernacles » (*tabernaculi fiducie*...) semble quant à elle inspirée par la volonté de lier cette section de la citation isaïenne au passage suivant, qui évoque le repos des richesses temporelles. Enfin, la glose de « *veniam impetrant* » en « pardon ou relievement de leur aage » paraît bien motivée par un souci de précision juridique. Si « pardon » est bien l'une des traductions littérales possibles de « *veniam* », la formule pouvait peut-être plus évoquer une lettre de rémission qu'une lettre d'émancipation. En glosant le premier terme par « relievement », le traducteur se donnait les moyens de guider son lecteur vers la zone conceptuelle des lettres d'émancipation, rendant majeurs avant l'âge les sujets qui obtenaient ces privilèges juridiques du roi.

Face à ces exemples qui n'apportent que de légères modifications à la teneur du texte latin, une séquence telle que « franc et deslié de la rigueur des lois » apparaît d'un ordre différent. Il s'agit pour le coup d'une franche glose à *legibus est solutus*, une glose qui, si le texte avait eu une postérité, eût pu entraîner de nombreux commentaires. Lier le nom du roi de France à une « franchise » par rapport à la loi, et ajouter à ce jeu de mots signifiant, dans la lignée des nombreuses gloses sur le terme de « Francs[8] », une allusion au concept du *rigor legum*[9], revenait en effet à doter la traduction française de la maxime *princeps est legibus solutus* d'un riche ensemble d'harmoniques juridiques et politiques, en renforçant singulièrement la logique d'absolutisation du pouvoir royal... Il s'agit toutefois là peut-être du seul passage où le translateur a osé interpréter de manière aussi audacieuse la loi.

---

8 *Cf.* sur ces jeux de mots et leur valeur dans la construction de l'idéologie royale, *cf.* Beaune, *Naissance de la nation France*, *op. cit.*

9 Sur le concept de « *rigor legum / rigor justitie* » au Moyen Âge, à travers l'exemple sicilien, *cf.* Broekmann, Theo, *Rigor iustitiae. Herrschaft, Recht und Terror im normannischstaufischen Süden (1050-1250)*, Darmstadt, Wissenschaftliche Buchgesellschaft, 2005.

Dans d'autres séquences du texte, l'opération de traduction procède en effet à des ajustements parfois notables, sans que l'opération change sensiblement la valeur conceptuelle du passage. Ces manipulations sont de nature différente, dans la mesure où l'on n'éprouve pas vraiment le désir de gloser, mais plutôt celui de contourner une formulation latine dont la structure même est apparemment réputée mal traduisible en français, peut-être pour des raisons de lourdeur. C'est ainsi que la traduction de la séquence « *in tantam prorumperit presumptionis audaciam* » dans la clause finale par « et s'il est aucun qui soit si fol ne si hardi » ne correspond certainement pas à une volonté d'altérer le sens de ce passage, mais au contraire au souhait de rendre la force de la *circuitio* « *presumptionis audaciam* », tout en ne recourant pas à un empilement de compléments de noms (« dans une telle audace de présomption ») pour le coup probablement ressentis comme trop latins ou pédants, sans doute parce que l'équivalent « fol et hardi » était depuis longtemps entré dans les pratiques d'écriture en français de chancellerie[10].

PASSAGES DÉGRADÉS PAR RAPPORT AU TEXTE LATIN,
TICS ET PROBLÈMES DE TRADUCTION

À côté de ces incontestables réussites, il faut également noter l'existence de divers passages qui n'échappent pas aux tendances à la simplification, succombent à l'ambiguïté, voire rejoignent par leurs options certains des problèmes rencontrés par le rédacteur de la version de 1392. On y a déjà fait allusion : de manière surprenante, la traduction de 1378 a fait un choix diamétralement opposé, et pour le coup bien moins satisfaisant que celle de 1392, concernant le pentamètre extrait de l'*Ars amatoria* d'Ovide. Alors que le traducteur de Charles VI non seulement traduit le vers latin, en le glosant d'ailleurs légèrement (« aux Cezars, aux empereurs… »), mais maintient exceptionnellement les mots latins dans le texte, en avant de la traduction, le rédacteur de la version de 1378 (si c'est bien lui, et non le copiste amiénois, le responsable de cet escamotage…) a choisi de résoudre le problème d'une manière radicale,

10 La formule « si hardi » pour traduire le latin « *tante presumptionis* » ou « *tante audacie* » dans les clauses finales des chartes se retrouve déjà dans les chartes françaises du milieu du XIIIe siècle. *Cf.* par exemple le texte du ban échevinal réglementant la navigation de la Scarpe dans Douai (années 1240-1250), Espinas, Georges (éd.), *La vie urbaine à Douai au Moyen Âge*, 4 vol., Paris, Picard, 1913, v. III, n° 259, p. 200-202 : « § 20 Et que nulz ne soit si hardis qui… »

en accolant directement la mention « selon ce qu'il est escript » à la narration des miracles de Saint Louis. Cet audacieux montage répond sans doute au fond à un malaise devant cette citation latine poétique, un malaise qui provoque à quatorze ans d'intervalle une réaction hors normes de la part des deux traducteurs (citation latine, suppression). L'effet n'est tout de même pas le même : quoi de pire pour une traduction que d'omettre une partie du texte[11] ?

Dans d'autres passages, un choix en apparence plus respectueux du texte original que celui de la version de 1392 n'en révèle pas moins un malaise qui entraîne ce que l'on pourrait qualifier de maladresse. La traduction de la figure zodiacale « *quamdiu sol eclipticam permeabit* » par « tant l'eclipse y sera » dévoile certes un souci de respecter l'original plus sensible que la simplification opérée dans le texte de 1392, qui supprime la référence à l'écliptique (« tant comme le soleil luira… »). Pourtant, sur ce point précis, la simplification de 1392 se révèle sans doute moins malencontreuse et plus fonctionnelle que la tentative de maintien de 1378. Ici, le rédacteur a non seulement réduit l'écliptique à une éclipse qui change complètement le sens de la figure, mais il a également supprimé la mention du soleil. Ce véritable ratage témoigne au fond, d'une manière éloquente, de la difficulté rencontrée par deux clercs vraisemblablement dotés d'une culture astronomique faible ou moyenne à comprendre et à traduire cette formule à la phraséologie complexe (sans doute avec la séquence extraite de Justin « *existenti in cunis penes aciem posito* » la plus difficile à comprendre de tout l'acte). L'écart général entre les deux traductions ne doit donc pas être exagéré : elles butent parfois sur les mêmes obstacles.

Elles simplifient également parfois les mêmes passages par des opérations de réduction qui ne portent pas à conséquence, mais font perdre quelque chose de la richesse sémantique de la source latine. C'est ainsi que les traducteurs de 1378 et de 1392 ont tous deux décidé de remplacer le « *Gallicorum* » de l'éloge de Saint Louis par un « Français » plus aisé à comprendre, mais qui supprime une des harmoniques historiques du texte. Une simplification de ce genre pourrait être l'indice que la référence aux Gaulois, qui allait devenir si banale dans la littérature française du XVI^e^ siècle, était encore à la fin du XIV^e^ siècle le fait d'une culture savante, presque exclusivement latine.

---

11 On a vu que le traducteur de 1392 succombe à cette faute traductologique lourde dans d'autres passages. *Cf. supra*, p. 92-93.

Enfin, les deux traducteurs résolvent parfois d'une manière identique des problèmes de traduction, effectivement difficiles, par des solutions que l'on peut qualifier d'également insatisfaisantes. C'est le cas avec la formule sans doute inspirée du Décret de Gratien *et inter bonos meliores et inter meliores optimi sunt sectandi.* Comment traduire l'enchaînement « *inter meliores optimi* », sachant que le latin fait aisément la différence entre « les meilleurs » au sens comparatif, et « les meilleurs » dans l'absolu, tandis que le français a perdu cette facilité avec la mise en place d'un autre schéma de formation des comparatifs et superlatifs, intrinsèquement plus ambigu ? Ici, les deux traducteurs se sont rabattus sur la même formule de traduction « *meliores*-meilleurs », « *optimi*-tres bons ». Il n'est pas impossible que la force des superlatifs construits selon le schéma très+adjectif positif en moyen français ait rendu moins malheureux ce choix pour un lecteur de la fin du XIVe siècle que pour nous. C'était après tout l'époque où s'inventait la phraséologie omniprésente au XVe siècle des « très hauts, très redoubtés et très puissants seigneurs… » et autres formules de majesté analogues. Il faut se garder de juger trop sévèrement une traduction médiévale en appliquant inconsciemment des critères de traduction qui correspondent non seulement aux habitudes traductologiques du XXIe siècle, mais aussi, plus naïvement, à nos propres habitudes linguistiques. La difficulté partagée à traduire *meliores* et *optimi* n'en reste pas moins un symptôme des limites rencontrées dans la volonté de transmettre nombre de formules, complexes mais bien rodées en latin, dans le registre du moyen français.

Dans de rares cas, cette difficulté a enfin abouti pour le texte de 1378 à des effets de renforcement par répétition des mêmes termes qui, tout en assurant la stabilité et la lisibilité de la version française, semblent peu heureux stylistiquement, et alourdissent (car il est possible de l'alourdir…) le texte par rapport à l'original latin. Deux de ces redoublements malheureux peuvent être indiqués : le premier concerne la traduction de la formule tirée du Sexte « *exactique temporis consideracio edocet, et pensata prudenter discrimina manifestant* », rendue par « la consideration du temps passé nous enseigne et les grans inconveniens du temps passé nous manifestent ». Le second se trouve à la fin de l'*exemplum* macédonien, où la séquence *ostendentes priori bello regem non virtutem Macedonibus defuisse* est traduite par un « en demonstrant que a premiere bataille leur roy leur estoit failly et que vertu ne leur estoit point faillie ». Dans ce dernier cas, on s'explique assez mal ce qui a empêché le traducteur d'écrire simplement « et mie vertu », ou « et non vertu ». Il faut aussi faire la part dans ces travaux de la lassitude ou de la vitesse, qui peut expliquer certaines erreurs : ces deux traductions ont été vraisemblablement écrites en quelques heures par un seul homme, et non laborieusement rédigées par une équipe en plusieurs jours, voire semaines, comme l'original qu'elles interprétaient.

PASSAGES RESPECTANT MIEUX LA STRUCTURE DU TEXTE LATIN QUE LA TRADUCTION DE 1392

La traduction de 1378 de l'*exemplum* macédonien est certainement, elle aussi, moins élégante que celle de 1392, et l'on a vu qu'il ne s'agissait pas du seul passage où une comparaison entre les deux textes tourne en définitive à l'avantage de celui qui fut exécuté pour Charles VI adulte et son conseil. Il a pourtant été affirmé dans la première partie que la traduction « *princeps* » lue à travers son reflet amiénois était en définitive bien supérieure à celle qui l'a suivie après un intervalle de quatorze ans. C'est bien sûr un point essentiel qui a motivé ce jugement. Les deux grandes erreurs qu'a commises le traducteur de 1392 en analysant le texte, et dans lesquelles l'ont suivi au moins partiellement des interprètes modernes de la loi, ces erreurs, le traducteur de 1378 les avait évitées.

Ces problèmes ont tous deux été plus ou moins explicitement mentionnés lors de la première présentation de cette « traduction *princeps*[12] ». Reprenons brièvement, à la lumière des analyses syntaxiques de la deuxième partie, les passages incriminés.

Le tableau suivant, déjà proposé dans la première partie, montrait quelle pouvait être, dans un même passage des traductions de l'acte, la différence entre un ensemble d'options relativement similaires, qui à un œil non averti semblerait indiquer un rapport de dépendance entre les deux traductions, et un brusque écart qui indique un choix de traduction radicalement différent, engageant la compréhension du texte :

12 *Cf. supra*, p. 98-99.

Les deux traductions de 1378 et de 1392, exemples de choix syntaxiques divergents : la traduction de la séquence « *et ut frequenter visum est puerum, juvenem vel infantem ad bonum obediencie et serviciorum promptitudinem excitati* »

Original latin :
Quodque rex et Dominus naturalis ac legittimus plus diligitur a subditis, quam quicumque regens pro eo, videtur libencius, et sibi ab eisdem promptius obeditur, Retrahunturque a facinoribus et delictis solum Dominum videndo ; **Et ut frequenter visum est, puerum, juvenem vel infantem, ad bonum obediencie et serviciorum promptitudinem excitati**, audaces et magnanimi fiunt, ac magis in omnibus virtuosi.

Traduction de 1392 :
[...] et que le Roy et Seigneur naturel et légitime, est plus amé de ses subgiez, que autre quelconque Regent pour lui, et est plus voulentiers veu, et lui est par eulx obey plus promptement, et sont les subgiez retraiz de perpétrer délits et meffaiz, en veant leur seul Seigneur ; **et si comme on voit souvent un enfant ou jouvencel estre excité et meu au bien de obédience, et à servir promptement,** il deviennent hardis, de grant corage, et plus vertueux en toutes choses [...]

Traduction de 1378, d'après la copie amiénoise du XVe siècle :
[...] et aussi que le roy est seigneur naturel et legitime et plus amé de ses subgetz que quelconque autre regent pour luy / et est veu et regardé plus voulentiers et luy est par eulx obey plus promptement, et se Retraitent de deliz et de meffais seulement en veant leur seigneur / **et si comme il a esté veu souvent et Regardé plus voulentiers que les subgetz en veant leur seigneur estant enfant et jeune sont esmeuz a estre plus prestes a son service** et a estre hardis et courageux et plus vertueux en toutes choses [...]

On reconnaît dans ce passage le problème de l'interprétation du groupe accusatif *puerum, juvenem vel infantem*, discuté plus haut. En dépit de son éloignement, il doit en fait être raccroché à *solum Dominum* pour recevoir un sens satisfaisant, alors que la tentation d'en faire le sujet de la séquence verbale *audaces et magnanimi fiunt*, sujet à son tour glosé par la séquence « *ad bonum obediencie et serviciorum promptitudinem excitati* », est aussi grammaticalement illogique que peu satisfaisante pour le sens. Or il suffit de comparer les deux traductions de 1392 et de 1378 pour s'apercevoir que le plus vieux traducteur a compris la construction du texte latin, en accordant correctement entre eux *dominum* et *puerum*, tandis que le second s'est engouffré dans l'interprétation incorrecte en suivant plus instinctivement l'ordre d'apparition des concepts dans la phrase, au détriment de la logique grammaticale.

Le second exemple d'écart qualitatif dû à une meilleure analyse du texte latin a déjà été analysé plus explicitement. La structure du début de la période *Cum sint et fuerint* [...] *officia ordinata* ayant déjà fait l'objet de nombreuses discussions[13], on peut passer rapidement sur ce point. Le tableau déjà présenté dans la seconde partie montre également, de manière plus spectaculaire, que le traducteur de 1378 avait parfaitement conscience que *distincta officia* était le sujet logique des verbes *sint et fuerint ordinata*, et qu'il fallait en français ressouder cet ensemble pour avoir la moindre chance de refléter le sens original du texte latin. Le traducteur de 1392, lui, n'a rien vu du problème, et a donc déstructuré la phrase, avec de graves conséquences, puisque son interprétation semble avoir contaminé celle de chercheurs de notre temps :

Un exemple de supériorité de la traduction de 1378 sur celle de 1392 : le rétablissement du sujet logique de la période *Cum sint et fuerint ab antiquo* [...] *distincta officia* en début de phrase

Texte latin :
***Cum enim sint et fuerint ab antiquo*** *pro demanio regni regendo et conservando actibus bellicis ad laudem bonorum vindictam vero malorum, si opus fuerit, exercendis provinciarum regimine, ac debita justitia que nunc usque, laudes Deo, in regno nostro dicitur floruisse absque accepcione personarum, omnibus et singulis ministranda,* ***distincta officia ordinata****; virique spectabiles, illustres et superillustres, litterati, prudentes et scientifici, quorum opinionibus et operacionibus floret orbis, commissi et deputati ad hujusmodi officia gubernanda, impendenda obsequia, ac ministranda consilia majestati regie in omnibus que jus publicum concernunt...*

Traduction de 1392 :
[...] mesmement **comme ilz soient et aient esté d'ancienneté**, pour gouverner et garder par faiz de batailles, le Demaine du Royaume, à la loenge des bons et vengence des mauvaiz, se mestiers est du faire, pour le gouvernement des Provinces, et par deue Justice, laquelle, loenges en soient à Dieu, l'en dit avoir flory jusques-cy en nostre Royaume, et sanz accepcion de personnes ; et aussi à administrer à tous et à chascun **Offices distinctez et ordonnez,** et à yceulx Offices gouverner, à rendre services et à administrer consaulz à la Majesté Royal, en toutes choses qui regardent le droit publique, sont commis et députez hommes nobles et notables, lettres, prudens et sages, aux oppinions et opéracions desquelz le monde florit [...]

Traduction de 1378 :
**Comme d'anchienneté aient esté et soient ordenez certains et distinctes [*sic*] offices** par le royaulme pour gouverner et conduire le domaine du

13 *Cf.* notamment *supra*, p. 98 et 269-272.

Royaume / a faire et exercer les fais d'armes A la loenge des bons a la venjance des malvais et gouverner les provinces et faire justice, laquelle jusques au jourd'huy par la grace de sire Dieu et sans acception de personnes florit en Nostre Royaume. Et aussi y ait personnes honnourables et nobles, lettrez / sages et plains de grant science / par l'oppinion et operation desquelz le monde resplendit / commis commis [*sic*] et deputez a exercer lesdits offices et faire service et donner conseil / a nostre real maiesté en toutes choses qui regardent le profit commun /

## CONCLUSION PROVISOIRE SUR LA TRADUCTION DE 1378

Une telle différence de traitement pourrait être être mise simplement sur le compte de la compétence plus ou moins grande du traducteur en latin. Il n'est toutefois pas interdit de penser également qu'elle tient à la proximité du traducteur de 1378 avec la genèse de l'acte. Si nous connaissons assez bien l'essentiel de l'opération, nous ignorons après tout le détail des conditions dans lesquelles Gérard de Montaigu le jeune a travaillé, dans l'ombre de Gérard de Montaigu l'ancien, pour assembler et rédiger le recueil des traités de 1378. On peut faire l'hypothèse que c'est le fils du secrétaire et archiviste de Charles V qui a procédé lui-même à tout ou partie des travaux de traduction. Or Gérard de Montaigu l'ancien est certainement l'un des candidats possibles au rôle de co-rédacteur de certaines parties de l'acte de 1374. Sa connaissance de l'histoire du royaume et des archives a pu, en particulier, lui donner un rôle dans le choix de certains des *exempla* et des passages en rapport avec l'histoire de France inclus dans la *constitutio*, même si nous ne possédons encore aucun indice qui permettrait d'étayer cette hypothèse. Quoiqu'il en soit, il semble symptomatique que le traducteur, que l'on supposera sous bénéfice d'inventaire avoir été Gérard de Montaigu le jeune, sache parfaitement en 1378 comment interpréter deux passages cruciaux de l'acte, et manifeste une familiarité avec le texte que n'a plus son successeur de 1392. Ce dernier, quel qu'il fût, n'avait sans doute pas de lien direct avec des membres ou les inspirateurs de l'équipe rédactionnelle de 1374 : Evrart de Trémaugon était mort en 1386, Oresme, en 1382, Montaigu l'ancien en 1391… une courte génération avait passé depuis 1374 et, déjà, la mémoire de la rédaction de l'acte, de ses intentions, et des opérations qui l'avaient suivie s'enfuyait, au point que personne n'eut apparemment l'idée qu'il était inutile de réaliser une nouvelle traduction, puisque l'on pouvait recourir à celle de 1378. C'était bien la traduction « médiocre » de 1392 qui allait s'imposer.

> Regardant la lettre [illegible] par laquelle vous mande [illegible] les provinces [illegible] [illegible] de personnes [illegible] et [illegible] personnes bonnes [illegible] et [illegible] places de [illegible] par l'opinion [illegible] [illegible] [illegible] et [illegible] et toutes choses qui [illegible] le [illegible] commun.

CONCLUSION : [illegible] SUR LA [illegible]

Une telle entreprise de traitement pourrait être mise simplement sur le compte de la [illegible] plus grande [illegible] traducteur en [illegible] pour [illegible] de [illegible] avec le [illegible] de l'acte. Si [illegible] que la [illegible] de l'opération, nous [illegible] de [illegible] dans lesquelles [illegible] de Montaigne [illegible] dans l'ombre de [illegible] de Montaigne [illegible] pour assimiler cette [illegible] des [illegible] de 1578. On peut faire l'hypothèse que c'est le [illegible] qui [illegible] des travaux de traduction. [illegible] de Montaigne [illegible] certainement l'un des candidats possibles au [illegible] de [illegible] papiers [illegible] de 1574 [illegible] commissaire [illegible] et des [illegible] en particulier, lui donner un rôle dans le [illegible] des [illegible] des passages en rapport avec [illegible] de France [illegible] dans la [illegible] [illegible] positions [illegible] qui permettent d'avancer ces hypothèses. Quoi qu'il en soit, il semble [illegible] que le traducteur que l'on suppose [illegible] avoir été [illegible] de Montaigne [illegible] qui [illegible] deux [illegible] de l'acte, et [illegible] avec le texte que [illegible] son successeur de 1582 [illegible] quel qu'il [illegible] sans doute pas [illegible] avec [illegible] ou [illegible] de [illegible] de 1574 [illegible] de [illegible] 1580 [illegible] 1582 [illegible] en 1591 [illegible] depuis 1578 [illegible] de la traduction [illegible] de ses [illegible] et [illegible] qu'il aurait [illegible] au [illegible] que [illegible] [illegible] maître de [illegible] de traduction, puisqu'il [illegible] en 1582 [illegible] la traduction [illegible] de 1582 [illegible]

# RÉFÉRENCES ARCHIVISTIQUES ET MANUSCRITES ET BIBLIOGRAPHIE

## RÉFÉRENCES ARCHIVISTIQUES

### LES TROIS EXEMPLAIRES DE L'ACTE DE FIXATION

Archives nationales, J 401, n° 6$^{A}$, actuellement conservé au musée des archives nationales, Paris, cote 13 II 295 A.
Archives nationales, J 401, n° 6$^{B}$, réputé « premier original ».
Archives nationales, J 401, n° 6$^{C}$.

### LA CÉDULE DE 1375 ET LES COPIES ENREGISTRÉES DANS LES REGISTRES DU PARLEMENT

Archives nationales, X1A 8602, f° Lxxvj/78v (registre des ordonnances du parlement).
Archives nationales, AE II 395A (cédule jadis attachée à l'occasion de l'enregistrement au « premier original »).

### LES ORDONNANCES D'OCTOBRE SUR LA TUTELLE ET LA RÉGENCE DONT L'ORIGINAL EST PRÉSERVÉ ET LE TESTAMENT DE CHARLES V

Archives nationales, J 402, n° 7 (ordonnances d'octobre, tutelle).
Archives nationales, J 402, n° 8 (ordonnances d'octobre, tutelle et régence).
Archives nationales, J 404$^{b}$, n° 37 (testament).

### LES COPIES DU XV$^{e}$ SIÈCLE DES « TRAITÉS DE FRANCE » COMPILÉS PAR GÉRARD DE MONTAIGU LE JEUNE EN 1378 CONSERVÉES DANS DES SÉRIES ARCHIVISTIQUES

Archives municipales d'Amiens : AA4.
Archives nationales, KK 1512.

L'ACTE DE FONDATION DE LA SAINTE-CHAPELLE (1246)

Archives nationales, K 32, n° 2, conservé au Musée de l'histoire de France sous la cote AE II 240.

## MANUSCRITS[1]

Bruxelles, Bibl. royale, 2904 (traduction par Nicole Oresme des *Économiques* et des *Politiques*).

Bruxelles, Bibliothèque royale, ms. 10988 (« Art d'amours »).

Città del Vaticano, Biblioteca Apostolica Vaticana, ms. Vat. Barb. Lat. 1948 (*summae dictaminis*).

La Haye, Museum Meermanno-Westreenianum, ms. 10 D1 (traduction par Nicole Oresme de l'*Éthique*).

Londres, British Library, ms. Cotton MS Tiberius B VIII (Livre du couronnement de Charles V).

Lyon, Bibliothèque municipale, ms. P.A. 30 (Grandes Chroniques de France, XV^e^ siècle).

Modène, Bibl. Estense Universitaria, γ.G.2.30 (« Art d'amours »).

Paris, Bibliothèque de l'Arsenal, ms. 699 (version latine des *Économiques* du Pseudo-Aristote).

Paris, Bibliothèque de l'Arsenal, ms. 763 (matériel didactique lié à l'enseignement de l'*ars dictaminis* en France au XIV^e^ siècle).

Paris, Bibliothèque de l'Arsenal, ms. 1085 (anthologie d'œuvres et d'extraits d'œuvres de Sénèque).

Paris, BnF, ms. fr. 10140 (Livre des traités de France exécuté pour Charles V).

Paris, BnF, ms. fr. 16089 (version latine des *Économiques* du Pseudo-Aristote).

Paris, BnF, ms. fr. 17854. (Livre des traités de France exécuté pour Charles V).

Paris, BnF, ms. lat. 5925 (mise en forme latine du XIII^e^ siècle à la base des versions françaises des Grandes Chroniques de France).

Paris, BnF, ms. lat. 7695 (version latine des *Économiques* du Pseudo-Aristoste).

Paris, BnF, ms. lat. 11384 (*ars dictandi* cistercienne d'origine picarde du XIV^e^ siècle).

Paris, BnF, ms. lat. 16147 (version latine des *Économiques* du Pseudo-Aristote).

Paris, BnF ms. fond Clairambault 216 (copie d'un registre de mandements royaux).

1 *Cf.* également index, section des manuscrits.

# BIBLIOGRAPHIE

## SOURCES

ARISTOTE, *Économique*, texte établi par Bernhard Abraham Van Groningen et André Wartelle, traduit et annoté par André Wartelle, Paris, Les Belles-Lettres, 1968.

ARISTOTE, *Politique*, t. III, première partie, *Livre VII*, texte établi et traduit par Jean Aubonnet, Paris, Les Belles lettres, 1986 (Collection des universités de France).

ARISTOTE, *Les politiques*, traduction inédite, introduction, bibliographie, note et index par Pierre Pellegrin, Paris, Flammarion, 1990.

*Arrestum Sane, sive Ordinationes vel Statuta, contra Tutores & Curatores*, Toulouse, Nicolas Vieillard, 1535.

[AUGUSTIN] Augustini Hipponensis, *De civitate Dei*, Bernard Dombard (éd.), Alphonse Kalb, Turnhout, Brepols, 1955 (Corpus Christianorum series Latina, XLVIII).

[AUGUSTIN] *Œuvres de Saint Augustin*, 49, *La genèse au sens littéral en douze livres (VIII-XII), De genesi ad litteram libri duodecim*, Paul Agaësse-Aimé Solignac (éd.), Paris, Desclée de Brouwer, 1972 (Bibliothèque augustinienne, 49).

BARRET, Sébastien, GRÉVIN, Benoît, *Regalis excellentia. Les préambules des actes des rois de France au XIV^e^ siècle (1300-1380)*, Paris, École des chartes, 2014 (Mémoires et documents de l'École des chartes, 98).

[BENE DE FLORENCE] Bene Florentini, *Candelabrum*, Gian Carlo Alessio (éd.), Padoue, Antenore, 1983 (Thesaurus mundi, Biblioteca scriptorum latinorum mediae et recentioris aetatis, 23).

[BENOÎT (SAINT)] *Benedicti regula*, Rudolph Hanslik (éd.), Vienne, Hoelder-Pichler-Tempsky, 1960 (Corpus scriptorum ecclesiasticorum latinorum, 75).

*Biblia latina cum glossa ordinaria*. Facsimile Reprint of the Editio Princeps Adolph Rusch of Strassburg 1480/1481, intro. Karlfried Froehlich and Margaret T. Gibson, Brepols, Turnhout, 1992.

BONCOMPAGNUS DE SIGNA, *L'assedio di Ancona. Liber de obsidione Ancone*, Paolo Garbini (éd.), Rome, Viella, 1999.

*Briefe Johanns von Neumarkt*, Paul Piur (éd.), Berlin, Weidmannsche Verlagsbuchhandlung, 1937 (Vom Mittelalter zur Reformation. Forschungen zur Geschichte der deutschen Bildung, 8).

*Bulla aurea Karoli IV. imperatoris anno MCCCLVI promulgata / Die goldene Bulle Kaiser Karls IV. vom Jahre 1356. Text*, Wolfgang Fritz (éd.), Weimar, Hermann Böhlaus Nachfolger, 1972 (MGH, Fontes iuris germanici antique in usum scholarum, 11).

[Cassiodore] *Cassiodori Senatoris Variae*, Theodor Mommsen (éd.), Berlin, Weidmannsche Verlagsbuchhandlung 1894 (MGH Auctores Antiquissimi, 12).

[Cassiodore] Cassiodoro, *Varie*, vol. 1-5, Andrea Giardina et alii, Rome, L'Erma di Bretschneider, 2014-2017.

[Charles IV de Luxembourg] *Vie de Charles IV de Luxembourg*, Pierre Monnet, Jean-Claude Schmitt (éd.), Paris, Les Belles Lettres, 2010 (Classiques de l'histoire au Moyen Âge, 49).

Christine de Pisan, *Le livre des fais et bonnes meurs du sage roy Charles V*, Susanne Solente (éd.), 2 t., Paris, Champion, 1936.

*Chronique du religieux de Saint-Denis contenant le règne de Charles VI de 1380 à 1422*, publiée en latin et traduite par M. L. Bellaguet (1842), t. I et II, introduction de Bernard Guenée, Paris, Édition du comité des travaux scientifiques, 1994.

*Codex juris gentium diplomaticus…*, G. G. Leibnitius (éd.), Guelferbyti, apud Johannem Christopher Meisnerum, 1691 (consulté dans l'édition Hannoverae, Samuelis Hannoni, 1747).

*Constitutiones concilii quarti Lateranensis una cum Commentariis glossatorum*, Antonio García y García (éd.), Cité du Vatican, Biblioteca Apostolica Vaticana, 1981.

*Constitutiones et acta publica imperatorum et regum*, t. V, inde ab a. MCCCXIII usque ad A. MCCCXXIV, Ludwig Weiland, Jakob Schwalm, Margarete Kühn (éd.), Hanovre-Leipzig, Hahn, 1909-1913.

Cornelius Nepos, Quinte-Curce, Justin, Valère Maxime, Julius Obsequens, *Œuvres complètes* avec la traduction en français, Désiré Nisard, Pairs, Dubochet (éd.), 1841.

*Corps universel diplomatique du droit des gens contenant un recueil des traitez d'alliance, de paix, de treve, de neutralité, de commerce, d'échange, de protection… depuis le règne de l'Empereur Charlemagne jusques à présent*, t. II/1, Jean Du Mont (éd.), Amsterdam-La Haye, chez P. Brunel, R. et G. Wetstein, Pierre Husson et Charles Levier, 1726.

*Corpus iuris canonici*, ed. Lipsiensis secunda …, pars prima, *Decretum magistri Gratiani*, Aemilius Friedberg (éd.), Leipzig, Bernhard Tauchnitz, 1879.

*Corpus iuris canonici*, ed. Lipsiensis secunda…, pars secunda, *Decretalium collectiones*, Aemilius Friedberg (éd.), Leipzig, Bernhard Tauchnitz, 1881.

Dalzell, Ann, « The *Forma dictandi* attributed to Albert of Morra and related texts », *Mediaeval Studies*, n° 39, 1977, p. 440-465.

Delle Donne, Fulvio, *Il potere e la sua legittimazione. Letteratura encomiastica in onore di Federico II di Svevia*, Arce, éd. Nuovi Segnali, 2005.

*Die Konstitutionen Friedrichs II. für das Königreich Sizilien*, Wolfgang Stürner (éd.), Hanovre, Hahnsche Buchhandlung 1996 (Constitutiones et acta publica imperatorum et regum, II, supplementum).

*Documents parisiens du règne de Philippe VI de Valois (1328-1350) extraits des registres de la chancellerie de France*, Jules Viard (éd.), 2 t., Paris, Champion, 1900.

DUPUY, Pierre, *Traité de la majorité de nos rois et des régences du royaume*, Paris, Mathurin Du Puis, 1655.

*Édits et Ordonnances des rois de France depuis Louis VI dit le gros jusqu'au roi Henri IV*, Antoine Fontanon-Gabriel Michel de la Rochemaillet (éd.), Paris, pas de nom d'éditeur, 1611, 3 vol.

*Epistole et dictamina Clementis pape quarti*, Matthias Thumser (éd.), pré-édition électronique mise à disposition depuis 2007 sur le site des *Monumenta Germaniae Historica*, www.megh.de/datenbaken/epistolae/clemens-iv/ et sur le site de l'université Friedrich-Meinecke : www.geschkult.fu-berlin.de/e/fmi/arbeitsbereiche/ab_thumser/pdf/clemens.pdf, consulté le 01 02 2019.

*Éthique chrétienne et philosophies antiques. Le « Policratique » de Jean de Salisbury, livres VI et VII*, Charles Brucker (éd.), Genève, Droz, 2013 (Publications romanes et françaises, 260).

ÉVRART DE TRÉMAUGON, *Trois leçons sur les décrétales*, texte établi par Marion Schnerb-Lièvre avec la collaboration de Gérard Giordanengo, Paris, éd. du CNRS, 1998 (Sources d'histoire médiévales).

*Ex rerum anglicarum scriptoribus saeculi XII. et XIII*, Felix Liebermann, Reinhold Pauli (éd.), Hanovre, Hahn, 1885 (Monumenta Germaniae Historica Scriptores, t. 27).

[FRÉDÉGAIRE] *Fredegarii et aliorum chronica. Vitae sanctorum*, Bruno Krusch (éd.), Hanovre, Hahn, 1888 (MGH Scriptores rerum merovingicarum, 2).

[GILLES DE ROME] Aegidii Columnae Romani, *De regimine principum*, Geronimo Samaritanio (éd.), Rome, Bartolomeo Zanetto, 1607.

[GILLES DE ROME] Aegidii Columnae romani, *De Regimine principum Lib. III*, Romae, apud Bartholomaum Zannettum, 1607, réimp. anastatique, Aalen, Scientia Verlag, 1967.

GUÉNOIS, Pierre, JOLY, Jacques, *La grande conference des ordonnances et edicts royaux…*, t. 2, Paris, Jean et Estiene richer, 1627.

GUIDO FABA, *Dictamina rhetorica. Epistole*, Augusto Gaudenzi (éd.), Bologne, Forni, 1971 (rééd. anastatique d'*Id.*, « Guido Faba, *Dictamina rhetorica* », *Il Propugnatore*, n. ser., n° 5/1 (1892), p. 86-129, n° 5/2 (1892), p. 58-109, et de « Guido Faba, *Epistole* », *Il Propugnatore*, n. ser., n° 6/1, 1893, p. 359-390, n° 6/2, p. 373-389).

GUILLAUME DU BREUIL, *Style du parlement de Paris*, Henri Lot (éd.), Paris, pas de mention d'éditeur, imprimerie Gouverneur Daupeley, 1877.

[HENRI D'ANDELI] *Les dits d'Henri d'Andeli*, Alain Corbellari (éd.), Paris, Champion, 2003 (Les classiques français du Moyen Âge, 146 et Traductions des classiques du Moyen Âge, 66).

[HILAIRE DE POITIERS] Sancti Hilarii pictaviensis episcopi, *Opera* I/2, *Tractatus super psalmos*, Jean Doignon (éd.), Turnhout, Brepols, 3 vol., 1997-2009 (Corpus Christianorum series Latina LXIA-C).

*Historia diplomatica Friderici secundi*, Jean-Louis-Alphonse Huillard-Bréholles (éd.), 6 t., Paris, Plon, 1852-1860.

*Historiae Rhytmichae.* XIII 2te Folge : *Liturgische Reimofficien*, Guido Maria Dreves (éd.), Frankfurt am Main, Minerva, 1961 (Analecta Hymnica Medii Aevi, 13/2), réimpression de l'édition or. Leipzig 1892.

HOLD, Hermann, *Unglaublich glaubhaft : die Arengen-Rhetorik des Avignonenser Papsttums*, 2 vol., Berlin-Berne-Francfort-sur-le-Main, Peter Lang, 2004.

[Innocent III] *Die Register Innocenz III.*, t. 11, *Pontifikatsjahr 1208-1209*, Othmar Hageneder, Andrea Sommerlechner (éd.), Vienne, Verlag der österreichischen Akademie der Wissenschaft, 2010, n° 4, p. 4-6

*Inventaire du mobilier de Charles V*, roi de France, Jules Labarte (éd.), Paris, Imprimerie nationale, 1879.

[JEAN DE GARLANDE] *The* Parisiana Poetria *of John of Garland*, Traugott Lawler (éd.), New Haven-Londres, Yale university Press, 1974 (Yale Studies in English, 182).

[JEAN DE LIMOGES] Johannis Lemovicensis abbatis de Zirc 1208-1218 *Opera omnia*, 3 t., Konstantin Horváth (éd.), Veszprém, Egyházmegyei könyvnyomda, 1932 (Libri de Zirc, 2).

[JEAN FROISSART] *Les chroniques de sire Jean Froissart*, éd. revue et augmentée, Jean Alexandre C. Buchon, 3 t., Paris, Wattelier, 1867.

[JEAN GOLEIN] *Le miroir, exemplaire et fructueuse instruction du regime et gouvernement des roys et princes*, Paris, Guillaume Eustace, 1516.

[JEAN GOLEIN] *Le mirouer exemplaire et tresfructueuse instruction du regime et gouvernement des roys, princes et grandz seigneurs*, Paris, Guillaume Eustace et Pierre Vidoué, 1517.

JEAN GOLEIN, *Le « racional des divins offices » de Guillaume Durand. Livre IV. La messe, les « Prologues » et le « Traité du sacre » : liturgie, spiritualité et royauté : une exégèse allégorique*, éd. critique et commentée, Charles Brucker-Pierre Demarolle, Genève, Droz, 2010 (Publications romanes et françaises, 250).

JODOGNE, Omer, « Audigier et la chanson de geste, avec une édition nouvelle du poème », *Le Moyen Âge*, n° 66, 1960, p. 495-526.

KARL, Louis, « L'art d'amours de Guiart », *Zeitschrift für romanische Philologie*, n° 44, 1924, p. 66-80 et 181-188.

KÜHNE, Heinrich, STENGEL, Edmund, *Maître Elie's Überarbeitung der ältesten französischen Übertragung von Ovid's Ars amatoria*, Marburg, Elwert, 1886 (Ausgaben und Abhandlungen aus dem Gebiete der romanischen Philologie, 47).

*La clef d'Amors*, Auguste Doutrepont (éd.), Halle, Niemeyer, 1890 (Bibliotheca Normannica, 5).

*Layettes du trésor des chartes*, t. I, Alexandre Teulet (éd.), Paris, 1863.

*Layettes du trésor des chartes, t. V, Ancienne série des Sacs, dite aujourd'hui « supplément » (755-1270). Inventaire analytique (J//736-J//1053)*, François-Henri Delaborde (éd.), Paris, 1909.

*Le formulaire d'Odart Morchesne dans la version du ms BnF fr. 5024*, Olivier Guyotjeannin, Serge Lusignan (éd.), Paris, École des chartes, 2005 (Mémoires et documents de l'École des chartes, 80).

*Le policratique de Jean de Salisbury*, 1372, *livres I-III*, Charles Brucker (éd.), Genève, Droz, 1994 (Publications romanes et françaises, 209).

*Le « Policratique » de Jean de Salisbury (1372), livre V*, Charles Brucker (éd.), Genève, Droz, 2006 (Publications romanes et françaises, 242).

*Le songe du vergier édité d'après le manuscrit Royal 19 C IV de la British Library*, 2. t., Marion Schnerb-Lièvre (éd.), Paris, CNRS, 1982 (Sources d'Histoire Médiévale).

LEMAIRE, André, *Les Lois fondamentales de la monarchie française d'après les théoriciens de l'Ancien Régime*, Paris, A. Fontemoing, 1907.

LEPOT, Julien, *Un miroir au prince enluminé du milieu du XIV^e siècle : l'Avis aus roys*, thèse d'histoire médiévale soutenue en 2014 à Orléans.

*Les grandes chroniques de France*, Jules Viard (éd.), 10 vol., Paris, Champion puis Klincksieck, 1920-1953.

*Les Grandes Chroniques de France. Chronique des règnes de Jean II et de Charles V*, Roland Delachenal (éd.), Paris, Renouard, 1920, t. II-III (1364-1380, continuation et appendice).

L'HOSPITAL, *Discours pour la majorité de Charles IX*, Robert Descimon (éd.), Paris, Imprimerie nationale, 1993.

*Mandements et actes divers de Charles V (1364-1380)*, publ. et analysés par Léopold Delisle, Paris, Imprimerie nationale, 1874.

MOSCATI, Anna, « La "*Lamentacio*" di Bertoldo di Hohenburg », *Bullettino dell'Istituto storico italiano per il Medio Evo*, n° 65, 1953, p. 121-127.

*Musée des Archives nationales : documents originaux de l'histoire de France exposés dans l'hôtel de Soubise*, Paris, Imprimerie nationale, 1872.

NICOLA DA ROCCA, *Epistolae*, Fulvio Delle Donne (éd.), Florence, Edizioni del Galluzzo, 2003 (Edizione nazionale dei testi mediolatini, 9).

[NICOLE ORESME] Maistre Nicole Oresme, *Le livre de Ethiques d'Aristote*, Albert D. Menut (éd.), New York, Stechert and Co., 1940.

[NICOLE ORESME] Maistre Nicole Oresme, *Le livre de yconomique d'Aristote*, Albert D. Menut, Philadelphia (éd.), The American Philosophical Society, 1957 (Transactions of the American Philosophical Society, n. s., 47/5).

NICOLE ORESME, *Le Livre du ciel et du monde*, Albert D. Menut, Alexander J. Denomy (éd.), Albert D. Menut (trad.), Madison-Londres, The university of Wisconsin Press, 1968.

[NICOLE ORESME] Maistre Nicole Oresme, *Le livre de politiques d'Aristote*, Albert D. Menut (éd.), Philadelphia, The American Philosophical Society, 1970 (Transactions of the American Philosophical Society, n. s., 60/6).

NICOLE ORESME, *Questiones super Physicam (Books I-VII)*, Stefano Caroti, Jean Celeyrette, Stefan Kirschner, Edmont Mazet (éd.), Leiden-Boston, Brill, 2013 (Studien und Texte zur Geistesgeschichte des Mittelalters, 112).

O'CONNELL, David, *Les Propos de Saint Louis*, Paris, Gallimard-Julliard, 1974.

*Ordines coronationis Franciae : texts and ordines for the coronation of Frankish and French kings and queens in the Middle Ages*, 2 vol., Richard A. Jackson (éd.), Philadelphia (Pa.), University of Pennsylvania Press, 1995-2000 (Middle Age series).

*Ordonnances des roys de France de la troisième race recueillies par ordre chronologique.* Cinquième volume, contenant les ordonnances de Charles V données depuis le commencement de l'année 1367 jusqu'à la fin de l'année 1373. Par Mr Secousse, Ancien Avocat au parlement et Associé à l'Académie Royale des Inscriptions et Belles Lettres, Paris, Imprimerie Royale, 1736.

*Ordonnances des roys de France de la troisième race recueillies par ordre chronologique.* Sixième volume, contenant les ordonnances de Charles V données depuis le commencement de l'année 1374 jusques à la fin de son règne ; et celles de Charles VI depuis le commencement de son règne jusques à la fin de l'année 1382, par Mr Secousse, Ancien avocat au parlement, et Associé à l'Académie royale des Inscriptions et Belles lettres, Paris, Imprimerie royale, 1741.

*Ordonnances des rois de France de la troisième race recueillies par ordre chronologique.* Septième volume, contenant les ordonnances de Charles VI données depuis le commencement de l'année 1383 jusqu'à la fin de l'année 1394, par Mr Secousse, ancien Avocat au Parlement, et Associé à l'Académie Royale des Inscriptions et Belles lettres, Paris, Imprimerie Royale, 1745.

OVIDE, *L'art d'aimer*, Henri Bornecque (éd.), Paris, Les Belles lettres, 1924.

*Paris et ses historiens aux XIV^e^ et XV^e^ siècles*, Antoine Le Roux de Lincy-Lazare Maurice Tisserand (éd.), Paris, Imprimerie impériale, 1867.

PHILIPPE DE MÉZIÈRES, *Le songe du vieil pelerin*, George W. Coopland (éd.), Londres, Cambridge University Press, 2 vol., 1969.

PHILIPPE DE MÉZIÈRES, *Songe du vieil pèlerin*, Joël Blanchard (éd.), Paris, Droz, 2015 (Textes littéraires français, 633).

[PIERRE DE BLOIS] Petri Blesensis, *Opera omnia*, Jacques-Paul Migne (éd.), Paris, éd. Migne (Patrologia Latina, 207).

[PIERRE DE LA VIGNE, attribué à] *L'epistolario di Pier della Vigna*, coord. Edoardo d'Angelo, Soveria Mannelli, Rubettino, 2014.

PRIGENT, René, « Le Formulaire de Tréguier », *Mémoires de la Société d'Histoire et d'Archéologie de Bretagne*, 4/2, 1923, p. 275-413.

*Recueil des historiens des croisades. Historiens occidentaux*, t. I, 1, Paris, Imprimerie royale, 1844.

*Recueil général des anciennes lois françaises*, François-André Isambert (éd.) (avec Athanase Jourdan et Alphonse Taillandier), t. 5, Paris, Belin-Leprieur, 1824.

*Rerum gallicarum et Francicarum scriptores / Recueil des historiens des Gaules et de la France*, t. XIX, Michel-Jean-Joseph Brial (éd.), nouvelle édition sous la direction de Léopold Delisle, Paris, Victor Palmé, 1880.

*Rerum gallicarum et Francicarum scriptores / Recueil des historiens des Gaules et de la France*, t. XX, Pierre-Claude-François Daunou, Joseph Naudet (éd.), Paris, Imprimerie royale, 1840.

*Rerum gallicarum et Francicarum scriptores / Recueil des historiens des Gaules et de la France*, t. XXIII, Nathalis De Wailly, Léopold Delisle, Charles Jourdain (éd.), Paris, H. Welter, 1894.

[ROGER BACON] Fratris Rogeri Bacon *Opera quaedam hactenus inedita*, vol. I, *Opus tertium, opus minus, compendium philosophiae*, J. S. Brewer (éd.), Londres, Longman, 1859.

ROLANDINO, *Vita e morte di Ezzelino da Romano (Cronaca)*, Flavio Fiorese (éd.), Milan, Mondadori, 2004.

ROY, Bruno, *L'Art d'amours. Traduction et commentaire de l'* Ars amatoria *d'Ovide*, Leyde, Brill, 1974.

SAINT-SIMON, *Mémoires*, t. I, 1691-1701, Yves Coirault (éd.), Paris, Gallimard, 1983 (Bibliothèque de la Pléiade).

SAMBIN, Paolo, *Un certame dettatorio tra due notai pontifici (1260). Lettere inedite di Giordano da Terracina e di Giovanni da Capua, Rome*, 1955 (Note e discussioni erudite, 5).

SÉNÈQUE, *Dialogues*, t. 3, *Consolations*, René Waltz (éd.), Paris, Les belles Lettres, 1923.

*Somnium viridarii*, 2 t., Marion Schnerb-Lièvre (éd.), Paris, éd. du CNRS 1993-1995, (Souces d'histoire médiévale).

TALSMA, Deeuwes, *L'art d'amour van Jakes d'Amiens (XIII eeuw)*, Leyde, Hilarus, 1925.

*Testaments enregistrés au parlement de Paris sous le règne de Charles VI*, Alexandre Tuetey (éd.), Paris, Imprimerie nationale, 1880.

[THOMAS D'AQUIN] Sancti Thomae de Aquino, *Opera omnia*, t. XXII, *Quaestiones disputatae de veritate*, cura et studio fratrum praedicatorum, vol. I, *Praefatio-QQ.* 1-7, Rome, Editori di San Tommaso, 1975.

[Thomas d'Aquin] Divi Thomae Aquinatis, *Summa theologica*, editio altera romana, prima secundae partis, Rome, Forzani, 1894.

[Thomas de Capoue] *Die Briefsammlung des Thomas von Capua*, aus den nachgelassenen Unterlagen von Emmy Heller und Hans Martin Schaller, Matthias Thumser, Jakob Frohmann (éd.), MGH, 2011, www.Mgh.de/datenbanken/thomas-von-capua, consulté le 01 02 2019.

Transmundus, *Introductiones dictandi*, Ann Dalzell (éd.), Toronto, Pontifical Institute of Medieval Studies, 1995 (Studies and Texts, 123).

Tuetey, Alexandre, *Inventaire de Nicolas de Baye, chanoine de Notre-Dame, greffier du parlement de Paris sous Charles VI*, précédé d'une notice biographique, Paris, pas de mention d'éditeur (imprimerie Daupeley-Gouverner), 1888.

Turcan-Verkerk, Anne-Marie, « Lettres d'étudiants de la fin du xiii^e^ siècle : les saisons du *dictamen* à Orléans en 1289 », *Mélanges de l'École française de Rome Moyen Âge*, n° 105, 1993, p. 651-714.

*Una silloge epistolare della seconda metà del* xiii *secolo*, Fulvio Delle Donne (éd.), Florence, Galluzo, 2007 (edizione nazionale dei testi mediolatini, 19).

Venance Fortunat, *Poèmes, t.* III, liv. IX-XI, Marc reydellet (éd.), Paris, Les Belles Lettres, 2004.

Vernet, André, « Le "Tragicum argumentum de miserabili statu regni Francie" de François de Monte Belluna (1357) », *Annuaire-bulletin de la Société de l'Histoire de France*, [pas de numérotation], 1962-1963, p. 101-163.

Vernet, André, « Documents nouveaux sur François de Montebelluna », *Annuaire-Bulletin de la Société de l'histoire de France*, [pas de numérotation], 1966-1967, p. 73-89.

Villon, François, *Lais, testament, poésies diverses*, Jean-Claude Mühlethaler (éd. et trad.), avec *Ballades en jargon*, Éric Hicks (éd. et trad.), Paris, Champion, 2004.

[Vincent de Beauvais] Vincent of Beauvais, *De eruditione filiorum nobilium*, Arpad Steiner (éd. et trad.), Cambridge, Massachussets, Mediaeval Academy of America, 1938 (The Mediaeval Academy of America, Publication, 32).

## ÉTUDES

Allirot, Marie-Hélène, *Filles de roy de France. Princesses royales, mémoire de saint Louis et conscience dynastique (de 1270 à la fin du* xiv^e^ *siècle)*, Turnhout, Brepols, 2010 (Culture et société médiévales, 20).

Andrieux-Reix, Nelly, Monsonego, Simone, « Écrire des phrases au Moyen Âge : matériaux et premières réflexions pour une étude des segments graphiques observés dans les manuscrits français médiévaux », *Romania*, n° 115, 1997, p. 289-336.

ANHEIM, Étienne, « L'historiographie est-elle une forme d'histoire intellectuelle ? La controverse de 1934 entre Lucien Febvre et Henri Jassemain », *Revue d'histoire moderne et contemporaine*, n° 59/4 bis, 2012/5, p. 105-130.

ARABEYRE, Patrick, « Le premier recueil méthodique d'ordonnances royales françaises : le *Tractatus ordinationum regiarum* d'Étienne Aufréri (fin XVe-début du XVIe siècle) », *Revue d'Histoire du Droit*, 79, 2011, p. 391-453.

ARTONNE, André, « Le recueil des traités de la France composé par ordre de Charles V », *Recueil de travaux offerts à M. Clovis Brunel par ses amis, collègues et élèves*, 2 vol., Paris, École des chartes, 1955, t. 1, p. 53-63.

AUTRAND, Françoise, « Culture et mentalité : les librairies des gens du parlement au temps de Charles VI », *Annales ESC*, 28/5, 1973, p. 1219-1244.

AUTRAND, Françoise, *Naissance d'un grand corps d'État. Les gens du parlement de Paris, 1345-1454*, Paris, Publications de la Sorbonne, 1981.

AUTRAND, Françoise, *Charles VI. La folie du roi*, Paris, Fayard, 1986.

AUTRAND, Françoise, *Charles V*, Paris, Fayard, 1994.

AUTRAND, Françoise, « La succession à la couronne de France et les ordonnances de 1374 », *Représentation, pouvoir et royauté.* Actes du colloque organisé par l'université du Maine (25-26 mars 1994), Paris, Picard, 1995, p. 25-32.

AUTRAND, Françoise, CONTAMINE, Philippe, « Les livres des hommes de pouvoir : de la pratique à la culture écrite : I. Pratique diplomatique et culture politique au temps de Charles V », *Pratiques de la culture écrite en France au XVe siècle* : Actes du colloque international du CNRS, 16-18 mai 1992 organisé en l'honneur de Gilbert Ouy par l'unité de recherche « Culture écrite du Moyen Âge tardif », Louvain-la-Neuve, Fédération Internationale des Instituts d'Étude Médiévale, 1995 (Textes et Études du Moyen Âge, 2), p. 199-204.

BABBITT, Susann M., *Oresme's livre de Politiques and the France of Charles V*, Philadelphia, The American Philosophical Society, 1985 (Transactions of the American Philosophical Society, 75/1).

BALDWIN, John, *Philippe Auguste*, Paris, Fayard, 1991 (éd. originale *The Government of Philip Augustus. Foundations of French Royal Power in the Middle Ages*, Berkeley-Los Angeles, University of California Press, 1986).

BARBEY, Jean, *Être roi. Le gouvernement royal en France de Clovis à Louis XIV*, Paris, Fayard, 1992.

BARBEY, Jean, *La Fonction royale. Essence et légitimité d'après les Tractatus de Jean de Terrevermeille*, Paris, Nouvelles éditions latines, 1983.

BARRET, Sébastien, GRÉVIN, Benoît, *Regalis excellentia. Les préambules des actes des rois de France au XIVe siècle (1300-1380)*, Paris, École des chartes, 2014 (Mémoires et documents de l'École des chartes, 98).

BATZER, Ernst, *Zur Kenntnis der Formularsammlung des Richard von Pofi*, Heidelberg 1910.

BEAUNE, Colette, *Naissance de la nation France*, Paris, Gallimard, 1985.

BEDOS-REZAK, Brigitte Myriam, IOGNA-PRAT, Dominique (éd.), *L'individu au Moyen Âge*, Paris, Aubier, 2005.

BERGER, Élie, « Le titre de régent dans les actes de la Chancellerie royale », *Bibliothèque de l'école des chartes*, 61, 1900, p. 413-425.

BERGERON, Régean, ORNATO, Ezio, « La lisibilité dans les manuscrits et les imprimés à la fin du Moyen Âge : préliminaires d'une recherche », *Scrittura e civiltà*, n° 14, 1990, p. 151-198, rééd. dans *La face cachée du livre médiéval : l'histoire du livre vue par Ezio Ornato, ses amis et ses collègues*, Rome, Viella, 1997 (I libri di Viella, 10), p. 521-554.

BERNÉ, Damien, *Saint-Denis. L'espace et la mémoire du XII^e au début du XVI^e siècle*, thèse de doctorat d'histoire de l'art, Université Paris IV-Sorbonne, 3 vol., 2016.

BERTRAND, Olivier, « Le vocabulaire politique aux XIV^e et XV^e siècles : constitution d'un lexique ou émergence d'une science ? », *Langage et société*, n° 113, 2005, p. 11-32.

BIARD, Joël, *Science et nature : la théorie buridanienne du savoir*, Paris, Vrin, 2012.

BOSSUAT, Robert, « Jean Miélot, traducteur de Cicéron », *Bibliothèque de l'École des chartes*, n° 99, 1938, p. 82-124.

BOSSUAT, Robert, « Raoul de Presles », *Histoire littéraire de la France*, n° 40, 1974, p. 111-186.

BOUDET, Jean-Patrice, « Le modèle du roi sage aux XIII^e et XIV^e siècles : Salomon, Alphonse X et Charles V », *Revue historique*, n° 647, 2008/3, p. 545-566.

BOUDET, Jean-Patrice, *Entre science et nigromance. Astrologie, divination et magie dans l'Occident médiéval (XII^e-XV^e siècle)*, Paris, Publications de la Sorbonne, 2006 (coll. Histoire ancienne et médiévale, 83).

BOUHAÏK-GIRONÈS, Marie, *Les clercs de la Basoche et le théâtre comique (Paris, 1420-1550)*, Paris, Champion, 2007 (Bibliothèque du XV^e siècle, 72).

BOUREAU, Alain, recension de Marion Schnerb-Lièvre (éd.), *Somnium viridarii*, *Annales HSS*, n° 50/3, 1995, p. 614-615.

BOURGAIN, Pascale, « Style professionnel et style personnel. Les différents niveaux stylistiques chez Alain Chartier, secrétaire de Charles VII », *Cancelleria e cultura nel Medioevo.* Communicazioni presentate nelle giornate di studio della Commissione, Stoccarda, 29-30 agosto 1985, 16 congresso internazionale di Scienze storiche, Commission Internationale de Diplomatique, Germano Gualdo (éd.), Cité du Vatican, Archivio secreto vaticano, 1990, p. 169-185.

BOURGAIN, Pascale, *Latin médiéval*, Turnhout, Brepols, 2005 (L'atelier du médiéviste, 10).

BOURQUELOT, Felix, « Jean des Marés, avocat général au Parlement de Paris au quatorzième siècle. Notice biographique », *Revue d'histoire du droit français et étranger*, n° 4, 1858, p. 244-263.

BRENET, Jean-Baptiste, *Transfert du sujet. La noétique d'Averroès selon Jean de Jandun*, Paris, Vrin, 2003.

BROEKMANN, Theo, *Rigor iustitiae. Herrschaft, Recht und Terror im normannischstaufischen Süden (1050-1250)*, Darmstadt, Wissenschaftliche Buchgesellschaft, 2005.

BROSER, Tanja, « Les règles de l'*ars dictaminis* à la Curie pontificale durant le XIII^e siècle », *Le* dictamen *dans tous ses états. Perspectives de recherche sur la théorie et la pratique de l'*ars dictaminis *(XI^e-XV^e siècles)*, Benoît Grévin, Anne-Marie Turcan-Verkerk (éd.), Turnhout, Brepols, 2015 (Bibliothèque d'Histoire Culturelle du Moyen Âge, 16), p. 243-256.

BROWN, Elisabeth, « La notion de légitimité et la prophétie à la cour de Philippe Auguste », *La France de Philippe Auguste : le temps des mutations.* Actes du Colloque international organisé par le C.N.R.S. (Paris, 29 septembre-4 octobre 1980), Robert-Henri Bautier (éd.), Paris, éditions du CNRS, 1982, p. 77-110 (rééd. dans Elisabeth Brown, *The Monarchy of Capetian France and Royal Ceremonial*, Londres, Variorum Reprints, n° I).

BROWN, Elisabeth, « The Chapels and Cult of St. Louis at St. Denis », *Mediaevalia*, n° 10, 1984, p. 279-331.

BROWN, Elisabeth, « Guillaume de Nogaret et les textes : les registres JJ 28 et JJ 29 », dans *La royauté capétienne et le Midi au temps de Guillaume de Nogaret.* Actes du colloque des 29 et 30 novembre 2013, Bernard Moreau, Julien Théry-Astruc (éd.), Nîmes, Éditions de la Fenestrelle, 2015, p. 209-234.

BRUNEL, Ghislain, *Images du pouvoir royal. Les chartes décorées des Archives nationales XIII^e-XV^e siècle*, Paris, Somogy éditions d'Art, 2005.

BRUSSEL, Nicolas, *Nouvel examen de l'usage général des fiefs en France pendant les XI^e, XII^e, XIII^e et XIV^e siècles…*, 2 t., Paris, chez Jacques Nicolas le Clerc, 1739 (éd. or. 1727).

CAMARGO, Martin, *Ars dictaminis ars dictandi*, Turnhout, Brepols, 1991 (Typologie des sources du Moyen Âge occidental, 60).

CAMARGO, Martin, « La déclamation épistolaire. Lettres modèles et performance dans les écoles anglaises médiévales », *Le* dictamen *dans tous ses états. Perspectives de recherche sur la théorie et la pratique de l'*ars dictaminis *(XI^e-XV^e siècles)*, Benoît Grévin, Anne-Marie Turcan-Verkerk (éd.), Turnhout, Brepols, 2015 (Bibliothèque d'Histoire Culturelle du Moyen Âge, 16), p. 287-308.

CAROLUS-BARRÉ, Louis, *Le procès de canonisation de saint Louis (1272-1297)*, Rome, École française de Rome, 1994 (Collection de l'École française de Rome, 195).

CARPEGNA FALCONIERI, Tommaso di, *L'homme qui se prenait pour le roi de France*, Paris, Tallandier-École française de Rome, 2018, traduction de *L'uomo che si credeva re di Francia. Una storia medievale*, Roma-Bari, Laterza, 2005.

CARQUÉ, Bernd, *Stil und Erinnerung : Französische Hofkunst im Jahrhundert Karls V. und im Zeitalter ihrer Deutung*, Göttingen, Vandenhoeck & Ruprecht, 2004.

CASTILLO LLUCH, Mónica, *Tel fils, tel père : Ferdinand III dans le processus de planification du castillan (étude linguistique du Fuero Juzgo)*, mémoire inédit d'habilitation à diriger des recherches, Paris IV, 2011.

CAZELLES, Raymond, « Les trésors de Charles V », *Comptes rendus des séances de l'Académie des Inscriptions et Belles-Lettres*, n° 124, 1980, p. 214-226.

CAZELLES, Raymond, *Société politique, noblesse et couronne sous Jean le Bon et Charles V*, Paris, École nationale des chartes, 1982 (Mémoires et documents publiés par l'École des chartes, 28).

CHEVRIER, Georges, « Les critères de distinction du droit public et du droit privé dans la pensée savante médiévale », *Études d'histoire du droit canonique dédiées à Gabriel le Bras*, t. II, Paris, Sirey, 1965, p. 841-859.

CHEVRIER, Georges, « Remarques sur l'introduction et les vicissitudes de la distinction du "jus publicum" et du "jus privatum" dans les œuvres des anciens juristes français », *Archives de philosophie du droit*, 1952, p. 6-77.

CHIFFOLEAU, Jacques, « La religion flamboyante (vers 1320 – vers 1520) », *Histoire de la France religieuse*, t. II, Jacques Le Goff, René Rémond (éd.), Paris, Seuil, 1988, p. 13-184.

COOPLAND, George W., *Nicole Oresme and the Astrologers : A Study of his "Livre de divinacions"*, Liverpool, Liverpool University press, 1952.

DALZELL, Ann, « The *Forma dictandi* attributed to Albert of Morra and related texts », *Mediaeval Studies*, n° 39, 1977, p. 440-465.

DELABORDE, Henri-François, « Le texte primitif des Enseignements de saint Louis à son fils », *Bibliothèque de l'école des chartes*, 1912, 73, p. 73-100.

DELACHENAL, Roland, « La bibliothèque d'un avocat au XIVe siècle. Inventaire estimatif des livres de Robert Le Coq », *Nouvelle revue historique de droit français et étranger*, n° 11, 1887, p. 524-544.

DELACHENAL, Roland, « Notes sur un manuscrit de la bibliothèque de Charles V », *Bibliothèque de l'École des chartes*, n° 71, 1910, p. 33-38.

DELACHENAL, Roland, *Histoire de Charles V*, Paris, Picard, 5 t., 1909-1931.

DELACHENAL, Roland, *Les avocats du Parlement de Paris au XIVe siècle*, Paris, Plon, 1885.

DELATOUR, Jérôme, « De l'art de plaider doctement : les notes de lecture de Pierre Dupuy, jeune avocat (1605-1606) », *Bibliothèque de l'école des chartes*, 1995, 153/2, p. 391-412.

DELATOUR, Jérôme, « Les frères Dupuy et leurs correspondances », *Les grands intermédiaires culturels de la République des lettres : études des réseaux de correspondances du XVI^e au XVIII^e siècle*, Christiane Berkvens-Stevelinck, Hans Bots, Jens Haseler (éd.), Paris, Champion, 2005, p. 61-101.

DELISLE, Léopold, *Recherches sur la librairie de Charles V*, 2 t., Paris, Champion, 1907.

DELLE DONNE, Fulvio, « Le *dictamen* capouan : école rhétoriques et conventions historiographiques », *Le* dictamen *dans tous ses états. Perspectives de recherche sur la théorie et la pratique de l'*ars dictaminis *(XI^e-XV^e siècles)*. Actes du colloque international, Paris, 5-6 juin 2012, Benoît Grévin, Anne-Marie Turcan-Verkerk (éd.), Turnhout, Brepols, 2015 (Bibliothèque d'Histoire Culturelle du Moyen Âge, 16), p. 191-207.

DELLE DONNE, Fulvio, *Il potere e la sua legittimazione. Letteratura encomiastica in onore di Federico II di Svevia*, Arce, éd. Nuovi Segnali, 2005.

DOSSAT, Yves, « La "Chronique" de Guillaume de Puylaurens », *L'historiographie en Occident du V^e au XV^e siècle.* Actes du congrès de la Société des historiens médiévistes de l'enseignement supérieur public, Tours, 10-12 juin 1977, publié dans *Annales de Bretagne et des pays de l'Ouest*, n° 87, 1980, p. 259-266.

DUCOS, Joëlle, « Goût des sciences et écriture du savoir à la cour de Charles V », *Le goût du lecteur à la fin du Moyen Âge*, éd. Danielle Bohler Paris, Éditions du Léopard d'Or, 2006 (Cahiers du Léopard d'Or, 11), p. 225-244.

EPSTEIN, Macy J., « Ludovicus Decus Regnantium : Perspectives on the Rhymed Office », *Speculum*, n° 53, 1978, p. 283-334.

ESMEIN, Adhémar, « La maxime Princeps legibus solutus est dans l'ancien droit public français », *Essays in Legal History Read before the International Congress of Historical Studies held in London in 1913*, Paul Vinogradof (éd.), Londres-New York, Oxford University Press, 1913.

ESPINAS, Georges, *La vie urbaine à Douai au Moyen Âge*, 4 vol., Paris, Picard, 1913.

FÉLIBIEN, Dom Michel, *Histoire de l'abbaye royale de Saint-Denys en France contenant la vie des abbez qui l'ont gouvernée depuis onze cens ans…*, Paris, Frédéric Léonard, 1706.

FELISI, Claudio, TURCAN-VERKERK, Anne-Marie, « Les *artes dictandi* latines de la fin du XI^e à la fin du XIV^e siècle : un état des sources », *Le* dictamen *dans tous ses états. Perspectives de recherche sur la théorie et la pratique de l'*ars dictaminis *(XI^e-XV^e siècles).* Actes du colloque international de Paris, 5-6 juillet 2012, Benoît Grévin, Anne-Marie Turcan-Verkerk (éd.), Turnhout, Brepols, 2015 (Bibliothèque d'Histoire Culturelle du Moyen Âge, 16), p. 417-542.

FICHTENAU, Heinrich, *Arenga. Spätantike und Mittelalter im Spiegel von Urkundenformeln*, Graz-Köln, Böhlau, 1957 (Mitteilungen des Instituts für österreichische Geschichtsforschung, Ergänzungsband XVIII).

FLACH, Jacques, *Étude historique sur la durée et les effets de la minorité en droit romain et dans l'ancien droit français*, Paris, Ernest Thorin, 1870.

FLEUCHAUS, Elmar, *Die Briefsammlung des Berard von Neapel. Überlieferung-Regesten*, Munich, MGH, 1998 (MHG Hilfsmittel, 17).

FOLZ, Robert, « La sainteté de Louis IX d'après les textes liturgiques de sa fête », *Revue d'histoire de l'Église de France*, n° 57, 1971, p. 30-45.

FOLZ, Robert, *Les saints rois du Moyen Âge en Occident (VI^e^-XIII^e^ siècles)*, Bruxelles, Société des Bollandistes, 1984.

FOSSIER, Arnaud « "Propter vitandum scandalum". Histoire d'une catégorie juridique (XII^e^-XV^e^ siècle) », *Mélanges de l'École française de Rome*, 121/2, 2009, p. 317-348.

FRANÇOIS, Michel, « Le pouvoir royal et l'introduction en France de la Couronne fermée », *Comptes rendus des séances de l'Académie des Inscriptions et Belles-Lettres*, 1962, p. 404-413.

GALLET-GUERNE, Danielle, *Vasque de Lucène et la Cyropédie à la cour de Bourgogne (1470) : le traité de Xénophon mis en français d'après la version latine du Pogge*, Étude. Édition des livres I et V, Genève, Droz, 1974.

GAPOSCHKIN, Cecilia, « *Ludovicus decus regnantium* : the Liturgical Office for Saint Louis and the Ideological Programm of Philipp the Fair », *Majestas*, 10, 2002, p. 27-90.

GAUDE-FERRAGU, Murielle, *D'or et de cendres. La mort et les funérailles des princes dans le royaume de France au bas Moyen Âge*, Lille, Presses universitaires du Septentrion, 2005.

GAUDEMET, Jean, « Utilitas publica », *Revue historique de droit français et étranger*, 29, 1951, p. 465-479.

GAUVARD, Claude, « Ordonnance de réforme et pouvoir législatif en France au XIV^e^ siècle (1303-1413) », *Renaissance du pouvoir législatif et genèse de l'État*, André Gouron, Albert Rigaudière (éd.), Monptellier, 1988, p. 89-98.

GAUVARD, Claude, *« De grace especial ». Crime, État et société en France à la fin du Moyen Âge*, Paris, Publications de la Sorbonne, 2010 (Les Classiques de la Sorbonne, 1) [première éd. 1991].

GAUVARD, Claude, *Le temps des Valois. 1328 à 1515*, Paris, PUF, 2013 (Une histoire personnelle de la France).

GERRITSEN, Willem Pieter, « le *praeceptor amoris* et ses disciples médiévaux. La réception de l'*Ars amatoria* de Foulques d'Orléans à Dirc Potter », *Les translations d'Ovide au Moyen Âge*. Actes de la journée d'études internationale à la Bibliothèque royale de Belgique le 4 décembre 2008,

An Faems, Virginie Minet-Mahy, Colette Van Coolput-Storms (éd.), Turnhout, Brepols, 2011 (Textes Études Congrès, 26), p. 105-117.

GIBSON, Roy, GREEN, Steven, SHARROCK, Alison (éd.), *The art of love : bimillenial essays on Ovid's "Ars amatoria" and "Remedia amoris"*, Oxford-New York, Oxford University Press, 2006.

GIESEY, Ralph E., *Le rôle méconnu de la loi salique. La succession royale (XIVe-XVIe siècles)*, Franz Regnot (trad.), avant-propos de Fanny Cosandey, Paris, Les Belles Lettres, 2007.

GILLMANN, Franz, « Die "anni discretionis" im Kanon Omnis utriusque sexus (c. 21 con. Lat. IV) », *Archiv für katholisches Kirchenrecht*, nº 108, 1928, p. 456-617.

GIORDANENGO, Gérard, « Du droit civil au pouvoir royal : un renversement (XIIe-XVe s.) », *Politiques et management public*, nº 5, 1987/1, p. 9-25.

GIORDANENGO, Gérard, « De la Faculté de Décret aux *negocia regis.* Une répétition d'Évrard de Trémaugon (Paris 1371) », dans Jacques Krynen, Albert Rigaudière (éd.), *Droits savants et pratiques françaises du pouvoir (XIe-XVe s.)*, Bordeaux, Presses universitaires de Bordeaux, 1992.

GIORDANENGO, Gérard, « De l'usage du droit privé et du droit public au Moyen Âge », *Cahiers de recherches médiévales*, 7, 2000. En ligne.

GOODICH, Michael E, *From Birth to Old Age. The Human Life Cycle in Medieval Thought 1250-1350*, Lanham-New York-Londres, University Press of America, 1989.

GOULLET, Monique, « Les gallicismes du latin médiéval », *Gallicismes et théorie de l'emprunt linguistique*, André Thibault (éd.), Paris, L'Harmattan, 2009, p. 17-44.

GOURON, André, « Ordonnances des rois de France et droits savants (XIIIe-XVe siècles) », *Comptes rendus de l'Académie des Inscriptions et Belles lettres*, nº 135/4, 1991, p. 851-865.

GRÉVIN, Benoît, « Les paradoxes d'une individualisation stylistique. L'écriture du latin médiéval, XIIIe-XIVe siècle », *L'individu au Moyen Âge. Individuation et individualisation avant la modernité*, Brigitte M. Bedos-Rezak, Dominique Iogna-Prat (éd.), Paris, Aubier, 2005, p. 101-115.

GRÉVIN, Benoît, *Rhétorique du pouvoir médiéval. Les* Lettres *de Pierre de la Vigne et la formation du langage politique européen (XIIIe-XVe siècle)*, Rome, École française de Rome, 2008 (Bibliothèques des Écoles françaises d'Athènes et de Rome, 339).

GRÉVIN, Benoît, « L'empire d'une forme. Réflexions sur la place du cursus rythmique dans les pratiques d'écriture européennes à l'automne du Moyen Âge (XIIIe-XVe siècle) », *Parva pro magnis munera. Études de littérature tardo-antique et médiévale offertes à François Dolbeau par ses élèves*, Monique Goullet (éd.), Turnhout, Brepols, 2009 (Instrumenta patristica et mediaevalia, 51), p. 827-881.

GRÉVIN, Benoît, « De l'usage de Saint-Simon en histoire médiévale », collection d'articles électroniques « De l'usage de ... en histoire médiévale » hébergée sur le site ménestrel : http://www.menestrel.fr/spip.php?rubrique1670&lang [23 juillet 2012, consulté le 01 02 2019].

GRÉVIN, Benoît, « La retorica del diritto. A proposito dei rapporti tra linguaggio giuridico e dictamen nell'Italia del Duecento », *La corrispondenza epistolare in Italia 2. Forme, stili e funzioni della scrittura epistolare nelle cancellerie italiane (secoli V-XV) / Les correspondances en Italie 2. Formes, styles et fonctions de l'écriture épistolaire dans les chancelleries italiennes (Ve-XVe siècle)*, Atti del convegno di studio, Roma, 20-21 giugno 2011, Paolo Cammarosano-Stéphane Gioanni (éd.), Rome-Trieste, CERM-École française de Rome, 2013, p. 253-282.

GRÉVIN, Benoît, « De l'ornementation à l'automatisme. Cursus rythmique et écriture semi-formulaire (XIIe-XIVe s.) », *Rythmes et croyances au Moyen Âge.* Actes de la journée d'étude organisée par le Groupe d'anthropologie historique de l'Occident médiéval (Centre de recherches historiques, EHESS/CNRS), le 23 juin 2012, Marie Formarier, Jean-Claude Schmitt (éd.), Paris, Institut national d'histoire de l'art, Bordeaux, Ausonius, 2014, p. 81-102.

GRÉVIN, Benoît, « Zum Problem der Benutzung der päpstlichen Briefsammlungen des 13. Jahrhunderts im Spätmittelalter. Das Beispiel der Kanzlei der französischen Könige », *Kuriale Briefkultur. Gestaltung – Überlieferung – Rezeption*, Tanja Broser, Andreas Fischer, Matthias Thumser (éd.), Vienne-Cologne-Weimar, Böhlau, 2014 (Forschungen zur Kaiser- und Papstgeschichte des Mittelalters. Beihefte zu J. F. Böhmer, Regesta Imperii 37), p. 313-334.

GRÉVIN, Benoît, « Théorie et pratique du *dictamen* dans la péninsule ibérique (XIIIe-XIVe s.). Quelques jalons », *Le* dictamen *dans tous ses états. Perspectives de recherche sur la théorie et la pratique de l'*ars dictaminis *(XIe-XVe siècles).* Actes du colloque international de Paris, 5-6 juillet 2012, Benoît Grévin, Anne-Marie Turcan-Verkerk (éd.), Turnhout, Brepols, 2015 (Bibliothèque d'Histoire Culturelle du Moyen Âge, 16), p. 309-346.

GREVIN, Benoît, « L'Europe des langues au temps de Philippe de Mézières », *Philippe de Mézières et l'Europe. Nouvelle histoire, nouveaux espaces, nouveaux langages*, Joël Blanchard, Renate Blumenfeld-Kosinski (éd.), Genève, Droz, 2017, p. 95-112.

GSELL, Stéphane, « Notice sur la vie et les travaux de M. Roland Delachenal », *Bibliothèque de l'École des chartes*, n° 85, 1924, p. 233-250.

GUENÉE, Bernard, « Les grandes chroniques de France. Le Roman aux roys (1274-1518) », *Les lieux de mémoire*, II. *La nation*, dir. Pierre Nora, Paris, Gallimard, 1986, p. 189-214.

GUENÉE, Bernard, « Tragédie et histoire chez le Religieux de Saint-Denis », *Bibliothèque de l'École des chartes*, n° 150/2, 1992, p. 223-244.

GUENÉE, Bernard, *Un roi et son historien : vingt études sur le règne de Charles VI et la chronique du religieux de Saint-Denis*, Paris, De Boccard, 1999 (Mémoires de l'Académie des inscriptions et belles-lettres, 18).

GUYOTJEANNIN, Olivier, « Traces d'influence pontificale dans les actes épiscopaux et royaux français (XIIIe-XVe siècle) », *Papsturkunde und europäisches Urkundenwesen. Studien zu ihrer formalen und rechtlichen Kohärenz vom 11. Bis 15. Jahrhundert*, Peter Herde, Hermann Jakobs (éd.), Cologne-Vienne-Weimar, Böhlau, 1999 (Archiv für Diplomatik Schriftgeschichte Siegel- und Wappenkunde, Beiheft 7), p. 337-364.

GUYOTJEANNIN Olivier, PYCKE Jacques, TOCK Benoît Michel, *Diplomatique médiévale*, Turnhout, Brepols, 1993 (L'atelier du médéviste, 2).

GY, Pierre-Marie, « Les définitions de la confession après le quatrième concile du Latran », *L'aveu. Antiquité et Moyen Âge.* Actes de la table ronde de Rome (28-30 mars 1984), Rome, École française de Rome, 1986, p. 283-296.

HARAN, Alexandre, *Le Lys et le globe. Messianisme dynastique et rêve impérial en France aux XVIe et XVIIe siècles*, Paris, Champ Vallon, 2000.

HARTMANN, Florian, *Ars dictaminis. Briefsteller und verbale Kommunikation in den italienischen Stadtkommunen des 11. bis 13. Jahrhunderts*, Ostfildern, Thorbecke, 2013 (Mittelalter-Forschungen, 44).

HAURÉAU, Jean-Barthélémy, « Notice sur le numéro 15131 des manuscrits latins de la bibliothèque nationale », *Notices et extraits des manuscrits de la bibliothèque nationale et autres bibliothèques*, n° 33, 1890, p. 127-139.

HERDE, Peter, « Election and Abdication of the Pope : Practice and Doctrine in the Thirteenth Century », *Proceedings of the Sixth international Congress of medieval Canon Law*, Berkeley, California, 28 July-2 August 1980, Stephan Kuttner, Kenneth Pennington (éd.), Città del Vaticano, Biblioteca Apostolica Vaticana, 1985 (Monumenta iuris canonici, series C. Subsidia, 7), p. 411-436.

HOLD, Hermann, *Unglaublich glaubhaft : die Arengen-Rhetorik des Avignonenser Papsttums*, 2 vol., Berlin-Berne-Francfort-sur-le-Main, Peter Lang, 2004.

INGLIS, Erik, « Architecture and a Scholastic. Jean de Jandun's "Tractatus de laudibus Parisius" (1323) », *Gesta*, n° 42/1, 2003, p. 63-85.

JANSON, Tore, *Prose Rhythm in Medieval Latin from the 9th to the 13th Century*, Stockholm, Almqvist, 1975 (Studia Latina Stockolmiensia, 20).

JEAY, Claude, *Signature et pouvoirs au Moyen Âge*, Paris, École des chartes, 2015 (Mémoires et documents de l'École des chartes, 99).

JENSEN, Kenneth, « The Works of Lawrence of Aquileia with a List of Manuscripts », *Manuscripta*, n° 17, 1973, p. 147-158.

KANTOROWICZ, Ernst H., « Petrus de Vinea in England », *Mitteilungen des Österreichischen Instituts für Geschichtsforschung*, n° 51, 1937, p. 231-249, rééd. dans *Id.*, *Selected Studies*, Locust Valley-New York, J. J. Augustin, 1965, p. 213-246.

KANTOROWICZ, Ernst H., « Mysteries of State : An Absolutist Concept and Its Late mediaeval Origins », *The Harvard Theological Review*, n° 48/1, 1955, p. 65-91.

KANTOROWICZ, Ernst H., *Les deux corps du roi. Essai sur la théologie politique au Moyen Âge*, Jean-Philippe Genet-Nicole Genet (trad.), Paris, Gallimard, 1989 (version originale *The King's Two Body. A study in medieval political Theology*, Princeton, Princeton University Press, 1957).

KANTOROWICZ, Ernst H., « The prologue to "Fleta" and the School of Petrus de Vinea », *Speculum*, 32, 1957, p. 231-249, rééd. dans *Id., Selected Studies*, Locust Valley-New York, J. J. Augustin, 1965, p. 167-183.

KELLY, Samantha, *The new Solomon. Robert of Naples (1309-1343) and Fourteenth-Century Kingship*, Leyde-Boston, Brill, 2003 (The Medieval Mediterranean, 48).

KOPP, Vanina, *Der König und die Bücher. Sammlung, Nutzung und Funktion der königlichen Bibliothek am spätmittelalterlichen Hof in Frankreich*, Ostfildern, Thorbecke (Beihefte der Francia, 80), 2016.

KRYNEN, Jacques, « "Naturel". Essai sur l'argument de la nature dans la pensée politique française à la fin du Moyen Âge », *Journal des savants*, 1982, p. 169-190.

KRYNEN, Jacques, « "Le mort saisit le vif". Genèse médiévale du principe d'instantanéité de la succession royale française », *Journal des savants*, 1984, p. 187-221.

KRYNEN, Jacques, « "De nostre certaine science"… Remarques sur l'absolutisme législatif de la monarchie médiévale française », *Renaissance du pouvoir législatif et genèse de l'État*, André Gouron, Albert Rigaudière (éd.), Montpellier, Société d'histoire du droit et des institutions des anciens pays de droit écrit, 1988, p. 131-144.

KRYNEN, Jacques, « Les légistes "idiots politiques". Sur l'hostilité des théologiens à l'égard des juristes, en France, au temps de Charles V », *Théologie et droit dans la science politique de l'État moderne*. Actes de la table ronde (12-14 novembre 1987), Rome, École française de Rome, 1991 (Publications de l'École française de Rome, 147), p. 171-198.

KRYNEN, Jacques, *L'Empire du roi. Idées et croyances politiques en France, XIII^e-XV^e siècle*, Paris, Gallimard, 1993.

KÜHNE, Heinrich, STENGEL, Edmund, *Maître Elie's Überarbeitung der ältesten französischen Übertragung von Ovid's Ars amatoria*, Marburg, Elwert, 1886 (Ausgaben und Abhandlungen aus dem Gebiete der romanischen Philologie, 47).

*L'hérédité entre Moyen Âge et époque moderne*, Charles de Miramon et Maaike Van der Lugt (éd.), Florence, Galluzzo, 2008 (Micrologus' library, 27).

LACABANE, Léon, « Recherches sur les auteurs des Grandes Chroniques de France dites de Saint-Denys », *Bibliothèque de l'école des chartes*, n° 2, 1841, p. 57-74.

LAMY, Alice, *La pensée de Pierre d'Ailly, un philosophe engagé au Moyen Âge*, Paris, Champion, 2013.

*Layettes du trésor des chartes*, t. I, Alexandre Teulet (éd.), Paris, 1863.

*Le* dictamen *dans tous ses états. Perspectives de recherche sur la théorie et la pratique de l'*ars dictaminis *(XIe-XVe siècles)*. Actes du colloque international, Paris, 5-6 juin 2012, éd ; Benoît Grévin, Anne-Marie Turcan-Verkerk, Turnhout, Brepols, 2015 (Bibliothèque d'Histoire Culturelle du Moyen Âge, 16).

*Le pouvoir des mots au Moyen Âge*, Nicole Bériou, Jean-Patrice Boudet, Irène Rosier-Catach (éd.), Turnhout, Brepols, 2014 (Bibliothèque d'Histoire Culturelle du Moyen Âge, 13).

LEBIGUE, Jean-Baptiste « Les coïncidences de la recherche : dalle funéraire, biographie et "portrait idéalisé" de Jean de Crépon (1344-1420) ». *Ædilis*, n° 12, 2006 <halshs-00139769>, en ligne sur le site de l'IRHT, https/// irht.hypothese.org/183, consulté le 01 02 2019.

LECUPPRE, Gilles, *L'imposture politique au Moyen Âge. La seconde vie des rois*, Paris, PUF, 2005.

LE GOFF, Jacques, *Saint Louis*, Paris, Gallimard, 1996.

LE GOFF, Jacques, « Entretien avec Jacques Le Goff ». Propos recueillis le 16 janvier 1998 par Laurence Moulinier et Odile Redon, avec la collaboration de Thifaine Bartélemy, *Médiévales* 34, 1998, p. 91-100.

LE GOFF, Jacques, PALAZZO, Éric, BONNE, Colette, *Le sacre royal à l'époque de Saint Louis*, Paris, Gallimard, 2001.

LEMAIRE, André, *Les Lois fondamentales de la monarchie française d'après les théoriciens de l'Ancien Régime*, Paris, A. Fontemoing, 1907.

LEPOT, Julien, *Un miroir au prince enluminé du milieu du XIVe siècle : l'Avis aus roys*, thèse d'histoire médiévale soutenue en 2014 à Orléans.

*Les translations d'Ovide au Moyen Âge*. Actes de la journée d'études internationale à la Bibliothèque royale de Belgique le 4 décembre 2008, An Faems, Virginie Minet-Mhy, Colette Van Coolput-Storms (éd.), Turnhout, Brepols, 2011 (Textes Études Congrès, 26).

LETT, Didier, *L'enfant des miracles. Enfance et société au Moyen Âge (XIIe-XIIIe siècle)*, Paris, Aubier, 1997.

LEVELEUX-TEXEIRA, Corinne, « Entre droit et religion : le blasphème, du péché de la langue au crime sans victime », *Revue de l'histoire des religions*, 4, 2011, p. 587-602.

LINDHOLM, Gudrun, *Studien zum mittellateinischen Prosarhythmus. Seine Entwicklung und sein Abklingen in der Briefliteratur Italiens*, Stockholm, Almqvist, 1963 (Acta Stockholmiensa 10).

LOMBARD-JOURDAN, Anne, « À propos de Raoul de Presles. Documents sur l'homme », *Bibliothèque de l'école des chartes*, 1981, 139/2, p. 191-207.

LORENZ, Rüdiger, *Summa Iovis. Studien zu Text und Textgebrauch eines mittelalterlichen Lehrgedichts*, Cologne-Vienne-Weimar, Böhlau, 2013 (Ordo, 13).

LUSIGNAN, Serge, *Parler vulgairement. Les intellectuels et la langue française aux* XIII^e^ *et* XIV^e^ *siècles*, Paris-Montréal, Vrin-Presses de l'université de Montréal, 1987.

LUSIGNAN, Serge, « Le latin était la langue maternelle des Romains, la fortune d'un argument à la fin du Moyen Âge », *Préludes à la Renaissance. Aspects de la vie intellectuelle en France au* XV^e^ *siècle*, Carla Bozzolo, Ezio Ornato (éd.), Paris, édition du CNRS, 1992, p. 265-282.

LUSIGNAN, Serge, « Chartes et traduction. Les actes latins et français de la chancellerie royale et le paradigme de la traduction », « Traduction, dérimation, compilation. La phraséologie », dossier publié sous la direction de Giuseppe di Stefano, Rose Bilder dans *Le Moyen Français*, n° 51-53, 2002-2003, p. 395-420.

LUSIGNAN, Serge, *La langue des rois au Moyen Âge. Le français en France et en Angleterre*, Paris, PUF, 2004.

LUSIGNAN, Serge, « "François est profitable et latin est prejudiciable" : l'enjeu linguistique d'un conflit entre le village de Saint-Albain et le chapitre de Mâcon », *Retour aux sources. Textes, études et documents d'histoire médiévale offerts à Michel Parisse*, Paris, Picard, 2004, p. 795-801.

LUSIGNAN, Serge, *Essai d'histoire sociolinguistique. Le français picard au Moyen Âge*, Paris, Garnier, 2012 (Recherches littéraires médiévales, 13).

MATTÉONI, Olivier, *Servir le prince : les officiers des ducs de Bourbon à la fin du Moyen Âge (1356-1523)*, Paris, Publications de la Sorbonne, 1998 (Histoire ancienne et médiévale, 52).

MATTÉONI, Olivier, « *Imitatio regis*. Les institutions financières du comté de Forez et de la seigneurie de Bourbon au début du XIV^e^ siècle. De l'influence monarchique et du rôle des hommes : étude comparée », *Monnaie, fiscalité et finances au temps de Philippe le Bel*, Philippe Contamine, Jean Kerhervé, Albert Rigaudière (éd.), Paris, Comité pour l'histoire économique et financière de la France, 2007, p. 51-102.

MATTÉONI, Olivier, « Les ducs de Bourbon et la grâce. Les lettres de rémission de Louis II (seconde moitié du XIV^e^-début du XV^e^ siècle) », *Un Moyen Âge pour aujourd'hui : pouvoir d'État, opinion publique, justices : mélanges offerts à Claude Gauvart*, Julie Claustre, Nicolas Offenstadt, Olivier Mattéoni (éd.), Paris, PUF, 2010.

MATTÉONI, Olivier, « Louis II de Bourbon, l'enquête et la réforme : remarques sur une pratique de gouvernement », *Quand gouverner, c'est enquêter. Les pratiques politiques de l'enquête princière, Occident, XIII^e^-XIV^e^ siècles*, Thierry Pécout (éd.), Actes du colloque d'Aix-en-Provence et Marseille, 19-21 mars 2009, Paris, De Boccard, 2010, p. 169-182.

MATTÉONI, Olivier, *Un prince face à Louis XI. Jean II de Bourbon, une politique en procès*, Paris, PUF, 2012.

MERAS, Matthieu, « Le dernier seigneur de Beaujeu, Édouard II (1374-1400) », *Bibliothèque de l'école des chartes*, n° 111, 1953, p. 107-123.

MÉRINDOL, Christian de, « De l'emblématique et de la symbolique de l'arbre à la fin du Moyen Âge », *L'arbre. Histoire naturelle et symbolique de l'arbre, du bois et du fruit au Moyen Âge*, Paris, Le Léopard d'Or, 1993 (Les cahiers du léopard d'Or, 2).

METZ, René, « L'enfant dans le droit canonique médiéval. Orientations de recherche », *Recueils de la Société Jean Bodin*, n° 36, 1976, p. 9-96.

MEYER, Andreas, « Eine Verordnung gegen die Korruption an der päpstlichen Kurie aus der Mitte des 13. Jahrhunderts », *Kurie und Region. Festschrift für Brigide Schwarz zum 65. Geburtstag*, Brigitte Flug, Michael Matheus, Andreas Rehberg Suttgart, Franz Steiner Verlag (éd.), 2005, p. 169-173.

MICHEL, Nicolas, « Diffusion et réception du *Somnium morale pharaonis* de Jean de Limoges : pour une meilleure connaissance des pratiques dictaminales », *Archivum Latinitatis Medii Aevi*, n° 74, 2016, p. 127-174.

MICHELET, Jules, *Le Moyen Âge*, Paris, Robert Laffont, 1981.

MIRAMON, Charles de, « Aux origines de la noblesse et des princes de sang. France et Angleterre au XIV^e^ siècle », *L'hérédité entre Moyen Âge et époque moderne. Perspectives historiques*, études réunies par Maaike van der Lugt et Charles de Miramon, Florence, Sismel-Edizioni del Galluzzo, 2008, p. 157-210, spéc. p. 178-184.

MOEGLIN, Jean-Marie, PÉQUIGNOT, Stéphane (dir.), *Diplomatie et « relations internationales » au Moyen Âge (IX^e^-XV^e^ siècle)*, Paris, PUF, 2017.

MOMBELLO, Gianni, « Une hypothèse sur l'origine d'une légende : Hugues Capet fils de boucher », *Pratiques de la culture écrite en France au XV^e^ siècle.* Actes du colloque international du CNRS, Paris, 16-18 mai 1992, organisé en l'honneur de Gilbert Ouy par l'unité de recherche « Culture écrite du Moyen Âge tardif », Monique Ornato, Nicole Pons (éd.), Louvain-la-Neuve, Fédération Internationale des Instituts d'Études Médiévales (Textes et études du Moyen Âge, 2), 1995, p. 179-190.

MONFRIN, Jacques « Les traducteurs et leur public au Moyen Âge », *Journal des savants*, n° 1964/1, p. 5-20.

MORAND, Sauveur-Jérôme, *Histoire de la Sainte-Chapelle royale du palais*, Paris, Clousier-Prault, 1790.

MOREL, Octave, *La grande chancellerie royale et l'expédition des lettres royaux de l'avènement de Philippe de Valois à la fin du XIVe siècle (1328-1400)*, Paris, Picard, 1900.

MOSCATI, Anna, « La "*Lamentacio*" di Bertoldo di Hohenburg », *Bullettino dell'Istituto storico italiano per il Medio Evo*, n° 65, 1953, p. 121-127.

MUNK-OLSEN, Birger, « Les classiques latins dans les florilèges médiévaux antérieurs au XIIIe siècle », *Revue d'histoire des textes*, n° 9, (1979) 1980, p. 47-121.

MUNK-OLSEN, Birger, *La réception de la littérature classique au Moyen Âge. Choix d'articles publiés par ses collègues à l'occasion de son soixantième anniversaire*, Copenhague, Museum Tusculanum Press, 1995.

MURANO, Giovanna, *Opere diffuse per exemplar e pecia*, Turnhout, Brepols, 2005 (col. Textes et études du Moyen Âge, 29).

MURPHY, James J., *Rhetoric in the Middle Ages. A History of Rhetorical Theory from St. Augustine to the Renaissance*, Berkeley-Los Angeles, University of California, 1974.

*Musée des Archives nationales : documents originaux de l'histoire de France exposés dans l'hôtel de Soubise*, Paris, Imprimerie nationale, 1872.

NEVEUX, François, « Nicole Oresme et le clergé normand du XIVe siècle », Jeannine Quillet (éd.), *Autour de Nicole Oresme*. Actes du colloque Oresme organisé à l'université de Paris XII, Paris, Vrin, 1990, p. 9-36.

NOVATI, Francesco, « Il "De malo senectutis et senii" di Boncompagno da Signa », *Rendiconti della R. Accademia dei Lincei*. Classe di Scienze morali, storiche e filologiche, ser. V, 1, 1892, p. 49-67.

OESER, Wolfgang, « Raoulet d'Orléans und Henri du Trévou, zwei französische Berufsschreiber des 14. Jahrhunderts und ihre Schrift », *Archiv für Diplomatik, Schriftgeschichte, Siegel- und Wappenkunde*, n° 42, 1996, p. 395-418.

OLIVIER-MARTIN, Félix, *Les régences et la majorité des rois sous les Capétiens directs et les premiers Valois (1060-1375)*, Paris, Recueil Sirey, 1931.

ORLANDI, Giovanni, « Le statistiche sulle clausole della prosa. Problemi e proposte », *Filologia Mediolatina*, n° 5, 1998, p. 5-35, repris dans *Id.*, *Scritti di filologia mediolatina*, Florence, Sismel, 2008 (Millenio medievale, 77), p. 462-482.

ORLANDI, Giovanni, « Clausole ritmiche e clausole metriche del Petrarca », *Motivi e forme delle* Familiari *di Francesco Petrarca*, Gargnano del Garda, 2-5 novembre 2002, Claudia Berra Milan (éd.), Cisalpino, 2003, p. 291-321, repris dans Giovanni Orlandi, *Scritti di filologia mediolatina*, Firenze, Sismel, 2008 (Millenio medievale, 77), p. 483-511.

ORNATO, Ezio, *Jean Muret et ses amis Nicolas de Clamanges et Jean de Montreuil. Contribution à l'étude des rapports entre les humanistes de Paris et ceux d'Avignon (1394-1420)*, Genève, Droz, 1969.

ORNATO, Ezio, « La redécouverte des classiques, révélateur de ruptures et de continuités dans le mouvement humaniste en France au XV<sup>e</sup> siècle », *L'aube de la Renaissance*, Dario Cecchetti, Lionello Sozzi, Louis Terreaux (éd.), Genève, Droz, 1991 (Bibliothèque Franco Simone, 18), p. 83-101.

OUY, Gilbert, « Les recherches sur l'humanisme français des XIV<sup>e</sup> et XV<sup>e</sup> siècles », *La filologia medievale e umanistica greca e latina nel secolo* XX. Atti del Congresso Internazionale, Rome, Università la Sapienza, 1993 (Testi e studi bizantino-neoellenici, 7), p. 275-327.

PANOFSKY, Erwin, *Architecture gothique et pensée scolastique*, Pierre Bourdieu (trad. et postface), Paris, Les éditions de Minuit, 1967 (éd. or. Princeton, 1951).

PARAVICINI BAGLIANI, Agostino, *Le corps du pape*, Paris, Seuil, 1997.

PARISSE, Michel, « Remarques sur la ponctuation des chartes lorraines au XIII<sup>e</sup> siècle », *Archiv für Diplomatik, Siegel- und Wappenkunde*, 23, 1977, p. 257-268.

PASQUIER, Étienne, *Recherches de la France*, Amsterdam, Trévoux, 1723, t. I.

PETIT-RENAUD, Sophie, « Le roi, les légistes et le Parlement de Paris aux XIV<sup>e</sup> et XV<sup>e</sup> siècles. Contradiction dans la perception du pouvoir de "faire loy" ? », *Cahiers de recherches médiévales*, n° 7, 2000, 13 p., en ligne, http://crm.revues.org/889, consulté le 01 02 2019.

PETIT-RENAUD, Sophie, *« Faire loy » au royaume de France, de Philippe VI à Charles V (1328-1380)*, Paris, De Boccard, 2001.

PETRUCCI, Enzo, « Il problema della vacanza papale e la costituzione "Ubi Periculum" di Gregorio X », *Atti del Convegno di studio. VII centenario del I° conclave (1268-1271)*, Viterbe, pas de mention d'éditeur, 1975, p. 69-96, rééd. dans *Id.*, *Ecclesiologia e politica. Momenti di storia del papato medievale*, Rome, Carocci, 2001.

*Phronêsis-Prudentia-Klugheit. Das Wissen des Klugen in Mittelalter, Renaissance und Neuzeit-Il sapere del saggio nel Medioevo, nel Rinascimento e nell'età moderna*, Alexander Fidora, Andreas Niederberger, Merio Scattola (éd.), Turnhout, Brepols, 2013 (Textes et Études du Moyen Âge, 68).

PIRON, Sylvain, « Nicole Oresme. Violence, langage et raison politique », Working paper, 1997, Halshs-00489554.

PORRO, Pasquale, « "Rien de personnel" Note sur la question de l'*acceptio personarum* dans la théologie scolastique », *Revue des sciences philologiques et théologiques*, 2010/3, 94, p. 481-509.

POSSAMAÏ-PÉREZ, Marylène, *L'Ovide moralisé. Essai d'interprétation*, Paris, Honoré Champion, 2006 (Nouvelle bibliothèque du Moyen Âge, 78).

POTIN, Yann, « Des inventaires pour catalogues ? Les archives d'une bibliothèque médiévale : la librairie royale du Louvre (1368-1429) », *Bibliothek als Archiv*, Hans Erich Bödeker, Anne Saada (éd.), Göttingen, Vandenhoeck & Ruprecht, 2007 (Veröffentlichung des Max-Planck-Instituts für Geschichte, 221).

POTIN, Yann, « Le coup d'État "révélé" ? Régence et trésors du roi (septembre-novembre 1380) », *Coups d'État à la fin du Moyen Âge ?* Actes du colloque de Madrid, Casa de Velazquez-Madrid Complutense, 20-22 novembre 2002, François Foronda, Jean-Philippe Genet, José Manuel Nieto Soria (éd.), Madrid, 2005, p. 181-211.

POULET, André, *La régence et la majorité des rois au Moyen Âge. Histoire de la continuité monarchique et étatique sous les Capétiens et les Valois directs*, thèse de doctorat soutenue en 1989 à l'université de Strasbourg (inédite).

*Pratiques de Traduction au Moyen Âge / Medieval Translation Practices.* Actes du colloque de l'Université de Copenhague 25-26 octobre 2002 / Papers from the Symposion at the University of Copenhagen, 25th and 26th october 2002, Peter Andersen (éd.), Copenhague, Museum Tusculanum Press, 2004.

PRÉVOST, Danièle, *Le personnel de la Chambre des Comptes de 1320 à 1418*, thèse soutenue le 17 novembre 2000 à l'université de Paris 1-Panthéon-Sorbonne.

QUILLET, Jeannine, *Charles V, le roi lettré. Essai sur la pensée politique d'un règne*, Paris, Perrin, 1986.

RATHMANN-LUTZ, Anja, *« Images » Ludwigs des Heiligen im Kontext dynastischer Konflikte des 14. und 15. Jahrhunderts*, Berlin, Akademie Verlag, 2010.

RICHARDSON, Henry G., « Clement V and the See of Canterbury », *English Historical Review*, n° 56, 1941, p. 97-103.

RIGAUDIÈRE, Albert, « Loi et État dans la France du Bas Moyen Âge », *L'État moderne : le droit, l'espace et les formes de l'État.* Actes du colloque tenu à la Baume les Aix, 11-12 octobre 1984, Noël Coulet, Jean-Philippe Genet (éd.), Paris, éditions du CNRS, 1991, p. 33-59.

RIGAUDIÈRE, Albert, « La pénétration du vocabulaire édictal romain dans les coutumiers du nord de la France aux XIIIe et XIVe siècles », *El dret comú i Catalunya VI.* Actes del VI Simposi internacional, Barcelona, 31 de maig-1 de juny de 1996, Aquilino Iglesia Ferreiros (éd.), Barcelone, Fundació Noguera, 1997, p. 161-189.

RIGAUDIÈRE, Albert, « Les fonctions du mot constitution dans le discours politique et juridique du bas Moyen Âge français », *Revista internacional de Estudios Vascos*, n° 4, 2008, p. 15-51.

RIGAUDIÈRE, Albert, « La *lex vel constitutio* d'août 1374, "première loi constitutionnelle de la monarchie française" », *Un Moyen Âge pour aujourd'hui. Mélanges offerts à Claude Gauvard*, Julie Claustre, Olivier Mattéoni, Nicolas Offenstadt (éd.), Paris, PUF, 2010, p. 169-190.

RIGAUDIÈRE, Albert, « Un grand moment pour l'histoire du droit constitutionnel français : 1374-1409 », *Journal des savants*, 2012, p. 281-370.

ROUSSELET-PIMONT, Anne, *Le chancelier et la loi au XVIe siècle : d'après l'œuvre d'Antoine Duprat, de Guillaume Poyet et de Michel de l'Hospital*, 2005, Paris, De Boccard.

RÜHL, Franz, *Die Textesquellen des Iustinus*, Leipzig, Teubner 1872 (Jahrbücher für classische Philologie. Suppl.-Bd. 6, H. 1.)

SASSIER, Yves, « L'utilisation du concept de "res publica" en France du nord aux Xe, XIe et XIIe siècles », *Droits savants et pratiques françaises du pouvoir (XIe-XVe siècles)*, Jacques Krynen, Albert Rigaudière (éd.), Bordeaux, Presses universitaires de Bordeaux, 1992, p. 79-97.

SAURON, Gilles, *L'histoire végétalisée. Ornement et politique à Rome*, Paris, Picard, 2000.

SCHALLER, Hans Martin, *Handschriftenverzeichnis zur Briefsammlung des Petrus de Vinea* (unter Mitarbeit von Bernard Vogel), Hanovre, Hansche Buchhandlung (MGH Hilfsmittel, 38), 2002.

SCHENCK, Richard, « Omnis Christi actio nostra est instructio. The Deeds and Sayings of Jesus as Revelation in the Views of Thomas Aquinas », *La doctrine de la révélation divine de saint Thomas d'Aquin*, Léo Elder (éd.), Cité du Vatican, Libreria editrice vaticana, 1990, p. 103-131.

SCHMIDT, Victor, « A Humanist's life summarized – Leonardo Bruni's epitaph », *Humanistica Lovaniensia. Journal of Neo-latin Studies*, n° 47, 1998, p. 1-14.

SCHNERB, Bertrand, « Charles V au miroir du *Songe du Vergier* », *Le Moyen Âge*, n° 116, 2010/3, p. 545-559.

SCHNERB, Bertrand, « Jean Canard, chancelier de Philippe le Hardi, duc de Bourgogne », *« De part et d'autre des Alpes » (II) : chancelleries et chanceliers des princes à la fin du Moyen Âge.* Actes de la table ronde de Chambéry, 5 et 6 octobre 2006, Guido Castelnuovo, Olivier Mattéoni (éd.), Chambéry, Université de Savoie, 2011 (Collection Sociétés, religions, politiques, 19), p. 197-214.

*Sciences et savoirs sous Charles V*, Olivier Bertrand (éd.), Paris, Champion, 2014 (Colloques, congrès et conférences sur le Moyen Âge, 20).

SCORDIA, Lydwine, « Concepts et registres de l'amour du roi dans le *De regimine principum* de Gilles de Rome », *Amour et désamour du prince : du haut Moyen Âge à la Révolution française*, Josiane Barbier, Monique Cottret, Lydwine Scordia (éd.), Paris, Kimé, 2011, p. 45-62.

SCORDIA, Lydwine, « Devoir de justice et amour du roi aux XIIIe-XIVe siècles », *Le roi, fontaine de justice*, Jean-Patrice Boudet, Silvère Menegaldo, Bernard Ribémont (éd.), Paris, Klincksieck, 2011, p. 129-144.

SCORDIA, Lydwine, « L'amour du roi est-il une composante politique de la "nation France" au XIIIe siècle ? », *Nation et nations au Moyen Âge*, Actes du XLIVe Congrès de la SHMESP, Paris, Publications de la Sorbonne, 2014, p. 217-230.

SCORDIA, Lydwine, « Le roi doit avoir le cœur de ses sujets : réflexion sur l'amour politique en France au XVe siècle », *Désordres créateurs. L'invention politique à la faveur des troubles*, Emmanuelle Tixier du Mesnil, Gilles Lecuppre (éd.), Paris, Kimé, 2014, p. 107-118.

SÉGUR, Louis-Philippe de, *Histoire de France*, t. I, Paris, Eymery, 1824.

SEIBT, Ferdinand, *Karl IV. Ein Kaiser in Europa 1346 bis 1378*, Munich, Süddeutscher Verlag, 1978.

SENELLART, Michel, *Les Arts de gouverner. Du regimen médiéval au concept de gouvernement*, Paris, 1995.

STÖBENER, Kristina, THUMSER, Matthias, *Handschriftenverzeichnis zur Briefsammlung des Thomas von Capua.* Auf Grundlage der Vorarbeiten von hans Martin Schaller, Wiesbaden, Harrassowitz Verlag, 2017 (MGH Hilsfmittel, 30).

STRUYF, Marie-Claude, « Les orphelins de père dans l'œuvre romanesque de Jean Renart », *Les relations de parenté dans le monde médiéval*, XIV^e colloque du Centre universitaire d'Études et de Recherches médiévales d'Aix, Aix-en-Provence, Presses universitaires de Provence, 1989 (Senefiance, 26), p. 273-285.

STÜRNER, Wolfgang, « Rerum necessitas und divina provisio. Zur interpretation des Prooemiums der Konstitutionen von Melfi », *Deutsches Archiv für Erforschung des Mittelalters*, n° 39, 1983, p. 467-554.

STÜRNER, Wolfgang, *Peccatum und potestas. Der Sündenfall und die Entstehung der herrscherlichen Gewalt im mittelalterlichen Staatsdenken*, Sigmaringen, Thorbecke, 1987 (Beiträge zur Geschichte und Quellenkunde des Mittelalters, 11).

STÜRNER, Wolfgang, *Friedrich II. Teil 1. Die Königsherrschaft in Sizilien und Deutschland 1194-1220*, 1992, Darmstadt, Nimbus Verlag.

STÜRNER, Wolfgang, *Friedrich II. Der Kaiser 1220-1250*, Darmstadt, Nimbus Verlag, 2000.

TADDEI, Ilaria, *Fanciulli e giovani. Crescere a Firenze nel rinascimento*, Florence, Olschki, 2001 (Biblioteca storica toscana, 40).

TERNON, Maud, *Juger les fous au Moyen Âge*, Paris, Puf, 2018.

*The medieval translator : the theory and Practice of Translation in the middle Ages*, Papers read at a conference in August 1987, University of Wales, Roger Ellis et alii (éd.), Cambridge, O. S. Brewer, 1989.

*The Medieval translator / traduire au Moyen Âge*, vol. 5, Proceedings of the International Conference of Conques (26-29 July 1993) / Actes du Colloque international de Conques (26-29 juillet 1993), Roger Ellis, René Tixier (éd.), Turnhout, Brepols, 1996.

THUMSER, Matthias, « Zur Überlieferungsgeschichte der Briefe Papst Clemens' IV. (1265-1268) », *Deutsches Archiv für Erforschung des Mittelalters*, n° 51, 1995, p. 115-168.

TORRE, Chiara, « Seneca and the Christian Tradition », *The Cambridge Companion to Seneca*, Shadi Bartsch, Alessandro Schiesaro (éd.), Cambridge, Cambridge University Press, 2015.

TORRELL, Jean-Pierre, *Saint Thomas d'Aquin, maître spirituel*, Fribourg-Paris, éd. universitaires-Cerf, 1996.

THUMSER, Matthias, « Les grandes collections de lettres de la curie pontificale au XIII^e^ siècle », *Le* dictamen *dans tous ses états. Perspectives de recherche sur la théorie et la pratique de l'*ars dictaminis *(XI^e^-XV^e^ siècles)*, Actes du colloque international de Paris, 5-6 juillet 2012, Benoît Grévin, Anne-Marie Turcan-Verkerk (éd.), Turnhout, Brepols, 2015 (Bibliothèque d'Histoire Culturelle du Moyen Âge, 16), p. 209-242.

*Trésor des chartes (layettes)*, t. V, *Ancienne série des Sacs, dite aujourd'hui « supplément » (755-1270). Inventaire analytique (J//736-J//1053)*, François-Henri Delaborde (éd.), Paris, 1909.

TROTTER, David, A., « Traduction ou texte authentique ? Le problème des chartes », *Traduction, dérimation, compilation. La phraséologie*, Giuseppe di Stefano, Rose Bidler (éd.), dossier de *Le Moyen français*, n° 51/52/53, 2002-2003, p. 593-611.

TURCAN-VERKERK, Anne-Marie, « Lettres d'étudiants de la fin du XIII^e^ siècle : les saisons du *dictamen* à Orléans en 1289 », *Mélanges de l'École française de Rome Moyen Âge*, n° 105, 1993, p. 651-714.

TURCAN-VERKERK, Anne-Marie, « Le Formulaire de Tréguier revisité : les *Carmina Trecorensia* et l'*Ars dictaminis* », *Archivum Latinitatis Medii Aevii*, n° 52, 1994, p. 205-252.

TURCAN-VERKERK, Anne-Marie, « Un programme informatique pour l'étude de la prose rimée et rythmée », *Le médiéviste et l'ordinateur*, 33, 1996, p. 41-48.

TURCAN-VERKERK, Anne-Marie, « L'art épistolaire au XII^e^ siècle. Naissance et développement de l'*ars dictaminis* », *Annuaire de l'École pratique des hautes études (EPHE), Section des sciences historiques et philologiques*, n° 140, 2009, p. 155-158.

TURCAN-VERKERK, Anne-Marie, « Langue et littérature latines du Moyen Âge », *Annuaire de l'École pratique des hautes études (EPHE), Section des sciences historiques et philologiques*, n° 141, 2011, p. 128-147.

TURCAN-VERKERK, Anne-Marie, « Langue et littérature latines du Moyen Âge », *Annuaire de l'École pratique des hautes études (EPHE), Section des sciences historiques et philologiques*, n° 143, 2012, p. 134-142.

TURCAN-VERKERK, Anne-Marie, « Langue et littérature latines du Moyen Âge », *Annuaire de l'École pratique des hautes études (EPHE), Section des sciences historiques et philologiques*, n° 144, 2013, p. 138-154.

TURCAN-VERKERK, Anne-Marie, « L'introduction de l'*ars dictaminis* en France. Nicolas de Montiéramey, un professionnel du *dictamen* entre 1140 et 1158 »,

*Le* dictamen *dans tous ses états. Perspectives de recherche sur la théorie et la pratique de l'*ars dictaminis *(XI<sup>e</sup>-XV<sup>e</sup> siècles)*, Actes du colloque international de Paris, 5-6 juillet 2012, Benoît Grévin, Anne-Marie Turcan-Verkerk (éd.), Turnhout, Brepols, 2015 (Bibliothèque d'Histoire Culturelle du Moyen Âge, 16), p. 63-98.

TURCAN-VERKERK, Anne-Marie, « La théorisation progressive du cursus et sa terminologie entre le XIe et la fin du XIVe siècle », *Archivum Latinitatis Medii Aevi*, n° 73, 2015, 179-259.

*Un Moyen Âge pour aujourd'hui : pouvoir d'État, opinion publique, justice. Mélanges offerts à Claude Gauvard*, Olivier Mattéoni, Nicolas Offenstadt (éd.), Paris, PUF, 2010, p. 128-136.

*Un traducteur et un humaniste de l'époque de Charles VI : Laurent de Premierfait*, Carla Bozzolo (éd.), Paris, Publications de la Sorbonne, 2004 (Textes et documents d'histoire médiévale, 4).

VAN DEN ABEELE, Baudoin, « Il De arte venandi cum avibus e i trattati latini di falconeria », Pierre Toubert-Agostino Paravicini Bagliani (éd.), *Federico II el e scienze*, Palerme, Sellerio, 1994, p. 395-409.

VAN DER LUGT, Maaike, « L'animation de l'embryon humain dans la pensée médiévale », *L'embryon : formation et animation. Antiquité grecque et latine, tradition hébraïque, chrétienne et islamique*, Luc Brisson (éd.), Paris, Ellipses, 2008, p. 233-254.

VILAPLANA, María Asunción, « De arte dictandi. Notas entorno a la obra de Juan de Sicilia », *Estudios de historia medieval en homenaje a Luis Fernandez Suárez*, Valladolid, Universidad de Valladolid, 1991, p. 523-534.

VULLIEZ, Charles, *Des écoles de l'Orléanais à l'université d'Orléans (X[e]-début XIVe siècles)*, Thèse de Doctorat d'État dactylographiée, Paris-X Nanterre, 1993.

VULLIEZ, Charles, « Un témoin inconnu de l'enseignement parisien (?) de Nicolas de Sicile à l'époque de Philippe le Bel », *Bulletin de la Société nationale des antiquaires de France*, Paris, 1998, p. 195-200.

VULLIEZ, Charles, 2001, « L'*ars dictaminis*, survivances et déclin dans la moitié nord de l'espace français dans le Moyen Âge tardif (milieu XIIIe-milieu XVe siècle) », *Rhetorica*, n° 19/2, 2001, p. 141-153.

VULLIEZ, Charles, « De la théorie à la pratique, les recueils de lettres rattachés au nom de Bernard de Meung : pour qui, pour quoi faire ? », *Le* dictamen *dans tous ses états. Perspectives de recherche sur la théorie et la pratique de l'*ars dictaminis *(XIe-XV[e] siècles)*, Actes du colloque international de Paris, 5-6 juillet 2012, Benoît Grévin et Anne-Marie Turcan-Verkerk (éd.), Turnhout, Brepols, 2015 (Bibliothèque d'Histoire Culturelle du Moyen Âge), p. 145-160.

WICKERSHEIMER, Ernest, *Dictionnaire biographique des médecins en France au Moyen Âge*, 2 t., Genève, Droz, 1979.

WIRTH, Jean, *Les marges à drôleries dans les manuscrits gothiques (1250-1350)*, Genève, Droz, 2008 (Matériaux pour l'histoire, 7).

WITT, Ronald G., *"In the footsteps of the Ancients". The Origins of Humanism from Lovato to Bruni*, Leyde-Boston-Cologne, Brill, 2000 (Studies in Medieval and Reformation Thought, 74).

YOUF, Dominique, « Seuils juridiques d'âge : du droit romain aux droits de l'enfant », *Sociétés et jeunesses en difficulté* [en ligne], n° 11, printemps 2011, URL : http://sejed.revues.org/7231, consulté le 01 02 2019.

ZELLER, Gaston, « Les rois de France candidats à l'Empire », *Revue historique*, n° 173, 1934, p. 273-311 ; 497-534.

# INDEX DES MANUSCRITS[1]



1 Cette série de huit index vise à offrir le reflet le plus complet possible des matières et des questions abordées dans la présente étude, sans toutefois prétendre à l'exhaustivité. Certains thèmes, notamment de nature juridique ou historique, auraient pu être rangés dans plusieurs sections, et ont dû être répartis en fonction de choix qui restent jusqu'à un certain point arbitraires. On invite donc le lecteur à faire preuve de patience dans la consultation.

# INDEX DES TEXTES ANTIQUES ET MÉDIÉVAUX[1]



1 Cités dans l'acte ou en rapport avec lui.

# INDEX DES NOMS ANTIQUES ET MÉDIÉVAUX

# INDEX DES NOMS MODERNES ET CONTEMPORAINS[1]



1 Cités dans le corps du texte.

# INDEX DES NOMS DE LIEUX

# INDEX DES NOTIONS DIPLOMATIQUES, LINGUISTIQUES ET RHÉTORIQUES

# INDEX DES NOTIONS HISTORIQUES

# INDEX DES THÈMES ET DES MOTIFS PRÉSENTS DANS LA LOI

# TABLE DES MATIÈRES

DEUXIÈME PARTIE

# ARCHÉOLOGIE D'UN TEXTE
## LA CONSTRUCTION ET SES MÉTHODES

TROISIÈME PARTIE

# LE CONTEXTE DE CRÉATION

## CULTURES RHÉTORIQUES DE LA FRANCE DU XIVe SIÈCLE

QUATRIÈME PARTIE

## LE SENS DE L'ACTE, ESSAI D'ANALYSE

CINQUIÈME PARTIE

# LE TEXTE ET SES AUTEURS